JOSEF RATTNER

Der neurotische Mensch und seine Lebensschwierigkeiten

Mit Beiträgen von Marlies Frommknecht, Irmgard Fuchs, Wolfgang Köppe, Bernd Kuck, Erdmute Struck, Hubert Walter

Hoffmann und Campe

CIP-Kurztitelaufnahme der Deutschen Bibliothek

Der neurotische Mensch und seine Lebensschwierigkeiten
/ Josef Rattner (Hrsg.). Mit Beitr. von Marlies Frommknecht ...
– 1. Aufl. – Hamburg : Hoffmann und Campe, 1984.
ISBN 3-455-08667-5

NE: Rattner, Josef [Hrsg.]; Frommknecht, Marlies [Mitverf.]

Einbandgestaltung Jan Buchholz und Reni Hinsch
Gesetzt aus der Korpus Garamond-Antiqua
Satzherstellung alphabeta Gerds & Kohn GmbH
Buch- und Bindearbeiten Clausen & Bosse, Leck
Printed in Germany

Inhalt

Vorwort

Es gibt viele Bücher über Neurosenlehre, aber fast alle sind in einer Sprache geschrieben, die für den Laien nahezu unzugänglich ist. Die Tiefenpsychologen können, wenn sie über ihren Erfahrungsbereich referieren, kaum je von ihrem Fachjargon Abstand nehmen; die Folge davon ist, daß sich psychotherapeutische Texte oft wie ›Geheimlehren‹ geben, in die der ›nichteingeweihte Leser‹ nur sehr partiell eindringen kann.
Und doch wäre es unseres Erachtens sehr wichtig, daß die Erkenntnisse der Tiefenpsychologie und Psychotherapie in weiten Kreisen der Bevölkerung Fuß fassen könnten. Denn diese charakter- und neurosenpsychologischen Einsichten haben einen hohen psychohygienischen und prophylaktischen Wert. Würden alle durchschnittlich gebildeten Menschen ein psychologisches Grundlagenwissen haben, dann könnten sie den Anforderungen der Erziehung, der Selbsterziehung, der Partnerschaft, ja, sogar des politischen und kulturellen Lebens weit eher gerecht werden, als dies heute der Fall ist. In der Tiefenpsychologie ist in neuer Fassung die uralte Forderung der griechischen Weisheit — das »Erkenne dich selbst!« — lebendig geworden. Und da Selbsterkenntnis die Grundlage von Menschenkenntnis und Lebenskenntnis ist, kann man durchaus behaupten, daß sie die Basis eines glücklichen und produktiven Lebens sein muß.
Im vorliegenden Buch haben meine Mitarbeiter und ich alle ›Neurosenarten‹ allgemeinverständlich dargestellt. Damit ist dem Leser ein Kompendium tiefenpsychologischen und psychotherapeutischen Wissens in die Hand gegeben, aus dem er selbst Schlußfolgerungen für seine Lebensgestaltung und seinen psychischen Gesundheitsschutz ziehen kann. Dieser Band reiht sich sinnvoll an die zuvor erschienenen *Charakterstudien* an, die ebenfalls einen Beitrag zur Psychohygiene darstellen sollten.
Unser Buch ist auf dem Boden des *Arbeitskreises für Tiefenpsychologie, Gruppendynamik und Gruppentherapie* erwachsen, den

ich vor fünfzehn Jahren in Berlin ins Leben gerufen habe. Diese ›Berliner Großgruppentherapie‹ beschreitet neue Wege der Psychotherapie und Erwachsenenbildung; sie ist im Laufe der Zeit zu einer großen Gemeinschaft von Menschen aller Bildungs- und Sozialschichten geworden, deren gemeinsames Band die Intention ist, das Leben als einen unendlichen Bildungsprozeß zu begreifen und auch zu praktizieren.

Berlin, Herbst 1983 Josef Rattner

Josef Rattner

Zur Theorie der Neurose

Der Ausdruck ›Neurose‹ wurde durch den schottischen Arzt W. Cullen im Jahre 1776 geprägt. In seiner ursprünglichen Bedeutung umfaßte er Geistes- und Gemütskrankheiten, aber auch Dyspepsie, Herzklopfen, Koliken, Hypochondrie und Hysterie. Die gesamte medizinische Forschung des 19. Jahrhunderts ging davon aus, daß es unbekannte physische Ursachen für die Neurosen geben müsse. Noch J. M. Charcot (1825—1893) in Paris, bei dem Freud grundlegende Anregungen für seine Psychoanalyse empfing, war davon überzeugt, daß jede neurotische Erkrankung auf einer ›Degeneration‹ im Zentralnervensystem beruhe; auch sein Schüler Pierre Janet (1859—1947) postulierte konstitutionelle Anomalien, wiewohl er die psychischen Erscheinungen in mehreren Neurosenformen hervorragend genau beschrieb.

Die *»Studien über Hysterie«* (1895) von Freud und Breuer legten den Grundstein zur modernen psychologischen Neurosentheorie. Freud, der dabei die treibende Kraft war, nahm als Ursache für die hysterischen Krankheiten ein sexuelles Trauma in der Kindheit der Patienten an. Unter der Reizwirkung massiver und dem Lebensalter nicht gemäßer Erlebnisse komme es zu einem ›eingeklemmten Affekt‹, der das Seelenleben in Unordnung bringe. Das Bewußtsein verweigere sich der Erinnerung an diese Vorfälle: Es ›verdrängt‹ sie. Durch diese Verdrängungen entstehen eingeengte Bewußtseinsfunktionen, unter anderem Gedächtnisausfall: Anstelle der Erinnerung werde eine ›symbolische Darstellung‹ von traumatischen Situationen in den Symptomen selbst produziert; der Hysteriker leide an ›Reminiszenzen aus seiner Vergangenheit‹.

Gelingt es der Psychotherapie, die dramatischen Konstellationen aus Kindheit und Werdensverlauf ins Gedächtnis zurückzurufen und hierbei auch den dazugehörigen pathologischen Affekt zur ›Abreaktion‹ zu bringen, dann kann die Symptomatik

Schritt für Schritt beseitigt werden. Freud und Breuer nannten ihr Verfahren ›Katharsis‹ (Seelenreinigung); sie knüpften damit an die Lehre des Aristoteles an, welcher von der Tragödie behauptete, daß sie die Seelen der Zuschauer von den ›krankhaften Affekten‹ der ›Furcht und des Mitleids‹ zu reinigen vermöge.
Im Laufe seines späteren Schaffens differenzierte und veränderte Freud seine Neurosentheorie, die zum Kernstück einer Konzeption des gesamten Seelenlebens ausgebaut wurde. Wichtig ist seine anfängliche Unterscheidung zwischen Aktual- und Psychoneurosen. Die ersteren stellten seiner Meinung nach kein psychologisches Problem dar: Ihre Ursache läge in ›Dysfunktionen der Sexualität‹, z. B. in der Onanie, in Coitus interruptus oder sexueller Abstinenz. Die unabgeführte und nur teilweise gelöste sexuelle Spannung erzeuge Symptome, die man zum Verschwinden bringen könne, wenn der Patient dazu bereit sei, sein Sexualleben zu ordnen und auf mancherlei Abusus verzichte. Diese fragliche These von den Aktualneurosen ist in der heutigen Psychoanalyse bedeutungslos geworden.
Dafür hat sich das Interesse viel stärker den sogenannten ›Psychoneurosen‹ zugewandt. Zu dieser Gruppe sind die Hysterie, die Zwangsneurose, die Depression und die Phobien zu zählen: Von diesen merkwürdigen Krankheitsphänomenen her stießen Freud und seine Schüler ins Innerste der menschlichen Psyche vor.
Alle psychoanalytischen Neurosenmodelle gründen in einer *Konflikttheorie des Seelenlebens.* Es wurden antagonistische Kräfte oder Instanzen angenommen, deren unversöhnter Gegensatz das Symptom schafft: Solche Antagonismen wurden zwischen Ich- und Sexualtrieben, perversen (prägenitalen) Triebregungen und moralischen Ansprüchen der Persönlichkeit, Es und Über-Ich konstruiert. Man glaubte, in der Symptomatik des Neurotikers einen ›schlechten Kompromiß‹ zwischen ›Trieb‹ und ›Kultur‹ zu entdecken. Die Psychoanalyse machte die mangelhaft sozialisierten Vitalbedürfnisse und die übersteigerten Moralforderungen verantwortlich für die innere Zerrissenheit vieler Menschen, für die das Kennwort ›neurotisch‹ zutrifft.
Nach Freud bestehen ›fließende Grenzen‹ zwischen Neurosen und Psychosen; auch in den Wahnkrankheiten ist eine Dynamik spürbar, die nicht grundsätzlich von derjenigen der Neurosen verschieden ist. Unterschiedlich sei aber die ›Übertragungsfähig-

keit‹ der jeweiligen Patienten. Während der Neurotiker seine Gefühle auf den Therapeuten überträgt, verharre der Psychotiker in seinem Narzißmus, in seiner gefühlsmäßigen Abkapselung, die ihn fast nicht ansprechbar mache. So kam es zur Aufstellung von Übertragungs- und narzißtischen Neurosen: Zu den letzteren wurde die Schizophrenie gerechnet.
Auch die sexuellen Perversionen und die psychosomatischen Erkrankungen haben eine ähnliche Struktur wie die Neurosen. Die kindliche Entwicklung wurde als eine Abfolge von Phasen der Libidoentwicklung gesehen: Für jede dieser Phasen wurde ein quasi ›perverser‹ Trieb als dominante Seelenregung postuliert (orale, anale und phallische Bedürfnisse des Kindes). So kam die Perversion einer Fixierung oder Regression auf infantile Triebhaftigkeiten gleich — solche Triebmanifestationen gebe es auch im Unbewußten des Neurotikers, wo sie jedoch durch einen massiven Hemmungsapparat überlagert seien. Damit wurde die Neurose zum ›Negativ der Perversion‹; man konnte sich dem Eindruck nicht entziehen, daß viele neurotische Dynamismen zum durchschnittlichen Inventar der Perversionen gehören. Analog muß auch die psychosomatische Krankheit beschrieben werden. An ihr imponiert in erster Linie das körperliche Krankheitssymptom. Erkennt man aber die psychischen Zusammenhänge, in die letzteres eingebettet ist, dann wird wiederum deutlich, daß es sich zentral um Verdrängungen, Abwehrvorgänge und Konflikte zwischen Trieb und Bewußtsein handelt, die durch ›Somatisierung‹ eine vorläufige (und ungute) Lösung gefunden haben.
In seiner Schrift *»Hemmung, Symptom und Angst«* aus dem Jahre 1926 (GW, Bd. XIV) rückte Freud die ›Kastrationsangst‹ in den Mittelpunkt der neurotischen Fehlentwicklungen. Somit galten ihm die Verlustängste im weitesten Sinne des Wortes als die Motoren aller psychogenen Erkrankungen. Das Ich als ›Stätte der Angst‹ erhielt für die psychoanalytischen Forschungen eine nunmehr erhöhte Bedeutung. Gleichwohl wurde an der Konflikttheorie der Neurose festgehalten; in jenem Stadium der Theoriebildung waren das Ich (Über-Ich) und das Es die konfliktuösen Instanzen, die sich in der Symptombildung auf einen Kompromiß einigten.
In seiner letzten Trieblehre stellte Freud dem Eros (den Lebenstrieben) als Gegenspieler den Thanatos (den Todestrieb) entgegen und diskutierte die Vielfalt seelischer Krankheitserscheinun-

gen als Folge von ›Triebentmischungen‹ und Auswirkungen des Todesverlangens. Aus dieser mythologischen Konstruktion leuchtet bei näherem Zusehen die einfache These hervor, daß Krankheit im seelischen und im körperlichen Bereich mit dem Verlust der *Liebesfähigkeit* wesentlich zusammenhängt. Mit anderen Worten: Der Neurotiker, der Perverse, der psychosomatische Patient, der Wahnkranke usw. sind Opfer von aggressiven Regungen, die in ihrem eigenen Innern wüten und sich nicht nur gegen die Umwelt, sondern auch gegen sie selbst wenden. Freud machte aus dieser Aggressivität einen konstitutionell verankerten Trieb, was eine sehr fragliche Hypothese darstellt. Sieht man aber hiervon ab, dann kann man ihm sehr wohl darin zustimmen, daß er die Affekte von Wut, Zorn, Eifersucht, Neid, Haß, Mißgunst, Herrschsucht (und die ihnen zugrunde liegende Angst) für alle Fehlentwicklungen in der Lebensgestaltung verantwortlich macht.

Da sich die Psychoanalytiker zunächst nicht für die ›Ichpsychologie‹ interessierten, befaßten sie sich erst spät mit der Rolle des Charakters in der Neurose. Freud machte hierzu einen ersten Anlauf in seiner Abhandlung über *»Charakter und Analerotik«* (1908, GW, Bd. VII). Er beschrieb hierbei Charakterstrukturen, die sich seiner Ansicht nach als ›Sublimierungen‹ von Partialtrieben der Libido verstehen ließen. Andere Autoren (K. Abraham, E. Jones, S. Ferenczi u. a.) folgten auf diesen Spuren; die psychoanalytische Charakterologie entfaltete sich zu einer reichen Blüte und wies da und dort eine Lebensnähe in ihren Schilderungen auf, die man in der traditionellen Charakterforschung vergeblich sucht. Hemmend für den Fortgang solcher Untersuchungen war allerdings das Vorurteil, daß der Charakter lediglich ein *Derivat des Trieblebens* sei: Bis zum heutigen Tag halten Autoren der Freudschule an dieser Überzeugung fest, die in keiner Weise zweifelsfrei belegt werden kann.

Nach Freud ist die Neurosenlehre das ›Mutterland der Psychoanalyse‹: Der Schöpfer der modernen ›Psychologie des Unbewußten‹ war sich im klaren darüber, daß alle seine weitausholenden Spekulationen und Theorien in seinen empirischen Funden am neurotischen Menschen verankert waren. Daher führt auch heute noch kein besserer Weg in das Studium der Tiefenpsychologie als die Erörterung des Ursprunges, der Wesensbeschaffenheit und der Therapie der Neurosen. Natürlich darf man hierbei bei Freuds genialen Entdeckungen und Mutmaßungen nicht stehenbleiben. Es trennen uns fast hundert Jahre von den ersten Interpretationen des psychischen Hintergrundes der Hysterie: Kein Wunder, daß inzwischen zahlreiche neue Auffassungen über den Sinn und Gehalt der Neurose auf den Plan traten, deren Scharfsinn und Tiefgründigkeit sich mit Freuds ersten Einsichten durchaus vergleichen dürfen.

Neurose bei A. Adler und C. G. Jung

Alfred Adler war der erste Tiefenpsychologe, der die Freudschen Neurosenbeschreibungen durch ein alternatives Modell ergänzte. Seine grundlegenden Erkenntnisse formulierte er bereits 1912 in seinem frühen Hauptwerk *»Über den nervösen Charakter«*. Wie schon der Titel dieses Buches besagt, betonte Adler in erster Linie die Charakteranomalien des neurotischen Menschen, in denen er die Primärursache seiner Lebensschwierigkeiten sah. Diesen Standpunkt hat Adler zeit seines Lebens beibehalten.
In seinem Spätwerk *»Der Sinn des Lebens«* (1933) kommt er auf die Neurosenfrage zurück und widmet ihr ein eindrucksvolles Kapitel, das seine diesbezüglichen Auffassungen resümiert. Mit einem gewissen Stoßseufzer rekapituliert er zunächst die Vielfalt der Meinungen auf diesem Gebiet und sagt (l. c., S. 100):

> »Wie immer, wenn in einer Frage Unklarheiten bestehen, gibt es eine Menge von Erklärungen und viel Kampf. So auch in unserem Falle. Neurose ist — Reizbarkeit, reizbare Schwäche, Erkrankung der endokrinen Drüsen, Folge von Zahn-, Naseninfektion, Genitalerkrankung, Schwäche des Nervensystems, Folge einer hormonalen, einer harnsauren Diathese, des Geburtstraumas, des Konfliktes mit der Außenwelt, mit der Religion, mit der Ethik, Konflikt zwischen dem bösen Unbewußten und dem kompromißgeneigten Bewußtsein, der Unterdrückung sexueller, sadistischer, krimineller Triebe, des Lärmes und der Gefahren der Großstadt, einer weichlichen, einer strengen Erziehung, der Familienerziehung überhaupt, gewisser bedingter Reflexe usw.«

Adler ist bereit, allen diesen Lehren eine Teilberechtigung einzuräumen, findet sie aber allesamt nicht recht befriedigend. Er rekurriert — wie so oft — auf den ›gesunden Menschenverstand‹, der am ›nervösen Menschen‹ auffallende Charakterzüge (z. B. Reizbarkeit, Mißtrauen, Scheu, Überempfindlichkeit) hervorhebt, die mit Affekten beladen sind und nicht gut in das soziale Leben hineinpassen. Diese Charaktereigenschaften seien Ausdruck und Kompensation von *Minderwertigkeitsgefühlen,* die den Bodensatz der neurotischen Psyche darstellen. Wer sich minderwertig fühlt, wird auch leicht zu Ungeduld, Ehrgeiz, Eitelkeit, Gier, Geiz, Neid, Eifersucht und verwandten Wesenszügen neigen. So ergibt sich das Gesamtbild eines Menschentypus, der sich auf der Erde und bei den Mitmenschen nicht heimisch fühlen gelernt hat. Aus dieser mangelhaften sozialen Einbettung oder Verwurzelung entstamme auch die Mutlosigkeit des Neurotikers, der sich eine Bewältigung der Lebensaufgaben nicht vorstellen kann. Er wird dazu verleitet, ein ›Ausweicher‹ vor der Front des Lebens zu werden, einer, der sich mit Tricks und Umwegen durchschlagen will. Adler hob vor allem die ›zögernde Haltung‹ dieser Menschen hervor, ihre *Ängstlichkeit* und ihre *Kontaktstörungen,* die sie zumindest partiell von der voranstrebenden Gemeinschaft fernhalten.

Das sind psychische Entwicklungen, die bereits in der frühen Kindheit eingeleitet werden. Die Erziehung im Elternhaus spielt hierbei eine überragende Rolle. Der Angelpunkt des pädagogischen Mißerfolges ist u. a. die Tatsache, daß vielen Kindern kein ausreichendes ›soziales Training‹ vermittelt wird, wobei nicht nur die Erziehungsmethode der Eltern, sondern auch ihre Charaktere und die Art ihres Zusammenlebens ins Gewicht fallen.

Nach Adler besteht das Menschenleben aus einer Reihe von ›Testsituationen‹, in denen jedermann auf den Grad seiner sozialen Verbundenheit und seinen Lebensmut (was fast Synonyme sind) ›geprüft‹ wird. Das unzulänglich vorbereitete Individuum gerät in psychophysische Erregung, wenn es vor Aufgaben gestellt wird, die es nicht lösen kann; es kann sich hierbei um den Schuleintritt, um das Lernen in der Schule, um die Pubertät, um Abschlußprüfungen, um Fragen der Sexualität und Liebe, um den Beruf, um das Altern, um das Scheitern von Partnerschaften, um das Herannahen des Todes usw. handeln. Der ängstliche Nervöse, der ohnehin einen etwas verringerten ›Aktivitätsgrad‹ hat, wird durch die mögliche Gefahr einer ›Niederlage‹ erschüttert, erleidet in seiner Bedrängnis Schockzustände, die in seinem Leib und in seiner Seele Unordnung schaffen. Es erfolgt hierbei eine ›Rückzugsbewegung‹, welche erklärt, daß nahezu jeder

Neurotiker in wichtigen Lebensbereichen ›Lücken‹ oder ›Ausfälle‹ zeigt; oft hat er mit dreißig Jahren keine Partnerschaft gehabt, die als eigentliche Dauerbeziehung in Betracht käme. Die Beschäftigung mit der neurotischen Symptomatik tritt an die Stelle des ›Lebenskampfes‹, für den sich der Neurotiker zu klein, zu schwach und zu hilflos fühlt.

Die ›Flucht in die Krankheit‹, die stets ›unbewußt‹ erfolgt, erspart dem Patienten jene negative Selbsteinschätzung, die er in seiner Optik vollziehen müßte, wenn er sich seine Unzulänglichkeiten eingestehen würde. Es kommt zu einer ›Lebenslüge‹, die die prekäre Selbstachtung stabilisiert und viele Mühen des Daseins vermindert.

Der *Lebensirrtum* des Neurotikers ist etwas größer als derjenige des sogenannten ›Normalen‹. Nach Adler hat jeder Kulturmensch einen Mangel an Gemeinschaftsgefühl, und niemand darf sich über den neurotischen Charaktertyp erhaben fühlen, weil dieser etwas mehr von der ›Wahrheit des Lebens‹ (welche Kooperation und Überwindung von Schwierigkeiten heißt) abweicht. Ehrgeiz und Eitelkeit solcher Menschenkinder erzwingen eine eigenwillige Lebensführung und sonderlingshafte Denk- und Fühlprozesse, die allesamt ›Sicherheitsmanöver‹ bedeuten, da es dem Patienten durchaus darum geht, seinen Nimbus zu wahren und sein realitätsfremdes ›Persönlichkeitsideal‹ aufrechtzuerhalten. Der ›Wille zum Schein‹, von dem schon Nietzsche sprach, dominiert in der Neurose über das Realitätsprinzip. Die meisten Patienten haben es aufgegeben, auf geradlinigem Wege den Respekt ihrer Mitmenschen zu erobern. Nun verlegen sie sich auf Verschleierungstaktiken, huldigen verbal den berechtigten Ansprüchen des gemeinschaftlichen Lebens, verweisen aber sehr suggestiv auf ihre Symptome, die ihnen das Mitleben und die Mitarbeit verunmöglichen. Adler spricht davon, daß die Lebensformel des Neurotikers ›Ja-aber‹ heiße; im ›Ja‹ akzeptiert er die Notwendigkeiten der Kooperation und Kommunikation, im ›aber‹ zieht er sich elegant aus der Schlinge, da man von ihm als Leidenden nicht erwarten darf, daß er sich ›die Hände schmutzig macht‹.

Der *Sinn* einer Neurose ist wesentlicher als ihre *Ursache*; es hilft auch therapeutisch mehr, wenn der Patient begreift, was er (unbewußt) mit seiner Krankheit ›will‹, als wenn er fragliche Kausalitäten konstruiert.

Die Neurosenlehre von C. G. Jung unterscheidet sich in mehrfacher Hinsicht von derjenigen Freuds und Adlers. Sie ist begründet in seiner ›Typentheorie‹ und in seiner Konzeption von der ›Struktur des Seelenlebens‹. Jung behauptete, daß es zwei grundlegende ›Einstellungstypen‹ gebe, deren Differenz in der vorwiegenden Richtung des ›Libidostromes‹ liege. Beim Extravertierten fließt die Libido nach außen, in die Umwelt; für solche Menschen ist die Welt der Objekte wichtiger als das Ich. Beim Introvertierten jedoch ist die Ichbezogenheit stärker entwickelt; er ist nach innen gekehrt und sucht die Übereinstimmung mit sich selbst. Bei vielen Menschen besteht ein ausgewogenes Verhältnis zwischen extravertiertem und introvertiertem Verhalten. Es kommen aber auch Extremtypen vor, bei denen nur ein Pol der beiden Einstellungsweisen entfaltet ist.

Ein weiterer Schematismus betrifft die ›Funktionstypen‹, von denen Jung eine Vierzahl feststellt: Denken, Fühlen, Empfinden und Intuieren. Es macht einen großen Unterschied zwischen den Individuen aus, mit welcher von diesen Funktionen sie sich in der Realität orientieren. Wird eine Funktion stark ausgeprägt, so hat dies die Folge, daß die anderen Funktionen weniger entwikkelt werden, teilweise sogar ›minderwertig‹ bleiben. Ein minderwertiges Denken, Fühlen, Empfinden oder Intuieren kann die Lebensgestaltung außerordentlich belasten.

Kombiniert man Einstellungs- und Funktionstypen, so erhält man acht mögliche Rubriken, in welche nach Jung die Individualitäten eingeordnet werden können. Neurosen entstehen unter anderem dadurch, daß Einseitigkeiten in Einstellung und Funktion das ›Lebensgleichgewicht‹ stören; man kann neurotische Erkrankungen beseitigen, wenn man diesbezügliche Defizite erkennt und den ›minderwertigen Seelenanteil‹ weiterentwickelt.

Die Seele besteht aus der ›Persona‹ oder Berufsmaske, dem gegengeschlechtlichen Seelenbild (Animus und Anima), dem Schatten (die Summe der eigenen Unzulänglichkeiten), dem ›kollektiven Unbewußten‹ mit seinen Archetypen (Urbildern) und schließlich auch dem ›Selbst‹, welches die höhere Einheit des gesamtpsychischen Organismus darstellt. In allen Elementen dieses ›Seelenmosaiks‹ können Hypertrophien und Disparatheiten auftreten. So kann etwa ein Mensch sich ganz mit seiner Berufsrolle identifizieren und hinter der Fassade seines Statusbewußtseins seelisch verkümmern; oder er kann das Bewußtsein der eigenen Schwächen verdrängen, was meistens zu Ungerechtigkeiten gegen andere führt: Aus unserem Schatten stammen die wichtigsten Inhalte unserer Projektionen, d. h. jener Seelenmängel, die wir auf andere verlagern und auch an ihnen bekämpfen. Wird am andersgeschlechtlichen Seelenanteil (Animus, Anima) vorbeigelebt, dann mißlingt nicht nur die Mann-Frau-Beziehung, sondern auch der ›Weg nach innen‹. Auf diesem werden die ›Urbilder des kollektiven (unbewußten) Seelenlebens‹ gefunden, ohne die nach Jung eine ›Selbstwerdung‹ oder ›Selbstverwirklichung‹ im höheren Sinne nicht gedacht werden kann. Neurose ist nach Jung eine fehlgeschlagene ›Individuation‹; wenn der Mensch sich für kein ›Wozu des Lebens‹ entscheiden kann, fällt er der *Sinnlosigkeit* anheim, welche das Ursymptom aller neurotischen Erkrankungen ist.

Neurosenstruktur bei H. Schultz-Hencke

Schultz-Hencke hat nach eigener Aussage in seiner Neurosenlehre die Positionen von Freud, Adler und Jung zu einem Amalgam vereinigt; scherzhaft behauptete er einmal, alle seine Auffassungen von diesen drei Autoren ›gestohlen‹ zu haben. In Wirklichkeit findet man aber genug Eigenes in seiner Theorie, die hauptsächlich in den beiden Büchern *»Der gehemmte Mensch«* (1940) und *»Lehrbuch der analytischen Psychotherapie«* (1951) dargelegt wird.
Nach Schultz-Hencke kann man die seelischen Erscheinungen nicht auf einen einzigen Trieb (Sexualität, Macht) zurückführen. Er fordert die Anerkennung von mehreren ›Antriebsarten‹, aus denen die bunte Fülle des Seelischen hervorgeht. ›Zuunterst‹ im Seelenleben findet er das *intentionale Antriebserleben,* das ›Weltzuwendung‹ im allgemeinsten Sinne bedeutet. Darin inbegriffen ist Neugier, Gerichtetsein auf die Welt, Öffnung für sie.
Darauf gründet das *orale, kaptative Antriebserleben.* Es ist weitgehend mit der ›oralen Phase‹ der Psychoanalyse identisch. Man kann dies auch als generelles ›Habenwollen‹ beschreiben. Im ersten bis zweiten Lebensjahr ist dies das psychische Hauptmotiv (um den Mund zentriert); daraus entwickelt sich später die Haltung des Besitzstrebens.
Des weiteren gibt es das *retentive, anale Antriebserleben.* Dieses wird durch die Reinlichkeitserziehung des zweiten und dritten Lebensjahres geprägt. Die ihm zugeordneten Haltungen sind das Behalten- und Gebenwollen; erste Andeutungen hiervon

zeigen sich beim Zurückhalten oder Hergeben der Exkremente, aber später gewinnt dieses Motiv eine allgemeinpsychische Bedeutung.

Das *aggressiv-geltungsstrebige Antriebserleben* hat mit der Selbstbehauptung des Menschen in seiner Welt zu tun. Dieser Antrieb gründet in der motorischen Funktionslust, im Betätigungsdrang der Muskulatur. Schultz-Hencke nimmt aber nicht an, daß der Mensch ein Destruktionspotential in sich trage; er rekurriert auf den ursprünglichen Wortsinn von ad-gredi, welches im Lateinischen ›herangehen‹ meint. Man kann auch hierfür das Wort ›Aktivität‹ einsetzen. Nur bei pathologischer Ausgestaltung dieses Antriebs kommt es zur Destruktion.

Das *urethrale Antriebserleben* wird mit dem Ehrgeiz und dem Sich-gehen-Lassen in Verbindung gebracht.

Zärtliche und sexuelle Antriebe schließlich vollenden das Panorama der Antriebsmotivationen, wobei Schultz-Hencke sich weigert, in der Zärtlichkeit ein bloß sekundäres Geschehen innerhalb der Sexualität anzuerkennen. Die zärtliche Strebung sei autochthon; sie trete auch früher als das Sexuelle im kindlichen Seelenleben auf. Zärtlichkeit sucht zwischenmenschliche Nähe, indes Sexualität eher auf triebhafte Spannungsabfuhr tendiert.

In der Entwicklungsgeschichte jedes Menschen haben diese sechs Antriebsarten spezifische Prägungszeiten, die für ihre spätere Ausbildung und Formung von schicksalhafter Tragweite sind. Dabei ist vor allem die Erziehung von großer Bedeutung. *Verwöhnung, Härte* und *Lieblosigkeit* sind nach Schultz-Hencke ›Hemmungsfaktoren‹, die das Antriebserleben im gesamten und auch im Detail blockieren können. Das Resultat ist dann ein ›gehemmter Mensch‹, der verschiedene notwendige ›Lebensleistungen‹ nicht vollbringen kann. Das schließt eine oberflächliche Anpassung an die Erfordernisse des sozialen Lebens nicht aus. Aber bei genauerem Zusehen wird man ›Lücken‹ im Seelenaufbau des Gehemmten finden, die auch lebensgeschichtlich zu spezifischen ›Ausfallserscheinungen‹ Anlaß geben.

So können etwa das allgemeine Weltinteresse, das Besitz-, das Geltungs- und das Liebesstreben (dazu auch die Sexualität) reduziert sein. Wo wir Expansion erwarten, finden wir Ängste, überschießende Reaktionen, auf die späteres Blockiertsein folgt. Die Antriebe können nicht ausreifen, weil sie nicht in das Gesamtpsychische integriert sind. Sie muten als ›Antriebssprengstücke‹ an, die am Rande des Bewußtseins als Unsicherheitselemente flottieren und als kaptative, retentive, aggressive und sexuelle Strebungen zu betont irrationalen Haltungen und Verhaltensweisen führen. Der Charakter entwickelt sich als Reaktionsprodukt auf das zugrunde liegende ›Hemmungsschicksal‹.

Sehr ausführlich und subtil schildert Schultz-Hencke die psychischen Folgeerscheinungen der gehemmten Antriebe. So entstehen auf dem Boden der Hemmung *Bequemlichkeit* und *Riesenerwartungen,* die einen ›Teufelskreis‹ in Gang bringen. Der Gehemmte ist träge, hat aber ›große Rosinen im Kopfe‹; er will und kann sich nicht anstrengen, möchte aber gerne alles und jedes ›im Nu‹ erreichen. Auch will er viel von den anderen, ist aber selbst nicht bereit, einen Einsatz zu leisten. Seine übertriebenen Forderungen nehmen in der Familie ihren Anfang, richten sich später an das Leben, an den Zufall und an die Gottheit. Die daraus stammenden Enttäuschungen führen kaum je zur Selbstkritik und Wandlung der Persönlichkeit; das betreffende Individuum ist in den Zirkel der Passivität und des Riesenanspruchs ›eingespannt‹ und kann nicht aus ihm aussteigen. Je nach Erziehungsverlauf kann es bequem-anspruchsvolles Zirkelverhalten in verschiedenen Bereichen des Antriebserlebens geben.

Alle psychischen Funktionen leiden unter der ›pathologischen Trias‹ von Hemmung, Bequemlichkeit und Riesenerwartungen. Nach Schultz-Hencke können die von Jung hervorgehobenen Unzulänglichkeiten im Denken, Fühlen, Empfinden und Intuieren ebenfalls auf Hemmungsschicksale zurückgeführt werden. Unterentwickeltes Fühlen z. B. entspricht einer ›allgemeinen Hingabestörung‹, die mit Deformationen des retentiven Antriebs, der Sexualität und Zärtlichkeit zusammenhängen kann. Auch wird das Denken gestört sein, wenn das Individuum seine Motorik nicht entfalten durfte und allgemein in seiner Weltzuwendung (Neugierverhalten) und Expansivität blockiert wurde. Weitere Konsequenzen des ›schiefen Seelenaufbaus‹ sind nach Schultz-Hencke *Überkompensationen* von unausgereiften Antrieben und Bedürfnissen, *mangelhaftes Können* in allen Lebenssphären, *mangelhafte Arbeitstechnik, mangelnde Freizeitausfüllung, mangelhafte Technik der Menschenbehandlung* und eine *neurotische Ideologie oder Weltanschauung* (*»Der gehemmte Mensch«*, S. 95 f). Aus alldem wird ersichtlich, daß die Neurose nicht nur in der ›Triebschicht der Persönlichkeit‹ fundiert ist, sondern in alle Schichten des seelischen Lebens und Erlebens ›diffundiert‹, so daß man sich eine psychotherapeutische Intervention nicht als eine einfache Angelegenheit vorstellen darf. Schultz-Hencke vergleicht die ›ausgewachsene neurotische Störung‹ mit einem tropischen Baum, der nicht nur Erdwurzeln, sondern auch Luftwurzeln hat, die von den Zweigen herab den Stamm im Boden verankern. Durchsägt man den Hauptstamm, dann kommt der Baum noch nicht zu Fall, da er genügend durch seine Zusatzwurzeln abgestützt wird.

Nun werden noch vier Neurosenstrukturen beschrieben, die in Korrelation mit den Primärantrieben stehen. Die *schizoide Struktur* entspringt einer Hemmung des Intentionalen, des Kontaktbedürfnisses an seiner Basis, des ›Urvertrauens‹. Aus solchen Gehemmtheiten können sowohl Neurosen als auch Psychosen hervorgehen; die Schizophrenie zeigt das ›Schizoide‹ in seiner schärfsten Ausprägung. — Die *depressive Struktur* ist gekennzeichnet durch oral-aggressive Versagungen, die das Habenwollen blockieren und dumpfe Wut und Hoffnungslosigkeit ausbrüten. — Die *zwangsneurotische Struktur* gründet in motorisch-aggressiven Antriebsverminderungen, wodurch der Betroffene zu wenig ›Können‹ ausbildet und sich im Labyrinth von Zwangsgedanken und -handlungen verirrt. — Die *hysterische Struktur* schließlich kommt zustande durch Einschränkungen des zärtlich-sexuellen Motivationsbereiches, was einen gewissen Infantilismus in der Selbstdarstellung, Realitätsfremdheit und eventuell auch schauspielerisches Agieren mit sich bringt. Das Fehlen des reifen, sexuellen Momentes in der Hysterie wurde schon von den Klinikern des 19. Jahrhunderts exakt beschrieben.

Für Schultz-Hencke entsteht die Neurose dann, wenn das entsprechend disponierte Individuum in *Versuchungs- und Versagungssituationen* hineingerät, die es mit seinem psychischen Instrumentarium nicht einordnen und bewältigen kann. Der Versuchungsfaktor mobilisiert gleichsam das in der Verdrängung lauernde ›Antriebssprengstück‹, das normalerweise aus dem Bewußtsein ferngehalten werden kann. Nun aber meldet es sich meistens ›lärmend‹ zu Wort — es fehlen aber Verhaltens- und Denktechniken, um ihm angemessene Befriedigung zu verschaffen. Dies ergibt dann Versagungen oder Frustrationen, die mit revoltierenden oder resignativen Gefühlen beantwortet werden. Beim *Überwuchern des Hemmungsapparates und der Angst* kommt es zur eigentlichen Neurose bzw. zur psychosomatischen Erkrankung.

Schizoide fürchten den Kontakt, Depressive ängstigen sich vor der Hingabe, Zwangsneurotische weichen der Zärtlichkeit und den Intimsituationen aus, und Hysterische meiden das Sexuelle und endgültige Entscheidungen. Alle schränken den Kontakt mit dem Leben und der Umwelt ein, sei dies durch Rückzug, durch Gefühlsreduktion, durch Aggressionen und ›überschießendes Verhalten‹. Man muß die Neurose eine *Erkrankung der Gesamtpersönlichkeit* nennen.

Phänomenologie der Neurose bei K. Horney

Im Anschluß an Freud, Adler und Schultz-Hencke entwarf Karen Horney eine eindrückliche Neurosentheorie, die mit dem Kennwort ›neopsychoanalytisch‹ etikettiert worden ist. Sie schrieb mehrere Bücher über dieses Thema; die wichtigsten sind *»Der neurotische Mensch unserer Zeit«*, *»Unsere inneren Konflikte«* und *»Neurose und menschliches Wachstum«*. Vor allem das letztgenannte Werk aus dem Jahre 1950 ist eine zusammenfassende Darstellung der Horneyschen Neurosenlehre.
Horney hat von Alfred Adler und Kurt Goldstein gelernt, daß das zentrale Anliegen des Menschen seine ›Selbstverwirklichung‹ ist. Sie spricht vom ›wahren Selbst‹ und meint damit den Menschen in seiner inneren und äußeren Realität, die akzeptiert sein müssen, wenn Entwicklung stattfinden soll. Wenn aber ein Menschenkind in seinen ersten Lebensjahren ungute Verhältnisse vorfindet, dann kommt es nicht zur Anerkennung des wahren Selbst; der unglückliche Heranwachsende schafft sich auf Grund einer Erkrankung seiner Phantasie und seines Gefühlslebens ein ›idealisiertes Selbst‹, das zur beherrschenden Macht in seiner Psyche wird. Die ganze Existenz des späteren Neurotikers wird darauf gerichtet, das Idealselbst zu verwirklichen; dies ist aber ein unmögliches Unterfangen, da hierbei Maßstäbe, Ziele und Werte angesetzt werden, die außerhalb des ›Menschenmöglichen‹ stehen. Hierin liegt die ›Urtragödie‹ des neurotischen Menschen, über die Horney u. a. sagt:

> »Selbstidealisierung in ihren verschiedenen Aspekten möchte ich eine *umfassende neurotische Lösung* nennen — d. h. eine Lösung, die nicht nur für einen einzelnen Konflikt gültig ist, sondern ohne weiteres alle inneren Bedürfnisse zu befriedigen verspricht, die in einem Menschen zu einer bestimmten Zeit entstanden sind. Außerdem verspricht sie nicht nur eine Be-

> freiung des Menschen von schmerzhaften und unerträglichen Gefühlen (sich verloren, ängstlich, minderwertig und gespalten zu fühlen), sondern dazu noch eine im Grunde geheimnisvolle Erfüllung seiner selbst und seines Lebens. Darum ist es auch nicht verwunderlich, daß sich ein Mensch, der eine solche Lösung gefunden zu haben glaubt, mit aller Kraft daran klammert; ja, daß diese Lösung, um einen treffenden psychiatrischen Fachausdruck zu benutzen, *zwanghaft* wird. Das regelmäßige Vorkommen der Selbstidealisierung in der Neurose ist die Folge des regelmäßigen Auftretens zwanghafter Bedürfnisse, die in einem für Neurosen empfänglichen Lebenskreis gezüchtet werden.« (*»Neurose und menschliches Wachstum«*, S. 22)

Eine neurotisierende Erziehung schafft eine erhöhte *Grundangst,* mit der sich das betroffene Individuum oft lebenslänglich auseinandersetzen muß. Zwischen Angst und idealisiertem Selbst ergibt sich eine verhängnisvolle Dialektik, indem größere Ängstlichkeit zu unrealistischen, verstärkten Forderungen an sich selbst führt, indes solche Faszination durch das eigene Vollkommenheitsideal wiederum angstauslösend wirkt. Ehrgeiz und Eitelkeit entstehen fast notwendigerweise aus einer derartigen Dynamik. Um die Stimmen der Selbstverachtung in sich zu übertönen, jagt der verängstigt-stolze Mensch nach Ruhm und Ehre und sucht fieberhaft die Welt von sich zu überzeugen, damit er selbst ein wenig an sich glauben kann. Damit verbunden ist ein gespanntes Verhältnis zur Wirklichkeit, die man ablehnen oder gar hassen muß, weil sie alle absolutistischen Ansprüche negiert. Wer sich auf die schiefe Bahn des Strebens nach dem Absoluten begibt, entfremdet sich der Realität und muß zumindest teilweise mit der Welt des Wahns kokettieren.
Durch die Aufspaltung der Individualität in ein verkümmertes ›wahres Selbst‹ und ein aufgeblähtes ›idealisiertes Selbst‹ ist die Grundlage zu inneren Konflikten gegeben, die nach Horney in jeder Neurose in gehäufter Form gefunden werden. Die daraus resultierende allgemeine Schwächung der Persönlichkeit macht aber auch die Auseinandersetzung mit der Umwelt prekär. Indes beim ›normalen Menschen‹ wohlabgewogene und situationsgerechte Zuwendungen *zum Menschen hin, gegen die Menschen* und *von den Menschen weg* vorkommen, sehen wir beim neurotischen Typ ein einseitiges Überwiegen einer dieser Grundrich-

tungen, was zu tausendfältigen Kalamitäten in der Lebensführung Anlaß gibt.

Der Neurotiker ist liebeshungrig bis zum Exzeß, so daß er Zuwendung zu den anderen als Selbstpreisgabe mißversteht. Dies ist die masochistische Lösung des neurotischen Hauptproblems; sie führt zur Selbstverkleinerung aus Schwäche, zu einer übertriebenen und fast wahllosen Hingabe, die die ›Grundangst‹ beschwichtigen soll. — In anderen Fällen wird Aggression entwikkelt, um gegen die als feindselig empfundene Welt anzukämpfen. Dieser Kampf kann zu gelegentlichen Erfolgen führen, eliminiert aber häufig die weichen und hingebungsvollen Gefühle, die das Glück in Liebe, Freundschaft und Zusammenarbeit ausmachen. — Die dritte Antwort auf die innere Zerrissenheit ist die Flucht vor den Menschen und der Rückzug in eine Privatwelt, in die die anderen nicht eindringen können. Aber auch die Absonderung ist keine glückliche Lösung; sie beschwichtigt die neurotische Konflikthaftigkeit auf Kosten der Persönlichkeitsentfaltung.

Horney ist außerordentlich geschickt in der Beschreibung neurotischer Wesenszüge, wobei sie aber nicht selten Freudsche und Adlersche Funde in einer anderen Nomenklatur vorstellt. Was sie unter dem Titel ›Die Tyrannei des Solls‹ schildert, ist dem harten und grausamen Über-Ich der Psychoanalyse analog; die ›neurotischen Ansprüche‹ lassen nicht verkennen, daß ihnen die Schultz-Henckeschen Riesenerwartungen Pate gestanden haben; die ›Machtgier‹ und der ›Perfektionismus‹ des Neurotikers schließlich sind dem individualpsychologischen Vokabular entnommen, wie überhaupt viele Erkenntnisse Horneys dem Begriffsarsenal Adlers entstammen. Amerikanische Kritiker haben daher ironisch Horney, Fromm und Sullivan als die ›Gruppe der *Freudlerians*‹ zusammengefaßt, als jene Autoren, die vielerlei bei Freud und Adler entliehen haben, wobei vor allem in bezug auf den letzteren nicht immer ausreichende Dankbarkeit vorwaltet. So heißt es in *»Neurose und menschliches Wachstum«* in etwas zu scharfer Abgrenzung gegen Freud und Adler:

> »Aus all den theoretischen Gründen, die hier erwähnt wurden, konnte Freud unmöglich erkennen, welch ungeheure Macht die Suche nach Ruhm und Ehre hat. Jene Faktoren in den expansiven Trieben, die er tatsächlich beobachtete, waren nicht das, was sie zu sein schienen, sondern ›in Wirklichkeit‹ Ableitungen infantiler libidinöser Triebe. Seine Denkweise

hinderte ihn daran, expansive Triebe als Kräfte zu sehen, die ihre spezielle Bedeutung und ihre speziellen Konsequenzen haben.

Diese Behauptung wird verständlicher, wenn wir Freud mit Adler vergleichen. Adlers großes Verdienst war, daß er erkannte, welche Bedeutung das triebhafte Streben nach Macht und Überlegenheit für Neurosen hat. Da er sich aber fast ausschließlich mit den Methoden beschäftigte, wie man Macht erlangt und seine Überlegenheit behauptet, erkannte er nicht die abgrundtiefe Verzweiflung, die mit diesen Trieben verbunden ist. Infolgedessen blieb er allzusehr an der Oberfläche der vorliegenden Probleme.« (l. c., S. 418)

Sehr wertvoll ist allerdings Horneys kritische Überprüfung des Freudschen Theoriegebäudes, die sie souverän in *»Neue Wege in der Psychoanalyse«* vollzogen hat. Wie sie selbst angibt, kamen ihr die ersten Zweifel an der Berechtigung der psychoanalytischen Konzeptionen, als sie sich mit der ›Psychologie der Weiblichkeit‹ befaßte. Sie rebellierte dagegen, daß Freud in seiner bekannten Formel die weibliche Psyche als ›naturhaft‹ infantil, masochistisch und narzißtisch beschrieb und auch dem Vorurteil von der intellektuell-sittlichen Unterlegenheit der Frau gegenüber dem Manne seinen Tribut entrichtete. Damals dämmerte Horney die Ahnung, daß in der Psychoanalyse das patriarchalisch-autoritäre Denken nicht überwunden war. Später — nach ihrer Übersiedlung in die USA — begriff sie auch die ›Kulturabhängigkeit‹ der Freudschen Befunde; in Auseinandersetzung mit soziologischen und ethnologischen Theorien wurde ihr deutlich, daß das psychoanalytische Seelen- und Entwicklungsmodell aus dem Materialismus und Positivismus des 19. Jahrhunderts stammte und daß man z. B. auch den Ödipuskomplex als ein Kunstprodukt patriarchalischer Lebensverhältnisse ableiten konnte. Als Sympathisantin der sogenannten ›kulturellen Schule‹ verfocht Horney die ›kulturelle Determination‹ der Neurosen, wobei sie sich mit Erich Fromm in weitgehender Übereinstimmung befand. Beide Autoren arbeiteten mit Harry Stack Sullivan zusammen, der ebenfalls wichtige Neuerungen in die Neurosentheorie und in die Psychotherapie einführte: Seine ›interpersonelle Psychiatrie‹ hat vor allem im angelsächsischen Sprachbereich Furore gemacht.

Man kann Horney in ihrer Neurosenlehre eine ›Phänomenolo-

gin‹ nennen, wiewohl sie in der Philosophie nicht besonders bewandert und gewiß die Texte von Edmund Husserl und Martin Heidegger kaum zu studieren imstande war. Sie geht aber insofern ›phänomenologisch‹ vor, als sie nicht so sehr daran interessiert ist, die Frage nach dem *Warum* und *Woher* der Neurose aufzuwerfen, sondern sich mehrheitlich darauf beschränkt, ihr *Wie* ausgezeichnet zu beschreiben. Sie will die neurotischen Befunde darstellen und ihren inneren Zusammenhang aufweisen. Das unterscheidet sie von der orthodoxen Psychoanalyse, für die auch die Therapie im wesentlichen darauf hinauslief, die Entstehung der Krankheit in den Kinderjahren aufzudecken. Horney erinnert lakonisch daran, daß sie Patienten gesehen habe, die sich auf Grund einer psychoanalytischen Behandlung ihren ganzen Lebenslauf lückenlos in Erinnerung zu rufen vermochten: Sie waren aber nicht geheilt! Daher ist es sinnvoller, das ›neurotische Gewebe‹ hier und jetzt zu durchleuchten; versteht der Patient, aus welchen Widersprüchen sein derzeitiges Leben sich zusammensetzt, dann erwacht in ihm der Impuls zur Selbstveränderung viel stärker, als wenn er sich auf den Spuren der Vergangenheitsforschung verliert.
Ebenfalls phänomenologisch an Horney ist die Kritik der Libidotheorie, die die beobachtbaren seelischen Erscheinungen zugunsten von *gemutmaßten Triebvorgängen* abwertet. Horney bekämpft diese Tendenz entschieden. Sie verneint die materialistischen Spekulationen und beschränkt sich auf eine Deskription des ›Wahrnehmbaren‹, auf intuitives Interpretieren der ›Phänomene selbst‹.

Daseinsanalytische Neurosenlehre

Ludwig Binswanger, Medard Boss u. a. haben explizit auf der Grundlage der Phänomenologie Husserls und der Existenzialontologie Heideggers eine Psychopathologie und Psychotherapie aufgebaut, die wertvolle Innovationen in Theorie und Praxis einführte. Man kann die Lehren der genannten Autoren nur begreifen, wenn man sich in die schwierigen Texte von Husserl und in Heideggers Hauptwerk *»Sein und Zeit«* (1927) einarbeitet. Viele Psychoanalytiker scheuen vor dieser Mühewaltung zurück, weshalb die sogenannte ›Daseinsanalytik‹ in Fachkreisen noch auf erhebliche Widerstände stößt, die teilweise auch auf

Unkenntnis ihrer Gedankengänge beruhen. Tatsächlich kann man von dieser Schulmeinung außerordentlich viel lernen, wenn man ihr eigenwilliges Vokabular assimiliert und dazu bereit ist, überlieferte Vorurteile aus Wissenschaft und Alltagsleben in Frage zu stellen.

Die Daseinsanalytiker erforschen das ›In-der-Welt-Sein‹ des neurotischen (psychotischen, perversen, normalen) Menschen, d. h. die Art und Weise, wie er sich zu sich selbst, zu den Mitmenschen und zur Dingwelt verhält. Sie betonen u. a., daß die meisten Menschen primär kein eigentliches Ich-Selbst besitzen; sie haben nur ein Man-Selbst-Sein, was etwa bedeutet, daß sie gänzlich in der Lebensweise und Denkmodalität des Kollektivs, dem sie zufällig angehören, aufgehen. Der Weg aus der Verlorenheit in das ›Man‹ zum wahren Ich-Selbst-Sein ist beschwerlich und wird in der Regel gemieden.

Hält man sich diese Grundverfassung des menschlichen Daseins vor Augen, dann kann man die Neurose auch als einen *Substanzmangel im Selbst des Menschen* charakterisieren. Wer die Möglichkeiten einer eigentlichen und eigenständigen Lebensführung allzusehr verfehlt, wird von Symptomen aller Art heimgesucht, die lebensgeschichtliche *Ursachen* haben mögen, aber auch *Ausdruck* seiner persönlichen Selbstentfremdung sind.

Auffällig an neurotischen Patienten ist demnach ein ›schmaler Lebensentwurf‹, das Verfallensein an die Kollektivexistenz und der mangelhafte Mut zum wahren Selbstsein. Der Neurotiker ist auch eingeengt in seinem ›Verstehen‹, was gemäß Heidegger nicht nur Begreifen rationaler Zusammenhänge, sondern auch Fähigkeiten der aktiven Weltbewältigung beinhaltet. Dem Verstehen zugeordnet ist die ›Befindlichkeit‹, womit die Grundstimmung des Menschen gemeint ist. Die seelisch kranken oder gestörten Menschen sind ›verstimmt‹, d. h., sie existieren in düsteren, freudlosen und gequälten Stimmungen, die ihnen den Ausblick auf innere und äußere Möglichkeiten der Selbstverwirklichung verstellen. Als dritte Strukturkomponente neben Verstehen und Befindlichkeit führt Heidegger die ›Rede‹ ein. Er ist der Auffassung, daß menschliches Sein sich wesensmäßig im sprachlichen Ausdruck vollzieht. Im ›Man-Selbst-Sein‹ herrscht das ›Gerede‹ vor, nämlich beziehungsloses Miteinandersprechen ohne den echten Bezug zur Sache. Unechtheit des Daseins führt auch zur Unechtheit der Aussage; Reden dient nicht mehr der Mitteilung, sondern der Verschleierung von Fakten.

Als eine exquisite Grundstimmung des Daseins bezeichnet Heidegger die ›Angst‹, die er als ein Erkenntnismittel bezüglich der Situation des Menschen in der Welt definiert. Im Angsterlebnis erfährt der Mensch, daß er einen Spielraum der Freiheit besitzt. Er ist frei zu seinen Möglichkeiten, die nur er allein wahrnehmen und ergreifen kann. Die äußerste Möglichkeit des Daseins aber ist der Tod. Wer frei sein will, muß auch den Mut dazu haben, seine eigene Endlichkeit zu sehen, d. h., dem Tode ins Auge zu blicken. Angst in diesem Sinne ist demnach nichts Negatives und Unerwünschtes. Man muß sich mit ihr konfrontieren, um ein Leben in Produktivität und Verantwortung führen zu können.

Der neurotische Mensch scheut die oben geschilderte Angsterfahrung und ist weit mehr in der Zone der ›Furcht‹ heimisch, wo dies und das mit schreckhaften Akzenten versehen wird, weil der Furchtsame ganz auf *Selbstbewahrung* und *Sicherheit* ausgerichtet ist. Der Neurotiker engagiert sich zu wenig im Leben; die Furchtsamkeit dient ihm als Alibi, sich überall herauszuhalten und sich die Zeit mit Wünschen und Hoffen zu vertreiben. Wer aber den ›Mut zur Angst‹ aufbringt, von dem fallen die kleinlichen Befürchtungen ab, die uns tausend Tode sterben lassen, bevor uns der ›eigentliche Tod‹ ereilt.

Nicht nur das Selbstsein, sondern auch das ›Mitsein‹ ist in der Neurose unterentwickelt. Das Verhältnis des Menschen zu den Mitmenschen sollte nach Heidegger die ›Fürsorge‹ sein; darin liegt, daß man sich darum bemühen soll, dem anderen zum Selbstsein zu verhelfen. Bekanntlich haben Neurotiker hierfür weder Zeit noch Kraft und Geduld; sie sind ja selbst so klein und hilflos, daß sie für niemanden als Helfer und Förderer in Betracht kommen. So bleiben sie in sich selbst verfangen und kultivieren ihre traurige Innerlichkeit: Die gemeinsame Welt der Menschen bleibt ihnen zu fremd. Aber gerade dort liegen die Chancen der Entwicklung und des Fortschreitens; vermindertes Mitsein ist eine Defizitärform der Existenz.

Nicht nur die Fürsorge des Neurotikers ist reduziert; auch seine ›Sorge‹ erscheint in einer pervertierten Form. Nach Heidegger heißt Sorge: In-die-Zukunft-Gerichtetsein. Die Zukunft ist die eigentliche Dimension des Menschenlebens, die wichtigste Modalität des Zeiterlebens, welches stets die Einheit von Vergangenheit, Gegenwart und Zukünftigsein beinhaltet. Normalerweise lebt der Mensch in seinen Zielen, Plänen und möglichen Selbstverwirklichungen. Aus den Zukunftsbestrebungen erhalten Gegenwart und Vergangenheit ihren tragenden Sinn. Wer keine Zukunft vor sich sieht, weiß nicht, wozu er existiert. Er stagniert innerlich und äußerlich, was ein zentraler Befund bei vielen Neurosen und anderen Störungen ist.

Neurotiker meinen oft, daß es für sie keine Zukunft — als Wandlung, Wachstum usw. — gibt. Sie sehen vor sich ein ewiges Einerlei von Problemen, Konflikten, Nöten und Ängsten. Man kann dies ein ›Verfallensein‹ an ihre jeweilige Gegenwart nennen, die sich erst dann aufhellt, wenn der Betreffende um seine Vergangenheit weiß und seine Zukunft ›entwirft‹.

Zu diesem Zwecke muß aber die *Gewissensinstanz* erweckt werden, über die die Daseinsanalyse Wesentliches zu sagen hat. Wir kennen das Gewissen meistens nur als strafende und ermahnende Instanz, die uns nach bestimmten Fehlhandlungen und Unterlassungen rügt, also Reue, Gewissensbisse und Schuldgefühle in uns erzeugt. Dies ist im Sinne der Daseinsanalytik eine nur oberflächliche Gewissenserfahrung, die lediglich die Stimme der verinnerlichten Eltern und Autoritäten in uns zu Gehör bringt. Das wahre Gewissen kritisiert nicht diese oder jene Einzelheit und hält sich nicht an unseren Fehlern und Untugenden auf. Seine Botschaft als ›Ruf der Sorge‹ ist nur: ›Werde, der du bist!‹ ›Sei wahrhaft du selbst!‹ ›Suche die Selbstverwirklichung deiner Persönlichkeit!‹

Hieraus wird begreiflich, daß die vielen Selbstvorwürfe und oft mörderischen Selbstanklagen neurotischer Patienten kein echtes ethisches Phänomen sind. Oft klagen Neurotiker in ihren endlosen Selbstquälereien versteckt ihre Umgebung an, die ja durch das Wühlen im moralischen Sumpf erheblich niedergedrückt wird. Nietzsche kannte bereits die Spiegelfechterei bei den Selbstquälern und formulierte den Satz: ›Gewissensbisse sind unanständig!‹ Anstelle von unfruchtbarer Reue solle lieber das Wiedergutmachen der Verfehlungen treten. Man ist nicht ›gewissenhaft‹, wenn man die Umwelt durch trauriges und mißmutiges Gebaren plagt; wer Glück und Heiterkeit in der Welt vermehrt, tut mehr für das Sittliche als jener, der von dauerndem Sündenbewußtsein verfolgt wird und sich meistens auch als Verfolger anderer betätigt.

Berühmt geworden sind Heideggers Zeitanalysen in seinem Buch *»Sein und Zeit«*. Diese unterscheiden zwischen der ›Weltzeit‹ und der existentiellen Zeit oder ›Zeitlichkeit‹. Letztere ist das innerste Geschehen der Existenz selbst, die sich ›zeitigt‹.

Das zentrale Zeitphänomen ist hierbei — wie schon Kierkegaard hervorhob — der ›Augenblick‹, die Synthese nämlich von Vergangenheit, Gegenwart und Zukunft in der ›gelebten Situation‹. In seiner jeweiligen Situation kann das Dasein durch entschlossenes Ergreifen seiner Möglichkeiten die Gestaltung seiner selbst und der Welt realisieren. Hierbei wird der Augenblick zur ›Fülle der Zeit‹: Er ist nicht ein gleichgültiger Zeitpunkt in einem mechanischen Zeitablauf, sondern der Schlüssel zu dem, was die Existenz ist und sein wird. Heidegger sieht eine Dialektik zwischen ›Entschlossenheit‹ und existentieller Zeitentfaltung; er spricht auch vom ›Vorlaufen zum Tode‹ (der äußersten Möglichkeit) als Bedingung des ›geschichtlichen Daseins‹.

Man gewinnt anhand dieser schwierigen Existenzanalyse den Eindruck, daß ihr Urheber das Verhältnis des menschlichen Daseins zum Sein überhaupt klären will und zu diesem Zwecke die Varianten des uneigentlichen und eigentlichen Existierens mit einem verborgenen ethischen Pathos beschreibt. Spätere Werke betonten, daß der Mensch der Ort sei, wo das Sein in und an ihm selbst ›gelichtet‹ ist: Er ist die ›Lichtung im Sein‹. Als solche fällt ihm gewissermaßen die Aufgabe zu, *Hirt und Hüter des Seins* zu werden. Er ist geöffnet für die Bedeutungsfülle alles Seienden, was mit der ›Verpflichtung‹ verbunden ist, zu dessen Entbergung und Offenbarung beizutragen und all das ›Vernommene‹ zur Sprache zu bringen.

Was wir in Kürze geschildert haben, ist — wie wir selbst zugeben — eine gewagte Interpretation der daseinsanalytischen Gedankengänge, in der eine Nutzanwendung dieser ›Ontologie‹ für die Neurosenlehre und Psychotherapie versucht wird. Ähnliches hat Binswanger für die Psychiatrie und Medard Boss für die Psychosomatik und die Psychopathologie angestrebt. Vor allem der letztere hat in bedeutenden Arbeiten über die Psychologie des Traumes, der sexuellen Perversionen, der psychosomatischen Krankheiten und in der allgemeinen Psychologie bahnbrechende Konsequenzen aus Heideggers Lehre für die Umformulierung der tiefenpsychologischen Theorie und Praxis gezogen.

Für die Daseinsanalytiker hat Heidegger die ›Grundstruktur des menschlichen Daseins‹ entdeckt und damit allen Wissenschaften vom Menschen einen ›Schematismus‹ in die Hand gegeben, der wichtige Neuerungen und Fortschritte ermöglicht. So gilt etwa für die seelischen Erkrankungen, daß in ihnen die *Gesamtverfassung* der menschlichen Existenz zum Vorschein kommt, allerdings in Abwandlungen, die zu erkennen die Aufgabe einer daseinsanalytischen Psychotherapie ist. So versteht man den Neurotiker besser, wenn man sein In-der-Welt-Sein, die Uneigentlichkeit seiner Existenz, sein Verfallensein, seine Verschlossenheit gegenüber dem Sein, seine punktuelle Zeitlichkeit usw. ins Auge faßt: Dieses gemeinsame Erarbeiten seines ›Weltentwurfes‹ in einer ›fürsorglichen Partnerschaft‹ hilft ihm mehr als eine Klärung seiner ›Krankheitsursachen‹, die für die frühe Psychoanalyse das Hauptgeschäft war.

Weitere Neurosentheorien

Jede Schule der Tiefenpsychologie hat ihre eigene Neurosenlehre, und es würde den Rahmen unserer Darstellung sprengen, wenn wir eine vollständige Übersicht über dieses Thema geben wollten. So müssen wir uns darauf beschränken, nur noch einige gedankliche Positionen in Erinnerung zu rufen, die in der Diskussion um das Wesen der Neurose bedeutsam hervortreten.
Der bereits erwähnte Harry Stack Sullivan, der wie Horney, Fromm und vor ihnen schon Schultz-Hencke zur sogenannten ›Neopsychoanalyse‹ gehört, hat in seinen Werken eine Neurosenkonzeption vorgelegt, die eine gewisse Originalität besitzt. Auch nach Sullivan ist die Neurose eine Störung der gesamtseelischen Entwicklung unter dem Einfluß traumatisierender Faktoren in der Kindheit. In der menschlichen Psyche werden zwei grundlegende Strebungen gefunden: der *Drang nach Lust* und das *Verlangen nach Sicherheit.* Wo die Grundangst durch ungünstige Sozialisationserlebnisse gesteigert ist, wird das Luststreben zugunsten von Sicherheitsmanövern zurückgedrängt; was wir Neurose, Perversion, Psychose und Charakteranomalien nennen, sind stets hypertrophe Sicherheitsapparate des Lebens und Erlebens, welches sich an den ›Lebensprozeß‹ nicht hinzugeben wagt.
Wo die innere und äußere Entwicklung gestört wird, kommt es zu einer sehr subjektiven Erfahrungswelt, welche in ›parataxischen Wahrnehmungsverzerrungen‹ gründet. Der schlecht sozialisierte Mensch ist nicht in seine soziale Umwelt eingefügt; ein Großteil seines Wahrnehmens, Denkens und Fühlens erreicht nicht die Stufe der ›syntaxischen‹ Prägnanz, d. h. der sprachlichen Formulierbarkeit, womit Verständigung stattfin-

den kann. Was Freud das ›Unbewußte‹ nannte, ist nach Sullivan nur jener Bodensatz der Erlebniswelt, der noch nicht in die Sprache emporgehoben wurde oder infolge von ›Verdrängungen‹ sich der sprachlichen Formulierung verweigert. Indem die Psychotherapie diese dumpfen und dunklen Seelenzonen ›gesprächsfähig‹ macht, erweitert sie den Spielraum des Bewußtseins und stärkt das Ich oder das Selbst. Sullivan, dessen Werke bei den amerikanischen Psychiatern hohes Ansehen genießen, leistete unter anderem große Pionierarbeit in der Schizophrenenbehandlung, förderte aber auch die Theorie und Therapie der Neurosen. Wichtig ist auch sein Ansatz zu einer subtilen Entwicklungspsychologie, wie er z. B. in seinem Buch *»Die interpersonelle Theorie der Psychiatrie«* (dt. 1980) dargelegt wird.

Als anthropologische oder personalistische Richtung der Psychotherapie könnte man die Autoren V. v. Weizsäcker, V. E. v. Gebsattel, Erwin Straus, Hans Kunz u. a. zusammenfassen. Diese philosophisch inspirierten Forscher haben viel Husserl, Scheler und teilweise auch Heidegger zu verdanken. Sie sehen in der Neurose in erster Linie eine *Werdenshemmung*, eine Störung in der ›Selbstauszeugung der Person‹ (A. Pfänder). Diese Werdenshemmung hängt mit einem Verlust der Liebesfähigkeit zusammen, der lebensgeschichtlich abgeleitet werden kann.

Die Verkümmerung des Liebenkönnens zeigt sich in der Verkürzung des Ich-Du-Kontaktes, der Bereitschaft zur personalen Begegnung von Mensch zu Mensch. Auch ist die Beziehung zu den möglichen Wertorientierungen merklich herabgesetzt; der in sich verkapselte Mensch kennt hauptsächlich die Werte der Selbsterhaltung und Selbstdurchsetzung, indes ihm die tragenden Werte der Mitmenschlichkeit, der Kulturarbeit, der Selbstverwirklichung im Medium des Kulturellen zumindest teilweise fremd bleiben. In hervorragenden phänomenologischen Deskriptionen der Neurosen, der Perversionen und der Psychosen haben die genannten Autoren unter anderem bei den Patienten eine ›Wendung gegen die Norm‹ festgestellt, eine Verneinung der im Leben selbst gegebenen Ordnungen, die der Neurotiker, der Perverse und der Psychotiker als ›zu schwierig‹ oder gar als ›wertlos‹ erleben. Die Liebe wird hierbei — im Sinne von Scheler — als die Kraft definiert, die die Person vom niederen zum höheren Wert hinbewegt; demnach kann man in allen psychischen Erkrankungen eine ›Haßinfektion‹ entdecken, was ungefähr mit Freuds später Trieblehre übereinstimmt, die im Gegeneinanderwirken von Eros und Thanatos (Destrudo) das psychische Grundgeschehen zu sehen glaubte. Nur akzeptieren die ›anthropologischen‹ oder ›phänomenologischen‹ Forscher nicht das Triebmodell des Seelenlebens, welches ihnen als philosophische Oberflächlichkeit gilt.

Auch Viktor E. Frankl, der nach dem Zweiten Weltkrieg mit seiner ›Logotherapie‹ und ›Existenzanalyse‹ hervortrat, ist ein philosophierender Arzt und Psychotherapeut, dessen Lehre von Max Scheler und den Existentialisten beeinflußt ist. Frankl will in der menschlichen Psyche neben dem ›Willen zur Lust‹ (Freud) und dem ›Willen zur Macht‹ (Adler) noch den *Willen zum Sinn* entdeckt haben. Er spricht von den sogenannten ›noogenen Neurosen‹, d. h. Neurosen mit einem geistigen Ursprung, nämlich entstanden aus einem allgemeinen oder speziellen ›Sinnverlust‹. Letzterer wird auch als *existentielle Frustration* bezeichnet; solche Frustrationen seien gewichtiger in der Krankheitsverursachung als Blockaden im Streben nach Sexualität und Geltung. Damit hat Frankl einen nicht uninteressanten Akzent gesetzt; störend in seinen Darlegungen wirken nur die Behauptungen, daß die Entdeckung der Sinnsphäre in der Psychotherapie seine eigene Leistung sei, indes Adler (*»Der Sinn des Lebens«*, 1933) und Jung bereits vor Jahrzehnten das ›Noogene‹ ausreichend betont haben und von der These ausgingen, daß die Sinnfindung im Leben die beste Neurosenprophylaxe sei.

Beim heutigen Stand der Dinge sieht man sich einer Vielfalt von Neurosenlehren gegenüber, die teilweise übereinstimmen, aber sich auch in manchen Punkten entschieden widersprechen. Angesichts der Größe und der Tragweite des Neurosenproblems scheint es uns angebracht, auf jede Einseitigkeit bezüglich dieses Themas zu verzichten. Eine *Synopsis* (Zusammenschau) aller Lehrmeinungen ist unseres Erachtens hilfreicher als das fanatische Festhalten an nur einem Standpunkt, der doch stets mit einer einseitigen Perspektive verbunden ist. Man mag dies ›Eklektizismus‹ nennen; der Praktiker aber muß seine Erkenntnisse nehmen, wo immer sie ihm angeboten werden — es ist kaum glaublich, daß eine einzige Schule alle Einsicht für sich gepachtet haben kann.

Bernd Kuck

Angstneurose

Das Problem der Angst stellt uns vor vielfältige Fragen. An seiner Erforschung sind Medizin, Psychologie, Sozialwissenschaften, Philosophie und Theologie beteiligt. Da das Phänomen der Angst sehr komplex ist, darf man nicht erwarten, daß es mit einfachen Thesen oder Theorien zu erfassen ist.

In mancher Hinsicht erinnert die Angst an den Schmerz, mit dem sie eine ›Wächterfunktion‹ gemeinsam hat. Da das Lebewesen fast andauernd bedroht ist, bedarf es physischer und psychischer Alarmreaktionen, um Gefahren zu vermeiden oder den Anstoß zur Flucht zu geben.

Die meisten Autoren unterscheiden zwischen Furcht und Angst, wobei das Sich-Fürchten auf ein äußeres Objekt bezogen wird. Eine exakte Trennung der beiden Gefühls- oder Affektreaktionen ist wahrscheinlich nicht sinnvoll, gehen doch Furcht und freiflottierende Angst in der Regel ineinander über, wobei die eine Emotion die andere steigert oder gar hervorruft.

Medard Boss (1975) meint sogar, daß eine Trennung unnötig sei, da es für den Betroffenen keinen Erlebnisunterschied ausmacht, ob seine Empfindung Angst oder Furcht genannt wird.

Mario Wandruszka zeigt in seiner Schrift *»Angst und Mut«*, daß die Begriffe Angst und Furcht kaum je eindeutig gebraucht wurden, ja, daß Furcht ehemals der bedeutungsvollere Terminus war. Etwa bei Kant, der die Angst als eine Sprosse auf der Stufenleiter der Furcht empfand: »Bangigkeit, Angst, Grauen und Entsetzen sind Grade der Furcht« (Wandruszka, l. c., S. 20). Erst Existentialismus und Psychoanalyse ließen die Furcht in ihrer Bedeutung hinter die Angst zurücktreten.

Unabhängig davon, ob wir Furcht oder Angst den Vorrang einräumen, finden sich bei dem jeweils Betroffenen reiche somatopsychische und psychosomatische Erscheinungen, deren biologische Seite relativ leicht zu erfassen ist. So bestehen die körperlichen Symptome der Angst u. a. aus Reaktionen verstärkter sympathikotoner Tätigkeit wie erhöhter Atem- und Pulsfrequenz, Trockenheit des Mundes, Erweiterung der Pupillen und Schweißausbruch. Gleichzeitig treten Erscheinungen auf, die auf eine erhöhte Erregung des Parasympathicus hinweisen. Hierzu gehören Übelkeit und Erbrechen, Durchfall und verstärkte Blasentätigkeit.

Der psychische Aspekt der Angst ist weitaus schwerer zu fassen. Es kommt zu einem Erlebnis der Enge und Unsicherheit (Angst = angustiae, lat.: Enge), des Fehlens jeglicher Geborgenheit in der Welt. So definiert z. B. Martin Heidegger die Angst als ein ›Hineingehaltensein in das Nichts‹, als eine Sorge um das Seinkönnen überhaupt. Darin liegt eine gewaltige Ohnmachtserfahrung, das Gefühl der Hilflosigkeit und des Ausgeliefertseins. Die Angst ist der Ort der Hoffnungslosigkeit, die Welt versinkt in ihr, so daß die Angst zum ›Gradmesser für den Sog des Nichts‹ (v. Gebsattel) wird. Manche Psychiater (etwa H. S. Sullivan) sprechen davon, daß intensive Angst einem ›Welt-Zusammenbruch‹ gleichkommt. Sie gründet in einem tiefen Mangel an ›interpersonaler Sicherheit‹, was einem Schwindelgefühl vergleichbar ist, in welchem jegliche feste Kontur vermißt wird. Gleichzeitig ist dies aber auch ein ›Schwindel der Freiheit‹ (Kierkegaard). Dem Ängstlichen scheinen seine Möglichkeiten dahinzuschwinden. In der Angst wird er aber auch frei zu seinen Möglichkeiten, deren äußerste das Sein zum Tode sei. So ist Angst, wie Kierkegaard sagt, ›sympathetische Antipathie‹ und ›antipathetische Sympathie‹:

> »Sie ist sympathetisch: die Angst fesselt und zieht auf sich hin, der Mensch ahnt die Freiheit als die Möglichkeit, nun sein Leben durch sich selbst zu gestalten. Das zieht ihn an. Zugleich ist die Angst antipathetisch: der Mensch ahnt, wenn er sich als Geist gesetzt hat, dann ist es mit der träumenden Unschuld zu Ende, dann muß der Mensch eben sein Dasein selbst übernehmen.« (Schulz 1977, S. 21 f.)

Angst, Schuld und Ohnmacht sind irgendwie miteinander verwandt, doch zur näheren Bestimmung dieses Verwandtschaftsverhältnisses bedarf es anthropologischer, psychologischer und psychopathologischer Untersuchungen. Das Studium der Angst führt uns in das Zentrum der Interpretation des menschlichen Daseins.

Das einfachste psychologische Angstmodell wird durch die so-

genannte ›Verhaltenspsychologie‹ geliefert. Ausgehend von der Beobachtung, daß die Entfernung der Unterlage sowie laute Geräusche bei kleinen Kindern angeborene Angst auslösen, suchten Watson und seine Schüler Angst zu konditionieren (Lahmann 1981, S. 26). Es sollte gezeigt werden, daß die Angst auf Grund von *bedingten Reflexen* zustande kommt, woraus folgt, daß sie dementsprechend durch Dekonditionieren oder »Abbedingen« wieder beseitigt werden kann. Berühmt und berüchtigt wurde das Experiment von Watson und Rayner aus dem Jahre 1920. Ein Kind namens ›Little Albert‹ (ein Jahr alt) spielte gern mit einer weißen Ratte. Nach Durchlaufen einer Versuchsreihe, in der die Berührung der geliebten Ratte mit einem lauten Geräusch gekoppelt wurde, reagierte Albert bald beim bloßen Anblick der Ratte mit Schrecken und Weinen. Damit nicht genug, stellten die Experimentatoren nach einigen Tagen auch eine Angstreaktion gegenüber einem Kaninchen, einem Pelzmantel und anderen pelzartigen Objekten fest. Sie konstatierten — triumphierend —, daß die Angst sich generalisierte; der ›bedingte Reflex‹ heftete sich an andere Stimuli, die dem auslösenden Stimulus ähnlich waren.
Demnach ist Angst unter besonderen Umständen erworben. Es scheint aber auch angeborene Angst zu geben, denn tote und verstümmelte Körper erzeugen bei höheren Tieren und Menschen auch ohne Konditionierung Angstreaktionen. Durch Dressur und Gewöhnung kann fast jedes beliebige Objekt oder jede Situation zur Angstquelle werden.
Ganze Bibliotheken sind inzwischen mit den Reflexexperimenten an Mensch und Tier gefüllt worden, aber die Ergebnisse des Behaviorismus und der ›Reflexologie‹ sind keineswegs befriedigend. Sie beruhen allesamt auf der Voraussetzung, daß die psychologische Erforschung des menschlichen Seelenlebens ›exakt naturwissenschaftlich‹ vorgehen kann und muß, wobei alle subjektiven Faktoren ausgeklammert werden und radikale Objektivität angestrebt wird. Gewiß werden hierbei meß- und kontrollierbare Resultate erzielt, aber das Bedauerliche an dieser mit großem Pathos vorangetriebenen Forschungsweise ist stets, daß sie ›Bagatellen und Banalitäten‹ zutage fördert. Daher zeichnet sich mehr und mehr der Rückgriff auf jene Methoden ab, die im Sinne Diltheys ›beschreibend und zergliedernd‹ sind und die Erlebniswelt in ihrer subjektiven Erscheinungsweise möglichst vollständig zur Geltung kommen lassen. Psychoanalyse und

Phänomenologie entsprechen am meisten der Forderung nach einer Psychologie, die die Subjektivität des Forschers einbezieht und grundlegend im Erleben selbst wurzelt. Daher werden in der Folge die behavioristischen Texte fast ganz aus dem Spiel gelassen und die tiefenpsychologischen und phänomenologischen Gesichtspunkte allein berücksichtigt. Der Vorteil dieser beiden Forschungsrichtungen liegt auch darin, daß sie hervorragend wichtige Beiträge zur philosophischen Anthropologie leisten. In ihnen ist stets die Frage lebendig: *Was ist der Mensch?*, indes der Behaviorismus nicht selten den Menschen mit Ratten, Tauben und Mäusen zu verwechseln scheint.

Psychoanalyse der Angst

Man kann bei Sigmund Freud drei Angsttheorien unterscheiden, die die Deutung der Angst, die zu einer Angstneurose wird, auf eine jeweils unterschiedliche Basis stellen. Zunächst sah Freud in der Angst eine Auswirkung von Libidostauung, die er auf unbefriedigende Sexualpraktiken zurückführte. So machte er Coitus interruptus, Onanie und sexuelle Stimulierung ohne echte Befriedigung als Angstquellen geltend. Gemäß dieser ›physiologischen Theorie‹ war Aufklärung über normales Sexualverhalten die angezeigte Therapie der Angstneurose. Freud will beobachtet haben, daß der Verzicht auf minderwertige Sexualbetätigung oft zur Angstbehebung führe. Folglich postulierte er sexuelle Ursprünge der Angst, die vornehmlich in Neurasthenie und Angstneurose ihre Wirkung entfalten. In diesem Zusammenhang ordnete er die Angstneurose den *Aktualneurosen* zu, die eine andere Ätiologie als die Psychoneurosen haben.
Diese Theorie ist derzeit von den Psychoanalytikern fast ganz vergessen worden. Freud selbst bekam diese Ablehnung schon deutlich zu spüren, was er mehrfach bedauerte. Seine zweite und dritte Angsttheorie fanden größere Beachtung, waren sie doch mehr psychologisch als biologisch fundiert.
Dennoch ist auch in der ersten Theorie ein wahrer Kern enthalten. Setzt man für ›abusus sexualis‹ den Begriff ›abusus actionis‹ (Rattner), so gelangt man zu dem Schluß, daß nicht nur unvollständiges Sexualverhalten, sondern auch *unkomplettes Handeln* angsterzeugend ist. Angstneurotiker machen nahezu alles nur halb und unvollständig, wodurch die psychophysische Entla-

stungsfunktion der abgeschlossenen Handlung nicht zustande kommt.

In seinen *»Vorlesungen zur Einführung in die Psychoanalyse«* (1916/17) unterscheidet Freud zwischen Realangst und neurotischer Angst. Erstere ist ungefähr mit der Furcht gleichzusetzen: Man ängstigt sich vor einer äußeren Gefahrensituation. Bei der neurotischen Angstregung kommt die Gefahr jedoch von innen. In beiden Fällen gerät das Ich in einen Alarmzustand, der allerdings oft genug nicht nur anregend, sondern auch lähmend sein kann. So scheint für Freud »die Angstbereitschaft (...) das Zweckmäßige, die Angstentwicklung das Zweckwidrige an dem, was wir Angst heißen, zu sein« (Freud, GW, Bd. XI, S. 410).

In seiner zweiten Angsttheorie nimmt Freud an, daß Angst bei der Wiederkehr von verdrängten Inhalten entsteht. Denn die abgewiesene Libido fordert gleichsam Zugang zum Bewußtsein. Wie bei der Realangst setzt die Angstentwicklung als Reaktion des Ich ein. Sie ist das Signal zur Einleitung der Flucht oder Gegenreaktion. Das Ich ängstigt sich vor den Ansprüchen des Es, welche das Pendant zur äußeren Gefahr darstellen. Wie der äußeren Gefahr mit zweckmäßigen Verteidigungshandlungen begegnet wird, »so weicht auch die neurotische Angstentwicklung der Symptombildung, welche eine Bindung der Angst herbeiführt« (Freud, a.a.O., S. 420). Bei Kinderängsten sei häufig die Trennung von der Mutter (die der Garant für die Erfüllung der meisten libidinösen Wünsche ist) als Hauptmotiv in Anschlag zu bringen. Hier zeigt sich wieder der Zusammenhang zwischen Angst und Libido, den Freud zeitlebens für wesentlich hielt.

Die dritte Angsttheorie ist bei Freud niedergelegt in *»Hemmung, Symptom und Angst«* (1926) und in *»Angst und Triebleben«* (in: *»Neue Folge der Vorlesungen zur Einführung in die Psychoanalyse«*, 1933). Hier gibt er die Annahme, nichtentladene Libido würde in Angst verwandelt, gänzlich auf. Die Angstreaktion ist vielmehr mit psychisch traumatisierenden Gefahrensituationen verbunden. So tritt die Angst immer dann auf, wenn das Ich sich durch »Reizüberflutung« bedroht sieht. Solche Gefahr droht ihm gleichermaßen von der Außenwelt, dem Es und dem Überich. Angst ist eine Art von Kapitulation des Ich vor den mannigfaltigen Forderungen seiner nach Befriedigung verlangenden Triebbasis und den gleichzeitigen Verzichtsforderungen von Realität und Überich: ein Konflikt, der die Kräfte eines schwachen Ich übersteigt. Das Modell der Hilflosigkeit aber sei der Geburtsvorgang. An dieses Trennungserlebnis werde in anderer Form bei dem Vermissen der Mutter (Objektverlust) gemahnt, ebenso in der Kastrationsangst, da der Verlust des Gliedes die Wiedervereinigung mit der Mutter (bzw. Muttterersatz) verhindere. Wenn nun das Ich ›die Stätte der Angst‹ ist, dann kann man die mannigfaltigen Formen von Trennungsangst als Gleichnis verstehen, welches in verschiedenen Ausdrucksweisen das Problem der Übernahme von Verantwortung für die eigene Lebensgestaltung versinnbildlicht.

So spricht Freud vom ›Angstsignal‹ bei drohendem Objektverlust als dem ersten Schritt in der Fürsorge für die Selbsterhaltung. Auch die Kastrationsangst müßte ›übersetzt‹ werden. Diese kann als Forderung nach der Loslösung von der Mutter verstanden werden, im Sinne der Verselbständigung des Heranwachsenden, oder als Befürchtung jeglicher Art von Einschränkung des Expansionsbedürfnisses durch den Vater. Auch ähneln die Entbehrungen, die der Heranwachsende bei seiner Verselbständigung erleidet, durchaus dem Zustand extremer Hilflosigkeit, die den Fötus nach der Geburt auszeichnet.

Otto Rank — dieser Anregung Freuds folgend — hat in jedem Angstzustand ein Analogon zur ›Geburtsangst‹ gesehen. Die (angebliche) Angst des Säuglings beim Passieren der Geburtswege sei Modell oder gar Ursache aller späteren Angstzustände. Er ging so weit, alle folgenden Angstreaktionen als Versuch der Abreaktion des ursprünglichen Geburtstraumas aufzufassen. Das entspricht der psychoanalytischen Tendenz, stets eine ›Ursache‹ zu suchen, um irgendwelche pathologischen Reaktionen des späteren Lebens begreiflich zu machen.

Es ist fraglich, ob die Geburtsangst des Säuglings (die sicherlich nicht bewußt erlebt wird, da das Nervensystem noch nicht entwickelt ist) mit späteren Lebensängsten kausal verknüpft werden kann. Im metaphorischen Sinne hat der Ranksche Gedanke jedoch sehr wohl einen Sinn. Aus ihm läßt sich nämlich ableiten, daß jede Angst so etwas wie ›Geburtsangst‹ ist: Es geht um das Werden der Person, wobei Angst deutlich der Ausdruck einer Werdenshemmung ist. Entwicklung läßt sich begreifen als eine lebenslängliche *Selbstauszeugung der Person* (A. Pfänder), wobei von Mal zu Mal die ›zweite Geburt‹ des Menschen vorangetrieben werden soll. Hier geht es um die Selbstentfaltung und Selbstverwirklichung, die einem nicht mehr ohne weiteres Zutun geschenkt wird wie die erste, die biologische Geburt.

Im Grunde hat Freud dies unter den verschiedenen Formen von Trennungsangst beschrieben. Geburtsangst, Angst vor Objektverlust, Kastrationsangst, Gewissensangst und Todesangst bilden Begleitumstände der Entwicklung der Persönlichkeit.

> »Wenn wir bei diesen verweilen (Geburtsangst als Vorbild aller späteren Gefahrensituationen, d. V.), werden wir sagen können, daß eigentlich jedem Entwicklungsalter eine bestimmte Angstbedingung, also Gefahrsituation, als ihm adäquat zugeteilt ist. Die Gefahr der psychischen Hilflosigkeit paßt zum Stadium der frühen Unreife des Ichs, die Gefahr des Objekt-(Liebes-)verlustes zur Unselbständigkeit der ersten Kinderjahre, die Kastrationsangst zur phallischen Phase, endlich die Angst vor dem Über-Ich, die eine besondere Stellung einnimmt, zur Latenzzeit.« (Freud, GW, Bd. XV, S. 94)
>
> »Als letzte Wandlung dieser Angst vor dem Über-Ich ist mir die Todes- (Lebens-)angst, die Angst vor der Projektion des Über-Ichs in den Schicksalsmächten erschienen.« (Freud, GW, Bd. XIV, S. 171)

Angst im Erwachsenenalter ist Ausdruck einer irgendwie gescheiterten Trieb- und Persönlichkeitsentwicklung. Der äußere Anlaß mobilisiert nur die bereitliegenden inneren Ängste, in denen auch »pervertierte Libido« in Erscheinung tritt. Je mehr Verdrängungen, desto mehr Angst. Wenig Verdrängung kann aber nur ein starkes Ich zulassen, das sich mit seinem Es, seinem Über-Ich und der Außenwelt in befriedigender Weise zu arrangieren weiß. Bei Ichschwäche ist dies kaum möglich. Angst wird somit zum Synonym für Ichschwäche. Ein ängstliches und hilfloses Ich kann die vielfältigen Lebensanforderungen nur durch Symptombildung ertragen, da die Symptome Angst binden. Das Symptom erzwingt Entlastungen in der Außenwelt und ermöglicht den Rückzug von sozialen Aufgaben. So ist Angst Fluchtbereitschaft, wenn nicht gar Flucht selbst.

Da Libido jedoch in allen Erlebnisstrukturen enthalten ist, müßte sie auch im Angstanfall zu finden sein. Michael Balint hat geradezu von ›Angstlust‹ gesprochen, die viele Menschen bei der Bewältigung von Pseudolebensaufgaben empfinden. Das Ausharren in solch kalkulierbaren Gefahren (Rummelplatz, Krimis usw.) vermittelt ein erhöhtes Bedeutungsgefühl, welches beim Angstneurotiker unter Umständen als eine Art ›narzißtischer Befriedigung‹ charakterisiert werden kann.

Die Psychoanalyse dringt tief in das weite Gebiet der Angst mit den Konzepten der Geburtsangst, der Kastrationsdrohung, der Libidostauung und der Regression auf frühere Entwicklungsstadien der Libido vor. Sie hat damit mehr als viele andere Theorien die innere Dynamik und die Entstehungsgeschichte der Angst bloßgelegt. Sie bleibt aber in manchen Teilen unbefriedigend, da ihre Hypothesen konstruiert anmuten und mitunter nicht zu verifizieren sind. Störend wirkt auch Freuds ›genetisches Vorurteil‹, welches jegliche Angst auf lebensgeschichtliche Ereignisse meint zurückführen zu müssen. In der Deutung der Phobien machen sich diese Engen und Einseitigkeiten besonders bemerkbar.

Neopsychoanalyse

Harald Schultz-Hencke (*»Der gehemmte Mensch«*, 1940) führt übersteigerte Angst auf ›Hemmungsschicksale‹ menschlicher Antriebe zurück. Gegeben sind in der menschlichen Entwicklung bestimmte Bedürfnisse, ›Strebungen‹, die er als ›Habenwollen‹ (kaptative Tendenz), ›Behaltenwollen‹ (retentive Tendenz), ›Geltungsstreben‹ (aggressive Tendenz) und als ›Sexualstreben‹ bezeichnet. Erfolgt eine vernünftige und antriebsfreundliche Erziehung, können diese natürlichen Bedürfnisse in soziale Verhaltensweisen einfließen. Sofern nicht ›Härte und Verwöhnung‹ in der Erziehung diese ›Strebungen und Impulse‹ hemmen, kann das Individuum Tun und Erleben lustvoll empfinden. Aufgrund der ›Gehemmtheit‹ ist aber der einzelne von seinem Erleben abgeschnitten. Sogar die Angst erlebt er oft genug nicht mehr.

> »Einst waren Strebungen lebendig. Dann wurden sie bedroht. Dann waren sie von Furcht begleitet. Dann traten sie in den Hintergrund. Dann entwickelte sich ein reflexhaftes Gefüge. *Angstreflexe* ersetzten das Furchterlebnis. Sie erstickten den Rest der Strebungen, die *Impulse*. Auch die Angstreflexe wurden immer unbemerkter, wie es ein Lidreflex gewöhnlich ist. Dann war schließlich in gleicher Situation bloß ›nichts‹ mehr da.« (Schultz-Hencke, l. c., S. 57)

Jedoch verfallen diese Strebungen nicht gänzlich der Hemmung. Was übrigbleibt, durchdringt das Bewußtsein in Form von ›Haltungen‹, die das gesamte Denken, Fühlen und Handeln beeinflussen. Diese Haltungen nennt Schultz-Hencke ›Sprengstücke des Unbewußten‹ oder ›Antriebssprengstücke‹. In bestimmten ›Versuchungs- und Versagungssituationen‹ brechen die verdrängten Antriebe aus dem Unbewußten hervor und können Angst und Schrecken erzeugen. Alle Neurosen bestehen aus spezifischen Antrieben und Hemmungen, die jeweils ganz besondere Ängste bewirken.

Von besonders praktischem Wert sind die diesbezüglichen Ausführungen Fritz Riemanns (*»Grundformen der Angst«*, 1975), der im Anschluß an Schultz-Hencke vier Angsttypen unterscheidet:

a) In der schizoiden Persönlichkeit dominiert die *Angst vor Hingabe*;
b) in der depressiven Persönlichkeit dominiert die *Angst vor Selbständigkeit*;
c) in der zwanghaften Persönlichkeit dominiert die *Angst vor Veränderung*;
d) in der hysterischen Persönlichkeit dominiert die *Angst vor Beständigkeit.*

Diese Ängste gründen in einer bestimmten Charakter- und Erlebnisstruktur. Der Schizoide z. B. legt ein auffälliges Streben nach Unabhängigkeit und Autarkie an den Tag. Solche Menschen möchten auf niemanden angewiesen sein. Zwischen ihnen und den Mitmenschen klaffen scheinbar unüberbrückbare Abgründe, eine Distanz, die jede Form der Nähe als Gefährdung der so hoch eingeschätzten Unabhängigkeit unmöglich macht. Diese Menschen zeigen eine typische Angst, andere, gerade auch Liebespartner, in ihre Nähe zu lassen. Sie entwickeln eine Reihe von Abwehrmechanismen, um die unvermeidliche Intimität im Leben doch zu verunmöglichen.

Der Depressive hingegen lebt erst durch ein Du. Seine Angst betrifft vor allem das Selbständigwerden. Er benötigt immer jemanden, der ihm seine Bedürfnisse erfüllt, die er »aus sich selbst heraus nicht glaubt erfüllen zu können« (Riemann, S. 60). Dies führt zu Riesenerwartungen an die Bezugspersonen, die notwendig enttäuscht werden. Folglich fehlen beim traurig Verstimmten selten Groll und indirekte Vorwürfe, in denen die Klage gegen die Umwelt anklingt. Daß jede Klage immer auch Anklage ist, hat bereits Friedrich Nietzsche betont.

Für den zwanghaften Menschen ist vor allem Veränderung und

Spontaneität mit Angst verbunden. Am besten sollte alles in geregelten Bahnen verlaufen, alles in überschaubare Formen gebracht sein. Das führt zu Problemen im zwischenmenschlichen Kontakt, aus dem Überraschungsmomente nicht zu eliminieren sind. Der Mitmensch läßt sich nicht in Schablonen fassen, so daß der Umgang mit ihm für den Zwanghaften mit latenter Angst verbunden ist. Im allgemeinen lebt der Zwanghafte ›einsam in seiner Welt‹ — die anderen bleiben ›draußen‹, sind Gegenstand von Sehnsucht und Abwehr.

Im Gegensatz dazu will sich der Hysteriker nicht festlegen lassen. Für ihn ist das Leben nur im Augenblick interessant. Kontinuität und Dauerhaftigkeit sind ihm Quellen der Angst. In diesem Typ finden wir die sogenannten ›schnellebigen Naturen‹, die leicht Feuer und Flamme für etwas sind. Ist das Strohfeuer erloschen, fliehen sie aus der Situation, um die Fassade zu retten, die zu zerbröckeln droht. Der Hunger nach Anerkennung und schneller Bestätigung läßt sie Charme, Brillanz und gespielte Begeisterung entwickeln. So können sie andere Menschen leicht für sich einnehmen, die geweckten Erwartungen jedoch selten einlösen.

Riemann und Schultz-Hencke beschreiben offensichtlich konkrete Angstformen, die im Alltag vielfältig zu beobachten sind. Sie lassen erkennen, daß die Angst im Zentrum aller psychopathologischen Zustandsbilder zu finden ist.

Auch Karen Horney und H. S. Sullivan haben neopsychoanalytische Angsttheorien entwickelt, die an Freud anschließen und Ähnlichkeit mit den Konzepten von Alfred Adler und Harald Schultz-Hencke aufweisen.

Horney betrachtet die Angst als das ›dynamische Zentrum‹ der Neurose. Fehlende Einfühlung und Unaufrichtigkeiten der Eltern bringen für das Kind Konflikte mit sich, die auf nicht geäußerten feindseligen Gefühlen den Eltern gegenüber beruhen. Horney nennt verschiedene Gründe, die das Kind veranlassen, diese Gefühle zu verheimlichen: Abhängigkeit, Angst vor den Erziehern (durch Gewalterziehung), Angst vor Liebesverlust und Schuldgefühle. Diese Eindrücke verdichten sich zu Gefühlen der Hilflosigkeit und Einsamkeit, welche nach Horney in der ›Grundangst‹ des Kindes kulminieren.

Auf der Basis solcher Grundangst kann sich kein ›wahres Selbst‹ entfalten; an seine Stelle tritt ein ›idealisiertes Selbst‹, was zu Entfremdung vom eigenen Ich und den Mitmenschen beiträgt.

Der selbstentfremdete Mensch unterliegt der ›Tyrannei des Solls‹, nämlich der Forderung verinnerlichter übersteigerter Ansprüche, die er nie erfüllen kann. Daraus erwachsen ihm immer neue Konflikte, bei deren Aufkeimen Angst erlebt wird, die durch den weiteren Ausbau starrer Charakterzüge sowie durch Ausbildung von Symptomen in Schach gehalten werden soll. Jede Neurose ist Angstabwehr, weshalb der Patient, der seine neurotischen Züge aufzugeben beginnt, zunächst mit seiner Grundangst neu konfrontiert wird, was sehr schmerzlich ist. Daher auch der Widerstand gegen die Heilung, der sich gegen den Therapeuten richtet.
Das Gegenstück zur Angst und Unsicherheit ist Liebe und Selbstverwirklichung. Die Entwicklung beider Persönlichkeitstendenzen erfordert, daß man sich zur Welt hin öffnet und ein bestimmtes Maß an Angst ertragen lernt.
Ähnliche Auffassungen vertritt Harry Stack Sullivan, der auch hinsichtlich der Entstehung der Angst mit Freud, Adler, Schultz-Hencke und Horney weitgehend übereinstimmt. Jedoch betont er besonders den zwischenmenschlichen Aspekt der Angst des ›relativ erwachsenen Lebens‹ und definiert sie als ›vorweggenommene Mißbilligung‹ von seiten bedeutsamer Bezugspersonen. Soziale Sicherheit ist an ein hohes Maß von Selbstachtung gebunden, die wir in gewisser Hinsicht durch die ›verinnerlichte Zustimmung unserer Mitmenschen‹ erworben haben. Ist die Beziehung zu ihnen tiefgreifend gestört, dann leben wir in einer ›kahlen Umgebung‹, die uns regelrecht ins ›Nichts‹ zu stürzen scheint. Man versteht, daß sich der Mensch dieser Leere entziehen möchte und nach Zustimmung und Beachtung trachtet. Erst wenn jemand in seinem mitmenschlichen Beziehungsrahmen in keiner Weise anzukommen scheint, ergibt sich — nach Sullivan — so etwas wie eine ›böswillige Umformung der Persönlichkeit‹. Bar jeder Hoffnung auf Zuwendung gibt es das Kind auf, zu kooperieren und um Liebe zu werben. Ein großer Teil der Patienten der Psychotherapie entbehrt echte Mitmenschlichkeit; sie sind zu wenig und kaum gründlich sozialisiert. Daraus erwachsen die umfänglichen Komplikationen ihres Lebens, die den Sinn haben, menschliche Nähe zu reduzieren, weil diese ihre Grundangst beleben könnte.

Phänomenologie der Angst

Jeder Persönlichkeitsartung entspricht eine dazugehörige Auffassung von der Wirklichkeit. Die Welt des Depressiven ist anders gestaltet als die des Schizoiden, die des Hysterikers anders als die des Zwanghaften. In der Folge wollen wir die Wirklichkeitsstruktur des Ängstlichen herausarbeiten, wobei wir versuchen, durch die phänomenologische Betrachtungsweise die tiefenpsychologische noch zu präzisieren. Die Phänomenologie fragt etwa nach dem In-der-Welt-Sein des Menschen, seinem Raum- und Zeiterleben, seiner Geschichtlichkeit sowie seiner Leiblichkeit. Ebenso müssen wir die Tatsache der Sterblichkeit in die Betrachtung einbeziehen.

Begreift man Angst als ›Durchgangsstadium zur Geborgenheit im Sein‹ (Jaspers), so muß für den Ängstlichen die Welt voller Unwägbarkeiten bleiben. Ihn sprechen vor allem die bedrohlichen ›Verweisungszusammenhänge‹ an, die er in seiner pessimistischen Sicht überbetont. Nicht selten gehen damit Entwertungstendenzen einher, die die erfreulichen Weltbezüge als bloße Oberflächlichkeiten entlarven sollen. Immer stärker zieht er sich aus Enttäuschung von der Welt und den Mitmenschen zurück, wobei seine Liebeswünsche und Forderungen in der Phantasie ins Unermeßliche steigen, was die nächste Enttäuschung bereits vorwegnimmt.

> »Ist der Mensch aus der Liebe gefallen, so kann ihm die Menschenwelt zur Feindwelt werden, aus der er, angstvoll sich sichernd vor dem Bösen in der Welt, als Déserteur du monde sich verzweifelt in sich selbst zurückzieht.« (v. Gebsattel 1954, S. 384)

Das Raumerleben des *Angstpatienten* zeichnet sich durch Enge und Überschaubarkeit aus. Er entspricht dem ›Oknophilen‹ (Balint), der sich an einen Menschen klammert und von ihm die Erfüllung seiner Bedürfnisse verlangt. Nicht selten finden wir den Ängstlichen in einer symbiotischen Abhängigkeitsbeziehung, in der jeder Versuch der Loslösung von heftigen Angstanfällen begleitet wird. Selbst der Versuch, die Symbiose durch Einbeziehen eines größeren Freundeskreises aufzulösen, scheitert, da der ängstliche Partner im geselligen Beisammensein es nicht versteht, sich durch Beitragsleistungen einen Platz zu erobern. Dieses Unvermögen, sich auf nützliche Weise Raum zu verschaffen bzw. Raum zu füllen, offenbart sich bis in die Handschrift hinein, die das Papier oft nicht ›ausschreibt‹ und meist den Rechtsrand nicht erreicht, der — etwa im Sinne von Max Pulvers *»Symbolik der Handschrift«* — den Empfänger symbolisiert.

In zeitlicher Hinsicht lebt der Ängstliche vorwiegend im Augenblick, der ganz von seinen Ängsten erfüllt ist. Die Vergangenheit ist ihm wenig attraktiv, da sie, wie es scheint, in erster Linie aus Mißerfolgen besteht, die ihm sein Gedächtnis mahnend in Erinnerung ruft. Die Zukunft erscheint ihm hoffnungslos, sie bedroht ihn als Herannahen nicht bewältigbarer Anforderungen. Das Leben nur im Augenblick führt jedoch zum ›gelebten Nihilismus‹ (v. Gebsattel), unter dessen Herrschaft

> »die ›obersten Werte sich entwerten‹, der ›Verlust der Mitte‹ sich ereignet, der ›Sinn des Daseins‹ verlorengeht«. (v. Gebsattel 1968, S. 143)

So offenbart sich der Ängstliche als vergangenheitslos und zukunftslos, als jemand, der ständig sich selbst und andere entwertet und so des Gefühls für die Identität seiner Person verlustig geht. Dieser Nihilismus drückt sich auch in einem eigentümlich gebrochenen Verhältnis zur eigenen und kollektiven Geschichtlichkeit aus. Ängstliche Menschen sind nicht nur von ihrer privaten Geschichte abgetrennt, sie sind auch losgelöst von der Menschheitsgeschichte im Ganzen. Sie kümmern sich um wenig Überindividuelles und Öffentliches und meinen mit ihren Ängsten schon genug belastet zu sein, so daß sie sich nicht auch noch um das ›Römische Reich‹ sorgen können.

Hier deuten sich bereits Maßnahmen für die Therapie an. Es geht um die Zusammenschau der gelebten Zeit, wo Vergangenheit, Gegenwart und Zukunft zu einer Einheit zusammenfließen und die Zerrissenheit des einzelnen zu einer Ganzheit gefügt wird. Gelingt es zudem, durch die Weckung des Interesses für Kultur und Politik, daß der Patient sich als ›Teil der Menschheit‹ begreifen lernt, so kommt er auch von seinen morbiden Gedanken und Gefühlen los.

Das Verhältnis zum Leib ist beim Angstpatienten ebenso irritiert. Meist hat er gelernt, durch ›Sich-krank-Fühlen‹ Erleichterung zu erlangen. Ängstlich lauscht er auf jede Mißempfindung seines Leibes, der ihm eher als Last denn als Instrument des Wirken- und Liebenkönnens erscheint. Das oft geschilderte

Schwächegefühl des Angstkranken läßt sich physiologisch nicht erhärten, obwohl der Körper durch übermäßige Schonung tatsächlich an Leistungsfähigkeit eingebüßt haben mag. Ermutigung zur Bejahung der Leiblichkeit soll zu sportlicher Betätigung hinleiten, auf deren Boden auch Stärke- und Sicherheitsgefühle wachsen können.
Die Tatsache des Sterblich-Seins ist für den Angstpatienten eine schreckliche Vision. Da er keine sinnvolle Einstellung zur eigenen Endlichkeit gefunden hat, wehrt er sich in absurder Weise gegen die Begrenztheit menschlichen Seins, wobei er ›tausend Tode‹ stirbt, ehe ihn der wirkliche Tod ereilt. Viele Ängstliche waren ehemals verwöhnte Kinder, denen es eigen ist, unangenehme Dinge durch andere erledigen zu lassen bzw. sich sonstwie zu entziehen.
Nun lehrt uns aber die ›Daseinsanalyse‹, daß im Sterben jeder von uns unvertretbar ist. Wird sich der Mensch seines Sterblich-Seins inne, so offenbart sich ihm, daß jeder Augenblick unwiederbringlich ist, also genutzt sein will. Diese Gewißheit könnte in Tatkraft münden. In der Versöhnung mit dem Tode liegt auch eine Versöhnung mit dem Leben. Erst dadurch wird der Mensch frei zu seinen Möglichkeiten und kann sich sorgend der Welt und den Mitmenschen zuwenden. Diese Hinwendung eröffnet ihm die Welt, läßt ihn die glücklichen und erfüllenden Seiten des Daseins auskosten.

> »Die Menschen, die sich als solchen offenen Weltbereich aus Ansprechbarkeit für die Bedeutsamkeiten des Begegnenden haben brauchen lassen und ihr Leben in einem antwortenden Verhalten verbraucht haben, sterben ohne Angst.« (Boss 1975, S. 461)

Schon aus diesen wenigen Andeutungen wird deutlich, daß phänomenologische Überlegungen für die Psychologie und Psychotherapie nutzbringend sein können, was nun in der Betrachtung einiger Phobien zur Geltung kommen soll.

Phobien

Als Phobien bezeichnet man Angstzustände, die an bestimmte Objekte oder Situationen gebunden sind, so daß der Patient durch deren Vermeidung dem Angstanfall zu entgehen sucht.

H. E. Richter empfiehlt, sogenannte *Nosophobien*, wie Herzphobie, Carcino-, Luo- und Erythrophobie, von den typischen *neurotischen Phobien* abzutrennen, da der Patient ja z. B. seinem Herzen nicht entfliehen kann. Solche Trennungen erscheinen künstlich, tragen sie doch wahrscheinlich ebensowenig zum Verständnis der Phobie bei wie die unzähligen gelehrt klingenden z.T. griechischen Namen. Ein amerikanischer Psychologe (Stanley Hall) hat einmal eine Liste von 135 Phobien zusammengestellt, von denen wir eine kleine Auswahl benennen. So finden sich im erwachsenen Leben: Angst vor der Dunkelheit oder Nacht (*Nyktophobie*); Angst vor Blitzen (*Astraphobie*); Angst vor Donner (*Keraunophobie*); Platzangst (*Agoraphobie*); Angst vor geschlossenen Räumen (*Claustrophobie*); Angst vor Menschen (*Anthropophobie*); *Eigenblicksphobie* (von dem Japaner Kasahara beschrieben); Angst vor der Häßlichkeit des eigenen Gesichts oder Körpers (*Dysmorphophobie*) sowie die vielfältigsten Tierphobien.

Phobien sind im übrigen gar nicht so selten, wobei es darunter einige gibt, die sich recht gut ›tarnen‹ lassen oder gar als ›normal‹ angesehen werden, zumal sie im Leben nicht hinderlich in Erscheinung treten. Wilhelm Stekel (»*Nervöse Angstzustände und ihre Behandlung*«, Wien 1924) führt eine ganze Reihe ›prominenter Phobiker‹ auf:

> »Cäsar Augustus zitterte am ganzen Leibe, wenn es zu donnern begann; er flüchtete dann in die tiefsten Kellerräume seines Palastes und bedeckte, um das Rollen des Donners nicht hören zu müssen, sein Haupt mit dicken Pelzen. Erasmus konnte aus der Fassung geraten, wenn er einen Fisch sah, und Pascal gar fürchtete tausenderlei. Friedrich der Große soll gegen neue Uniformen und überhaupt gegen jedes neue Gewand einen wahren Widerwillen gehabt haben; er soll oft einer Ohnmacht nahe gewesen sein, wenn er einen neuen Rock anziehen sollte. Bernardin de Saint-Pierre, der Verfasser von ›*Paul und Virginie*‹, Newton und Paganini empfanden Furcht und ein Übelkeitsgefühl, wenn sie an Wasserbassins vorübergehen mußten. Mozart nahm Reißaus, wenn er eine Trompete oder ein Jagdhorn erklingen hörte. Schopenhauer zitterte vor einem Rasiermesser. Carlyle wagte nie einen Fuß in einen Kaufmannsladen zu setzen ...« (Wilhelm Stekel, l. c., S. 21 f.).

Die Phobie-Interpretation variiert je nach der ›Theorie des Seelenlebens‹, die sich die jeweiligen Forscher zu eigen gemacht haben. Verhaltenstherapie, Psychoanalyse, Individualpsychologie und ähnliche Schulen haben für sie kennzeichnende Phobiedeutungen, die erheblich voneinander abweichen.

Für die Verhaltenstherapie bzw. den Behaviorismus sind Phobien durch traumatische Erlebnisse konditioniert, wobei die entstehende Angstreaktion später generalisiert wird. So mag etwa ein Kind sich am heißen Ofen verbrennen und nun in der Folge alle ähnlichen Gegenstände, etwa die dunkelbraune Kommode, ängstlich meiden. Ähnlich kann es einem Jungen oder Mädchen mit einem autoritären und gewalttätigen Vater ergehen, von dem sie oft erschreckt worden sind; die Folge ist u. U., daß der spätere Mann Angst vor Autoritäten aufweist oder daß die spätere Frau einer erotischen Bindung an Männer ausweicht, weil sie in ihnen ganz allgemein ›angsterregende Menschen‹ sieht. Da das Angsterlebnis als sehr schmerzhaft empfunden wird, kommt es zu keiner Realitätsprüfung; der phobisch Reagierende hat alle Aussicht, lebenslänglich Angst zu haben, es sei denn, daß er sich einer Therapie unterzieht.

Den Psychoanalytiker interessiert vor allem der ›unbewußte (meist sexuelle) Sinn‹ der Angstreaktion. Die *Agoraphobie* oder Platzangst wird nach psychoanalytischer Auffassung entwickelt, um der sexuellen Versuchungssituation der öffentlichen Straßen und Plätze entfliehen zu können bzw. sich ihr gar nicht erst auszusetzen.

Nun ist aber die Straße nicht notwendigerweise der Ort sexueller Annäherung, obwohl auch dies vorkommt. Auffälliger ist, daß wir auf Straßen und Plätzen in eine anonyme Masse eintauchen, gleichsam in ihr untergehen. Dies kommt einem Bedeutungsverlust gleich, der etwa durch das In-Dienst-Stellen einer Begleitperson gemildert werden kann. Haben nicht auch Könige einen Hofstaat, ohne den sie niemals ausgehen? Für ehemals verwöhnte Kinder ist Beachtung ein Garant für Selbstwertgefühl. In ihrer wattierten Umgebung wurden ihnen oft alle Probleme vom Halse geschafft, so daß sie sich in ihren vier Wänden geborgen fühlen, weshalb der Agoraphobe unter Umständen das Haus nicht mehr verlassen kann und will.

Aus diesem Blickwinkel wird die Platzangst unmittelbar einfühlbar. Wer in seiner Entwicklung nicht Selbständigkeit und Expansion erlernen durfte, der meidet panisch jede Situation,

die diesen Mangel offenbart. ›Allein oder in der Familie bin ich alles, draußen bin ich nichts‹, könnte das Motto eines so Verängstigten sein.
Einer anderen Form phobischen Reagierens begegnen wir bei der *Claustrophobie.* Hier handelt es sich um eine Angst, die beim Betreten von engen Räumen wie Fahrstuhl oder Flugzeug auftritt. Sobald die Patienten einen engen Raum betreten, überfällt sie die Angst, und daher suchen sie ihn sofort wieder zu verlassen. Die Furcht des Claustrophoben, allein in einem Raum zu sein, wird in der psychoanalytischen Literatur zur unbewußten Befürchtung des Patienten, er könne dem Onaniewunsch erliegen. Die Angstregungen kreisen jedoch häufig um die Idee des Gefangenseins, des Nicht-mehr-entrinnen-Könnens. Auch finden sich oft Mischformen von Claustro- und Agoraphobie, etwa in der Beschreibung eines Patienten:

> »Also, wenn ich meine Angst umschreiben kann, in der U-Bahn z. B., dann verenge ich mich dermaßen, laß es mir aber nicht anmerken. Die Leute gucken dann alle, weil ich schon krebsrot im Gesicht bin, die Augen haben dann so einen merkwürdigen, unheimlichen Glanz, dann weiß ich gar nicht, wo ich hin soll. Dann gucken die Leute alle, das finde ich ganz furchtbar.«

Einerseits findet sich in dieser Beschreibung wieder der Bedeutungswunsch des Agoraphoben. Andererseits tritt die Angst in der Untergrundbahn auf, hat also auch claustrophoben Charakter. Das Wichtige bei der Fahrt in der U-Bahn oder etwa im Fahrstuhl liegt darin, daß man das Vehikel nicht beeinflussen kann, was im Flugzeug noch drastischer gegeben ist. Es scheint, daß diese Patienten immer alle Fäden in der Hand behalten wollen, sich der Führung anderer nicht hingeben können. Niemand soll über sie bestimmen dürfen; sie selbst aber bestimmen gerne über andere.
In dieser Mentalität offenbart sich ein unbewußter Größenanspruch des Claustrophobiepatienten. Zwar demonstriert er uns einen Angstanfall, seine allergische Reaktion auf Abhängigkeitspositionen zeigt jedoch seinen Traum von Allmacht und unbedingter Selbstbestimmung.
Die *Akrophobie* (Höhenangst oder Höhenschwindel) begegnet uns im Wachen wie im Träumen. Solche Störungen können relativ unauffällig sein, weil sie im Wachen an den Blick in die Tiefe

gebunden sind. So läßt sich das Besteigen von Türmen im Alltag recht gut vermeiden, auch Brücken lassen sich in einiger Entfernung vom Geländer überqueren, so daß der Abgrund nicht ›aufdroht‹. Kommt es doch zum Höhenschwindel — etwa, weil die Brücke durch die Planken den Blick in die Tiefe freigibt —, so kann sich der Betroffene dem nur entziehen, indem er die Augen auf das Ende der Brücke richtet, »weil der Blick den Leib an den Ort zieht, worauf er ruht« (v. Gebsattel).
Bei manchen treten gar Zwangsgedanken auf, etwa, daß sie sich aus ›eigener Initiative‹ aus dem Fenster stürzen müßten.
Wie kommt es aber, daß der Akrophobe dort einen ›Abgrund‹ erlebt, wo der Schwindelfreie nur Tiefe erkennen kann? Wer sich so vor der Tiefe ängstigt, muß irgendwie ›oben sein‹ und ›oben stehen‹. Man hat die Akrophobie daher auch das Leiden von ›zitternden Ehrgeizigen‹ (A. Adler) genannt, die immer bangen, ob sie ihre hochstehende Position halten können. Überhaupt ist die ›vertikale Dimension‹ eine Dimension des Ehrgeizes, ist sie doch der räumliche Ausdruck von Unter- und Überlegenheit. Flug- und Fallträume weisen in dieselbe Richtung. Wie Ikarus droht dem übertrieben Ehrgeizigen der Sturz in den Abgrund, wenn er der Sonne zu nahe kommt. Wer nicht zwanghaft oben sein und oben bleiben will, der muß auch keine Angst vor dem Fallen haben. Bei manchen Akrophoben fühlt man sich an die Zwangsneurose erinnert. So kämpfen sie jahrelang gegen den Zwang, sich aus dem Fenster zu stürzen — mit Erfolg. Nur haben sie dann viel Zeit ihres Lebens mit einer Nichtigkeit vertan. Bekanntlich zählte Freud die Agora-, Claustro- und Akrophobie zu den ›Phobien der Lokomotion‹, die an bestimmte Bewegungen des Körpers im Raum gebunden sind. Für den Menschen ist der Raum aber nicht bloß eine physikalische Größe, sondern immer mit sozialen Bezügen angereicherter Raum. So könnten wir Freuds Beobachtung dahingehend verstehen, daß derartige Phobien Störungen der Bewegung im sozialen Raum darstellen. Immer ist in solchen Fällen die Beziehung zu den Mitmenschen gestört, ist die soziale Geschicklichkeit des Phobikers mangelhaft ausgebildet.
Im Gegensatz zu den eben genannten Phobien, die meist erst in reiferem Alter erworben werden, scheinen *Gewitter- und Dunkelheitsphobien* von früher Kindheit an zu bestehen. Oft haben bereits die Mutter und die Großmutter Angst vor dem Gewitter und wissen mancherlei Schauergeschichten zu erzählen, die die

Kinder in zusätzliche Angst versetzen. So erfährt auch Mark Twains Held Tom Sawyer, daß Blitz und Donner von Gott gesandt werden, wenn die Menschen Unrechtes getan haben. Tom reagiert — nachdem er wieder einmal einen Streich ausgeheckt hat — jedoch nicht bloß ängstlich, indem er sich die Bettdecke über den Kopf zieht; er ist auch beeindruckt, daß dieses großartige Schauspiel allein seinetwegen in Gang gesetzt wurde.
Nicht jeder kann sich solchen Schauermärchen so leicht entziehen wie Tom. Herrscht in der Erziehung ein Angstklima, so werden alle Kinder davon erfaßt. Bei Angst findet ebensosehr eine Ansteckung statt wie bei körperlichen Krankheiten.
Sehr erschwerend und belastend im sozialen Verkehr ist die sogenannte *Erythrophobie*, die Angst vor dem Erröten. Sie tritt meist in Erscheinung, wenn sich der Patient irgendwie exponieren muß. Bereits während des Gesprächs können Gesicht und Hals von der Rötung betroffen werden. Die Psychoanalyse sprach in der ihr eigenen Weise von der ›Erektion des ganzen Kopfes‹ (Ferenczi), womit, bei nüchterner Betrachtung, die schamhafte Begierde (besonders der Frauen damaliger Zeit) gemeint war. Tatsächlich finden wir bei erythrophoben Patienten eine übertriebene Schamhaftigkeit, die nicht nur mit sexuellem Exhibitionismus, sondern auch mit dem Sich-zeigen-Können im weitesten Sinne zu tun hat. Hierbei ergibt sich ein Circulus vitiosus: Das Erröten entstammt übersteigerter Scham, und der Errötende schämt sich seines Rotwerdens, und zwar in so hohem Maße, daß er viele zwischenmenschliche Kontakte deswegen möglichst unterläßt.
Nicht selten haben solche Patienten eine Erziehung durchlaufen, in der viel Wert auf den äußeren Eindruck, die äußere Erscheinung gelegt wurde. Nach außen sollte alles in Ordnung sein, was die Lebenslüge sozusagen mit einschließt. So ist Angst vor dem Erröten auch Angst vor der Entdeckung von Unzulänglichkeiten, die durch Verdrängung aus der Welt geschafft werden sollen, weil zu wenig Zutrauen in ihre Bewältigung besteht. Sartres Analysen des Blickes (in: »*Das Sein und das Nichts*«, 1962) lassen erkennen, wie sehr ›Angeschautwerden‹ von überempfindlichen Charakteren als Freiheitsverlust empfunden wird. Sie verdeutlichen auch, wie sehr wir uns durch den Blick der anderen unserer vermeintlichen und tatsächlichen Fehler und Mängel bewußt werden.
Zu den wohl am weitesten verbreiteten Phobien zählen die soge-

nannten *Tierphobien.* Hier ist der Angstaffekt an ein Tier geheftet: Dieses wird nach Möglichkeit gemieden oder sein Auftreten mit großem Schrecken wahrgenommen. Sehr viele Gedanken des Tierphobikers kreisen um sein Angstobjekt, das für sein Seelenleben eine ungewöhnliche Bedeutung gefunden hat. Hunde, Katzen, Spinnen, Mäuse, Ratten, Pferde, Insekten usw. können panische Angst hervorrufen. Die Tiere sind meistens harmlos, aber die Phantasie des Phobikers macht aus ihnen eine Schreckgestalt. Es scheint schier unbegreiflich, was für ein Affektgetöse solche Patienten um ein Lebewesen zu machen gewohnt sind, das von anderen Menschen kaum beachtet wird.

Bei Frauen waren früher und sind wohl auch noch heute die Spinnen- und Mäusephobien stark verbreitet. So konnte man in der Vergangenheit ein Publikum von Frauen in Panik versetzen, wenn man in einem Zimmer oder Saal ein paar Mäuse laufen ließ oder nur behauptete, man habe welche gesehen. Auch hier wollen die Psychoanalytiker symbolische Zusammenhänge entdeckt haben, die allerdings weithergeholt anmuten. ›Natürlich‹ handelt es sich um eine Parallelität zwischen Maus und Penis. So könne man verstehen, daß die Frauen die Beine zusammenpressen oder auf Stühle springen, da sie sich davor fürchten, dieses schnelle und wendige Tier könnte ihnen die Beine hinaufhuschen.

Es ist zweifelhaft, ob diese Symboldeutungen das Richtige treffen. Wahrscheinlich handelt es sich eher um soziale Lernprozesse, die schon den kleinen Mädchen vorschreiben, wie sie beim Auftreten dieser Tiere zu reagieren haben.

Alfred Adler verschmähte allzu ingeniöse Deutungen und führte Phobien auf die *Übervorsichtigkeit* und die *Sicherungstendenzen* des Neurotikers zurück. Letzterer sei ein ›Angsthase‹ und für die Aufgaben des Lebens nicht ausreichend vorbereitet. In *»Praxis und Theorie der Individualpsychologie«* (S. 161) schreibt Adler:

> »Daß die Phobiker und Hypochonder vorsichtig sind, ist eine Binsenwahrheit, und es lohnte nicht der Mühe, davon zu sprechen, wenn sie diesen Charakterzug nicht mit jedem Neurotiker teilten. Eine eingehende Analyse ihrer Zustände kann jeden leicht belehren, daß die phobischen Symptome eine ausgezeichnete Eignung besitzen, ihren Träger vor einer Niederlage im Leben zu sichern, ja daß Vorsicht in unserem Sinne fast überflüssig erscheint, da sie ganz durch die Phobie ersetzt werden kann, wie die Angst durch die Sicherung. Nur daß die

> Phobie an einer anderen, früheren, rückwärts gelegenen Stelle des menschlichen Bezugssystems einsetzt und deshalb zu stärkeren, weitergreifenden Ausschaltungen führt als die Vorsicht.«

Somit dient die konkretisierende allgemeine Furchtsamkeit der Ausklammerung wichtiger Lebensbereiche; die Phobie dient der Ersparnis weiterer Angst, verhindert die unausweichliche Begegnung mit dem allgegenwärtigen Minderwertigkeitsgefühl. Solange der Phobiker um seine Angstobjekte kreist, ist er an Unwesentliches gebunden, kann er die anstehenden Aufgaben nicht erfüllen. Soll er z. B. einkaufen gehen, überfällt ihn die Platzangst, worüber der eigentliche Grund seines Ausgehens ›vergessen‹ wird. Hat er Schwierigkeiten im sozialen Kontakt, so enthebt er sich des eigentlichen Problems, indem er nur noch mit der Angst vor dem Erröten beschäftigt ist.
Ähnlich wie der Zwangsneurotiker ist der phobische Patient völlig mit seinem Symptom ausgelastet, was nicht selten mit einer Entwertung der übrigen Lebensmodalitäten verbunden ist. Was sind schon die täglichen Verrichtungen, die hellen und die dunklen Seiten der Welt, solange im Vordergrund diese oder jene Angst, dieser oder jener Zwang stehen? Wer am ›Unwesentlichen‹ des Lebens haftet, kann kaum ein ›wesentlicher Mensch‹ sein. Daher sind Phobien ein Zeichen von verfehlter Selbstentfaltung, einer Verkümmerung des Werdens der Persönlichkeit.

Der Angstcharakter

Freud rechnete die Angstneurose zu den Aktualneurosen, die Phobien zu den Psychoneurosen. Diese Einteilung ist heute nicht mehr üblich, da sich Angstneurose und Phobie weder nach dem Erscheinungsbild noch nach ihrer Entstehung scharf voneinander abgrenzen lassen. So wäre im Sinne von Alfred Adler nach einem übergeordneten gemeinsamen Dritten zu suchen, das wir in einer spezifischen Persönlichkeits- und Charakterstruktur finden. Analoge Begriffe für Charakter sind u. a. Lebensstil, Gesamtpersönlichkeit, unbewußte Weltanschauung, Lebensentwurf, Lebensplan, Persönlichkeitsideal und ›Meinung über sich selbst und die Welt‹. Die Stellungnahme des Individuums gegenüber sich selbst und der Welt bestimmt weitgehend

sein Verhalten zu sich selbst und zu anderen, wobei alle Verhaltensweisen eine ›innere Einheit‹ erkennen lassen.
Ängstliche zeigen offen, daß sie sich klein und minderwertig fühlen. Das — kompensatorische — Streben nach Geltung und Überlegenheit ist nicht so offensichtlich. Erst die psychologische Untersuchung fördert den Wunsch nach Macht und Überlegenheit zutage. Auf Umwegen versucht der Kleinmütige zu Geltung zu gelangen, was die Tiefenpsychologie unter dem Aspekt des *Herrschens durch Schwäche* aufgezeigt hat.
Der ängstliche Charakter leidet in der Regel unter verminderter sozialer Verbundenheit und kann wenig Interesse für die Mitmenschen aufbringen. So wird mangelndes Gemeinschaftsgefühl zur Quelle der Angst, und Ängstlichkeit verhindert die Ausbildung sozialen Bezogenseins. Damit einher gehen trennende Charakterzüge, wozu etwa Neid, Eifersucht, Eitelkeit, Geiz, übertriebener Ehrgeiz, Anspruchshaltungen, Trauer und Launenhaftigkeit gehören. Nicht selten erkennen wir im Ängstlichen ein ehemals braves Kind mit verborgenem Trotz. Es lassen sich in der Vergangenheit verwöhnende Bezugspersonen finden, die jeden expansiven Schritt ängstlich kommentierten, oder solche, die ständig am Kind herumkritisierten, ihm so die Aktivitäten verleideten, die sie jedoch später als eine selbstverständlich zu erbringende Leistung verlangten.
Nun wäre es allerdings müßig, einen Schuldigen zu suchen, etwa den Eltern alles anzulasten. Der Ängstliche bekommt immerhin Übung darin, sich schwierigen Situationen durch seine Angstgebärde zu entziehen. Es findet quasi ein ›Angsttraining‹ statt, was dazu führt, daß der Patient in allen Bedrängnissituationen ›mühelos‹ seine Angst mobilisieren kann. Sie dient damit dem Rückzug vor allen Schwierigkeiten; wer wird schon allzuviel von einem zitternden, scheuen Menschen verlangen?
Nun simuliert der Patient nicht etwa, sondern ihm fehlt das Verständnis für den Zusammenhang zwischen seinen Gemütsbewegungen und seinem späteren Angstanfall, der ihn — wie er es sieht — ›einfach überfällt‹. Erst die Psychotherapie muß die Verbindungslinien ziehen und den Zusammenhang deutlich machen. Der Therapeut kann dem Patienten im Zuge seiner Persönlichkeitsforschung aufzeigen, wie er seine Erinnerungen, seine Erfahrungen mit Menschen und Dingen so lange zurechtbiegt, bis sie ihm seine Kleinheit und Unbeholfenheit suggerieren, geradezu den ›Widerstandskoeffizienten der Welt‹ gewaltig

übertreiben. So holen Angstcharaktere aus ihrem Erinnerungsschatz meistens tendenziös jene Ereignisse hervor, die sie in ihrem Pessimismus und ihrer Resignation zu bestärken scheinen. Auch die Träume haben vorwiegend Verfolgung, Bedrohung und hilfloses Ausgeliefertsein zum Inhalt. Bis in die Tagträume hinein wird die Feindseligkeit der Welt und der Mitmenschen übertrieben, so daß die emotionale Ablösung von der Umgebung wesentlich erleichtert wird. So scheint die Welt geteilt: Ich hier, dort die anderen. Angstpatienten beklagen sich oft über ihr Einsam- und Isoliertsein, aber sie erkennen zu wenig, daß sie mit an dem Bau eines imaginären Grabens beteiligt sind.

Beispiele: Eine 34jährige Erzieherin hat noch nie sexuellen Kontakt mit einem Mann gehabt. Bei Annäherungsversuchen von Männern zieht sie sich bald auf sich selbst zurück; sie hat offenbar Angst vor Intimität. Sie ist in einer prüden, katholischen, kinderreichen Familie aufgewachsen. Der Vater war still und gehemmt, die Mutter sehr dominierend. Auf die religiöse Einstellung wurde sehr viel Gewicht gelegt. Als Kind wollte sie gerne Missionsschwester oder Nonne werden; von diesem Wunsch kam sie aber bald los. In ihrer Pubertät schämte sie sich ihres Körpers, weil sie größer als ihre gleichaltrigen Kameraden war. Auch meinte sie, nicht hübsch genug zu sein; die anderen Mädchen hatten dicke Zöpfe, während sie mit ihrem dünnen Haar keinen Zopf flechten konnte. Seit den Entwicklungsjahren kennt sie Triebängste, aber auch Beziehungsängste überhaupt. Nach Träumen befragt, erinnert sie sich an einen Traum, den sie oft geträumt hat:

Sie ist auf einem Bauernhof, vermutlich in einer Scheune. Ihr Vater ist auch dabei, aber im Hintergrund. Die Scheune wimmelt von Ratten, die überall herausspringen. Dann wird von irgend jemandem auf die Ratten Jagd gemacht. Sie werden getötet, und ihr Blut spritzt überall herum. Es ist grausig anzusehen. — Meistens sei sie von diesem Traum mit einem Ekelgefühl erwacht. Den Inhalt kann sie sich nicht erklären.

Der Traum drückt unseres Erachtens *Triebangst* und *sadomasochistische Ängste* aus. Ratten sind fruchtbar; man kann sie als Sexualsymbol denken. Der Ekel nach dem Traum dient der Triebabwehr, die sie bereits jahrelang erfolgreich praktiziert. Sie ist auf dem Rückzug vor dem Leben und der Liebe: Sie trainiert Angst und Triebverneinung bis in den Traum hinein.

Ein ca. 30jähriger Lehrer berichtet darüber, daß er sich selbst

und seine Umwelt durch hektische Aktivität dauernd in Atem halte. Er ist verheiratet und hat zwei Kinder. In seiner Schule ist er ständig bestrebt, Verbesserungen einzuführen; es sind ihm hierbei beachtliche Neuerungen geglückt, die auch die Anerkennung von seiten der Behörde erhielten. Aber er ist ruhelos und fühlt, daß mit ihm etwas nicht in Ordnung sei.
Er leidet an Gastritis und erhöhtem Blutdruck. In der sexuellen Beziehung zu seiner Gattin kommt häufig Ejakulatio praecox vor. Seine ewige Unruhe möchte er durch Psychotherapie beheben.
Er ist als Einzelkind bei einer sehr energischen und tüchtigen Mutter aufgewachsen. Der Vater war als Soldat im Krieg und kam aus der Gefangenschaft erst nach Hause, als sein Sohn bereits 13 Jahre alt war. Auch später spielte der Vater in seinem Leben keine wichtige Rolle. Er war ganz auf seine Mutter bezogen, die alles für ihn tat und heute noch mit ihm Kleidung einkaufen geht, wobei sie bestimmt, was ›derzeit Mode ist‹.
Nach einem Traum befragt, erzählt der Patient, er habe seit vielen Jahren einen *stereotypen Traum,* der in gleicher Form immer wiederkehrt. Er sieht sich in jener Wohnung, die er zusammen mit der Mutter als Kind bewohnt hat. Er ist allein in seiner Stube, oft liegt er im Bett. Aber dann öffnet sich von selbst die Tür im Raum; man sieht keinen Menschen, der daran beteiligt wäre. Hinter der geöffneten Tür scheint ein Abgrund zu sein. Das erzeugt in ihm ein Gefühl der Angst und des Grauens, so daß er meistens im Schlaf aufschreit, wenn er diesen Traum träumt. Seine Frau weckt ihn dann und versucht ihn zu beruhigen.
Der Traum wird folgendermaßen gedeutet:
Der Träumer hat seine Kindheit und Jugend zusammen mit einer dominierenden (aber auch liebevollen) Mutter verbracht. Es kam zu einer symbiotischen Beziehung; vielleicht war der Träumer für seine Mutter auch so etwas wie ›Partnerersatz‹. Infolge dieser innigen Verflechtung mit der Mutter konnte er keine eigene Persönlichkeit entfalten. Er blieb ein Anhängsel der Mutter und ist heute noch innerlich von ihr abhängig.
Darum träumt er stets in jene Zeit zurück, wo er mit ihr noch zusammen lebte. Sodann stellt der Traum mit dem Abgrund hinter der Tür gewissermaßen die Unvollständigkeit seines Ichs dar. Er hat kein Zentrum in sich selbst, daher auch die angstgetönten Bilder seines Traumes und seine Handlungsunfähigkeit: Die Tür öffnet sich von selbst.

Derzeit ist aber nicht mehr die Mutter hauptsächlich wichtig, sondern seine eigene Charakterstruktur; er übertönt seine Ängstlichkeit und Ich-Lücke durch übertriebene Geschäftigkeit, mit der er sich bei den Behörden ›Liebkind‹ machen will. Sein hoher Blutdruck, seine Gastritis und seine Potenzstörungen sind ebenfalls Ausdruck der Schwerpunktlosigkeit seiner Person, die in keinem Falle durch hektische Aktivität beseitigt werden kann. Heilung seiner Angst ist nur möglich, wenn er lernt stillzuhalten, sich zu besinnen, seinen Standort in der Welt zu reflektieren. Als von der Mutter ›verschlucktes Kind‹ ist er nur halb geboren; er muß den Aufbau seiner Persönlichkeit mit Hilfe der Therapie neu angehen, wenn er ein ›vollständiger Mensch‹ werden will. Relative Angstfreiheit ist dort zu finden, wo Reife, Vernunft und soziale Einbettung entwickelt wurden. Für die Individualpsychologie Alfred Adlers steht es außer Frage, daß die Ängstlichkeit eines Menschen nur auf dem Wege größerer sozialer Verbundenheit beseitigt werden kann. Der Patient muß es aufgeben, nach irrealen Sicherheits- und Geltungszielen zu streben. Er muß sich darüber klar werden, daß er keine Sonderrechte zu beanspruchen hat und daß er seine Ängstlichkeit nur überwinden kann, indem er ein Mitspieler in der Gemeinschaft der Menschen wird. Hat ihm auch seine Kindheit nahegelegt, daß er nur durch ›Ausnahmebedingungen‹ seine Selbstachtung aufrechterhalten kann, so gilt es heute, die Einsicht zu gewinnen, daß der Preis des Sich-Anstemmens gegen die Realität mitunter recht hoch ist. Es ist eher von Vorteil, sich mit seinen Mitmenschen solidarisch zu erklären und sich an die Behebung allmenschlicher Komplikationen heranzuwagen, als sich im Schmollwinkel der Angst darüber zu beklagen, daß die Welt so ist, wie sie ist. Man kann den Charakterzug der Angst als *versteckte Revolte* gegen die natürlichen und sozialen Bedingungen des Lebens ansehen.

Therapie der Angstneurose

Die einfachste Angstbehandlung wird durch die Verhaltenstherapie vorgeschlagen. Da die Angst als ein ›bedingter Reflex‹ betrachtet wird, ist man bestrebt, diese ›schlechte Gewöhnung‹ durch ein ›Übungsprogramm‹ wegzutrainieren. Dabei wird stufenweise die gefürchtete Situation dem Patienten nähergebracht, meistens verbunden mit irgendwelchen positiven Reizen oder

Belohnungen, die das Festhalten der neuen Gewohnheiten schmackhaft machen sollen. Innerhalb von gewissen Grenzen mag diese Methode durchaus erfolgreich sein.
Den Tiefenpsychologen befremdet aber, daß verhaltenstherapeutische Behandlungen die ›Innenwelt des Behandelten‹ ausklammern und auf dem Wege von *stimulus und response* eine menschliche Persönlichkeit wandeln und entwickeln wollen.
Das Verfahren der Umgewöhnung ist weniger neu und revolutionär als die Verhaltenstherapeuten meinen. Es wurde eigentlich von jeher schon in der Kinder- und Selbsterziehung geübt. Über eine bewundernswerte Angsttherapie an sich selbst berichtet Goethe im neunten Buch von *»Dichtung und Wahrheit«*; der damals 21jährige Dichter befand sich in Straßburg und kurierte sich von Lärm- und Höhenangst, indem er sich eine Roßkur verordnete. Im genannten Werk liest man u. a.:

> »Ein starker Schall war mir zuwider, krankhafte Gegenstände erregten mir Ekel und Abscheu. Besonders aber ängstigte mich ein Schwindel, der mich jedes Mal befiel, wenn ich von einer Höhe hinunterblickte. Allen diesen Mängeln suchte ich abzuhelfen, und zwar, weil ich keine Zeit verlieren wollte, auf eine etwas heftige Weise. Abends beim Zapfenstreich ging ich neben der Menge Trommeln her, deren gewaltsame Wirbel und Schläge das Herz im Busen hätten zersprengen mögen. Ich erstieg ganz allein den höchsten Gipfel des Münster-Turms und saß in dem sogenannten Hals, unter dem Knopf oder der Krone, wie man's nennt, wohl eine Viertelstunde lang, bis ich es wagte, wieder heraus in die freie Luft zu treten ...
> Es ist völlig, als ob man sich auf einer Montgolfière in die Luft erhoben sähe. Dergleichen Angst und Qual wiederholte ich so oft, bis der Eindruck mir ganz gleichgültig ward, und ich habe nachher bei Bergreisen und geologischen Studien, bei großen Bauten, wo ich mit den Zimmerleuten um die Wette über die freiliegenden Balken und über die Gesimse der Gebäude herlief, ja in Rom, wo man eben dergleichen Wagstücke ausführen muß, um bedeutende Kunstwerke näher zu sehen, von jenen Vorübungen großen Nutzen gezogen.«

Goethe hatte es relativ leicht, seine Ängste zu überwinden, da er im Grunde ein überaus mutiger und bis zur Tollkühnheit verwegener Mensch war. Für ›mittlere Sterbliche‹ wird daher seine

Methode nicht unbedingt zu empfehlen sein. Die Selbsthilfe bedarf in der Regel der Ergänzung durch Psychotherapie.
In der letzteren muß man zunächst den Patienten dazu bewegen, nicht dauernd von der Angst reden zu wollen (sein ›Lieblingsthema‹), sondern quasi an ihr vorbei mit dem Therapeuten oder der Therapiegruppe die Selbsterforschung voranzutreiben. Angst wird nur beseitigt durch eine weitläufige Unternehmung des Umerziehens und Umschulens des Patienten, der buchstäblich an ›allen Ecken und Enden‹ umlernen muß, wenn er von seiner Ängstlichkeit befreit werden soll.
Sehr wichtig ist hierbei die *Umstimmung des Patienten,* der schon an der Persönlichkeit des Therapeuten und dessen beharrlicher Zuwendung zu ihm erkennen soll, daß ein Leben in relativer Angstfreiheit auch für ihn möglich ist. Während einer psychotherapeutischen Behandlung kommt es zu einer Gefühlsansteckung in beiden Richtungen: Der Patient steckt seinen Analytiker mit Angst und der Analytiker seinen Patienten mit Mut und Zuversicht an.
Sodann kommen viele Erkenntnisprozesse ins Spiel. Der Angstpatient erfährt nach und nach, auf welchen Wegen er in seine Angst hineingeraten ist. Durch Wissen um seine Lebensgeschichte kann er über viele emotionale Zwänge hinauswachsen: Denn das Vergangene, das man begreift, hat keine dämonische Macht mehr über uns. Die Erkenntnis macht auch in der Therapie frei, vor allem dann, wenn zur Selbsterkenntnis noch Welt- und Menschenkenntnis hinzukommt.
Der Angstpatient weiß wenig vom anderen Menschen, da er weitgehend um sich selbst kreist. Besonders vorteilhaft wirkt daher die *Psychotherapie in Gruppen,* wo der Patient auch die Nöte und Leiden anderer Patienten kennenlernt und sich an der Stabilisierung seiner Leidensgenossen helfend mitbeteiligt. Dabei weitet sich sein geistiger und emotionaler Horizont enorm aus. Er lernt *mitfühlen* und *mitdenken.*
Weiß man um die Komplexität des menschlichen Seelenlebens, dann wird man leicht der Versuchung entgehen, einen Menschen zur Gesundheit ›dressieren‹ zu wollen. Menschliches Verhalten und auch Fehlverhalten ist verankert in einer Vielzahl von Einstellungen, Werthaltungen, Gesinnungen und Gefühlsregungen. In der Regel muß man eine ganze Persönlichkeit einem *Revisions- und Umerziehungsprozeß* unterwerfen, wenn man ein Symptom beheben will.

So hängt etwa die Ängstlichkeit eines Phobikers mit *mangelnder Arbeitsgewöhnung* zusammen, mit materieller und emotionaler *Abhängigkeit* von irgendwelchen Beziehungspersonen, mit Gefühlen der *Aggression* und *Erwartungshaltung*, mit *masochistischen Einstellungen* und *Weltanschauungskomponenten*, mit *Bequemlichkeit* in vielerlei Abwandlungen, mit *Verwöhnungswünschen* und *Geltungsansprüchen* usw.
Geht man ›ganzheitspsychologisch‹ vor, dann ist es geradezu absurd, Symptome frontal beseitigen zu wollen, da die Symptomatik im Seelenhaushalt des Patienten eine ›stabilisierende Rolle‹ spielt — das Symptom hat seinen Stellenwert in der neurotischen Lebensführung und ›Selbstverwirklichung‹. Nur wenn der Lebensentwurf des Neurotikers geändert wird, hat er sein Symptom nicht mehr nötig.
Alles, was die *Selbständigkeit* des Patienten fördert, vermindert seine Angst. Viele Angstneurotiker hängen in wichtigen Lebensbereichen noch von der Mutter oder den Eltern oder anderen Beziehungspersonen ab. Bei Muttersöhnen oder -töchtern ist es quasi, als ob die ›Nabelschnur‹ zur Mutter hin noch nicht abgetrennt wäre. In der Sprache eines Naturvolkes gibt es ein Wort für die Angst, welches wörtlich übersetzt heißt: »Dort, wo einer ausruft, oh Mutter, ich bin verloren!«
Die fehlende oder schlechte *Körperbeziehung* des Angstpatienten muß ebenfalls verbessert werden. Solche Menschen stammen aus Familien, in welchen ›Sanatoriumsatmosphäre‹ herrschte. Dabei konnten sie die Kräfte und Energien ihrer Leiblichkeit weder entdecken noch üben. Sie sind meistens zimperlich und fast hypochondrisch. Durch sportliche Aktivitäten kann der Leib ertüchtigt werden. Ein gesunder Leib ist — wie die Antike schon wußte — eine gute Basis und Heimstätte für die gesunde Seele.
Aus der rein privaten Existenz muß der Angstcharakter ins öffentliche und kulturelle Leben hineinwachsen. Sein ›Individualismus‹ dreht sich nur um Selbsterhaltung und ist demgemäß lediglich eine Karikatur des echten Selbstseins. Letzteres entsteht nur in der Hingabe an überindividuelle Ziele und Werte, die dem Wachstum der Persönlichkeit die sinnvolle Richtung weisen. Aus der ›Fremde des Lebens‹, die den Angstpatienten so mächtig bedrückt, kann nach und nach ›Welt als Heimat‹ werden, wo neue Geborgenheit empfunden und erlebt wird. Der sich geborgen fühlende Mensch aber hat wenig oder gar keine Angst mehr.

Josef Rattner

Hysterie

Im frommen Mittelalter und bis tief in die Neuzeit hinein wurden gelegentlich ganze Nonnenbelegschaften in Klöstern von einer unbegreiflichen Kollektivkrankheit befallen. Man sagte in der Sprache der damaligen Zeit, daß die Frauen von ›Dämonen‹ besessen seien. Nur so konnte man sich erklären, daß die gottergebenen Jungfrauen plötzlich obszöne Aussprüche produzierten, in quasi-sexuelle Krämpfe und Verzückungen gerieten und oft an den heiligsten Orten und bei den unpassendsten Gelegenheiten von Anfällen geschüttelt wurden, die offenbar orgiastischer Natur waren.

Das breitete sich mitunter wie eine Seuche aus. Die herbeigerufenen Beichtväter und Teufelsaustreiber versuchten mit wechselndem Erfolg, dieser Epidemien Herr zu werden. Mit Exorzismen aller Art wurden die Teufel im Leibe der Nonnen angesprochen und gebannt. Oft wand sich das Opfer in verzückten Krampfanfällen, indes der Priester sich darum bemühte, mit Bibelkommentaren und Sakramenten die Herrschaft des Glaubens über Leib und Seele wieder aufzurichten. Das Geschäft des Exorzierens konnte für die Mönche auch gefährlich werden. Gelegentlich behaupteten die Nonnen nicht nur, daß sie der Teufel nachts heimsuche und sexuell belästige; sie schuldigten auch die Priester an, daß sie sie vergewaltigt hätten, und konnten ihre Behauptungen sehr dramatisch darstellen. So mancher Teufelsaustreiber endete deswegen auf dem Scheiterhaufen; aber auch manche der verzückten Nonnen wurden als Hexen verfolgt und verbrannt.

Aus der heutigen Sicht müssen wir feststellen, daß jene Frauen nicht von Teufeln und Dämonen behelligt wurden, sondern an Hysterie litten. In ihren oft epidemischen Erkrankungen brach das ›ungelebte Leben‹ aus ihnen hervor: daher die Überflutung des (frommen) Bewußtseins durch Obszönitäten, Aggressionen und Sittenwidrigkeiten aller Art, die das Entsetzen des bigotten Zeitalters ausmachten. Neben dieser ›lauten Hysterie‹ gab es natürlich auch sehr viele stillere Manifestationen der Revolte gegen das Frauendasein durch Kränkeln, psychische und somatische Ausfallserscheinungen. Die Frauen, die noch bis ins 19. Jahrhundert hinein ihre ›Vapeurs‹ hatten, sehr leicht in Ohnmacht fielen und bei kleinsten Anlässen in Tränen ausbrachen, waren die Nachfolgerinnen der entfesselten und enthemmten Nonnen: nur hatten sie die Ausdrucksform des Leidens gewechselt, da es dem Zeitgeist nicht mehr entsprach, von Teufeln infiltriert zu werden und aus allen Organen mit Teufelsrede über die Welt zu lästern.

Diese Vorgeschichte machte die Wissenschaft vorsichtig und skeptisch gegenüber der hysterischen Erkrankung, mit der man lange Zeit nichts Vernünftiges anzufangen wußte. Hysteriker wurden im 18. Jahrhundert durch Mesmer und seine Schüler mit dem animalischen Magnetismus behandelt. Auf dem Wege der Selbst- und Fremdsuggestion wurden Wunderheilungen erzielt, die Aufsehen erregten. Wer sich nicht ›magnetisieren‹ ließ, begab sich auf ›Wallfahrt‹, wobei es auch nicht selten zur Genesung kam. So blieb die Hysterie im Einflußbereich von Aberglauben und Scharlatanerie, bis sich die Psychiatrie ihrer anzunehmen beliebte.

Charcot, Janet und die Hysterie

Jean-Martin Charcot (1825–1893), der berühmte französische Neurologe, befaßte sich seit 1870 mit der Hypnose und mit Untersuchungen über die Hysterie. Letztere galt als eine sehr problematische Erkrankung, die großenteils mit Simulation identifiziert wurde. Mit dem ganzen Gewicht seiner Autorität setzte sich Charcot dafür ein, die hysterischen Patienten ernst zu nehmen und ihre Leiden sorgfältig zu überprüfen. Damit entfachte er das Interesse für jenes Zwischenreich der Forschung, in dem Seelisches und Körperliches zu gemeinsamen Symptomen zusammenfließen.

Charcot konnte die Symptomatik der Hysterie unter anderem auch auf dem Wege der hypnotischen Beeinflussung erzeugen. In seinen vielbesuchten Demonstrationen an der Salpêtrière in Paris rief er bei geeigneten Patientinnen die von ihm entdeckten drei Stadien der Hypnose hervor: die Lethargie (Teilnahmslosigkeit, Schlaffheit); die Katalepsie (Gliederstarre); den Somnambulis-

mus (Schlafzustand). Auch konnte man den Kranken ›hysterische‹ Lähmungen und Anfälle suggerieren, die auf Gegensuggestion wiederum verschwanden. Daraus wäre eigentlich zu folgern gewesen, daß die hysterischen Patienten ›psychisch Kranke‹ seien; aber Charcot dachte vollständig in organisch-biologischen Kategorien und nahm an, daß der Hysterie eine noch unbekannte Hirnschädigung zugrunde liege. Gleichwohl war die Arbeit an seiner Klinik der Anlaß dafür, daß man die Gesamtsituation der Hysterischen ins Auge zu fassen begann.
Charcot ging seinen Patientinnen insofern auf den Leim, als er viele ihrer Krankheitsdemonstrationen für echt nahm und nicht wußte, daß die oft dramatischen Anfälle und Krämpfe sorgfältig eingeübt worden waren. An diesen Übungen waren die Assistenten des ›Meisters‹ mitbeteiligt, die ungefähr wußten, welche Symptome dieser zu sehen wünschte; daher forderten sie von den Kranken bestimmte Krampferscheinungen, die von diesen willig produziert wurden. Spätere Autoren haben darüber berichtet, daß man noch Jahre nach Charcots Tod in der Salpêtrière Patienten gesehen habe, die gegen ein kleines Entgelt alle jene ›hysterischen Krisen‹ zu imitieren vermochten, die Charcot als ›krankheitstypisch‹ beschrieben hatte. Ganz ahnungslos war allerdings der ›Meister‹ nicht gewesen, denn er hatte gesagt:

> »Das bringt mich darauf, ein Wort über das Simulieren zu sagen. Man begegnet ihm in jeder Phase der Hysterie und ist manchmal bis zur Bewunderung überrascht von der List, dem Scharfsinn und der unerschütterlichen Zielstrebigkeit, die jene Frauen, welche unter der Einwirkung einer schweren Neurose stehen, zu Täuschungszwecken an den Tag legen ... besonders, wenn das Opfer der Täuschung ein Arzt sein soll.« (G. Guillain: *J. M. Charcot: »Sa vie, son œuvre«*, 1955, S. 137)

In Charcots Forschungsresultaten wurde jedenfalls deutlich, daß es ›bestimmte Vorstellungen‹ waren, mit denen das Panoptikum der hysterischen Symptomatik im Zusammenhang stand. Die Frage war nun logischerweise, woher diese Vorstellungen kamen, die sich spontan in der Psyche der Kranken oder aber auch durch hypnotische Suggestion konstellierten. Charcot hielt am Gedanken der Vererbung und Konstitution fest, indes Janet, Breuer und Freud stärker das ›lebensgeschichtliche Moment‹ berücksichtigten.
Pierre Janet (1859–1947) betrachtete sich als unmittelbaren

Schüler von Charcot. Er wandte sich bereits intensiv dem psychisch-geistigen Zustand der Hysterischen zu, wiewohl auch er noch den Konstitutionsfaktor sehr hoch einschätzte. In jahrelangen Beobachtungen an solchen Kranken fand Janet einige hervorstechende Charakteristiken der Hysterie, die er in seinen zahlreichen Werken über diesen Gegenstand umständlich beschrieb. Hierüber eine kurze Zusammenfassung:

1. Die Patienten litten an einer allgemeinen *Psychasthenie* oder Seelenschwäche. Ihr Bewußtsein hatte nur selten die notwendige Aufmerksamkeitsspannung, derer wir bedürfen, um kraftvolle, psychische und soziale Leistungen zu vollbringen. Daher sei auch die ›Realitätsfunktion‹ gestört: Die Kranken seien viel ›geistesabwesend‹. Man könne von einem ›abaissement du niveau mental‹ (*Absinken des Bewußtseinsniveaus*) sprechen. Es werde in der Hysterie viel geträumt und phantasiert.

2. Die Gedankensprünge und Mitteilungslücken der Patienten lassen nach Janet darauf schließen, daß ein Teil ihres Denkens ›im Untergrund‹ bleibt und nicht kommuniziert wird. Man muß demnach eine Sphäre des *Unbewußten* oder *Unterbewußten* annehmen, die den Schlüssel zur neurotischen Symptomatik beherbergt. Da die unbewußten Seelenregungen in solchen Fällen nicht ins Ganze der Persönlichkeit integriert sind, komme es zu einer ›dissociation de la personnalité‹, zu einer *Persönlichkeitsspaltung*. Diese weist auf *traumatische Ereignisse in der Vorgeschichte der Kranken* hin, aber auch auf ›hereditäre Zusammenhangslosigkeit der Psyche‹.

3. Sehr wichtig wurde für die Folgezeit Janets Befund, daß die hysterischen Patienten *unterbewußte fixe Ideen* hätten, nach deren Bewußtmachung sich ihr Zustand wesentlich verbessere. Könne man die ›fixe Idee‹ in Worte kleiden, dann wachten die Kranken gleichsam aus einem Halbschlaf auf: Ihr psychisches Niveau sei hernach ›angehoben‹. Damit war Janet der ›Verdrängung‹ auf der Spur, deren Auswirkungen er bereits notierte, als er von der *Einengung des Bewußtseinsfeldes* in der Hysterie, in den Phobien und in den Zwangsneurosen sprach.

4. Janet arbeitete in seiner ›Psychotherapie‹ auf Ichstärkung und Bewußtseinserweiterung hin. Er verstand seine Arbeit als moralische Umerziehung und ›psychologische Desinfektion‹. Da er an den Patienten fast immer auch ein ›sentiment d'incomplétude‹ (*Gefühl der Unvollständigkeit und Unvollkommenheit*) fand, mußte er darangehen, auch die Details ihres Selbstbildnis-

ses zu überprüfen. Dabei nahm er Alfred Adlers Entdeckung des Minderwertigkeitskomplexes in prägnanter Weise vorweg. Auch der sozialen Untauglichkeit der Hysterischen war er sich wohl bewußt; allerdings drängten ihm seine Beobachtungen an der Salpêtrière, in der sich hauptsächlich ungebildete und sozial geschädigte Patienten sammelten, die Hypothese auf, daß zur Hysterie notwendigerweise eine biologische und gesellschaftliche Minderwertigkeit gehöre.

Charcot und Janet begründeten die wissenschaftliche Hysterielehre, die — wie es weiter nicht erstaunlich ist — ihre Vorläufer in der Dichtung hatte. So manche Schriftsteller des 19. Jahrhunderts beschrieben Hysteriefälle in ihren Dichtungen.

Als ein Beispiel für viele sei der Roman »*Germinie Lacerteux*« (dt.: »*Das Dienstmädchen Germinie*«, 1928) erwähnt, der schon im Jahre 1864 erschien; Verfasser sind die beiden Brüder Edmond und Jules Goncourt, die den wissenschaftlich dokumentierten naturalistischen Roman schufen. Von Germinie wird erzählt, daß sie vom Lande in die Stadt kam und in einem Wirtshaus als Bedienerin arbeitete. Sie wurde von einem Kellner vergewaltigt, wurde schwanger, aber ihr Kind, das sie in Pflege gab, starb früh. Nun schien ihre Sexualität ganz zurückgedrängt, und sie widmete sich leidenschaftlich dem Dienste eines aristokratischen Fräuleins, bei dem sie es recht gut hatte. Später verliebte sie sich in einen jungen Mann, der sie in jeder Beziehung ausnützte und ausplünderte. Auch dabei wurde sie schwanger: Wiederum starb das Kind, was Germinie einen gewaltigen Schlag versetzte. Nun brach bei ihr die Hysterie aus, die die Autoren fast fachmännisch als Anfallsgeschehen schildern:

> »Sie röchelte und führte, statt auf die an sie gerichteten Fragen zu antworten, ihre Hände an die Kehle, die sie umklammerte, als wolle sie sie von einem würgenden Druck befreien, der ihr das Atmen erschwerte. Man ließ sie an Äther riechen, gab ihr Orangenblütenwasser zu trinken. Es half nichts. Das schmerzliche Wogen, das ihren Körper durchlief, ließ nicht nach, und ihr Gesicht bewahrte den Ausdruck von dumpfer, angsterfüllter Traurigkeit, der darauf zu deuten schien, daß ein seelisches Leid die Ursache der körperlichen Qualen war.« (l. c., S. 86)

Germinie führt von da an ein Doppelleben als Trinkerin, Diebin und treue Dienerin des Fräuleins, das zu alt und zu sehr kränkelnd ist, um die Wandlungen ihrer Angestellten zu beobachten. Den langsamen Verfall der Kranken, die immer tiefer absteigt, beschreiben die Goncourts akribisch.

Freuds Hysterieforschungen

Josef Breuer, der Freund und väterliche Mentor von Sigmund Freud, hat das große Verdienst, die Anregungen der französischen Autoren erstmals für die psychotherapeutische Behandlung der Hysterie fruchtbar gemacht zu haben. Im Jahre 1880 übernahm er die Behandlung der 21jährigen Patientin Anna O., die im Verlaufe der Pflege ihres kranken Vaters an Hysterie erkrankt war. Sie war eine kluge und temperamentvolle junge Frau, die nun an Sehstörungen, Lähmungen, Nahrungsekel, nervösem Husten, Ängsten usw. litt.
Breuer beobachtete, daß das ›sexuale Element bei ihr erstaunlich unentwickelt‹ war. Die Kranke phantasierte vor sich hin und ließ sich durch Suggestion nicht beeinflussen. Aber es war möglich, ihr Vorleben zu erforschen, da sie in einer leichten Hypnose über den Ursprung ihrer Symptome Auskunft zu geben vermochte. Die Patientin selbst nannte dies ›Rauchfangkehren‹ oder ›Redekur‹ – tatsächlich zeigte sich meistens eine Besserung der Symptomlage nach dem Aussprechen der Symptomherkunft. Konnte die ›traumatische Szene‹ mit entsprechendem Affekt erinnert werden, dann kam es sogar zur Beseitigung der Störungen. Breuer hatte die Geduld, Schritt für Schritt mit der Patientin ihre Vergangenheit ›auszuleuchten‹, wobei in zunehmendem Maße Genesung einzutreten schien. Allerdings verliebte sich hierbei der Arzt beinahe in seine Patientin, was zu einem radikalen Therapieabbruch Anlaß gab. Die Kranke reagierte darauf mit einem schweren Rückfall, der eine ›hysterische Schwangerschaft mit darauffolgender Geburt‹ imitierte.
Anna O. wurde später doch sozial lebenstüchtig und hat sich in der Frauenbewegung und in der Fürsorgeerziehung einen Namen gemacht (sie hieß in Wirklichkeit Bertha Pappenheim). Sie blieb unverheiratet; der Kampf für gesellschaftspolitische Ideale scheint ihr die Partnerschaft ersetzt zu haben.
Breuer erzählte Freud von diesem Fall und ermutigte ihn dadurch, die Psychotherapie an hysterischen Patienten anzuwenden. Dies führte dann im Jahre 1895 zu den gemeinsam veröf-

fentlichten *»Studien über Hysterie«*, in welchen Breuer auch den Fall ›Anna O.‹ mitteilte; die theoretischen Konzeptionen des Werkes stammen von beiden Autoren, sind aber überwiegend von Freuds Gesichtspunkten determiniert.

Breuer und Freud postulieren, daß die hysterischen Erkrankungen auf traumatischem Wege entstehen. Die Traumen wirken pathologisch, weil sie bei den Kranken auf einen ›hypnoiden Seelenzustand‹ fallen, in welchem sie fast hypnotisch beeinflußbar seien. Gelingt es, sich vom Symptom zu dessen (unbewußter) Veranlassung vorzuarbeiten, dann kann man die Hysterie psychologisch kurieren. Man könne den Satz formulieren: ›Der Hysterische leidet größtenteils an Reminiszenen‹. Die Therapie, als ›Katharsis‹ (Seelenreinigung) bezeichnet, muß zu einer (verspäteten) Abreaktion führen, zu welcher die ›Wiedererinnerung‹ die Voraussetzung bietet. ›Eingeklemmte Affekte‹ schaffen Verwirrung im Seelenleben, die durch ›Affektabfuhr‹ bereinigt werden kann. Freud gibt Fallbeispiele zu dieser These.

Im Jahre 1889 übernahm Freud die Behandlung einer ca. 40jährigen Dame (Frau Emmy v. N.), die hysterische Symptome aufwies. Die Patientin war eine Witwe, die seit dem Tod ihres Gatten (vierzehn Jahre vor Behandlungsbeginn) immer gekränkelt hatte. Sie hatte ticartige Zuckungen im Gesicht, schnalzte eigentümlich mit der Zunge und äußerte oft — auch dem Arzt gegenüber — die ›Schutzformel‹: »Seien Sie still — reden Sie nichts — rühren Sie mich nicht an!« Offenbar hatte sie eklige oder peinigende Gedanken, derer sie sich mit Abwehrbewegungen zu erwehren versuchte.

Freud behandelte mit Ausforschung in der Hypnose und mit Massagekuren. Das schien der Patientin gutzutun, und sie erzählte im hypnotischen Dämmerzustand einiges aus ihrer Vorgeschichte, was in ihrem Leben wichtig war. Die Auswahl der Eindrücke war hauptsächlich grausig und verängstigend. Im Verlaufe der Therapie wurde sie aber sichtlich umgestimmt und konnte bei Gelegenheit auch recht heiter sein.

Freud wußte damals noch nicht, wonach er bei einer Neurose suchen sollte und ließ sich daher fast ganz von der Patientin führen. In einem späteren Nachtrag zur Krankengeschichte sagt er allerdings, er hätte die Angstneigung der Patientin mit ihrer *sexuellen Abstinenz* in Zusammenhang bringen sollen: Aber dieses Thema war noch ›tabu‹ für ihn.

So beschränkte sich das Therapiegeschehen darauf, daß die Pa-

tientin den Arzt mit qualvoll-quälenden Erinnerungen und Vorstellungen beeindrucken durfte und sowohl körperlichen (Massage!) als auch seelischen Kontakt erhielt, was die Besserung ihres Zustandes begreiflich macht.
Merkwürdigerweise beschreibt Freud die Patientin als eine ›ausgezeichnete Frau‹, die durch sittlichen Ernst und Pflichtethos charakterisiert sei, durch hohe Bildung und Wahrheitsliebe und eine ›geradezu männliche Intelligenz und Energie‹ imponiere. Sodann spricht er von ›innerer Bescheidenheit und Feinheit der Umgangsformen‹; Frau Emmy v. N. zeige ›gütige Fürsorge‹ für alle ihr unterstehenden Personen.
Diese Beschreibung kontrastiert mit dem Nachtrag aus dem Jahre 1924, der die Krankheit der hysterischen Dame unseres Erachtens viel transparenter erscheinen läßt als die Darstellung aus dem Jahre 1895. So heißt es im späten Kommentar:

> »Einige Jahre später traf ich auf einer Naturforscherversammlung einen hervorragenden Arzt aus der Heimat der Frau Emmy, den ich befragte, ob er die Dame kenne und etwas von ihrem Befinden wisse. Ja, er kannte sie und hatte sie selbst hypnotisch behandelt, sie hatte mit ihm — und noch vielen anderen Ärzten — dasselbe Stück aufgeführt wie mit mir. Sie war in elenden Zuständen gekommen, hatte die hypnotische Behandlung mit außerordentlichem Erfolg gelohnt, um sich dann plötzlich mit dem Arzt zu verfeinden, ihn zu verlassen und das ganze Ausmaß ihres Krankseins wieder zu aktivieren. Es war der richtige ›Wiederholungszwang‹.
> Erst nach einem Vierteljahrhundert erhielt ich wieder Kunde von Frau Emmy. Ihre ältere Tochter, dieselbe, der ich ehemals eine so ungünstige Prognose gestellt hatte, wandte sich an mich mit dem Ersuchen um ein Gutachten über den Geisteszustand ihrer Mutter aufgrund meiner seinerzeitigen Behandlung. Sie beabsichtigte gerichtliche Schritte gegen die Mutter zu unternehmen, die sie als grausame und rücksichtslose Tyrannin schilderte. Sie hatte beide Kinder verstoßen und weigerte sich, ihnen in ihrer materiellen Not beizustehen. Die Schreiberin selbst hatte einen Doktortitel erworben und war verheiratet.« (GW, Bd. I, S. 162)

Von dieser Beschreibung her gesehen, erweist sich die oben genannte ›Schutzformel‹ als eine anmaßend-preziöse Kontakteinleitung, die die Elemente der Herrschsucht und Unnahbarkeit

deutlich zum Vorschein bringt. Das Schwelgen in ekelhaften und abscheuerregenden Reminiszenzen deutet auf einen ›sadomasochistischen Charakter‹ hin, den Freud übersehen zu haben scheint.
Er entschuldigt sich für die Versäumnisse in dieser Therapie mit der Anmerkung, es sei eben der erste Fall einer ausgiebigen Anwendung des kathartischen Verfahrens gewesen; von einer eigentlichen ›Analyse‹ könne man in diesem Falle nicht sprechen.
Ein anderer Fall jener Zeit war Miss Lucy R., eine 30jährige englische Gouvernante im Hause eines verwitweten Fabrikdirektors. Die junge Dame hatte Geruchshalluzinationen — sie wurde durch den Geruch von ›verbrannter Mehlspeise‹ behelligt. An ihr entdeckte Freud ein unterdrücktes Liebesgefühl für den Vater der von ihr betreuten Kinder, sodann auch emotionale Spannungen mit dem übrigen Hauspersonal, das ihr nicht die wünschbare Achtung entgegenbrachte. Indem Freud die Aussichtslosigkeit ihrer Liebeserwartung offen mit der Patientin diskutierte, trug er sichtlich zur Besserung ihres Zustandes bei; er erzog sie hierbei zur bewußten Verzichtleistung, welche im Vergleich zur ›Verdrängung‹ als normale Reaktion zu betrachten ist.
In seinem Sommerurlaub traf Freud die Patientin, deren Behandlung neun Wochen gedauert hatte, zufällig, worüber er mitteilt: »Sie war heiter und bestätigte die Fortdauer ihres Wohlbefindens.«
Bei einem Ausflug in die Hohen Tauern (Großglocknergebirge) wurde der erholungsuchende Freud von der Serviererin (›Katharina‹) angesprochen, die unter Atemlosigkeit und ›Druck auf der Brust‹ litt. In einem flüchtigen Gespräch ermittelte Freud sexuelle Attacken auf das junge Mädchen durch ihren Onkel, den sie auch in intimen Situationen mit der Magd des Hauses überrascht hatte. Da sie dies ihrer Tante mitteilte, kam es zur Scheidung der Eheleute; der Onkel drohte dem Mädchen, sie für ihre Indiskretion zu bestrafen. Im *»Zusatz 1924«* ergänzt Freud die Schilderung; es sei nicht der Onkel, sondern der Vater gewesen, der seine Tochter sexuell belästigt habe: Hieraus seien die Symptome abzuleiten.
Einer der interessantesten Fälle der *»Studien«* ist der Bericht über die Patientin Elisabeth v. R., die an Schmerzen in den Beinen litt und schlecht gehen konnte. Diese Behandlung fand 1892 statt; Freud war bereits seiner Sache sicherer und wußte, was er ›zu suchen hatte‹. Daher konzentrierte er sich auf die Lebensge-

schichte und das Liebesleben der jungen Frau und vermutete, hinter den körperlichen Symptomen seelisches Unglück zu finden. Seine Recherchen bestätigten diese Mutmaßung; er fühlte sich hierbei wie ein Archäologe, der eine ›verschüttete Stadt ausgrub‹ (l. c., S. 201) oder wie ein Sprachforscher, der den ›Dialekt der Symptomatik‹ in die Umgangssprache übersetzte.
Elisabeth war die jüngste von drei Töchtern gewesen, welche von ihrem Vater besonders geliebt wurde. Sie war ein ehrgeiziges, keckes und knabenhaftes Mädchen, das überall eine Mittelpunktstellung anstrebte. Der frühe Tod des Vaters brachte jedoch die Familie in größere Schwierigkeiten, die auch die Laufbahn Elisabeths überschatteten. Ihre Schwestern heirateten, aber sie selbst konnte sich zu keiner Partnerwahl entschließen. In den schwesterlichen Ehen ging manches schief, so daß Elisabeth in ihrem Pessimismus hinsichtlich der Liebe bestärkt wurde. Als Haupttrauma fand Freud jedoch erotische Avancen von seiten des einen Schwagers, in den Elisabeth teilweise verliebt war. So sah sich das Mädchen vom Leben überfordert und wich gleichsam in ihre Krankheit aus. Wie die Symptome im einzelnen zu verdolmetschen waren, sagt Freud in einer klassisch schönen Stelle unseres Textes:

> »Wenn die Kranke die Erzählung einer ganzen Reihe von Begebenheiten mit der Klage schloß, sie habe dabei ihr ›Alleinstehen‹ schmerzlich empfunden, bei einer anderen Reihe, welche ihre verunglückten Versuche zur Herstellung eines neuen Familienlebens umschloß, nicht müde wurde zu wiederholen, das Schmerzliche daran sei das Gefühl ihrer Hilflosigkeit gewesen, die Empfindung, sie ›komme nicht von der Stelle‹, so mußte ich auch ihren Reflexionen einen Einfluß auf die Ausbildung der Abasie einräumen, mußte ich annehmen, daß sie direkt einen symbolischen Ausdruck für ihre schmerzlich betonten Gedanken gesucht und ihn in der Verstärkung ihres Leidens gefunden hatte.« (l. c., S. 217)

Wiederum war die Erkrankung eine ›unsaubere Lösung‹ für ein echtes Lebensproblem. Elisabeth stand tatsächlich vor schwierigen und eventuell auch niederdrückenden Gegebenheiten: Man konnte ihre Krankheit als ›Ausdruck des Elends und Protestation dagegen‹ deuten. Aber der Protest durch Krankwerden löst keine Probleme und beseitigt keine Notlagen. Offenbar gelang es Freud, die Patientin nach einigem Widerstreben zum Mut und

zur inneren Selbständigkeit zu erziehen, wodurch die ›Geh- und Stehstörungen‹ eliminiert werden konnten. In einem rührenden Nachsatz zu seiner Krankengeschichte erwähnt Freud, er habe 1894 gehört, daß Elisabeth einen Hausball besuchen werde; er nahm die Gelegenheit wahr, sich unter das Ballpublikum zu mischen, und hatte die Genugtuung, seine einstige Kranke ›im raschen Tanze dahinfliegen zu sehen‹. Des weiteren teilt er mit, daß sie sich später ›aus freier Neigung mit einem Fremden verheiratet‹ habe. Auf Grund dieser Falldarstellungen bemühte sich Freud um eine Theorie der hysterischen Neurose, wobei er den Grundstein zur Psychoanalyse legte. Die Funde an der Hysterie fügten sich zusammen zum ›Neurosenmodell‹, und dieses leitete über zu einem Modell der menschlichen Psyche.
Interessant ist die Tatsache, daß Freud in den *»Studien«* in Umrissen bereits eine komplette psychotherapeutische Theorie vorlegt. Ein zentraler Begriff seiner damaligen Krankheitslehre ist schon die ›Abwehr‹ oder der ›Widerstand‹; auch ist er sich im klaren darüber, daß die *positiv getönte Beziehung* zwischen Arzt und Patient der Motor des Heilungsvorganges ist. So taucht schon im folgenden Passus die Idee der ›Gegenübertragung‹ auf:

> »Das Verfahren ist mühselig und zeitraubend für den Arzt, es setzt ein großes Interesse für psychologische Vorkommnisse und doch auch persönliche Teilnahme für den Kranken bei ihm voraus. Ich könnte mir nicht vorstellen, daß ich es zustande brächte, mich in den psychischen Mechanismus einer Hysterie zu vertiefen bei einer Person, die mir gemein und widerwärtig vorkäme, die nicht bei näherer Bekanntschaft imstande wäre, menschliche Sympathie zu erwecken, während ich doch die Behandlung eines Tabikers oder Rheumatikers unabhängig von solchem persönlichen Wohlgefallen halten kann.« (l. c., S. 264)

Der ›Widerstand‹ des Patienten entspringt nach Freud daraus, daß es sich beim Kern der hysterischen oder neurotischen Erkrankung um Vorstellungskomplexe handelt, die seinerzeit aus dem Ich oder dem Bewußtsein ausgeschlossen wurden, weil sie mit ihm (mit seinen Wertvorstellungen) unverträglich waren. An solche Gedankengruppen seien Affekte der Scham, des Schmerzes, des Ekels, des Vorwurfes und der Beeinträchtigung geheftet; will sie der Arzt wieder ins Bewußtsein hineinholen und integrieren, dann muß er sich auf intensive Abwehr seitens des Pa-

tienten gefaßt machen. Dieser verweigere die Erinnerungsarbeit, und der Heilungserfolg stellt sich erst ein, wenn das Vergangene, Vergessene und Verdrängte erinnert und akzeptiert werden kann. Freud erzog den Hysteriker durch seine Therapie zur Wahrhaftigkeit, zur wahren Aneignung seiner eigentlichen Lebensgeschichte; damit bekämpfte er sozusagen nebenbei die Verschwommenheit der hysterischen Selbst- und Weltauffassung: Ein präzises Wahrnehmen, Denken, Erinnern usw. ist ein Heilmittel gegen psychische Erkrankungen. Auch war die psychoanalytische Überbetonung des sexuellen Momentes für die Hysteriker nicht so abwegig; es stieß die Kranken ›mit der Nase‹ auf die verschmähte Lebenssphäre der Liebe und Sexualität, so daß sie Impulse zum Erwachsenwerden bekamen.
In die Sprache gehobene Gedanken und Gefühle sind nicht nur kommunikabel, sondern auch klarer, deutlicher und produktiver. Freud leistete bei seinen Patienten ein Stück ›Spracherziehung‹ und lehrte sie zu sagen, worunter sie litten und gelitten hatten. Dies war die eigentliche Katharsis oder Seelenreinigung, die man — Aristoteles zuliebe — mit der ›Abfuhr von eingeklemmten Affekten‹ gleichgesetzt hatte.
Freud wollte den Patienten, der sein Leben quasi dumpf dahinlebte, dazu gewinnen, ein Selbsterforscher und ein Forscher im Rahmen des menschlichen Seelenlebens zu werden. Da dies auch seine eigene Ambition war, bot er dem Analysanden eine geistige Partnerschaft unter dem Leitstern der Wissenschaft an. Vermutlich hat diese Introduktion von ›Geistigkeit‹ ins Therapiegeschehen mindestens soviel zu den Genesungen der Patienten beigetragen als die oft gewagten Deutungen, die eher Staunen und Befremden als Zustimmung beim Patienten hervorriefen. Wahrscheinlich wurden viele Patienten *trotz der Interpretation* geheilt; was der Therapeut sagt, ist nicht so wichtig wie das, was er *ist* und was er *ausstrahlt.*

Neuere tiefenpsychologische Autoren

Da sich viele tiefenpsychologische Autoren seit Freuds frühen Anfängen mit der Hysterie beschäftigt haben, kann es nicht unsere Aufgabe sein, alle in der Fachliteratur ventilierten Thesen und Theorien zu erörtern. Wir beschränken uns auf einige wenige Hysteriekonzeptionen, die über Freud hinausführen.

Auch in den neueren Theorien ist jedoch stets viel von Freuds Einsichten enthalten, wie man beim Scharfsinn und der Universalität des Begründers der Psychoanalyse wohl erwarten kann. In den meisten Neuerungen wird an die schon von Freud vertretene Meinung angeknüpft, daß der Hysteriker mit seinen Symptomen ›versteckte Mitteilungen‹ mache. Er stellt gleichsam seine Probleme und sein Lebensgefühl ›im Medium des Leibes‹ dar. Anstatt eigentlicher Willensentschlüsse und Handlungsvollzüge produziert er seine Symptomatik, die übersetzbar ist ›wie eine Sprache‹ und verstehbar ›wie ein Traum‹. Der Schlüssel zur Hysterie liegt demnach in der Ausdruckskunde und in der Symbolpsychologie: Man muß hierbei nicht unbedingt an die verrufene Sexualsymbolik der Psychoanalyse denken, sondern an den umfassenderen *Symbolsinn*, daß man nämlich unendlich vieles mit Metaphern zum Ausdruck bringen kann.
In der Folge referieren wir einige Auffassungen von Riemann, Schultz-Hencke, Richter, Sullivan und Szasz, die als Paradigmata für die modernen Hysterieanschauungen gelten sollen.
In seinem Buch *»Grundformen der Angst«* (1961) widmet Fritz Riemann ein aufschlußreiches Kapitel den ›hysterischen Persönlichkeiten‹ (S. 96–118). Entsprechend dem Aufbau seines Textes sucht der Autor nach der spezifischen ›hysterischen Daseinsangst‹; er findet sie in der ›Angst vor dem Endgültigen, Unausweichlichen, vor der Notwendigkeit‹ (l. c., S. 96). Der hysterische Mensch strebe nach Freiheit und Ungebundenheit und wolle sich nirgendwo festlegen. Er sei reizsüchtig und außenorientiert und lebe in seinen phantastisch ausgemalten Möglichkeiten; sein Zusammenbruch erfolgt oft dann, wenn die Wirklichkeit drastisch an ihn herandringt und ihre unausweichlichen Forderungen präsentiert.
So fürchten hysterische Charaktertypen fast panisch das Altern, die endgültige Übernahme ihrer Geschlechtsrolle (am Ausgang der Pubertät), das Unvermeidliche in allen seinen Erscheinungsweisen. Sie wollen sich eine Scheinfreiheit bewahren, und zu diesem Zwecke müssen sie eine Pseudorealität erdichten, in der Wünsche allmächtig sind, weil Natur- und Gesellschaftsgesetze außer Kraft gesetzt werden.
Lug, Betrug und Simulation gedeihen im Klima der hysterischen Pseudowelt, in der es immer darum geht, den Impulsen des Augenblicks zu folgen und sich über das ›Nachher‹ nicht viel Gedanken zu machen. Dabei kommt es zu einem ›Fortwursteln‹,

das nach und nach in eine Katastrophe einmündet. In der Sprache C. G. Jungs ausgedrückt, kann man Hysteriker als extrem Extravertierte bezeichnen, die wenig Selbstbesinnung und Selbstkontrolle haben. Hysteriker können nicht wachsen und reifen, weil sie in ihrer Kindheit keine geeigneten Vorbilder hierzu haben. Meistens deutet sich die Fehlentwicklung schon zwischen dem vierten und sechsten Lebensjahr an (›phallische Phase‹ der Psychoanalyse), wo die Anerkennung der Realität und der Verzicht auf die kindliche Wunsch- und Traumwelt bereits aktuell wäre. Der zukünftige ›hysterische Charakter‹ wird auf eine ›infantile Starrolle‹ festgelegt: Dies wird ihm oft von einem Elternteil vorgemacht, indes der andere Elternteil sich eventuell im Licht des aufgepäppelten Stars zu sonnen pflegt. Die Frauen in der patriarchalischen Kultur wurden überall zu Infantilismus, Masochismus und Narzißmus erzogen. Dies machte sie für die Hysterie besonders geeignet, weshalb dieses Leiden früher eine der bevorzugten ›Frauenkrankheiten‹ war.
Der Geltungsdrang des Hysterischen ist ausgeprägt, kann aber nicht durch Leistungen befriedigt werden. Das Symptom ersetzt dann die Leistung; es ist nicht so sehr, wie Freud sagte, ›das Liebesleben der Kranken‹, sondern eher noch die ›Lebensleistung der Patienten‹. Vom sozialen und kulturellen Standpunkt ist diese Effizienz mehr als ungenügend.
Hysteriker neigen zu Projektionen, d. h., sie suchen die Fehler mehr bei anderen als bei sich selbst. Als politische Demagogen sind sie ausgezeichnete Prediger des Fanatismus und des Vorurteils. In Partnerschaften sehen sie ›den Splitter im Auge des Partners‹, nicht aber den ›Balken im eigenen Auge‹. Sie sind ichhaft und bindungsgehemmt, quecksilbrig und bodenlos, lebhaft ohne Lebensverankerung.
Riemanns Schilderungen erinnern oft an die Gedankenwelt von Harald Schultz-Hencke, der in seinem *»Lehrbuch der analytischen Psychotherapie«* (1951) der hysterischen Persönlichkeitsstruktur eine treffende Darstellung widmet (S. 109–112). Für Schultz-Hencke ist der Hysterische ein ›motorisch Ausgereifter‹, dessen entscheidende Hemmungen erst nach dem dritten Lebensjahr zum Tragen kommen. Der Reifungsschritt der Realitätszuwendung wird aber nur unzulänglich vollzogen. Auch wird die Sprache nicht korrekt erlernt; sie dient dann nicht eindeutigen Bezeichnungen, sondern wird schwebend-zweideutig, privatistisch. Etwas Spielerisches kommt in das Verhalten des

Heranwachsenden hinein. Von Spielerei zur Schauspielerei ist oft nur ein Schritt. Planlose Aktivität beherrscht das Leben der Hysteriker, die ihre Phantasie zügellos überwuchern lassen.
Die genitale Stufe der Entwicklung wird nicht erreicht: Der Hysteriker meidet das Sexuelle, weil es mit menschlicher Bewährung verbunden ist. Natürlich kann er es zum Sexualschauspiel herabwürdigen, sei es als Don Juan und Casanova oder als ›Dirne‹.
Hysteriker sind überexpansiv, aber es gibt wenig Resultate bei ihrer Expansion. Das Überrennen von Schwierigkeiten ist ihr Modus der Auseinandersetzung. Damit wird eine Angst übertönt, die gleichsam durch einen Erregungssturm beantwortet wird.
Die Körpersymptome dienen oft dem Geltenwollen und werden in charakteristischer Weise übertrieben. Trotz scheinbarer ›Enthemmtheit‹ sind Hysteriker sehr gehemmte Menschen.
Im Sinne seines familientherapeutischen Konzeptes (*»Patient Familie«*, 1970) sucht Horst-Eberhard Richter nach der psychischen Beschaffenheit jener Familien, in denen eine hysterische Subkultur obwaltet und welche dementsprechend auch hysterische Charaktere ›auszubrüten‹ vermögen. Solche Familien können unter dem Stichwort ›Theater‹ zusammengefaßt werden. Oft bestehen sie aus einer ›hysterischen Zentralfigur‹, die den übrigen Familienmitgliedern ihr ›Arrangement‹ aufzwingt. Man spielt einander in solchen familiären Kleingruppen viel vor; aber man beeindruckt auch die Umgebung mit Aufwand und ›Show-Effekten‹, hinter denen viel Klägliches verborgen liegt.
Schein und Sein klaffen auseinander; Echtheit ist weniger gefragt als Effekthascherei um jeden Preis. Der Exhibitionismus des eigentlichen hysterischen Charaktertypus spielt hierbei eine entscheidende Rolle — die übrigen Familienmitglieder lassen sich entweder davon anstecken oder übernehmen die Funktion von ›Voyeuren‹, die gebannt auf die Aktionen des Hysterikers achten.
Hört das hysterische Getue aus irgendwelchen Gründen auf, dann kommt die Depression zum Vorschein, die durch Hysterie übertüncht worden ist. So leben solche einzelne oder Familiengemeinschaften auf einem brüchigen Fundament, das jederzeit einbrechen kann.
Wachsen Kinder in einem Milieu dieser Art heran, dann gewöhnen sie sich von früh auf an das Theatralische, Übertriebene und

Unechte: Meistens lernen sie auch das Gegenteil davon verachten. Die Zufälle des Lebens können dann zum Ausbruch der (hysterischen) Neurose führen. Besonders einleuchtend ist die Hysterieauffassung von Harry Stack Sullivan im Rahmen seiner ›interpersonellen Psychiatrie‹, die alle seelischen Erkrankungen als zwischenmenschliche Strategien und ›Spiele‹ interpretiert. In Sullivans postum erschienenem Werk *»Clinical Studies in Psychiatry«* (1956) findet sich ein ausgezeichnetes Kapitel über das Hysterieproblem (S. 203—228).

Gleich zu Beginn erläutert Sullivan, daß die hysterischen Symptome der Aufrechterhaltung der prekären Selbstachtung des Patienten zu dienen haben. Sie sind Sicherheitsmanöver ohne sozialen Wert; für den Patienten selbst aber ergeben sie ein Bedeutungsgefühl, das er auf andere Weise nicht glaubt erreichen zu können. Er greift unbewußt nach einem Rettungsanker für sein Prestigebedürfnis:

> »Im Prinzip könnte man den Hysteriker als eine Person bezeichnen, die auf Grund eines glücklichen Einfalls einen Weg entdeckt hat, wie sie sich Achtung verschaffen kann, ohne dabei ihren Standards genügen zu müssen. Aber eine solche Beschreibung des Hysterikers ist sehr irreführend, denn natürlich kommt dem Hysteriker niemals dieser Einfall. Zumindest besteht keine Möglichkeit eines praktischen Nachweises, daß er ihn gehabt hat.« (S. 203)

Oft will der Hysteriker mit seinen Symptomen seine Umgebung ›bestrafen‹: Er fühlt sich nicht anerkannt genug und entdeckt eines Tages, daß er mit seinem Leiden die Umwelt in Atem halten und beschäftigen kann. Auch ist der Schrecken, den die anderen bei seinen ›Anfällen‹ empfinden, eine sadomasochistische Genugtuung, die nach Lust und Laune — oder aber auch nach jeweiligem Bedürfnis — ausgekostet wird.

Somit ist es ein untergründiger und doch auch wieder offener Kampf, der mit Hilfe der Neurose gegen die Familienangehörigen geführt wird. Es wird allgemeine ›Entlastung‹ gesucht und auch erreicht. Dieser Dispens von den Lebensaufgaben ist notwendig, weil der Hysteriker das Leben in geradliniger Auseinandersetzung mit ihm nicht meistern könnte. Ihm fehlt ein bestimmtes Entwicklungspensum,

> »das er hätte durchmachen sollen, um es zu einer wohlabgerundeten Persönlichkeit mit einigermaßen eindrucksvollen

Zukunftsaussichten zu bringen. Da Hysteriker so früh lernen, sich mit einem Minimum an Aufwand und Anstrengung durch Unannehmlichkeiten und Schwierigkeiten hindurchzuschlängeln, ist ihr Leben genau so gewesen, wie sie es darstellen: einzigartig, phantastisch einfach. Selbst wenn man die pathogenen oder pathologischen Mechanismen einmal außer acht lassen könnte, hätte man also Personen vor sich, die sich überhaupt nicht für eine komplexe interpersonale Umwelt eignen. Ihnen fehlt es schlicht an der Erfahrung; sie haben eine Erziehung versäumt, die viele andere Menschen erhalten haben.« (S. 228)

In Sullivans Sprechweise haben wir es bei der Hysterie mit einem sehr ›unvollständigen Selbst‹ zu tun, das größere Antriebssysteme in der Abspaltung oder Dissoziation halten muß, um sein Gleichgewicht festigen zu können. Ichschwäche, Kontaktarmut, Realitätsfremdheit usw. folgen notwendigerweise aus diesem Entwicklungsdefizit.

Körperliche Symptome sind kein notwendiger Bestandteil der hysterischen Erkrankung. Wenn sie zustande kommen, dann ›benützt‹ sie der Kranke als ›Alibi‹, womit er sich dem ›Ernst des Lebens‹ entziehen kann. Er wird gerne darauf hinweisen, was er alles zustande gebracht hätte, wenn ihn sein Leiden nicht behindert haben würde.

Des weiteren betont Sullivan den ›juvenilen Charakter‹ der Hysterischen. Sie stecken allesamt in der ›Vorpubertät‹, was sie kindlich und unreif erscheinen läßt. Liebe ist ihnen fremd; dafür sind sie ansprechbar auf Neid und Eifersucht, auf Wettstreit mit anderen. Vor allem die Rivalität mit gleichgeschlechtlichen Wesen ist eine wesentliche Charakterkomponente: Sie kann, bei zusätzlichen Motivationen, zur Ausbildung von Homosexualität überleiten.

Ein Beispiel für Sullivans Charakterisierungskunst gibt folgende Passage seines Textes:

»Der Hysteriker empfindet eine recht tiefe Verachtung für andere Leute. Damit meine ich, daß er andere Menschen als vergleichsweise schattenhafte Schemen betrachtet, als — so kommt es mir jedenfalls manchmal vor — Zuschauer seiner Vorführung. Worin zeigt sich das? Nun, man könnte sagen, daß Hysteriker die größten erfolglosen Lügner im gesamten Spektrum der menschlichen Persönlichkeiten sind. Nichts ist ihnen gut genug, wie es ist. Beim Erzählen wird es ständig verbessert. Die Hysteriker müssen einfach alles ein wenig übertreiben ... Wenn sie über ihr Leben sprechen — ihre Interessen, ihr Vergnügen, ihre Sorgen und so fort —, genügen ihnen nur Superlative. Und damit stellen sie in gewisser Weise die Unzulänglichkeit der Realität fest — just das, was ich meine, wenn ich sage, daß Hysteriker Ereignisse und Menschen an sich ziemlich verachten. Sie führen sich auf, als seien sie etwas Besseres gewöhnt, und das sind sie auch.« (S. 209)

In der Psychotherapie böten Hysteriker große Schwierigkeiten, da sie sich leicht in einen Machtkampf mit dem Therapeuten engagieren, respektive ihn zum ›Publikum‹ für ihre dramatischen Produktionen herabwürdigen oder umfunktionalisieren wollen. Man müsse ein umfängliches Entwicklungsprogramm mit ihnen nachholen, bis eine eigentliche Kooperation und Kommunikation möglich sei. Mitunter scheitere die Behandlung an Lug und Betrug, die den Therapeuten allzusehr in die Irre führen.

Eine eigentümliche Neuformulierung des Hysterieproblems gibt Thomas S. Szasz in seinem vieldiskutierten Buch *»Geisteskrankheit — Ein moderner Mythos?«* (1961, dt. 1972/1975). Szasz will einen Teil der Geschichte der Psychiatrie rückgängig machen. Seiner Ansicht nach haben Charcot und Freud darin geirrt, daß sie die Neurosen zu echten ›Krankheiten‹ stempelten. Das Motiv hierbei war natürlich edel: Die Gemütsgestörten sollten denselben Respekt und dasselbe Behandlungsrecht bekommen wie die Patienten mit somatischen Erkrankungen. Daher wollte man auch die Neurosen irgendwie in der Physis des Menschen verankern; dies ist einer der Gründe dafür, daß die Psychoanalyse hartnäckig seelische Leiden auf Triebanomalien und Triebkonflikte meint zurückführen zu müssen.

Daraus erwuchs zum Beispiel Freuds ›konversionstheoretisches Modell‹ der Hysterie. Danach entstand die Krankheit, indem seelische Probleme in den Körper ›verlagert‹ wurden. Nur mit Hilfe sehr spekulativer Konstruktionen konnte Freud diese angebliche Libido- oder Energieverlagerung aus dem Psychischen ins Physische deutlich machen. So heißt es etwa in den *»Studien über Hysterie«*:

»Man hat ein Recht, der Theorie näher auf den Leib zu rücken und zu fragen: Was ist es denn, was sich hier in körperlichen

> Schmerz verwandelt? Die vorsichtige Antwort wird lauten: Etwas, woraus seelischer Schmerz hätte werden können und werden sollen. Will man sich weiter wagen und eine Art von algebraischer Darstellung der Vorstellungsmechanik versuchen, so wird man etwa dem Vorstellungskomplexe dieser unbewußt gebliebenen Neigung einen gewissen Affektbetrag zuschreiben und letztere Quantität als das Konvertierte bezeichnen.« (l. c., S. 233)

Freud griff zu einer ›Vorstellungsmechanik‹, um sich die Erzeugung der hysterischen Symptome verständlich zu machen. Insofern Patienten erotische Vorstellungen aus dem Bewußtsein verdrängten, sei es möglich, daß der damit verknüpfte Affektbetrag in somatische Schmerzempfindungen verwandelt werde: ein rätselhafter alchemistischer Vorgang, bei dem auf dem Wege einer innerpsychischen Zauberei Liebesbedürfnis in Krämpfe, Lähmungen usw. transformiert werden kann.

Nach Szasz ist das im Ansatz bereits völlig falsch. Hysteriker sind nicht Kranke im medizinischen Sinne des Wortes. Ihre ›Krankheit‹ hat auch nicht ›Ursachen‹ in bestimmten Traumen oder Triebpathologien, wiewohl die sexuelle Situation und die Vorgeschichte des Patienten viel Licht auf seine Störung werfen kann. Man kommt aber dem Problem besser bei, wenn man die Hysterie *kommunikations- und spieltheoretisch* interpretiert: Demnach ist der Hysteriker ein Mensch, der aus bestimmten Gründen eine seltsame Form der Kommunikation wählt und *ein Krankheitsspiel spielt,* das ihm halbwegs eine Lösung für seine kaum lösbaren Lebensprobleme zu versprechen scheint.

Hysterie ist nicht eine Krankheit, sondern eine Mitteilung ›in Körpersprache‹. Gewöhnlich verwenden wir Worte zum Kommunizieren; es kann aber nützlich sein, den ganzen Körper als Sprechinstrument einzusetzen, zum Zwecke verschlüsselter und suggestiver Mitteilungen, die man als ›Anspielungen‹ begreifen kann. Der Hysteriker spielt ein Krankheitsspiel, um seine Umgebung stärker und nachdrücklicher zu Hilfeleistungen animieren zu können.

Damit scheint man zur alten Theorie zurückzukehren, daß die Hysterie eine Art von Simulantentum sei. Szasz ist nicht dieser Meinung, aber er bringt das hysterische Verhalten doch in einige Nähe zu Lüge, Betrug, Rollenspiel und vorsätzlicher diffuser Mitteilungsweise. Die Körpersprache der Patienten erleichtert die Beziehungsaufnahme ohne faßbare Kommunikationen. Sie übt eine gewisse Macht über die Angehörigen der Kranken aus, die unter dem Imperativ stehen, daß einem leidenden Menschen unter allen Umständen geholfen werden muß. Das weiß der Hysteriker, und er demonstriert sein Leiden am Leben mit solcher Wucht und oft Überzeugungskraft, daß er zum Mittelpunkt seiner Familie wird und Schonung beanspruchen darf. Muster für dieses Verhalten gibt es genug: Als Kind lernt man die Posen der Hilfsbedürftigkeit in tausendfältigen Erfahrungen; nachher kann Körperkrankheit zur hohen Schule der Leidensdokumentation werden, womit man soziale und kulturelle ›Dispense‹ erzielen kann.

Sieht man es so, dann muß der hysterische Patient zum Verzicht auf Machtausübung, zur Kooperation und (vollgültigen) Kommunikation erzogen werden. Freud ahnte dies sehr wohl, als er in der Falldarstellung von ›Elisabeth v. R.‹ die Resignation der Kranken hervorhob und behauptete, die Patientin habe sich in ihr Leiden wie in ein Kloster zurückgezogen:

> »Dies also war die Leidensgeschichte des ehrgeizigen und liebebedürftigen Mädchens. Mit ihrem Schicksale grollend, erbittert über das Fehlschlagen all ihrer kleinen Pläne, den Glanz des Hauses wiederherzustellen — ihre Lieben teils gestorben, teils entfernt, teils entfremdet —; ohne Neigung, eine Zuflucht in der Liebe eines fremden Mannes zu suchen, lebte sie seit eineinhalb Jahren, fast von jedem Verkehre abgeschieden, der Pflege der Mutter und ihrer Schmerzen.« (GW, Bd. I, S. 206)

Demnach würde eine psychologische Kur des Hysterikers beinhalten, daß man seine Spiele ›nicht mitspielt‹, d. h., man gibt ihm keine Vorzugsrolle für seine dramatisch vorgetragenen Leidensbekenntnisse, in denen der Anspruch steckt, daß man einen ›so enorm kranken Menschen‹ wie einen Prinzen oder eine Prinzessin behandeln müsse. Dieses ›Nicht-Mitspielen‹, welches die Angehörigen der Patienten kaum je zustande bringen, nennt man in der psychoanalytischen Fachsprache das ›Meistern von Übertragung und Gegenübertragung‹: Da der Psychoanalytiker ›auch nur ein Mensch‹ ist, geht ihm die ›furchtbare Symptomatik‹ des Hysterischen leicht unter die Haut und nicht selten wird er zum Publikum für die Show, die der Kranke in beeindruckenden Abwandlungen vor ihm abzieht.

Wie suggestibel Therapeuten gegenüber ihren hysterischen Analysanden sind, zeigt auch das Schicksal von Freud selbst. Die Patientinnen erzählten dem ›ersten Psychoanalytiker‹ mit großer Farbigkeit und Überzeugungskraft, daß sie von ihren Vätern, Onkeln usw. sexuell mißbraucht worden seien. Wahrscheinlich lag darin auch eine *kokette Botschaft an den Arzt,* er solle doch ›etwas Sexuelles‹ unternehmen: Hätte er dies getan, so wäre ihm wohl da und dort ein Entgegenkommen, öfter aber eine moralische Abfuhr beschieden gewesen. Freud glaubte die Verführungsmythen der Hysterischen und entwarf seine Lehre von der sexuellen Traumatisierung im Kindesalter, die er später als ›Phantasiebildung‹ zurücknahm. Offenbar durchschaute er noch nicht den Kommunikationsmodus und die Spieltechnik der Patienten, die ihn aufs Kreuz zu legen versuchten.

Der hysterische Charakter

So subtil Freud die einzelnen Symptome der Hysteriker auf reale oder konstruierte Anlässe in ihrer Vorgeschichte zurückzuführen vermochte, ermangelte ihm doch der Blick für die hysterische Gesamtpersönlichkeit, die er mitunter ziemlich überschätzte. Irrtümlicherweise betrachtete er die Neurose in Analogie zu einem ›Fremdkörper‹ im gesunden Gewebe des Organismus (GW, Bd. I, S. 311), den man ausräumen könne: Das ist unseres Erachtens schief gesehen, denn die Neurose affiziert den ganzen Menschen, seinen Charakter, sein Denken, Fühlen und Wollen bis in alle Details des Erlebens und Verhaltens.

Karl Jaspers in seiner *»Allgemeinen Psychopathologie«* (8. Aufl., 1965, S. 370) findet folgenden ›Grundzug‹ in allen Hysterikern:

> »Anstatt sich mit den ihr gegebenen Anlagen und Möglichkeiten zu bescheiden, hat die hysterische Persönlichkeit das Bedürfnis, vor sich und anderen mehr zu scheinen, als sie ist, mehr zu erleben, als sie erlebnisfähig ist. An Stelle des ursprünglichen, echten Erlebens mit seinem natürlichen Ausdruck tritt ein gemachtes, geschauspielertes, erzwungenes Erleben; aber nicht bewußt ›gemacht‹, sondern mit der Fähigkeit, ... ganz im eigenen Theater zu leben, im Augenblick ganz dabei zu sein, daher mit dem Schein des Echten. Daraus leiten sich verständlich alle weiteren Züge ab. Der hysterischen Persönlichkeit ist schließlich gleichsam der Kern

ganz verlorengegangen, sie besteht nur noch aus wechselnden Schalen. Ein Schauspiel löst das andere ab. Da sie in sich nichts mehr findet, sucht sie alles außer sich ... Alles, was einen starken Reiz von außen bedeutet, zieht sie an: Skandal, Klatsch, berühmte Persönlichkeiten, alles Wirkungsvolle, Maßlose, Extreme in Kunst- und Weltanschauungen. Um sich ihrer Bedeutung gewiß zu sein, müssen hysterische Persönlichkeiten immer eine Rolle spielen ...«

Das tönt nun doch ganz anders als das, was Freud z. B. über Frau Emmy v. N. und teilweise auch über Elisabeth v. R. zu berichten hatte. Freud blendete irgendwie das ›Ich‹ des Kranken aus und konzentrierte sich meistens auf unbewußte und triebhafte Dynamismen, die er entschlüsseln wollte; die ›Ichpsychologie‹ wurde erst spät von den Psychoanalytikern entdeckt: Erst in den dreißiger Jahren begann man sich für dieses Thema zu interessieren (A. Freud, Heinz Hartmann u. a.).
Daher gewinnt man mehr Aufschluß über den hysterischen Charakter, wenn man sich der Individualpsychologie Alfred Adlers zuwendet, die schon in ihren Anfängen davon ausging, daß das Rätsel der Neurose im ›nervösen Charakter‹ begründet liege (*»Über den nervösen Charakter«*, 1912). Adler bemerkte an den Neurotikern, daß sie ausgeprägte und zugespitzte Charakterzüge hätten, die die soziale und kulturelle Einfügung ungemein erschwerten und zwischenmenschliche Beziehungen belasteten. Als solche ›neurotische‹ oder ›neurotisierende‹ Charakterkomponenten beschrieb er u. a. Ehrgeiz, Eitelkeit, Neid, Geiz, Haß, Eifersucht, Launenhaftigkeit, Angst, Aggression, Trauer, Überempfindlichkeit und Mißtrauen.
Diese Charakterdeformationen sind Ausdruck des tiefliegenden Minderwertigkeitskomplexes und des daraus folgenden Geltungs- und Machtstrebens. Die Notwendigkeit, solche ›kämpferische‹ und ›sozial trennende Eigenschaften‹ auszubilden, sei für den Neurotiker durch seinen Mangel an Gemeinschaftsgefühl oder Sozialinteresse geboten. Infolge von Kontaktarmut und Beziehungslosigkeit entsteht die Palette nervöser Charakterzüge, die in Krisenzeiten des individuellen Lebens zur Neurose zusammenfließen, d. h. zur unproduktiven Revolte gegen die Bedingungen der gemeinschaftlichen Existenz, die an den Kranken unausweichlich die ›Lebensaufgaben‹ der Arbeit, der Liebe, der Sexualität und des Kulturbeitrages heranträgt.

Mit diesem Konzept sehen wir tiefer in das Gewebe des hysterischen Charakters hinein. Meistens handelt es sich um verwöhnte Menschenkinder, die schon in der Kindheit in eine *Star-Rolle* hineingelockt wurden. Nicht selten wird frühzeitig der eigene Geschlechtscharakter abgelehnt: Freud notiert bei Gelegenheit, daß die Patientinnen keck und vorlaut waren, ›halbe Knaben‹, die sich nicht mädchenhaft gebärdeten. Kam dann die Pubertät mit der Ankündigung, daß die Übernahme der Frauenrolle biologisch und sozial unvermeidlich sei, dann gerieten die zukünftigen Hysterikerinnen in Angst und Panik. Da sich innerhalb der Verzärtelung stets Entwicklungsdefizite einstellen, ist es fast unmöglich, mit kulturellen Mitteln die Position eines ›Stars‹ beizubehalten; angeregt durch die mitmenschliche Umgebung (Eltern, Verwandte usw.) oder durch eigene Erfahrung, gerät die Hysterika darauf, die Mittelpunktstellung durch ›Kranksein‹ zu erzwingen. Man kann in der entwickelten Kultur durch Schwäche herrschen, durch Krankheit Ausnahmebedingungen fordern, durch Leiden Macht über die Umwelt erhalten. Die überhitzte Phantasie solcher Menschen erhält Einfluß auf das Körpergeschehen, wobei die erstaunlichsten Symptome zustande kommen (bis zu Stigmata, die den leidenden Heiland imitieren!). Nur eine Erweckung der sozialen Verbundenheit und der damit gesteigerten Selbstachtung kann die Hysterie heilen.

Hysterie als Zeit- und Kulturkrankheit

Alfred Adler sprach davon, daß er in jeder neurotischen Psyche den sogenannten ›männlichen Protest‹ als eigentliches Movens der Krankheitserscheinungen zu diagnostizieren vermöge: Alle Patienten — Männer und Frauen — seien vom Wunsche beseelt, sich als ›ganzer Mann‹ zu gebärden, einem pathologischen Ideal von Männlichkeit nachzustreben. Dieser destruktive und unkontrollierbare Drang habe seine letzte Wurzel in den patriarchalischen Lebensbedingungen, die seit Jahrtausenden unsere kulturellen Maßstäbe bestimmen. Da der Mann in der Kultur über die Frau dominiert, sich selbst als das ›wertvolle Geschlecht‹, die Frau aber als ein ›minderwertiges Wesen‹ hinstellt, wird die Wert-Polarität von Mann und Frau zum Desorientierungsfaktor in der gesunden und in der kranken Psyche. Besonders in der letzteren werden ›männlich‹ und ›weiblich‹ als

zwei absolute Gegensätze erfahren, wo Frausein als identisch gesetzt wird mit Unterlegenheit, Untensein, absoluter Minderwertigkeit, moralischer und intellektueller Defizienz.
Das Idealbild des Mannes aber umfaßt Größe, Stärke, Schönheit, Klugheit, Verantwortungsbewußtsein, Reife, Vernunft, Mut und Souveränität. Wie sollte da das heranwachsende Mädchen sich mit seiner biologischen und sozialen Existenz abfinden, wenn diese an das *Gefühl des Unwerts* geknüpft ist? Nach Adler strebt jeder Mensch nach Wertverwirklichung, nach Achtung und sozialer Anerkennung. Für die Frau war dieses Streben stets großenteils zur Erfolglosigkeit verurteilt.
Die Niederlage ist immer schmerzlich, und der Erniedrigte und Benachteiligte wird nach Adler offen oder geheim zur Revolte tendieren. Wer die Geschichte der Kultur überblickt, wird konstatieren, daß auch die Frauen den selbstherrlichen Männern in ihrer Weise den Kampf angesagt haben: Der ›Kampf der Geschlechter‹ geht durch die Jahrtausende, und man kann nicht sagen, wer der Gewinner und wer der Verlierer ist — verloren haben dieses ›Spiel‹ beide Seiten, die in der gegenseitigen Bekämpfung Glück, Freude und Lebensproduktivität gedrosselt oder zerstört haben.
Kann die unterdrückte Frau den Mann nicht beherrschen, dann vermag sie durch sexuelle Anästhesie (Frigidität usw.), durch Krankheit, durch unverträgliche Charakterzüge, durch Ängste, Frömmigkeit usw. das Leben des Unterdrückers zu dämpfen und zu überschatten. Man muß die Hysterie als ein Mittel in der zeitüberdauernden Auseinandersetzung der beiden Geschlechter sehen, als eine *Waffe der Frau*, die keinen anderen Weg sah, um zum Gefühl der Geltung und Bedeutungsfülle zu gelangen.
Darum sehen wir Fluktuationen des Auftretens der Hysterie: Das Bild wandelt sich von Epoche zu Epoche. Die maßlos unterdrückten Frauen des Mittelalters, die im Kloster Zuflucht vor den Männern und der Sexualität suchten, wurden vom Sexualtrieb und vom Geltungshunger überfallen, indem sie hysterische Symptome bekamen, die man im Geiste jener Zeit als Teufelsbesessenheit mißverstand. Damals äußerte sich der ›männliche Protest‹ in Heilandswundmalen, im asketischen Leben, in religiösen Halluzinationen, aber auch in hysterischen Provokationen und Obszönitäten, die so manches Kloster vor schwer lösbare Probleme stellten.
Im 19. Jahrhundert kam wieder eine Blütezeit der Hysterie: Der

patriarchalische Terror hatte sich gelockert, und den Frauen standen bereits einige soziale und kulturelle Möglichkeiten offen. Da aber die weibliche Sozialisation in dieser Übergangszeit sehr unterschiedlich gewesen sein muß, mag für manche Frauen der Weg der Kulturintegration doch als allzu schwierig erschienen sein. Diese waren dann bei ›günstigen Nebenbedingungen‹ dazu disponiert, Hysterien oder andere psychische Krankheiten auszubilden. Wer den Mut zur Selbstentfaltung nicht hatte, konnte die *Selbstverwirklichung durch Krankheit* wählen — ein Weg, der nicht nur von den Frauen, sondern auch von den Männern beschritten wird.

Die kulturell und sozial blockierte Frau, deren Lebenszweck als Kinderkriegen, als Sexualpartnerin usw. definiert wird, hatte nur den *eigenen Leib* als Demonstrationsobjekt für ihre Wichtigkeit und ihren Bedeutungsgehalt. Daher neigen Frauen viel mehr zur Hysterie als Männer, die durch die andersgeartete Erziehung ihren Körper mehr instrumental und operational empfinden lernen (nämlich als Werkzeug des Handelns und Gestaltens). Wird die Kultur die Wandlung vollbringen, daß sie Mann und Frau ähnliche oder gleiche *Möglichkeiten der Selbstwerdung* einräumt, dann ist es anzunehmen, daß die Hysterie, die Frigidität und viele sogenannte Frauenkrankheiten ihren Boden verlieren werden. So führt das Hysterieproblem zurück zu den Mangelhaftigkeiten der Kultur, die zu verändern unser aller Aufgabe sein muß.

Josef Rattner

Depression

Schon die Ärzte der Antike waren mit dem Problem der Depression vertraut, welches sie in der sogenannten ›Temperamentenlehre‹ abzuhandeln pflegten. Hippokrates sprach von den vier Temperamenten: vom Choleriker, Sanguiniker, Phlegmatiker und Melancholiker. Die Erklärung für die Reaktionsunterschiede der genannten Typen war noch rein ›mythologisch‹: Das menschliche Verhalten wurde auf die Zusammensetzung der ›Körpersäfte‹ zurückgeführt. Vom Melancholiker wurde angenommen, daß er an einem Übermaß an ›schwarzer Galle‹ leide; diese zirkuliere im Blut und gelange auch ins Hirn, wo sie trübe und schwermütige Gedanken hervorrufe.

Von Albrecht Dürer ist uns eine Radierung überliefert, welche den Titel *»Melencolia«* trägt. Sie zeigt eine schwermütig-sinnende Frauenfigur, die von allerlei wissenschaftlichen Instrumenten umgeben ist. Der Künstler will wohl u. a. andeuten, daß nur Melancholiker über Probleme sich den Kopf zerbrechen; er wandelt damit den Satz des Aristoteles ab, wonach viele Genies Melancholiker gewesen seien.

Die Medizin des 17. und 18. Jahrhunderts beschreibt die Depression u. a. als eine Krankheit, die die Schweizer in der Fremde befiel. Die Söldner, die sich an Könige und andere Potentaten verkaufen lassen mußten, litten häufig unter Trübsal, Appetitlosigkeit und trostlosem Lebensgefühl. In alten Publikationen wird von ›le heimwê‹ oder der Schweizerkrankheit gesprochen.

Das 19. Jahrhundert ist die Epoche der naturwissenschaftlichen Medizin. Nun wurden die Depressionen als angeblich somatische Erkrankungen studiert. Schwerste Formen dieser Krankheit wurden zu den Psychosen gerechnet. In der Tat gibt es Steigerungsgrade der Depression, bei denen man von Wahnhaftigkeit sprechen muß. Man denke etwa an den Versündigungswahn der Melancholiker. Solche Patienten haben nichts Übles oder Unmoralisches getan, aber sie beschuldigen sich der verschiedensten Delikte. Von ihrer eingebildeten Schuld sind sie nicht abzubringen. Parallel zur Versündigungsidee gibt es dann auch den Kleinheitswahn, die Hypochondrie und ähnliche Symptome.

Der depressive Wahn wurde zu den ›endogenen Psychosen‹ gezählt, ähnlich wie die Schizophrenie und das manisch-depressive Irresein. Für diese drei Krankheiten gab und gibt es keine faßbaren körperlichen Befunde. Gleichwohl vertrat die traditionelle Psychiatrie die Meinung, daß man eines Tages Stoffwechselstörungen oder Hirnanomalien finden werde, die diese endogenen Irritationen (endogen = von innen heraus) erklären würden. Bis zum heutigen Tag wurden jedoch keine somatischen Ursachen der Depression (wie auch der anderen Neurosen und Psychosen) gefunden — die ›Somatiker‹ auf diesem Gebiet scheinen auf einem verlorenen Posten zu stehen.

Aber nicht nur die Psychiater, sondern auch die Psychologen liebäugelten mit dem ›somatischen Vorurteil‹. Um die Jahrhundertwende war z. B. die James-Langesche Gefühlstheorie weit verbreitet, welche die paradoxe Formulierung propagierte: ›Wir sind traurig, weil wir weinen!‹ Damit wurde ausgesagt, daß der Primärvorgang in den Depressionen ein physischer und biologischer sei. Aus irgendwelchen verborgenen Ursachen heraus beginne der Mensch zu weinen: Die Trauer sei hierzu nur das Epiphänomen, sozusagen die psychische Spiegelung des körperlichen Hauptvorganges. Das entsprach der damals vorherrschenden Lehrmeinung, die Psyche sei nur eine mehr oder minder bedeutungslose Randerscheinung der physikalischen und chemischen Lebensprozesse. Alle Krankheiten und Ausdrucksphänomene seien ›somatisch‹ zu verstehen. Die ›Wirklichkeit der Seele‹ mußte für die Psychologie jener Epoche erst entdeckt oder wiederentdeckt werden. Hierzu leistete die Tiefenpsychologie einen ganz entscheidenden Beitrag.

Die somatische Betrachtungsweise ist natürlich zum Lebensverständnis ebenso wichtig wie die psychologische, wie man leicht am Depressionspatienten aufzeigen kann. Man vergegenwärtige sich nur das Erscheinungsbild des Depressiven: Zunächst springen uns tatsächlich auch leibliche Symptome ins Auge. Oft bekundet sich Schwermut am Gang und an der Haltung: Solche Menschen sind auch physisch ›niedergedrückt‹, reagieren langsam und betont schwerfällig. Der Appetit ist stark herabgesetzt, Blutdruck und Herzfunktionen sind merklich vermindert.

Sodann ist aber auch der Blick matt und müde: Die Patienten schauen ihr Gegenüber nicht an. Es ist wenig oder kein psychischer Rapport zur Umwelt da. Die Stimme ist gleichgültig und tonlos. Die Gedanken fließen nur zäh, motorische und andere Impulse sind gehemmt — das ganze leib-seelische Existieren der Patienten ist gedrosselt.
Wenn wir diese Phänomene erklären wollen, dann müssen wir sinnvollerweise im physischen und im psychischen Bereich ansetzen. Der Tiefenpsychologe wird jedoch den Akzent eher auf die ›Seele‹ legen, die man u. a. auch als Steuerungsorgan des Organismus oder als seine ›Ganzheitsfunktion‹ begreifen kann. Das Psychische repräsentiert die Gesamtreaktion des Organismus bezüglich seiner Umwelt (und seiner selbst). Dies muß auch den Physiologen und Neurologen in Erinnerung gerufen werden, die sich mit der Wirkungsweise des ›Vegetativums‹ befassen. Wenn solche überwiegend biologisch orientierte Forscher zwecks Erklärung von Funktionsverminderungen irgendwelcher Art das ›vegetative Nervensystem‹ heranziehen, so muß ihnen nur teilweise widersprochen werden. Tatsächlich steuert ja der Sympathicus alle ›ergotropen‹ Handlungsweisen des Organismus (also Angriff, Flucht, Tätigsein usw.), indes der Parasympathicus für die ›trophotropen‹ Funktionen einspringt (Schlaf, Erholung, Ernährung usw.). Sicherlich war es ein großer Fortschritt der Physiologie (W. R. Hess u. a.), die Funktionskreise der beiden vegetativen Nervenstränge genau zu beschreiben. Aber sowohl Sympathicus wie auch Parasympathicus unterstehen dem Zwischenhirn und damit der psychischen Einwirkung. Es hilft uns nicht weiter, wenn wir die Depressionen auf ein Überwiegen parasympathischer Impulse zurückführen können. Dies ist nur ein Partialaspekt der ›Fehlsteuerungen im Organismus‹: Im Grunde ist es die psychische Ganzheitsreaktion, die infolge bestimmter existentieller Schwierigkeiten die Körperfunktionen dämpft, weil der ganze Mensch auf Angst und Flucht gestimmt ist.

Depressionstheorie bei Freud und Adler

Um 1915 veröffentlichte Sigmund Freud eine sehr aufschlußreiche Abhandlung über *»Trauer und Melancholie«* (GW, Bd. X). Darin sucht er die Melancholie aus dem normalen Affekt der

Trauer abzuleiten. Trauer ist wesensmäßig nichts Pathologisches. Sie tritt auf, wenn der Mensch einen sogenannten ›Objektverlust‹ erleidet. Unsere Welt besteht bekanntlich aus bestimmten Objekten, die wir mögen, an denen wir hängen. Das können sowohl Menschen als auch Dinge sein. Man kann durchaus der These beipflichten, daß die Menschen, die man liebt, regelrecht ein Bestandteil unseres Ich werden. Ich und Welt sind miteinander verflochten. Wenn nun ein geliebter Mensch stirbt oder uns verläßt, so entsteht unzweifelhaft ein Gefühl der Verarmung. Die Welt wird ärmer um einen Menschen, ein Tier oder einen kostbaren Gegenstand. Es kommt natürlich immer darauf an, wieviel ein solches Objekt für uns ›subjektiv‹ bedeutet. Immerhin reißt jeder Verlust dieser Art ein ›Loch‹ in unsere Welt. Diese Lücke muß mühsam geschlossen werden. Freud prägt hierfür den schönen Ausdruck ›Trauerarbeit‹: Man muß seelische Arbeit leisten, um die Welt wieder rund und komplett zu machen, d. h., um sich auf neue ›Objektbeziehungen‹ vorzubereiten.
Kann man dieses Schema auf den Depressionspatienten anwenden? Nicht immer läßt sich dies auf den ersten Blick schon bestätigen. Die Psychiater sprachen oft von der ›Uneinfühlbarkeit‹ pathologischer Depressionen, weil — wie sie meinten — eine winzige Ursache mitunter ein Maximum an Depression auslösen kann. Man darf jedoch nie vergessen, daß das, was für den einen eine Bagatelle ist, für den anderen eine Lebenstragödie sein kann. Die Uneinfühlbarkeit liegt wohl häufig nicht so sehr auf der Seite des Patienten als auf der des nicht besonders einfühlsamen Psychiaters. Lange Zeit erkannte die Psychiatrie nicht deutlich genug den Umstand, daß jeder Mensch in einer ›ganz persönlichen Welt‹ lebt: Was den einen kaum berührt, kann für den anderen einen ›Weltuntergang‹ bedeuten. Der Verlust eines Liebespartners, ein beruflicher Mißerfolg, ein Geldverlust, eine Demütigung, ja, sogar ein paar Unfreundlichkeiten durch Beziehungspersonen: All dies kann zum Anstoß von Depressionen werden. Man muß hierbei den Stellenwert ermitteln, den irgendein negatives Erlebnis im *Bezugssystem des Patienten* einnimmt. Das ist eine der Voraussetzungen für die psychologische Einfühlungstätigkeit: ›Wenn zwei dasselbe erleben, ist es für sie nicht dasselbe!‹
Freuds Ausführungen rücken das Phänomen der Trauer in ein helles Licht. Wie steht es nun aber mit der Melancholie? Diese ist in der Tat sehr rätselhaft. Es gibt in der außermenschlichen

Lebenswelt kaum Erscheinungen, bei denen das Leben sich gegen sich selbst wendet. In der ganzen belebten Natur wird man umsonst nach dem Suizid fahnden: Alles Lebendige ist auf Selbsterhaltung angelegt. Nur für den Menschen kann dieses Prinzip ungültig werden. So behauptet etwa der Melancholiker von sich: Ich darf nicht leben! Ich bin der niedrigste, erbärmlichste, gemeinste Mensch, den es gibt! Wir treffen hier bei an sich unschuldigen Menschen auf einen Selbsthaß, der erschütternd wirkt. Hier ist Leben, das zur Selbstvernichtung tendiert.

Freud zog seine Lehre von den drei Seeleninstanzen zur Erklärung der Depression und Melancholie heran. Er unterteilte bekanntlich das Psychische in das Es (Triebhaftigkeit), das Ich (Wahrnehmung und motorische Kontrolle) und das Über-Ich (Gewissen, Selbstwahrnehmung, Ichideal). Diese Gliederung ist nicht identisch mit der Einteilung in Bewußtsein und Unbewußtes. Sowohl das Ich wie auch das Über-Ich reichen tief ins Unbewußte hinab.

Aus der Interaktion dieser drei Instanzen kann die Depression gedeutet werden. So wird die Fülle der Selbstanklagen, die Selbstverneinung, der Selbsthaß beim depressiven Menschen der Maßlosigkeit seines Über-Ichs zur Last gelegt. In der Depression falle gleichsam das Über-Ich über das Ich her; gelegentlich kann es sogar so weit gehen, daß es das Ich ›zum Tode verurteilt‹. Die Frage ist nur, woher das Über-Ich eine derartige destruktive Kraft oder Orientierung bezieht.

Nach Freuds Auffassung kommt die unnatürliche Härte und Unvernunft der Gewissensreaktionen teilweise aus der Elternbeziehung des ›Gewissensträgers‹. Durch Identifikation mit den Eltern und Introjektion ihrer Verhaltensaspekte erwerbe der Mensch die Grundzüge seines Über-Ichs. Nun stimmt es oft genug, daß Melancholiker und Depressive lieb- und verständnislose Eltern hatten, bei deren Erziehungsmethode kritische und herabsetzende Äußerungen eine erhebliche Rolle spielen. Man kann sich ohne weiteres denken, daß das Über-Ich solche Kindheitseindrücke aufbewahrt und lebenslänglich ›repetiert‹. Aber manche depressive Menschen hatten auch weiche, verwöhnende Eltern. Bei ihnen stammen die grimmigen Eigenschaften des Über-Ichs nicht von den realen Eltern, sondern von den *Eltern-Imagines,* d. h. den seelischen Bildern der Eltern, wobei zwischen Bild und Realität große Diskrepanzen obwalten können. Jedes Kind entwirft sich seine Elternbilder entsprechend seiner

›Triebstruktur‹, seinen dominanten Emotionen, Charakter- und Willensrichtungen. Des weiteren muß man sich im klaren darüber sein, daß in das Über-Ich auch andere Autoritäten als die Eltern eingehen. Haben letztere milde Erziehungsformen bevorzugt, dann können Lehrer, Beziehungspersonen aller Art und Kulturidole für eine Verhärtung des Über-Ichs verantwortlich gemacht werden.

Einen zusätzlichen Versuch zur Rettung seiner Theorie der Über-Ich-Bildung machte Freud mit seiner Aggressionstrieb-Hypothese. Nach dieser Lehre hat der Mensch einen angeborenen, konstitutionellen Hang zur Grausamkeit. Diese aggressive Triebenergie wird zunächst nach außen abgeleitet und bildet die motorische Kraft, mit der sich der Organismus der Umwelt bemächtigt. Die Erziehung hält jedoch einen Teil dieses primären ›Sadismus‹ auf und zwingt ihn, nach ›innen‹ abzufließen. Aus der verinnerlichten Aggression entsteht nun das Gewissen. Gewissen ist Aggressivität gegen sich selbst. Nun gibt es nach Freud Individuen, die einen extrem starken Aggressionstrieb haben; in anderen Fällen wieder wird bei normalen konstitutionellen Verhältnissen zuviel Aggression durch Erziehung und moralische Beeinflussung nach innen geleitet. Beiderlei kann die Depression hervorrufen. Sie ist tendenziell Selbstzerstörung, da die Fremddestruktion blockiert ist: Der Mensch steht vor der schlimmen Alternative, entweder sich selbst oder andere zu bekämpfen. Freuds Annahme eines Aggressions- oder gar Todestriebes ist bis zum heutigen Tag sehr umstritten. Die moderneren Theorien führen die Aggression des Menschen auf erzieherische und kulturelle Einflüsse zurück. Von Freuds Beschreibungen wäre lediglich zu übernehmen, daß depressive Menschen, die so sehr gegen sich selbst wüten, im Grunde auch gegen ihre Umwelt aggressiv sind. Auto- und Fremdaggression liegen im Psychischen dicht beisammen. Wer sich selbst quält, wird gegen andere kaum liebevoll sein können.

Alfred Adler rekurrierte zur Erklärung des depressiven Verhaltens nicht auf Triebenergien und vage Konstitutionshypothesen, sondern bemühte sich darum, den immanenten *Sinn* der Depression herauszuarbeiten. In seiner ›Individualpsychologie‹ ist die *Finalität* der Phänomene ebenso wichtig wie deren *Kausalität*. Bei der Frage nach den Ursachen einer Depression wird man auf die Charaktere der Eltern, auf die Ehe der Eltern, auf ungünstige Kindheitserlebnisse, auf Entmutigungen und soziale Benachteiligungen usw. zurückkommen. Aber damit ist die ›Sinnproblematik‹ des Geschehens noch nicht erfaßt. Der Mensch ist nicht nur ein Spielball äußerer Kräfte; er ist ein Ich, ein Subjekt, eine Persönlichkeit. Als solche unterliegt er nicht nur Einflüssen, sondern macht auch etwas aus ihnen. Er verwertet lebensgeschichtliche Faktoren im Sinne seiner persönlichen Zielsetzungen. Sobald ein Ich da ist (im zweiten und dritten Lebensjahr), werden psychische Prozesse auf ein vorschwebendes Entwicklungsziel ausgerichtet. Alles Seelische enthält einen teleologischen Charakter; Erinnern, Phantasieren, Wünschen, Hoffen und Handeln sind auf einen unbewußten Zweck abgestimmt, was mit dem Begriff ›Finalität‹ (Zielstrebigkeit) erfaßt wird. So überkommt etwa einen Menschen die Depression nicht wie z. B. die Pocken oder eine Lungenentzündung. Eine seelische Erkrankung wird vom Patienten unbewußt strukturiert, ja, sogar ›gewollt‹. Man baut sie gleichsam auf, man gestaltet sie. Man *will* etwas mit ihr. Sie dient geheimen persönlichen Zwecken.

Diese Zwecksetzung ist jedoch nicht leicht zu erkennen. Sie liegt im seelischen Halbdunkel und ist dem Betroffenen weitgehend unbekannt. Der Depressive selbst wird in der Regel entrüstet ablehnen, danach zu fragen, wozu ihm seine Depression nützlich sei. Ist sie doch für ihn sein größtes Unglück, welches er allzugerne gegen eine handfeste Körperkrankheit eintauschen würde.

Aber der Sinn der Depression wird doch einigermaßen transparent, wenn wir uns in die Situation eines Kindes versetzen, das Angst vor elterlichen Strafen hat. Wie soll es sich in einer solchen Notlage schützen? Wenn es zur Selbstanklage greift (sich selbst demütigt und kleinstellt), dann entschärft es gewissermaßen die Aggression der Erwachsenen. Auch härteste Erzieher werden milder gestimmt, wenn der ›Delinquent‹ reuig und geständig ist und seine Schuld erkennt. Mitunter fällt sogar ein wenig Trost für das unglückliche Kind ab. Diese Verknüpfung von Depression, Milde und Trost scheint auch für das Leben des erwachsenen Depressiven zu gelten. Daher kann man das depressive Klagen als eine Art von ›Liebeswerbung‹ verstehen. Der ganze Verhaltenskomplex soll der Entlastung dienen — wer so arm dran ist, darf und kann nicht zur sozialen Beitragsleistung herangezogen werden. Die Regression in den Zustand des traurigen Kindes dient der moralischen Rechtfertigung und der Erpressung von ›Liebesbeweisen‹.

Damit sind aber noch keineswegs alle Motivationen sichtbar

geworden. Die genauere Beobachtung bringt zusätzliche Intentionen zutage. Wenn z. B. einer in einer Familiengemeinschaft (oder in anderen sozialen Gruppierungen) in sein depressives Jammern verfällt, spüren die Beziehungspersonen, daß in diesem Klagen fast immer auch *Anklagen* liegen. Anstelle von Freundlichkeit, Kooperation und Hilfeleistung erfahren die Mitmenschen die fruchtlosen Selbstanklagen des Depressiven, die jedermann die Stimmung verderben und niemanden fördern. Auf diese Weise drückt der Depressionspatient auf die Stimmung der anderen und übt gleichsam Macht über sie aus. Man kann auch durch Depressionen seine Mitmenschen beherrschen. Man erzwingt damit Erleichterungen, Entgegenkommen, Nachgiebigkeit und sogar Liebeszuwendung. So erweist sich das depressive Syndrom als ein *Kampfmittel gegen die Umwelt.*
Das gilt selbst für solche Fälle, bei denen der Depressive in seinem stillen Kämmerlein ›weint‹: Letztlich werden diese Gefühle, die sich angeblich nur im verborgenen austoben, doch auf die anderen einwirken. Die Verhaltensweise, die man in der Isolierung vorbereitet, wird bei der nächsten Interaktion mit anderen ›wirksam eingesetzt‹. Man verbirgt seine Depression nicht auf die Dauer. Es ist wie bei den Leuten, die — nach Lichtenberg — heimlich trinken und dann ›öffentlich besoffen sind‹. Irgendwo und irgendwann schlägt man den Mitmenschen seine Depression um die Ohren und wirft ihnen auf diese Weise den ›Fehdehandschuh‹ hin. Adler sagte, daß es sich hier um einen Menschentyp handelt, der das ›Mitspielen‹ nicht gelernt hat und seinen Frieden mit der Welt nicht machen kann. Daher der Groll gegen das Leben, von dem die Selbstverneinung nur ein Teil ist.

Spinoza und Sartre über die Depression

Um den Adlerschen Gedanken etwas zu verdeutlichen, kann man auch einige Überlegungen aus Spinozas *»Ethik«* (1677) heranziehen, welche eine tiefgründige Psychologie enthält, die viele Erkenntnisse der Psychoanalyse vorwegnimmt. Auch vermeidet Spinoza viele Denkfehler, die man bei Freud und seinen Schülern findet. So vertraten die Psychoanalytiker die unseres Erachtens irrige Meinung, daß Lust und Glück Primärziele des Menschen seien. Spinoza ist hierin sehr skeptisch. In seinem Hauptwerk lesen wir den erstaunlichen Lehrsatz, daß Freude ›der Übergang des Menschen von geringerer zu höherer Vollkommenheit‹ sei. Ein paralleler Lehrsatz besagt: ›Trauer ist der Übergang des Menschen zu einem Zustand von geringerer Vollkommenheit.‹ Nach Spinoza entsteht Freude als ›Nebenprodukt‹ des Umstandes, daß der Organismus seinen Zielen (der Selbstverwirklichung usw.) näherrückt. Dies entspricht der These von Jean-Paul Sartre, daß Freude in gewisser Weise ›die Erkenntnis der Freiheit durch sich selbst‹ sei. Wann immer der Mensch als ›Werdender‹ seiner Freiheit und seiner Möglichkeitsfülle bewußt wird, empfindet er Glück, Freude und Lust; wenn er aber seine Möglichkeiten brachliegen läßt und sich in seine Unfreiheit verbohrt, wird er unglücklich, freud- und lustlos.

Depressionen werden nicht ›verursacht‹ durch Rückschläge im Leben, sondern entstehen aus unserer Unfähigkeit, diese konstruktiv zu beantworten. Der Hoffnungslosigkeit und Verzweiflung liegt oft ein *Starrsinn* zugrunde. Wenn Trauer eintritt, sofern dem Menschen irgend etwas mißlingt oder ›wider den Strich geht‹, so erklärt dies noch nicht die Symptomatik der Depression, die über das übliche Gedämpft- und Entmutigtsein angesichts des ›Widerstands der stumpfen Welt‹ hinausgeht. Denn man könnte sich einen traurigen Menschen durchaus vorstellen, der trotz seines Kleinmuts an der Kooperation mit den Mitmenschen festhält: Dies wird denn auch seine Trauer bald beenden. Anders jedoch beim Depressiven: Er vergräbt sich regelrecht in seine Stimmung oder Mißstimmung, er hadert mit sich und der Welt und ist nicht in der Lage, sich mit den ›gegebenen Umständen‹ zu versöhnen. Sartres Buch *»Versuch über die Theorie der Gefühle«* (dt. 1964) schildert sehr einfühlsam die Gefühlswelt und die Weltanschauung des Depressiven, wobei ein Beispiel von Pierre Janet dem Autor als Paradigma dient:

Eine Kranke konsultiert den Arzt. Dieser beginnt routinemäßig, die Patientin zu befragen. Seine Haltung ist hierbei notwendigerweise nüchtern. Das spürt die Kranke; ihre Worte beginnen zu stocken, und sie fängt an zu *weinen.* Damit hört das Frage-Antwort-Spiel auf. Der Arzt kann nur noch beschwichtigen, trösten und aufmuntern. Was hat demnach die Patientin mit ihrem ›Gefühlsumschlag‹ bewirkt? Janet (und mit ihm Sartre) vermutet, daß der Kranken die Befragung zu mühsam war. Diese verlangte von ihr ein Reagieren auf der Ebene des Erwachsenseins. Sie mußte zuhören, mitdenken und Stellung beziehen. Indem sie in Tränen ausbricht, regrediert sie auf die Ebene des Kindseins: Der

Arzt soll zum liebevollen Tröster werden, was wunderbarerweise auch geschieht.
Nach Sartre haben fast alle Gefühle eine Regressionstendenz in sich. Sobald sie überhandnehmen, werden höhere psychische Funktionsstufen verlassen, und die Welt und das Leben ›vereinfachen sich‹ auf dem Wege der Magie. Man tut gut daran, jede Neurose als eine *magische Antwort* auf die als allzugroß empfundenen Lebensschwierigkeiten zu interpretieren.
Somit bedeutet auch die Depression ein Ausweichen vor der jeweiligen Situation mit der unbewußten Absicht, ein Kind ohne Verantwortung zu sein, dem man Mühe und Plackerei abnimmt. Man fällt nicht in Depressionen hinein, sondern man läßt sich in sie fallen. Man sucht und findet einen Ausweg aus Komplikationen, zu deren direkter Bewältigung man auf Grund der inneren und äußeren Vorgeschichte schlecht gewappnet ist.
Das Regredieren muß man sich nach Sartre etwa folgendermaßen vorstellen: Normalerweise spielen sich menschliche Beziehungen in Form des Dialogs, des Zusammenarbeitens, des Miteinander-Durchstehens von Komplikationen ab. Dabei ist der Mensch ›außerhalb seiner selbst‹, nämlich draußen bei den Mitmenschen und Dingen. Sobald er sich ins Gefühl zurückzieht, holt er sich auch aus der Umwelt in seinen Leib zurück. Genau das gibt dem Gefühl seine leib-seelische Intimität und Intensität. Gefühl heißt physisches und psychisches Bewegtsein. Es kommt hierbei zu einer Umschaltung oder Umstellung des Menschen, die zugleich seine Sicht der Welt verändert. Vor allem intendiert ist hierbei eine grandiose Vereinfachung. Hat man realiter mit der Welt zu tun, dann ist diese meistens erheblich komplizierter. Die Tendenz zur Simplifikation wird begreiflich, wenn sich ein Individuum durch den Schwierigkeitsgrad des Lebens überfordert fühlt. Man denke etwa an den Ausbruch der Depression: Hat letztere einmal Gestalt angenommen, dann wird die Wahrnehmung der Welt sehr schattenhaft und distanziert. Die realen Probleme rücken in die Ferne; statt dessen beschäftigt man sich mit den Scheinproblemen der Selbstanklage, des Kleinmuts, der imaginären Gewissensbisse und der allfälligen Hypochondrie. Zudem kann ein ›weinendes Kind‹ (und das ist der Depressive für seine Umgebung) nicht dazu aufgefordert werden, die Steine zu wälzen, die uns im Wege liegen. Man ist davon dispensiert und hat, wie die Psychoanalyse sagt, den ›sekundären Krankheitsgewinn‹.

Es lassen sich leicht folgende Gedankenfragmente herausarbeiten, die dem Depressiven, wenn man sie ihm ›auf den Kopf zusagt‹, sehr bekannt vorkommen: Die Welt ist zu hart für mich. — Ich will das alles so nicht mitmachen. — Das muß ganz anders werden. — Ich komme zu kurz und bin benachteiligt. — Was will man denn noch von mir? — Überall Probleme und Probleme; das wächst mir noch über den Kopf. — Wenn ich doch nur von alldem weit weg wäre!
So entsteht die Depression, die eine selbstveranlaßte Rückzugsbewegung darstellt, eine Verminderung der Weltbeziehung des Ich, um Aufwand an Mühe und Lebensarbeit zu sparen. Natürlich muß man hierfür seine ›Kriegskosten‹ zahlen. Die Flucht aus der Welt läßt diese verarmen: Sie wird für den Depressiven flach, grau und konturenlos. Immerhin hat er es dann leichter, sich in seinen Schlupfwinkel zurückzunehmen. Oft liegt er im Bett und döst. Auf den Hintertreppen seiner Schwermut jagt er aber in der Regel zügellosen Größenphantasien nach. Man muß sich klar darüber sein, daß hinter jedem Kleinmut stets auch ein verborgener Größenwahn steckt. Die kleinmütige Fassade des Depressionspatienten verhüllt eine Hybris, die mitunter phantastische Züge aufweist; er will unendlich geliebt sein und mühelos Erfolg haben.

Der Charakter des Depressiven

Nach Alfred Adler kann man eine seelische Erkrankung nur dann angemessen verstehen, wenn man die Charakterstruktur des Patienten genau ins Auge faßt. Welche Charakterzüge finden wir nun beim Depressionspatienten? Wie steht er in der Welt, wie ist sein Bezug zu sich selbst und zu den Mitmenschen? Da jede Psychotherapie letztlich auf eine *Charakteränderung* des Analysanden hinzielen muß (wenn sie nicht nur symptomatisch sein will), ist die Charakteranalyse der Depression von entscheidender Bedeutung. Nur sie kann dem Patienten wesentlich in seiner Not helfen. Trösten, aufmuntern und guter Zuspruch sind meistens vergeblich. Die Patienten sind unendlich erfinderisch im Formulieren von Rationalisierungen, mit denen sie ihren Zustand verfestigen und absichern. Sie wollen nicht heraus aus ihrer Depression, da jenseits der Erkrankung das Leben mit allen seinen Anforderungen auf sie wartet. Daher ist es jeweils ein psy-

chologischer Kraftakt, wenn man den Depressiven aus seinem depressiven Sumpf herauslotsen will.
Die Charaktereigenschaften des Depressiven sind allemal solche, in denen Kooperation und Mitspielen eindeutig reduziert sind. Adler hat oft in seinen Büchern die Hauptmerkmale eines guten Mitspielers im Spiel des Lebens (in seiner Terminologie: der Mensch mit entfaltetem *Gemeinschaftsgefühl*) beschrieben; hierzu gehören u. a.: Mut, Solidarität, Verläßlichkeit, Wohlwollen, Freude, Hilfsbereitschaft, Geduld, Einfügung, Freundlichkeit, Sozialinteresse, Mitgefühl usw. Der gute Mitmensch geht an die Aufgaben des Lebens direkt heran und sucht Lösungen, die ihm selbst und der Allgemeinheit zugute kommen. Er fühlt sich auf der Erde und bei den Mitmenschen heimisch. Er drückt sich nicht vor den großen Aufgaben des gemeinsamen Lebens; er ist nicht nur ein ›Nehmer‹, sondern vor allem auch ein ›Geber‹. Wer in der Kindheit ungünstige Entwicklungsbedingungen hatte, bildet in der Regel eher Eigenschaften aus, mit denen er die Umwelt bekämpfen kann. Unverstandene, unglückliche, verwöhnte und erniedrigte Kinder legen sich auf psychische ›Leitlinien‹ fest, die in ›Werdenshemmungen‹ einmünden. Neid, Eifersucht, Eitelkeit, Machtgier, Schadenfreude, Trotz, Negativismus, Ungezogenheit usw. liegen auf der Linie der verweigerten sozialen Einordnung. Viele Depressive waren oder fühlten sich in ihrer Kindheit benachteiligt. Als Antwort darauf entwickeln sie Neid und Eifersucht, die die soziale Selbstverwirklichung korrumpieren. Sie geraten in permanenten Groll, werden Ressentiment-Charaktere und fressen sich selbst infolge ständiger Anklagehaltung auf. Die Widerspenstigkeit solcher Menschenkinder gibt ihren Eltern vielfachen Anlaß, sie negativ einzuschätzen. Dies vermindert wiederum die Selbstachtung und erhöht den Kleinmut, der nichts Gutes ausbrütet. Das weitere Leben und Erleben ist dann oft eine Wiederholung des Kindheitsunglücks. Wer als Kind traurig war, hat alle Chancen, es weiterhin zu bleiben. Er entwickelt nicht die Dispositionen, die nötig sind, um sich und anderen Freude zu bereiten. So bleibt er in seinem ›Teufelskreis‹ stecken. Die Charakterzüge, die man hat, bestimmen die Erfahrungen, die man macht. Das gilt nicht nur für den depressiven, sondern für *jeden* Charakter.
Bei genauerer Betrachtung findet man beim Depressiven die Konfiguration von Bequemlichkeit und Riesenerwartungen, auf die Schultz-Hencke in seiner Neurosenlehre mit besonderem

Nachdruck hinweist. Solche Patienten sind wenig aktiv, aber ihre Wunschvorstellungen hinsichtlich dessen, was sie haben und erreichen wollen, gehen ins Grenzenlose. So fühlen sie sich dauernd vom Leben frustriert — ein weiterer Grund dafür, sich in den Schmollwinkel der Depression zurückzuziehen. Das Leben ist kein ›Verwöhnungs-Institut‹. Der Depressive, der oft auch ein verwöhntes Kind war, kann sich damit nicht abfinden. Er fordert, wenn auch großenteils unbewußt, alles und jedes, ohne selbst Beiträge leisten zu wollen.

Das Begriffspaar ›Ichhaftigkeit—Sachlichkeit‹, mit dem Fritz Künkel seine Charakterkunde in Anlehnung an Adler formulierte, kann hier weitere Klarheit schaffen. Ichbezogenheit ist in jeder Neurose auffällig. Der Neurotiker tut oder empfindet so, als ob er der Mittelpunkt der Welt sei. Beim Depressiven ist die Ichhaftigkeit nicht immer auf den ersten Anhieb zu erkennen. Wer soviel Kritik an sich selbst übt, scheint doch eher zur ›Sachlichkeit‹ (Gemeinschaftsgefühl) zu neigen.

Beobachtet man aber, wie oft der Depressive mit seinen fadenscheinigen Selbstanklagen der Umwelt in den Ohren liegt und dabei auch Mißstimmung verbreitet, dann erkennt man, daß er sehr gerne von sich redet und damit eben im Mittelpunkt zu stehen wünscht. Man kann auch durch Selbstverkleinerung einem Größenideal nachjagen: ›Wer sich erniedriget, wird erhöhet werden!‹

Abschließend sei noch erwähnt, daß das psychoanalytische Theorem der ›Oralität‹ auf die Depression sinnvoll angewendet werden kann. Depressive sind ›orale Charaktere‹: Habenwollen, Nehmenwollen und Behaltenwollen sind Grundzüge ihres Wesens. Im Ansichhalten von Gefühlen, Gedanken, Beitragsleistungen (und oft auch der Exkremente — Depressive leiden in der Regel an Verstopfung) kommt allerdings auch ein ›analer Zug‹ zum Vorschein.

Sucht man Analogien zum depressiven Weltbild in der Frühkindheit, so könnte man gut den Vergleich wagen, daß der Depressionspatient einem Kinde ähnelt, welches die Welt als eine große Mutterbrust erlebt, von welcher es in passiver Haltung ernährt wird. Die Brust jedoch, die der spätere Depressive als Modell für die Welt nimmt, ist unergiebig, angsteinflößend und gibt wenig oder gar keine ›Milch‹ her. Daraus erwächst andauernde Verstimmung, ein Frustriertsein, welches den Mißerfolg vorausahnt und ihn dann auch herbeiführt. Ein Kind, das sich an Nahrung und Zärtlichkeit freut, entwickelt Hoffnung. Gerade diese fehlt den Depressiven, die aus einem unguten Ernährungs-, Zärtlichkeits- und Kooperationsschicksal Frustration und Aggression mitbringen, wodurch sich ihr Lebensgefühl verdüstert.

Der Lebensentwurf des Depressiven

Es ist oft erstaunlich, nach welchen harmlosen Enttäuschungen oder ›Niederlagen‹ schwere Depressionen ausbrechen können. Man versteht das nur, wenn man an die verheerenden Folgen einer verwöhnenden oder vernachlässigenden Erziehung denkt. Wer z. B. als Kind wie ein kleiner Prinz oder eine Prinzessin behandelt wurde, tritt mit einer riesigen Erwartungshaltung an das Leben heran. Sein Ehrgeiz entartet ins Irreale. Er kann sich nicht in die Bedingungen des Daseins fügen. Hat er irgendeinen kleinen Mißerfolg, so sieht er sich schon als entehrt, erniedrigt oder als ›Abschaum der Menschheit‹. Ein Versagen in einer Prüfung, eine geschäftliche Fehlkalkulation usw.: Schon entstehen Gefühle der Schwermut, und katastrophale Konsequenzen werden für unvermeidlich gehalten. Oft erfolgt sogar Suizid wegen Bagatellen: Aus der Sicht des Betroffenen aber handelt es sich um ›irreparable Fehlschläge‹, die nur durch Selbstvernichtung gesühnt werden können.

Alfred Adler wies in seinem Buch *»Über den nervösen Charakter«* (1912) darauf hin, daß Neurotiker und andere Gemütskranke stärker als die ›Normalen‹ sich mit ›Fiktionen‹ einen Überblick im Leben zu verschaffen suchen — im Gegensatz zum ›Normalmenschen‹ hängen sie steif und starr an ihren willkürlichen Annahmen, die sie der Realität entfremden. Der seelisch Kranke zappelt gleichsam in den Maschen eines selbstgeschaffenen Fiktionsnetzes, welches ihm den Ausblick auf die Wirklichkeit verstellt. Er peilt grob über den Daumen, um Menschen und Sachverhalte zu beurteilen; wären seine *Voraussetzungen* richtig, so hätten auch seine *pathologischen Reaktionen* auf die Ereignisse ihren guten Sinn. Wenn man zum Beispiel wirklich in allen Lebenssituationen überlegen sein müßte (Fiktion Nr. 1), wäre es tatsächlich untragbar, eine Absage von einem Liebespartner hinzunehmen. Wenn man nie Mißerfolge haben dürfte, wäre ein Suizid nach einem Fehlschlag durchaus berechtigt (Fiktion Nr. 2). Wenn man in jedem Wortwechsel das ›letzte Wort‹ behalten müßte, muß man den opponierenden Ehepartner sicherlich mit einer Depression bestrafen, sofern er nicht unseren Wünschen oder Argumenten nachgibt (Fiktion Nr. 3). Solche Fiktionen oder haltlose Verallgemeinerungen gibt es in der Psychopathologie tausendfach, und eine Heilung des Patienten erfolgt erst dann, wenn er dazu bereit ist, seine trotzigen, infantilen und störrischen Meinungen einer Korrektur zu unterziehen.

Wer einen perfektionistischen, maßlos ehrgeizigen, unduldsamen und rigiden Lebensanspruch hat, wird immer wieder in Depressionen verfallen, wenn die Wirklichkeit gegen seinen ›Wahn‹ Einspruch erhebt. Man stößt hier auf die verblüffendsten Fehleinstellungen und -haltungen. Die in der Kindheit erworbenen Denk- und Gefühlsschablonen können meistens nur in die Irre führen. Es ist fast so, als wenn einer in einer Stadt herumirren würde, deren Straßennamen er willkürlich und seiner kranken Phantasie gemäß abgeändert hat. Wo wird er etwa hingelangen, wenn er die Straßen umbenennt in: ›Zur Hoffnungslosigkeit‹, ›Zum Untergang‹, ›Zur Verzweiflung‹ und ›Zur Lieblosigkeit‹? Man konstruiert einen Großteil der Eindrücke selbst, die zur Depression Anlaß geben.

Die Freudsche Ansicht, daß das Über-Ich in der Depression das Ich des Patienten bestraft, ist wohl nicht ganz sachgerecht. Es hilft auch dem Patienten wenig weiter, wenn man ihm sagt, sein Über-Ich sei hart und grausam. Und was dann? Besser ist es, den Patienten auf seinen Ehrgeiz, seinen Kontakt- und Liebesmangel, seinen Perfektionismus, seine Lebensfremdheit (alles Eigenschaften des Ich und nicht des Über-Ich!) hinzuweisen; dann ahnt er auch, wo Korrekturen angebracht werden müssen. Auch der Gedanke von Fritz Künkel, daß depressive Menschen einen zu kleinen ›Spannungsbogen‹ haben, ist aufschlußreich; solche Menschen ›begründen‹ ihre Depression mit all den Fehlschlägen, die sie trotz ihrer ›Bemühungen‹ hinnehmen mußten: Bei genauerem Zusehen handelt es sich um sehr kleine Anstrengungen von in der Kindheit verwöhnten oder entmutigten Menschen, die – wenn sich der Erfolg nicht sofort einstellt – schleunigst den Rückzug in den Schmollwinkel der Depression antreten. Es kommt dann zu Selbstmitleid, Resignation und düsteren Gedanken; dazu wird eine Haltung angenommen, die auf das Mitleid der Mitmenschen hinzielt. Man kann auch mit Trauer und Tränen die Umwelt dominieren und niederdrücken. Depression kann ohne weiteres eine Form von (unbewußter) Herrschsucht sein. Das ist dem Depressiven selbst kaum einsichtig; er wird eine solche Hypothese energisch zurückweisen: ›Ich und herrschen wollen! Wo ich doch der letzte, kleinste, sündhafteste und armseligste Mensch bin!‹ Die sprachlichen Superlative in dieser Selbstcharakteristik lassen jedoch erahnen, daß in der Selbstverkleinerung ›Größenwahn‹ stecken kann.

Daseinsanalyse der Depression

Wertvolle Erweiterungen des Depressionsverständnisses brachte die ›daseinsanalytische Schule‹ (L. Binswanger, M. Boss, R. Kuhn u. a.), die im Anschluß an die Philosophie von Martin Heidegger (*»Sein und Zeit«*, 1927) neuartige Auffassungen zur Psychopathologie und Psychotherapie entwickelte. Das Vokabular der Heideggerschen Seinsphilosophie ist schwierig; wir wollen in der Folge versuchen, die ›Daseinsanalytik der Depression‹ mit einigen Vereinfachungen zu schildern, die die Esoterik der Lehre etwas abschwächen.

Die Daseinsanalytiker erforschen das In-der-Welt-Sein des Menschen, d. h. die Art und Weise, wie er sich zu sich selbst, zu den Mitmenschen und zu den Dingen verhält. Sie betonen, daß die meisten Menschen kein eigentliches Ich-Selbst-Sein aufweisen; sie leben im Modus des Man-Selbst-Seins, was etwa bedeutet, daß sie gänzlich in der Lebensweise des Kollektivs, dem sie zufällig angehören, aufzugehen pflegen. Es ist ein komplizierter und gefahrvoller Weg, der von der Verlorenheit in das ›Man‹ zum wahren Ich-Selbst-Sein führt. Überträgt man diese These auf die Neurosentheorie, dann kann man die Vermutung wagen, daß jede Neurose auch durch einen ›Substanzmangel im Selbst‹ zu charakterisieren ist; man wird neurotisch, wenn man die Möglichkeiten seines Selbstseins verfehlt.

Die Daseinsanalytiker sprechen vom ›Weltentwurf‹ des Daseins: Jeder Mensch entwirft sich auf sein Sein-Können im Rahmen seiner Möglichkeiten. Am depressiven Patienten fällt uns auf, wie ›schmal‹ sein ›Lebensentwurf‹ ist, was eine Konsequenz der Angst vor dem Selbstsein ist. Der Depressive ist auch eingeengt in seinem ›Verstehen‹, was nach Heidegger nicht nur das Begreifen rationaler Zusammenhänge, sondern auch die Fähigkeiten der aktiven Weltbewältigung beinhaltet. Dem Verstehen zugeordnet ist die ›Befindlichkeit‹, womit die Grundstimmung des

Menschen gemeint ist. Das Dasein ist je und je schon gestimmt in seiner Welt. Für Neurotiker bedeutet dies allerdings, daß sie meistens ›verstimmt‹ sind, d. h. in düsteren, freudlosen und gequälten Stimmungen leben, die ihnen den Ausblick auf ihre ›Werdensmöglichkeiten‹ verstellen. Daher müssen sie in der Psychotherapie *umgestimmt* werden. — Als dritte Strukturkomponente neben Verstehen und Befindlichkeit führt Heidegger die ›Rede‹ ein. Er ist der Meinung, daß menschliches Sein sich im sprachlichen Ausdruck und in der Kommunikation vollzieht. — Im Man-Selbst-Sein herrscht das ›Gerede‹ vor, nämlich beziehungsloses Schwatzen ohne echten Bezug zur Sache. Oder die Sprache verkümmert und versickert, da keine Öffnung für die Ding- und Menschenwelt besteht. Wer mit Depressiven zu tun hat, ist oft beeindruckt durch ihre Spracharmut, die Dürftigkeit ihrer Lebens- und Sprechäußerungen.

Als ausgezeichnete Grundstimmung des Daseins bezeichnet Heidegger die ›Angst‹, die er als ein Erkenntnismittel bezüglich der Situation des Menschen in der Welt definiert. Im Sich-Ängstigen erfährt der Mensch, daß er einen Spielraum der Freiheit besitzt. Er ist frei zu seinen Möglichkeiten, deren äußerste allerdings der Tod ist. Wer frei sein will, muß auch den Mut dazu haben, seine eigene Endlichkeit zu sehen, d. h., dem Tode ins Auge zu blicken. Angst ist gewissermaßen die Konfrontation mit dem ›Nichts‹, das Aufbrechen einer Ahnung, daß zwischen uns selbst und der Welt ein ›Abgrund‹ klafft. Daher nennt Heidegger die Erfahrung der Angst ein ›Hineingehaltensein in das Nichts‹.

Offenbar scheuen Neurotiker und Depressive im speziellen diese Angsterfahrung und sind weit mehr in der Zone der ›Furcht‹ heimisch, wo dies und jenes mit schreckhaften Akzenten versehen wird, weil der Furchtsame ganz auf Selbstbewahrung und Selbstsicherung ausgerichtet ist. Der Depressionspatient z. B. engagiert sich zu wenig im Leben; seine Furchtsamkeit dient ihm als Alibi, sich überall herauszuhalten und die Zeit mit Schuldgefühlen, Gewissensbissen und düster-grimmigen Erwägungen zu vertreiben. Die Angst als ›Schwindel der Freiheit‹ (Kierkegaard) bleibt solchen Kleinmütigen meistens fremd. Sie müssen erst den ›Mut zur Angst‹ erwerben, der immer auch ein ›Mut zur Freiheit‹ ist.

Wer die Todesangst überwindet, hat es in der Regel nicht mehr nötig, den Hypochonder zu spielen und sich mit realen und eingebildeten Krankheiten ›hauptamtlich‹ zu befassen. In sehr vielen Depressionen ist Hypochondrie ein wichtiges Symptom, welches darauf deutet, daß der Kranke ganz mit sich selbst beschäftigt ist und von der Welt und den Mitmenschen wenig wissen will.

Dem entspricht auch, daß das ›Mitsein‹ des Patienten immer unterentwickelt ist. Sein Verhältnis zu den anderen sollte nach Heidegger die ›Fürsorge‹ sein: Er sollte sich bemühen, den anderen zum Selbstsein zu verhelfen, und zwar dies im Sinne der ›vorausspringenden Fürsorge‹, die für den anderen *Möglichkeiten des Werdens* erkundet und vorzeichnet, nicht aber ihm damit sein Selbstsein-Können und -Müssen abnimmt. Für eine derartige Zuwendung zum Mitmenschen hat der Depressive weder Zeit noch Kraft; er ist ja selbst so klein und hilflos, daß er seiner Ansicht nach für niemanden als Helfer und Förderer in Betracht kommen kann. So bleibt er in sich selbst verfangen und kultiviert seine trostlose Innerlichkeit.

Parallel zur Reduktion der Fürsorge wandelt sich auch die ›Sorge‹ des Depressiven ab und erscheint in einer pervertierten Form. Nach Heidegger heißt Sorge etwa In-die-Zukunft-Gerichtetsein und Weltoffenheit. Die Zukunft wird als die eigentliche Dimension des Menschendaseins beschrieben. Der gesunde Mensch lebt in seinen Zielen, Plänen und möglichen Selbstverwirklichungen. Aus den Zukunftsbestrebungen erhalten Gegenwart und Vergangenheit ihren tragenden Sinn. Wer nichts Zukünftiges im Auge hat, weiß nicht, wozu er existiert. Er stagniert innerlich und äußerlich, was man wohl für den neurotischen oder depressiven Lebenslauf bestimmt als Charakteristikum hervorheben darf.

Fast alle Depressiven sagen, daß es für sie keine Zukunft — als Wandlung und Wachstum — gebe. Sie sehen vor sich ein ewiges Einerlei von Problemen, Konflikten und Krankheiten. Meistens haben sie dementsprechend keine *Hoffnung* mehr. Sie müssen verzweifelt sein, weil sie sich in ihrer Lieblosigkeit eingemauert haben, d. h. an nichts und niemandem mehr wahres Interesse nehmen. Dadurch modifiziert sich auch ihre Gewissensinstanz, über die Heidegger sehr aufschlußreiche Phänomenbeschreibungen liefert. Wir kennen das Gewissen häufig nur als strafende und ermahnende ›Stimme‹, die uns nach bestimmten Fehlhandlungen oder Unterlassungen rügt, also Reue, Gewissensbisse und Schuldgefühle in uns hervorruft. Dies ist aber im Sinne des daseinsanalytischen Denkens eine nur oberflächliche Gewissenserfahrung, die lediglich die Reminiszenzen der Lebensanschauungen von Eltern und anderen Autoritäten zu Gehör bringt. Das wahre (existentielle) Gewissen kritisiert nicht diese oder jene Einzelheit und hält sich nicht bei unseren Fehlern und Untugenden auf. Seine Botschaft ist als ›Ruf der Sorge‹: ›Werde, der du bist!‹ — ›Sei wahrhaft du selbst!‹ — ›Suche die Selbstverwirklichung der Persönlichkeit in einem radikalen Offensein für Menschen, Dinge und für die Welt als Ganzes!‹

Hieraus wird begreiflich, daß die vielen Selbstvorwürfe und oft mörderischen Selbstanklagen der Depressiven *kein echtes ethisches Phänomen* sind. Oft klagt der depressive Patient in seinen endlosen Selbstquälereien versteckt seine Umgebung an, die ja durch das Wühlen im depressiven Sumpf immer erheblich niedergedrückt wird. Nietzsche kannte bereits die Spiegelfechterei bei den scheinbar moralischen Selbstquälern und formulierte den tiefsinnigen Satz: ›Gewissensbisse sind unanständig!‹ Wer nämlich in der Vergangenheit angeblich oder real so manches falsch gemacht hat, tut niemandem etwas Gutes, wenn er sich deswegen selbst ›zerfleischt‹: In derselben Zeit kann er seine ›Sünden‹ durch Taten der Liebe und des Wohlwollens ausgleichen. Die Existenzphilosophie ist sich wohl bewußt, daß das Dasein des Menschen eine Last ist und nicht leicht getragen werden kann. Aber angesichts dieser allgemeinen Plackerei auf der Erde muß jeder in Solidarität mit den anderen seinen Beitrag zum Fortschritt und zur Lebenssicherung leisten. Im Schlupf- und Schmollwinkel der Depression kommt nichts Gedeihliches zustande. Die kostbare Zeitspanne des Daseins wird sozusagen mit ›Kinkerlitzchen‹ vertan.

Wo aber entscheidet sich wahrhaft der Wert unseres Lebens in der Welt? Die Vergangenheit ist vorbei, und die Zukunft ist noch nicht da, wenngleich sie aus dem Schoße des Werdens stets auf uns zukommt. Trotz Bevorzugung der zukünftigen Zeitdimension gegenüber den anderen ›Ekstasen der Zeitlichkeit‹ betont Heidegger (und mit ihm die Daseinsanalyse), daß das zentrale existentielle Zeitphänomen der *Augenblick* sei. In der jeweiligen *Situation* können wir ›hier und jetzt‹ durch das entschlossene Ergreifen unserer Möglichkeiten die Gestaltung unserer selbst und der Welt realisieren. So gesehen, wird der Augenblick zur ›Fülle der Zeit‹: Er ist nicht ein gleichgültiger Zeitpunkt in einem mechanischen Zeitablauf, sondern der Schlüssel zu dem, was unsere Existenz ist und sein wird. Diese Erkenntnis tut sich dem

›entschlossenen Menschen‹ auf, wobei Entschlossenheit nur dann einen Sinn hat, wenn sie aus der ›Erschlossenheit‹ gespeist wird. In psychologischen Ausdrücken heißt dies: Wille ohne Einsicht ist Sturheit; wer entschlossen leben und handeln will, muß zunächst wissen, welche Werte, Ziele und Zwecke seine Handlungen leiten sollen, damit er nicht blindem ›Aktivismus‹ verfällt.

Erst der entschlossene, weltoffene und mutige Mensch erfährt, daß die Zeit sein ›Besitz und Acker‹ ist, auf dem er sein Dasein ›zum Austrag bringen‹ kann. Er fühlt sich nicht wie der Depressionspatient als ein gleichgültiges Partikel im Weltgeschehen, als ein Blatt im Wind oder eine Nußschale im Ozean. Diese Selbstverkleinerung und Selbstauslöschung ist ein furchtbarer ›Lebensirrtum‹. Denn es ist dem Menschen als Aufgabe gegeben, ›Hirt und Wächter des Seins‹ zu sein; er ist nämlich jene Stelle im Kosmos des Seienden, wo sich Bewußtsein und Freiheit ereignet und wo das Sein in und an ihm selbst ›gelichtet‹ ist. Demgemäß soll er auch das Sein in seine Obhut und Fürsorge nehmen, d. h. als Gewissen des Universums fungieren. Der Mensch kann und darf jedem Seienden so begegnen, daß es seine größtmögliche Integrität bewahren und sich zu den ihm eigentümlichen Möglichkeiten entfalten kann.

Die Tragik der Depression besteht darin, daß sie eine Form des *in sich verschlossenen Daseins* darstellt, welches sich in uneigentliches Schulderleben verstrickt, anstatt durch Seinserhellung und Selbstverwirklichung die eigentliche Daseinsschuld auf sich zu nehmen. Indem der Mensch irgendein Schicksal wählt (und wer handelt und sich entscheidet, hat allemal ein ›Geschick‹), muß er notwendigerweise dies oder jenes versäumen oder beiseite lassen, da ja Endlichkeit ein Grundzug des Daseins ist. Wer sich um diese Entscheidungen drückt, liebäugelt vermutlich mit der ›Unendlichkeit‹, d. h. mit dem Gottähnlichkeitsanspruch. Wer aber Gott werden will, wird nicht einmal Mensch im wahren Sinne des Wortes.

Psychotherapie der Depression

Die Psychotherapie des Depressionspatienten ist oft schwer und beschwerlich, weil dieser nur wenig dazu bereit ist, die ihm angebotene Kooperation anzunehmen. Freud spricht in diesem Zu-

sammenhang geradezu von einer ›negativen therapeutischen Reaktion‹; er macht den ›Todestrieb‹ dieser Patienten dafür verantwortlich, daß bei ihnen mitunter die Besserung ihres Zustandes oder die Heilung in der Therapie ausbleibt.
Nun ist aber der ›Todestrieb‹ keine besonders gesicherte Hypothese: Man sollte ihn in der Erklärung menschlicher Verhaltensweisen nicht überstrapazieren. Einleuchtender ist wohl der Gedanke, daß in jedem depressiven Menschen oft ungezügelte Kampf- und Rivalitätstendenzen vorhanden sind. Diese bringt er selbstverständlich auch in die psychologische Behandlung mit. Daraus folgt, daß er unter Umständen nicht zum Nachgeben und zum Sich-führen-Lassen bereit ist. In manchen Fällen gewinnt man auch den Eindruck, daß eine erfolgreiche Therapie vom Patienten als eine Niederlage gegenüber dem Therapeuten aufgefaßt wird. Extrem ehrgeizige und kämpferische Charaktere wollen immer und überall überlegen sein. Daher haben sie es nicht leicht, Deutungen und Hilfeleistungen von ihrem ärztlichen Helfer zu akzeptieren. Da sie nicht gelernt haben, anderen Menschen Freude zu bereiten, machen sie auch dem Seelenarzt nur ungern die Freude, daß er sie zu heilen vermag. Diese Hinweise mögen für den Laien seltsam tönen; wer aber Einblick in das labyrinthische Gewirr der menschlichen Seelenregungen besitzt, wird wissen, daß derlei tatsächlich vorkommt.
Jede ›analytische Therapie‹ muß den *Lebenslauf* des Patienten ›durcharbeiten‹, damit ihm die Entstehung seiner seelischen Deformation verständlich werden kann. Auch muß die gesamte Gegenwartssituation verstehend erhellt werden, wozu u. a. die Klärung aller *Übertragungsvorgänge* in der Behandlung selbst gehört, ja, sogar den Zentralpunkt der Selbsterkenntnis des Analysanden ausmacht. Aber das ›Analytische‹ ist nur ein Teilfaktor des therapeutischen Geschehens. Die *persönliche Begegnung* von Arzt und Patient ist die größte therapeutische Macht, und sie allein kann den seelischen Transformationsprozeß einleiten, der ein verkümmertes Dasein zum Erblühen bringt.
Der Therapeut muß in die Seele des Kranken eintreten durch die ›Pforte der Hoffnung‹. Wer einen Menschen hoffen lehrt, verringert seine Verzweiflung und aktiviert seine Kräfte. Diese sind auch beim Depressionspatienten umfangreicher, als er meint. Aber die Kunst, einen Hoffnungslosen in einen Hoffenden zu verwandeln, ist keine Kleinigkeit. Mit verbalen Deklamationen kann man hierbei nichts Wesentliches ausrichten. Man muß

selbst ein kraftvoller Optimist sein, wenn man einem kleinmütigen Menschen den Wert des Lebens demonstrieren will. Auch muß man die Höhlen und Schlupfwinkel der depressiven Psyche in- und auswendig kennen, um alle Gedanken des Schwermütigen zu begreifen, mit denen er seine Schwermut ›zementiert‹. So ist man für den ›Ringkampf‹ gewappnet, in welchem man den Depressiven aus seiner selbstgeschaffenen Isolierung befreit, in der er seine Zuflucht gefunden hat. Wir sprachen auch davon, daß man den ›Gewissensplunder‹ beim Depressionspatienten beiseite schieben muß, damit er für die echte Gewissenserfahrung oder -erschütterung reif werden kann. Man destruiert gewissermaßen die Pseudomoralität der Selbstanklagen und weist nachdrücklich darauf hin, daß man *nicht Gewissen hat,* wenn man trostlos und mürrisch durch die Welt geht. Wer moralisch sein will, soll sich und andere voranbringen und Freude und Heiterkeit in der Welt vermehren (was sie dringend nötig hat!).

Soll der Depressive zur *Situationsbewältigung* erzogen werden, dann muß er in der Therapiesituation erstmals erleben, daß Mitsein und Miteinandersein nichts Leeres und Gleichgültiges ist, sondern eine Chance des Selbstseins und Selbstwerdens darstellt. Je lebendiger und einfühlsamer der Therapeut von Situation zu Situation mit dem Patienten kommunizieren kann, um so reicher und schöner wird dieser nicht nur die Behandlung, sondern auch das ganze vor ihm liegende Leben empfinden.

Aber der Ausbruch aus dem ›Totstellreflex‹ der Depression wird stets große Mühe bereiten. Man gewöhnt sich an das negativistische Abseitsstehen und das Wühlen in düsteren, traurigen und feindseligen Stimmungen wie an ein *Suchtmittel,* und tatsächlich rotiert der Depressive um seine schwermütigen Gedanken und Gefühle wie ein Süchtiger um seinen Alkohol oder seine Drogen. Es ist ein regelrechter ›Entwöhnungsvorgang‹ mit allen ›Entzugserscheinungen‹, wenn eine Depression abheilt. Daraufhin muß eine weitläufige *Umerziehung* in Gang gesetzt werden, um den Patienten aus seinen Entwicklungsdefiziten zu befreien, damit er sich ein menschenwürdiges und weltoffenes Dasein aufbauen kann.

Depression als Kollektivneurose

Die Depression ist nicht nur ein Privatschicksal, sondern hat weittragende kollektive Bedeutung. Dies lehrt schon die große Zahl depressiver Erkrankungen, die in der Gesamtbeschaffenheit unserer Lebensbedingungen wurzeln müssen. Die Kultur als Ganzes muß einen empfindlichen Mangel aufweisen, wenn viele Menschen in ihr den Glauben an das Leben verlieren und sich einem selbstvernichtenden Pessimismus oder gar Nihilismus überantworten.

Viktor E. Frankl und seine Schule (›Logotherapie‹ und ›Existenzanalyse‹) behaupten, daß dieses Kulturmanko in der Abwesenheit von ›Sinn‹ und ›Sinnstrukturen‹ besteht. Wie die Luft zum Atmen und die Nahrung zum Essen benötigt der Mensch die Sinnerfahrung, um als ›geistiges Wesen‹ existieren zu können. Wo die Sinndimension verarmt, entstehen Langeweile, Überdruß und Lebensverleider. Man muß ein ›Wozu‹ des Lebens haben, um sein ›Wie‹ zu ertragen. Man kann die These nicht von der Hand weisen, daß die Menschen der Gegenwart an einem ›Sinndefizit‹ leiden, das bei vielen von ihnen zum Ausbruch von Neurosen und Psychosen führt.

Auch die Depression ist insofern eine ›noogene (geistige) Neurose‹, als sie nur dort zustande kommt, wo das Dasein als sinnlos erscheint und keine tragfähige Antwort auf die Sinnfrage gefunden wird. Wie sollten aber Individuen den Lebenssinn gestalten, wenn die sie umgebende Kultur auf die niederen Werte der Macht, des Geldes, des Prestiges und der egoistischen Selbstbehauptung ausgerichtet ist?

Eine Welt, die nicht vom Ethos der Mitmenschlichkeit, der Lebensfreude und der Solidarität erfüllt ist, ist wesensmäßig eine traurige Welt. In ihr verfallen viele einzelne der ›Trauerkrankheit‹, weil die ›Kulturstimmung als solche‹ nicht heiter und lebensgläubig ist. Die Neurose der Individuen zeigt wie in einem Mikroskop verdeutlicht die Neurose des Kollektivs, des Zeitgeistes und der Kultur.

Darum wird die Heilung der Depressionspatienten erst dann einen gewaltigen Aufschwung nehmen, wenn die Ideale der Selbstverwirklichung, der gegenseitigen Hilfe, des Kulturfortschritts, der permanenten Erziehung, der Lebens- und Liebesbejahung, der Vernunft und der wechselseitigen Förderung aller tiefer im menschlichen Bewußtsein verankert werden.

Wolfgang Köppe

Zwangsneurose

Die Zwangsneurose gehört zu den sogenannten ›klassischen‹ oder ›großen‹ Neurosen und zeigt ein eigentümliches Krankheitsbild. Durch bestimmte Zwangsgedanken und -vorstellungen wird der an ihnen Erkrankte zu Handlungen gezwungen, gegen die er wehrlos zu sein scheint. Neben dem bekannten Waschzwang können Kontroll-, Vergewisserungs-, Überprüfungs-, Zähl- und Grübelzwänge auftreten, aber auch Zwangsimpulse zur Durchführung von Gewohnheitsbewegungen, Registrier- und Fragezwänge, Tagesphantasien mit aggressivem Inhalt und zwanghaftes Onanieren werden genannt. Im fortgeschrittenen Krankheitsstadium sind die Kranken fast ständig mit ihrer Zwangssymptomatik beschäftigt, so daß für eine produktive Lebensführung kaum Freiraum bleibt. Ihre Berufstätigkeit ist eingeschränkt, freundschaftliche Beziehungen werden abgebrochen, und das familiäre Zusammenleben wird argen Belastungen ausgesetzt. Was steht hinter den Zwangsgedanken und -handlungen, und wie kann das Leiden behandelt werden?

Diese Fragen stehen schon seit langem im Mittelpunkt des psychiatrischen Interesses. Ursprünglich zu der Gruppe der Wahnkrankheiten zählend, wurde die Zwangsneurose 1839 von dem französischen Psychiater Esquirol als eigenständiges Krankheitsbild entdeckt. Esquirol hatte eine Patientin, die sich durchaus der Unlogik und Irrationalität ihrer Zwangsvorstellungen bewußt war. Sie empfand sie als widersinnig und konnte sich nicht mit ihnen identifizieren. Damit erwies sich — nach Esquirol — die Abgrenzung der Zwangsneurose von der Wahnkrankheit als notwendig. In den siebziger und achtziger Jahren des vorigen Jahrhunderts gelangten die deutschen Psychiater Griesinger und Westphal zu der weiteren Erkenntnis, daß der Zwang keinen äußeren Einflüssen, sondern inneren Gegebenheiten unterliegt. Hinzu kommt, daß er gegen den Willen des Betreffenden das Bewußtsein besetzt und den Vorstellungsablauf behindert.

Über die Ursachen der Zwangskrankheit hatte man im 19. Jahrhundert ziemlich unklare Vorstellungen. Gemäß der auch die Psychiatrie erfassenden naturwissenschaftlich-materialistischen Ausrichtung betrachtete man die Zwangskrankheit, wie Dongier (1971) anschaulich schildert, als Funktionsstörung eines zerebralen Mechanismus. Gemeint war eine Art ›lokaler Kurzschluß‹, der die psychische Organisation derart beeinträchtigt, daß ein Teil von ihr der Vernunftkontrolle entzogen wird. Das dadurch hervorgerufene Eigenleben der Vorstellungswelt löse Ängste aus, die durch Beschwichtigungshandlungen (Zwänge) eingedämmt werden sollen.

Wir wissen heute, daß diese Überlegungen von einem tiefgreifenden Vorurteil geprägt waren. Analog zu Griesingers klassischem Ausspruch: ›Geisteskrankheiten sind Körperkrankheiten‹ faßte man seelische Irritationen als rein körperlich bedingte Leiden auf. Man verkannte, daß die *Person* der eigentliche Krankheitsträger ist und daß diese in Gesundheit und Krankheit anderen Gesetzmäßigkeiten unterliegt, als sie dem Körpergeschehen eigen sind. Diese grundlegende Erkenntnis ist in erster Linie Sigmund Freud zu verdanken. Mit Hilfe seiner psychoanalytischen Methode vermochte er transparent zu machen, daß alle psychopathologischen Erscheinungen, wie die der Angst, der Hysterie und des Zwanges, durchweg und in all ihren Einzelheiten einen *Sinn* haben, der mit dem Erleben des Kranken zusammenhängt.

Die tiefenpsychologische Forschung blieb aber nicht bei den Befunden der Psychoanalyse stehen. Die großen Schulen der Tiefenpsychologie haben zwar von Freud gelernt, schlugen später aber eigene Wege ein und lieferten tiefgründige Beiträge zur Theorie und Therapie psychischer Störungen. So wurde auch die Ansicht Freuds, daß die Zwangsneurose aus der Abwehr verpönter Triebregungen resultiert, eingehend revidiert. Heute neigt man nicht mehr dazu, sie als Ausdruck eines Konfliktes zwischen dem Ich und bestimmten Sexualstrebungen anzusehen. Im Anschluß an Alfred Adler sieht man im Zwangsneurotiker einen Menschen, dessen Charakterstruktur infolge ungenügender Übung und mangelnder sozialer Anleitung so lückenhaft ausgebildet ist, daß sie einer größeren Belastung im Berufs-, Liebes- oder Gemeinschaftsleben nicht standhält. Die Zwangsneurose ist demnach nicht so sehr ein Trieb- als ein Charakterproblem, das auf einem *Mangel an Sozialisation* beruht, wobei die

hauptsächliche Not in der Sphäre der zwischenmenschlichen Beziehungen liegt.
Mit dem Bemühen um die Aufdeckung der Hintergründe des Zwangsgeschehens war auch die Suche nach einer gesicherten Behandlungsmethode verbunden. Wie Quint (1976) berichtet, war man lange Zeit skeptisch in bezug auf die Heilungsmöglichkeiten. Man setzte Beruhigungsmittel und Opiumkuren ein, blieb mit ihnen aber ebenso an der Oberfläche des Geschehens wie mit den später aufkommenden Psychopharmaka. Zwar gab es vorübergehende Besserungen. Wurden die Medikamente aber abgesetzt, stellten sich regelmäßig die Zwangssymptome wieder ein. Mit Freud veränderte sich jedoch die Behandlungsmethodik. Zum ersten Mal versuchte man, an die Hintergründe der Problematik heranzukommen, d. h., den Krankheitsherd aufzudecken und zu beseitigen.
Aber auch in der Behandlung der Zwangskrankheit sind in der Nachfolge Freuds wesentliche Innovationen zu verzeichnen. Konzentrierte sich Freud auf die *Analyse der Kindheit* als der entscheidenden persönlichkeitsbildenden Lebensphase, so haben die neopsychoanalytischen Schulen der *Aufarbeitung des gegenwärtigen Weltbezuges* größeres Gewicht beigemessen. Dahinter steht die Auffassung, daß der Mensch ein soziales Lebewesen ist, dessen Probleme nicht nur auf frühkindlichen Konfliktsituationen beruhen, sondern auch aus zwischenmenschlichen Verhaltensstrukturen der späteren Jahre erwachsen. Einig sind sich alle tiefenpsychologischen Schulen jedoch darüber, daß die Befreiung des Zwangsneurotikers aus dem Geflecht von Angst, Aggression und Isolation nur durch eine tiefgründige Analyse seines Seelenlebens erfolgen kann.

Psychoanalytische Forschungsergebnisse

Zwangsneurose und Hysterie sind diejenigen psychischen Erkrankungen, auf denen die Psychoanalyse aufgebaut und in ihren Grundzügen festgelegt wurde. Allerdings war die Zwangsneurose, wie Freud in den *»Vorlesungen zur Einführung in die Psychoanalyse«* (1916) schildert, am Anfang unseres Jahrhunderts nicht so stark verbreitet und populär wie die damals allbekannte Hysterie. Sie drängt sich nicht so in den Vordergrund, nimmt sich vielmehr wie eine ›Privatangelegenheit‹ des Kranken aus, indem sie fast ganz auf dramatische Körpererscheinungen verzichtet und ihre Symptome auf das seelische Gebiet verlegt. Wie Freud weiter ausführt, beschäftigen sich die Kranken vornehmlich mit Gedanken, die für sie eigentlich uninteressant sind. So gleichgültig, läppisch und unsinnig sie aber auch sein mögen, immer bilden sie den Anlaß zu einer strapazierenden Denktätigkeit, der sich der Kranke gern entziehen möchte. Entgegen seinem Willen muß er sich aber mit ihnen beschäftigen, muß grübeln und spekulieren, als ob es nichts Wichtigeres auf der Welt gäbe. Auch die aus dem Innern des Kranken aufsteigenden Impulse haben zwanghaften Charakter. Zwar sind sie manchmal kindisch und banal, meist haben sie jedoch erschreckende Inhalte, indem sie Versuchungen zu schweren Verbrechen (z. B. jemandem ein Messer in den Rücken stoßen o. ä.) darstellen. Der Kranke weist diese Zwangsimpulse als nicht zu sich gehörig zurück und sucht sich ihnen zu entziehen, indem er sich selbst Verbote und Verzichte auferlegt und seine Freiheit einschränkt. So gelingt es ihm immer, von seinem Vorhaben abzulassen; Flucht- und Vorsichtsmaßnahmen behalten regelmäßig die Oberhand. Anders sieht es dagegen mit den Zwangshandlungen aus. Obwohl ihre Ausführung durchaus kein Vergnügen bereitet, müssen sie durchgeführt werden. Eine Unterlassung ist ganz unmöglich, denn jede Abweichung vom vorgeschriebenen Ritual wird durch unerträgliche Angst bestraft, so daß das Unterlassene sofort nachgeholt wird. Dafür sind die Zwangshandlungen aber außerordentlich harmlos. Meist sind es Tätigkeiten des täglichen Lebens, die zeremoniell verziert werden. Waschen, essen, schlafen gehen werden zu komplizierten und langwierigen Unternehmungen ausgeweitet. In diesem Zusammenhang muß auch das zwanghafte Zweifeln des Kranken erwähnt werden, das mit der Zeit die gesichertsten Erkenntnisse in Frage stellt. Sieht man ihn in seiner Entscheidungsschwäche, so hat man den Eindruck, daß er vor kaum lösbaren Aufgaben steht. Mit der Zeit wird er immer unentschlossener und energieloser, so daß für eigenständige Handlungen kaum noch Spielraum bleibt. Freuds Forschergeist war von diesen krankhaften Vorstellungen, Impulsen und Handlungen geradezu fasziniert. So schreibt Freud:

»Das ist doch gewiß ein tolles Leiden. Ich glaube, der ausschweifendsten psychiatrischen Phantasie wäre es nicht gelungen, etwas dergleichen zu konstruieren, und wenn man es nicht alle Tage vor sich sehen könnte, würde man sich nicht

> entschließen, daran zu glauben. Nun denken Sie aber nicht, daß Sie dem Kranken etwas leisten, wenn Sie ihm zureden sich abzulenken, sich nicht mit diesen dummen Gedanken zu beschäftigen und an Stelle seiner Spielereien etwas Vernünftiges zu tun. Das möchte er selbst ... Er kann nur nicht anders; was sich bei der Zwangsneurose zur Tat durchsetzt, das wird von einer Energie getragen, für die uns wahrscheinlich der Vergleich aus dem normalen Seelenleben abgeht.« (GW, Bd. XI, S. 266)

Der dieses neurotische Geschehen auslösende Konflikt ist nach Freud in der analen und phallischen Stufe der Sexualentwicklung verankert. Die dem Ich unverträglich erscheinenden ödipalen Triebe sollen unterdrückt (verdrängt) werden. Motor der Abwehr soll der Kastrationskomplex sein. Die Entstehung der Zwangsneurose wird aber durch einige Besonderheiten bestimmt. Diese betreffen zum einen die in Frage kommenden Triebe, zum anderen die Art ihrer Abwehr.

Nach Freud liegt der Zwangsneurose eine deutliche analsadistische Triebkomponente zugrunde. Analerotik und Sadismus beherrschen aber die zweite Stufe der prägenitalen Entwicklungsorganisation (anale Phase), die 1913 in *»Die Disposition zur Zwangsneurose«* in die Diskussion über das Zwangsproblem eingeführt wurde. Das Vorherrschen der analsadistischen Triebe wird durch den Vorgang der Regression erklärt. Unter Regression versteht Freud, daß sich das von dem ödipalen Konfliktgeschehen überforderte Ich auf eine frühere Stufe der Sexualentwicklung zurückzieht in der Annahme, von dort aus den Abwehrkampf besser bestehen zu können. Vorbereitet wird die Regression durch ›Fixierung‹ und ›konstitutionelle Faktoren‹. Während bei den konstitutionellen Faktoren biologische Bedingungen (übergroße Partialtriebe usw.) eine Rolle spielen, ist die Fixierung auf die analsadistische Phase das Resultat einer zu starken Förderung bzw. Unterdrückung der zu ihr gehörenden sexuellen Regungen.

Die *Regression* ist nach Freud das entscheidende Kriterium für die zwangsneurotische Entwicklung. Infolge der Fixierung an die Analerotik zeichnet sich der Kranke durch eine besondere Leidenschaftlichkeit des Hasses und jener Regungen aus, die mit Beschmutzung und Unreinlichkeit zu tun haben. Sie allein sind aber für die zwangsneurotische Entwicklung nicht ausschlaggebend. Hierzu bedarf es vielmehr auch des Vorhandenseins eines starren, unerbittlich seine Ansprüche verteidigenden Über-Ichs, das auf Verdrängung der analsadistischen Regungen beharrt. Diese wird bewerkstelligt, indem sich der Kranke bestimmter Abwehrmechanismen bedient, von denen Freud in *»Hemmung, Symptom und Angst«* (1926) die ›Isolierung‹, das ›Ungeschehenmachen‹, die ›Verschiebung‹ und die übergroße ›Reaktionsbildung‹ benennt. Sie werden vom Ich eingesetzt und sollen die psychische Konstanz der Person bewahren.

Freuds Vorstellungen zur Psychotherapie der Zwangsneurose unterscheiden sich nicht von denen der allgemeinen Neurosentherapie. Die Auflösung der Zwänge erfolgt demnach durch die Bewußtmachung der verdrängten Konflikte. Dies ist allerdings ein komplizierter Vorgang, von dem hier nur so viel bemerkt werden soll, daß es insbesondere auf die Überwindung der Widerstände ankommt, die sich der Bewußtmachung in der unterschiedlichsten Form in den Weg stellen. Im Maße ihrer Überwindung konfrontiert sich das Ich mit dem ehemals Verdrängten, bildet sich ein eigenes Urteil hierüber und vollzieht bewußt dessen Annahme oder Verwerfung. Dadurch erstarkt das Ich, läßt von den Symptomen ab und stellt sich der Realität. Daß die Therapie der Zwangsneurose ein lange Zeit in Anspruch nehmendes Unternehmen ist, war Freud wohl bekannt. Kritikern trat er gelassen mit dem Hinweis entgegen, daß sich psychische Veränderungen eben nur langsam vollziehen, wenn sie von Dauer sein sollen.

Diese Aussagen lassen sich sehr schön anhand der Kranken- und Behandlungsgeschichte eines jungen Mannes nachvollziehen, die Freud 1909 unter dem Titel *»Bemerkungen über einen Fall von Zwangsneurose«* veröffentlichte. Der Patient führte sich bei Freud mit dem Bericht ein, daß er seit seiner Kindheit, besonders aber seit vier Jahren, mit Zwangsvorstellungen zu tun habe. Hauptinhalt waren Befürchtungen, daß zwei von ihm sehr geliebte Personen, seinem Vater und einer ›Dame‹, etwas geschehen könnte. Außerdem verspürte er bestimmte Impulse, z. B. sich mit einem Rasiermesser den Hals durchzuschneiden, und Verbote, die sich allerdings auf gleichgültige Dinge bezogen.

Der direkte Anlaß zur Konsultierung Freuds war ein erschrekkendes Erlebnis während eines Sommermanövers. Ein offenbar das Grausame liebender Hauptmann erzählte dem Patienten von einer besonders schrecklichen, im Orient praktizierten Strafe.

Der Verurteilte werde so festgebunden, daß an seinem After ein Gefäß angebracht werden kann. In dieses werden Ratten eingelassen, die sich in den After einfressen. Der Patient, nach dieser Geschichte in der psychoanalytischen Literatur ›Rattenmann‹ genannt, war hiervon so beeindruckt, daß er sofort Phantasien entwickelte, in denen die Folter an der Dame sowie am Vater praktiziert wurde. Die nächsten Tage waren von komplizierten, sinnlosen Befehlen angefüllt, die er sich selbst zur Bestrafung und Abwendung der Erfüllung seiner unmoralischen Phantasien auferlegt hatte.

Die Analyse brachte nun zutage, daß der Rattenmann ein Opfer zweier Konflikte war. Der erste war ein *Loyalitätskonflikt* zwischen dem Einfluß des Vaters und seiner Liebe zu der Dame, der zweite war ein Ambivalenzkonflikt, nämlich der in ihm brodelnde *Widerstreit zwischen Liebe und Haß,* welcher sowohl die Beziehung zu seinem Vater als auch die zu seiner Geliebten bestimmte. Freud schrieb:

> »Wie immer aber dies merkwürdige Verhalten von Liebe und Haß zu verstehen sein mag, sein Vorkommen ist durch die Beobachtung an unserem Patienten über jeden Zweifel erhaben, und es ist erfreulich zu sehen, wie leicht begreiflich nun die rätselhaften Vorgänge der Zwangsneurose durch die Beziehung auf dieses eine Moment werden. Steht einer intensiven Liebe ein fast ebenso starker Haß bindend entgegen, so muß die nächste Folge eine partielle Willenslähmung sein, eine Unfähigkeit zur Entschließung in all den Aktionen, für welche die Liebe das treibende Motiv sein soll. Aber die Unentschlossenheit bleibt nicht lange auf eine Gruppe von Handlungen beschränkt ... So breitet sich die Entschlußlähmung allmählich über das gesamte Tun des Menschen aus.« (GW, Bd. VII, S. 456 f.)

Die jeder Zwangsneurose zugrunde liegende Herrschaft von Zwang und Zweifel schien damit geklärt zu sein. Der Zweifel ist mit der inneren Unentschlossenheit gleichzusetzen, die infolge der Hemmung der Liebe durch den Haß jede beabsichtigte Handlung beeinflußt; der Zwang ist als Kompensationsversuch zu verstehen, mit dessen Hilfe der Zweifel beseitigt werden soll. Die Auflösung dieses Geschehens, d. h. die Beseitigung der Zwangsproblematik beim Rattenmann, wurde nach Freud u. a. durch die folgende Deutung ausgelöst:

»Noch ein Wort über die Deutung des Inhaltes der Sanktion: sonst wird an den beiden Personen die Rattenstrafe vollzogen. Sie ruht auf der Geltung zweier infantiler Sexualtheorien, über die ich an anderer Stelle Auskunft gegeben habe. Die erste dieser Theorien geht dahin, daß die Kinder aus dem After herauskommen; die zweite schließt konsequent mit der Möglichkeit an, daß Männer ebensowohl Kinder kriegen können wie Frauen. Nach den technischen Regeln der Traumdeutung kann das Aus-dem-Darm-Herauskommen durch seinen Gegensatz: ein In-den-Darm-Hineinkriechen (wie bei der Rattenstrafe) dargestellt werden und umgekehrt. Einfachere Lösungen für so schwere Zwangsideen oder Lösungen mit anderen Mitteln zu erwarten, ist man wohl nicht berechtigt. Mit der Lösung, die sich uns ergab, war das Rattendelirium beseitigt.« (GW, Bd. VII, S. 438)

Freud betrachtete die Zwangsneurose aber nicht nur als individuelles Problem. In seinen kulturkritischen Schriften bezieht er oft Überlegungen zur Zwangsthematik ein. Der Kulturprozeß als solcher ist für ihn ›zwanghaft‹, besonders gewisse Formen der Moral und der Religion. Wir denken hierbei u. a. an den Aufsatz *»Zwangshandlungen und Religionsübungen«* (1907). Freud vergleicht Zwangsrituale mit den allgemeinen Religionsübungen und kommt zu einigen auffallenden Übereinstimmungen. So stellt er z. B. fest, daß das Zeremoniell der Zwangsneurose mit gewissen religiösen Verrichtungen gleichzusetzen ist. Beide dienen der Angstverminderung bzw. -vermeidung. Werden sie unterlassen, so setzt massive Angst ein und erzwingt die Nachholung des Unterlassenen. Die religiösen Verrichtungen sind genauso wie das zwangsneurotische Zeremoniell Abwehrhandlungen bzw. Schutzmaßregelungen. Den gleichen Zweck erfüllen aber auch die Gebete und sonstigen Übungen der Religiösen. Es besteht allerdings ein Unterschied zwischen Zwangsneurose und Religiosität. Während religiöses Verhalten einen bestimmten Sinn hat, erscheinen die zwangsneurotischen Rituale meist als ›läppisch und sinnlos‹. Freud ist deshalb der Meinung, daß die Zwangsneurose ein ›halb komisches, halb trauriges Zerrbild einer Privatreligion‹ darstellt. Er führt noch eine Reihe weiterer Übereinstimmungen und Analogien an, so daß man sich, wie er schreibt, schließlich getrauen könnte,

»die Zwangsneurose als pathologisches Gegenstück zur Religionsbildung aufzufassen, die Neurose als eine individuelle Religiosität, die Religion als eine universelle Zwangsneurose zu bezeichnen«. (GW, Bd. VII, S. 138)

Der Beitrag der Individualpsychologie

Anders als Freud sieht Adler den Menschen nicht von Trieben determiniert. Kern des menschlichen Handelns, Denkens und Fühlens ist vielmehr eine teils bewußte, teils unverstandene Stellungnahme zu den Aufgaben des Lebens (soziale Beitragsleistung, Partnerschaft und Liebe, Gemeinschaftsleben). Die Art der Einfügung in das Sozialleben ist für den einzelnen von großer Bedeutung. Zwei Wege bieten sich für ihn an. Der eine liegt auf der Linie der Entwicklung zu Mitleben und Mitarbeit (Gemeinschaftsgefühl), der auch in genügendem Maße Raum für persönliche Geltung offenläßt. Der andere führt vom kooperativen Zusammenleben weg zum unsozialen und irrationalen Ziel der persönlichen Überlegenheit und Macht. Beide Entwicklungsrichtungen bilden sich bis zum vierten bzw. fünften Lebensjahr heraus und werden dann zur gefestigten Lebensform. Kommt zur letzteren, vom Gemeinschaftsgefühl wegführenden Disposition eine außergewöhnliche Belastung hinzu (Verlust des Partners, Berufskrise u. ä.), so verstärkt sich die untergründige Angst, und die Neurose bricht aus. Kleidet man diesen Vorgang in eine einfache Formel, so heißt es: Biographische Voraussetzung und aktuelle Belastung führen zur Neurose.
Beim Zwangsneurotiker sieht Adler diesen Zusammenhang eindrucksvoll bestätigt. In einem 1931 in der *Internationalen Zeitschrift für Individualpsychologie* veröffentlichten Vortrag über *»Zwangsneurose«* zieht er das Resümee seiner auf diesem Gebiet gemachten Forschungen. Einprägsam schildert er den Zusammenhang von zwangsneurotischen Symptomen und dem Streben nach ausschließlicher Überlegenheit, das er auch als Streben nach Gottähnlichkeit bezeichnet. Dieses ist zwar in allen Neuroseformen anzutreffen, in der Zwangsneurose tritt es aber besonders hervor. Der Kranke strebt nach dem deutlichsten Ausdruck seiner Allüberlegenheit, die er natürlich auf dem Gebiet des sozialen Lebens nicht erreichen kann. Er bleibt sogar oft hinter dem sozialen ›Durchschnitt‹ zurück, weil ihm etwas Grundlegendes fehlt, nämlich das Interesse an den Mitmenschen.

Der Rückzug aus dem sozialen Zusammenleben ist mit tiefer Angst verbunden, welche sich in dem Maße steigert, in dem der Rückzug zunimmt. Wie den von Adler veröffentlichten Fallbeispielen zu entnehmen ist, kommt die Angst des Zwangskranken regelmäßig dann zum Vorschein, wenn er in einer bestimmten, für ihn sehr wichtigen Situation seine Symptome nicht produzieren kann. Aus Gründen der Angstvermeidung muß er der ihm selbst als sinnlos vorkommenden, dem sozialen Leben widersprechenden Zwangshandlung Raum geben. Schaut man seinem Treiben zu, so ist nicht zu übersehen, daß er sich auf einem ›sekundären Kriegsschauplatz‹ befindet. Er müht sich *dort* ab, anstatt sich der *Lösung der Lebensaufgaben* zu widmen. Adler spricht auch davon, daß der Patient einen Kampf gegen Windmühlen führt und sich als richtiger Don Quichotte benimmt, der sich mit Dingen beschäftigt, die ihn von Mitleben und Mitarbeit abhalten.
In dem Versuch der Überwindung seiner Angst negiert der Zwangskranke geradezu den Mitmenschen. Im Gegensatz zum Angstneurotiker, der andere Personen in seinen Bann zieht, um durch Anlehnung an sie seine Angst zu bewältigen, will der Zwangsneurotiker durch Überlegenheit über alle anderen, durch absolute Entwertung aller und Gottähnlichkeit zur Sicherung und Beruhigung gelangen. Es kommt, wie Adler formuliert, zur ›Ausbildung eines Überlegenheitskomplexes in der Überdachung eines Minderwertigkeitskomplexes‹. Nur durch den Zwang ist der Kranke — nach seiner eigenen Meinung — gehindert, seine Siegermission zu erfüllen und als ›Held des Tages‹ gefeiert zu werden. In den Zwangsgedanken wird aber sein Überlegenheitsanspruch voll sichtbar. So kann nach Adler der Zwangsneurotiker charakterisiert werden als ein Mensch,

> »... der sich den anderen gegenüber als abgesondert fühlt, der nur an sich denkt, der voll von Eigenliebe ist, der kein Interesse am Wohlergehen der Allgemeinheit hat und sein persönliches Ziel hoch über die anderen in die Luft spitzt, ohne sich die Verwirklichung im sozialen Strom der Welt zuzutrauen ... So entwickelt der Zwangsneurotiker frühzeitig schon ein Gefühl des höchsten Eigenwertes ohne Leistung in einer absurden Gedankenfolge. Fehlerlosigkeit, exzessive Reinlichkeit, Verquickung von schwer erscheinenden Aufgaben mit der Lösung leichterer ohne inneren Zusammenhang, starre Religionsübungen, die darnach auslugen, ›Gott zu ver-

suchen‹ usw., Situationen als schwierig zu empfinden, um sie dann siegreich zu lösen, ... groteske Übertreibungen einer guten Familientradition liegen immer in einer richtig geführten Anamnese vor.« (1931, S. 5)

Ein gefährlicher Feind des Zwangsneurotikers ist die Zeit. Da sie ihm immer neue Aufgaben heranträgt, denen er sich nicht gewachsen fühlt, fängt er an zu trödeln und zu zaudern, ein Verhalten, das Adler als ›zögernde Attitüde‹ bezeichnet. Das Einsetzen der zögernden Attitüde und das Ausweichen auf einen sekundären Kriegsschauplatz sind sichtbare Zeichen dafür, daß der Betreffende sich vor einer Niederlage an der Hauptfront des Lebens fürchtet. Aber nicht immer weicht der Patient aus: Wenn der Zwangsneurotiker sich seiner Sache sicher ist, dann verhält er sich durchaus problemlösend und läßt sich nicht durch Zwangsgedanken bzw. -handlungen an seiner Lebensführung hindern. Nach Adler versucht er dann nicht, den ›Zwang des Lebens durch einen Gegenzwang‹ auszuschalten.
Adler bezweifelt in diesem Zusammenhang sehr, daß es, wie in der Literatur oft angenommen wird, einen Zwang gibt, der von den Zwangsideen ausgehen soll. Er meint, daß geradeso getan wird, als ob die Zwangsidee mit einem Zwang geladen wäre, welcher als dämonische Macht sein Opfer ›ichfremd‹ überwältigt. Der Zwang liegt aber nicht in der Idee oder der Handlung des Kranken, sondern *auf dem Gebiet des normalen Lebens,* das tatsächlich einen ›Zwang‹, nämlich den zu Leistung, Mitarbeit und Mitleben, ausübt. Da der Zwangskranke sich den Aufgaben des Lebens nicht gewachsen fühlt und sein Ehrgeiz eine Niederlage nicht verkraftet, *muß* er ein Ausweichmanöver einleiten und einen Platz finden, wo er keinen Prüfungen ausgesetzt ist. In diesem eng begrenzten Feld baut er seine Ideen und Verhaltensmuster auf, die ihm das Gefühl der Allüberlegenheit vermitteln. Er fühlt sich allmächtig, wenn er die selbstverfertigten Befürchtungen unter Anspannung aller seiner Kräfte überwindet.
›Zögernde Attitüde‹ und ›Ausweichen auf einen sekundären Kriegsschauplatz‹ werden ergänzt durch den nahezu von allen Autoren erwähnten *Zweifel.* Immer wieder ist der Kranke der Meinung, daß er sich auf das, was er denkt und zu tun beabsichtigt oder bereits getan hat, nicht verlassen kann. Er ist ständig beunruhigt, sich seiner selbst nicht sicher, und so wird der Zweifel zum charakteristischen Erleben des Zwangsneurotikers. Da

die Individualpsychologie den Menschen als soziales Wesen deutet und von daher alle Lebensäußerungen als Leistungen im Rahmen des Gemeinschaftslebens interpretiert, ist auch der Zweifel in diesem Sinn zu analysieren. Er wird zu dem Zweck eingesetzt, soziale Distanz zu schaffen, jeder Veränderung der persönlichen Lage und Interaktion aus dem Wege zu gehen. Zweifel und zögernde Attitüde ergänzen einander. Sie stellen nichts weiter als den Versuch dar, ›Zeit zu vertrödeln, um Zeit zu gewinnen‹.
Anhand einer Reihe von Falldarstellungen verdeutlicht Adler die beschriebenen zwangsneurotischen Strukturelemente. Da ist z. B. von einem jungen Mann die Rede, einem angehenden Sänger, der von dem Zwang besessen ist, aus dem Fenster zu springen. Ständig war er damit beschäftigt, sich den Zwang vom Halse zu schaffen, da er ihn daran hinderte, der ›größte Tenor‹ zu werden. Von seinem Zwang kam er nur dann los, wenn jemand bei ihm war, was natürlich auf der Bühne nicht anging. So geriet er nie in die Lage, seine angebliche Fähigkeit unter Beweis zu stellen.
Eine weitere Darstellung bezieht sich auf eine Frau, die unter großer Aufregung unablässig Wäschestücke ordnete. Den größten Teil des Tages war sie damit beschäftigt, unter diesem Zwang ihr Streben nach Gottähnlichkeit zu verwirklichen. Schon als Kind hatte sich die Meinung in ihr verfestigt, daß sie als erwachsener Mensch absolut herrschen wollte. So tyrannisierte sie die Familie, lobte und strafte ihre Kinder nach Willkür, und auch den Mann kommandierte sie nach Gutdünken. Das Zwangssymptom hinderte sie, in Gesellschaft zu gehen, nachdem sie unausgesetzt Reibungen und Streit hervorgerufen hatte und keiner mehr mit ihr verkehren wollte. Nun war sie allein mit ihrer Familie, und in diesem kleinen Kreis war sie in der Tat die Regentin.
Außerordentlich häufig findet sich der Waschzwang,

> »... die Neigung zum Putzen, alles rein zu halten. Es fehlt dabei niemals der Einschlag, daß alles andere und alle anderen schmutzig sind. Keiner darf etwas anrühren, nur der Patient selbst erhebt sich zu einer Glorie der Reinheit und Überlegenheit. Freilich ist das ebenfalls nur ein Mittel, um die Lösung der Lebensaufgabe hinauszuschieben, um dort nicht seinen Wert zu beweisen, wo es sich um Leistungen und Beiträge handelt. Einer dieser Fälle betraf ein zweitgeborenes Mädchen, das in eine Situation geriet, in der die ältere sich verdrängt fühlte und revoltierte, so daß alle Neigung sich dem

zweiten Mädchen zuwandte. Sie war das Musterkind, gelobt, geliebt und beschenkt. Sie erwartete viel vom Leben. Aber bei dem ersten Schritt, den sie ins Leben trat, in der Schule, scheiterte sie. Sie brachte seither keine Arbeit zu Ende; sie wurde wegen ihrer Faulheit bestraft, aber nicht wegen ihres mangelhaften Könnens. Ihre Stellung als Frau betrachtete sie als eine Herabsetzung, insbesondere, weil ihr viel älterer Mann außerordentlich verknöchert war und sie ihn durchaus nicht für eine Liebe oder Ehe geeignet ansah. Als sie heiratete, stellte sich der Waschzwang ein, der ihren Mann als unrein von Tisch und Bett verbannte. Es ist interessant, daß derjenige, der einen Waschzwangkranken gesehen hat, erstaunt ist, einen Schmutz vorzufinden, wie nie bei einem anderen. Es kommt dies daher, daß die ganze soziale Harmonie des Hauses gestört ist.« (1931, S. 13)

Wie formt sich das sonderbare Verhalten des Zwangskranken? Welche Rolle spielt die Vererbung, die Nachahmung oder der Konflikt zwischen Trieb und Ich? Sind kausale Bedingtheiten bei der Erklärung der Zwangsneurose zu beachten? Ist Heilung möglich, und was sind ihre ausschlaggebenden Komponenten? Für Adler steht es fest, daß eine derartig geformte, einheitliche Persönlichkeit weder auf mechanischem Wege noch durch die Entfaltung von Trieben, noch durch Heredität allein zustande kommt. Sie ist vielmehr das Endprodukt einer irrationalen Willkür, zu welchem der Zwangskranke einmal durch körperliche Minderwertigkeit, dann aber auch durch Einflüsse des Milieus, durch Nachahmung usw. irrtümlich verleitet wird. Das kindliche Seelenleben konstelliert sich nicht aufgrund kausaler Bedingungen, sondern ursprünglich als tastender, irrender, niemals berechenbarer Versuch. Nach dem fünften Lebensjahr spätestens ist die so gewonnene einheitliche Lebensform final ausgerichtet; das Kind lebt, denkt und handelt nur noch in Übereinstimmung mit ihr. So kann die Heilung der Zwangskrankheit nur durch Erkenntnis des fehlerhaften Charakteraufbaus und Verstärkung des Gemeinschaftsgefühls (Beitragsleistung, Lebensmut) zustande kommen. Sie erfolgt immer nur durch Selbsterkenntnis, durch ein Verstehen der Wahrnehmungs- und Motivationsirrtümer, die den falschen ›Lebensstil‹ aufrechterhalten.

Die existential-anthropologische Betrachtungsweise

Die existential-anthropologische Schule der Psychologie und Psychiatrie, zu der u. a. E. Minkowski, V. E. v. Gebsattel, Ludwig Binswanger und Erwin Straus zählen, geht im Anschluß an Wilhelm Dilthey, Edmund Husserl und Martin Heidegger von einem neuen Wissenschaftsverständnis aus. Indem sie die Ergebnisse der modernen Philosophie in die Tiefenpsychologie einbringt, kritisiert sie den Allmachtsanspruch der Naturwissenschaften innerhalb der psychologischen und psychiatrischen Forschung und versucht — vor allem in Abgrenzung von der Trieblehre der Psychoanalyse sowie der Charakter- und Konstitutionslehre — zu einem genaueren Menschenverständnis vorzudringen. Hat Freud im wesentlichen ein Bild des Menschen als Naturgeschöpf entworfen, so streben die genannten Autoren eine personale Tiefenpsychologie an. Sie verstehen den Menschen als lebendige Ganzheit, als Schöpfer seiner selbst, als soziales und sinnsuchendes Wesen. Die diesem Verständnis zugrunde liegenden Seinsstrukturen wurden erstmals von Heidegger in *»Sein und Zeit«* (1927) beschrieben. Danach ist das Dasein des Menschen, d. h. seine Existenz, ein In-der-Welt-Sein, ein Draußensein bei der Welt und bei den Mitmenschen, auf die jeder Mensch urtümlich bezogen ist. Aus dieser Perspektive werden auch die Phänomene des Selbstseins, der Freiheit und der Zukunftsorientiertheit ebenso wie die des Werterlebens und der Sinn- und Selbstverwirklichung ins Auge gefaßt. Erst unter Berücksichtigung dieser Wesensmerkmale ist nach Ansicht der existential-anthropologischen Schule eine umfassende menschliche Existenzanalyse möglich. In diesem Sinn vermittelt sie ein neuartiges Denken, das auch die Zwangskrankheit in einem neuen Licht erscheinen läßt. Zur Verdeutlichung hierfür geben wir im folgenden einen Einblick in die Überlegungen von Viktor Emil v. Gebsattel.

In dem 1954 veröffentlichten Aufsatz *»Die Welt des Zwangskranken«* versucht Gebsattel, die besondere Art des In-der-Welt-Seins des ›anankastischen Psychopathen‹ zu ergründen. Zu diesem Zweck stellt er drei Fälle dar, die seinen Überlegungen als Hintergrund dienen. Im ersten Fall handelt es sich um eine 47jährige Patientin, die an einem Waschzwang litt, welcher sich aus einer krankhaften Angst vor Hunden entwickelte. Hunde riefen in ihr schon seit der Kindheit Ekel und Entsetzen hervor.

Damals wurde ihr klar, daß Hunde durch Lecken Würmer auf Menschen übertragen können, eine Vorstellung, die sie nicht mehr losließ. Damit Entsetzen und Ekel bei ihr ausgelöst wurden, brauchte es aber keiner realen Hundebegegnung. Hierzu genügten vielmehr auftauchende Wortbilder wie ›Hund‹, ›Hundeschnauze‹ oder ›Lecken‹, und schon wurde sie von den wildesten Beschmutzungsphantasien verfolgt. Um ihnen zu entgehen, griff sie zu bestimmten Zwangsritualen (Nennen von Ministernamen, Aktiennummern u. a.), die sie so oft wiederholte, daß sie schließlich in einen tranceartigen Zustand fiel. Die Entwicklung der Erkrankung ließ sich lebensgeschichtlich gut verfolgen. Der Vater, von Beruf Jäger, hatte viel mit Hunden zu tun, und von früher Jugend an hatte die Patientin zu ihm und seinen Jagdbegleitern ein gespanntes Verhältnis. Aber diese Art der historisch-genetischen Herangehensweise an die Aufdeckung der Krankheitshintergründe pflegt, wie Gebsattel betont, die besonderen Merkmale des In-der-Welt-Seins des Anankasten eher zu verdecken als zutage zu fördern. Daß der Hund als Repräsentant der ›bösen‹, unreinen Tierheit erscheint, ist zwar lebensgeschichtlich nachvollziehbar, daß Tierheit aber überhaupt so erscheinen kann, läßt sich — nach Gebsattel — von keiner Tiefenpsychologie erklären. Das sei vielmehr ein anthropologisches Problem, denn die Angst der Patientin gilt ja der eigenen Teilhabe an dieser eklen, unreinen Tierheit.
Daß der Hund nur ein Symbol für den Zustand der eigenen (verschmutzten) Innenwelt ist, dürfte klar sein, wenn man bedenkt, wie unabhängig von einer tatsächlichen Begegnung die Phobie auftritt. Das Unreine, für das der Hund symbolhaft steht, hat schon längst von ihrem Dasein Besitz ergriffen und wirkt auf dem Weg einer phobischen Ekelstimmung in ihre Erlebniswelt hinein.

> »Von vornherein, gleichsam a priori schon befindet sich E. Sp. in den Klauen des Dämons. Oder wie sonst erklärten wir ihre Neigung, ängstlich Ausschau zu halten, auf der Straße oder wo sonst sie sich befindet, nach dem, wovor sie sich am meisten fürchtet? Es braucht bloß das Wasser zu rauschen in der Wasserleitung oder sonst ein Geräusch sich vernehmbar zu machen, und sie erschrickt, glaubend, es müsse im Zimmer ein Hund sich versteckt halten . . . Von ihr aus also will spontan etwas zur Erscheinung des Hundes sich verdichten und vor sie hintreten — die ›anideische‹ (Clérembault) Grundverfassung

> ihres Daseins, die in der Schreckgestalt des Hundes zu sich selber kommt. Dieser anideische Boden der Zwangskrankheit stellt das eigentliche Problem dar; ... sein Hindurchreichen durch alle Zeit erklärt das Kleben, das Nicht-mehr-Loskommen, das Haften und das Beharren an den sogenannten Zwangsideen und der Ekelstimmung; kurz das, was wir die ›phobische Besessenheit‹ der Zwangskranken nennen. Besessen nämlich ist er von der Allgegenwart des Unreinen.« (Gebsattel 1954, S. 87)

Als Abwehr gegen die Entsetzen und Ekel hervorrufenden Gedanken und Vorstellungen hat sich die Patientin ein kompliziertes System von Maßnahmen ausgedacht: das zwangsneurotische Zeremoniell. Da ihre lebenswidrige Phantasie, die von Kot, Schmutz und Leichengeruch erfüllt ist, die Physiognomie der Welt verändert und ihr ein schmutziges Aussehen verliehen hat, wird sie in jeder Weltbegegnung mit Kot, Schmutz, üblem Geruch und Leichenatem konfrontiert. In ohnmächtiger Abwehr stemmt sie sich gegen die andrängende Schmutzwelt an, aber vergeblich, denn diese ist nur eine Widerspiegelung dessen, was in ihrem Innern längst vorhanden ist.

In einer zweiten Falldarstellung wird die Frage nach der spezifischen Weise des In-der-Welt-Seins des Anankasten weiter erörtert. Gebsattel schildert eine 38jährige Frau, die von der Angst vor dem Tod geplagt wurde. Alles, was auch nur entfernt an einen Sarg erinnerte (rechte Winkel, längliche Gegenstände, bestimmte Blumen, auch stumpfe Winkel u. v. a. m.), löste bei ihr einen panischen Schrecken aus. Alles in ihrer Umgebung nahm eine unheilvolle Bedeutung an. Ständig wurde sie von Bildern wie Grab, Sarg, Leichenwagen, Totenkranz, Tod, Leiche usw. verfolgt, so daß analog dem ersten Fall gefolgert werden kann, daß die Patientin von Todesgedanken besessen war. Nicht die Welt ist von Todessymbolen durchsetzt, sondern die Zwangskranke hat — nach Gebsattel — eine Totenwelt in sich aufgebaut und überträgt sie auf nahezu alle sie umgebenden Gegenstände, Verrichtungen und Vorgänge. Wieder geht es darum, die besondere Struktur des anankastischen Weltbezuges zu verstehen. Die Patientin befand sich offenbar in einer Verfassung, die mit dem Totenreich identisch ist. Alles Zerstörende, Auflösende, Gestaltfeindliche und -verneinende war zu dem ihren geworden; ganz und gar war sie von dem Unwesen des Todes besessen. Laufend bahnte sich Leichenhaftes aus ihr heraus den Weg und konkretisierte sich zu den ihm gemäßen Symbolen. So lebt der Anankast in einer Welt, der der friedvolle Untergrund fehlt. Immer ist er auf der Flucht vor dem Feind, der ihn in Form von Todeshinweisen ständig anfällt und ihn daran erinnert, daß ein Leben in Ruhe und Selbstverständlichkeit nicht möglich ist. Beängstigend und drohend stellt sich ihm die Welt entgegen, die von der unseren durch die restlose Ausschaltung des Harmlosen und Selbstverständlichen verschieden ist.

Im Mittelpunkt der dritten Falldarstellung steht die Handlungsstörung der anankastischen Persönlichkeit. Zugleich mit der Entstehung einer phobischen Eigengeruchsillusion, die Gebsattel als Ausdruck einer allgemeinen Verschmutzungsillusion kennzeichnet, machte sich bei einem 17jährigen Patienten eine Störung der Handlungsfähigkeit bemerkbar. Neben dem Nachlassen der Bewältigung der Schulaufgaben war auch eine Ausschaltung der höheren Leistung und des Pflichtbewußtseins zu beobachten. Die Angst, beschmutzt zu sein und einen unangenehmen Eigengeruch zu besitzen, sowie die Unfähigkeit zu handeln und den Tag sinnvoll zu gestalten, gehören aber nach Gebsattel zusammen. Die Handlungsstörung ist nur die Kehrseite der Eigengeruchsillusion.

Hinter Handlungsunfähigkeit und Verschmutzungsillusion steht die ›Stockung des inneren Geschehens‹, die Stagnation der ›Selbstauszeugung der Person‹. Das Werden ist angehalten, und gemäß der im Volksmund gebräuchlichen Sprichwörter wie: ›Stehendes Wasser fault‹, ›Wer rastet, der rostet‹ oder ›Wer nicht fortschreitet, geht zurück‹ macht sich die widerwärtige Eigengeruchsillusion bemerkbar. Sie ist Ausdruck dafür, daß die eigenen Kräfte nicht in die Selbstverwirklichung abströmen können und zu ›stinken‹ beginnen. Da das Leben seiner Zukunftsrichtung beraubt ist, fehlt ihm die Möglichkeit, sich im Fortschreiten zu reinigen. Statt über sich hinauszuschreiten, führt der Weg schließlich unter sich hinab, was zu einem ›Entwerden‹ bzw. ›Entwesen‹ der Person führt.

Zusammenfassend bestätigt Gebsattel die These, daß der Zwangskranke in einer anderen Welt lebt als wir.

> »Das Anderssein seiner Welt und die Andersheit seines Existierens in ihr sind nur zwei Seiten eines und desselben Tatbestandes, der zur Interpretation auffordert ... Vor allem fiel auf, daß die freundlichen, einladenden Daseinsmächte zugun-

sten der feindlichen, abstoßenden zurücktreten. Alles, was normalerweise den Menschen in die Welt hineinzieht und zur Verschmelzung mit ihr einlädt, ist zu eigenartiger Unwirksamkeit verurteilt ... Und so verhält es sich mit allen Zügen der Welt, die zu Verbindung und Einung mit ihr rufen und insofern Erweiterung des eignen Daseins, Bewegung in die Welt hinein, Sichtummeln in ihr, Eindringen in sie, Eroberung, Freude, Betätigung, Ausbreitung usw. ermöglichen.« (1954, S. 125)

Die Welt des Zwangskranken ist eine ›Gegenwelt‹. Indem sie mit Schmutz, Verfall, Leichenhaftem, Gift und Verwesung angefüllt ist, besitzt sie ›gestaltauflösenden‹ Charakter. Gegen die Auflösung führt der Patient einen verzweifelten Abwehrkampf. Da die gestaltauflösenden Mächte primär nicht von außen auf ihn eindringen, sondern in seinem Innern verankert sind, ist die Abwehr ein ohnmächtiges Unterfangen. So ist sein Lebensgeschehen auf Auflösung, Minderung und Niedergang ausgerichtet. Die Gestalt des Lebens kann sich aber nur im Gang des Werdens vollziehen, womit die Richtung bestimmt ist, in der sich die Therapie der Zwangskrankheit zu bewegen hat.

Phänomenologische Überlegungen

Im Verlauf der Darstellung der psychiatrischen und psychoanalytischen Auffassungen sind wir auf zwei Aussagen gestoßen, die im Lichte neuerer tiefenpsychologischer Forschungen korrigiert werden müssen. So liest man in den psychiatrischen Veröffentlichungen, daß die Zwangskranken ›Opfer ihrer Zwänge‹ sind. Dabei wird verkannt, daß die Symptome des Zwangskranken auch *Äußerungen des Subjekts* sind, die dem gesamten Lebensverhalten entsprechen. Beachtet man dies nicht, so begreift sich der Kranke als Spielball seiner Lebensumstände und hat davon den Gewinn, daß er keine Verantwortung für sein Denken und Tun übernehmen muß.
Die zweite Korrektur betrifft die Aussagen der psychoanalytischen Autoren über den biographischen Hintergrund und Entstehungszeitraum der Zwangsneurose. Sie vertreten die Ansicht, daß genau lokalisierbare Störungen des genetisch fixierten Entwicklungsablaufs der Libido Neurosen hervorrufen. Im Fall der

Zwangsneurose wird, wie oben beschrieben, die anale Phase als neuralgische Zeitstrecke benannt. Die Untersuchungen der neueren tiefenpsychologischen Forschung weisen auch hier in eine andere Richtung. Wir wissen heute, daß jeder Neurose eine universelle Fehlentwicklung zugrunde liegt, die sich nie auf ›anale Probleme‹ beschränkt.

Solche Lebensformen werden von Generation zu Generation übertragen, setzen *irgendwann* in der frühen Kindheit ein und strukturieren sich im späteren Leben aus. Will man das Wesen der Zwangsneurose erfassen, so wird die historisch-genetische Herangehensweise der Psychoanalyse kaum ausreichend Aufschluß bringen. Weder erhellt sie genügend die Erlebniswelt des Zwangskranken noch kann mit ihr sein Leiden adäquat ›kausal‹ erklärt werden. Mehr Erfolg verspricht eine phänomenologisch-deskriptive Erforschung des Krankheitsgeschehens, wie sie im folgenden angedeutet werden soll.

Die vordergründigsten Symptome der Zwangsneurose sind *Zwangshandlungen* und *Zwangsgedanken.* Um ihre innere Struktur zu erkennen, fragen wir zuerst, was Handlungen und Gedanken normalerweise sind. Eine einfache Definition der Handlung besagt, daß sie gezielte, planmäßige, sinnvolle Veränderungen hervorrufende Aktivität ist. Die Welt ist nach vollzogener Handlung wertvoller, als sie vorher war, und in diesem Sinn ist Handlung auch Wertrealisation an der Welt und an mir selbst. Denn nicht nur die Wirklichkeit ist werthaltiger geworden. Auch der Handelnde hat, da er Wertvolles geschaffen hat, an Wert gewonnen.

Destruktive Handlungen bewirken das Gegenteil. Da sie Unwert schaffen bzw. den Wert der Welt und den des Handelnden mindern, sind sie im eigentlichen Sinn keine Handlungen, sondern eher pathologische Reaktionen. Zu ihnen gehören auch die Zwangshandlungen. An ihnen erkennt man, wie wenig wertbezogen der Zwangskranke lebt. Wertvoll denken und handeln kann nur der, der die Werthaftigkeit der Welt erkennt und sich von ihr inspirieren läßt. Damit hat der Zwangskranke Schwierigkeiten. Betrachtet man seine Weltzuwendung, so hat man nicht den Eindruck, daß die Welt für ihn den Charakter großer Entwicklungsmöglichkeiten besitzt. Sie ähnelt in seinen Augen vielmehr einer ›Dreckwelt‹, bei deren Berührung man Gefahr läuft, sich zu verunreinigen oder mit Krankheiten zu infizieren. Entsprechend prekär ist auch sein Selbstwerterleben. Seinem über-

mäßigen Vollkommenheitsstreben nach zu urteilen ist seine Selbstverachtung groß. Weder sich selbst noch seinen Mitmenschen traut er etwas zu. Nach seinem Gefühl befindet sich alles in Auflösung, verkommt oder geht zugrunde, wobei er selbst nicht ausgenommen ist. Die eigene Werdensstagnation, sein ›Entwerden‹ (Gebsattel), bleibt ihm nicht verschlossen. Echte Handlungen gedeihen aber nur auf dem Nährboden der Lebens- und Entwicklungsbejahung, und so wird verständlich, warum der Zwangskranke zur produktiven Tätigkeit so wenig fähig ist.
Das Denken gilt uns als eine Vorstufe der Handlung. Mit der Handlung expandiere ich in die Welt hinein, verwebe mich mit ihr, verändere sie und präge ihr meinen Stempel auf. Während der Handlung und auch nach ihr bin ich unentrinnbar mit der Welt verflochten; das Produkt meiner Handlung ist unwiderruflich vorhanden, und ich trage die Folgen meines Tuns. Nicht so beim Denken. Mit dem Denken bereite ich die Handlung vor, bewege mich auf sie zu, halte mich aber aus der Unwiderrufbarkeit heraus. Der Denkende hat noch den Genuß des Losgelöstseins, der absoluten Freiheit. Diese möchte sich der Zwangskranke bewahren. Da er nicht in die Notwendigkeit und Verbindlichkeit der Handlung einsteigen kann und will, sieht er keinen Anlaß, das Denken als Handlungsvorbereitung zu verwenden. Er denkt sich vielmehr Dinge aus, die ihn vor dem Einstieg in die Welt bewahren und Pflicht, Sachlichkeit und Konsequenz weit beiseite schieben.
Jeder normale Lebensentwurf ist auf Eroberung der Welt, auf Handlung und Erkenntniszugewinn ausgerichtet. Man hat den Wunsch, sich in der Welt einzurichten, sie zu explorieren, zu assimilieren und in ihr tätig zu werden. Da sie qualitativ und quantitativ unendlich ist, kann man leicht in Gefahr kommen, vor ihr zu erschrecken und zurückzuweichen. Dies ist beim Zwangskranken (aufgrund unglückseliger Kindheitsbedingungen und weiterer entmutigender Beeinflussungen) der Fall. Sein Weltverhältnis ist von einer Art ›Fluchtbewegung‹ bestimmt. Dabei bleibt er aber nicht stehen, sondern versucht, die Größenordnung der Welt zu verändern. Da die Realität dies nicht zuläßt, engt er die eigene Weltsicht ein und gestaltet schließlich seinen Lebensentwurf so schmal wie möglich. Hierin entwickelt er eine große Fertigkeit. Meistens hat er nur die hundertmal am Tage zu waschenden Töpfe im Kopf oder die Türklinken, die er nicht anfassen darf, oder die Bazillen, denen er aus dem Wege gehen

muß. Das ist eine unerhörte Einengung des Lebensgeschehens. Der Weltbezug ist auf ein Minimum geschrumpft; Größe und Unendlichkeit der Welt sind beseitigt.

Das Problem des Zwangskranken besteht darin, daß er — um der Sicherheit willen — die eigene Freiheit einschränken muß. Zu diesem Zwecke muß er auch seine Leiberfahrung wesentlich verändern. Dafür, daß die Verbindung zur Welt nicht ganz abreißt, sorgt normalerweise der Leib. Der Leib verknüpft uns mit der Welt. Das Ich ist in ihn eingesenkt, und sobald ein planender Gedanke in die Handlung mündet, bezieht sich der Leib auf die Welt und verschmilzt auch mit ihr. Will sich nun einer aus der Welt heraushalten, weil er sich vor dem ›Zwang‹ zur Mitarbeit und zum Mitleben ängstigt, dann hat er mit großer Wahrscheinlichkeit auch Angst vor dem Leib, denn dieser zieht ihn in die Welt hinein. Leibliche Grundbedürfnisse wie die nach Nahrung und Sexualität z. B. fordern ihn immer wieder zur Kontaktaufnahme mit der Welt auf. Aber je nach dem Maß seiner Angst vor der Welt wird er seine *Leibbedürfnisse* zu reduzieren versuchen. Da dies nur bis zu einem gewissen Grade möglich ist, bleibt ein Gefühl des Ausgeliefertseins an die Welt. Dies ist für ein gesundes Ich kein Problem. Es ist in der Lage, Grenzen zu setzen und die Nähe und Distanz aufkommen zu lassen, die der Situation angemessen sind. Der Zwangskranke kann dies nicht. Ängstlichkeit und Ichschwäche erweisen sich als unglückliche Ausgangsposition, und so hat er oft das Gefühl, von den Anforderungen überrollt, festgehalten oder umschlungen zu werden. Daher fürchtet er dauernd die ›Klebrigkeit der Welt‹. Ständig ist er bemüht, sich von dem an ihm haftenden ›Weltschmutz‹ zu befreien (Waschzwang, Putzzwang). Er möchte mehr Distanz, Unabhängigkeit und Freiheit, und weil er das in lebensfremder Weise will, fallen seine unsinnigen Gedanken und Handlungen als erlebte Unfreiheit über ihn her.

Ein weiterer, oft beobachteter Tatbestand ist die mangelnde Gefühlsausbildung des Zwangsneurotikers. Aufgrund seiner niederdrückenden Kindheitserlebnisse ist er nicht in der Lage, eine breite Gefühlsskala zu entwickeln. Gefühle sind aber nicht nur der Kern der Charakterstruktur, sondern auch der Schlüssel zu den Wertorientierungen des Menschen. Entsprechend seiner Gefühlsarmut nimmt der Zwangskranke nur wenige, meist niedere Werte wahr (wie z. B. Selbstbehauptung). Man kann ihn nahezu als wertblind bezeichnen. Ganze Bereiche seiner Umwelt

bleiben ihm verschlossen, was besonders für die Palette der höheren Werte wie der inneren Lebendigkeit, der Freiheit, der Solidarität und des Wachsens und Werdens zutrifft. Entsprechend sind auch seine Gedanken und Handlungen ausgerichtet, die sich in einem eng begrenzten Wertbereich bewegen und wenig zum Wohle der Allgemeinheit beitragen.
Mit dem Werterkennen ist auch die *Sinnfindung* verknüpft. Der Aufbau einer breiten Gefühlswelt und das Erkennen höherer Werte sind Voraussetzungen für eine gelingende Sinnfindung im Leben. Alle Lebensräume des Menschen sind sinndurchwoben. Jeder Mensch ist an sich potentiell ein Sinnträger; auch die Kultur und die Natur sind sinnerfüllt. Aber um das Problem der Sinnfindung zu lösen, muß man die Sinnfülle der Welt auch wahrnehmen können. Will der Zwangskranke gesunden, so muß er Schritt für Schritt an die Sinnerfahrung herangeführt werden. Er muß den Sinn im Leben genauso erkennen wie im Sterben, im Altern wie in der Krankheit, in der Begrenztheit des Daseins usw., und indem er auf diese Weise näher an das mitmenschliche Geschehen heranrückt, kann er von seinen konfusen Gedanken und Handlungen Abstand nehmen. So wächst er mit der Zeit in die Mitwelt hinein, assimiliert, lernt und entwickelt sich weiter, und im Maße dieses Voranschreitens wird er selbst fähig zur Sinngestaltung und Selbstverwirklichung.

Die Bedeutung der Intuition

Die Sinn- und Wertblindheit des Zwangskranken ist mit den bisherigen Überlegungen noch nicht ausreichend erklärt. Weiteren Aufschluß verspricht die Erörterung des Intuitionsproblems im Sinne des französischen Philosophen Henri Bergson (1920). Intuition ist für ihn das unmittelbare Sich-Einfühlen in einen Sachverhalt. Es ist eine Art Erraten, ein Rösselsprungdenken; man erahnt, nimmt feinste Andeutungen wahr, kombiniert Möglichkeiten und ist jählings am Ziel des Verstehens angelangt. Einem Menschen, der diese Art des Zugangs zu Erkenntnissen besitzt, genügt oft eine winzige Information, um zu begreifen, worum es geht. Die Fähigkeit der Intuition kleidet Bergson in die Formel: Leben versteht Leben, Lebendiges versteht Lebendiges.
Die wichtigste Aufgabe der Intuition ist nach Bergson das Begreifen von einmaligen Situationen. Das Leben besteht immer

aus einmaligen Situationen, so daß jeder Mensch laufend neue Anpassungsleistungen erbringen muß. Damit im Leben Einmaliges in einmaliger Art begriffen und gestaltet werden kann, muß man allerdings in der Familie darauf vorbereitet worden sein. Wenn Eltern ihr Kind aber wie eine Marionette oder Maschine betrachten, nie etwas Neues an ihm entdecken und seine Entwicklung ignorieren, kann es selbst auch kein Sensorium für das Einmalige, Subjektive und Individuelle ausbilden. Da an ihm wenig oder nichts entdeckt wurde, spürt es selbst wenig an seinen Mitmenschen, und so lebt es wie von Automaten umgeben in einer mechanischen Welt. Zwangsneurotiker haben es unsagbar schwer, Prozesse des Werdens und der Veränderung wahrzunehmen. Eine der ersten Aufgaben der Erziehung ist an ihnen versäumt worden, nämlich das Kind als lebendiges Wesen zu empfinden und sichtbaren Anteil an seinem Wachsen und Werden zu nehmen. Nur dann nämlich wird es selbst fähig, anschmiegsam und weich zu werden und die Wandelbarkeit des Lebens in all seinen Nuancen zu registrieren.

Der Zwangskranke kann einmalige Situationen nicht nur schwer wahrnehmen; er fürchtet sie auch. Sich in Situationen zu begeben, ist gleichbedeutend mit Nähe zu akzeptieren und sich zu öffnen, und dies ist für ihn äußerst angstbesetzt. Weich und anschmiegsam zu werden, ist für den Zwangskranken gleichbedeutend mit Zerfließen und Sich-Auflösen. Er hat Angst, zum konturenlosen ›Weichtier‹ zu werden, der Welt hilflos ausgeliefert zu sein, und diese Angst geht bis in den Leib hinein. Deshalb ›panzert‹ er ihn geradezu, macht ihn starr und steif und hält ihn von allem anmutigen Mitschwingen mit dem Lebensgeschehen fern.

Nun läßt sich auch begreifen, warum der Zwangsneurotiker zur Umständlichkeit und zum Zeitvertrödeln neigt. Beides eignet sich vorzüglich zur Verhinderung des Einstiegs in Situationen. Jedes Zögern und Zaudern hält Abstand zur Realität. Auch die charakteristische Überempfindlichkeit dient dem gleichen Zweck. Bekanntlich kann man mit ihr zwischenmenschliches Geschehen so nachhaltig torpedieren, daß Nähe und Anschmiegsamkeit und damit Situationsempfänglichkeit in weite Ferne rücken.

Situationen sind zu vergleichen mit einem Engpaß. Will man durch ihn hindurch, muß alles störende Beiwerk abgelegt werden, und dies sind in unserem Fall vor allem überhöhte Vorstellungen von sich selbst, von seinen Fähigkeiten, Fertigkeiten und Eigenschaften, von seinem Wissen und Können. Alle Eitelkeiten und Größenansprüche, alles Übertriebene und Deformierte muß beseitigt werden, soll der Einstieg in Situationen gelingen. Dies ist für den Zwangskranken, will er gesunden, keine geringe, aber eine unerläßliche Forderung. Er lebt ja nicht in der Wirklichkeit, sondern in Träumen, Wünschen und Hoffnungen, die einer dauerhaften Realitätsbeziehung im Wege stehen. So ist es Aufgabe der Therapie, seine Bezogenheit auf die Welt zu verbessern, ihn situationstauglich zu machen. Wie das bewerkstelligt werden kann, soll im folgenden angedeutet werden.

Therapie der Zwangsneurose

In der heutigen Psychotherapie ist man sich weitgehend darüber einig, daß die Therapie eine ›emotional korrigierende Erfahrung‹ bieten soll. Wie bewerkstelligt der Therapeut aber das Eindringen in das Emotionalleben des Patienten? Worauf konzentriert sich sein Tun, damit eine korrigierende Emotionalerfahrung hervorgerufen wird? Eine vorläufige Antwort hierauf könnte lauten, daß die Therapie ein *forschendes Verstehen* sein soll, das vom Symptom zur Persönlichkeit führt, auf dem Wege der teilnehmenden Beobachtung erfolgt und sich auf die Deutung von Widerstand und Übertragung konzentriert. Dabei soll sich der Therapeut, fern von allen überspannten Gefühlen (Welterlösertendenzen usw.), durch eine ruhige und echte Forscherhaltung auszeichnen, die von maßvoller Sympathie getragen wird. Das bedeutet, daß sich die Therapie nicht auf ein Herumkurieren am Symptom beschränken darf. Sie muß vielmehr immer auf die Ganzheit und Einheit der Person gerichtet sein, wozu neben der sichtbaren Symptomatik auch der unbewußte oder unverstandene seelische Hintergrund gehört. Dies gilt ohne Einschränkung auch für die Therapie der Zwangsneurose.
Wir rufen kurz einige strukturelle Merkmale der Zwangsneurose in Erinnerung. Einer der unbewußten Hintergründe der Zwangsproblematik ist offenbar der *Trotz*. Er zieht sich wie ein roter Faden durch das Leben vieler Zwangskranker und ist ein Hinweis darauf, daß sie dem Werben der Menschen zum Mittun und Mitdenken nicht folgen wollten oder konnten. Der Zwangskranke ist ›taub‹ für die Umwelt. Er hört wenig auf andere, steht

steif und starr im Leben und sagt zu vielen Kooperationsangeboten: Nein! Diese *Sperrigkeit* macht sich auch in der Therapie nachteilig bemerkbar. Der Zwangskranke ist kein Mensch, der sich modellieren läßt. Er braucht lange, bis er zur Beziehungsaufnahme bereit ist, d. h., bis er glaubt, daß man es gut mit ihm meint. Das wirft auch ein Licht auf seine Gefühlswelt. Da er sich von den Gefühlen anderer nicht erreichen läßt, bleibt er in seinem Innern leer und spröde, und so fehlt ihm das grundlegende Sensorium zur emotionalen Kontaktaufnahme und Einsfühlung mit den anderen. Zwangskranke stammen meist aus dem ›Festungstyp‹ (Richter) der Familie. Sie verschanzen sich gegenüber ihrer Umgebung, und es dauert einige Zeit, bis sie ihr grundsätzliches ›Nein‹ zum Mitleben aufzugeben beginnen und Bereitschaft zum Kooperieren zeigen.
Ein weiterer, dem Kranken schonend ins Bewußtsein zu hebender Teilhintergrund seiner Neurose ist in der Regel ein starker Drang, *auf alle anderen Menschen herunterzuschauen* und sich ihnen überlegen zu fühlen. Die sehr verbreitete Scheu des Zwangskranken vor dem Berühren von Gegenständen, das hundertmal am Tage vorkommende Waschen der Hände, das Sich-hinein-Steigern in übergroße Ordentlichkeit und Penibilität heißt doch im Grunde nur, daß alle anderen ›Dreckträger‹ sind, vor denen man sich in acht nehmen muß. Das ist die verschwiegene Seite des Sauberkeitsdranges, in dem ein gewaltiger Hochmut zutage tritt.
Ein weiteres Merkmal der Zwangsneurose ist die *eingeschränkte Sexualität*, die allerdings nicht in allen Fällen zu beobachten ist. Es gibt Beispiele, in denen ein reges Sexualleben stattfindet, aber meist ist dann die *Zärtlichkeit reduziert.* Sexualität und Zärtlichkeit gehören seit jeher zu den menschlichen Grundbedürfnissen, die dem repressiven Einfluß der gesellschaftlichen und religiösen Moral am meisten ausgesetzt sind. Hier muß die Therapie durch Leib- und Lebensfreundlichkeit veränderte Einstellungen hervorrufen. Sie soll die ›Weltanschauung‹ des Zwangskranken freier und humaner gestalten. Zur Zwangsneurose gehört fast immer eine lebensfremde und triebfeindliche Ideologie, die der Korrektur bedarf.

Josef Rattner

Psychosomatische Krankheitslehre

Für einen Großteil unserer Zeitgenossen steht Sigmund Freud als der Begründer einer Lehre von den psychischen Erkrankungen, als Schöpfer der modernen Psychotherapie und Urheber einer ›Psychologie des Unbewußten‹ da. Weniger bekannt ist die Tatsache, daß Freud durch seine Lehre auch die Grundlage zu einer Revolutionierung des medizinischen Denkens und Handelns geschaffen hat: Die von ihm eingeleitete Wandlung des Krankheitsbegriffs muß zu einer neuen Vorstellung vom Wesen des Arztes und der ärztlichen Tätigkeit führen, wenn man die in der Psychoanalyse liegenden produktiven Anregungen sinnvoll auszunützen weiß.

Freud zeigte am Beispiel der Neurosen, der Perversionen, der Psychosen und der Charakterstruktur, daß pathologische Befunde am menschlichen Seelenleben aus einer inneren und äußeren Werdensgeschichte hervorgehen. Er entdeckte in der Kindheit seiner Patienten prägende Trieb- und Seelenschicksale, deren Einfluß auf die spätere Lebensgestaltung nicht zu verkennen war. Vieles, was früher der Konstitution oder der Vererbung zugeschrieben wurde, löste sich durch die psychoanalytische Betrachtungsweise in ›lebensgeschichtlich Gewordenes‹ auf; die Gesamtbiographie der Patienten, die von den Ärzten zu einer rein ›biologischen Geschichte‹ reduziert wurde, erhielt nun die ihr zustehende pathogene Bedeutung, indem fast regelmäßig jedes (psychische) Kranksein als Summe aus aktuellem Anlaß und biographischem Hintergrund interpretiert werden konnte.

Es war naheliegend, dieses Konzept auch auf die körperlichen Erkrankungen anzuwenden. Ein solches Verfahren lag durchaus im Sinne der ›alten Ärzte‹, die sich oft genug ihre Gedanken über das Thema ›Krankheit und Lebensschicksal‹ gemacht hatten. Auch war es z. B. der Medizin der Romantik nicht fremd, über den ›Sinn‹ der Krankheit zu spekulieren und eine innere Mitbeteiligung des Patienten an seinem Krank- oder Gesundwerden zu vermuten. Da dies zumeist mit sehr spekulativen Philosophemen verbunden war, wandte sich der medizinische Materialismus im 19. Jahrhundert radikal von solchen Überlegungen ab und versteifte sich auf eine streng kausale, nahezu mechanistische Krankheitstheorie. Obgleich Freud von seinen akademischen Lehrern diese physikalistischen Vorurteile übernahm, wurde er durch seine Beobachtungen innerhalb der Neurosenpsychologie zu einem Sinnsucher und Sinnfinder im Bereich der menschlichen Erkrankungen. Wiewohl er noch hartnäckig am Ursache-Wirkungs-Modell der Krankheit festhielt, beschrieb er bereits psychogene Störungen als ›zweckmäßige Lebensäußerungen‹ des Unbewußten, welches seine geheimen Ziele direkt oder auf Umwegen durchzusetzen versteht.

Freud und seine Schüler konstatierten oft genug, daß eine neurotische Erkrankung verschwand oder überraschend gebessert wurde, wenn der Patient eine Körperkrankheit bekam. Auch brach bei manchen Patienten, wo man eine Neurose erwartete, eine körperliche Irritation aus. Damit verflüchtigte sich die Trennung oder gar Entgegensetzung von Leib und Seele; man mußte sich zu einer Einheitsauffassung durchringen, die Somatisches und Psychisches als ›Ganzheit‹ zu sehen vermochte.

Die Idee der Leib-Seele-Einheit wurde aber nicht nur von der Tiefenpsychologie erarbeitet. Gleichzeitig mit ihr befaßten sich mit diesem Thema gewisse Forschungen über das vegetative Nervensystem (Funktion von Sympathicus und Parasympathicus), über das endokrine System (Zusammenwirken der hormonalen Drüsen) und über die Gesamtteleologie organismischer Reaktionen (Neovitalismus von Driesch u. a.). Sowohl von biologischer als auch von psychologischer Seite her bekam das Ganzheitsdenken kräftige Unterstützung und schuf die Voraussetzungen zu einer neuen Krankheitslehre, die nicht nur in ›materiellen Kategorien‹ die Ursachen oder Bedingungen des menschlichen Krankseins postulierte.

Der geistige Umbruch, der in dieser Beziehung notwendig wurde, vollzog sich nur zögernd und ist auch heute noch in Stadien des Überganges und der Entwicklung. Eine uralte medizinische Tradition stemmte sich jener Neuerung entgegen, die die ›psychische Innenwelt‹ des Kranken oder seine ›Gesamtexistenz‹ für das Begreifen von Gesundheit und Krankheit transparent machen wollte. Die bis zum jetzigen Zeitpunkt überwiegend naturwissenschaftlich erzogenen und geschulten Ärzte verweigerten sich einer Annahme der psychologischen Denktechnik, die sie als ›unexakt‹ oder gar ›unwissenschaftlich‹ empfanden. Man sah (und sieht) hochmütig auf jene herab, die vom Arzt fordern, daß er ein Heiler für Seele *und* Leib werden soll. Immer noch schwebt der Medizin das Ideal des Ingenieurs und Technikers vor, welcher eine lädierte Maschine wieder in Gang bringt; die tiefenpsychologische Idee vom ›Arzt der Persönlichkeit› hat mit Widerständen zu kämpfen, wiewohl sie sicherlich die ›Medizin der Zukunft‹ sein wird. — In der Folge sollen einige Etappen auf dem Wege zur Psychosomatik in Erinnerung gerufen werden.

Alfred Adler: Organminderwertigkeit und Organdialekt

Alfred Adler (1870—1937) scheint der erste Tiefenpsychologe gewesen zu sein, dem es gelang, einen kompletten Entwurf einer tiefenpsychologischen Psychosomatik vorzulegen. Er tat dies in seiner Frühschrift *»Studie über Minderwertigkeit von Organen«* (1907), die noch im Rahmen seiner Zusammenarbeit mit Freud entstand.

Das Büchlein, das nach Adler ›am Eingang der modernen Medizin‹ steht, hat in der psychosomatischen Fachliteratur noch keineswegs ausreichende Beachtung gefunden. Adler stellt die Hypothese auf, daß nicht alle Organe des menschlichen Organismus als gleichwertig betrachtet werden können. Es gebe immer wieder konstitutionell ›minderwertige Organe‹, die in Form, Lage und Funktion von der Norm abweichen. Solche Organe bedeuten biologische ›Schwachstellen‹, Orte des geringsten Widerstandes. Sofern nun der Organträger durch das Leben bedrängt wird — und das ganze Dasein ist Bedrängnis durch vitale und kulturelle Anforderungen —, werden allgemeine Schwächungen und Schädigungen in erster Linie zu einer Symptomatik am minderwertigen Organ Anlaß geben. An derartigen Organen erkrankt man leichter als anderswo, und wenn die Summe der Organschwierigkeiten über ein gewisses Maß hinaus ansteigt, kann Krankheit in Tod übergehen. Betreibt man ›biographische Medizin‹, dann läßt sich beobachten, daß Organminderwertigkeiten frühzeitig als ›Kinderfehler‹ auffallen, später überhaupt Krankheitsdisposition zeigen und unter Umständen den Boden

für chronische Erkrankungen darstellen. Organschwäche wird in der Regel zum Lebens- und Krankheitsschicksal.
Nun ist aber der Organismus solchen Dispositionen nicht hilflos ausgeliefert. Er verfügt über die Möglichkeiten der Kompensation und Überkompensation. Es ist bekannt, daß Organminderwertigkeiten durch symmetrische Organe oder durch andere Organsysteme ausgeglichen werden können. Bei einem Herzfehler z. B. schwillt der Herzmuskel auf die doppelte Wandstärke an, so daß eine vermehrte Arbeitsleistung zustande kommt. Fällt eine Niere durch Erkrankung oder Operation aus, dann vergrößert sich die andere Niere, bis sie das funktionelle Manko wettmachen kann. Blinde Menschen verfeinern ihren Tastsinn so sehr, daß dieser ihnen die Orientierung im Raume erlaubt. Der ganze Organismus ist offenbar ein Kompensationssystem, was die Überlebenschancen bei überdurchschnittlichen Belastungen, bei Krankheit und Organverlust erstaunlich erweitert.
Eine besondere Kompensationsmöglichkeit ist durch das Zentralnervensystem oder die Psyche gegeben. Diese kann als ein ›Organ der Auseinandersetzung mit dem Leben‹ gesehen werden. So kommt es nach Adler zu einem verstärkten ›seelischen Überbau‹ über den konstitutionellen oder erworbenen Organschwächen, wobei ein Plus an psychischer Aufmerksamkeit schwache Organe sowohl vor Traumatisierung behüten als auch durch zusätzliche seelische Hilfsquellen zu kulturellen Höchstanpassungen motivieren kann. Nicht selten sind minderwertige Organe Ausgangspunkte für den Fortschritt der Kultur. Adler hielt dafür, daß geniale Künstler, Wissenschaftler und Männer der Tat oft genug Träger von gut kompensierten Organmankos waren:

> »Es darf uns nicht wundernehmen, daß die Merkmale des minderwertigen Sehapparates insbesondere bei Malern eine große Rolle spielen. Ich habe in meiner Schrift einiges darüber mitgeteilt. Guernico da Centa, 15. Jahrhundert, erhielt seinen Namen, weil er schielte. Piero della Francesca soll nach Angabe Vasaris im Alter erblindet sein. Ihm wird besonders die Kunst der Perspektive nachgerühmt. Von neueren ist Lenbach zu erwähnen, der einäugig war, der ungemein kurzsichtige Mateyko, Manet, der astigmatisch war, usw. Untersuchungen in Malerschulen haben ca. 70% Augenanomalien ergeben.
> Daß Redner, Schauspieler, Sänger die Zeichen der Organmin-

derwertigkeit aufweisen, habe ich sehr häufig gefunden. Von Moses berichtet die Bibel, er habe eine schwere Zunge besessen, seinem Bruder Aron war die Gabe der Rede verliehen. Demosthenes, der Stotterer, wurde zum größten Redner Griechenlands, und von Camille Desmoulins, der im gewöhnlichen Leben stotterte, berichten seine Zeitgenossen, daß seine Rede wie geschmolzenes Gold dahinfloß.
Ähnlich bei den Musikern, die ziemlich oft an Ohrenleiden erkranken. Beethoven, Robert Franz, Smetana, die das Gehör verloren, seien als bekannte Beispiele hierher gesetzt. — Klara Schumann berichtet aus ihrem Leben über kindliche Gebrechen der Hör- und Sprachfähigkeit.«
(*»Die Theorie der Organminderwertigkeit und ihre Bedeutung für Philosophie und Psychologie«*, in: *»Heilen und Bilden«*, N. A. Frankfurt 1973, S. 51)

Es ist offensichtlich, daß Adlers Theorie einen spekulativen Kern besitzt und nicht einfach ›empirisch‹ zu beweisen ist. Denn der Beweis bewegt sich im Zirkelschluß: Wenn jemand an einem bestimmten Organ erkrankt, so ist dies — definitionsgemäß — ein ›minderwertiges Organ‹. Das ist aber nicht die einzige Möglichkeit, bestimmte Organanfälligkeiten zu erklären. So könnte es z. B. durchaus sein, daß ganze Familien eine ›Tradition‹ des erhöhten ›Verdauungsinteresses‹ haben, wobei die Eltern auf ihre Kinder suggestiv das Sich-Beschäftigen mit Verdauungsfragen weitergeben, so daß in irgendwelchen Notlagen der Verdauungsapparat besonders leicht und auch eindrücklich mit Symptomen reagiert. Dieser Einwand darf im Auge behalten werden, aber damit sind Adlers Beobachtungen noch nicht ad acta gelegt.
Bedenkenswert ist z. B. die Adlersche These, daß jede Organminderwertigkeit durch eine ›Minderwertigkeit im Sexualapparat‹ begleitet sei (*»Studie«*, S. 87). Das ist ein merkwürdiger Befund, der einer Erklärung bedarf. Nach Adler stehen die gleichzeitigen Organschwächen stets miteinander ›im Bunde‹ — sie ergänzen und stützen einander. Heißt dies nicht, in die Sprache moderner Erkenntnisse übersetzt, daß im Falle eines ›blockierten Lebensvollzuges‹ irgendein Organ als gestört auffällt, aber die Sexualität — die stärkste Leistung der Hingabe des Leibes an ein Du und damit an das Leben — meistens auch beeinträchtigt sein muß? Dies würde zur Freudschen Lehre passen, daß in der Neurose (und bei psychosomatischen Krankheiten) das Lie-

besleben des Patienten auf seine Symptomatik zusammengeschrumpft; *anstelle von Eros* tritt Kränkeln und Kranksein, was fast immer Physis und Psyche gemeinsam tangiert.
Das alles sah Adler schon um 1912, und in einer kurzen Abhandlung unter dem Titel *»Organdialekt«* (in: *»Heilen und Bilden«*, 1914) unternimmt er bereits einen ›Übersetzungsversuch‹ bezüglich der *Sprache der Organe* und ihrer Krankheiten. So heißt es im genannten Text u. a.:

> »Überhaupt spielt in die Begriffswelt der Menschen der Abglanz ihrer minderwertigen, empfindlicheren Organe hinein. In den nervösen Symptomen kommt diese Beziehung zu greifbarer Gestalt. So kann ein nervöses Asthma (minderwertiger Atmungsapparat, Czernys exsudative Diathese) eine bedrängte Lage ausdrücken helfen, in der einem ›die Luft ausgeht‹, eine Hartleibigkeit unter anderem Sperrung von Ausgaben, nervöser Trismus (Kieferkrampf) auf Denkumwegen, aber gehorchend dem ›inneren Schlagwort‹, Hintanhaltung von Einnahme, etwa auch von Empfängnis (Schwangerschaft).« (l. c., S. 116)

Aufschlußreich ist auch Adlers Hinweis, daß die Entfesselung der Affekte (Angst, Wut, Zorn, Neid, Eifersucht, Trauer usw.) Organfunktionen am ehesten zur Entgleisung bringt. Dabei sind Aggression und Angst hervorragend wichtige Motoren des Affektlebens; man kann dies auch so ausdrücken, daß man die ›intensivierte Selbstbehauptung‹ oder den Willen zur Macht und Geltung als die eigentlichen Quellen der psychosomatischen Erkrankungen beschreibt. Es ist in erster Linie die ›nervöse Psyche‹ im Sinne von Adler, die unter Ausnützung von allfälligen Organschwächen das Kranksein erzwingt oder erzeugt, wobei der Status des kranken Menschen soziale Erleichterungen und Prestigeerhöhungen mit sich bringt.
Das nervöse oder neurotische Seelenleben analysierte Adler 1912 in seinem Hauptwerk *»Über den nervösen Charakter«*. Was er dort über die innere Dynamik der gesunden und kranken Psyche zutage förderte, ist nicht nur die Grundlage der Neurosenlehre, sondern eben auch jeder sinnvollen Psychosomatik. Folgt man Adler, dann beachtet man in psychosomatischen Krankheitsfällen immer auch den *Charakter des Patienten*, der den Schlüssel zu seinem Krankwerden in meistens nur mittleren Belastungssituationen enthält. Solche Patienten sind überempfindlich, kon-

taktschwach, unsicher, mutlos, egozentrisch, ängstlich und aggressiv. Ihr Seelenhaushalt entbehrt des Gleichgewichts, da sie von Minderwertigkeitsgefühlen zum Machtstreben hin tendieren und dabei kaum genügend ›Sozialinteresse‹ entwickeln. Damit war Adler auf der Spur zur Einsicht, daß die Pathologie der Organfunktionen und der Organe in der Pathologie des charakterlichen Verhaltens ihren Ursprung hat. Dies hat auch eine eminent praktische Relevanz: Soll der Patient beeinflußt und geheilt werden, dann muß dies durch die *Umerziehung des Charakters* erfolgen, welche Hauptbestandteil der Psychotherapie ist.

Georg Groddeck: Lehre vom Es

Georg Groddeck (1866—1934) war der erste, der die orthodoxe Psychoanalyse auf den Bereich der Psychosomatik anzuwenden versuchte; seine 1917 erschienene Studie über *»Psychische Bedingtheit und psychoanalytische Behandlung organischer Leiden«* stellt einen Markstein der diesbezüglichen Forschung dar. Mit kühnem Zugriff behauptete Groddeck, daß auch Organkrankheiten — ähnlich wie Neurosen — psychologisch gedeutet werden können. Als Freud diese Abhandlung erhielt, äußerte er seine entschiedene Zustimmung zu Groddecks Grundgedanken; der Zweifel des Autors, ob er sich einen ›Psychoanalytiker‹ nennen dürfe, wurde in jeder Hinsicht zurückgewiesen, da er nicht nur die Phänomene von ›Übertragung‹ und ›Widerstand‹ anerkannte, sondern auch die Bedeutung des Unbewußten für das Gesundsein und Kranksein des Menschen eindrücklich unterstrich.

Zum Verständnis des menschlichen Seelenlebens führte Groddeck den Begriff ›Es‹ ein, dessen sich schon Nietzsche in einem analogen Wortsinn bedient hatte. Freud übernahm diesen Terminus dankbar (*»Das Ich und das Es«*, 1923, GW, Bd. XIII), gab ihm aber eine andere Bedeutung. Für ihn ist das Es ein Gegenspieler des Ich, auch ›topisch‹ (räumlich) von ihm abgegrenzt. Es ist zwar ein machtvoller psychischer Faktor, nicht aber das ›Gesamtpsychische‹. Genau das soll es aber bei Groddeck sein, welcher aus dem Es einen Schopenhauerschen ›Willen‹ macht, der jegliches Verhalten des Individuums bestimmt und noch weit über die Individualsphäre hinausgreift.

Das Groddecksche Es ist die biologische Teleologie, die den

Aufbau des Organismus aus Same und Eizelle determiniert, seine Organe formt und später sein Lebensschicksal bis in alle seine Verzweigungen hinein gestaltet und weise überwacht. Die Trennung von Soma und Psyche lehnt Groddeck ab: Das Es hat, je nach Betrachtungsweise, einen physischen oder psychischen Aspekt. Es ist auch der große Marionettenspieler, der die Marionette ›Ich‹ an seinen verborgenen Drähten tanzen und agieren läßt. Der Mensch wird voll und ganz von seinem Es ›gelebt‹. Es gehört zu den geheimen Kunstgriffen des Es, dem Ich die Einbildung zu suggerieren, daß es eine gewisse Souveränität besitze; aber das ist Selbstbetrug, denn faktisch setzt sich in allen Belangen das Es durch, von dem das Ich ja nur ein Teil ist.

Das Es kann krank und gesund machen, wann immer es will. Es schafft sich ›seine Krankheiten‹, weil es damit bestimmte Zwecke verfolgen kann. Oft wählt es die Erkrankung als das ›kleinere Übel‹, da es damit den Organismus aus ungünstigen Verhältnissen herausholt und ihm eine Schonungszeit auferlegt. Wird es aber ganz ratlos und verzagt es durchaus am Leben, dann läßt es den Organismus sterben: Auch der Tod ist eine *Wahlhandlung* des Es, welches mitunter sogar aus der Außenwelt die geeigneten ›Todesursachen‹ heranziehen kann, damit das Lebensende eintritt. Groddeck geht in seiner phantastischen Unerschrockenheit so weit zu erklären, daß das Es einen Dachziegel vom Dache lösen oder eine Kugel aus dem Gewehr ›anlocken‹ kann, wenn es sterben will: denn das Es ist prinzipiell ›allmächtig‹.

Von dieser exzessiven Logik abgesehen, war es doch für die Psychoanalyse ungemein hilfreich, daß Groddeck überall nach dem ›Sinn‹ der Krankheit fragte und vom Ursachendenken der traditionellen Medizin Abstand nahm. Schon den erwähnten Aufsatz aus dem Jahre 1917 schloß er mit den Worten:

> »Ich bin darauf gefaßt, daß meine Mitteilungen selbst bei Psychoanalytikern — nicht bei allen — Befremden erregen werden, geschweige denn bei Ärzten, die, wie es mir früher ging, über die Lehre Freuds falsch unterrichtet sind. Ich habe mich bemüht, einseitig zu sein, und weiß einigermaßen, welche Fehler dadurch in die Darstellung gekommen sind. Mir kam es hier nur darauf an, so deutlich wie möglich auszusprechen, daß die Beschränkung psychoanalytischer Behandlungen auf das Gebiet der Neurose den Kenntnissen über die Wirkung der Analyse nicht entspricht. Diese Grenze ist zu eng.

Die Psychoanalyse darf und wird vor organischen Leiden nicht haltmachen. Wie weit ihr Machtbereich geht, wird sich zeigen.«
(*»Psychoanalytische Schriften zur Psychosomatik«*, 1966, S. 45)

Das Lebenswerk Groddecks ist ein einziger Hymnus auf das Es. Dieses tut sich an allen Ecken und Enden des Menschenlebens kund, aber seine Sprache ist ebenso schwer verständlich wie die Sprache des Traumes, die Freud durch sein epochemachendes Traum-Buch erstmals in die ›Umgangssprache des Alltags‹ übersetzte. So redet etwa das Es in Symbolen, und wichtige Bestandteile seines Vokabulars sind die Körpersymptome, die bei Krankheiten in Erscheinung treten. In der Interpretation solcher Es-Mitteilungen entwickelte Groddeck eine Art von Meisterschaft, wenngleich er mitunter dem Es Gedanken und Absichten unterlegt, die mehr als staunenerregend sind.
Widerstand und *Verdrängung* spielen bei körperlichen Erkrankungen eine gewaltige Rolle, und die positive ›Übertragung‹ des Patienten auf den Arzt ist ein stärkerer Heilungsfaktor als jegliches Medikament. Groddeck befragte regelrecht seine ›somatisch‹ kranken Patienten — sofern deren Zustand sich nicht besserte oder sich gar verschlimmerte —, ob sie etwas gegen ihn hätten oder noch ein Geheimnis in sich trügen, welches sie beichten könnten: er berichtet darüber, daß Ausräumung von Antipathien gegen den Arzt und Aussprechen von schuldhaften Lebensereignissen fast schlagartige Gesundungen zuwege brachten, da das Es seinen Widerstand gegen den Therapeuten, gegen das Leben und gegen die Selbstverwirklichung aufgab. Die wichtigste Funktion des Arztes sei es, dem Es seine Geheimnisse zu entlocken und ihm einen Anreiz zum Lebenwollen zu vermitteln. Denn Krankheit ist gewissermaßen ein Liebäugeln des Es mit dem Tod, ein unbewußter Wille zur Selbstverneinung oder Selbstvernichtung. Klärt man aber das Es über seine Probleme auf und spricht man es ›personal‹ richtig an, dann hat es sehr oft das Kranksein nicht mehr nötig, welches ja nur ein Notbehelf ist, wenn das Es mit der Lebensführung oder der Umgebung des betroffenen Individuums im Widerspruch steht. Der ›psychologische Arzt‹ kann und soll mit dem Unbewußten seines Patienten in einen Dialog eintreten:

»Sich in den Kranken einleben, das ist die eine Forderung, die an den Arzt gestellt werden muß. Der Arzt muß suchen nach-

> zuempfinden, was in einem Menschen vorgegangen sein mag, ehe dieser Mensch sich entschloß, Fiebertemperaturen mit Hilfe irgendwelcher Bazillen hervorzubringen, Geschwülste wachsen zu lassen, bestimmte Mikroben in sich hineinkommen zu lassen und ihnen zu gestatten, sich lange Jahre im Gehirn aufzuhalten, damit sie irgendwann einmal dieses Gehirn zerstören, was ihn veranlassen konnte sich mit Schmerzen, Ängsten, Zwangsgedanken zu quälen: für all das und für tausend Dinge mehr wird er eine Antwort in sich selbst finden. Und wenn es keine richtige Antwort ist, so war es doch eine richtige Fragestellung. Richtige Fragen stellen zu lernen ist viel wert.« (l. c., S. 227)

Nach Groddeck ist es ein Irrtum, wenn man meint, daß derartige psychoanalytische Interventionen stets mit langdauernden Persönlichkeitsanalysen verbunden sein müsen. Er gibt selbst verblüffende Beispiele von ›Symbolinterpretationen‹ bei körperlichen Erkrankungen, die angeblich ›Blitzheilungen‹ ermöglicht haben. Dies könne jedoch nur dann bewirkt werden, wenn Arzt und Patient durch ein *sehr gutes Vertrauensverhältnis* miteinander verbunden sind. Wahrscheinlich hilft ein bewunderter oder geliebter Arzt mit ›falschen Deutungen‹ mehr als ein gleichgültiger Therapeut mit ›klügeren Aussprüchen‹; man muß sich das Groddecksche Es als sehr großzügig vorstellen, und wenn es einen ›Heiler‹ mag, dann läßt es sich von ihm heilen, ob er nun ein bestallter Arzt mit Universitätsdiplom oder ein kümmerlicher Kurpfuscher ist.

Oft sträubt sich die kritische Vernunft in uns, wenn Groddeck seine Spekulationen über das Es ausbreitet, die von einem abschreckenden Mystizismus nicht frei sind. Das bemängelte später auch Freud an seinem ›wilden Schüler‹, der seiner Meinung nach den Unterschied zwischen Physis und Psyche fast ganz eliminierte. Gleichwohl muß man zugeben, daß in den Groddeckschen Texten immer wieder geniale Intuitionen aufblitzen, die der psychosomatischen Forschung neue Wege gewiesen haben. Seit Groddeck sind folgende Fragen aktuell geworden: Wozu erkrankt der Patient? Warum gerade jetzt? Was symbolisieren seine Symptome? Gegen wen richtet sich die Krankheit? Welche unverstandene Botschaft teilt das Es dem Patienten mit? Was muß an diesem Leben geändert werden, damit das Es wieder gesund werden will?

Viktor von Weizsäcker: Studien zur Pathogenese

Ein zweiter ›Außenseiter der Psychoanalyse‹ war Viktor von Weizsäcker (1886—1957), der den Weg von der pathologischen Physiologie und der Neurologie zur Psychosomatik zurücklegte. Weizsäcker war ein ›philosophischer Arzt‹ und suchte nach einem tieferen Krankheitsverständnis, als ihm die naturwissenschaftliche Medizin anbot. Ein solches fundamentales Denken fand er in der Psychoanalyse, die er zu akzeptieren bereit war, wiewohl er weltanschaulich weitgehend von Freud abwich (z. B. in der Religionsfrage).

1933 veröffentlichte er seine Studie über *»Körpergeschehen und Neurose«*, die den Auftakt zu einer ganzen Reihe psychosomatischer Schriften bildet, die immer umfassender und subtiler in das Wesen der Krankheitsvorgänge eindrangen. In eindeutiger Abkehr vom medizinischen Materialismus verfocht Weizsäcker die These, daß Krankheit einen ›biographischen Sinn‹ habe und eine ›Leistung des Subjekts‹ sei. Sie könne nur aus der Lebensgeschichte und aus der sozialen Situation des Patienten verstanden werden. Leib, Seele und Geist des Menschen seien an ihr beteiligt. Nicht das Symptom ist an ihr das Wesentliche, sondern die ›Lebenskrise‹, in die der Kranke irgendwie hineingeraten ist und die er mit dem Ausbruch seines Leidens ›beantwortet‹. Da die äußeren Gegebenheiten sehr oft nicht zu verändern sind, muß der Patient dazu angeleitet werden, eine ›innere Wandlung‹ zu vollziehen. Kranksein ist eine falsche Revolte gegen das Schicksal, welches man tragen oder überwinden soll.

Man muß nach Weizsäcker den Menschen in die sozialen und kulturellen Ordnungen eingefügt sehen. Die wichtigste vom Leben geforderte Leistung ist, dieser allumfassenden Ordnung zu entsprechen. Gelingt dies nicht, so kommt es zu Alarmreaktionen der psychophysischen Existenz. Die Psychoanalytiker sprachen davon, daß die Tatsache von ›Objektverlusten‹ krank machen kann. Das ist sicherlich nicht falsch gesehen: Wer Liebesverlust erleidet, wird größere Mühe haben, die Ordnungen der Gemeinschaftswelt zu akzeptieren. Bei entsprechender Vorgeschichte ist er geneigt, sich gegen die notwendigen Lebensvollzüge anzustemmen, was unter Einfluß von Angst und Aggression somatische Funktionen zur Entgleisung bringt. *Man wird oft krank, weil man schlecht liebt und in der Kooperation versagt.* So hat Krankheit den Aspekt einer ›sittlichen Verfehlung‹, was uns allerdings kein Recht gibt, den Patienten moralisch zu verurteilen. Sein ethisches Manko ist nicht größer als das unsrige, und Zufälle entscheiden darüber, daß er krank wird und wir vielleicht gesund bleiben.

Den psychoanalytischen Begriff der ›Konversion› lehnt Weizsäcker als ›kausal und energetisch‹ ab. Darin wurde behauptet, daß pathologische seelische Erregungen in Körpersymptome ›konvertiert‹ werden können — eine Erklärungsweise, die z. B. bei der Analyse der Hysterie Anwendung fand. Weizsäcker plädiert eher dafür, das Verhältnis von Leib und Seele als ›Stellvertretung‹ zu deuten; Seelisches vertritt Leibliches, und Leibliches steht für das Seelische. So kann etwa eine Angina anstelle einer Entscheidung in Liebes- und Sexualfragen in Betracht kommen. Oder eine Tuberkulose bricht aus, weil in der Liebe eine Versagung eintrat und der notwendige Verzicht nicht geleistet werden konnte. Als Exempel für die Angina berichtet Weizsäcker:

> »Ein junges Mädchen wird mit starker Angina, unfähig auch nur zu sprechen, in die Klinik eingeliefert. Ein junger Arzt äußert nach der Untersuchung: ›Na, da haben Sie sich ja was Schönes geholt‹, worauf sie spricht und sagt: ›Das ist immer noch besser, als ein Kind kriegen.‹ Später stellt sich heraus, daß sie am Vortage dem Drängen eines Verehrers, welches solche Folgen hätte haben können, widerstanden hat.« (*»Körpergeschehen und Neurose«*, 1933, 2. Aufl. 1947; S. 139 f.)

Die meisten Psychosomatiker stimmen darin überein, daß das ›ungelebte Leben‹ in der Krankheit wirksam werde. Nur muß man die Idee des ›Ungelebten‹ möglichst genau fassen. Was ausbleibt, ist die bewußte Entscheidung, die Verzicht, Neinsagen oder Bejahung sein kann. Dies würde allerdings heißen, die Verantwortung für sich selbst und den Lauf der Dinge zu übernehmen. Das gerade wagt der psychosomatische Patient nicht. Er hat nicht nur Konflikte (wie jedermann), sondern er verdrängt sie; oft verdrängt er sogar noch diese Verdrängung. So wird seine Konfliktlage ›tief ins Körpergeschehen hinein‹ verlagert, wo sie die Symptome erzeugt. Weizsäcker redet hier von ›Unwahrhaftigkeit‹, was der psychoanalytischen Denkmodalität entspricht, die die Neurose mit der verfehlten ›Lebenswahrheit‹ in Zusammenhang bringt.

Wer seine Konflikte bewußt erlebt und irgendwie durch Handeln löst, wird nicht krank. Denn in der Handlung verbindet er sich trotz Infragestellung durch seine Situation wieder mit der Welt. Anders derjenige, der ängstlich zurückweicht. Für ihn kommt es zur ›Krise des Subjekts‹, die mit Weltverlust und Ich-Einschränkung einhergeht. Hier setzt dann die Krankheit an, deren äußerstes und unglückseligstes Fernziel der Tod ist, in welchem wir sowohl unsere Welt wie auch das Ich ganz einbüßen. So leuchtet in jeder Erkrankung offen oder heimlich die Todesgefahr auf; Krankheit heißt: sich gegen den Tod wehren.

Der Kranke aber soll von seinem Arzt biologische, psychologische und geistige Unterstützung erhalten. Er bedarf des Medikamentes oder des chirurgischen Eingriffs, aber auch des verstehenden Umgangs, der durch *sittlich-moralische Führung* ergänzt wird. Um letztere bieten zu können, muß sich der Arzt mit dem Patienten solidarisch fühlen. Er hat schließlich kein ›Objekt‹ zu behandeln, sondern übernimmt als Subjekt die Auseinandersetzung mit einem anderen Subjekt, d. h., er geht eine Ich-Du-Beziehung ein. Diese kann aber nur fruchtbar werden, wenn sie in gemeinsamer Hinwendung zum Wir, zur Gesellschaft und Kultur strukturiert wird. Hilfeleistung erfordert Gegenseitigkeit, und sei es auch nur, daß der Gebende den Nehmenden und der Nehmende den Gebenden durch ›Mitsein‹ bereichert. Aber beide Beteiligte des ›Gestaltkreises der Therapie‹ können sich nur aufeinander beziehen (einander ›begegnen‹), wenn sie sich als ›Glieder der Menschheit‹ verstehen und verständigen.

Als Weizsäcker im Jahre 1932 eine seiner ersten psychosomatischen Fallstudien an Freud sandte, nahm dieser die Anwendung des psychoanalytischen Denkens auf die Organmedizin mit einem ›seltenen Ausmaß an Befriedigung und Anregung‹ entgegen und schrieb u. a. an den Autor:

> »Der ... Teil der Arbeit, in dem Sie die gemeinsamen Gesichtspunkte für psychische und organische Krankheit zu bestimmen suchen, bringt das, was uns neu ist und uns aufhorchen macht, gerade darum, weil wir uns durch gelegentliche Beobachtungen den Grenzen dieses unerforschten Gebietes genähert haben. Wir sind auf die psychogenen Faktoren organischer Krankheiten aufmerksam geworden, haben verstehen können, daß sich eine Neurose oft durch eine Krankheit ablösen läßt ... Die allem Kranksein gemeinsamen Gesichtspunkte der Unterbrechung, Wendung, Krise u. a. bereiten uns auf wichtige Neuheiten vor ... Ihre Arbeit, die ganze Richtung Ihres Arbeitens, eröffnet uns ... hoffnungsvolle Aus-

sichten.« (Zitiert in: »*Körpergeschehen und Neurose*«, 2. Aufl. 1947, S. 7)

Franz Alexander: Analytische Psychosomatik

Indes Georg Groddeck mit wildem Impetus in das Gebiet der Psychosomatik vorstieß und dort oft genug ›dichterisch‹ anmutende Krankheitsinterpretationen wagte, war Franz Alexander (1891—1964) ein nüchterner Schüler von Freud, der das psychosomatische Denken und Handeln auf ein gesichertes wissenschaftliches Fundament zu stellen versuchte. Sein 1950 erschienenes Buch »*Psychosomatic Medicine*« (dt.: »*Psychosomatische Medizin*«, 3. Aufl. 1977) berichtet über jahrzehntelange, solide Forschungen in diesem Bereich, in dem Alexander grundlegende Pionierarbeit geleistet hat.

Hier ist nun nicht mehr von einem allmächtigen ›Es‹ die Rede, dem man quasi naturphilosophisch Kranksein und Gesundwerden zuschreiben darf. Alexander will Medizin als Naturwissenschaft mit der Psychoanalyse als naturwissenschaftlicher Psychologie kombinieren. Zu diesem Zwecke berücksichtigt er biologische und psychologische Erkenntnisse in gleicher Weise und will zumindest einen Teil der Erkrankungen als bio-psychische Funktionsentgleisungen deuten.

Krank wird immer der ›ganze Mensch‹ und nicht nur irgendein spezielles Organ. Aber die Prozesse, die die Krankheit konstellieren, spielen sich im verborgenen der Psyche und des Somas ab. Es steht für Alexander fest, daß erst die psychoanalytische Exploration das ganzheitliche Reagieren des Organismus verständlich macht, wobei die Abklärung nervöser und hormonaler ›Regelkreise‹ zum psychischen Befund ›dazugehört‹.

Psychosomatisches Forschen muß unter dem Leitstern der ›Multikausalität‹ stattfinden, denn es strömen stets viele Ursachen zusammen, bis leib-seelisches Erkranken erfolgt. So nennt Alexander etwa neun Faktoren, die in der Psychosomatik in Betracht zu ziehen sind: 1. Erbanlage; 2. Geburtstraumen; 3. organische Kinderkrankheiten, die erhöhte Organanfälligkeit schaffen; 4. Art der Säuglingspflege und Kleinkindererziehung; 5. physikalische traumatische Erlebnisse der frühen oder späten Kindheit; 6. emotionale traumatische Erlebnisse der Kindheit; 7. seelisches Familienklima und spezifische Persönlichkeitszüge von Eltern und Geschwistern; 8. spätere physische Verletzungen; 9. spätere emotionale Erlebnisse bei nahegehenden persönlichen und beruflichen Beziehungen (l. c., S. 30/31).

Es war für Alexander offenbar ein Greuel, wenn man psychosomatische Krankheiten oberflächlich auf die Patentformel der ›psychischen Spannungen‹ oder der ›vermehrten Grundangst‹ reduzierte. Er wollte eine *detaillierte Krankheitsätiologie* schaffen, die für jedes Krankheitsbild eine sorgfältig formulierte ›Bedingungsanalyse‹ bereitstellen konnte.

Warum erkranken manche Menschen an Herz-Kreislauf-Störungen, andere wieder an funktionellen Störungen des Magen-Darm-Traktes und wieder andere in der Sphäre des Atmungssystems? Warum kommt es in anderen Fällen zu Diabetes, Rheuma oder Schilddrüsenerkrankungen? Gibt es spezielle Persönlichkeitstypen und Belastungssituationen, die den einzelnen Krankheiten zugeordnet werden können?

Gemeinsam mit seinem Forschungsteam an der Universität Chicago stellte Alexander eine Reihe von Persönlichkeitstypen und Belastungssituationen heraus, die jeweils für einen besonderen Typ der psychosomatischen Erkrankung anfällig sind. Hierbei wurde die psychoanalytische Sozialisationstheorie in vollem Umfang zum Verständnis der aus der Persönlichkeitsstruktur hervorgehenden Krankheitsdisposition eingesetzt:

1. *Störungen des Magen-Darm-Traktes*: Hier hat man es mit Krankheitsbildern wie z. B. Eß- und Appetitstörungen, Anorexia nervosa (Magersucht), nervöses Erbrechen, Kardiospasmus, Magengeschwür, Zwölffingerdarmgeschwür, chronischer Durchfall, spastische Kolitis und Colica mucosa (Dickdarmentzündungen), chronische psychogene Verstopfung u. a. m. zu tun. Bei allen diesen Krankheiten muß man sich daran erinnern, daß Essen und Ausscheiden zwei sehr vom Psychischen abhängige Funktionen sind. Die Psychoanalyse hat die entwicklungsgeschichtlichen Probleme beider Organ- und Existenzbereiche unter dem Titel der ›oralen‹ und ›analen Phase der Libidoentwicklung‹ beschrieben. Darin wird gezeigt, daß die Kinder nur dann gut essen, verdauen und ausscheiden lernen, wenn sie mit ihren frühkindlichen Kontaktpersonen in einem guten gefühlsmäßigen Austausch stehen. Beziehungsstörungen führen stets zu Anomalien des Eß-, Verdauungs- und Defäzierverhaltens, an denen man einen feinen Indikator der allgemeinen Sozialisierung des Menschenkindes besitzt.

So entspringt etwa das Magengeschwür einem inneren Konflikt zwischen passivem Gefüttertseinwollen und aktivem Unabhängigkeitsstreben. Solche Patienten können in dauernder Verdauungsbereitschaft sein, weshalb sie ihre Magenschleimhaut mit der körpereigenen Säure ›auffressen‹. Ehrgeizhaltung und Aggressivität bei verdrängten Anlehnungswünschen können zur Ulceration des Magens führen, den man durch Medikamente vorübergehend ›beschwichtigen‹ kann, wobei aber die Fehleinstellung des ›Magenneurotikers‹ nur durch Psychotherapie ernstlich zu verändern ist. Meistens greift der Chirurg zum Operationsmesser und entfernt den Übersäuerungsmagen, so daß sich die Neurose ein anderes Organ zur Manifestation suchen muß. Besser wäre es jedoch, den oft ›leistungsfanatischen‹ Ulcustyp zur ›Gelassenheit‹ anzuleiten, damit er in seinem Autonomiestreben nicht seine naturgegebene biologische Basis zerstört.
Auch Verstopfung und Durchfall haben mit den Problemen der Hingabe und Selbstbehauptung, des Gefühlsaustausches und des Leistungswillens, des Selbstseinkönnens und der Beziehungsfähigkeit einen viel engeren Konnex, als sich dies die traditionelle Organmedizin träumen ließ.
2. *Störungen der Atmungsfunktion*: Hinsichtlich des Bronchialasthmas erkannte die Chicago-Gruppe, daß es symbolisch einen ›Schrei nach der Mutter‹ bedeuten kann; spätere Autoren haben beigefügt, daß es sich auch um einen ›Schrei gegen die Mutter‹ zu handeln pflegt. Tatsächlich sind es oft Menschenkinder, die von der Mutter abgelehnt wurden und in einem ›emotionalen Vakuum‹ aufwuchsen. Dies führt zur Ichschwäche, die sehr ins Gewicht fällt, wenn jählings Situationen auftreten, in denen Autonomie gefordert wird. Der verängstigte Patient ›regrediert‹ dann gleichsam in den Säuglingszustand, den er in seiner Atemnot drastisch dokumentiert. Das unverarbeitete Trauma der Trennung von der Mutter ist die psychologische Grundlage des Asthmaanfalles, der durch die körperlichen Allergiereaktionen allein meistens nicht erklärt werden kann.
3. *Störungen der Herzfunktion*: Auch hier gibt es ein breites Spektrum von Krankheiten, die die Herzrhythmusstörungen, die essentielle Hypertonie (hoher Blutdruck), den Herzinfarkt usw. umfassen. Die Psychoanalytiker sprechen in diesem Zusammenhang von ›chronisch gehemmten aggressiven Antrieben‹, die z. B. den Blutdruck emporschnellen lassen. Die Verdrängung feindseliger Tendenzen bewirkt ein ›Dampfkesselgeschehen‹;

oft sind beim Hypertoniker auch die sexuellen Triebe unterdrückt, so daß er nirgendwo sich entspannen kann. Feindseligkeit zieht fast immer auch Furchtsamkeit nach sich, ein Faktor, der ebenfalls den Blutdruck erhöht. Man muß diese Patienten das ›Leben und Lebenlassen‹ lehren, damit ihr Kreislauf nicht dauernd überfordert wird.

4. *Kopfschmerzen, Migräne*: Über den Migränepatienen schreibt Alexander u. a.:

> »Es hat den Anschein, als ob bei Migränekopfschmerzen der gleiche Zustand vorliegt, wie er schon beim Hypertonus beschrieben wurde — nämlich das Fehlen spezifisch-psychoneurotischer Symptome, die für den Abfluß aufgestauter Feindseligkeitsantriebe geeignet wären ... Fromm-Reichmanns Beobachtungen, daß in diesen Fällen die feindselige neidische Einstellung spezifisch gegen intellektuelle Leistungen (anderer — J. R.) gerichtet ist, könnte sich als signifikant betreffs der Organwahl erweisen.« (l. c., S. 121)

Unzufriedenheit mit der eigenen Intellektualität im weitesten Sinne des Wortes kann sich demnach in Kopfschmerz umsetzen: Die Wege der Psyche sind wirklich seltsam!

5. *Hautkrankheiten*: Die Haut ist nicht nur ein wichtiges Stoffwechsel-, sondern auch ein Ausdrucksorgan: Viele seelische Stimmungen und Verstimmungen spiegeln sich in der Haut wider, so daß man diesbezüglich die Haut mit dem Auge verglichen hat. Wahrscheinlich haben viele Hautkrankheiten mit ›unbekannter Ursache‹ einen psychischen Hintergrund; fast sicher gilt dies für Ekzeme verschiedener Art, für Urtikaria (Nesselfieber), für plötzlichen Haarverlust (Alopecia areata) und plötzliches Ergrauen (Canities) und für Hautallergien mit mannigfaltigen Begleiterscheinungen.

6. Weitere psychosomatische Überlegungen äußert Alexander zu den *Thyreotoxikosen*, den *Ermüdungszuständen*, zum *Diabetes mellitus* (Zuckerkrankheit), zur *rheumatischen Arthritis* und zur *›Unfallpersönlichkeit‹*. Der zum Unfall neigende Mensch z. B. hat oft unbewußte Motive, die seinen Zusammenstoß mit der Umwelt buchstäblich herbeiziehen; oft geht dem ganzen Geschehen ein aggressives Gefühl gegen eine Beziehungsperson voraus, die man nicht attackieren will oder kann. Die Aggression bleibt dann im Subjekt in der Schwebe und sucht sich widerständige Objekte, an denen sie sich ›bricht‹. Auch Angst und Schuld-

gefühle motivieren solche Unfälle, die psychoanalytisch mitunter als ›Selbstbestrafung‹ gedeutet werden. Ungestüme Menschen mit tiefem Groll gegen alle Autoritätspersonen haben mehr Unfälle als andere Charaktere, vor allem wenn sie ein strenges Über-Ich besitzen, das ihre Impulsivität drosselt und bis zum Explodieren zurückdrängt.
Selbstverständlich gehören auch die *Sexualstörungen* in den Bereich der Psychosomatik: Alexander hat in seinem Buch dieses Kapitel durch seine Mitarbeiterin Therese Benedek abhandeln lassen. Hier verfügt die Psychoanalyse über einen besonders reichen Erfahrungsschatz: In der Neurosenpsychologie ist die Sexualität am längsten und am gründlichsten untersucht worden, so daß ihre leib-seelischen Implikationen auch für den Laien schon transparent sind.
Auf Alexanders Unterscheidung von Konversionsneurose, vegetativer Neurose und psychogener organischer Störung müssen wir in unserem Zusammenhang nicht eingehen; durch diese Nomenklatur wurde zu erfassen versucht, inwiefern Krankheitssymptome ›unbewußten Ausdruck‹ enthalten (z. B. in der Hysterie) oder eher aus dem Spannungszustand des Organismus hervorgehen (z. B. bei den ›vegetativen Erkrankungen‹).

Medard Boss: Psychosomatik der Daseinsanalyse

Das Lebenswerk von Medard Boss (geb. 1903) ist ein Brückenschlag zwischen den Lehren von Sigmund Freud und von Martin Heidegger: Aus der Psychoanalyse wurde die psychotherapeutische Praxis und aus der Existenzphilosophie die sie fundierende Theorie übernommen. Dieser Ansatz ist noch sehr umstritten, aber seine Fruchtbarkeit in vielen Bereichen der Tiefenpsychologie ist kaum anzuzweifeln.
Mit Heidegger attackiert Boss jene Tradition der abendländischen Metaphysik, die von Descartes ihren Ausgangspunkt genommen hat. Der französische Philosoph machte aus dem menschlichen Subjekt ein denkendes ›Subjektding‹, dem eine ›Welt der Objekte‹ gegenüberstand. Für die Naturwissenschaften bereitete er einen universalen Materialismus vor, der sogar die Lebensvorgänge in Analogie zu maschinellen Prinzipien zu begreifen versuchte. Tatsächlich hat Descartes die Tiere als ›lebendige Maschinen‹ beschrieben, und sein später Nachfahre

Lamettrie im 18. Jahrhundert sprach vom ›homme machine‹, vom Maschinenmenschen. Die physikalisch-chemische Deutung der Lebenserscheinungen hat in manchen Forschungszweigen wichtige Erfolge gebracht: Sie ermöglichte einen grandiosen Aufschwung der naturwissenschaftlichen Medizin der Neuzeit, darunter auch der chirurgischen Operationstechniken. Aber viele Krankheiten entzogen sich ihrem Verständnis; so z. B. die Neurosen, die erst durch Freuds psychoanalytische Erkenntnisse transparent wurden. Freud fühlte sich noch als ›Naturwissenschaftler der Seele‹, aber seine Lehre steht an der Grenzscheide zwischen den Naturwissenschaften und einer philosophischen Menschenkunde.

Das alte Modell der Medizin sah folgende Krankheitsgenese vor: Organschädigung irgendwelcher Art — daraus folgende Funktionsstörung — Manifestation der Erkrankung. Dies ist nach Boss aus dem Geiste des ›technischen Weltverständnisses‹ gedacht. Hiernach muß Krankheit stets eine ›materielle Grundlage‹ haben. Aber schon die Hysterie führte diese These ad absurdum. Wo waren bei den hysterischen Lähmungen und Ausfällen der Sinnesfunktionen die ›Organläsionen‹? An dieser Stelle mußte die ›Psyche‹ als Krankheitsfaktor eingesetzt werden. Freud schuf einen Kompromiß zwischen dem Biologismus der damaligen Heilkunde und seinen psychologischen Funden, indem er das Subjekt oder das Seelische in Triebphänomene auflöste. Mit Hilfe einer ausgeklügelten ›Metapsychologie‹ näherte er die Psychoanalyse dem ›Physikalismus‹ an, aber der Reichtum seiner unverfälschten Beobachtungen sprengte vielfach die Engen und Einseitigkeiten des theoretischen Systems.

Boss warnt eindringlich davor, das menschliche Subjekt mit den *Kategorien der Dinghaftigkeit* zu beschreiben. Allein schon das Konzept, daß es eine vom Leib zu isolierende ›Psyche‹ gebe, die dann mit dem ›Soma‹ in Beziehung treten müsse, wirft zahllose, kaum lösbare Probleme auf. Es handelt sich doch hierbei um theoretische Konstruktionen oder Abstraktionen, deren Fragwürdigkeit auf der Hand liegt. Was meinen wir eigentlich, wenn wir ›Seele‹ oder ›Körper‹ sagen? Um über solche Fragen Klarheit zu gewinnen, ist es für die Ärzte unabdingbar, sich mit Philosophie zu befassen.

Heideggers Daseinsanalytik löst für Boss einen Großteil jener Probleme, die für die medizinische und psychologische Grundlagenforschung relevant sind. Diese entscheidend wichtigen Fragestellungen verdichten sich in der Frage nach dem ›Menschenbild‹, das Heidegger in seinem Hauptwerk *»Sein und Zeit«* (1927) und in seinen späteren Schriften auf eine neue Ebene der Erörterung gehoben hat. Mit dem Begriff ›Existenz‹ oder ›Dasein‹ bestreitet die Existenzphilosophie von vornherein, daß irgend etwas am Menschen ›dinghaft‹ sein kann. Das Dasein ist primär Weltoffenheit, In-der-Welt-Sein oder Zur-Welt-Sein. Damit ist ausgesagt, daß es einen Helligkeitsbereich ›inmitten des Seins‹ bedeutet, eine ›Lichtung‹, in die hinein sich Menschenschicksal ereignet. Auf der Basis der Stimmungen erschließen sich dem Menschen die Mitmenschen und die Dinge, die in sein Leben hineinwirken und es ›bestimmen‹; Boss sagt in der *»Einführung in die psychosomatische Medizin«*:

> »So also ist des Menschen Wesen nie mit einem Gegenstande, sondern bestenfalls mit einem Lichte vergleichbar, dessen Schein die Dinge der Welt erhellt, oder mit einer Melodie, die die Dinge miterklingen läßt, je nach des Lichtes Tönung oder der Klänge Stimmungsart. Darum ist es stets — wie des Lichtes Tönung — so auch des Menschen Gestimmtheit, der entsprechend sich ihm die Welt erhellt und erschließt. Bestimmt doch immer sein jeweiliges Gestimmtsein zum vorneherein die besondere Auswahl, Helligkeit und Tönung seiner Weltbezüge. Nimmt denn nicht in einer Stimmung des Hungrigseins zum Beispiel derselbe Mensch ganz andere Dinge wahr, erkennt sie auch in ganz anderen Bedeutungszusammenhängen als etwa aus einer Angststimmung oder aus der Stimmung eines verliebten Glücklichseins heraus?« (l. c., S. 43)

Damit muß aber auch das Leibverständnis fundamental gewandelt werden. Nach Boss ist auch der menschliche Leib weltoffen und weltbezogen; auch an ihm — und an ihm besonders — werden die Lebensbezüge der Existenz ›ausgetragen‹; er ist Teilstück der Existenz, des ›ekstatischen‹ Draußenseins bei Menschen und Dingen. Normalerweise bleibt er unauffällig und ist der verschwiegene Hintergrund unserer Lebensaktivität; wird letztere aber aus irgendwelchen Gründen gedrosselt und eingeengt, dann tritt der Leib stärker in den Vordergrund: Aus ›leben‹ kann ›leiben‹ werden. Immer aber drücken körperliche Symptome oder Ausdruckserscheinungen die Gesamtsituation der Existenz aus. Bei schärferer Beobachtung wird man stets feststellen, daß psychische und physische Vorgänge am Menschen vom selben ›Sinngehalt‹ durchflossen sind. Dies im Falle von Erkrankungen zu erkennen und dem Patienten durch geeignete Mitteilung verstehbar zu machen, ist nach Boss die Aufgabe einer ›daseinsanalytischen Psychotherapie‹.

Sehr bedeutsam ist für die Daseinsanalytiker die Auffassung von den ›normativen Gegebenheiten‹ des menschlichen Daseins. In dieser Beziehung knüpfen sie unter anderem an Heideggers Begriff der ›Sorge‹ und der ›Transzendenz‹ an. Zu einer genaueren Erläuterung dieser beiden Grundbegriffe müßte man erhebliche Teile der Heideggerschen Seinsphilosophie in Erinnerung rufen. Da dies den Rahmen unserer Überlegungen sprengen würde, weisen wir lediglich darauf hin, daß ›Sorge‹ und ›Transzendenz‹ bei Heidegger das ›Zur-Welt-geöffnet-Sein‹ der menschlichen Existenz anvisieren. Nur dann wird der Mensch seiner Daseinsverfassung gerecht, wenn er sich liebend und verstehend für alle möglichen Weltbezüge öffnet und auch die Möglichkeiten des eigenen Seins wahrnimmt. Verfehlt er dies, dann verarmt sein Dasein und fällt etwa auch der Krankheit anheim.

So sollte man *bei jeder Erkrankung* der Frage nachgehen, wo das betroffene Individuum am Daseinssinn vorbeilebte, bis es in die Seinsweise der ›Verschlossenheit‹ und der daraus resultierenden Ängste und Entfaltungshemmungen geriet. Natürlich ist hier die Werdensgeschichte von früher Kindheit an, die alle tiefenpsychologischen Schulen sorgfältig eruieren, von unübersehbarer Tragweite. Immer kann und soll man durch lebensgeschichtliche Untersuchungen herausfinden, warum der Patient dem Lebensganzen gegenüber in eine Defensivposition hineinglitt, die seine Freiheit des Existierens vermindert und die Lebensbewegung zum Stocken bringt; in den Worten von Boss:

> »Hat sich ein Mensch aber einmal der Freiheit begeben, allen seinen Möglichkeiten entsprechend weltoffen zu sein, dann bleibt den ihm zugehörigen, aber an ihrem normgemäßen Austrag verhinderten Weltbezügen allerdings gar nichts mehr anderes übrig, als sich nurmehr in den dunklen, wort- und gedankenstummen Sphären der Existenz, im Bereiche der eigenen Leiblichkeit vor allem, auszutragen. Deshalb wird eine so verhaltene Lebensmelodie den eigenleiblichen Bezirk nun nicht mehr bloß normgemäß im Durchgang zu den Dingen der Welt durchschwingen, sie wird vielmehr innerhalb der eigenen Leibsphäre steckenbleiben. Ein derart auf die eigene Leiblichkeit eingeengtes, in ihr steckengebliebenes Existieren

> jedoch wird stets als eine der Norm widersprechende, krankhafte Aufblähung und Verzerrung eben dieser Leiblichkeit in Erscheinung treten. Ein solches Steckenbleiben von Weltbezügen ist die eine Bedingung der Möglichkeit von Symptombildungen, die die Klinik ›funktionelle‹ Phänomene nennt.« (l. c., S. 75/76)

Bei der Hysterie teilt sich der Patient noch in ›Gebärdensprache‹ mit; er bringt halbwegs noch zum Ausdruck, woran er sich abmüht und was ihm zu schaffen macht. Bei den ›organneurotischen‹ Symptomen jedoch sind die existentiellen Anliegen tiefer verdrängt oder verhüllt; Affektionen des Magens und Darms, Erkrankungen des Blutdrucks und des Herzens, Kopfschmerzen, Atembeschwerden, Ekzeme und Allergien, Unfälle, Fett- und Magersucht usw. ›sagen‹ auch etwas über ganz wesentliche Existenzverhältnisse, aber sie benützen eine uns fremde Sprache, die nur mühsam dechiffriert werden kann.
Aus solchen Überlegungen leitet Boss recht ingeniös eine Lehre von der ›Neurosenwahl‹ ab, die in der psychosomatischen Medizin von großem Nutzen ist. Er stellt sich auf den Standpunkt, daß in jeder Organfunktion bestimmte Themen des allgemeinen ›Daseinsvollzugs‹ ausgetragen werden. Störung dieser Vollzüge wird daher jeweils dasjenige Organ oder Organsystem betreffen, das darin eine zentrale Bedeutung besitzt. So kann sich z. B. eine Störung des ›Bemächtigungsdranges‹ in eine hysterische Armlähmung ›umsetzen‹; eine Fettsucht ›bedeutet‹ oft eine Aufblähung des Körperumfanges, weil das Individuum für seinen allgemeinen Expansionsdrang (Sexualität, Arbeit usw.) kein Ventil findet; Magersucht ist sinngemäß für heranwachsende Frauen eine Revolte gegen das Frauwerden, gegen das Sexuelle und gegen das ›Leiblich-Sein‹: im Zuge dieses Aufbegehrens können sich Patientinnen zu Tode hungern; Unfälle entstehen dann, wenn das Dasein angesichts von anstehenden Lebensaufgaben oder Auseinandersetzungen ›bis zum Zerreißen‹ gespannt ist und anstelle der Situationsbewältigung die eigenen Knochen oder Gewebe lädiert; Kopfschmerz ›symbolisiert‹ ein Scheitern an Gedankenleistungen, die erbracht werden sollten usw.
Die Krankheitslehre von Boss, die auch in seinem Buch *»Grundriß der Medizin und der Psychologie«* (2. Aufl. 1975) detailliert dargestellt wird, bietet dem psychosomatischen Denken so manche Hilfestellung, auf die kaum zu verzichten ist.

Der kranke Mensch

Nach allgemeinen Schätzungen der Medizinstatistik bedürfen die Hälfte oder noch mehr der Patienten, die den ärztlichen Allgemeinpraktiker konsultieren, nicht nur der körperlichen, sondern auch der psychischen Behandlung. Da die Ärzte diesbezüglich nicht geschult sind, verabreichen sie dem psychisch oder psychosomatisch Kranken irgendwelche Medikamente, die eventuell beruhigen, aber die Krankheit selbst nicht wesentlich beeinflussen. Dadurch läuft man Gefahr, Krankheitsprozesse zu chronifizieren oder Abhängigkeit von Heilmitteln zu schaffen, die nicht wirklich heilen, wohl aber ›beruhigen‹. Für die pharmazeutische Industrie ist dieser Zustand unzweifelhaft sehr gewinnbringend; das Wohl des Kranken jedoch ist in keiner Weise gewährleistet, da er nicht die Therapie erhält, die für sein Leiden sinnvoll und zweckmäßig ist.

Der ›Problempatient‹ empfängt keine Hilfe, wenn man ihm Tabletten verabreicht, ihm Entspannung oder Urlaub verordnet oder gar zu unnötigen Operationen greift nach dem alten medizinischen Prinzip, ›daß irgend etwas geschehen muß‹. Er benötigt eine Klärung seiner Lebenssituation, aus der ihm sein Kränkeln oder Kranksein erwächst. Auf dieses Argument der Psychotherapeuten und Psychosomatiker erwidern die ›Körperärzte‹ nicht ohne Scheinheiligkeit, daß es ihnen ja an der notwendigen Zeit fehle, um sich ›persönlich‹ mit einem Kranken einzulassen. Psychologische Gespräche seien langwierig und umständlich; der niedergelassene Arzt von heute, der pro Tag hundert oder gar zweihundert Patienten ›abfertigen‹ müsse, könne es nur bei einer flüchtigen ›somatischen Anamnese‹ bewenden lassen: Lebensschicksale zu erörtern und Persönlichkeitsstrukturen zu durchleuchten sei praktisch in einem Arztbetrieb eine Unmöglichkeit.

Gewiß können wir nicht leugnen, daß die Ärzte schwere und große Verantwortlichkeiten tragen und daß ihr Beruf nicht zu den leichtesten gehört. Aber die psychologische Zuwendung zum kranken Menschen ist nicht nur eine Frage des Zeithabens: Eher noch ist sie ein Problem des Wissens und Könnens in dieser Sphäre, und hierin fehlt es bei den meisten Medizinern in erschreckender Weise. Anstatt diesen Mißstand mit oberflächlichen Ausflüchten zu retuschieren, wäre es besser, wenn man sich ihn ehrlich eingestehen würde: Es ist denkbar, daß dann Lö-

sungen gefunden würden, durch die zumindest in der Zukunft günstigere Zustände geschaffen werden können.
Wichtig wäre wahrscheinlich in erster Linie, daß sich die Ärzte bewußt werden, wie sehr sie nicht nur durch Medikamente, sondern auch durch ihre Persönlichkeit selbst auf den Patienten wirken. Michael Balint hat mit Recht hervorgehoben, daß wir nicht länger eine ›Pharmakopoe‹ des behandelnden Arztes entbehren können: Für jede Droge gibt es genaue Dosierungsvorschriften, die den Behandlungsverlauf regeln, aber die ›Droge Arzt‹ wird den Patienten entweder vorenthalten oder in ganz willkürlicher Weise verabreicht. Es wäre bedeutsam, sich zu überlegen, wie und auf welche Weise *die Persönlichkeit des Arztes* als Heilmittel in Betracht kommt.
Um hierin Fortschritte zu erzielen, sollte es für die Ärzte gebräuchlich werden, selber eine psychoanalytische Schulung und Ausbildung zu absolvieren. Diese müßte nicht denselben Umfang haben wie die Charakter- und Lehranalyse für angehende Tiefenpsychologen und Psychotherapeuten; man könnte sich mit einem abgekürzten Lehrprogramm begnügen. Aber immerhin sollte dieser Lehrgang eine gründliche Kenntnisnahme der Neurosen- und Psychosenlehre, der tiefenpsychologischen Charakterkunde und das Studium der üblichen Behandlungstechniken beinhalten. Kernstück dieser ›Tiefenpsychologie für Ärzte‹ wird allerdings die ›Selbsterkenntnis des Arztes‹ sein, wozu er in einer Individual- und Gruppenanalyse angeleitet werden muß. Hat sich nämlich der Arzt eine gewisse Selbst- und Menschenkenntnis angeeignet, die ihre Wurzeln im theoretischen Studium der Tiefenpsychologie und im Bemühen um die Erforschung der eigenen Persönlichkeit hat, dann wird er im Umgang mit seinen somatischen und psychosomatischen Patienten einen Großteil seiner psychologischen Hilflosigkeit ablegen können. Er wird einfühlsamer die Erzählungen des Kranken anhören; vermutlich wird er auch eher erspüren, wo das ›Grundproblem‹ des Kranken liegt, das die ›Flucht in die Krankheit‹ subjektiv notwendig machte. Weiß der ärztliche Helfer um solche Probleme, dann braucht er auch nicht Hunderte von Stunden, um auf seinen Patienten Einfluß zu nehmen. Mitunter reichen auch kurze psychologische Anamnesen hin, um sich über die innere und äußere Lage des Kranken ein Bild zu verschaffen. Oft kann sich auch die psychotherapeutische Intervention auf einige wenige, aber gut gezielte Bemerkungen des Arztes beschränken.

Wir leben in einer Epoche, wo dem Menschen zugunsten seiner eigenen Schöpfungen — der Maschinen und Apparate — eine Abwertung droht, die die Substanz des Menschen selbst angreift. Da wäre es nun die vornehmste Aufgabe der Heilkunde, sich auf das Wesen des Menschen zu besinnen und Gesundheit und Krankheit unter diesen quasi-›philosophischen Aspekten‹ zu sehen und zu deuten. Man sage nicht, daß die Ärzte überfordert wären, wenn sie auch noch — zu ihrer mühseligen und zeitraubenden Ausbildung in medizinischer Theorie und Praxis — anfangen müßten zu philosophieren. War es doch immer schon bei guten und großen Ärzten eine gewisse Teilhabe an der Philosophie, die ihr Handeln am Krankenbett und ihre Begegnung mit dem kranken Menschen in das rechte Verhältnis zu bringen vermochte. Freuds gewaltige Entdeckungen waren nur möglich, weil er nicht nur ein vorzüglich geschulter Arzt, sondern auch ein ›philosophischer Kopf‹ war, der das Menschenschicksal fern von der medizinischen Routine seiner Epoche tiefgründig zu bedenken versuchte. Ähnliches darf man von anderen Förderern der Heilkunde aus allen Jahrhunderten der Kulturgeschichte behaupten.

Paracelsus, in dessen dunklem und von mittelalterlichen Elementen überwuchertem Lebenswerk so manche Einsicht der Tiefenpsychologie vorweggenommen wurde, sagt bei Gelegenheit:

> »Der Arzt soll die Kraft und die Natur der Krankheit im Ursprung suchen und nit in dem, das von der Krankheit selber kommt; denn den Rauch vom Feuer sollen wir nit löschen, sondern allein das Feuer selber. Wollen wir, daß die Erde kein Gras gebe, so muß sie zerstört werden und nit das Gras ausgerauft. Also soll der Arzt zurück in den Ursprung der Krankheit denken und nit in das, was die Augen sehen; diese Dinge sind Anzeigung, aber nit Ursprung, wie ein Rauch ein Feuer anzeigt, ist aber das Feuer nit.«

Und an anderer Stelle sagt er ironisch:

> »Es ist ein groß Ding um einen Arzt, der sich einen Arzt nennet, und hat kein Philosophie und kann ihr nit!«

Marlies Frommknecht/Erdmute Struck

Kinderneurosen

Neurotische Störungen bei Kindern, die auf einer ›vorwiegend erworbenen abnormen seelischen Entwicklung‹ beruhen, sind außerordentlich vielfältig und weit verbreitet. Sie sind nicht organisch bedingt, können aber mehr oder weniger konstitutionell mitverursacht sein. (Vgl. Nissen, in: Harbauer u. a. 1976, S. 95)
Die Vielfalt der neurotischen Symptome legt eine Untergliederung nahe. Annemarie Dührssen unterscheidet zwischen neurotischen Manifestationen im charakterologischen Bereich, speziellen neurotischen Verhaltensweisen und psychischen und psychosomatischen Krankheitserscheinungen. Zum ersten zählt sie Spiel- und Lernstörungen und daraus resultierende Kompensationsversuche (neurotischer Ehrgeiz) und Ersatzbefriedigungen (Tagträume) und die neurotische Verwahrlosung, die sich in Weglaufen, Eigentumsdelikten, Lügen, Hochstapelei und Aggressivität zeigt. Als spezielle neurotische Verhaltensweisen werden das Daumenlutschen, Nägelknabbern, Haarausreißen, der Mutismus (Nicht-Sprechen) und die neurotische Onanie bezeichnet. Zu den psychischen und psychosomatischen Krankheitserscheinungen rechnet Dührssen die depressive Verstimmung, Zwangssymptome (Zwangshandlungen, Zwangsvorstellungen), verschiedene Formen von Angst (Ängstlichkeit, Angstanfälle, phobische Reaktionen, nächtliches Aufschrecken), Schlaf- und Eßstörungen, Verstopfung, Asthma bronchiale, Hautkrankheiten, Kopfschmerzen, Ohnmachten, Herzsymptome, Störungen des motorischen Apparates wie z. B. die allgemeine motorische Unruhe, Iaktationen (Kopf hin und her werfen), ticartige Erscheinungen (Zurückwerfen des Kopfes, Gesichtszuckungen u. a.), Stottern und schließlich das Einnässen und Einkoten.
Die verschiedenen tiefenpsychologischen Schulen entwickelten spezifische Weisen von Verständnis der kindlichen Neurosen. Mehrere Modelle sollen hier in Grundzügen und an Beispielen

vorgestellt werden. Dabei ist zu berücksichtigen, daß jedes Symptom unter genetischen, zielgerichteten und familiendynamischen Aspekten betrachtet werden kann. Die Weite des Themas und die Fülle der Literatur legte ein exemplarisches Vorgehen nahe.

Störungen der frühen Mutter-Kind-Beziehung

Wir wenden uns zuerst der Beziehung zwischen Kleinkind und Mutter bzw. bemutternder Person zu, weil durch sie jede kindliche Entwicklung überhaupt erst ermöglicht wird. Nur dadurch, daß die Welt in der Gestalt der Mutter dem Kind entgegenkommt, kann es die Fähigkeit entwickeln, der Welt entgegenzugehen.

Zum zentralen Forschungsgegenstand wurden die ›ersten Objektbeziehungen‹ bei René Spitz und Margret S. Mahler. Spitz, der das erste Lebensjahr untersuchte, hob die Bedeutung des ›affektiven Klimas‹ in der ›Mutter-Kind-Dyade‹ hervor. Das Kind wird insbesondere durch die unbewußten Signale und Erwartungen der Mutter beeinflußt und geprägt. Seine Fähigkeit, die Mutter zu erkennen und eine Beziehung zu ihr einzugehen, ist das Resultat eines mehrere Monate dauernden Entwicklungsverlaufs. Nach einer objektlosen und undifferenzierten Phase während der ersten beiden Monate reagiert der Säugling ab dem dritten Monat mit einem Lächeln auf ein menschliches Gesicht. Während der nächsten Monate lernt das Kind allmählich die Mutter von anderen Menschen zu unterscheiden. Das Zeichen dafür ist seine ängstliche Reaktion gegenüber fremden Personen, die sogenannte ›Achtmonatsangst‹.

Mangelhafte mütterliche Zuwendung löst beim Kind schwerwiegende Beeinträchtigungen aus. Spitz unterscheidet zwischen der ›ungeeigneten‹ und der ›unzureichenden‹ Mutter-Kind-Beziehung. Ungeeignet sind mütterliche Verhaltensweisen, die auf offener bzw. versteckter Ablehnung des Kindes beruhen, durch überängstliche Besorgnis hervorgerufen werden, kurzzeitig zwischen Verwöhnung und Feindseligkeit pendeln oder durch längerfristige Stimmungsschwankungen zwischen Depression und Feindseligkeit bestimmt sind. Kleine Kinder, die einer solchen ›psychotoxischen‹ (toxisch = giftig) Atmosphäre ausgesetzt sind, reagieren unter Umständen mit organischen Er-

krankungen wie ständigem Erbrechen, Koliken, Hautentzündung oder mit abnormen Verhaltensweisen wie ständigem Schaukeln, Fäkalspiele oder Essen von Kot.
Die unzureichende Mutter-Kind-Beziehung ist durch das zeitweise oder anhaltende Fehlen einer emotionalen Verbundenheit zwischen Mutter und Kind charakterisiert. So kann ein längerer Krankenhausaufenthalt, der die Gefühlsbindung an die Mutter lockert oder auflöst, eine tiefe Depression des Kindes hervorrufen. Das Kind wird zunächst weinerlich, anspruchsvoll und anklammernd; schließlich nach zwei bis drei Monaten reagiert es mit Gewichtsverlust, Schlafstörungen, Neigung zu Erkrankungen und motorischer Verlangsamung. Nicht zuletzt aufgrund dieser Erkenntnisse von Spitz entstand die inzwischen allseits anerkannte Forderung des unbeschränkten Zugangs der Beziehungspersonen zu ihrem Kind im Krankenhaus. Im Extremfall entsteht das Krankheitsbild des Hospitalismus. Neben den oben genannten Symptomen beeindruckt dabei ein allgemeiner Entwicklungsrückstand, der häufig kaum mehr aufgeholt werden kann. Der mit dem Hospitalismus verbundene körperliche Verfall kann zum Tode führen.
Nach Mahler ist die gelingende Mutter-Kind-Beziehung Voraussetzung für die ›psychische Geburt‹ des Menschen, für seine Selbstwerdung, die im wesentlichen ein Loslösungs- und Individuationsprozeß ist. Dieser Prozeß nimmt ca. drei Jahre in Anspruch und verläuft in verschiedenen Phasen, in denen die Beziehung zwischen Mutter und Kind jeweils spezifisch geprägt ist. Die erste Phase ist die ›normale autistische Phase‹, in der das Kind keinen Kontakt zur Umwelt hat und die Befriedigung der physiologischen Bedürfnisse (Nahrung, Wärme, Ruhe) zentral ist. Dieser folgt vom 2. bis 6. Monat die außerordentlich wichtige ›symbiotische Phase‹, in der das Kind sich und die Mutter als eine ›allmächtige symbiotische Zweieinheit‹ erlebt. Während dieser Zeit kann das Kind noch nicht zwischen innen und außen, zwischen dem Selbst und den anderen unterscheiden. Die in dieser Phase erlebte Befriedigung und Sicherheit legt die Basis für das Urvertrauen des Kindes, das notwendig ist für alle weiteren Entwicklungsschritte. Der danach einsetzende Loslösungs- und Individuationsprozeß führt zum Bewußtsein des Getrenntseins und zum Erfahren einer eigenen Identität. Dies ist Voraussetzung dafür, daß das Kind dauerhafte emotionale Beziehungen eingehen und sich mit der Realität auseinandersetzen kann.

Loslösung und Individuation bedeuten nach Mahler zwei sich ergänzende ›Entwicklungsgleise‹. Loslösung stellt die Fähigkeit zur Differenzierung, Distanzierung, Abgrenzung und Abwendung von der Mutter dar, während Individuation die Entfaltung von intrapsychischer Autonomie, Wahrnehmung, Gedächtnis, Erkennungsvermögen und Realitätsprüfung meint.
Maßgeblich geprägt wird der Loslösungs- und Individuationsprozeß von der Mutter des Kindes. Ihre Persönlichkeitsstruktur, die Art und Weise, wie sie sich als Elternteil verhält, und ihre bewußten und unbewußten Phantasien hinsichtlich des Kindes spielen dabei eine wichtige Rolle. Die Selbstwerdung des Kindes wird dann (am besten) gefördert, wenn die Mutter ihm einerseits ›optimal zur Verfügung steht‹ und andererseits fähig ist, es loszulassen und ihm gewissermaßen einen sanften Schubs zu geben.
Loslösung und Individuation verlaufen in vier Subphasen, die Mahler die Phasen der Differenzierung, Übung, Wiederannäherung und emotionalen Objektkonstanz nennt. Während der Differenzierungsphase (6. bis 10. Monat) ›schlüpft das Kind aus‹, d. h., es wendet sich mehr der Außenwelt zu. Sein Blick läßt Wachheit, Ausdauer und Zielgerichtetheit erkennen. Es beginnt, die Mutter taktil und visuell zu erforschen, und nimmt neugierig prüfend oder angstvoll fremde Menschen wahr. Mahler beobachtete bei Kindern, deren symbiotische Phase nicht optimal verlaufen war, auffällige Reaktionen: Beispielsweise konnte ein Kind, das eine ichbezogene und wenig liebevolle Mutter hatte, erst spät differenzieren, »weil es sich auf die Mutter als symbiotischen Partner nicht verlassen konnte und die Arbeit weitgehend selbst leisten mußte ...« (Mahler u. a. 1980, S. 80) In einem Alter, wo andere Kinder Nähe und Entfernung ausprobierten, griff das Kind zu autoerotischen Betätigungen. Auch Depressivität und Überlastung der Mutter führen zu einer Verzögerung des ›Ausschlüpfens‹; es ist so, als ob solche Kinder die Symbiose verlängern, um sich selbst und der Mutter ›Zeit zum Aufholen zu lassen‹.
In der Übungsphase (bis zum 18. Monat) entwickelt das Kind vorwiegend seine motorischen Fähigkeiten. Es beginnt zu krabbeln, zu klettern, sich aufzurichten und schließlich frei aufrecht zu laufen. Es genießt seine rasch wachsenden Ich-Funktionen und »scheint von seinen Fähigkeiten und der Größe der Welt wie berauscht«. (l. c., S. 94) Daher kehrt es nur zum Zweck des ›emotionalen Auftankens‹ zur Mutter zurück.

In der Phase der Wiederannäherung (18. bis 24. Monat) entwikkelt sich das Kind im motorischen und intellektuellen Bereich weiter und wird zu größerer Gefühlsdifferenzierung fähig. Dadurch wird ihm die Getrenntheit von seiner Mutter stärker bewußt. Deshalb erlebt es nicht mehr so sehr seine Größe, sondern seine Hilflosigkeit und Kleinheit, was zu einer erneuten Ausrichtung auf seine Mutter führt. Es läßt sie kaum aus den Augen, es ›beschattet‹ sie, wie Mahler sich ausdrückt. Die Mutter soll Anteil nehmen an seinem Tun und an seinen Entdeckungen. Das darin ausgedrückte soziale Bedürfnis bewirkt auch, daß das Kind beginnt, den Vater und andere Kinder einzubeziehen. Die Wiederannäherungsphase gipfelt in einer Krise, die aus der Kluft zwischen dem Streben nach Grandiosität und der Erfahrung der Abhängigkeit von der Mutter entsteht. Daraus ergibt sich ein ausgeprägt ambivalentes Verhalten des Kindes, begleitet von Unzufriedenheit, Unersättlichkeit, Stimmungsschwankungen, Unentschlossenheit, Anklammerungstendenzen und erneutem Fremdeln. Das Ausmaß der Krise hängt vom bisherigen Verlauf der Mutter-Kind-Beziehung ab und von der emotionalen Sicherheit, die die Mutter in dieser Zeit dem Kind vermitteln kann. Problematisch ist das Verhalten einer Mutter, wenn sie die Wiederannäherung völlig ablehnt oder sie für eigene symbiotische Bedürfnisse ausnützt.

Im letzten Drittel des zweiten Lebensjahres läßt die Wiederannäherungskrise allmählich nach. Mahler führt das auf den Erwerb der Sprache, den fortschreitenden Internalisierungsprozeß und die Fähigkeit zum Spiel zurück. Während des dritten Lebensjahres erwirbt das Kind normalerweise ein ›stabiles Gefühl der Einheitlichkeit‹ und ein gewisses Maß an ›Objektkonstanz‹. Das heißt, daß das Kind die Abwesenheit der Mutter ertragen kann, weil es aufgrund von positiven Erfahrungen ein positives inneres Bild von ihr errichtet hat. Die emotionale Sicherheit ermöglicht ihm auch, die bisherige Spaltung in ein ›gutes‹ und ›böses‹ Objekt aufzuheben und das Liebesobjekt als gut und böse zu erkennen, was für die weitere Entwicklung notwendig ist.

Mahler ist sich bewußt, daß sich die Persönlichkeit eines Dreijährigen noch wesentlich verändern kann. Jedoch sei seine ›Ich- und Triebkonstellation‹ in vieler Hinsicht für seine Entwicklung charakteristisch. Deshalb spricht sie von einer ›Art historischer Kontinuität‹; das ›Bild des Dreijährigen‹ scheine später immer wieder auf.

Die psychoanalytische Deutung der kindlichen Phobie

Die Erkenntnis, daß kindliche Neurosen und sonstige Störungen der kindlichen Entwicklung auf einem mangelhaften Ablösungs- und Individuationsprozeß beruhen, ist den Untersuchungen der neueren Psychoanalyse zu verdanken. In der älteren Psychoanalyse spielt das Freudsche Konzept des Ödipuskomplexes eine bestimmende Rolle. Im sogenannten Ödipuskonflikt kommt die kindliche Sexualentwicklung zu einer ›Frühblüte‹. Der Junge entwickelt hierbei intensive Liebes- und Besitzansprüche an die Mutter, während er gegenüber dem Vater Rivalitäts- und Haßgefühle hegt und dessen Platz einnehmen will. Die Art und Weise, wie diese konflikthafte Entwicklungsphase bewältigt wird, sieht Freud als Kernproblem in der Ausbildung einer Neurose. Die zentrale Bedeutung des Ödipuskomplexes, auf die bislang nur aus der Analyse Erwachsener geschlossen werden konnte, zeigte Freud in der *»Analyse der Phobie eines fünfjährigen Knaben«* (1909) erstmals direkt an einer kindlichen Neurose auf.

Der ›kleine Hans‹ war im 5. Lebensjahr an einer Pferdephobie erkrankt, die dazu führte, daß er sich weigerte, auf die Straße zu gehen. Da seine Eltern psychoanalytisch gebildet waren und in Verbindung mit Freud standen, übernahm der Vater von Hans mit Freuds Hilfe die ›Behandlung‹. Er führte genau Buch über die Entwicklung seines Sohnes und über die analytischen Gespräche mit ihm und sandte Freud die Notizen, die dieser dann 1909 veröffentlichte. Im folgenden skizzieren wir die Entwicklung von Hans und beschreiben den zentralen Konflikt, auf dem nach Freud die Phobie beruhte.

Den Berichten des Vaters zufolge verlief die frühe Entwicklung des Kindes (die orale und anale Phase) normal. Hervorhebenswert erschien ihm das besondere Interesse, das Hans im Alter von drei Jahren (phallische Phase) an seinem Penis erkennen ließ. Er ließ sich z. B. gerne beim Urinieren zusehen. Seine sexuelle Neugierde erstreckte sich vor allem auf seine Eltern, deren Penis er sehen wollte (er nahm an, daß auch die Mutter dieses Organ besitze). Mit 3 ½ Jahren begann er, vor dem Einschlafen zu onanieren. Seine Mutter drohte ihm, den Penis abzuschneiden, wenn er ihn mit der Hand berühre. Obwohl Hans sich nicht beeindruckt zeigte, bekam er Angst um sein Geschlechtsorgan, wie ein späteres Gespräch deutlich machte. Einmal versuchte er, seine Mutter zu ›verführen‹; er fragte sie beim Pudern nach dem Bad, wieso sie seinen Penis nicht berühre, und gab zu erkennen, daß er das ›lustig‹ finde. Als Hans 3 ½ Jahre alt war, wurde seine Schwester Hanna geboren. Das war für ihn ein sehr einschneidendes Ereignis. Die Pflege des Neugeborenen aktivierte Erinnerungsspuren an die Lust, die er durch die mütterliche Pflege erfahren hatte, und Wißbegierde in bezug auf das Ereignis der Geburt. Seine Gefühle für den Neuankömmling waren durchaus ambivalent, hatte er doch die Mutter nicht mehr für sich. Diese wurde als verwöhnende Frau beschrieben. Sie erlaubte Hans öfter, bei ihr im Bett zu liegen. Nach der Geburt von Hanna mußte er damit fertig werden, daß er nicht mehr das einzige Objekt ihrer Liebe war und zudem aus dem elterlichen Schlafzimmer verbannt wurde. Er hatte in Wien kaum Spielkameraden, erinnerte sich aber gern an Kinder, die er im Urlaub kennengelernt hatte. Er phantasierte sie als ›seine Kinder‹ und hegte und pflegte sie.

Die Phobie des ›kleinen Hans‹ begann nach der Schilderung des Vaters mit einem Angsttraum, daß die Mutter nicht mehr ›zum Schmeicheln‹ (Liebkosen) da sei. Als Hans mit dem Kindermädchen spazierenging, fing er auf der Straße zu weinen an und wollte zu seiner Mutter. Auch abends weinte er wieder nach ihr. Bei einem Spaziergang mit der Mutter, bei dem er ebenfalls Angst entwickelte, sagte er schließlich, er habe Angst, daß ihn ein Pferd beißen werde.

Freud bemerkt zunächst, daß die Angst von Hans auf die Mutter gerichtet sei: Er wolle bei ihr sein und ›schmeicheln‹. Aufgrund dessen interpretiert Freud die Angst als ›verdrängte erotische Sehnsucht‹, die sich auch durch den Kontakt mit dem Liebesobjekt — der Mutter — nicht mehr aufheben läßt.

Das zentrale Thema der Analyse ist jedoch der ödipale Konflikt: Hans rivalisiere mit seinem Vater und wolle die Mutter besitzen. Dieser Wunsch sei entstanden, als Hans die häufige Abwesenheit des Vaters — aufgrund von Geschäftsreisen — mit dem Anspruch auf die Mutter verbinden lernte. Er drückte diesen Wunsch in verschiedenen Phantasien aus. Das beißende Pferd, das ihm Furcht einflößt, symbolisiert nach Freud den Vater. Hans habe Angst vor der Vergeltung des Vaters wegen seiner eifersüchtigen und feindseligen Wünsche. Es zeigt sich, daß der Inhalt der Phobie noch mehr umfaßt: Hans hat auch Angst vor umfallenden Pferden. Diese Angst beruht u. a. auf dem Todeswunsch gegenüber seinem eigentlich geliebten Vater. Der Vater solle weg sein, tot sein, damit er — Hans — mit der Mutter allein sein könne. Diese einander widersprechenden Gefühle waren für ihn unerträglich und konnten nur entstellt in der Phobie geäußert werden. Auch die Rivalität zu seiner Schwester und Todeswünsche ihr gegenüber drückte Hans aus. Denn beide, Vater und Schwester, nahmen ihm die Mutter weg.

Während des halben Jahres analytischer Gespräche zwischen Vater und Sohn werden Hans diese Sachverhalte bewußt gemacht, um eine Verarbeitung zu ermöglichen. Da Hans nach dieser Zeit sich wieder auf die Straße traut, kann von einer erfolgreichen Behandlung gesprochen werden.

Zur Kranken- und Behandlungsgeschichte des ›kleinen Hans‹ gehören auch einige allgemeine Erwägungen über die Phobie, die nach Freud ähnlich gebaut ist wie eine Hysterie. Sie unterscheidet sich von dieser nur dadurch, daß der psychische Konflikt nicht in körperlichen Symptomen ausgedrückt wird, sondern Angst hervorruft. Freud weist darauf hin, daß die Phobien eine weitverbreitete Kinderneurose sind. Immer wenn Eltern von ›nervösen‹ Kindern sprächen, seien ›irgendeine Art von Angst oder Ängstlichkeiten‹ gemeint. Das Typische an der Phobie ist, daß ein Kind seine Angst auf ein Objekt konzentriert oder, wie Freud sagt, psychisch bindet, um angstfrei zu sein. So mußte Hans die Straße meiden, um angstfrei zu bleiben. Der Inhalt der Phobie enthält auf entstellte Weise einen Teil der verdrängten Vorstellungen. Im Falle von Hans, dessen Furcht auf beißende und umfallende Pferde gerichtet war, waren es aggressive Vorstellungen gegenüber den Eltern, die er frühzeitig verdrängt hatte: eifersüchtig-feindselige gegenüber der Mutter. Sie wurden in der phallisch-ödipalen Zeit aktiviert aufgrund der gesteigerten libidinösen Bindung an die Mutter und der Entbehrung, die er durch die Geburt von Hanna erfuhr. Die Wahl des Pferdes als Furchtobjekt kann nach Freud mit dem ursprünglichen Interesse für dieses Tier, aber auch mit der Möglichkeit, es häufig zu sehen, zusammenhängen.

In ihrem Aufsatz *»Furcht, Angst und phobische Phänomene«* (1977) beschäftigt sich auch Anna Freud eingehender mit der kindlichen Phobie und ihrer Entstehung. Nach ihrer Ansicht gibt es in jedem Kinderleben die verschiedensten Ängste, denen die Kinder mit intensiver Phantasietätigkeit und unterschiedlichen Abwehrmitteln und -mechanismen begegnen. Auf diese

Weise versuchen sie das seelische Gleichgewicht aufrechtzuerhalten. Aber das so hergestellte Gefühl von Sicherheit ist nicht stabil und kann durch ein ›störendes Ereignis‹ erschüttert werden. Dadurch steigt die Angst an die Oberfläche des Bewußtseins und erzeugt Panik. Um diese Panik zu vermeiden, greift das Kind zur Phobie. Sie stellt somit eine Abwehrform dar, die durch »Externalisierung der Gefahrenquelle ermöglicht wird, d. h. durch den Ersatz einer inneren durch eine äußere Gefahr«. (A. Freud 1980, S. 2814) Dieses störende Ereignis ist bei Hans der Vorfall, als er beim Spaziergang mit der Mutter sieht, wie ein Pferd umfällt. Die dabei entstehende Angst führte Freud auf den unbewußten Todeswunsch gegenüber dem Vater zurück. Diese innere Gefahr wurde nun durch die äußere — das Pferd — ersetzt. Hans muß künftig den Anblick des Tieres meiden und dadurch die bedrohliche Panik abwehren. Die Entstehung der Panik und die notwendige Vermeidung werden erst dann verständlich, wenn man bedenkt, daß sich Gefahren und Ängste aus der bisherigen Entwicklung in dem furchtauslösenden Objekt ›verdichten‹. Es wird gewissermaßen zum Symbol für alle unerledigten Konflikte. So stand das Pferd bei Hans für Gefahren aus der oralen Zeit — er hat Angst, gebissen zu werden, und entwickelt Beißideen — und aus dem auslösenden ödipalen Konflikt — Todeswunsch gegenüber dem Vater und Angst vor Vergeltung. Für die phobischen Reaktionen wie für andere neurotische Verhaltensmuster gilt: Je größer die Angst, um so größer ist die Abwehr und damit die Schädigung von Ich-Funktionen. Das Charakteristische an den Phobien ist die Gefahr der Ausweitung des Vermeidungsmechanismus, so daß Lebensinteressen gehemmt werden können, die mit der ursprünglichen Angstsituation nichts mehr zu tun haben. Hans verlor seine Bewegungsfreude und drosselte seine expansiven, auf die Erkundung der Welt gerichteten Regungen, die seinem Alter entsprochen hätten.
Die Aufgabe der Analyse ist es nun, die unbewältigten, auf Verdrängung der Triebe beruhenden Konflikte aufzuarbeiten. Das Terrain des Ichs soll auf Kosten des Es-Bereichs ausgedehnt werden, so daß die Entwicklung des Kindes wieder fortschreiten kann.
Die Psychoanalyse geht an die kindliche Phobie mit der kausalen Erklärungsweise heran: Weil Hans in der phallisch-ödipalen Phase den Widerspruch zwischen libidinösen und aggressiven Tendenzen nicht mehr bewältigt, entwickelt er phobische Reak-

tionen. Zwar zieht Freud die durch die Geburt der Schwester veränderte Familienkonstellation in Betracht, jedoch erscheint ihm dieser Faktor von untergeordneter Bedeutung. Unseres Erachtens ist die familiäre Veränderung jedoch von zentraler Bedeutung. Hanna, die Schwester, ist der Eindringling, der Hans aus dem Mittelpunkt der Familie drängt und ihn dadurch stark verunsichert. Insofern kann seine Pferdephobie als eine Reaktion betrachtet werden, mit deren Hilfe er sich unbewußt wieder ›zu Gehör‹ bringt und die Aufmerksamkeit der Familie fordert.

Die individualpsychologische Deutung kindlicher Lernstörungen

Während die klassische Psychoanalyse die innerpsychische Dynamik des Individuums betont und die Neurose kausal aus verdrängten Triebansprüchen ableitet, hebt die Individualpsychologie Alfred Adlers die soziale Bezogenheit des Menschen und die zielgerichtete Einheit der Persönlichkeit hervor. Die soziale Verbundenheit des Menschen — das Gemeinschaftsgefühl — äußert sich im Lächeln des Kindes, in seiner Art und Weise, das Leben anzupacken und Kontakt in der Familie und mit anderen Menschen aufzunehmen, im Lernen und Arbeiten, im Interesse für andere Menschen und für die Welt. Es ist nach Adler die wichtigste Aufgabe der Erziehung, diese soziale Disposition zu fördern. Das dem Menschen vorschwebende, meist unbewußte Ziel ist sein Persönlichkeitsideal, mit dem er versucht, seine Minderwertigkeitsgefühle zu überwinden und seinen Platz im Leben der Gemeinschaft zu finden. Er entwickelt dazu einen individuellen Lebensplan oder Charakter, der einen ihm gemäßen *Lebensstil* bedingt. Dieser bildet sich in den ersten fünf Lebensjahren des Kindes und ist als Antwort des Kindes auf die konstitutionellen und sozialen Gegebenheiten anzusehen. Dazu gehören die Beschaffenheit des Körpers, Erziehungsstil der Eltern, Beziehung zu den Eltern und Geschwistern, Geschwisterposition, die materielle Situation der Familie, die Umwelt u. a. Das Kind

> »zieht alle Eindrücke, die es empfängt, in Betracht, die seines Körpers und die seiner äußeren Umgebung, und bildet unter deren Einfluß schöpferisch seine Meinung von sich und der Welt, zusammen mit seiner Idee von seinem individuellen Ziel des Erfolges«. (Ansbacher 1972, S. 339)

Kinder, die eine verzärtelnde, eine zu strenge oder eine vernachlässigende Erziehung erleben, entwickeln vielfach eine ›falsche Meinung‹ von sich und dem Leben. Sie haben ein geringes Selbstwertgefühl und sind kaum fähig, ihre Minderwertigkeit, Unsicherheit und Unvollkommenheit durch soziale Beitragsleistung zu kompensieren. Anstatt sich auf der nützlichen Seite des Lebens hervorzutun, bilden sie einen unkooperativen und gemeinschaftsfeindlichen Lebensstil aus und versuchen, ihre Minderwertigkeitsgefühle durch egozentrisches Überlegenheitsstreben auszugleichen. Diese Dynamik kommt in den ›Kinderfehlern‹ zum Ausdruck. Damit meint Adler die frühen Verhaltensstörungen bei Kindern wie Daumenlutschen, Nägelbeißen, Einnässen, Einkoten, Lügen, Stehlen, Faulheit u. a.
Kinder, die unter Kinderfehlern leiden, bezeichnet Adler auch als ›schwer erziehbare Kinder‹. Ihre Erziehung ist durch zwei Faktoren erschwert: zum einen durch ›ein verstärktes, intensiveres und länger anhaltendes Minderwertigkeitsgefühl‹, zum anderen durch ein Ziel,

> »das nicht mehr bloß Beruhigung, Sicherheit, Gleichwertigkeit gewährleisten soll, sondern ein Streben nach Macht entwickelt, das bestimmt ist, zur Überlegenheit über die Umwelt zu führen«. (Adler 1978, S. 72)

Diese Kinder haben ein düsteres Weltbild, finden schwer Kontakt zu Gleichaltrigen und Erwachsenen, liegen im Kampf mit ihrer Umgebung, der oft lautlos und verborgen vor sich geht, sind ichbezogen und erfüllt von einer ständigen Feindseligkeit, die sie auch bei anderen erwarten, sind empfindlich und eitel und fühlen sich leicht benachteiligt; treten Schwierigkeiten auf, neigen sie dazu auszuweichen. Dementsprechend werden sie mit dem Aufgabenbereich, den die Schule an sie heranträgt, oft nicht fertig und entwickeln Lern- und Leistungsschwierigkeiten. Denn in der Schule zeigt sich der Grad der Kooperationsfähigkeit des Kindes.
Kinder, die an *Lernstörungen* leiden, sind wenig aufmerksam und konzentriert; sie sind oft abwesend und träumen vor sich hin; sie zeigen in einzelnen oder allen Fächern schlechte Leistungen; sie können nicht selbständig arbeiten und neigen zum Trödeln; sie wirken eher faul, passiv und manchmal auch dumm statt interessiert und aktiv; unter Umständen verschaffen sie sich durch antisoziales Verhalten wie Clownerien und Aggressivität

in der Klasse Geltung; oft werden sie auch von den anderen Kindern nicht ernst genommen und gehänselt und finden schwer Freunde.
Nach Adler basiert das Phänomen Lernstörungen auf *Entmutigung des Kindes* und daraus resultierendem *Kooperationsmangel*. Im folgenden seien einige Situationen geschildert, auf die ein Kind mit Lernstörungen antworten kann. Eine maßgebliche Rolle können organische Gegebenheiten spielen. Beispielsweise haben es Linkshänder besonders schwer, da sie sich in einer Welt von Rechtshändern zurechtfinden müssen. Schlechte Leistungen im Lesen oder Schreiben können auf dieses Handicap zurückzuführen sein. Insbesondere lesen manche Linkshänder schlecht, weil sie dazu neigen, die Buchstaben im Wort umzustellen. Andere organische Schwächen, die sich nachteilig auf das Lernen auswirken, sind unerkannte Seh- oder Hörstörungen. Für die schulische Leistung insgesamt gilt, daß sich ein Mißerfolg in einem Fach auf andere Fächer und auf die allgemeine Bereitschaft zur Mitarbeit ausdehnen kann.
Kinder, die in ihren ersten Lebensjahren verzärtelt oder verwöhnt wurden, standen im Brennpunkt der Aufmerksamkeit der Mutter oder der Familie und versuchen, diese Mittelpunktstellung auch später wiederherzustellen. Sie haben nicht gelernt zu kooperieren, da ihnen viele Aufgaben von der Mutter abgenommen wurden. Das ist auch der Grund, weswegen sie sich häufig nichts zutrauen und unfähig sind, etwas allein oder selbständig durchzuführen. Sie suchen immer Stützen und wollen nicht unabhängig von der Mutter funktionieren. Häufig haben verzärtelte Kinder besondere Schwierigkeiten im Rechnen, da das dazu nötige Abstraktionsvermögen nach Adlers Ansicht die größte Selbständigkeit erfordert. Konzentrationsschwäche kann darauf zurückgeführt werden, daß das Kind sich außerhalb des verwöhnenden Erziehungsklimas unsicher und gar bedroht fühlt und sich dadurch nicht auf die geforderten Aufgaben konzentrieren kann.
Auch der vernachlässigende Erziehungsstil wirkt hemmend auf die Lernfähigkeit. Kinder mit diesem Erfahrungshintergrund erleben die Welt als ›Feindesland‹, weil ihnen Geborgenheit und Sicherheit versagt blieben. Sie nehmen aufgrund ihrer Erfahrungen an, daß es für sie keine Mitmenschen, sondern nur Feinde gibt. Dementsprechend haben sie ein unterentwickeltes Gemeinschaftsgefühl, was sich in asozialen Verhaltensweisen äu-

ßern kann. Ihre kämpferische Einstellung behindert das Lernen, da dies eine Kooperationsleistung ist, die sie nicht trainiert haben. Ihr Triumph liegt vielfach im Mißerfolg, mit dem sie die Eltern strafen können.

Nicht nur der Erziehungsstil, sondern auch die Erwartungshaltung der Eltern beeinflußt die Meinung des Kindes von sich. Adler beschreibt die entmutigende Haltung des Vaters, der seinem Kind nichts zutraut und nicht auf eine positive Entwicklung hofft. Da das Kind sich häufig gemäß der Meinung des Vaters entwickelt, gibt es ebenfalls die Hoffnung auf. Umgekehrt können hohe Erwartungen und Ansprüche der Eltern ebenfalls zu Lernstörungen führen, da das Kind ständig in dem Gefühl lebt, nicht zu genügen.

Auch die Geschwisterposition ist ein wichtiger Faktor. So stellte Adler bei Zweitgeborenen fest, daß sie ständig versuchen, das erste Kind einzuholen oder gar zu überholen. Haben sie die Hoffnung darauf aufgegeben, können sich Lernschwierigkeiten entwickeln. Diese Kinder wachsen dann im Gefühl auf, nicht gleichwertig zu sein, und haben ein verstärktes Minderwertigkeitsgefühl. Sind sie mit einem nachkommenden Geschwister konfrontiert, verstärkt sich die Hoffnungslosigkeit. Unter Umständen drückt sich ihr Geltungsstreben nur noch dadurch aus, daß sich die Eltern unausgesetzt mit ihnen beschäftigen müssen. Wenn ein Geschwisterkind besonders begabt ist oder durch besondere Fähigkeiten herausragt, kann das ebenfalls ein Grund sein, daß ein anderes sich nur wenig Leistung zutraut, besonders dann, wenn dies ein verwöhntes Kind ist.

Wir würden Adler mißverstehen, wenn wir meinten, daß aus diesen Situationen sich ›zwangsläufig‹ Lernhemmungen entwikkeln. Vielmehr betont er immer wieder, daß die Einfühlung in die individuelle Werdensgeschichte Voraussetzung ist, um ein Kind zu verstehen. Dies bedeutet, den Lebensstil des Kindes und sein geheimes Ziel zu erkennen. Bei allen Verhaltensstörungen und sonstigen seelischen Problemen hat das unbewußte Ziel, superperfekt zu sein, eine große Bedeutung. Bei den Lernstörungen ist es häufig ein übertriebener Ehrgeiz, an dem gemessen jede Anstrengung lächerlich und damit unnütz wird. Um dem Kind dieses geheime Ziel und seine irrtümliche Meinung von sich und der Welt aufdecken zu können, müssen wir uns mit ihm anfreunden. Es muß spüren, daß wir es akzeptieren, auch wenn wir sein Fehlverhalten nicht billigen. Eine Umstellung oder Änderung des Kindes ist aber nach Adler nicht möglich ohne eine Änderung des sozialen Feldes. Deshalb postulierte er die »Erziehung der Erzieher«. Mit dieser Forderung nahm Adler spätere Erkenntnisse der familienorientierten Theorien und Therapien vorweg.

Hemmung der Antriebserlebnisse und deren Folgen

Zur Theorie und Therapie von Kinderneurosen hat die der Schultz-Hencke-Schule verbundene Neopsychoanalytikerin Annemarie Dührssen umfangreiches Material geliefert, das insbesondere in *»Psychogene Erkrankungen bei Kindern und Jugendlichen«* (1954) und *»Psychotherapie bei Kindern und Jugendlichen«* (1960) dargestellt ist.
Dührssen geht in ihrer Beurteilung seelischer Störungen vor allem von Entwicklungsgesetzmäßigkeiten aus, wie z. B. den biologisch bedingten Reifungsetappen von Sinnesorganen, Motorik, Gedächtnis, Sprache usw. Von frühestem Alter an sind diese Reifungsprozesse auch von der Art der Entwicklungspflege abhängig, die die Umwelt dem Kind angedeihen läßt. Es sind weniger einzelne traumatische Einbrüche, sondern die ›gleichsinnigen und dauerhaften‹ Einwirkungen der häuslichen Atmosphäre, welche in den verschiedenen Entwicklungsphasen spezifische Schäden hervorrufen. Die frühe Kindheit ist in dieser Hinsicht ein besonders gefährdetes Stadium, weil der Erfahrungserwerb anfänglich ganz überwiegend durch gefühlshafte Erlebnisse bestimmt ist, während der Erwerb inhaltlicher Vorstellungen mit den Möglichkeiten kritischer Weltbewältigung erst später reift.
Eine besondere Rolle in der Entwicklung des Kindes spielen die sogenannten *Antriebserlebnisse*, die ebenfalls eine altersmäßige Abfolge haben. Sie gehen mit der körperlichen Entwicklung einher und können durch erworbene positive oder negative Gefühlsqualitäten nachhaltig geprägt werden. Von Antriebserleben spricht Dührssen z. B., wenn ein Kind einen bunten Ball erblickt, ihn schön findet und ihn haben möchte, wobei es in Erregung gerät. Antriebserlebnisse sind also durch drei Komponenten bestimmt: inhaltliche Vorstellung, emotionale Tönung und motorischen Impuls. Interesse, Wunsch und Bedürfnis sind diesem Begriff verwandt; den Begriff ›Trieb‹ lehnt Dührssen für das Be-

schriebene ab, weil hier der gedankliche Vollzug, der die Steuerung, den ›Hiatus‹ zwischen Impuls und motorischer Reaktion, bewirkt, nicht enthalten ist.

Das Antriebserleben entwickelt sich stufenweise von der oral-kaptativen und intentionalen Stufe über die im Zusammenhang mit der Sauberkeitserziehung stehende ›handelnde Phase‹ bis hin zur Phase der ›Realitätsprüfung‹, in der das vier- bis fünfjährige Kind aufgrund seines differenzierter werdenden Bewußtseins die Fähigkeit zu planvollem Tun entwickelt. Dührssen folgt Schultz-Hencke, indem sie die Antriebserlebnisse drei grundlegenden Strebungen des Menschen zuordnet, die durch neurotische Fehlentwicklungen gehemmt werden können: dem Besitzstreben, dem Geltungs- und dem Sexualstreben.

Oral-kaptatives Erleben kennzeichnet die frühe Antriebswelt des Kindes, die Zentrierung auf die Mundwelt. Das orale Erleben des Säuglings soll eine Vorstufe des ›Habenwollens‹ sein. Den Begriff ›kaptativ‹ prägte Schultz-Hencke, um den besonderen antriebshaften Charakter des erobernden Wünschens zu beschreiben.

Den Begriff des Intentionalen verwandte er zur Darstellung allgemein aktiver Zuwendung. In welchem Maß ein kleines Kind ›angetrieben‹ wird und aktiv auf die Umwelt reagiert, hängt nicht allein von den im Anschluß an die orale Phase entwickelten Funktionen des gerichteten Schauens, Hörens und Greifens ab, sondern von dem ›anteilnehmenden und belebenden Kontakt‹, der dem Kind geboten wird.

Die handelnde Weltbewältigung wird dem Kind durch seine reifenden motorischen Möglichkeiten und die erwachenden Gedächtnisleistungen zwischen dem 1. und 3. Lebensjahr möglich. In dieser Phase treten aber auch die ersten Forderungen an das Kind heran in Form einschränkender und steuernder Verbote, insbesondere in der Sauberkeitserziehung. Da die erfolgreiche Handhabung der Blasen- und Darmtätigkeit am ehesten mit Lob und Tadel bedacht wird, wird sie für das größere Kind mit dem Erleben ›etwas leisten, etwas hergeben müssen‹ gekoppelt. Die diese Körperfunktionen begleitenden psychischen Erlebnisabläufe wurden von Schultz-Hencke anal- bzw. urethral-retentiv genannt, da sie im Keim spätere Strebungen des Behaltenwollens enthalten. Auch die Sprachentwicklung dieser Phase gibt dem Kind die Möglichkeit, seinen wachsenden Selbständigkeitsimpulsen Nachdruck zu verleihen.

Mit dem 4. bis 5. Lebensjahr beginnt für das Kind die Epoche der theoretischen Weltbewältigung, d. h., das Kind bekundet immer mehr sachbezogenes Interesse. Es hat deutliche Wunschvorstellungen, kann diese über längere Zeit aufrechterhalten und zielstrebig verfolgen. Es fängt an, sich selbst als eigenes Ich zu erleben, wodurch auch das eigene und das andere Geschlecht der Prüfung unterzogen wird. Bewußter nimmt es auch wahr, wie die eigene Person von der Umwelt beurteilt wird, und probiert aus, wie es sich hier am meisten Anerkennung und Zuwendung verschaffen kann.

Beim Zustandekommen von *Hemmungen* der verschiedenen Antriebe sind immer Affekte beteiligt; oft sind dies wiederholte Angst- oder Mangelerlebnisse. Ursprüngliche Handlungswünsche oder Impulse werden auf die Dauer erstickt, wobei sich das Kind bald in einem ›Circulus vitiosus‹ befindet, denn mit seiner Unruhe und Verstörtheit, seiner Weinerlichkeit, fehlenden Zutraulichkeit oder Verschlossenheit provoziert es wiederum Abwehr, Ungeduld, Strafen und Liebesentzug. Hierdurch wird die Gehemmtheit des Kindes so lange verstärkt, bis sich eine feste neurotische Persönlichkeitsstruktur eingeschliffen hat.

Wenn auch mit Vorbehalten, übernimmt Dührssen die vier bekannten Strukturbilder neurotischer Persönlichkeitsveränderungen (schizoid, depressiv, zwanghaft und hysterisch) und erläutert, welche Hemmungen des Antriebserlebens hier jeweils durch Einwirkungen der Umwelt zugrunde liegen.

Die auffälligste Störung des ersten Entwicklungsabschnittes ist der Säuglingshospitalismus, wie er besonders von René Spitz beschrieben worden ist. Ähnliche ›intentionale Lücken‹ wie durch den fehlenden persönlich-zärtlichen Kontakt zu einer ständigen Pflegeperson kann ein Kind aber auch in einer *Familienatmosphäre* erwerben, wenn diese gefühlsmäßig unterkühlt, ablehnend oder zumindest sehr zwiespältig gegenüber dem Kind ist. In der Psychoanalyse der Erwachsenen spricht man bei diesen früh erworbenen Schäden von schizoiden Persönlichkeitsstörungen.

Auch das depressive Krankheitsbild des Kleinkindes ist am ausgeprägtesten beim Säuglingshospitalismus anzutreffen. Mangelnde Befriedigung ›oraler Bedürfnisse‹ erlebt aber auch der Säugling, der z. B. »von einer überanstrengten Mutter hastig und ungeduldig gestillt und gefüttert wird und aus diesen Gründen nie zu einem vollbefriedigten Gefühl gesättigter Entspanntheit

kommt« (Dührssen 1954, S. 84). Zunächst stellen sich meist Schwierigkeiten bei der Nahrungsaufnahme ein, das Kind wird gereizt, hastig, ja, gierig. Da die Nahrung zunächst Repräsentant all dessen ist, was ein sehr kleines Kind intensiv begehrt, überträgt sich seine Unzufriedenheit bald auf andere Bereiche des Wünschens. Es entwickelt z. B. überschießende Neidreaktionen gegenüber jüngeren Geschwistern und wirkt ansonsten depressiv-resignativ. Es wird ›oral gehemmt‹, kann Besitzansprüche nicht erleben und steht statt dessen unter einer dauernden Bedürfnisspannung. Besonders unangenehm registriert die Umwelt, wenn die Verzichtshaltung des Kindes mit plötzlichen großen Ansprüchen wechselt. Sie weist diese als unangemessen zurück, verstärkt dadurch aber die neurotische Gehemmtheit.
Die Präformierung einer zwangsneurotischen Struktur wird begünstigt, wenn die expansiven Impulse des Kindes während der ›handelnden Phase‹ mit Dressur und Drill beantwortet werden. Statt daß es unter verständiger Lenkung seine zunehmenden Fähigkeiten erproben könnte bzw. abschätzen lernt, wann der eigene Impuls im Interesse übergeordneter Bedürfnisse aufgegeben werden müßte, erlebt es überall Einschränkungen und muß daher alle Ansätze eigenen Willens drosseln. Dadurch wird meist auch die Sauberkeitserziehung gestört, denn statt zu Kooperation angeleitet zu werden, wird das Kind ohne Einfühlung an den Zeitplan der Erwachsenen angepaßt. Dührssen bezweifelt allerdings, daß eine übertriebene Sauberkeitserziehung für die Entstehung einer Zwangsneurose verantwortlich zu machen ist. Es ist vielmehr die Vermittlung einer Welt, welche nur aus Verpflichtungen und Geboten besteht, die die Lebendigkeit des Kindes hemmen bzw. seine Aktivität einseitig in Richtung auf Ordnung, Sauberkeit und Genauigkeit kanalisieren. Unter der Oberfläche solcher retentiven Impulse mit ›aggressiver Gehemmtheit‹ entwickelt sich der Aktivitätsstau zu heftigen Wutgefühlen. Der meist unbewußte Konflikt zwischen solchen heftigen Impulsen, sich gegen andere durchzusetzen, und der anerzogenen Überangepaßtheit führt in der Realität aber dazu, die andressierte Reaktionsform mechanisch und immer wieder erneut zur Abhilfe heranzuziehen (reaktive Abwehrhaltung). Besonders ausgeprägt erscheint letzteres beim Ordnungs-, Wasch-, Zähl- oder Rückversicherungszwang.
Während das Welterleben des Kindes in der handelnden Phase noch weitgehend magisch ist — auch Zwangsgedanken enthal-

ten solche magischen Vorstellungsinhalte —, sollte das Kind in den folgenden Lebensjahren »exakte Phantasie« (Goethe) üben. Störungen können in dieser Phase auftreten, wenn das Kind die eigene Rolle in der Welt in Übereinstimmung mit dem eigenen Wesenskern nicht positiv und bejahend erlebt. Es entwickelt deshalb Eigenarten, die ihm die Anerkennung der Umwelt zu versprechen scheinen, sorgt z. B. mit Clownerien und drolligen Aussprüchen für Zuwendung oder zeigt schon früh Starallüren. Da die Welt aber nicht mit glänzenden Auftritten bewältigt werden kann, entwickelt es meist erhebliche Lücken in seinen Kenntnissen und Fertigkeiten. Der Menschentyp, dessen Verhalten durch das Unechte und Rollenhafte gekennzeichnet ist, ist der Hysterische. Ein Kind mit dieser Störung hat wenig Vertrauen in seine Umwelt. Da seine ersten Ansätze zur Selbstbesinnung und Vernunft gestört worden sind, hat es ein verworrenes, verzerrtes, halbrichtiges und unklares Selbst- und Fremdbild. Planvolles Handeln fällt ihm deshalb schwer. Auffällig ist ein allgemein unüberlegtes Vorwärtstreiben. Aus neurotischen Ängsten schalten solche Kinder immer wieder ab, wenn sie die im Ansatz sich hervorwagende eigene Wunsch- und Impulswelt scharf ins Auge fassen sollten.
Die auf solchen Charakterhaltungen beruhenden neurotischen Symptome treten meist in Krisensituationen des Kinderlebens zutage, was auch an dem nachfolgend beschriebenen Kinderleiden deutlich wird.

Das Bettnässer-Leiden (Enuresis)

Zum Verständnis dieses besonders häufig auftretenden Kinderleidens hat der neopsychoanalytische Ansatz Dührssens Wesentliches beigetragen. Wir stützen uns zugleich auf die Monographie *»Bettnässer-Leiden Enuresis«* (1. Aufl. 1947) von Werner Kemper.
Das Leiden hat sich als ein sehr hartnäckiges, schwer zu behandelndes Symptom erwiesen, welches jahrelang, oftmals bis ins Erwachsenenalter, aufrechterhalten wird. Die Erzieher reagieren auf die Unannehmlichkeiten, die das Bettnässen mit sich bringt, meist mit verschärften Maßnahmen. Hinzu kommen Belastungen für das Kind durch das Ausgeschlossensein von gemeinsamen Unternehmungen mit Altersgenossen und die Angst vor

dem Bekanntwerden des Symptoms. Unter solchen Umständen fragt man sich, welche Bedeutung dieses Leiden für das betroffene Kind haben kann und welche Bedingungen notwendig sind, um eine Änderung herbeizuführen. Symptomatologisch unterscheidet man zwischen der Enuresis diurna, dem Einnässen tagsüber, und der Enuresis nocturna, dem nächtlichen Bettnässen. Letzteres ist das häufiger anzutreffende Symptom, dem deshalb auch unsere Ausführungen gelten sollen.

Zunächst interessiert uns vor allem, welche atmosphärischen Störungen des Antriebserlebens bei Enuretikern festgestellt wurden und ob es gemeinsame Struktureigentümlichkeiten gibt. Dazu müssen vorauf einige physiologische Voraussetzungen beachtet werden.

Das Gefühl des Harndranges ist vom Blasentonus, vom Spannungszustand der Blasenwandmuskulatur, abhängig. Prinzipiell können auch schon kleinere Urinmengen Harndrang hervorrufen, sofern der Blasentonus heraufgesetzt ist. Kurz gesagt, unabhängig von der Flüssigkeitsmenge signalisieren Aufregungen Harndranggefühl. Während des Schlafs ist der Tonus normalerweise schlaff. Tritt bei größeren Harnmengen trotzdem Urindrang auf, so wird dieser normalerweise als Weckreiz erlebt, der Schlaf wird unterbrochen.

Vieles weist nun darauf hin, daß bei den Bettnässerkindern der Spannungszustand der Blasenwandmuskulatur heraufgesetzt ist, so daß es zu reflektorischen Blasenentleerungen kommt, die bei erschlafftem Tonus nicht erfolgen würden. Andererseits wird der Schlaf dieser Kinder nicht durch den Urindrang unterbrochen. Der Weckreiz wird nicht registriert, er ist verdrängt worden. Dührssen fand nun in der psychischen Verfassung der Enuretiker folgende Korrespondenz zu dem geschilderten Organgeschehen:

> »Enuretikerkinder sind außerordentlich oft dadurch gekennzeichnet, daß sie sich in einem Dauerzustand gespannter und leicht beunruhigter Leistungsbereitschaft befinden und daß sie dieser Leistungsbereitschaft dauernde Abwehrimpulse entgegensetzen. Das ängstliche, selbstunsichere, leistungsbemühte Enuretikerkind und der ausgesprochen phlegmatische Enuretiker stellen die beiden Typen dar, die den dauernd und immer vorhandenen Erlebniszwiespalt durch die Verschiebung nach der einen oder der anderen Richtung zu lösen versuchen.« (Dührssen 1967, S. 298)

Betonung bzw. Abwehr der Leistung wird nicht nur mit den gefühlsmäßigen Erlebnissen der Sauberkeitserziehung in Verbindung gebracht, die an das Kind die ersten Leistungsanforderungen stellt, sondern ebenfalls mit einer oral-kaptativen Störung. Schon in frühester Zeit wirkt die Umwelt derart entmutigend auf das Kind, daß es später die notwendige Anpassungsleistung nicht erbringen kann bzw. die zu früh andressierte Kontrolle der Körperfunktion unter dem Druck zusätzlicher Umweltanforderungen aufgibt. Als solche Auslöser erneuten Einnässens beobachtete Kemper u. a.: das Entthronungserlebnis durch die Geburt eines jüngeren Geschwisters, einen Wechsel in der Betreuung des Kindes (besonders wenn es sich um eine gefühlskältere Person handelt), erneute Eheschließung der Mutter (Konfrontation mit einem Stiefvater), Eintritt in den Kindergarten oder Schulbesuch. Ein schon vorher in seinem Selbstgefühl und seiner Expansionsfreude verunsichertes Kind erlebt solche Ereignisse als übermäßige ›Versagungen‹, als schmerzlich-harten Einbruch der Realität in seine Kinderwelt. Sowohl der leistungsbetonte, geltungssüchtige Enuretiker wie der Leistungsgehemmte stehen ständig unter Streß. Nur nachts können sie ein Stück dieser inneren Gespanntheit aufgeben, indem sie ›alles laufen lassen‹. Kemper bezeichnet den vom Weckreiz des Urindrangs ungestörten Tiefschlaf des Enuretikers als eine ›Insel‹, wo das Kind die Wärme und Geborgenheit nachholt, die es am Tage vermißt. Enuresis sei deshalb nicht nur ein Zeichen ›brennenden Ehrgeizes‹, sondern auch eine Hingabestörung:

> »Ein Kind, das sich tagsüber seiner Umwelt nicht zärtlich verbunden fühlt und sich ihr nicht rückhaltlos hingeben kann, wird das dem Menschen überhaupt und ganz besonders dem Kinde eigentliche Zärtlichkeitsgefühl und Hingabebedürfnis um so eher dann nächtlich im Schlaf im Einnässen verströmen.« (Kemper 1978, S. 58 f.)

Nicht selten sei deshalb die Sexualität ehemaliger Enuretiker beeinträchtigt.

Nicht zu übersehen ist auch die Kompensation oral-aggressiver Antriebe im Sinne des Herangehens, Zupackens. Da dem Kind diese Impulse im Tageserleben nicht genügend zur Verfügung stehen, äußert es sie nachts in einem Protest, der seiner Umwelt einige Unannehmlichkeiten bereitet.

Es wurde hiermit deutlich, daß nicht einmalige Erziehungsmaßnahmen — wie das Abstillen oder das Vorgehen bei der Reinlichkeitserziehung — für die Struktur der Enuretikerpersönlichkeit verantwortlich gemacht werden können. Vielmehr sind es durchgehende atmosphärische Störungen, die Kemper vor allem anhand der Charakterhaltungen von Müttern bettnässender Kinder untersucht hat. Er beschreibt sieben Typen von Müttern, deren Wesensmerkmale dem Kind den Zugang zur Welt derart erschweren, daß es sich ins Bettnässen flüchtet: *die Reinlichkeits- und Ordnungsfanatikerin,* bei der das Kind nicht die nötige Behaglichkeit verspürt; *die unruhig getriebene Mutter,* der sich das Kind aufgrund von gefühlsmäßigen Wechselbädern nicht anvertrauen kann; bei der *in ihrem Selbstwertgefühl gestörten Mutter* erlebt das Kind tagtäglich Kleinmut und Ängstlichkeit, so daß seine Lernbereitschaft konstant untergraben wird; *jede Form von Nicht-Dasein der Mutter* — sei dies durch äußere Umstände wie lange Krankheit oder starke Inanspruchnahme durch den Vater bedingt oder durch innere Unerfülltheit, Unrast und Unsicherheit — wird vom Kind als Lieblosigkeit und Verrat angesichts einer als hart empfundenen Welt erlebt; sowohl *die erdrückende* wie *die verniedlichende Mutter* verhindert die Selbstentfaltung des Kindes, es vereinsamt und erlebt Spielgefährten oder Schulbesuch als nicht zu bewältigende Anforderung und schafft sich nächtens einen kläglichen Ersatz für die unterdrückten expansiven Regungen; bei der *überfordernden* Mutter muß das Kind schon früh Rollen übernehmen, z. B. die des Partnerersatzes; als Vertrauter der Mutter wird der Sohn z. B. gezwungen, gegen den Vater Stellung zu nehmen, und seine männliche Identität wird erschwert. Hier wird deutlich, welche Bedeutung auch dem Vater bei der Entstehung der Enuresis zukommt. Zugleich mag dies ein Hinweis dafür sein, warum Enuresis häufiger bei Jungen anzutreffen ist.

Wenn wir davon ausgehen, daß die Enuresis das Symptom einer Hemmung kindlicher Fähigkeiten und Möglichkeiten ist, dann sollte jede Therapie anstreben, die atmosphärischen Störfaktoren auf längere Sicht zu beseitigen. Neuere Therapieversuche der Enuresis machen sich deshalb die Ergebnisse der Familienforschung zunutze und ziehen die ganze Familie zur Behandlung heran. Dabei kristallisieren sich nicht nur für jedes Bettnässerkind ganz individuelle, gefühlsmäßig belastende Tagesereignisse heraus, die Anlaß zum Einnässen werden, sondern es stellt sich auch ein Bezug zur aktuellen Familiendynamik her. Sogenannte

›Spontanheilungen‹ bei Ferien-, Krankenhaus- und Heimaufenthalten, wie wir sie auch bei neurotischen Eßstörungen kennen, bestätigen die obigen Ausführungen. Nach Rückkehr in die altbekannte Umgebung setzt das Symptom bald wieder ein. Deshalb ist die in der Kinderpsychiatrie eingeführte Praktik des regelmäßigen Weckens zum Wasserlassen (Klingelmatratze, die durch die ersten Tropfen des austretenden Harns in Gang gesetzt wird) »eine rein symptomatische Notmaßnahme, die an dem eigentlichen Leiden und an den es unterhaltenden Faktoren nicht das geringste ändert« (Kemper 1978, S. 91). U. E. haben die folgenden Überlegungen Kempers auch heute noch volle Gültigkeit: Am wichtigsten ist es, daß sich das Kind wieder geborgen fühlt und Vertrauen zur Welt faßt, worauf es seine Hemmungen — und damit auch das Symptom — aufgeben kann. Manuelle Fähigkeiten und motorische Bedürfnisse des Kindes müssen entfaltet werden. Man soll ihm Aufgaben und Verantwortung übertragen, ihm Vertrauen erweisen, zu Ansehen verhelfen und Ausdrucksmöglichkeiten geben.

> »Mit wachsender Entfaltungsfreude stellt sich zunehmend eine Bindung an die reale Außenwelt her, wodurch die Kinder aus ihrer unseligen Isoliertheit herausfinden und langsam ein gesundes Selbstwertgefühl entwickeln.« (l. c., S. 96)

Familiendynamische Erklärungen des Asthma bronchiale

Die Erkenntnis, daß eine Antriebshemmung durch die Familienatmosphäre, besonders durch Erlebnislücken der Mutter bzw. des Vaters, mitbestimmt wird, zeigte gegenüber der klassischen Psychoanalyse einen deutlichen Fortschritt in der Therapie neurotischer Kinder an. Die Bedeutung der zwischenmenschlichen Beziehungen für die Neurosenentstehung wurde auch in der Neopsychoanalyse Sullivans, Fromms und Horneys besonders hervorgehoben.

Deutlicher wird die wechselseitige Beeinflussung zwischen dem erkrankten Kind und seiner Familie in den Forschungen der Familiendynamik, die in Deutschland zunächst durch H. E. Richter bekannt wurden. Die Beurteilung kindlicher Störungen als Ausdruck einer ›Familienneurose‹ kommt der Adlerschen Betrachtungsweise der ›Familienkonstellation‹ nahe, wonach das Kind in einem seelischen Austauschprozeß mit den Eltern steht und auf ihre gefühlsmäßigen und erzieherischen Angebote ›antwortet‹. Die unbewußten Motivationen der in diesem Clinch gefangenen Partner sind jedoch erst durch die Familientherapie herausgearbeitet worden. Im folgenden wollen wir einige dieser Erkenntnisse bei der Darstellung des kindlichen Asthmas berücksichtigen.

Beim Asthma handelt es sich um eine Anfallskrankheit, wobei es infolge einer Störung der Ausatmung zu einer Luftüberfülle der Lungen kommt — es kann zwar eingeatmet, aber nicht ausgeatmet werden. Diese Atembehinderung wird unterschiedlich erklärt, z. B. als ›Bronchiolenkrampf‹ im Zusammenhang mit einer allergischen Reaktion der Schleimhäute. Andere Autoren betonen die typische falsche Atemtechnik der Asthmatiker, wobei die Atemhilfsmuskulatur die Ausatmung verhindert.

Das Asthma ist keine typische Erkrankung des Kindesalters. Es kommt auch beim Erwachsenen vor. Beim kindlichen Asthma kommt es oft zu Spontanheilungen in der Pubertät. Dies wird medizinischerseits oft mit hormonellen Umstellungen des Organismus erklärt. Wie von manchen Autoren bereits betont wurde, sollte dabei aber nicht übersehen werden, daß in der Pubertät stets auch ein Welt- und Persönlichkeitszuwachs stattfindet.

Die seelische Seite des Geschehens wird von medizinischer Seite erst in letzter Zeit stärker berücksichtigt, während vorher nur Infektionen oder allergisches Geschehen bei einer nicht näher definierten Disposition als Ursache diskutiert wurden. Das kindliche Asthma ist jedoch eine ›menschliche Krankheit‹ (Jores), die eng mit der Lebensgeschichte und den Familienverhältnissen des Kindes verbunden ist. Wenn Kinder z. B. auf die Geburt eines Geschwisters mit Asthma reagieren, so ist dieser ›Protest‹ gegen den ›Eindringling‹ Ausdruck einer ganz spezifischen Haltung gegenüber ihrer Umwelt. Jores hat diese Haltung als innere Opposition beschrieben. Das ›Nein‹ gegenüber ihren Beziehungspersonen macht es diesen Kindern unmöglich, ihren Atem ruhig in die Welt entströmen zu lassen. Asthma ist demnach eine Störung des passiven Geschehenlassens.

Wenn wir uns fragen, wem zunächst das ›Nein‹ des Kindes gilt, so ist an erster Stelle die Mutter anvisiert. Man hat festgestellt, daß die Bindung zwischen Mutter und asthmatisch erkranktem Kind besonders eng ist. Das Kind lebt in Abwehrhaltung gegen die seine Selbständigkeit verhindernde Mutter.

Wenn ein dreijähriges Kind — und in diesem Alter tritt das Asthma oft schon auf — noch ausschließlich in der mütterlichen Welt lebt, können wir annehmen, daß es eher ängstlich-verwöhnt als mutig ist. Sein Interesse an der weiteren Umwelt, am Vater und anderen Kindern, ist schon eingeschränkt worden. Verwöhnung durch die Mutter bedeutet einen gewissen Ausgleich für diesen Mangel. Wird diese Sonderzuwendung dem Kind durch die Geburt eines Geschwisters entzogen, ist es besonders hart betroffen. Die asthmatische Erkrankung wird deshalb auch oft als ›Hilferuf‹ an die Mutter verstanden. Mit großem körperlichem Nachdruck fordert das Kind die mütterliche Zuwendung zurück.

Aus *psychoanalytischer Sicht* befindet sich das Kind aber in einem für die asthmatische Erkrankung typischen Konflikt: Aufgrund seiner starken Ausrichtung auf die Mutter reagiert es mit einem starken Anklammerungswunsch auf die reduzierte Aufmerksamkeit der Mutter, andererseits will es von der Mutter unabhängiger werden und wehrt sich heftig gegen die eigenen Anlehnungsbedürfnisse und die daraus resultierende erneute Überbehütung. Man spricht deshalb auch vom *unterdrückten* Hilferuf des Kindes im asthmatischen Anfall. Mitzubeachten ist dabei, daß das Kind nicht *sagen* kann oder darf, was es empfindet. Beim Asthma handelt es sich um eine spezifische Kommunikationsstörung.

Aus dem Blickwinkel *familiendynamischer Theorien* wird nun weniger der innerseelische Konflikt des Kindes ins Auge gefaßt. Das Symptom drückt vielmehr eine ›familiäre Kommunikationsstörung‹ aus, die den Familienmitgliedern weitgehend verborgen bzw. unbewußt bleiben kann.

Richter verstand diese Störung zunächst als Ausdruck unbewußter Gefühlsprozesse jeweils zwischen zwei Personen in der Familie. Während seiner langjährigen Tätigkeit in einer Beratungsstelle für seelische Störungen des Kindesalters gewann er immer mehr Einblick in den Zusammenhang zwischen den Problemen der ihm vorgestellten Kinder und den Schwierigkeiten der Eltern. Da es den Eltern fast nie gelang, ihr Erziehungsverhalten erfolgreich umzustellen, mußten diesem Absichten zugrunde liegen, die sie wahrscheinlich selbst nicht verstanden. Die Symptome der Kinder hatten offenbar die Bedeutung, die neurotische Erlebnisstruktur der Eltern zu stützen.

Die Eltern können auf das Kind Gefühlshaltungen wie Haß,

Furcht und Konkurrenz übertragen, die ursprünglich den früheren Bezugspersonen galten. Solchen unbewußten Erwartungen kann sich das kleine Kind kaum entziehen, und so wächst es in eine *Rolle* hinein, die den Eltern das eigene Lebensgefühl von Zurücksetzung, Ängstlichkeit, Ausgenutztwerden, Kampfbereitschaft oder Hilflosigkeit bestätigt. Mit der Zeit wird das in seiner Entfaltung behinderte Kind jedoch vom passiven ›Rollenempfänger‹ zum aktiven Mitspieler im familiären Drama. Es ›zwingt‹ die Eltern z. B. durch Verhaltensauffälligkeiten dazu, das alte Beziehungsmuster aufrechtzuerhalten. Insofern ist das kindliche Symptom Ausdruck einer gegenseitigen Entwicklungshemmung, unter der die Eltern ebenso wie das Kind leiden.

Fragen wir nun nach den unbewußten Erwartungen oder Forderungen, denen das asthmatisch erkrankte Kind ausgesetzt ist, so geht es aufgrund der engen Mutter-Kind-Beziehung zunächst um die Lebensgeschichte der Mutter. Die Mutter ist auch die vordergründig dominierende Gestalt in Familien, in denen Kinder asthmatisch erkranken. Allerdings ist sie auf die gefühlsmäßige Bestätigung durch Mann und Kind sehr angewiesen. Die übermäßigen Geborgenheitswünsche der Mutter und ihre notwendige Enttäuschung kann in vielen Fällen mit ihrer unbefriedigenden Beziehung zur eigenen Mutter in Verbindung gebracht werden. Eigentlich wünscht sie sich selbst noch mütterliche Zuwendung. So wird das Kind z. B. zum Vertrauten gemacht, bei dem sie sich über ihre Sorgen ausspricht; das Kind wird frühzeitig in eine Erwachsenenrolle gedrängt.

So fällt bei asthmatischen Kindern oft eine gewisse Frühreife auf, die im Gegensatz zu ihrer sonstigen Unselbständigkeit steht. Bleibt das Kind durch seine Krankheit lange hilfsbedürftig, so befriedigt die Mutter außerdem durch »projektive Identifikation« das eigene Bedürfnis nach mütterlicher Zuwendung. Durch die verwöhnende Haltung werden außerdem Insuffizienz und Schuldgefühle abgewehrt, denn ein schlechtes Mutterbild gefährdet auch immer das eigene Selbstwertgefühl als Frau und Mutter. Das Kind kann das ungestillte Liebesbedürfnis der Mutter jedoch nicht erfüllen, so daß die Mutter im Grunde die Enttäuschungen aus ihrer Lebensgeschichte wiederholt und das Kind deshalb unbewußt ablehnt.

Gerd und Annegret Overbeck (1978) haben beschrieben, wie der besitzergreifende Aspekt in der Einstellung der Mutter zum Kind aussehen kann. Z. B. meint die Mutter genau zu wissen, was das Kind denkt und fühlt, was ihm am besten schmeckt, welche Spielkameraden und Aktivitäten ihm schaden könnten. Hier spricht Richter von ›narzißtischen Projektionen‹. Dabei handelt es sich wie bei den ›Übertragungen‹ um Verwechslungen, jedoch nicht mit Personen der eigenen Lebensgeschichte, sondern mit dem eigenen Selbst. So soll das Kind ganz den Eltern gleichen — im obigen Beispiel Abbild der Mutter sein; in anderen Fällen soll es das vorstellen, was die Eltern in ihrem Leben nicht verwirklichen konnten (ideales Selbst), oder es soll ihnen abnehmen, was sie bei sich nicht akzeptieren können (negatives Selbst, Sündenbockrolle).

Bei der Betrachtung gesamtfamiliärer Störungen unterscheidet Richter zwischen *symptomneurotischen* und *charakterneurotischen Familien*. Erstere erscheinen aufgespalten in starke Mitglieder, die symptomfrei bleiben, und schwache Familienmitglieder, die zum Symptomträger werden. In solchen Familien wird unbewußt durchaus in Kauf genommen, daß ein Kind eine Phobie, Kontakthemmungen oder Eßstörungen entwickelt, da die eigenen Probleme durch die verstärkte Abhängigkeit des Kindes und die Sorge um dieses übertönt werden. In charakterneurotischen Familien hingegen finden keine Abspaltungsprozesse innerhalb der Familie statt, sondern die Familie schließt sich eng zusammen und entwickelt mit Hilfe bestimmter Verleugnungen, Vermeidungen, Projektionen und Ideologiebildungen ein neurotisches ›Kollektiv-Ich‹. Individuelle Ängste und Lebensprobleme werden dadurch überdeckt. So beschrieb Richter den nach dem Leitbild ›Sanatorium‹ organisierten angstneurotischen Familientypus, den paranoiden Familientypus, bei dem sich die Familie wie in einer ›Festung‹ verschanzt, und den wie ein ›Theater‹ gebauten hysterischen Familientypus. Auch hier ist die Familie nicht beunruhigt, wenn ein Kind entsprechende neurotische Veränderungen zeigt, da es sich damit mühelos in die *Familienneurose* einpassen läßt.

Die Richterschen *Familientypen* können erhellen, unter welchen Bedingungen das Kind sein Symptom aufrechterhält. Ein Typus, der für das Asthma in Betracht kommt, sicherlich aber nicht der einzige ist, ist die *Familie als Sanatorium*. Es gibt Familien, wo man am ehesten Liebe bekommt, wenn man krank ist. Erworben wird das Asthma hier oft über Imitation, wobei auch der Vater als Identifikationsfigur eine Rolle spielen kann.

In die asthmatische Erkrankung können somit eine Reihe elterlicher und familiärer Konflikte mit einfließen, die in der Symptomatik vorübergehend eine Lösung finden. Familientherapeuten weisen deshalb immer wieder darauf hin, daß nicht nur das erkrankte Kind in seiner Selbstbehauptung gestärkt werden muß, sondern daß die Therapie alle Familienmitglieder in ihrer Verselbständigung und Individuation unterstützen sollte.

Zur Therapie von Kinderneurosen

Zum Abschluß wollen wir uns die verschiedenen Ansätze noch einmal vor Augen führen und einige Schwerpunkte herausstellen, die wir für die Therapie kindlicher Neurosen für wichtig erachten.

Genetische Theorien wie die von Spitz, Mahler, Anna Freud und Dührssen führen Neurosen des Kindesalters mit unterschiedlicher Gewichtung auf das frühe Beziehungsschicksal des Kindes zurück. Werden im Laufe der körperlichen und seelischen Reifungsschritte die phasenspezifischen Bedürfnisse des Kindes ungenügend erfüllt, so treten schwer zu korrigierende Schäden auf.

Spitz wies zunächst auf tiefgreifende Entwicklungsschäden durch einen Mangel an Geborgenheit, Zärtlichkeit und Ansprache im ersten Lebensjahr des Kindes hin. Die Mutter-Kind-Beziehung ist auch bei Mahler im Vordergrund. Sie richtet unser Augenmerk auf die unvollständige Individuation und Ablösung, die bei allen neurotischen Kindern zu finden ist. So haben wir in der Therapie immer mit einem unsicheren Identitätsgefühl des Kindes zu rechnen. Es schwankt zwischen Kleinheits- und Größengefühlen, zwischen Anklammerung und tiefem Mißtrauen. Deshalb sollte das Kind in der Beziehung zum Therapeuten emotionale Verläßlichkeit, zugleich aber auch Stärkung seiner Selbständigkeit erfahren.

Die Familientherapie hält besonders bei einer komplizierten Familiendynamik die *Behandlung aller Familienmitglieder* für unumgänglich, und zwar immer dann, wenn das Kind durch die Konflikte in der Familie von der Lösung kindgemäßer Aufgaben abgehalten und in seinen Entwicklungsschritten gestört wird. Letztendlich können Kinder nicht sozialer sein als die Familie und die Gesellschaft, in der sie aufwachsen. Deshalb sah Adler in der Charakteranalyse bzw. der ›Erziehung der Erzieher‹ die beste Möglichkeit der Neurosenprophylaxe und -heilung.

Josef Rattner

Pubertätsneurosen

Das Wort ›Pubertät‹ stammt aus dem Lateinischen und bezeichnet die Zeit der Geschlechtsreife oder des ›Mannbarwerdens‹. In der deutschen Sprache wird hierfür der Ausdruck ›Jugendalter‹ gebraucht. Die Autoren sind nicht ganz einig darüber, welchen Zeitraum sie diesbezüglich ansetzen sollen. Oft lassen sie die Kindheit bis zum siebenten Lebensjahr dauern; dann folgen Knaben- und Mädchenalter bis zum elften oder zwölften Jahr; die ›Reifezeit‹ jedoch soll von da an bis zum zwanzigsten oder gar fünfundzwanzigsten Jahr dauern. Das Ausreifen des Menschen erfolgt in zwei Phasen: In der ersten Phase oder Pubeszenz wird der Akzent auf mehr oder minder dramatische Reifungsschritte im körperlichen und seelischen Bereich gelegt, indes in der zweiten Phase oder Adoleszenz das eigentliche Erwachsenwerden mit Einfügung in die Gesellschaft (Liebe und Beruf) erfolgen soll.
Eine eigentliche ›Psychologie der Pubertät› gibt es erst seit ca. 50 Jahren. Um die Jahrhundertwende begann sich die Forschung auf die Psychologie der Kindheit zu konzentrieren. Erst als einige Klarheit auf diesem Gebiet geschaffen war, konnten die Probleme des Jugendalters ins Auge gefaßt werden. Bahnbrechend in dieser Sphäre waren Charlotte Bühler 1922 (*»Das Seelenleben des Jugendlichen«*) und Eduard Spranger (*»Psychologie des Jugendalters«*, 1924). Auch die Tiefenpsychologie trug viel dazu bei, die Bedeutung der Pubertätsfragen erkennbar zu machen. Seither ist die Literatur über dieses Thema schier unübersehbar angewachsen.
Über die biologische Seite der Pubertät soll an dieser Stelle nur wenig geäußert werden. Bekanntlich kommt es in diesem Zusammenhang zu tiefgreifenden hormonalen Umstellungen im Organismus, die einen körperlichen Wachstumsschub auslösen und auch zum Erwachen des Sexualtriebs und zur Ausbildung der ›sekundären Geschlechtsmerkmale‹ führen. Das schon er-

worbene physische und psychische Gleichgewicht gerät hierbei ins Wanken. Der junge Mensch reagiert auf seine veränderte Beschaffenheit mit Angst, Unlust, Unmut und Unsicherheit. Es stellt sich fast ausnahmslos eine ›Pubertätskrise‹ ein, die sein Leben jahrelang überschattet. Diese unruhevolle ›Zeit der Reife‹ interessiert den Psychologen und Psychotherapeuten ganz besonders, da man darauf aus ist, dem Jugendlichen in dieser kritischen Phase des Werdens und der Entwicklung Beistand und Hilfe zu leisten. Die wertvollste Hilfsaktion in der heillosen Verwirrung des Entwicklungsalters scheint aber das *Verstehen* zu sein; fast alle Autoren kommen darin überein, daß sich der Pubertierende außerordentlich nach dem Verstandenwerden sehnt, da er sich selbst kaum zu begreifen vermag. Andererseits enden jene Pubertätskonstellationen mit Katastrophen, wo echtes Verständnis von seiten der Umwelt ausbleibt. Es muß jedoch der Gerechtigkeit halber gesagt werden, daß der junge Mensch es seiner Umgebung sehr schwer macht, ihm nahe zu kommen und sein Innenleben verstehend zu erfassen. Die Tragik der Pubertät besteht u. a. darin, daß das Bedürfnis nach Nähe und Intimität in vielen Fällen ebenso groß ist wie die Kontaktscheu und Distanziertheit, was vor allem Eltern und Erzieher als schmerzliche Barriere im Zusammenleben empfinden.

Aspekte einer Pubertätspsychologie

Der auffälligste psychologische Befund des Pubertätsalters ist — nach Charlotte Bühler — das Hervortreten einer biologischen und psychischen *Ergänzungsbedürftigkeit* des jungen Menschen. In den vorangehenden Phasen der Entwicklung wird oft eine gewisse Autonomie erlangt, die natürlich ihre Grenzen hat, da der Mensch als soziales Lebewesen immer auf das Du und das Wir angewiesen ist. In den Entwicklungsjahren bricht ein Großteil des Selbstgenügsamen in sich zusammen; das Ich wird aufgeschlossen für eine Begegnung mit dem Du, für eine physische und psychische Vereinigung mit dem anderen Geschlecht. Im Prozeß dieses Aufgeschlossenwerdens entsteht Nervosität und Spannung, Wunschdenken und Sehnsucht, Triebbedürfnis und Liebesbereitschaft. Das Ausmaß an leib-seelischen Veränderungen in dieser Phase ist sehr groß. Im Kern aller Entwicklungen jedoch scheint die Vorbereitung auf die Zweierbeziehung zwischen Mann und Frau und das Erwachsenwerden überhaupt zu stehen. Charlotte Bühler, die vor allem den ersten Faktor betont, äußert sich in ihrem bereits genannten Buch (S. 59) folgendermaßen:

»Für uns steht nun fest, der biologische Sinn der Pubertät ist der, daß das Individuum ergänzungsbedürftig wird. Daraus ergibt sich für die Struktur der seelischen Pubertät Sehnsucht als ihr Grunderlebnis. Sehnsucht und Suchen gibt allen Funktionen die Richtung auf eine zukünftige Erfüllung. Neugier, Hoffnung, Erwartung, Spannung, Sehnsucht, Wünsche und Süchte strecken sich dem Fehlenden entgegen, ganz gleich, ob dies bereits erkannt oder kaum dunkel geahnt ist. Wir definieren also seelische Pubertät als seelische Ergänzungsbedürftigkeit. Von hier aus gewinnen wir eine feste unverrückbare Basis zum Verständnis aller Pubertätserscheinungen. Ihr biologischer Sinn ist uns klar: Die Natur reißt das kindliche Individuum aus seinem bisherigen Leben, aus dem Genügen an seinem bisherigen Umkreis heraus, damit es sich Neuem, Weiterem öffne und empfänglich wird oder suchend nach der Begegnung mit einem Du.«

Charlotte Bühler und andere Autoren beobachteten in der Frühphase der Pubertät eine *Periode der Verneinung*, die fast gesetzmäßig auftritt. Der Jugendliche wird sensibler und reizbarer, einsamer und unglücklicher. Sehr häufig gerät er in ein zweites ›Trotzalter‹ hinein, welches die Anpassungsschwierigkeiten der Drei- bis Vierjährigen auf einer höheren Altersstufe zu wiederholen scheint. Die eigene Unsicherheit macht widerspenstig und sonderlingshaft; vielen Eigentümlichkeiten dieses Alters liegt eine fundamentale Mutlosigkeit zugrunde, die bis zur umfassenden Lebensangst und Lebensverneinung gehen kann. So manche Pubertätskrise endet unglückseligerweise im Selbstmord.
Die Schule stellt an den Pubertierenden vermehrte Anforderungen, denen er nicht zu entsprechen vermag, wenn seine inneren und Umgebungskonflikte ihm über den Kopf wachsen. Der Rückgang der Leistungen läuft fast immer parallel mit der Verschlechterung der zwischenmenschlichen Beziehungen, wobei man schwerlich sagen kann, welcher Faktor primär und welcher sekundär ist. Die verringerten Erfolgserlebnisse stehen in krassem Widerspruch zum erhöhten Geltungsanspruch, der für dieses Alter speziell charakteristisch ist. So kommt es zu Unzufrie-

denheiten an allen Ecken und Enden; wenn die Freudsche These vom ›Unbehagen in der Kultur‹ berechtigt ist, dann gilt sie in erster Linie für den jungen Menschen, der nicht selten alles und jedes als Last fühlt und am liebsten aus der Mitwelt ausbrechen würde.

In günstigen Fällen folgt aber auf die Verneinungsperiode eine *Phase der Bejahung*, die nach Bühler um das siebzehnte oder achtzehnte Jahr einsetzt. Es kommt zum Abflauen der körperlichen und seelischen Krisenerscheinungen, da sich eventuell der Ausblick auf das Leben zu klären beginnt und die Selbstfindung wichtige Fortschritte macht. E. H. Erikson spricht in diesem Zusammenhang vom Erwerb der ›Ichidentität‹, die seines Erachtens die herausragendste Aufgabe der Pubertät ist. Ein kontinuierliches und krisenbeständiges Ichgefühl ist aber in der Regel an die ›soziale Einordnung‹ gebunden. Nur der Jugendliche, der eine vernünftige Berufsentwicklung angeht und die ersten tastenden Schritte zur Eroberung seiner Geschlechtsrolle gut bewältigt, wird zu einer gewissen Stabilität gelangen. Mißerfolge in der Schule, in der Lehrzeit und im Liebesleben jedoch leiten eine Reihe von Konfliktsituationen ein, die für das Selbstwerterleben und die Zukunftserwartung sehr prekär werden können.

Wie bereits weiter oben erwähnt wurde, liegt der Angelpunkt einer positiven Entwicklung des jungen Menschen im Aufbau seiner Ichstärke. Je deutlicher er spürt, daß er dieser Aufgabe nicht oder noch nicht genügen kann, um so mehr karikiert er das fehlende Selbstbewußtsein durch Kraftprotzerei, Eitelkeit und Gefallsucht, Herablassung gegen andere, Egozentrismus und Verwahrlosung. Minderwertigkeitsgefühle sind in diesem Alter an der Tagesordnung; es fehlen aber auch kaum je die kompensierenden Wesenszüge des Geltungsstrebens und sogar des Größenwahns. Der Kampf gegen die Umwelt entbrennt um so heftiger, je weniger in den Kinderjahren die Beziehungsfähigkeit entfaltet worden ist. Starkes Ichgefühl und Kontaktbereitschaft hängen innerlich zusammen.

Um seine innere Einsamkeit zu durchbrechen, sucht der Jugendliche Freunde, mit denen er gewissermaßen die seelische Intimität einübt, die er später im Liebesleben mit dem anderen Geschlecht praktizieren soll. Freundschaft ist ihm ein wichtiges Hilfsmittel zur Bekämpfung seiner Lebensangst und Selbstverachtung. Wo sie fehlt, ist die Gefahr pathologischer Entwicklungen gegeben. Wie dem jungen Menschen in seinem Alleinsein zumute ist, hat Hölderlin in einem Pubertätsgedicht sehr schön zum Ausdruck gebracht:

Jetzt wandl' ich einsam an dem Gestade hin.
Ach, keine Seele, keine für dieses Herz.
Ihr frohen Reigen? Aber weh dir
sehnender Jüngling, sie gehen vorüber!

Zurück denn in die Zelle, Verachteter,
zurück zur Kummerstätte, wo schlaflos du
so manche Mitternächte weintest,
weintest in Durst nach Lied und Lorbeer.

Auch wer nicht auf ›Lied und Lorbeer‹ aus ist, bedarf dringend des mitfühlenden Herzens, um nicht alle Hoffnung aufzugeben und sich dem lähmenden Gefühl der Verzweiflung zu überlassen. Es wäre eine unberechtigte Simplifikation, dieses Verlangen nach einem Miteinandersein hauptsächlich auf die sexuelle Bedürftigkeit zurückzuführen. Der Eros in diesem Alter ist nicht mit dem Sexus identisch; auch später im Leben sind erotische und sexuelle Sehnsüchte durchaus nicht wesensidentisch. Aber es steht fest, daß eine Vereinigung beider Strebungen in *einem* Menschen zum fruchtbaren Ausgang der Pubertätsentwicklung gehört. Es ist viel gewonnen, wenn der Jugendliche aus der Phase seiner Masturbation und ziellosen Partnersuche auftaucht und ein konkretes andersgeschlechtliches Du findet, mit dem er sich *als Ganzer* zu vereinigen vermag.

Der tiefenpsychologische Standpunkt

Die tiefenpsychologischen Abhandlungen über die Pubertät betonen durchweg, daß in dieser Entwicklungsphase eine Wiederbelebung des Ödipus- und Kastrationskomplexes aktuell ist, wobei es zum Ausbruch von Neurosen und anderen psychischen Störungen kommen kann. Am besten absolvieren jene Jugendliche die Pubertätskrise, die in der Zeit der eigentlichen ›Ödipussituation‹ (im fünften und sechsten Lebensjahr) glimpflich davonkamen und — in bezug auf den Knaben gesehen — die Rivalität gegen den Vater und die sexuelle Neigung zur Mutter einigermaßen überwunden haben. Dabei wird der Ödipuskomplex abgebaut, und als Ergebnis seines ›Unterganges‹ entsteht ein intaktes Über-Ich, welches die soziale Einfügung sehr begünstigt. Das Über-Ich oder Gewissen enthält die sozialen Verhaltensnormen, so daß eine Instanz im Innern des Individuums gegeben ist, die die gesellschaftliche Anpassung fördert. Solche Jugendliche sind bereit zu kooperieren und Verantwortung für sich und andere zu übernehmen. Sie haben einen wichtigen Teil des Infantilismus überwunden. Ihre ›Trieborganisation‹ ist gegründet auf der wachsenden Vorherrschaft der genitalen Regungen über die prägenitalen; daher sind sie im Verlaufe der Jahre fähig zu arbeiten und zu lieben, was etwa dem Freudschen ›Gesundheitsideal‹ entspricht.

Schwieriger wird die Lage für jene, die in ihrer Kindheit steckengeblieben sind und daher beim Auftauchen von Schwierigkeiten auf kindliche Verhaltensmuster leicht regredieren. Sie haben Mühe, über die Familie hinauszuwachsen und die Bindung an die Eltern zugunsten anderer emotionaler Beziehungen zu lokkern und aufzugeben. Solche junge Menschen stehen gleichsam vor einem ›unlösbaren Problem‹: Die erwachende Triebhaftigkeit, das fühlbare Erwachsenwerden, das Interesse an der größeren Umwelt treibt sie aus der Familie heraus; Angst, Unsicherheit und das Fehlen sozialer Techniken drängen sie in die Familie zurück, wo sie sich ebenfalls nicht geborgen und beschützt fühlen. Anstatt die eigene Entfaltung voranzutreiben, lassen sich dann Knaben und Mädchen in endlose Streitigkeiten mit ihren Eltern ein, sofern diese den Erziehungsdruck gegen den widerspenstigen Pubertierenden zu verstärken versuchen. Es kommt zu einer nicht abreißenden Kette von Konflikten, die ›Entwicklungsersatz‹ bedeuten. Man kann dies durchaus eine Neuauflage des ödipalen Denkens und Fühlens nennen, und tatsächlich benehmen sich die Pubertierenden beider Geschlechter mitunter so, als ob sie teilweise auf ein vorschulpflichtiges Alter zurückgefallen wären.

Verwöhnte, autoritär und lieblos erzogene Kinder sind besonders dazu disponiert, erhöhte Pubertätsschwierigkeiten zu haben. Die hierbei zutage tretende innere Vereinsamung, Ichschwäche und Lebensangst ist von langer Hand vorbereitet. Eigentlich muß die Erziehung zur Selbständigkeit und Kontaktfähigkeit schon im frühen Kindesalter beginnen, wobei die Erwachsenen die Emanzipationsschritte des Kindes verstehend und helfend begleiten sollen. Versäumen sie diese Erziehungsaufgabe, so wird ihr Kind durch Über- oder Minus-Sozialisation unbeholfen, konformistisch und lebensuntauglich. Die Pubertätstragödie ist aber eine Fortsetzung der Kindheitstragödie.

Wie sehr bei einer verwöhnenden und allzu konformistischen Erziehung die Selbstwerdung ausbleibt, zeigt jener junge Mann, der unter dem Pseudonym Fritz Zorn seine Lebensgeschichte mit dem Titel *»Mars«* (1977) kurz vor seinem Tode veröffentlichen ließ. Zorn war der Sohn einer reichen Schweizer Familie, der mit 32 Jahren an Krebs starb. Sein biographischer Bericht leidet ziemlich darunter, daß er fast durchgehend nur eine Anklage gegen die Eltern und die Erziehung enthält, welche Zorn für seine Depression vom 17. Lebensjahr an und sogar für seine spätere Krebserkrankung verantwortlich macht. Er ist — offenbar unter dem Einfluß oberflächlicher psychoanalytischer Einsichten — nicht in der Lage, seine Charakterstruktur und die daraus erwachsenden Lebensschwierigkeiten gründlich darzustellen; er meint lediglich, die ›sterile Elternhausatmosphäre‹ sei die einzige ›Ursache‹ seiner Komplikationen und auch Lebensängste gewesen.

Vermutlich war er ein sehr verwöhntes Kind, das auch durch Eifersucht auf einen jüngeren Bruder viele Hemmungen erwarb. Er verschanzte sich in sich selbst, wurde ängstlich und — unbewußt — hochmütig. Sein Konformismus entsprang der Ichschwäche. So schreibt er u. a. (S. 30):

> »Ich gewöhnte mich daran, kein eigenes Urteil zu fällen, sondern immer nur den Urteilen der anderen beizustimmen. Ich gewöhnte mich daran, nicht selbst die Dinge zu schätzen, sondern immer nur die richtigen Dinge zu schätzen: was die anderen als richtig ansahen, gefiel mir auch, und was die anderen nicht als richtig betrachteten, dem zollte auch ich keinen Beifall. Ich las ›gute Bücher‹, und sie gefielen mir, weil ich wußte, daß sie ›gut‹ waren; ich hörte ›gute Musik‹, und sie gefiel mir aus demselben Grund. Was aber ›gut‹ war, bestimmten die anderen und nie ich selbst. Ich verlor jede Fähigkeit zu spontanen Gefühlen und Vorlieben. Ich hatte erfahren, daß klassische Musik ›gut‹, daß Schlager und Jazz aber ›schlecht‹ waren. Darum hörte ich klassische Musik, wie das meine Eltern taten, und fand es ›gut‹, und ich verabscheute Jazz, von dem ich wußte, daß er ›schlecht‹ war, obwohl ich noch gar nie Jazz gehört hatte und überhaupt keine Ahnung davon hatte, was Jazz eigentlich war. Ich hatte nur gehört, daß er ›schlecht‹ war, und das genügte mir.»

Das gute Funktionieren eines Kindes in der Schule, sein Brav- und Unauffälligsein heißt noch lange nicht, daß eine ausreichende Vorbereitung auf das Leben stattfindet bzw. stattgefunden hat. Das Heranreifen eines jungen Menschen darf nicht nur auf die Schulleistungen bezogen werden; fast noch wichtiger sind die Fähigkeit zur Freundschaft, zur Selbstbehauptung in der ›peer group‹, die Widerstandskraft gegen Aggressionen von seiten der Umwelt, die Wahl von kulturell wertvollen Zielen und Interessen. Oft ist es sehr aufschlußreich, wenn man Jugendliche frühzeitig nach allfälligen Berufswünschen befragt; die Mutigen und Realitätsbezogenen setzen sich schon sehr bald mit ihrer beruflichen Zukunft auseinander und schmieden Pläne, wie sie in der Welt nützlich werden und dabei auch eine prestigeorientierte Rolle spielen können. Das Ausbleiben von Berufsneigungen ist fast immer ein Indiz auf Verwöhnung im Elternhaus. In anderen Fällen wieder kommt es zu lebensfeindlichen oder aggressiven Berufswünschen (Totengräber, Räuberhauptmann usw.), die andeuten, daß das soziale Verbundenheitsgefühl unterentwickelt ist.

Eine positive Haltung zur eigenen Geschlechtsidentität, zur Leiblichkeit und zum Sexualtrieb ist ebenfalls ein großes Gesundheitskriterium. Über die Notwendigkeit der sexuellen Aufklärung muß man heute nicht lange diskutieren. Aber das Aufklären soll sich nicht nur auf ›anatomische Details‹ beschränken. Zur Anatomie des Sexus soll auch die ›Psychologie des Liebens‹ hinzugefügt werden. Scheiternde Pubertätsentwicklung kündigt sich meistens im schlechten Körperverhältnis an, das Ursache und Resultat sexueller Verdrängungen und der Lebensangst ist.

Der bereits erwähnte Fritz Zorn schreibt über sein Mißverhältnis zum eigenen Körper sehr eindrücklich (l. c., S. 60):

> »Nur in einem Fach wollte es aber durchaus nicht klappen: im Turnen natürlich. Denn im Turnen ging es eben um etwas anderes als in den wissenschaftlichen Fächern: um Kraft, Mut und körperlichen Einsatz, und diese Dinge kannte ich alle nicht. Der Körper an sich war mir schon fremd, und ich wußte nichts damit anzufangen. Ich war sehr bewandert in der Welt des zweifelhaften ›Höheren‹, aber vor der geahnten Brutalität und Primitivität der körperlichen Welt hatte ich Angst. Ich bewegte mich nicht gerne, ich empfand mich als häßlich und ich schämte mich meines Körpers. Der Körper war eben immer

einfach da, es gab für ihn keine Ausflüchte in die Welt des ›Schwierigen‹ und Lebensabgewandten. Diese von mir als störend empfundene mangelnde Erdverbundenheit meines Körpers äußerte sich in einer übertriebenen Schamhaftigkeit. Ich vermied nicht nur jede körperliche Berührung, ich vermied sogar die Wörter, die sich auf den Körper und auf seine Schamhaftigkeit bezogen.«

Nach Alfred Adler müssen wir in erster Linie auf die Charakterentwicklung achten, wenn wir das Pubertäts- und Lebensschicksal eines Menschen begreifen wollen. Der Charakter ist nicht angeboren, sondern gewissermaßen ›anerzogen‹; er bildet sich in der Auseinandersetzung des Kindes mit seiner frühen Umwelt, ist Produkt einer schöpferischen Verwertung der Eindrücke und Gegebenheiten, die das Kind in seiner Umgebung und Erfahrung vorfindet.

Die Hauptachse des Seelenlebens ist das Gemeinschaftsgefühl oder die soziale Verbundenheit. Sie stellt sich allemal ein, wenn die Eltern ihrer Erziehungsaufgabe gewachsen sind und in ihrem eigenen Leben ›Sozialinteresse‹ verwirklichen. Wo aber die Bindung an die Mitmenschen sich verringert, entstehen Hemmungen und Ängste, repräsentiert in Charakterzügen ängstlicher und aggressiver Art. Das Aufnehmen sozialer und sexueller Beziehungen erscheint dann als schwer oder unmöglich.

Ein Beispiel hierfür kann etwa das Tanzen sein. Die Tanzstunde wird für den gehemmten Jugendlichen nicht zur Gefühlsbereicherung, sondern zum unentrinnbaren Fiasko. Hier wiederum eine Aussage von Fritz Zorn (l. c., S. 67):

»Ein Prüfstein für diese Entwicklung war der Tanzkurs. Wie jedermann bekannt war, hatten viele Jungen eine Tanzkursfreundin. Offenbar war der Tanzkurs der Ort, an dem es Freundinnen gab. Solange ich noch nicht im Tanzkurs war, hatte ich eine bequeme Erklärung für mich: ich war eben noch gar nie am Ort gewesen, an dem es Freundinnen gab; ich war vollkommen unschuldig an der Sache, ich hatte bloß noch keine Gelegenheit dazu gehabt. Aber ewig sollte auch dieses latente Vergnügen nicht für mich dauern, denn schließlich kam auch ich in den Tanzkurs. Dort stellte ich bald fest, daß es Jungen gab, die mit Mädchen etwas anzufangen wußten, und daß ich mit ihnen gar nichts anfangen konnte und immer nur gehemmt und verlegen auf meinem Stühlchen saß.«

Noch schwieriger wird es beim Flirten und beim Umwerben des anderen Geschlechtes. Viele Jugenddramen knüpfen an der gescheiterten Beziehungsaufnahme in der Liebe an, indes das Gelingen einer frühen Partnerschaft sehr viele Konfliktstoffe eliminiert oder bagatellisiert.
Am gefährdetsten sind die jungen Menschen, an denen wir das Überwiegen von Charaktereigenschaften wie Faulheit, Ehrgeiz, Eitelkeit, Neid, Geiz, Haß, Eifersucht, Trauer, Schüchternheit, Pessimismus, Distanziertheit, Negativismus und Verzweiflung beobachten. Sie halten sich noch einigermaßen aufrecht, solange sie — durch die äußeren Umstände begünstigt — Erfolge haben. Kommt es aber zu einigen Mißerfolgen, so nimmt die Entmutigung überhand und die ohnehin nur schwachen Brücken zur Mitmenschlichkeit werden weiter abgebrochen. Die charakterlichen Anomalien leiten die neurotischen Fehlentwicklungen ein. Hinter jeder Neurose im Jugendalter stehen Charakterdeformationen, die von der Umwelt wenig beachtet und daher auch nicht im guten Sinne beeinflußt werden.

Geisteswissenschaftliche Psychologie

Während die Tiefenpsychologie die familiären, die sexuellen und charakterlichen Konflikte des Jugendlichen besonders beachtet, hat sich die geisteswissenschaftliche Psychologie vor allem mit dem Hineinwachsen des jungen Menschen in die Gesellschaft und in die Kultur befaßt. Der klassische Text dieser Forschungsrichtung ist immer noch das Buch von Eduard Spranger *»Psychologie des Jugendalters«* (1924). Es ist mit ungewöhnlichem Feinsinn geschrieben und stellt eine herausragende Leistung der Kunst *und* der Wissenschaft dar.
Die geisteswissenschaftliche Psychologie, deren Ursprünge bei Wilhelm Dilthey liegen, sieht das zentrale Phänomen des Jugendalters im *Selbständigwerden* des jungen Menschen und in seinem *Hineinwachsen in die Gesellschaft* bzw. in die Sphären des ›objektiven Geistes‹. Die Fehlschläge der Entwicklung zeigen sich nicht nur in Sexual- und Charakterstörungen, sondern auch in einer deutlich verminderten Assimilation des gesellschaftlichen und kulturellen Lebens, an welchem der Mensch erst zum ›Personsein‹ heranwachsen kann. Die große Bedeutung der Pubertät als einer ›zweiten Kindheit‹ oder gar einer ›zweiten

Geburt‹ liegt darin, daß sie — durch Triebverstärkung und emotionale Erschütterung — auf die Begegnung mit ›Mutter Kultur‹ und ›Vater Zeitgeist‹ vorbereiten soll. ›Persönlichkeit‹ entsteht nur dann in überzeugendem Ausmaße, wenn die leiblichen Eltern durch das ›Kulturmedium‹ ersetzt werden und wenn das Menschenkind zum Kulturträger geworden ist.
Spranger teilt die Kultur in sechs Wertbereiche oder Sinngebilde des objektiven Geistes ein. Diese sind Wirtschaft, Gesellschaft (das Soziale), Sitte und Moral, Kunst, Wissenschaft, Religion und Philosophie (Weltanschauung). Dem entspricht die Ausprägung von sechs Menschentypen, die sich jeweils einen dieser Bereiche zum Lebensinhalt wählen; ›idealtypisch‹ kann man demnach vom ökonomischen, politischen, sozialen, ästhetischen, wissenschaftlichen und religiösen Menschen sprechen. Aber diese Idealtypen sind Konstruktionen; im wirklichen Leben findet man Charaktere, die sich mehrere dieser Kulturfelder als Lebensinhalt wählen.
Jedenfalls sind sechs ›Wertsphären‹ gegeben, die den Inhalt des kulturellen und geistigen Lebens ausmachen. Sie erheben sich vor dem Jugendlichen im Entwicklungsalter als Aufgaben und Anforderungen, die er in irgendeiner Weise bewältigen soll. Natürlich beschreibt Spranger mit diesem Konzept das spezielle Problem der ›Kulturpubertät‹, wie es bei jungen Menschen aus dem Bürgertum und den ›gehobenen Schichten‹ zum Tragen kommt; die proletarische und die Bauernjugend hat andere Gesetzmäßigkeiten. Heute aber zeigt sich eine gewisse Nivellierung in dieser Hinsicht. Das Proletariat ist kleinbürgerlich geworden, und ein Teil des Bürgertums ist ›proletarisiert‹. Die Unterschiede, die um die Jahrhundertwende noch gewichtig waren, wurden eingeebnet.
Wie kommt der Jugendliche in Gesellschaft und Kultur ›hinein‹? Durch Lernprozesse aller Art, die mit seinem Selbstwerden und seiner Selbstverwirklichung zusammenhängen. Das Fundament hierzu sind aber ›Werterfahrungen‹, die im ›Erlebnis‹ wurzeln. Hier einige Hinweise auf Sprangers Gedankengänge:
a. Das wirtschaftliche Problem stellt sich dem Jugendlichen als Berufsfrage, d. h. als Aufgabe der Berufswahl. Hierauf wird er durch die Schule im wesentlichen vorbereitet. Aber auch schon die häusliche Erziehung spielt eine bedeutende Rolle. Man denke an die Vorbildhaftigkeit von Vater und Mutter; vor allem der erstere ist Repräsentant der gesellschaftlichen Leistungsan-

forderungen, die er dem Kinde ›vorbildlich‹ nahebringen muß. Die Leistungsgesinnung ist unentbehrlich für eine gesunde Einstellung zum Berufsleben. Sie wird heute zu wenig gefördert. Ein Teil der Jugendlichen meint, das Leistungsethos ablehnen zu dürfen, weil im Kapitalismus gewisse Exzesse der ›Arbeitsamkeit‹ stattfinden.

Das Berufsethos ist immer auch partiell Lebensethos. Je entschiedener sich ein Mensch für seinen Beruf einsetzt, um so eher kann er sein Dasein mit Gehalt erfüllen. Die Arbeit ist eine der großen Glücksquellen der menschlichen Existenz. In ihr bekennt man sich zur allmenschlichen Solidarität, indem man einen Beitrag zur allgemeinen Wohlfahrt leistet.

b. Politik befaßt sich — vom Wortsinn her — mit den Angelegenheiten der ›polis‹, der Stadt, in der man lebt. Hinzu kommen die Formen des nationalen und internationalen Zusammenlebens: Heute hat das Politische stets auch eine menschheitliche Dimension. Der Jugendliche ist oft für diese Zusammenhänge interessierbar, hat aber selten die Geduld und die geistige Kraft, sich ›objektiv‹ einen Standpunkt zu erarbeiten. Viele junge Menschen werden von politischen Fanatismen und Einseitigkeiten angezogen. Auch der unreflektierte ›Aktionismus‹ gewinnt leicht seine Anhänger. Man geht davon aus, daß man mit dem Erwerb des Stimmrechtes (derzeit mit 18 Jahren!) auch schon politische Mündigkeit miterlangt. Dabei wird die Verantwortung des politischen Handelns und Entscheidens vom Pubertierenden oft zu oberflächlich gesehen. Allerdings haben die ›Väter‹ in der jüngsten Vergangenheit (Faschismus, Bolschewismus usw.) auch nicht gerade besonders viel politische Vernunft an den Tag gelegt. Daher denken viele Jugendliche, daß sie die Geschicke der Gesellschaft sehr wohl in die Hand nehmen können: Es werde dabei auch nicht mehr Stumpfsinn herauskommen als etwa im Zeitraum von 1914 bis 1945.

Das Hineinwachsen in die Politik ist aber ein gewaltiger Bildungsprozeß, der Schulung und ernsthaftes Engagement voraussetzt. Bei den Völkern der Antike wurden erst die Dreißigjährigen als ›mündig‹ erklärt (im alten Rom), und die Geschicke des Gemeinwesens lagen in der Befugnis der Alten (Senat), die mitunter sogar im Greisenalter standen. Das schuf die Gefahr des Konservatismus, der Erstarrung; aber das heutige Revoluzzertum ist ebenfalls nicht überzeugend und imponiert vor allem durch Entartungserscheinungen.

c. Wissenschaft, Religion und Philosophie sind für junge Menschen Quellen der Inspiration und des Enthusiasmus, wenn sie zur Kultur hin erzogen wurden. Leider scheint sich die heutige Jugend weniger für Wissenschafts- und Weltanschauungsfragen zu begeistern als etwa noch die Jugend von 1900 bis 1930. Es hat offenbar ein kultureller ›Ausverkauf‹ stattgefunden, der die geistige Substanz des Jugendalters empfindlich betroffen hat. Pubertierende von heute enthusiasmieren sich weniger für Philosophen, Schriftsteller und Wissenschaftler, desto mehr aber für ›wilde Musik‹, Massenidole und Scheingrößen der Scheinkultur.

Es ist fast ein Zeichen für die echte Persönlichkeitsentwicklung, daß junge Menschen noch Lust und Liebe zum Diskutieren haben, sich über Weltanschauungsfragen den Kopf zerbrechen und auf ihre Art zu ›philosophieren‹ versuchen. Da kündigt sich die Geistwerdung der Person an, eine Ausformung der kulturellen Persönlichkeit.

d. Auch die Kunst hat einen eminenten Bildungswert. Gut sozialisierte Jugendliche sind meistens empfänglich für künstlerische Daseinswerte. Sie suchen in der schönen Literatur Formen der Daseinsbewältigung, inspirieren sich an Malerei und bildenden Künsten. Nach der Auffassung der Psychoanalyse sind es sublimierte Sexualtriebe, die in der Kunst ihr Betätigungsfeld haben. Wie immer man zu dieser (gewagten) Theorie stehen mag: Kunstinteresse ist ein Zeichen dafür, daß der Eros des jungen Menschen nicht nur in handfester Sexualität zum Vorschein kommt, sondern auch verfeinerten Lebensausdruck finden kann. Spranger sieht im Eros einen der entscheidenden Motoren der Selbstwerdung des Jugendlichen.

e. Religion und Ethik sind weitere Gebiete, in denen das Assimilieren von Kultur und Lebenswerten sich ereignet. Man tut gut daran, die Jugendlichen behutsam auf die Problemlagen in diesen Sphären vorzubereiten und sie von jedem Fanatismus oder Dogmatismus fernzuhalten. Wichtig ist, daß dem jungen Menschen die Möglichkeit geboten wird, sich einen eigenen Standpunkt zu erarbeiten. Man informiere ihn über alles und jedes, was diesbezüglich gedacht und diskutiert worden ist, und erlaube ihm, gemäß seiner Denkfähigkeit selbst zu urteilen und zu forschen. Aus den geistigen Bedrängnissen dieser frühen Wahrheitssuche entsteht die wertvolle Persönlichkeit.

Spranger beschreibt in seinem Buch den Normalfall der Pubertätsentwicklung, vielleicht liefert er sogar ein ›normatives Gemälde‹, sozusagen ›wie es sein sollte‹. Der normale junge Mensch in seinem Sinne würde in der Familie ein intaktes Milieu vorfinden, an welchem er den Mut zum Wachsen und Werden erwirbt. Damit ausgestattet, bewältigt er die Anforderungen der Schule, interessiert sich für Menschen und Lernstoff, schließt Freundschaften mit Gleichgeschlechtlichen und nähert sich in der Pubertät auch dem anderen Geschlecht an. Für längere Zeit begnügt er sich mit seelischer Liebe zu einem andersgeschlechtlichen Du, bis er in der Lage ist, durch Dauerverbindung auch die Voraussetzung für eine sexuelle Partnerschaft zu schaffen. Dies erfolgt aber günstigenfalls im Einklang mit der Assimilation von Kulturwerten, durch Eingliederung in die Kultur. Dazu gehört nicht nur der befriedigende Beruf, sondern eben auch Kunstinteresse, eigenes Nachdenken, eigene Gesellschaftsbildung, eigener Standort im Religiösen und Neigung zu Wissenschaft und Philosophie. Wer so auf das Leben vorbereitet wurde, kann sich in die kulturelle Tradition einschalten; aus dem Kulturempfänger wird – je nach Kräften und Fähigkeiten – ein Kulturschöpfer oder Kulturträger.

Die Neurose ist eine Blockade im familiären Bereich, die notwendigerweise partiell oder total das Hineinwachsen in den Kulturbereich hemmt oder verunmöglicht. Gewiß sind auch Kulturrepräsentanten oft Neurotiker. Dennoch gilt die Definition: Neurose ist ein unterbrochenes, verkümmertes Bildungsgeschehen, das sich in allen Schichten der Persönlichkeit deletär auswirkt. Dieser Gesichtspunkt muß bei den seelischen Erkrankungen der Pubertät beachtet werden.

Psychogene Erkrankungen des Jugendalters

Alle Pubertätsneurosen erscheinen im Lichte unserer obigen Ausführungen als die Unfähigkeit des Jugendlichen, in die sozial-kulturelle Welt hineinzuwachsen und eine tragende Beziehung zu einem andersgeschlechtlichen Du aufzunehmen und zu gestalten. Es kommt zu einer ›Werdenshemmung‹ (v. Gebsattel), zu einem Stillstand der Entwicklung oder gar zu einer Regression auf bereits überwundene Formen des Lebens und Erlebens. Die Angst und die Beziehungsstörung spielen hierbei eine entscheidende Rolle. Beide Faktoren blockieren den Aufbau der

Persönlichkeit; sie halten das Ich im Bereich von Infantilismen fest, wobei die verschiedenartigsten Symptome als Ausdruck des Rückzugs und als Sicherung des prekären Selbstwertgefühls ausgebildet werden. Der junge Mensch, der nicht den Mut zur Selbstverwirklichung hat, wählt in seiner ›eigensinnigen Verzweiflung‹ die Krankheitsrolle, durch die er eine Abart von Zuwendung und Aufmerksamkeit erlangt. Er wird zum Problem für seine Umwelt, da er nicht mit- und vorangeht; irgendwo in seinem Innern ›genießt‹ er dieses ›Nein zur Mitmenschlichkeit und Kultur‹, das er als Kraft auslegt, indes es jedoch fast ausschließlich aus der Schwäche stammt.

Welche Neurose im jeweiligen Einzelfall in Erscheinung tritt, hängt von den Zufälligkeiten des Milieus (Familienneurose!) und des Schicksals ab. Wahrscheinlich besteht auch ein (kleiner) Freiraum der Gestaltung: Ein Abglanz von ›Schöpfertum‹ liegt auch in der neurotischen Symptomatik, die ein bedrängtes Individuum entfaltet anstelle von Fähigkeiten und Interessen, die für die Kultur nützlich sein können.

Wir geben in der Folge einen knappen Überblick über die hauptsächlichen psychogenen Störungen, die im Jugendalter vorkommen.

a. Wir wissen heute, daß die Onanie eine normale Abreaktion der sexuellen Bedürftigkeit ist, wenn andere Formen der Befriedigung nicht gegeben sind. Der Jugendliche wird fast immer masturbieren, da er die Gelegenheit zum Sexualverkehr nicht hat. Auch schon im Kindesalter gibt es onanistische Handlungen: Sie sind kein Grund zur Aufregung der Eltern, wiewohl überprüft werden muß, warum und wie oft das Kind onaniert. Man muß der Tatsache ins Auge sehen, daß die Reizempfänglichkeit der Sexualorgane eigentlich schon beim Säugling beginnt, so daß Selbststimulierung bei allen möglichen Anlässen zustande kommen kann.

Problematisch wird die Sache erst, wenn wir die sogenannte *Zwangsonanie* beobachten können. Hier nimmt die Selbstbefriedigung einen relativ großen Raum ein. Das Kind oder der Jugendliche onaniert mehrmals am Tage. Fast immer ist die abnorme Zuwendung zum eigenen Körper und seinen Lustquellen ein Symptom dafür, daß die Betätigung in der Umwelt und die Kontaktaufnahme zu den Mitmenschen irgendwie geschädigt sind. Übertriebenes Onanieren zeugt von Mutlosigkeit, Egozentrismus oder Autismus. Natürlich kann derlei nicht durch

Gebote und Verbote behoben werden. Auch die Drohung der ›Sündhaftigkeit‹ und der ›Körperschädigung‹ verstärkt eher die autoerotischen Tendenzen. Wer helfen will, muß in seiner Verstehensarbeit den Weg vom Symptom zur gesamtpersönlichen Störung zurücklegen. Angst, Hemmung, Freudlosigkeit usw. liegen dem zwanghaften Masturbationsgeschehen zugrunde. Von Unsittlichkeit kann keine Rede sein, wohl aber von ›Unglück‹.

b. Die *Verwahrlosung* stellt ein wichtiges Erziehungsproblem dar. Darunter fallen etwa Erscheinungen wie Weglaufen von zu Hause, Eigentumsdelikte, Lügen, Hochstapelei, aggressive und sexuelle Verwahrlosungstendenzen. August Aichhorn hat in seinem klassischen Werk *»Verwahrloste Jugend«* (1925) einen ersten Vorstoß in die psychoanalytische Verwahrlosungstheorie unternommen; der Schweizer Hans Zulliger folgte ihm mit anschaulichen Beschreibungen aus dem Leben schwieriger Pubertierender, die aktiv gegen die Gesellschaft rebellieren, weil ihre Sozialisation mißlungen ist.

Verwahrloste Jugendliche stammen oft aus ›unvollständigen Familien‹ oder aus ›broken homes‹, d. h. aus Familien, wo die Eltern im Streit leben oder auf Scheidung hin tendieren. Nicht selten sind auch soziale Benachteiligungen der Hintergrund des asozialen Benehmens. In anderen Fällen wieder zeigt sich ein Gemisch aus Verwöhnung und Lieblosigkeit, welches dem Heranwachsenden falsche Maßstäbe für das Leben mitgibt. Der vergrößerte Lebensspielraum der Pubertät wird dann dazu benützt, aus der Familie auszubrechen oder gegen sie zu revoltieren. Meistens werden auch Gleichgesinnte gesucht, die sich zur gemeinsamen Verwahrlosung zusammentun. Auch Bandenbildung gehört in diesen Bereich.

Die Verwahrlosung wird gespeist von jener Grundintention, die Alfred Adler den ›männlichen Protest‹ genannt hat. Der asoziale Mensch lebt nach dem Imperativ: »Ich will ein ganzer Mann sein!« Das gilt sowohl für Angehörige des männlichen als auch des weiblichen Geschlechtes. Man nimmt den Kampf gegen die Umgebung auf, indem man deren Wertmaßstäbe mißachtet und den ›Weg nach unten‹ antritt. In der Optik des Verwahrlosten jedoch wird dies in einen ›Weg nach oben‹ umgedeutet.

Das Weglaufen sieht wie eine ›Flucht in die Freiheit‹ aus; es erweist sich aber bald als ein Gefangensein in Unfreiheiten, die schlimmer sind als die häusliche Misere. Lügen, Stehlen und

Hochstapeln sollen die drückenden Minderwertigkeitsgefühle zum Schweigen bringen, indem man sich schlau und listig über die anderen erhebt, stets unter Ausnützung von deren Ahnungslosigkeit. Der Asoziale hält sich für klug und mutig; er ist aber in Wirklichkeit feige und bestenfalls ›schlau‹; er verstrickt sich meistens bald in das Netz seiner Ausweglosigkeiten, wodurch er tiefer in die Verwahrlosung hineingetrieben wird.
Sexuelle Frühreife und Schwererziehbarkeit sind in der Regel Teil eines allgemeinen Verwahrlosungsphänomens. Man muß hier allerdings in der Beurteilung vorsichtig sein. Im Zuge der Gesamtakzeleration des jugendlichen Reifens sind heute Knaben und Mädchen früher sexuell ›funktionstauglich‹. Auch haben sich die Moralkodices sehr gewandelt. Daher kommt es zu Sexualkontakten in einem Alter, in welchem unsere Großeltern und Eltern noch ziemlich ›ahnungslos‹ waren. Panische Reaktionen auf sexuelle Beziehungen im Jugendalter sind unzweckmäßig. Es ist stets zu überprüfen, welchen Charakter diese frühzeitige Sexualität hat; eventuell ist sie bereits mit echtem Eros verbunden, weshalb das Einschreiten des Erziehers genau überlegt sein soll.
Beunruhigender sind frühe Promiskuität und sogar Prostitution. Letztere hat oft mit Drogenabusus zu tun: Das Geld muß ›angeschafft‹ werden, damit die Drogen bezahlt werden können. Zu den Motiven der Frühsexualität gehören die Suche nach emotionaler Wärme, das Erwachsenseinwollen und eben der ›Protest‹ gegen Eltern, Sitte und Moral, den man mitunter mit der Selbstzerstörung bezahlt.
c. Über die *Homosexualität* wird jetzt sehr viel diskutiert, wobei die Homosexuellen für sich beanspruchen, eine ›naturwüchsige‹ Sexualvarietät darzustellen, die nicht mit dem ›Neurosenverdikt‹ belegt werden dürfe. Die tiefenpsychologische Auffassung geht aber doch dahin, in der homosexuellen Partnerwahl das Ergebnis von Sozialisationsschäden zu sehen. Fast regelmäßig ist die Vorgeschichte von Homosexuellen eine ›Neurosenbiographie‹. Beim männlichen Invertierten fehlt oft die Möglichkeit der Identifizierung mit einer (positiven) Vaterfigur; andererseits wird das Leben des Heranwachsenden bestimmt durch eine verwöhnende und dominierende Mutter, die eine fundamentale *Angst vor dem Weiblichen an sich* konstelliert. Im späteren Leben weicht der Homosexuelle engeren Bindungen an die Frau aus; als Alibi hierfür ›arrangiert‹ er einige enttäuschende Erfahrun-

gen mit Frauen, die er grundlos verallgemeinert. Der Rückzug vor dem weiblichen Geschlecht wird durch die Zuwendung zum Manne abgesichert. In der Eroberung eines Mannes sieht man dann eine Bestätigung der eigenen Männlichkeit: Bei der Frau hingegen rührt sich der Kastrationskomplex, so daß uralte patriarchalische Vorurteile dazu dienen müssen, das Bild der Frau zu entstellen. Ein gewisser Narzißmus wird dadurch befriedigt, daß man ›anders als die anderen ist‹. Kleine anatomische Abweichungen und irgendwelche Zufälligkeiten der Sexual- und Persönlichkeitsentwicklung werden so interpretiert, als ob der Homosexuelle eine spezielle ›Ausgeburt der Natur‹ sei. Immer sind auch weitere neurotische Symptome beim Invertierten zu finden, die er weniger beachtet als sein Homosexuellsein. Beglükkende homosexuelle Beziehungen sind wohl eher in das Gebiet der Fabel zu verweisen; am häufigsten sind sadomasochistische Abhängigkeiten, in denen der eine den männlichen Part, der andere den weiblichen Part ›spielt‹. Da manche Homosexuelle mit einer starken Mutteridentifikation aufgewachsen sind, suchen sie einen gleichgeschlechtlichen Partner, den sie bemuttern können: Für solche Intentionen kommt dem erwachsenen Homosexuellen der ›Jüngling‹ entgegen, der als Liebesobjekt in diesen Kreisen bevorzugt scheint.

Die Gefahr der homosexuellen Verführung ist naheliegend. Auch hier soll nichts dramatisiert werden, wenn ein derartiger Fall vorkommt. Homosexuelle Erfahrung eines Heranwachsenden heißt noch nicht, daß nun schicksalhaft Homosexualität entstehen muß. Gibt es doch im Knabenalter mitunter auch mutuelle Onanie und schwärmerische Freundschaft, die einen Anflug von ›Homosexualität‹ besitzt.

Die Entscheidung gegen die Heterosexualität stammt nicht aus der Verführung, sondern aus Prägungen, die viel früher anzusetzen sind. Welche Faktoren hierbei ins Gewicht fallen, kann man gut an Homosexuellen-Biographien studieren. Als Beispiel für viele sei der biographische Roman von Hubert Fichte *»Versuch über die Pubertät«* (1976) erwähnt. Auch Tennessee Williams in seinen *»Memoiren«* (1979) erzählt freimütig — und nicht ohne die eitle Selbstbespiegelung, die bei dieser Literatur regelmäßig auffällt — seinen Werdegang als Homosexueller. Weiteres findet man bei André Gide in seinen Bekenntnisschriften. Überall aber zeigt sich die Tragik einer Entwicklungsneurose, deren familiäre Quellen nicht zu übersehen sind. Man wird nicht als Homosexu-

eller geboren, aber man wird unter Umständen dazu erzogen.
d. Der *Drogenabusus* ist eine Form der Verwahrlosung, die gegenwärtig alle Erwachsenen beschäftigt, die mit der Kinder- und Jugenderziehung befaßt sind. Die Welle des Drogenkonsums hat die westliche Welt in den letzten zwanzig Jahren mit überraschender Geschwindigkeit und Wucht überschwemmt. Das Alter der ›Konsumenten‹ ist inzwischen immer tiefer abgerutscht. Die Vorreiter waren die Studenten und Lehrlinge; heute sind es bereits die Schüler, bis hin zu den unteren Klassen der Oberschule. Auch die ›Härte der Drogen‹ hat spürbar zugenommen. Anfänglich sprach man nur von Haschisch und Marihuana; heute sind Heroin, LSD und viele Aufputschmittel in der Diskussion. Die Zahl der jugendlichen Drogentoten ist pro Jahr beachtlich. Viele aber benützen die Droge als einen ›langsamen Selbstmord‹.
Das Geheimnis der Drogenabhängigkeit ist nicht so dunkel, wie es zunächst scheint. Wir haben es hier mit ›gesellschaftlichen Aussteigern‹ zu tun, die Schule, Beruf, Liebe und sozial-kulturelles Engagement vermeiden wollen, weil sie hierzu nicht genug vorbereitet sind. Wiederum kommt es zur ›Lebenslüge‹, die wir weiter oben schon charakterisiert haben. Der hilflose junge Mensch sucht Gleichgesinnte, die mit ihm die Werte der Erwachsenenwelt herabsetzen und die Drogenwelt als eine Welt des Abenteuers, der geheimnisvollen Erfahrung und Bewußtseinserweiterung, des Nicht-Spießerhaften usw. zu sehen versuchen. Die Jagd nach der Droge gibt dem inhaltsarmen Leben einige Konturen. Fast immer kommt es zum Absinken in die Prostitution, da das Suchtmittel teuer ist und in immer größer werdenden Dosen nötig wird. Das Ende ist totale Gleichgültigkeit und Hoffnungslosigkeit. Die Therapie von Drogensüchtigen hat bis jetzt nur wenig Erfolg.
e. Eigentliche *Jugendkriminalität* reicht vom Stehlen bis zu Gewaltakten, letztere im Mord und Totschlag kulminierend. Man geht nicht fehl, wenn man in allen diesen Fällen auf mehr oder minder katastrophales Milieu zurückschließt, wenngleich die soziale und erzieherische Mangelhaftigkeit nicht immer deutlich zutage liegt. Auch in scheinbar ›wohlgeordneten Familien‹ kann eine ›Dschungelatmosphäre‹ herrschen, in welcher die Idee der ›Mitmenschlichkeit‹ nicht erlernt wird. Wo das Elternhaus nur zur halben Verwahrlosung führt, helfen spätere Bekanntschaften und schlechte Vorbilder nach: Mitunter findet der Jugendliche in

einer Bande Unterschlupf, wo ihm ein bewunderter Bandenführer die Verantwortung für sein Tun und Lassen abnimmt. Missetaten werden leichter und unbedenklicher begangen, wenn man sich in einer ›Gruppe‹ befindet, wo einer den anderen zu seiner Untat stimuliert und wo die aggressive Gruppenatmosphäre die Stimme des persönlichen Gewissens zum Schweigen bringt.
Gewaltverbrechen sind selten als solche geplant, sondern entstehen oft in der Situation der Panik, wenn man beim Unrechttun befürchtet, ertappt zu werden und das Fehlverhalten eingestehen zu müssen. So ermordeten kürzlich einige Jugendliche in Süddeutschland ein Mädchen, an dem sie sich sexuell vergangen hatten. Das Mädchen war mit ihnen beim ›Bummeln‹ gewesen. Sie zwangen sie zum sexuellen Verkehr, wurden aber erschreckt durch ihr Sich-Wehren und ihre Schreie, die sie durch Messerstiche beendeten. Ein Rädelsführer veranlaßte seine Mitläufer, ebenfalls zuzustechen, bis das Mädchen den Stichen erlag.
Wenn irgendwo, ist bei jungen Kriminellen im Strafvollzug stets auch psychotherapeutische Behandlung nötig, damit nicht aus dem jugendlichen ein erwachsener Straftäter wird.
f. Alle Neurosen des Erwachsenenalters sind bereits in der Pubertät anzutreffen, also *Angstneurosen* (Phobien), *Zwangsneurosen, Depressionen, Hysterien* und *Schizophrenien.* Wir folgen der tiefenpsychologischen Auffassung, wenn wir die Schizophrenie nicht radikal vom neurotischen Formenkreis absondern, sondern ihre Dynamismen in Parallele setzen zur Neurose, wenngleich die Wahnerkrankung gewiß schwerwiegender und auch therapeutisch mühsamer zu beeinflussen ist.
Angsterkrankungen in der Pubertät zeigen sich bei jenen Jugendlichen, die aus einem Elternhaus stammen, auf welches das Etikett ›Familie als Sanatorium‹ zu passen scheint. Aber auch lieblos und hart erzogene Menschenkinder neigen zu Ängsten, da sie die Welt als ›Feindesland‹ erlebt haben und ständig in einer Stimmung des Selbstschutzes und der Selbstbewahrung existieren. Nur die Verstärkung der Beziehungsfähigkeit und des Sozialinteresses kann die Lebensangst vermindern.
Zwangskrankheiten kommen vor bei jungen Menschen, die in einem emotional sterilen Milieu aufwuchsen, wo Verhaltensvorschriften überwucherten, Moral und Religion alles überschatteten und jegliche Spontaneität mißbilligt wurde. Das Zwanghafte ist die Kehrseite einer ›Furcht vor der Freiheit‹, die immer auch Furcht vor Gefühl und Hingabe bedeutet.

Auch Depressionen entstehen nicht ›aus dem Nichts‹. Meistens hat der Heranwachsende depressive Vorbilder; oder er lernt, durch Traurigkeit zusätzliche Zuwendung zu bekommen, zumindest Entlastungen von Pflichten und Aufgaben. So wächst er in eine Angst vor dem Selbstsein hinein, in eine Mutlosigkeit, die sich als Trauer manifestiert. Auf Hysterie und Schizophrenie wird an anderer Stelle eingegangen.
g. Der *Jugendselbstmord* muß zumindest erwähnt werden. Bekanntlich zeigen die Statistiken, daß es im Jugendalter relativ viele Selbstmordversuche gibt, die aber — glücklicherweise — weniger oft zum Tode führen als bei späteren Versuchen. Wahrscheinlich sind viele solche Suizidanwandlungen ›demonstrativ‹ gemeint und enthalten eine Botschaft an die Umwelt, die zu einer vermehrten Zuwendung gedrängt werden soll. Auch hat der Jugendliche weniger Wissen um ›Tötungsmittel‹, resp. es stehen ihm nicht so viele Möglichkeiten offen wie etwa dem Erwachsenen.
Suizidalität ist immer Ausdruck einer tiefen Lebenskrise. Es ist der ›Ausbruch aus einer Sackgasse‹, gewissermaßen der Versuch einer Problemlösung durch Selbstvernichtung. Die psychoanalytische Theorie vermutet, daß in jeder Selbsttötung mehr oder minder unbewußt eine andere Person mit gemeint ist: Nicht selten sind es die Eltern oder ein Elternteil. In seinem Haß gegen die Erzieher und die Umwelt kann der Jugendliche so weit gehen, sich zu töten, um Beziehungspersonen zu ›bestrafen‹. Unglück in der Schule, im Beruf und in der Liebe sind Auslöser dieser Katastrophenreaktion, deren Ausweglosigkeit vom Betroffenen immer phantastisch überschätzt wird. Ein Gespräch kann den Suizidalen sehr oft aus seiner Katastrophenstimmung herausreißen und ihm neuen Mut zum Leben vermitteln.
h. Ein schier unendlich großes Kapitel zum Thema ›Jugendneurosen‹ sind die *psychosomatischen Erkrankungen des Jugendalters.* Auch hier kommt fast alles vor, was wir in der Psychosomatik der Erwachsenen kennen. Einige wenige Krankheiten sind allerdings dem vorgerückten Alter vorbehalten; aber die Dynamik der Krankheitsentstehung ist überall dieselbe.
Das psychosomatische Leiden ist nach unserer heutigen Auffassung Symptom einer Existenzkrise, wobei es von der Vorgeschichte des betroffenen Individuums und von der Art seiner Problemlage abhängt, ob sich die Krise in psychischen oder psychosomatischen Störungen äußert.

Wichtig sind im Jugendalter z. B. Schlafstörungen, Eßstörungen (Appetitlosigkeit, Erbrechen, Magersucht), Fettsucht, Gastritis und Geschwürsleiden (Ulcus ventriculi et duodeni), Obstipation, Colitis, Asthma bronchiale, Hautaffektionen, Kopfschmerzen, Erröten, Erblassen, Ohnmachten, nervöse Herzleiden u. a. m. Das Spektrum psychosomatischer Leiden im Jugendalter ist sehr weitreichend. Viele dieser Krankheiten werden immer noch nur medikamentös behandelt, indes die Psychotherapie für sie die ›Methode der Wahl‹ darstellt.
Es gibt viele Theorien der Psychosomatik, die an dieser Stelle nicht abgehandelt werden können. Andeutungsweise seien aber einige Grundrichtungen des psychosomatischen Denkens erwähnt. Die Psychoanalyse erklärt, daß die psychosomatische Erkrankung mit innerseelischen Konflikten zu tun hat, die sich als ›Ausdrucksorgan‹ jene Körpersphäre wählen, die für ›Symbolisierung‹ gut geeignet ist. So haben etwa Krankheiten des Verdauungstraktes mit Problemen der Abhängigkeit und Autonomie einen Zusammenhang, der sich schon aus der Situation des Kleinkindes ergibt, für welches die Ernährung mit Liebeszuwendung verbunden ist.
Die Individualpsychologie spricht vom Organdialekt und von der Organsprache und will damit sagen, daß das Körperleiden wie eine Sprache als soziale Mitteilung verstanden werden muß. Vor allem ängstlich-aggressive Gemütsregungen betreffen schwache Organstellen (Orte des geringsten Widerstandes), die durch das aufgestachelte Geltungsstreben in Mitleidenschaft gezogen werden. Heilung der psychosomatischen Krankheit erfolgt wie bei der Neurose durch Festigung des Sozialinteresses, durch bessere Einordnung ins Gemeinschaftsleben (und Charakterveränderung).
Die Daseinsanalyse behauptet, daß der Leib des Menschen von denselben Grundintentionen durchflossen ist wie ›Seele‹ und ›Geist‹, welche ja nur dem Namen nach unterschieden werden können; real ist das Existieren als Ganzes, welches ein ›weltweit ausgespanntes Vernehmen- und In-Sorge-und-Obhut-nehmen-Können des Daseins für Welt und Mitmenschen‹ bedeutet. Jene existentiellen Themen, die der Mensch auf Grund seiner Vorgeschichte — bis zur frühen Kindheit hin — nicht zu ›leben‹ vermag (zum Austrag bringen, sich in ihnen verwirklichen), kann er nur noch ›leiben‹, d. h. mit Körpersymptomen assimilieren und gestalten. In diesem Sinne deuten etwa Kopfschmerzen auf un-

terbliebene Denkleistungen hin; Verstopfung ist Ausdruck eines allgemeinen Verschlossenseins und der Hingabestörung; Eßsucht ist Aneignungswille ohne Wertbewußtsein, so daß Nahrung für alle möglichen Expansionsleistungen einstehen muß; die Selbstverdauung des Magengeschwürskranken ist ein Zeichen dafür, daß er dauernd Macht, Geltung und Liebe ›sich einverleiben‹ will, wodurch der Magen zur Säureabsonderung stimuliert wird; der nervöse Herzkranke schließlich unterläßt Akte der Gefühlszuwendung und lebt vorwiegend in Kampfstimmung, so daß das malträtierte Herz (und Gemüt) nur noch im psychosomatischen Symptom ›auf seine Rechnung kommt‹.

Viele Deutungen dieser Art sind bei psychosomatischen Erkrankungen möglich und hilfreich. Es ist erstaunlich, wie dankbar die Patienten solche Aufklärungen hinnehmen, die ihnen gewissermaßen ein Licht über die Genese ihres Symptoms aufgehen lassen. Das verstandene Symptom ist einer Beeinflussung durch Haltungs- und Gewohnheitsänderung zugänglich. Medikamente chronifizieren lediglich das Leiden, da sie kaum je die eigentliche ›Ursache‹ angreifen.

Nur eine Wandlung und Entwicklung der Persönlichkeit des Kranken entzieht seiner oft sehr schwerwiegenden Symptomatik den Boden. Ausweitung des Bewußtseins und Anwachsen von Selbsterkenntnis und Menschenkenntnis stärken das Ich, dessen Funktionstauglichkeit das ›Sprechen durch Symptome‹ unnötig macht.

Es wäre viel damit gewonnen, wenn die Ärzte etwas mehr von der Tiefenpsychologie verstehen würden, da ihnen dann der *Sinn der Krankheit* zugänglicher wäre. Sie könnten auch die Heilung durch das Wort in Angriff nehmen, denn verstehendes Miteinandersprechen hilft mehr als viele Medikamente. Die Medizin hat noch eine große Zukunft vor sich, wenn sie eine ›psychologische Heilkunde‹ wird und wenn es die Ärzte nicht verschmähen, in ihre Pharmakopoe auch das heilende Wort und die heilsame Begegnung mit dem Kranken aufzunehmen.

Soziologica

Den bedrängten Eltern und Erziehern will es scheinen, daß ihre Sorgen mit ›schwierigen Jugendlichen‹ einen Einzelfall darstellen, wobei man die Ursachen des Übels entweder in den Fehlern des jungen Menschen oder im eigenen pädagogischen Versagen sucht. Aber die Komplikationen mit der Jugend sind keine Privatangelegenheit; auch sind sie niemals bloß ›von heute‹. Der Konflikt der Generationen zieht sich durch die ganze Menschheitsgeschichte hindurch. Fast immer und überall gab es Auseinandersetzungen zwischen den ›Alten‹ und den ›Jungen‹, und nur selten sind die Epochen und Völkergruppen, in denen die verschiedenen Lebensalter mehr oder minder harmonisch zusammen lebten.

Diese Tatsache hat die Aufmerksamkeit der Soziologen und Kulturhistoriker auf sich gezogen, die mit dem Begriff der ›Generation‹ seit Auguste Comte einige Gesetze der Geschichte und des geschichtlichen Fortschritts zu formulieren versuchten. Comte und seine Schüler sprachen davon, daß ca. alle dreißig Jahre eine neue Generation sich gruppiert, die dazu berufen ist, ihre Vorgängerin abzulösen. Die letztere ist Bewahrerin des Traditionellen, indes die erstere Neuerungen einzuführen hat. Schon daraus ergeben sich Gegensätze, die zu schmerzlichen Kampfsituationen führen können. Die Alten unterdrücken die Jungen, und die Jungen revoltieren gegen ihre Unterdrücker. So leben jeweils in einer Gesellschaft zwei Volksgruppen nebeneinander, von denen die jüngere gewissermaßen die ›Totengräberin‹ der älteren zu sein scheint.

G.-R. Ritter zitiert in seinem Buch *»Jugend und Eros«* (1960, S. 314) zwei Stoßseufzer von Vertretern der ›alten Generation‹ mit einem eindrücklichen Kommentar:

> »›Ich habe keine Hoffnung mehr für die Zukunft unseres Volkes, wenn sie von der leichtfertigen Jugend von heute abhängig sein sollte. Denn diese Jugend ist ohne Zweifel unerträglich rücksichtslos und altklug.‹
>
> ›Die Jugend liebt heuzutage den Luxus. Sie hat schlechte Manieren, verachtet die Autorität, hat keinen Respekt vor älteren Leuten und plaudert, wo sie arbeiten sollte. Die Jungen stehen nicht mehr auf, wenn Ältere das Zimmer betreten. Sie widersprechen ihren Eltern, schwätzen in der Gesellschaft, verschlingen bei Tisch die Speisen, legen die Beine übereinander und tyrannisieren ihre Eltern.‹ —
>
> Genauso ist die ›Jugend von heute‹, wird die ältere Generation dazu sagen. Die erste Äußerung stammt aber von Hesiod aus der Zeit um 700 v. Chr. und die zweite von Sokrates, der im Jahre 399 v. Chr. starb.«

Aber nicht nur die ›Alten‹ haben zu klagen. Seit der Jahrhundertwende wird noch viel mehr auf die Leiden der Jugend geachtet, die von Dichtern und Wissenschaftlern ins allgemeine Bewußtsein gehoben wurden. Wir leben in einer Epoche der ›Abwertung des Alters‹ und der ›Aufwertung der Jugend‹. Darum neigt man dazu, die Jugendnöte — mit Recht — sehr zu betonen, aber man hält nicht immer das richtige Maß ein in der Apologie des Jugendalters.
Die Jugend von heute braucht wohl Entlastung von autoritärem Druck, aber sie benötigt auch gewisse Ordnungen und Gesinnungen, an denen sie im Heranreifen einen Halt findet. In allen uns bekannten Gesellschaften wird das Wissen und Können der älteren Generation sorgfältig und behutsam auf die jüngere Generation übertragen. Schon die Naturvölker haben spezifische ›Einweihungsriten‹, in denen die jungen Adepten Prüfungen der Mannbarkeit zu bestehen haben. Man unterwirft sie bestimmten Härten und Haltungstests, und erst nach erfolgreichem Bestehen dieser ›rites de passage‹ wird der Jüngling in die Gemeinschaft der Männer aufgenommen. Die derzeitige (westliche) Gesellschaft macht es eventuell den Jugendlichen zu einfach, sich als Erwachsene zu fühlen. Das Resultat ist nicht ein Plus an innerer Freiheit und Produktivität, sondern ein Verlorenheitsgefühl und — stellenweise — sogar ein ›gelebter Nihilismus‹. Krieg und Faschismus (und Bolschewismus) haben an der Substanz der älteren Generation entschieden gezehrt; sie konnte der Jugend nicht viel bieten, weil sie selbst orientierungslos war. Daher kam es z. B. in den USA zur ›lost generation‹ und in der Bundesrepublik zur ›skeptischen Generation‹, die H. Schelsky 1957 in seinem so betitelten Werk beschrieb.
Das große Problem der zukünftigen Jugend-Psychohygiene und Jugendpolitik wird darin bestehen, die Reste des alten Autoritarismus — der immer noch sehr lebenskräftig ist — zu liquidieren, zugleich aber auch die Jugend in Aufgaben und Ordnungen einzubinden, an denen sie zum Kulturträgertum heranwachsen kann. Sowohl die vorwiegend materielle Lebensorientierung im Kapitalismus als auch die verstaubt-leblose Ideologie des Bolschewismus hat bei der Jugend nur noch wenig Kredit und kann sie nicht für sozial-kulturelles Engagement erwärmen. Solange im Gesellschaftsleben als Ganzem keine überzeugenden und humanen Werte als maßgeblich erkannt und befolgt werden, sehen die jungen Menschen nicht ein, wofür sie sich anstrengen und

einsetzen sollen. Man erinnere sich nur daran, wieviel jugendliche Begeisterung und Opferbereitschaft eine so primitive Ideologie wie der Faschismus entfesseln konnte, weil er geschickt an den Gemeinsinn der Jugend zu appellieren wußte. Davon sollte die Demokratie lernen. Sie läßt das riesenhafte Kapital der Jugendkräfte brachliegen und hat dann ihren Kummer mit jugendlicher Auflehnung und Destruktion, die aus Ziel- und Hoffnungslosigkeit erwachsen. Es ist eine verzweifelte Jugend, die im ›Aussteigertum‹ ihr Heil sucht und sich der ›Kulturarbeit‹ weitgehend entzieht.

Aber das ›Aussteigen‹ ist keine Lösung. Die junge Generation muß anknüpfen an den Leistungen, Fehlern und Einsichten ihrer Vorgängerin, wenn sie nicht dieselben Irrtümer und Sinnwidrigkeiten begehen soll. Im *Akt der Versöhnung* sollen und müssen aber die ›Alten‹ vermutlich den ersten Schritt tun; von ihnen ist etwas mehr Vernunft und Weitblick zu erwarten als von den Jungen, die nicht nur an den gesellschaftlichen und kulturellen Disparatheiten, sondern auch an ihren privaten Entwicklungsbeschwerden bis an die Grenze ihrer Belastbarkeit zu tragen haben. Freud sprach — in *»Das Unbehagen in der Kultur«* (1931) — von ›Kollektivneurosen‹, die ganze Völker und die gesamte Menschheit betreffen können. Gewiß erschien ihm die zeitgenössische Welt als eine ›hochneurotische‹, und auch das Diktum der ›Schizophrenie‹ hätte er auf sie angewandt. Da nun die Kultur in ihrer jetzigen Form zutiefst deformiert und desorientiert ist, kann man von der Jugend keineswegs erwarten, daß sie psychisch stabil und vernünftig ist. Ihre chaotische Mentalität spiegelt lediglich das Chaos unserer gesellschaftlich-kulturellen Einrichtungen und Lebensformen wider. Jede Kultur kann von ihrer Jugend nur ernten, was sie in deren Kindheit und Heranwachsen gesät hat.

Daher wäre es sinnvoll, niemanden anzuklagen und bei niemandem ›die Schuld‹ zu suchen. Man leiste an dem Ort, an dem man steht, jene Kulturarbeit, die man als greif- und machbar empfindet. Der Jugend biete man die Hand zur Mitarbeit am Aufbau einer gerechten und friedlichen Menschenwelt. Es wird genug Jugendliche geben, die sich einer solchen Zielsetzung nicht verweigern werden.

Josef Rattner

Partnerschaftsneurosen

Wenn man sich fragt, warum die Menschen Partnerschaften in Liebe und Ehe eingehen, dann wird man ohne allzuviel Spekulation sagen dürfen, daß sie darin ›glücklich‹ werden wollen. Dieses Ziel wird aber offenbar nur recht selten erreicht. Ein Hinweis darauf ergibt sich aus der Zahl der Ehescheidungen, die alarmierend ist; nach allgemeinen Schätzungen wird jede vierte oder fünfte Ehe — im kapitalistischen Westen wie im kommunistischen Osten — geschieden. Dabei ist nicht anzunehmen, daß jene Partnerschaften, die eine Trennung vermeiden, generell als ›gut‹ bezeichnet werden können. Oft ist es so, daß nicht Liebe, Zuneigung und gemeinsames Glück die beiden Partner noch aneinander binden, sondern ganz andere Faktoren, wie z. B. materielle Abhängigkeit; Kinder, zu deren Erziehung *in der Ehe* man sich verpflichtet fühlt; religiöser Fatalismus (Hinnahme des ›gottgegebenen‹ Unglücks); Masochismus respektive Ohnmachtsgefühl gegenüber dem Leben; Angst, Resignation und Bequemlichkeit.

In Freuds Zeiten studierte man lediglich die Neurosen der Individuen, deren Leistungsausfälle und Lebensunfähigkeit als Kriterium für die ›psychische Krankheit‹ gewertet wurden. Seither haben wir gelernt, daß auch Partnerschaften und ganze Familien unter den Begriff des ›Neurotizismus‹ fallen können. Es ist sogar geradezu die Regel, daß nicht ›ein Mensch allein‹ neurotisch wird; wenn die Störung an ihm ausbricht, gibt es immer ein ›zwischenmenschliches Umfeld‹, das daran mitbeteiligt ist und als der eigentliche Krankheitsträger genannt werden muß.

Diese Optik hat zur Ausbildung der sogenannten Paar- und Familientherapie geführt, über die weiter unten noch einiges gesagt werden soll. Jedenfalls hat sich der Standpunkt durchgesetzt, daß es falsch ist, eine Persönlichkeit als isolierte und fensterlose Monade im Sinne von Leibniz zu betrachten; was und wie ein Mensch ist, erfährt man am besten aus seinen sozialen Beziehungen, und mit diesen steht er derart in ›Wechselwirkung‹, daß seine Nöte und Eigenschaften großenteils die Beschaffenheit seiner zwischenmenschlichen Welt spiegeln.

Bevor wir die Partnerschaftsneurosen studieren, müssen wir die Frage aufwerfen, was Mann und Frau in einer Zweierbeziehung wünschen oder suchen. Wir beschränken uns auf die ›psychologischen Wünschbarkeiten‹, ohne zu vergessen, daß auch andere Motive im Spiele sein können.

1. *Sexuelle Befriedigung:* Man geht eine Partnerschaft als Mann oder Frau ein, um zu einer stabilisierten Möglichkeit der Sexualbefriedigung zu gelangen. Junge Leute halten dies eventuell sogar für den maßgeblichsten Teil einer Zweierbeziehung. Bei etwas mehr Überblick im Leben weiß man jedoch, daß die Sexualität ein starkes Band zwischen zwei Menschen sein kann, aber kaum ausreicht, um eine Beziehungskontinuität zu stiften.

2. *Das Verlangen nach Zärtlichkeit und Liebe:* Dieses Bedürfnis scheint noch intensiver zu sein als das sexuelle. Die Auffassung der orthodoxen Psychoanalyse, daß Zärtlichkeit und Liebe nur ›Ableger‹ des Sexualtriebes seien, hat der wissenschaftlichen Kritik nicht standgehalten. Zärtlichkeitsregungen erwachen individualgeschichtlich früher im Menschen als sexuelle Triebwünsche. Es ist im hohen Grade wahrscheinlich, daß ihnen eine gewisse Autonomie als ›Antriebsfaktor‹ zukommt und daß der Raum, den sie im Seelenleben einnehmen, umfänglicher ist als derjenige des Sexualtriebes. Das Zärtlichkeits- und Gefühlsschicksal eines Menschen beeinflußt das Sexualverhalten stärker, als dies umgekehrt der Fall ist; mit anderen Worten: Man hat genau die Sexualität, die zur entwickelten oder unentwickelten ›Liebesfähigkeit‹ paßt.

3. *Das Gespräch:* Nietzsche war der Meinung, daß eine Liebe oder Ehe entweder ein ›langdauerndes Gespräch‹ oder gar nichts sei. Erst im Miteinandersprechenkönnen wird eine Partnerschaft gegründet und aufgebaut. Versiegt das Gespräch in einer Intimbeziehung von Mann und Frau, dann können auch die anderen Beziehungselemente kaum entfaltet werden. Im übrigen nennt man ganz richtig die Sexualität ›ein Gespräch mit anderen Aussdrucksmitteln‹; funktioniert der sexuelle Dialog nicht, dann wird die Kommunikation mit Worten ebenfalls reduziert oder gestört sein (und umgekehrt).

4. *Wechselseitige Anerkennung, Freundschaft und Aufhebung der Einsamkeit:* Die ›dialogische Philosophie‹ (Martin Buber, Lud-

wig Binswanger in seiner *»Daseinsanalytik«*, aber auch schon Hegel in seiner *»Phänomenologie des Geistes«* aus dem Jahr 1807) behauptet, daß die menschliche Person nur dann existieren kann, wenn sie von einem Du oder Wir anerkannt wird (›Das Sein des Selbstbewußtseins liegt in der Anerkennung durch ein anderes Selbstbewußtsein‹). Das Ich ist nur wirklich in dem Maße, wie es ein menschliches Gegenüber hat, welches es versteht und von welchem es verstanden wird. Dies scheint auch der Sinn jeglicher ›Freundschaft‹ zu sein: Gute Partnerschaften haben Ähnlichkeit mit Freundschaftsverhältnissen, wobei noch die sexuelle Intimität dazukommt. Seelische und körperliche Nähe eines Du hebt die Einsamkeit auf, die zu den schlimmsten Frustrationen des Menschendaseins gehört. Seelisch vereinsamte Menschen, die niemand anerkennt, wahrhaft ›anredet‹ und begreift, können bei entsprechender Disposition von Wahngedanken und Halluzinationen befallen werden, die ihnen den fehlenden Dialog und die Du-Wirklichkeit ersetzen müssen.

5. *Gemeinsame Entwicklung und Teilhabe an der Welt:* Erfahrungsgemäß können zwei Menschen in Abkapselung gegen die sie umgebende Welt kaum je eine gute Partnerschaft strukturieren. Sie benötigen immer das belebende Moment einer Auseinandersetzung mit der sozialen Umgebung und der Kultur. Nur so kommt bei ihnen Persönlichkeitsentwicklung zustande. Je geöffneter eine Zweierbeziehung hinsichtlich der Teilnahme an kulturellen, sozialen, ökonomischen, geistigen, politischen und menschlichen Bestrebungen ist, um so eher kann sie gedeihen. Wo diese Interessenbereiche ausgeklammert sind, macht sich stets Langeweile breit. Da die beiden Individuen stagnieren, bleibt auch die Partnerschaft steril und unlebendig. Die gemeinsame ›Öffnung zur Welt‹ erschließt der Zweierbeziehung viele Möglichkeiten des Werdens und Sich-Entwickelns, die auf die beiden Beteiligten zurückwirken.

Alle genannten Faktoren einer ›gesunden Partnerschaft‹ (wobei unsere Aufzählung kaum vollständig ist) gehören zusammen innerhalb eines strukturellen Gebildes, d. h. einer lebendigen Ganzheit. Wenn sich innerhalb einer Struktur ein einzelnes ›Element‹ verändert, so verändern sich die übrigen Elemente und das Ganze mit: Alles ist von allem abhängig. Angewendet auf die obigen fünf Punkte bedeutet dies, daß Sexualität, Zärtlichkeit und Liebe, Dialog, wechselseitige Anerkennung und Freundschaft und gemeinsame Entwicklung in Teilhabe an der Welt in einer Partnerschaft innerlich zusammengehören. Erkrankt eine Zweierbeziehung in *einem* dieser Bereiche, dann sind alle anderen Sphären mittangiert; das ganze ›Beziehungsmuster‹ wird sich ›umstrukturieren‹.

Die neurotische Partnerwahl

Normalität oder Pathologie der Partnerschaft fängt naturgemäß schon in der Wahl des Partners an. Jedenfalls hört man oft bei Ehescheidungen, daß der Mann oder die Frau sich selbst beschuldigt, nicht richtig gewählt zu haben. Daraus werden viele Kalamitäten in Liebe und Ehe abgeleitet.
Die Gründe, die die Menschen dazu veranlassen, den einen oder anderen Partner — inmitten von tausend möglichen Kandidaten — zu wählen, sind offenbar tief in der Persönlichkeit des Wählenden verankert. Hier herrscht meistens eine Irrationalität vor, in die man schwerlich mit den Hilfsmitteln der Wissenschaft ganz hineinleuchten kann. Die Attraktion der Individuen aufeinander hat viel mit dem persönlichen, aber auch mit dem modisch bedingten ›Schönheitsideal‹ zu tun; sodann aber fallen auch charakterliche und andere Beschaffenheiten des ›Wählers‹ und des ›Gewählten‹ ins Gewicht.
Goethe spricht in seinem gleichnamigen Roman von ›Wahlverwandtschaften‹: Es gäbe, wie zwischen chemischen Elementen, Gesetze der körperlich-seelischen Verwandtschaft zwischen Menschen, so daß mächtige Anziehungskräfte unter ihnen wirken, die sich auch über Ehe und gesetzliche Bindung hinwegsetzen. In Goethes Roman sind zwar Eduard und Charlotte seit langem verheiratet; wie aber der Hauptmann und Ottilie in ihr Haus kommen, ordnen sich die Verhältnisse durch diese geheimnisvolle ›Wahlverwandtschaft‹ um, so daß schließlich Eduard und Ottilie, der Hauptmann und Charlotte in Liebe zueinander verfallen, was eine Reihe von Katastrophen nach sich zieht.
Wissenschaftlich faßbarere Hypothesen wurden in der Neuzeit u. a. formuliert durch Fritz Künkel, dessen charakterologische Bücher in den zwanziger und dreißiger Jahren viel gelesen wurden. Künkel unterschied die vier Charaktertypen des Cäsars, des Stars, des Heimchens und des Tölpels: Der Cäsar will immer herrschen, der Star immer brillieren, das Heimchen will Ruhe und Sicherheit, der Tölpel verschanzt sich in sich selbst und bie-

tet der Welt eine stumpfe Außenseite dar, damit man ihn durch keine Anforderungen belästigt.
Nach Künkel wählt der Cäsar zum Partner gerne ein Heimchen, um zu Hause die absolute Diktatur und Vorherrschaft genießen zu können. Zwei Cäsaren in einer Partnerschaft bringen nichts Gutes; der Kampf um die Macht endet oft im Scheitern der Partnerschaft. Der Star wählt auch gerne ein Heimchen, dem er seine vorgebliche Größe dauernd vorspielen kann, was das Heimchen mit bewundernd weitaufgerissenen Augen als gutes Publikum zu applaudieren pflegt. Auch mögen zwei Heimchen miteinander eine hübsche Beziehung aufbauen, wo quasi ›Sanatoriumsstimmung‹ herrscht; jeder schützt jeden gegen die böse Außenwelt, die man sich möglichst weit vom Leibe hält. Eine Partnerschaft zwischen zwei Tölpeln ist selten; der Tölpel liebt seine Bequemlichkeit über alles und meidet daher gerne die Anforderungen der Liebe, die er als belastend ansieht. Er folgt dem Motto: Meine Ruhe will ich haben! — und wer kann das schon, wenn ein anderer dauernd um ihn ist!
Aber auch mit Künkels Lehre sind nicht alle Probleme der Partnerwahl gelöst. Bekannt ist etwa die Tatsache, daß z. B. die Tochter eines Trinkers in ihrer Kindheit sehr unter der Trunksucht ihres Vaters leidet, der die materielle und psychische Basis der Familie zerstört. Herangewachsen unter diesen kummervollen Bedingungen wählt sie einen Partner, der ›zufälligerweise‹ auch ein Trinker ist; sie bemüht sich, ihn von seinem Laster zu befreien. Dies gelingt ihr nicht; die Ehe wird nach Jahren geschieden. Sie heiratet wieder, merkwürdigerweise noch einen Trinker. Auch dies führt zur Katastrophe, die man hätte voraussehen können. Aber warum sieht die Frau dies nicht voraus? Warum bleibt sie trunksüchtigen Männern verhaftet, die als Partner ungeeignet sind?
Ähnliche pathologische Wahlhandlungen gibt es noch in vielen anderen Bereichen. Auch hier wieder spielt *das Unbewußte* den Menschen einen Streich; wir wählen offenbar nach dem Modell unserer Vater- und Mutterbeziehung, jedenfalls der Neurotiker tut dies im erheblichen Maße. Aber auch der sogenannte ›Normale‹ klebt an der Schablone seiner Elternerfahrung, wenn er liebend einen Partner sucht und sich für ihn entscheidet.
Hier gibt es noch viele Rätsel zu lösen. In einer englischen Zeitung erschien einmal eine Karikatur, die in kühl-englischer Weise diese Problematik thematisiert. Am Rande des Dschungels sitzt

eine Jagdgesellschaft — Männer und Frauen — beim Kartenspiel, indes ein Gorilla offenbar eine der Frauen dieser Gemeinschaft auf dem Rücken davonträgt. Die Kartenspieler lassen sich davon nicht irritieren; nur sagt eine der Frauen bissig vor sich hin: ›Ich möchte nur wissen, was der an *ihr gerade* findet!‹

Wenn man tiefer darüber nachdenkt, wer wen in der Partnerschaft wählt, entdeckt man unbewußte Motivationen, die bis tief in die ›Kellergewölbe‹ der Persönlichkeit hinabreichen; unser Charakter enthüllt sich kaum irgendwo so deutlich wie in unserer Partnerwahl.

Der Psychologe muß vorsichtig sein, wenn ihm unzufriedene Partner sagen, sie hätten eben ›den Falschen‹ gewählt, und dies sei der wahre Grund ihrer Partnerschaftsübel. Meistens ist die Wahl nicht so verkehrt, wie die Streithähne einer Liebe oder Ehe meinen; es haben sich nur Komplikationen ergeben, aus denen die Beteiligten keinen Ausweg wissen. Interessant ist jedenfalls das Phänomen der ›multiplen Scheidung‹: Ein Partner glaubt etwa, die falsche Beziehungsperson gewählt zu haben; er wendet sich jemand anderem zu, der zunächst als ›der Richtige‹ erscheint, nach einiger Zeit jedoch ebenfalls ›unrichtig‹ ist usw. Bis schließlich der Betreffende einzusehen lernt, daß der Fehler auch an ihm liegen kann, da es den ›idealen Partner‹ auf Erden nicht gibt.

Motivationen der Macht in der Liebe

Mancherlei Unerklärliches in der Partnerwahl und in den darauffolgenden Komplikationen der Partnerschaft wird durchschaubar, wenn man sich — im Anschluß an die Lehren von Alfred Adler — daran erinnert, daß das *Machtmotiv* im Menschenleben eine oft verhängnisvolle und meistens auch neurotogene Rolle spielt. Je unsicherer ein Mensch ist, um so eher wird er nach Geltung, Überlegenheit und Sicherheit um jeden Preis streben. Das ist die kompensatorische Reaktion auf die Daseinsangst, die in all jenen gesteigert zu finden ist, deren sozialer Verbundenheitsgrad irgendwie im Verlaufe ihrer Entwicklung gehemmt wurde.

Dies macht etwa begreiflich, daß z. B. gebildete Menschen einen auffallend ungebildeten Partner wählen, dem sie eindeutig überlegen sind. Oder jemand wählt ›tief unter seinem Stand‹, was in seltenen Fällen durch den ›inneren Wert‹ des Gewählten zu rechtfertigen ist; öfter aber ist es eine *Herablassungswahl*, die das eigene Prestige in Liebe oder Ehe sichern soll. In diesen Rahmen fallen auch die bereits erwähnten Heiraten oder Liebschaften mit einem Trinker (oder einer Trinkerin), die Bindung an einen Verwahrlosten oder Kriminellen, wobei der oder die Verkommene ›durch die Liebe gerettet‹ werden soll. In der Regel scheitern diese Rettungsversuche, da auch der sozial Unangepaßte ein empfindlicher ›Machtpolitiker‹ ist und sich in die Unterlegenheitsrolle nicht finden kann. Er (oder sie) rebelliert durch Rückfälle in seine Anpassungsstörung, wobei er verbal ausreichend beteuert, daß er den ›guten Willen‹ zur Änderung habe: Aber das Fleisch sei schwach, wenn auch der Geist willig sei.

Wenn junge Männer ältere Frauen (die ihre Mutter sein könnten) oder junge Frauen alte Männer (die ihr Vater oder ihr Großvater sein könnten) wählen, dann ist ebenfalls das Sicherheitsbedürfnis am Werk, da die Meinung nicht fernliegt, daß der ›bejahrte Liebespartner‹ sich erheblich bemühen muß, um den jüngeren Lebensgefährten nicht zu verlieren. Ein weiteres Motiv für diese Art von Wahl kann ein kindliches Geborgenheitsanliegen sein. Eine Angleichung an einen ungefähr gleichaltrigen Partner erfordert einen größeren Einsatz als die Analogie zum Eltern-Kind-Verhältnis, das gar nicht so selten in Partnerschaften gesucht und gefunden wird.

Sofern ein körperlich behinderter Partner gewählt wird, mögen Sympathie für dessen Wesensart, ehrliches Mitgefühl und doch auch wieder das Machtmotiv des Ängstlichen zu erwägen sein. Letzteres führt mitunter zu ganz erstaunlichen ›Wahlhandlungen‹. Es kommt immer wieder vor, daß inhaftierte Verbrecher, darunter auch mehrfache Mörder, aus dem Gefängnis heraus nach Ehepartnerinnen suchen; bekanntlich sind sie hierbei keineswegs erfolglos, im Gegenteil, Dutzende oder Hunderte Frauen halten solche Männer für begehrenswert und bieten ihnen Liebe und Ehe an. Diese Dynamik beherrscht nicht nur banale Masochistinnen ; man trifft sie auch auf den ›höchsten Höhen der Kultur‹. So wählte van Gogh eine Prostituierte als Lebens- und Liebespartnerin, und so mancher distinguierte Kulturmensch folgte seinem Beispiel.

Die Wahl eines auffallend unterlegenen Gegenübers in Liebe und Ehe wird selten zu einer so ruhig-harmonischen Konstellation führen, wie dies im Falle von Goethe und Christiane Vulpius der

Fall war: Aber auch diese Beziehung brachte ihre Schwierigkeiten mit sich, die mutmaßlich den frühen Tod des Sohnes August (der ein Trinker wurde) und der Mutter Christiane verschuldeten.

Die psychologische Beobachtung lehrt, daß kein Mensch auf die Dauer eine Unterlegenheitsposition ertragen kann, ohne offen oder geheim nach einem Herrschaftsstatus zu streben. Dies führt in allen ›sadomasochistisch‹ strukturierten Partnerschaften zu einem endlosen Kleinkrieg, bei dem ›Schläge unter die Gürtellinie‹ ebenso erlaubt sind wie seelisch-geistige Attacken, die mit einer Erfindungskraft sondergleichen nach den verletzlichsten Stellen im Seelenhaushalt des Partners zielen.

Der Laie in psychologischen Belangen spricht bei solchen Tragödien von ›unverdientem Unglück‹ des einen oder anderen Beziehungspartners, aber es ist fraglich, ob da nicht auch ›geheime Absicht‹ stipuliert werden muß. Der Mensch hat zwar keine biologischen Instinkte mehr, aber in seiner Lebensführung walten unbewußte Kräfte und Mächte, die in ihrer Art wissen, was sie wollen und bezwecken. Auch der Sadomasochismus in Liebe und Ehe, so trostlos seine Verstrickungen sein mögen, wird irgendwie von den beiden Beteiligten ›gebraucht‹, ›benötigt‹ und daher akzeptiert. Das ›Wozu‹ des selbsteingebrockten Elends wird uns bei genauerer Durchleuchtung der psychischen Verlaufsgesetze von Partnerschaften transparent werden.

Summe oder Produkt der Individualneurosen?

Wenn man Freuds Äußerungen Glauben schenken will, ist jeder Kulturmensch in einem gewissen Grade ›neurotisch‹. Dies äußert sich in Störungen der Arbeits- und Liebesfähigkeit, in sexuellen Gehemmtheiten und allgemeinen oder speziellen Beeinträchtigungen der ›Selbstverwirklichung‹. Ebenfalls gehören zu diesem generellen ›Neurotizismus‹ Charakteranomalien, von denen kein Mensch frei ist. Als solche Charakterdeformationen kann man etwa hervorstechende Charakterzüge wie Ehrgeiz, Eitelkeit, Neid, Geiz, Eifersucht, Haß, Wut und Zorn, Trauer, Anfälligkeit für Launen und Verstimmungen, Angst, Schüchternheit, Überempfindlichkeit, Aggression usw. bezeichnen. Es ist selbstverständlich, daß diese Wesenseigenschaften die soziale Einfügung und die kulturelle Beitragsleistung des betreffenden

Individuums stören. Sie werden auch in Partnerschaften unangenehm auffallen und die Harmonie der beiden Beteiligten vermindern.
Nun kann man Neurosen kaum ›quantifizieren‹, aber es ist eine berechtigte Redensart unter Psychiatern und Psychotherapeuten, daß sie von leichten, schweren und schwersten psychogenen Irritationen oder Erkrankungen sprechen. Wenn sich zwei Menschen zu einem Paar zusammenfinden, ist es wahrscheinlich, daß Normalität und Neurose bei ihnen verschieden verteilt sind. Läuft das Beziehungsgeschehen unter günstigen Bedingungen ab, dann ist es möglich, daß die seelische Gesundheit der Partner mit der Zeit zunimmt: Sie ›heilen‹ einander durch Liebe, Verstehen und Kooperation.
Aber auch weniger glückliche Verläufe sind uns wohlbekannt. Mitunter stimulieren die neurotischen Deformationen auf beiden Seiten einander; es entsteht eine *Neurose zu zweit,* die mehr ist als die Summe der individuellen Neurosen: Manchmal gewinnt man regelrecht den Eindruck, daß die Neurosen einander multiplizieren oder gar potenzieren. Partner A und Partner B werden durch die Partnerschaft seelisch kranker, als sie zuvor waren. Aus der Zweierneurose kann mit der Zeit eine ›folie à deux‹ werden, eine ›Verrücktheit zu zweit‹. Wer ›entartete Liebesbeziehungen‹ aus der Nähe beobachten konnte oder selbst erleben mußte, wird zugeben, daß die Diagnose einer ›gemeinsamen Psychose‹ für viele Ehen oder Liebschaften eine bestimmte Berechtigung besitzt.
Was radikalisiert die psychische Pathologie der einzelnen Partner in den Partnerschaften? Es sieht so aus, als ob beide Beteiligte sporadisch oder gar kontinuierlich von ihrem ›Unbewußten‹ überflutet würden: Jedenfalls reagieren sie in den Krisensituationen der Beziehung affektgeladen, irrational und ängstlich-aggressiv. Freud wurde schon sehr früh auf diese mögliche Komplikation der Zweierbeziehung aufmerksam. Noch vor der Jahrhundertwende schrieb er in einem Brief an seinen Freund Wilhelm Fliess in Berlin, seiner Ansicht nach bestehe jede Partnerschaft in Liebe und Ehe aus nicht weniger als *vier Personen*: Bewußtsein 1, Bewußtsein 2, Unbewußtes 1 und Unbewußtes 2. Sobald die beiden letztgenannten Akteure zu agieren beginnen, wird die Sache sehr schwierig für die Betroffenen; es meldet sich sozusagen ihre ganze *emotionale Vorgeschichte* zum Wort, und diese kann äußerst deletär sein.

Neurosen oder Psychosen brechen dann aus, wenn das entsprechend disponierte Individuum in eine Situation hineingerät, die es mit seinem üblichen psychischen Instrumentarium nicht bewältigen kann. Vor allem *Versuchungs- und Versagungssituationen* wirken neurotogen: Dies hat Schultz-Hencke in seiner Neurosenlehre deutlich herausgearbeitet. Nun ist eine schlechte Liebe oder Ehe geradezu eine Häufung von Versuchungen und Versagungen; Frustrationen aller Art werden von beiden Seiten gegeneinander inszeniert und arrangiert, bis die unter der Asche der Normalität schwelenden Gluten des Neurotizismus zum lodernden Feuer der ›Partnerschaftsneurose‹ entfacht sind.
Vor allem anfällig für ein derartiges ›Gefühlschaos zu zweit‹ sind Menschen, die in einer unglückseligen Kindheit über ihrem kümmerlichen ›Realleben‹ ein aufgeblähtes ›Phantasieleben‹ errichtet haben. Solche Charaktere stehen nur mit einem Bein in der Wirklichkeit; viel lieber bewegen sie sich im luftigen Raum ihrer phantastischen Wunscherfüllungen, in denen sie alles haben, alles können und immer recht behalten. Hat einer der beiden Partner oder haben beide sich an die *süße Droge Phantasie* gewöhnt, dann werden ›Zumutungen der Realität‹ ängstlich und aggressiv abgewehrt. Der Liebespartner aber ist eine Realität, die ständig in der Beziehung da ist und einem nolens volens ›an den Leib‹ rückt. Er wird daher zur Zielscheibe aller Abwehrmechanismen, zum Opfer der wildesten Projektionen und Wahnvorstellungen. Er ist die Gefahr par excellence, die das Kartenhaus der narzißtischen Gewöhnungen und Wunschgedanken zum Einsturz bringen kann. Daher die Angst vor ihm, die sich als Wut, Zorn, Haß, Eifersucht usw. zu maskieren pflegt.

Symptomatologie neurotischer Partnerschaften

Wenn eine Partnerschaft zu entgleisen beginnt, so stellen sich nach und nach Disharmonien ein, die aus der Zweisamkeit einen unerbittlichen Kampf der beiden Beteiligten um Rechthaberei, Prestige und ähnliches werden lassen. Diese Momente beherrschen dann das Bild von Liebe und Ehe und verdrängen fast alle Regungen der Zärtlichkeit, der Solidarität und der wechselseitigen Förderung. Aus Zuneigung kann Gleichgültigkeit und zuletzt sogar Haß werden.
Hätte man eine gute Liebesbeziehung in Form von einer Panto-

mime darzustellen, so müßte man die beiden Partner weitgehend in Bewegungen zeigen, die aufeinander zustreben. Der Begriff ›Zuneigung‹ erinnert daran, daß man sich jenem zuneigt oder zuwendet, den man mag. Das kann Kontakt der Leiber oder der Seelen oder beides bedeuten. Liebe äußert sich nicht nur im Anfassen, im Küssen, im Umarmen usw., sondern auch in der freundlichen Anrede, im fürsorglichen Aufeinander-gerichtet-Sein, in einem kontinuierlichen Wohlwollen, das vom Ich zum Du hinüberströmt. Versagt die Liebesfähigkeit der Liebenden angesichts von inneren oder äußeren Problemen, dann wird dieser Strom der Aufmerksamkeit und Fürsorglichkeit unterbrochen; anstelle von Wärme tritt Kälte, anstelle von Interesse eine Art von Negation, anstelle von Gefühl und Vernunft meistens Affekt und destruktive Leidenschaft.

a. Das zeigt sich u. a. an *sexuellen Problemen*, die sich deutlicher ins Blickfeld schieben. Es ist schwer zu sagen, ob die sexuelle Disharmonie der Grund für das gestörte Zusammenleben überhaupt ist oder ob die Partnerschaftsproblematik im allgemeinen sich in der unbefriedigenden Sexualität lediglich ›verdichtet‹. Beide Hypothesen haben etwas für sich. Tatsächlich sind viele Männer und Frauen infolge der traditionellen Erziehung und Sexualpädagogik nicht in der Lage, den Sexualakt in angemessener Weise zu vollziehen: *Frigidität* und *Impotenz* sind sehr häufige Leiden, die aus einem Übermaß von Angst, Scham und Hemmung entspringen. Dazu kommen auch noch sexuelle Perversionen, die weiter verbreitet sind, als man gemeinhin anzunehmen pflegt. Der sexualgehemmte Mensch ist nicht in der Lage, sich im Liebesakt hinzugeben, Genuß zu spenden oder zu empfangen. Daraus kann viel psychische Not und gegenseitige Ablehnung entstehen. Ist doch eine gelingende Sexualität ein starkes, positives Band zwischen den beiden Partnern, das auch in Krisenzeiten der Beziehung einen Rest von guten Gefühlen aufrechtzuerhalten vermag und so manche Antagonismen überbrückt.

b. Eine Partnerschaft besteht nicht nur aus großen und zarten Gefühlen, sondern auch aus einer ganz schlichten, alltäglichen *Kooperation*, durch die eine Zweierbeziehung ihren Bestand sichert. Man wird immer finden, daß sich die Lockerung der Gefühlsbindungen in einer Verminderung des Zusammenwirkens anzeigt: Die beiden Beteiligten denken nur noch wenig an das Wir, das sie zusammen bilden; jeder ist hauptsächlich auf sich selbst konzentriert und entdeckt überall Argumente, um seinen Beitrag zu reduzieren. Es bricht der ›Egoismus zu zweit‹ aus, der eine typische Krankheitsform der Partnerschaft ist.

c. Die Sprache ist ein Hilfsmittel der Verständigung zwischen den Menschen: Sie ermöglicht es, zueinander zu kommen, einander zu verstehen und damit auch zu fördern. Dieses kostbare Instrument findet in unglücklichen Zweierbeziehungen aber eine ganz andere Verwendung. Man spricht nicht mehr, um sich verständlich zu machen und Gegensätze durch Kompromisse einzuebnen. Im Gegenteil: Die Sprache verwandelt sich in eine Waffe, mit der man mindestens so gut verletzen, weh tun und eventuell sogar töten kann wie mit einem Revolver oder mit einem Dolch. Die Dialoge verfeindeter Partner sind Zweikämpfe mit der unerbittlichen Absicht, *recht zu haben* und *recht zu behalten.* Der Standpunkt des Du wird nicht wahrgenommen: Es geht nur noch darum, die eigene Meinung zu verteidigen und gegen Einwände abzuschirmen. Es ist, wie wenn zwei Menschen sich unterhalten wollten, die beide füreinander ›fremdsprachig‹ sind: Ohne geeigneten Dolmetscher besteht keine Aussicht dafür, daß sie zu einer Übereinstimmung oder doch wechselseitigen Tolerierung gelangen können.

d. Bei all den genannten Prozessen verändert sich nach und nach das Bild, das sich die beiden Beteiligten von ihrem Gegenüber machen. Es entstehen zwei *Feindbilder,* die die früheren Gefühle der Achtung, der Wertschätzung und der Bewunderung fast vollständig unterdrücken. Nun entbrennt so etwas wie ein *Kampf ums Überleben,* denn der ›Feind im Haus‹ macht einem das Leben eng und überall bedrohlich. Wie immer, wo Angst und Aggressionen entfesselt werden, überläßt man sich wüsten Projektionen, die keiner Vernunftkontrolle unterliegen. Man mutet dem Partner alle Schlechtigkeit zu, die in den eigenen Befürchtungen aufsteigt: Und dies verschlechtert tatsächlich seine Intentionen in der Ich-Du-Beziehung.

e. Nun kommen *Charakterzüge* drastisch zum Vorschein, die sich in den guten Zeiten der Partnerschaft nur unmerklich bekundet haben. Jeder Mensch hat für Krisensituationen des Lebens ein Repertoire von härteren, unnachgiebigeren und ›asozialeren‹ Reaktionsmustern in sich, die er hervorholt, wenn ihm die Hoffnung auf ein gedeihliches und entwicklungsbegünstigendes Zusammenwirken mit einem Du verlorengeht. Die Selbstbehauptung und Selbstdurchsetzung des Ich auf Kosten des anderen sind das Wesenselement solcher Eigenschaften, die natürlich nicht plötzlich aus dem Nichts entspringen, sondern eine Akzentuierung oder Radikalisierung der von Kindheit an bestehenden Charakterstruktur ausmachen. Manche Partner wundern sich darüber, wie sehr und wie grundlegend sich ihr Du verändert hat; aber meistens ist diese Veränderung abhängig von eigenen (unguten) Wandlungen, die sich infolge ihrer Unbewußtheit der Selbsterkenntnis entziehen.

Das Beziehungsgeschehen wird undurchschaubar für die beiden Beteiligten, die den Kreislauf ihrer Aktionen und Interaktionen nicht in ein Verstehensmodell einordnen können. Hierfür ein Beispiel für vielerlei Komplikationen, das Paul Watzlawick in dem Buch *»Menschliche Kommunikation«* (zus. m. Beavin und Jackson 1969) bringt: Frau X ist unglücklich über ihre Partnerschaft, in der sie viel nörgelt und ihr Mann sich in sich selbst zurückzieht. *Sie* deutet dies so, daß sie nörgeln muß, weil er sich immer zurückzieht; *er* interpretiert dieselbe Misere jedoch so, daß er sich immer zurückziehen muß, weil sie stets nörgelt! Es ist kaum zu entwirren, wo die ›Schuldfrage‹ zu lokalisieren ist.

Die entfesselte Partnerschaftspathologie

Zur Darstellung äußerst zugespitzter Partnerschaftskonflikte kann man ›Typologien‹ benützen, welche die möglichen Konfliktkonstellationen auf einige wenige Grundtypen reduzieren. Ein beachtlicher Versuch in dieser Hinsicht liegt vor in Jürg Willis Buch *»Die Zweierbeziehung«* (1975), welches sich auf die These eines gemeinsamen Unbewußten der beiden Partner stützt und unter dem Begriff der ›Kollusion‹ (Mitspielen) das beiderseitige Beteiligtsein an allen Partnerschaftskalamitäten in Rechnung stellt. Willi greift auf die psychoanalytischen Neurosen- und Charakterdefinitionen zurück, so daß er als Hauptthemen der Partnerschaftspathologie narzißtische, orale, anal-sadistische und hysterische Kollusionsmuster aufdecken kann. Diese führen u. a. zu Ausartungen der Beziehung unter den Leitmotiven: ›Liebe als Einssein‹, ›Liebe als Einander-Umsorgen‹, ›Liebe als Einander-ganz-Gehören‹ und ›Liebe als männliche Bestätigung‹. Beide Partner bringen aus ihrer Kindheit schiefe (und zwar identische) Ansprüche an ihr Gegenüber mit, die sich zunächst zu ergänzen scheinen, aber auf die Dauer zum Sprengstoff werden können, der den Ehefrieden zerrüttet. Mitunter dienen dann die psychosomatischen oder neurotischen Symptome des einen Partners, seltener beider Partner, als Kitt der prekären Liebe oder Ehe, da damit ein Puffer gewonnen wird, der die heftigen Auseinandersetzungen mildert und beschwichtigt. Willi plädiert für Einsicht in diese Kollusionsmuster, wodurch ihnen ihre Starre und Einseitigkeit genommen werden kann.

Wir haben nicht die Absicht, auf den Spuren von Willis Beschreibungen einherzugehen, die nachzulesen wir allerdings gerne empfehlen möchten. Auch die Typologie der Ehenotstände, die schon Künkel in den dreißiger Jahren anhand seiner Charaktertypen versucht hat, ist für uns nicht die gewinnbringendste Methode in diesem Bereich. Man verwischt hierbei allzusehr die Individualität jeder Ehe; auch schafft man Rubriken, in die laienhafte Leser allzuleicht ihre eigenen Eheschwierigkeiten einordnen, wobei dem Partner mühelos der schwarze oder doch der schwärzere Peter zugeschoben wird. Der Lerneffekt bei solchen Schematisierungen ist unseres Erachtens gering; es ist sogar ein Pseudo-Lernen, wenn man dazu angeleitet wird, ein trockenes Schema auf individuelle Lebensgestaltungen anzuwenden.

Die große Dichtung der Weltliteratur ist hierin eindrücklicher als die Texte der psychologischen Wissenschaft. Bedeutende Romanschriftsteller und Dramatiker haben Entstehung und Zerfall von Partnerschaften so geschildert, daß die Einmaligkeit der jeweiligen Zweierbeziehung wirklich transparent wird; auch ›sieht‹ man günstigenfalls die beiden Charaktere in ihrer Wechselwirkung, wobei die Beziehung zu Welt und Schicksal nicht vernachlässigt wird. Als solche ›Lehrbücher‹ zur Partnerschaftspathologie möchten wir u. a. Shakespeares *»Othello«*, Tolstois *»Die Kreutzersonate«*, Ibsens *»Nora oder ein Puppenheim«*, Hesses *»Roßhalde«*, Albees *»Wer hat Angst vor Virginia Woolf?«* und Ingmar Bergmans Film *»Szenen einer Ehe«* nennen. Diese kleine Auswahl von literarischen Kunstwerken enthält ›mehr Tiefenpsychologie‹ als eine ganze Bibliothek von Fachbüchern.

Wir können aber in unserem Zusammenhang nicht Literaturpsychologie treiben und müssen es daher mit der Erwähnung der genannten Romane oder Dramen bewenden lassen. Für uns mag es zweckmäßig sein, aus der psychotherapeutischen Erfahrung heraus einige Themen und Motive der Partnerschaftspathologie herauszugreifen. Wir deuten hierbei die innere Dynamik an, die bei derartigen Verstrickungen zu finden ist.

1. Nach altertümlicher Auffassung ist die *Sexualität* hauptsächlich dazu da, die Fortpflanzung zu ermöglichen. Die neuere Psychologie und Anthropologie machen uns aber mit dem Gedanken vertraut, daß das sexuelle Bedürfnis in erster Linie eines der intensivsten ›Gemeinschaftserlebnisse‹ zustande bringt, nämlich eine Verschmelzung der Seelen *und* Leiber im gemeinsamen Orgasmus. Wo Partnerschaften erkranken, gelingt diese ›fundamentale Einigung‹ der beiden Menschen nicht oder nicht mehr; sie mühen sich aneinander ab, aber statt Nähe kommt nur Distanz und Frustration zustande. Daraus wird verständlich, daß die Sexualität nach und nach einen anderen Funktionssinn erhält. Sie wird in den Dienst der Selbstbestätigung und Machtausübung gestellt. Solche Sinngebung erahnen wir psychologisch etwa bei Impotenz und Frigidität, wo das sexuelle Nichtkönnen in einem (unbewußten) seelischen Nichtwollen verankert sein kann. Der Kampf im Liebesakt ist nur eine andere Variante der tausendfältigen verbalen und emotionalen Kämpfe, die zwischen den beiden Beteiligten ausgefochten werden oder doch in der Tiefe ihres Seelenlebens rumoren. Es wäre viel damit gewonnen, wenn das sexuelle Versagen allgemein eine derartige Interpretation fände.

Auch der ›Seitensprung‹ und der ›Prostituiertenbesuch‹ fallen unter die Kategorie ›Sexualität als Prestigepolitik‹, wobei man sich selbst als Eroberer und Don Juan aufwertet und den betrogenen Partner entsprechend abwertet. Ein ›Verhältnis neben der Ehe‹, in manchen Kreisen geradezu als Statussymbol eines erfolgreichen Mannes betrachtet, gehört ebenfalls in die ›Pathologie des Selbstwertstrebens‹, die das Sexuelle — welches Hingabe bedeutet — umfinalisiert in Richtung auf Eitelkeit und Selbstbeweihräucherung.

2. In vielen Partnerschaften macht sich *Eifersucht* breit, die vielfach als ›Beweis von äußerster Liebe‹ mißverstanden wird. Wir sprechen hier nicht von ›berechtigter Eifersucht‹, die dann entsteht, wenn sich der Partner einem anderen Menschen liebend zuwendet und uns vernachlässigt. Solcherlei Verhalten wird natürlicherweise im benachteiligten Liebenden Gefühle des Schmerzes, der Trauer und der Angst vor dem Liebesverlust erwecken. Pathologische Eifersucht ist erst dann gegeben, wenn die Furcht vor Liebesentzug zu permanent mißtrauischem, aggressivem, dominierendem, zänkischem und haßerfülltem Verhalten Anlaß gibt. Es scheint in diesen Fällen nicht mehr um die

Liebe des Du zu gehen; vielmehr kämpft der Eifersüchtige darum, daß sein wirklicher oder vermeintlicher Rivale die Zuneigung des Partners *nicht bekommen soll.* Auch hier wieder erkennen wir die aufsteigende Linie zur Machtausübung unter Verletzung der Gebote von Liebe, Achtung und Freizügigkeit. Man muß jedoch sehr vorsichtig sein und dem manifest Eifersüchtigen nie allein die Schuld an der Partnerschaftszerrüttung zuweisen; oft liegt dem Ausbruch der Eifersucht bei dem einen Partner ein untergründiges Begünstigen dieser *emotionalen Fieberkrankheit* durch den anderen Partner zugrunde. Hier ist das Willische Kollusionskonzept durchaus am Platze: Wenn sich in der Zweierbeziehung der eine Teil manifest krank benimmt, dann kann es durchaus sein, daß der andere Teil in seinem verborgenen Kranksein den mindestens so schweren Fall darstellt wie jener, der sich schier ›verrückt‹ gebärdet.

3. Ein anderes Partnerschaftsunglück ist das *gemeinsame Streiten,* das mit Recht den Namen *Streitsucht* führt. Man muß sich wundern, daß manche Paare jahrzehntelang über dieselben Punkte streiten und hiermit nicht aufhören können, d. h. keine Lösung für ihre permanenten Probleme finden. Das sieht wie ›Unvernunft‹ bei sonst recht ›vernünftigen Menschen‹ aus. Aber bei genauerem Zusehen entdeckt man doch wiederum einen tieferen Sinn im Unsinn (des Streitens). Die Sprache mit ihrer psychologischen Weisheit hat nicht umsonst das Wort ›Sucht‹ mit dem ›Streiten‹ verbunden. Offenbar kann man nicht nur bezüglich von Alkohol, Drogen, Medikamenten, Erfolgen usw. süchtig werden, sondern auch in bezug auf Streiten, Hadern und Schimpfen. Des Rätsels Lösung liegt wiederum in der furchtbaren Anziehungskraft, die das Macht- und Geltungsmotiv auf kranke Seelen ausübt. Geht es doch beim Streiten ums Rechthaben, um den Beweis, daß der eine klüger, rechtschaffener, vornehmer, sozialer, liebevoller usw. als der andere ist. Die Erniedrigung des anderen soll die eigene Erhöhung einleiten und besiegeln. Streitende Paare, die über Jahrzehnte hinweg an solchen Kampfritualen festhalten, bringen das Zauberkunststück zuwege, daß *beide* andauernd in ihren ›Duellen‹ siegen, aber jeder *auf eine andere Weise.* So mag es für den ›Herausforderer‹ schon ein Sieg sein, daß der andere auf sein wohlberechnetes Stichwort einschnappt und dabei in Angst, Wut oder Verzweiflung gerät. Selbst die schlußendliche Niederlage des einen kann in einen Triumph umformuliert werden. Nehmen wir etwa den Fall, daß

bei gewissen Streitigkeiten der Mann grob und ausfällig wird und hierbei seine Frau zum Schweigen bringt. Ihre darauffolgenden *Tränen* jedoch können ihm — wenn er nicht ganz hartherzig ist — ohne Worte seine Dickfelligkeit und Grobheit drastisch dokumentieren, so daß er in irgendeiner Weise einlenkt und zur ›Wiedergutmachung‹ gezwungen werden kann. In vielen Partnerschaften ist der unterirdische Krieg fast ebenso erfinderisch in Waffen und Kampfhandlungen wie bei verfeindeten Nationen.

4. Hinter Sexualmißbrauch, Eifersucht und ›Herumstreiten um des Kaisers Bart‹ stecken die Charakterzüge des *Ehrgeizes* und der *Eitelkeit,* mit denen ein ruhiges Zusammenleben zweier Menschen bei einer gewissen Massivität dieser Untugenden kaum möglich ist. Künkel hat diese beiden Wesenseigenschaften (die er zu Ausprägungen der ›Ichhaftigkeit‹ zählt) vornehmlich dem ›Cäsar‹ und dem ›Star‹ zugeschrieben; er war aber auch scharfsinnig genug, im Verhalten des ›Heimchens‹ und des ›Tölpels‹ als Grundmotiv eine ehrgeizig-eitle Lebenseinstellung zu erkennen. Das offene oder versteckte ›Hervorragenwollen über den anderen‹ erzeugt tausendfältige Antagonismen, die den Alltag in Liebe und Ehe ausmachen. So blamiert man den Partner in Gesellschaft oder im trauten Zuzweitsein, man ›mischt‹ in das Zusammenleben kleine Taktlosigkeiten und Verletzungen, scheinbare Vergeßlichkeiten, in denen geheime Absicht liegen kann. Viel reden und schweigen, übertriebene Sparsamkeit und unbesonnenes Geldausgeben, Koketterie und anderes Auffallenwollen, Putz- und Arbeitswut u. a. m. können im Dienste des Auszeichnungsverlangens stehen, welches die Partnerschaft dazu mißbraucht, die eigene Ruhmsucht zu bestärken. Sogar politische und religiöse Überzeugungen werden notfalls herangeholt, um dem Partner seine Naivität oder Dummheit in der Politik, seinen bornierten Obskurantismus, seine Glaubenslosigkeit oder seine Frömmigkeit ›vorzuwerfen‹. Wie zwei kleine Kinder, die um Bevorzugung von seiten der Eltern rivalisieren, kämpfen die beiden Liebenden um den Vorrang im Wissen, Können, Glauben, Unglauben, Revoluzzertum oder Konservatismus. ›Der Zweck heiligt die Mittel‹: Wenn Machtpolitik einreißt, kann buchstäblich *alles* dazu verwendet werden, um die eigene Scheingröße und den Scheinrang zu unterstreichen, wenn nur dabei irgendein schiefes Licht auf den danebenstehenden Partner fällt. Die Prestigeeinstellung in der Partnerschaft zerrüttet die Beziehung.

5. Wer im grimmigen Kampf um die Überlegenheit in der Zweierbeziehung den kürzeren zu ziehen meint, kann — bei geeigneter Disposition durch seine frühen Kindheitserlebnisse — sogar zur eigentlichen *Neurose* oder zur *psychosomatischen Erkrankung* greifen, um sich so unbewußt aufzuwerten und die eigene Position zu verstärken. So hat jede neurotische Störung innerhalb einer Partnerschaft *auch* einen ›Stellenwert‹ in dieser Zweierbeziehung: Man könnte regelrecht die Frage aufwerfen, *gegen wen* der Patient oder die Patientin ihre seelische Erkrankung entwickelt hat. Natürlich spielt hierbei auch innere und äußere Existenznot eine unübersehbare Rolle: Man erfindet neurotische oder psychosomatische Krankheiten nicht ›aus dem heiteren Himmel‹, und sie sind keine Kalamitäten, die als ›subjektfremd‹ zu betrachten sind. Das Subjekt schafft sich unter Umständen seine Neurose oder seine leib-seelische Irritation, da es derlei *benötigt,* um seinen sozialen Spielraum zu erweitern und seine Selbsteinschätzung zu konsolidieren. Man überprüfe nur die Wirkung, die ein solches Leiden auf den beteiligten oder betroffenen Partner ausübt: Und man wird sehen, daß irgendein ›Krankheitsgewinn‹ im Kranksein drinsteckt, der die Symptomatik zu einem ›kostbaren Besitz‹ macht, welcher nicht ohne weiteres bei psychotherapeutischer Intervention preisgegeben wird.
6. Die Familientherapie hat eine Reihe von *Familienneurosen* beschrieben, bei denen nicht nur ein Familienmitglied an einer Neurose erkrankt, sondern die Familie als Ganzes neurotisch oder psychotisch wird und eine Irritation ausbrütet, an welcher alle Familienangehörigen teilhaben — mit unterschiedlicher ›Manifestation‹ der Symptome. Die Einigung auf eine ›gemeinsame Neurose‹ kann die brüchige Familie zusammenhalten; wo Liebe und gemeinsame Entwicklung aller Beteiligten als ›Bindungsfaktor‹ nicht hinreichen, wird die Familienneurose zum gemeinsamen Gesprächsstoff, zum Lebensinhalt, zur ›Weltanschauung‹ und zur Mauer, die gegen die ›böse Welt‹ abgrenzt.
Horst-Eberhard Richter (*»Patient Familie«* 1970) hat im Anschluß an amerikanische Autoren die Typologie neurotischer Familien bearbeitet; er nennt u. a. die ›Familie als Sanatorium‹ (Ursprungsstätte von Angstneurosen und psychosomatischen Krankheiten), die ›Familie als Festung‹ (Ursprungsstätte von Zwangsneurosen und Paranoia) und die ›Familie als Schaubühne‹ (Ursprungsstätte und Heimat von Hysterie). Für andere

Charakteranomalien und Neurosen kann man ohne weiteres zusätzliche Familienpathologien konstruieren; so etwa die ›Familie als Dschungel‹ (Verwahrlosung, Kriminalität), die ›Familie als Kasernenhof‹ (Autoritarismus, Masochismus, Sklaverei), die ›Familie als Gerichtshof‹ (Schuldzuweisung, Moralismus in allen Spielarten). Seit wir in das emotionale Gewebe der Partnerschaften hineinzuleuchten verstehen, begreifen wir auch die Neurosen der Individuen viel besser, da Individual- und Familienneurose einander bedingen wie die zwei Seiten einer Münze.

Die seelischen Konflikte und Verklammerungen in Partnerschaften sind leidvoll genug, und sie betreffen einen Lebensbereich, in dem das Verlangen nach Glück und Lebensgenuß in besonderer Weise akzentuiert ist. Der Psychologe und Psychotherapeut, der um das Massenelend in den Zweierbeziehungen weiß, kann es nur bedauern, daß man die heranwachsende Jugend zu wenig auf die ›Krisenanfälligkeit‹ jeglicher Partnerschaft aufmerksam macht und daß heute noch ›Eheschulen‹ fehlen, in welchen die ›Kunst des Zusammenlebens‹ gelehrt und gelernt werden kann. Die Schulbildung der Zukunft wird als ein Hauptfach die *Vorbereitung auf die Zweierbeziehung* umfassen, wenn in ihr echte Menschenbildung ernst genommen werden soll.

Partnerschaftstherapie

In der Psychotherapie von Partnerschaften muß man einige Gesichtspunkte beachten, die in der Individualtherapie nicht per se enthalten sind. Eine Zweierbeziehung zu behandeln und zu klären ist qualitativ eine andere Aufgabe als die Klärung der Probleme zweier Individuen, die zwar ein Paar bilden, aber einzeln und unabhängig voneinander Therapie machen.

Es ist sehr schwierig für den Psychotherapeuten, anläßlich von Partnerschaftsbehandlungen ein annähernd objektives Bild davon zu gewinnen, was sich wirklich zwischen den beiden Partnern abspielt. Mitunter kommt nur ein Partner in die Therapie, so daß man auf eine einseitige Information angewiesen ist. Aber auch wenn beide Beteiligten kommen, erfahren wir immer nur, was jeder von ihnen ›erlebt‹ und ›zu sehen glaubt‹. Erfahrungen sind stets sehr subjektiv. Man erinnere sich an die bekannte ›Psychologie der Zeugenaussage‹. Ein Unfall findet statt: Setzen wir den Fall, daß zwölf Menschen ihn gesehen haben. Alle zwölf

Zeugen schildern, gemäß ihrer Persönlichkeitsstruktur und Wahrnehmungs-Eigenart, einen ›ganz anderen Unfall‹. Hierbei sind sie emotional nicht besonders beteiligt. Wieviel größere Fehlerquellen kommen in die Beurteilung hinein, wenn man — wie dies in der Partnerschaft exquisit der Fall ist — gefühlsmäßig sehr engagiert ist und ein gewaltiges Interesse daran hat, nicht als der ›Schuldige‹ dazustehen, sondern beim Therapeuten Schutz, Hilfe und Unterstützung gegen den ›bösen Ehepartner‹ zu bekommen!

Einige Faustregeln haben sich in der Partnerschaftstherapie als sehr nützlich erwiesen. Dazu gehören u. a. folgende Behandlungsmaximen:

1. Sofern Schwierigkeiten in einer Zweierbeziehung auftreten, haben beide Beteiligte ihren Anteil daran — nie einer allein. Es ist sogar von Vorteil anzunehmen, daß auf jeden Partner ca. *50 Prozent* der Komplikationen entfallen — dies mag in der Praxis nicht immer genau zutreffen, wirkt aber doch als Stütze für die Neutralität des Beraters, der allzu leicht von einem der beiden Kontrahenten ins Schlepptau genommen wird, so daß er eventuell ›subjektiv‹ Partei ergreift und Öl aufs Feuer gießt, anstatt die Flammen zu löschen.

2. Alle Schwierigkeiten einer Partnerschaft müssen sehr sorgfältig auf ihre *aktuelle Notlage* hin untersucht werden. Die Menschen leiden nicht unter eingebildeten Problemen (wiewohl dies auch eine Rolle spielt); viele ihrer Probleme sind ganz real und stammen aus der Gegenwart, nicht aus der vielbemühten Kindheit, in welcher die Psychoanalyse die Ursprungsstätte der Charakterformungen, der Komplexe und der Verhaltensabwegigkeiten sieht. Mitunter ist die aktuelle Beratung viel hilfreicher als eine tiefschürfende Analyse, die die Kindheitspathologie ›ausgräbt‹.

3. Sofern die Gegenwartslage das Verhalten der beiden Beteiligten nicht erklärt, fügt man die *Vergangenheitsanalyse* hinzu. Dann erst hat es Sinn, bis in die Kindheit der beiden Partner zurückzugehen, um zu erkennen, welche kindlichen Prägungen, welche ›Wiederholungszwänge‹ aus den Kinderjahren ihre Reaktionen determinieren. Denn das Kind ist der ›Vater des Mannes‹ und die ›Mutter der Frau‹.

4. Schon Hegel hat die treffende Feststellung formuliert, daß jede Individualität ist, ›was sie in ihrer Welt ist‹. Dies bedeutet, daß der Mensch nicht im leeren Raume steht: Er ist *auch* die Summe seiner Weltbeziehungen. Daher muß man bei der Situa-

tionsklärung von Partnerschaften die ›Welt‹ der beiden Partner mit untersuchen: Oft stammen die Störungen der Zweierbeziehung aus dem Berufsmilieu, aus dem Einfluß von Eltern und Schwiegereltern, aus religiösen, politischen und ökonomischen Hintergründen, aus den Freundschaften und Bekanntschaften des Paares usw.

5. Jede Partnerschaft ist ein *historisches Gebilde* und hat ihren Anfang in der Zeit, ihren ›Werdensverlauf‹ und ihre Schicksale. Man kann sie daher auch als ›Produkt ihrer Geschichte‹ auffassen, ähnlich wie man den Status eines Volkes als ›Geschichtsergebnis‹ deuten muß. Daher ist es für das Verstehen von Partnerschaftskomplikationen unabdingbar, die Arbeit eines ›Historikers‹ zu leisten, d. h. herauszuarbeiten, auf welche Weise die beiden Beteiligten sich kennenlernten, wie ihre Liebe begann und sich entwickelte, von welchem Zeitpunkt an die Schwierigkeiten hochkamen und wie ihnen ›begegnet‹ wurde. Jede Zweierbeziehung hat eine mehr oder minder dramatische Geschichte, mit Treuebündnissen und Treuebrüchen, mit Mißverständnissen und daraus folgenden Verhärtungen oder Aggressionen, mit eingestandenen und uneingestandenen ›Seitensprüngen‹ u. a. m. Wichtiger als die Geschichte der äußeren Ereignisse ist die Geschichte des Gefühlslebens in der Partnerschaft: Diese ist natürlich viel schwerer zu ermitteln als faktische Vorkommnisse, die man örtlich und zeitlich lokalisieren kann.

Die Psychoanalyse lehrt uns, daß die Angelpunkte der Therapie die Phänomene des Widerstandes, der Übertragung und der Gegenübertragung sind. Diese Theorie ist in ihrer orthodox-psychoanalytischen Fassung umstritten; es kann aber kein Zweifel sein, daß Freud mit diesen Begriffen irgend etwas anvisiert hat, das sich tatsächlich im Therapiegeschehen ereignet.

In der Therapie der Zweierbeziehung stellt man spezielle Varianten von Widerstand, Übertragung und Gegenübertragung fest, wie dies z. B. Jürg Willi in seinem Buch *»Therapie der Zweierbeziehung«* (1978) sehr eindrücklich beschreibt. So gibt es etwa den Widerstand des ›nichtbehandlungswilligen Partners‹, der sich selbst von allen Problemen freispricht und bestenfalls seinem Gegenüber empfiehlt, sich behandeln zu lassen. Oft geht es hierbei um die Erhaltung einer wirklichen oder vermeintlichen Überlegenheitsposition; es kann auch die Angst vor Abhängigkeit und Sich-führen-Lassen sein, die in Männern unserer Kultur besonders ausgeprägt ist. Aber auch der behandlungswillige

Partner hat seine Widerstände: Er sucht vielleicht die Rolle des Kindes, das bei einem allmächtigen Elternersatz (dem Therapeuten) seine Geschwister (d. h. den Ehepartner) anklagen darf; oder er sucht eine gütige ›Therapiemutter‹ (die auch ein Mann sein kann), bei der man immer Schutz und Zuflucht findet, ohne sich ändern zu müssen.

Auch haben die Paare einen ›gemeinsamen Widerstand‹, da ihre Beziehung — trotz Leid und Kummer — ein stabilisiertes System darstellt, an das sie sich gewöhnt haben und aus welchem sie Befriedigungen *irgendwelcher Art* ziehen.

Mit den obigen Thesen ist auch bereits das Problem der ›Übertragung‹ angetönt worden; man überträgt auf den Therapeuten kindliche Verhaltens- und Einstellungsmuster, so daß dieser annähernd wie eine wichtige Beziehungsperson aus der Kindheit im Seelenleben des Analysanden aufgefaßt wird. Kommen beide Beteiligten in die Therapie, dann können vielerlei Komplikationen dadurch entstehen, daß etwa die Frau im Therapeuten einen ›gütigen Mann‹ als Kontrastfigur zu ihrem ›bösen Mann‹ stilisiert. Der Mann hingegen kann den Psychologen als ›Rivalen‹ empfinden, der ihm seine Frau ausspannen will oder doch ihn vor der Frau demütigt und kleinmacht. Auch andere Varianten sind möglich. So kann der Mann im Seelenarzt einen Bundesgenossen im Kampf gegen seine Frau erhoffen, da ihn eventuell der Vater gegen Schwestern oder gegen die Mutter in Schutz zu nehmen pflegte.

Auch der Therapeut ist an solchen pathologischen Konstellationen mitbeteiligt. Auch er bringt alle seine Gefühle und Motivationen in die Behandlung mit. Unter Umständen gefällt ihm die Frau, so daß er wuchtig für sie und gegen den Mann Partei ergreift. Oder er hat selbst ähnliche Ehe- oder Liebesprobleme wie der betroffene Mann und agiert nun mit entsprechender Leidenschaft zugunsten dieses letzteren, mit dem er sich ›überidentifiziert‹. Auch kommt es auf das ›Frauenbild‹ des Psychotherapeuten an, wenn er in Partnerschaftsfragen Stellung beziehen soll. Wie oft haben auch Therapeuten von Kindheit an mit Frauen niederdrückende Erfahrungen gemacht, die sie in ihrer Charakter- und Lehranalyse nur zum Teil aufarbeiten konnten. Dies wird ihr Unparteiisch- oder Allparteilichsein (H. Stierlin) schwer beeinträchtigen.

Die Tatsache, daß ein Psychotherapeut in Zusammenarbeit mit *einem* Liebes- oder Ehepaar in unübersichtliche Affekt- und Gefühlsverstrickungen hineingerät, hat dazu beigetragen, daß allenorts die Therapie in *Ehepaargruppen* Aufschwung erhielt. Hierbei werden einige Paare vereinigt und durch gruppentherapeutische Techniken behandelt. Das hat viele Vorzüge gegenüber der Therapiesituation zu dritt, die so leicht zu einer Konstellation ›zwei gegen eins‹ entartet: Einer der beiden Partner gewinnt den Therapeuten zum Bundesgenossen, und dann bekämpft man gemeinsam den ›bösen Dritten‹.

Noch vorteilhafter erscheint uns die Einordnung des Paares in *größere Therapiegruppen*, die nicht auf Ehepaar-Therapie spezialisiert sind. In solchen großen Gruppen (in denen die Anzahl der Patienten nicht limitiert ist) soll jeder Partner für sich seine Selbstklärung vollziehen und seine Selbstverwirklichung fördern. Die Komplikationen in Liebe und Ehe bilden nicht das Hauptthema einer derartigen psychologischen Behandlung. Sie können wohl dann und wann angesprochen werden, aber die beiden Kontrahenten werden allgemein darauf hingewiesen, daß das Geheimnis der Verbesserung ihrer Zweierbeziehung in der Entwicklung und Entfaltung der beiden Persönlichkeiten liegt.

Mit einem solchen Therapie-Arrangement, in welchem neben dem ›analytischen Teil‹ auch erhebliche ›Bildungsarbeit‹ geleistet wird, haben wir in unserer ›Berliner Großgruppentherapie‹ auch bei Paar-Therapien gute Resultate erzielt. Wir gehen dabei von der Auffassung aus, daß Stagnationen der persönlichen Entwicklung die Hauptquelle der Partnerschaftskonflikte sind, da Menschen mit ›Werdenshemmungen‹ am ehesten dazu neigen, ihre gestaute Lebensenergie am Partner abzureagieren.

Josef Rattner

Altersneurosen

Eine der wichtigsten sozialen Tatsachen unserer Zeit besteht darin, daß die Menschen von heute älter werden als ihre Vorfahren. Die mittlere Lebensdauer hat sich im Laufe der Jahrhunderte eindrücklich verändert. Bis um 1700 betrug die Lebenserwartung eines Menschen nur ca. 30 Jahre; daran änderte sich auch im 18. und 19. Jahrhundert wenig. Erst die Erfolge der modernen Medizin und Hygiene ließen die durchschnittliche Lebenserwartung emporschnellen. Entscheidend war hierbei vor allem die Bekämpfung der Säuglings- und Kindersterblichkeit, daneben aber auch die Pflege und Vorsorge für das Alter. So kam es dazu, daß die Statistik von 1880 an eine merkliche Verlängerung der Lebensdauer anzuzeigen begann. Hierzu einige Zahlen:
1880: 35—38 Jahre; 1890: 40—44 Jahre; 1920: 56—59 Jahre; 1930: 59—63 Jahre; heute: 70—75 Jahre.
Die hochentwickelte medizinische Versorgung in den Industriestaaten vermehrte die Bevölkerungsgruppe der ›Über-60jährigen‹ in vorher nie gekanntem Maße. Schon 1950 kamen auf 1000 Einwohner in der BRD 94 Menschen mit über 65 Jahren; 1970 waren es bereits 128, und um 1980 lag die Zahl dieser ›Alten‹ etwa bei 140. Jeder siebente Bundesbürger ist demnach über 65 Jahre alt. Naturgemäß wirft dies neuartige ökonomische, soziale, psychologische und kulturelle Probleme auf, denen zu begegnen nicht leicht sein wird.
Das Wort von der ›Überalterung der Industrienationen‹ ist vielleicht zu dramatisierend, aber es betont immerhin den Ernst der Lage. Die Soziologie hat sich dieses Themas eifrig angenommen; auch die Medizin sah sich genötigt, spezielle Disziplinen bezüglich des alternden Menschen auszubilden, so u. a. die *Gerontologie* (Wissenschaft vom Alter) und die *Geriatrie* (Altersheilkunde, Altersmedizin). An die genannten Wissenschaften schließt sich zwanglos die *Alterspsychologie* an, die in den letzten fünfzig Jahren einen großen Aufschwung nahm.

Eine Pionierarbeit auf diesem Gebiet leistete Charlotte Bühler mit ihrem Buch *»Der menschliche Lebenslauf als psychologisches Problem«* (1933). Sie untersuchte an zahlreichen Lebensläufen die von ihr herausgehobenen Phasen des Aufstiegs, des Höhepunkts und des Abstiegs, wodurch sie in origineller Weise die Altersproblematik in den Griff bekam. An den Biographien von schöpferischen Persönlichkeiten konnte sie die positiven Aspekte des Alterns aufzeigen, was mit der geläufigen Tradition brach, die im Altwerden fast ausschließlich Phänomene der Inhibition und Involution (Hemmung und Rückbildung) sah.

Die derzeitige Gerontologie beschäftigt sich nach Hans Thomae (*»Altern — Probleme und Tatsachen«* 1968) mit den folgenden vier Themenkreisen:

1. Das Alter als Lebensphase;
2. Das Problem von Altersveränderungen der Leistung;
3. Das Problem des Einsetzens des Alterns;
4. Die thematische Analyse des Alterns.

Es ist hier nicht der Ort, im Detail auf alle diese Motive der gerontologischen Forschung einzugehen. So wird etwa die Frage diskutiert, was den ›Anstoß zum Altern‹ ergibt: Handelt es sich hier um eine Eigengesetzlichkeit des Organismus, der sich im Lebensprozeß gemäß inhärenter Bedingungen ›verbraucht‹, oder ist es ein Insgesamt von ökonomischen, beruflichen, soziologischen und psychologischen Faktoren, die zum Altwerden Anlaß geben? Diese Frage kann vermutlich nicht eindeutig beantwortet werden. Zum eventuell biologisch programmierten Verschleiß der Lebensenergie kommen immer lebensgeschichtliche Umstände hinzu, die erfahrungsgemäß das Altern einleiten und beschleunigen können. Gibt es doch unzweifelhaft immer wieder Fälle, wo einschneidende Erlebnisse und Erfahrungen ein Individuum sozusagen ›über Nacht‹ altern lassen. Aber das Biographische ist nie allein wirksam; es überlagert den ›normalen Altersvorgang‹, den es verlangsamen oder beschleunigen kann.

Nicht immer bedeutet das Altern ›Leistungsabfall‹: Sehr viele alternde Menschen ersetzen die vitale Kraft durch Geschicklichkeit und Routine, durch Erfahrung und erworbenes Wissen. Dies kommt besonders in den ›geistigen Berufen‹ zum Tragen, ist aber auch anderswo feststellbar. Jedenfalls ist man nicht dazu berechtigt, die alten Berufsarbeiter von vornherein der verminderten Leistungsfähigkeit zu verdächtigen. Der Mensch bleibt

plastisch bis in ein hohes Alter, und oft überschneiden sich die Kurven des biologischen Alterns und der geistigen Reifung: Erstere fällt, und letztere steigt an.
In der ›thematischen Analyse des Alterns‹ sieht Thomae einige Grundsituationen, vor die sich der alternde Mensch notwendigerweise gestellt fühlt und auf die er eine sinnvolle Antwort finden muß. Diese ›challenges‹, zu denen ›responses‹ gesucht werden müssen, sind:

1. Situation der beruflichen und wirtschaftlichen Konkurrenz, Notwendigkeit der Durchsetzung;
2. Situation der Familie;
3. Innewerden der Unvollkommenheit des Daseins;
4. Reibung an der Monotonie des eigenen Daseins;
5. Innewerden der Endgültigkeit des eigenen Geschicks;
6. Konfrontation mit der Endlichkeit des Daseins.

Das Lernpensum des altwerdenden Menschen ist in der Tat nicht gering. Es erinnert in manchen Punkten an ›philosophische‹ Aufgabenstellungen, denn die Auseinandersetzung mit dem Tode, der menschlichen Endlichkeit und der Endgültigkeit von Entscheidungen und Entwicklungen war von altersher die bevorzugte Thematik der Philosophie beziehungsweise der Ethik und philosophischen Menschenkunde. Auch die Tiefenpsychologie wurde durch das Studium seelisch kranker Menschen und deren biographischer Fehlentwicklungen auf diesen Themenbereich hingelenkt. So ist sie vielleicht als ›psychotherapeutische Theorie‹ besonders geeignet, dem alternden Menschen in seinen Nöten und Bedrängnissen Beistand zu leisten. Die Psychologie des Alters gehört zumindest teilweise in die *Neurosenlehre,* und hierin ist der Tiefenpsychologe kompetenter als seine Fachgenossen aus den übrigen spezialwissenschaftlichen Sphären.

Biologie des Alters

Das Altern ist ein biologischer und psychischer Prozeß, an dem Leib und Seele von Fall zu Fall unterschiedlichen Anteil haben. Die Anatomen behaupten, daß der menschliche Organismus schon im Mutterleib zu altern beginnt; manche Organe oder Organsysteme weisen bald ›Abnützungserscheinungen‹ auf, die sich im Laufe des Lebens vermehren. Sehr deutlich ist dies an den Blutgefäßen festzustellen, die verkalken und unelastisch werden;

um 1900 erklärte der Franzose Cazalis in einer vielbeachteten Formulierung: »Der Mensch ist so alt wie seine Arterien.«
Aber auch die anderen Organe verändern sich und vermindern ihre Funktionstüchtigkeit. Das Auge akkommodiert schlechter schon im Jugendalter; später kann sich die Linse fast gar nicht mehr der Distanz des gesehenen Objekts anpassen, was zur Altersweitsichtigkeit führt. Die Abnahme der Hörschärfe betrifft erst das vorgerückte Alter und gibt Anlaß zur Altersschwerhörigkeit, die die Beziehung zur Umwelt empfindlich belastet.
In allen Bereichen des Körpers verändern sich die Gewebe im Laufe der Altersvorgänge. Überall lagert sich Bindegewebe ein, welches andere Zellen ersetzt. Schon das Erscheinungsbild des alternden Menschen verwandelt sich merklich. Die Haare werden zuerst grau und dann weiß oder fallen ganz aus. Man verliert seine Zähne, was die untere Gesichtshälfte verkürzt. Da die Wirbelsäule Wasser abgibt und die Zwischenwirbelscheiben zusammengedrückt werden, wird der alternde Mensch kleiner; bei höherem Alter kann es sich um zehn bis fünfzehn Zentimeter handeln. Nicht selten wird die Haltung auch gebückter, weil die Muskulatur atrophiert und einen Teil ihrer Tragfähigkeit einbüßt.
Wichtiger jedoch sind die inneren Veränderungen des Organismus. Im Blut reduziert sich der Hämoglobingehalt. Da die Rippenknorpel verknöchern, wird der Brustkorb unbeweglicher und erschwert die Atmung. Die Verminderung des luftaustauschenden Gewebes der Lunge (Emphysem) ergibt Kurzatmigkeit; physische Anstrengungen werden im Alter schlechter ertragen.
Magen, Darm, Leber und Niere arbeiten oft schwerfälliger in den späteren Lebensabschnitten. Um z. B. die Körperschlacken auszuscheiden, muß mehr Wasser aufgenommen werden, da der Urin weniger konzentriert wird.
Das Knochensystem verliert an Kalk und wird spröder und brüchiger. Gefürchtet sind bei alten Menschen Knochenbrüche, speziell der Oberschenkel- oder Schenkelhalsbruch. Da die motorische Geschicklichkeit abnimmt, sind Unfälle im Alter häufig und heilen natürlich auch weniger gut ab.
Herzleiden entstehen aus sehr verschiedenen Gründen. Relevant ist u. a. die Verkalkung der Herzkranzgefäße, die die Ernährung des Herzmuskels beeinträchtigt. Verschließt sich ein Gefäß, so kommt es zum Herzinfarkt mit partiellem Absterben des Mus-

kelgewebes. Aber auch ohne dieses dramatische Ereignis wird die Herzleistung herabgesetzt, je höher das Alter wird.

Natürlich betrifft der Altersprozeß auch die Sexualität, wo wiederum biologische und psychische Faktoren ineinanderwirken. Bei der Frau hört zwischen 40 und 50 Jahren die Monatsblutung auf; es werden keine Eier mehr produziert, und auch der ganze hormonelle Monatszyklus fällt aus. Früher meinte man, daß damit die Sexualität zum Erliegen komme. Dies ist keineswegs der Fall, es sei denn, daß die Suggestion dieses immer noch kursierenden Vorurteils ihre Wirksamkeit entfaltet. Normalerweise ist die Frau — wie der Mann — bis in hohes und höchstes Alter sexuell ansprechbar.

Beim Mann vermehren sich im Hoden die Bindegewebszellen, und seine Hormonproduktion wird abgeschwächt. Das sexuelle Bedürfnis wird in der Regel verringert. Mitunter kommt es zu Erektionsschwierigkeiten oder Ejakulationskomplikationen; das Orgasmuserlebnis ändert sich. Kinsey berichtet allerdings von Fällen, wo Greise und Greisinnen noch ein sehr befriedigendes Liebesleben praktizierten und auch die Häufigkeit des Beischlafs mitunter frappiert.

Im Zusammenhang mit dem Sexualsystem steht die Prostata des Mannes, die im Alter fast immer vergrößert wird und auch Wucherungen aufweist. Die Prostatahypertrophie mit daraus folgenden Beschwerden bei der Urinentleerung ist ›die Krankheit des alten Mannes‹.

Manche Autoren stellen fest, daß das Altern regelmäßig mit Krankheit verbunden oder gar identisch ist. Jedenfalls ist es der Weg des Organismus zum Tode hin, und die Erkrankung zeigt gelegentlich, wie nahe man dem ›Zielpunkt‹ gekommen ist.

Alte Menschen sind zwei- oder dreimal häufiger krank als junge, und in den meisten Krankenhäusern sind oft ein Viertel oder ein Fünftel der zur Verfügung stehenden Betten durch alte Patienten belegt. Zu den speziellen Alterskrankheiten gehören u. a.: Herzkrankheiten, Arthritis, Rheumatismus, Nierenentzündungen, hoher Blutdruck, Arteriosklerose, Erkrankungen der Atemwege (Bronchitiden, Pneumonien usw.), Erkrankungen des Verdauungsapparates (Diabetes usw.), Störungen des Bewegungssystems, Anämie und bösartige Tumoren. Auch Neurosen und Psychosen nehmen im Alter zu.

Krankheiten des Alters neigen zur Chronifizierung und zu einem schleichenden, progressiven Verlauf. Die Krankheits-

symptome sind weniger ausgeprägt als in jüngeren Jahren, so daß sie nicht immer schnell genug wahrgenommen werden. Mitunter überlagern sich auch mehrere Krankheiten, so daß die Beseitigung der auffälligen Symptomatik noch nicht die völlige Heilung bedeutet. Man muß beim alten Menschen stets den Gesamtorganismus überwachen, wenn man auch vorzüglich die akute Erkrankung im Auge behält.
Herzleiden stehen unter den Todesursachen an erster Stelle. Allgemeiner biologischer Kräfteverfall ist zwar auch ein ubiquitäres Symptom, führt aber selten zum Tode: Der Tod aus Altersschwäche allein ist eine Rarität oder kommt gar nicht vor. Der geschwächte Organismus wird irgendwie krank und ist nicht mehr in der Lage, sich zu wehren: Dies ist sozusagen die ›geläufige Art des Sterbens‹. Aber nicht immer kann die ›Todesursache‹ deutlich ermittelt werden.

Psychologie des Alters

Die Psychologie des alten Menschen befaßt sich u. a. mit der Frage, wann und bei welcher Gelegenheit er sich erstmals und in entscheidender Weise als ›alt‹ empfindet. Umfragen zu diesem Thema haben ergeben, daß physische und psychische Funktionsausfälle oder Reaktionen der Umgebung dem Betroffenen sein Alter in Erinnerung rufen. Hierbei spielen etwa folgende Faktoren eine Rolle:
Muskel- oder Rückenschmerzen; Zahnausfall; Knochenschmerzen; wachsende Nervosität; Verminderung der Sinnesfunktionen; Weißwerden der Haare und Haarausfall; Hautfalten; Ermüdungserscheinungen; sexuelle Funktionsstörungen; Kreislaufbeschwerden; Gedächtnisschwund; Schlaflosigkeit usw.
Läßt einen der eigene Körper in Ruhe und funktioniert die Psyche annähernd gut, dann sorgt die Umwelt dafür, daß man das Altgewordensein nicht vergißt. Männer und Frauen verspüren z. B., daß ihre erotische Attraktivität abnimmt. Die heranwachsenden Kinder zeigen den Eltern, wie die Jahre vergehen und daß der biologische Aufstieg der einen mit dem Abstieg der anderen verbunden ist. Gesicht und Körper verändern ihr Aussehen: Man wird meistens nicht schöner, wenn man älter wird. Die Leistungsfähigkeit in vielen Bereichen läßt nach, wodurch auch

die Selbstachtung erschüttert wird. Die biopsychische Basis der Persönlichkeit gerät ins Wanken, und man erholt sich nicht leicht davon.
C. G. Jung verlegte die ›Lebensmitte‹ in den Zeitraum von 36 bis 45 Jahren: Hier komme es zur ›Lebenswende‹, in der einschneidend die Sinnlosigkeit eines bloß extravertierten Lebens erfahren und die Notwendigkeit des ›Weges nach innen‹ (Introversion) begriffen werden soll. Andere Autoren (Fritz Giese, Erich Stern) fixieren das eigentliche Erlebnis des Altwerdens um das fünfzigste Lebensjahr; dies entspricht auch ungefähr der Goetheschen Auffassung, und nicht umsonst hat Goethe in *»Wilhelm Meisters Wanderjahre«* die herrliche Erzählung *›Der Mann von fünfzig Jahren‹* eingefügt, die wahrscheinlich auch eigene Erfahrungen des Autors widerspiegelt. Bei den Frauen wurde in früheren Jahrhunderten der ›Alterspunkt‹ auf ein viel niedrigeres Datum verlegt; es ist anzunehmen, daß die Zeitgenossen von Balzac nicht wenig darüber schockiert waren, daß der Dichter in *»Die Frau von dreißig Jahren«* das hitzige Liebesleben einer Frau schilderte, die nach den damaligen Überzeugungen sich bereits dem Matronenalter zu nähern begann.
Vertritt das Individuum die beliebte These, man sei nur so alt, wie man sich fühlt, dann hilft die Umwelt nach, um das Altwerden oder Altgewordensein zu suggerieren. Einer Dame sagt etwa ihr Friseur, daß sie ›*noch* so schönes Haar besitze‹ ; als Höflichkeit noch üblich war, wurde Männern und Frauen in der Tramway oder im Autobus ein Platz von Jugendlichen angeboten, was manche als ›Altersdiagnose‹ werteten. Vor allem aber im Beruf, wo der Mensch als nutzbringendes Werkzeug angesehen wird, erfährt man unerbittlich, ob man als alt oder jung eingeschätzt wird.
Die seelischen Kräfte und Fähigkeiten geraten — zumindest teilweise — auf die absteigende Bahn. Irgend jemand hat die Sentenz geprägt, daß der unentbehrliche Begleiter der Altersbrille das ›Notizbuch‹ sei: Denn der alte Mensch vergißt mehr als früher. Sein Langzeitgedächtnis bleibt oft gut erhalten, aber frische Eindrücke haften weniger und müssen schriftlich festgehalten werden, wenn sie nicht untergehen sollen. Man hat richtig beobachtet, daß es zu einer Selektion des Gedächtnismaterials kommt; nur was interessiert, hat Chancen, im Gedächtnis zu verbleiben, indes andere Fakten unerbittlich ausgemerzt werden.
Neuerwerb von Erfahrungen ist im Alter bei den meisten Men-

schen mühevoll; sie leben vom geistigen Besitz, der aus ihrer Kindheit und Jugend stammt. Daher auch der Konservatismus der alten Leute, der einer Phobie vor dem Neuen entspringt. Frühere Zeiten werden verklärt und idealisiert, indes die Zukunft in einem eher düsteren Licht erscheint.

Nicht unbedingt vermindert sich die Intelligenz im Alter. Bei geistig arbeitenden Menschen kommt es oft genug vor, daß sie erst in ihrer Altersphase auf die Höhe ihres Berufes gelangen. In vielen Künsten und Wissenschaften ist eine Altersproduktivität bekannt, die in keiner Weise hinter den Jugendschöpfungen der kreativen Charaktere zurücktreten muß. Man denke etwa an die Altersleistungen von Kant, Bergson, Bach, Verdi, Tolstoi, Hobbes, Freud, Jung, Michelangelo, Goethe, Rembrandt, Darwin, Galilei, Mill usw. Der ›Stil‹ genialer Menschen wird vom Alter modifiziert, aber ihre Schaffenskraft wird davon nicht ungünstig beeinflußt. Geistige Weiterentwicklung bis zum letzten Atemzug ist sehr wohl möglich und kein Einzelfall.

Bei guten Entwicklungsverläufen ist das Ziel des Altersprozesses nicht Senilität, sondern Weisheit, Reife und Vernunft. Aber auch die erstere tritt ungemein häufig ein, wenn es dem Individuum an überlegener Einstellung und Haltung dem Leben gegenüber fehlt, so daß die reduzierten biologischen Kräfte durch nichts ausgeglichen werden können.

Aus der biologischen und sozialen Schwächeposition des alternden Menschen resultiert oft ein gedrücktes Lebensgefühl, vermehrte Daseinsangst, Lebensunlust und wachsendes Minderwertigkeitsgefühl. Diese Faktoren erschweren die soziale Einfügung und bekräftigen die dispositionell vorhandene Ichhaftigkeit. Die meisten Alten werden ›schwierig‹, da sie das Gefühl ihrer Bedeutungslosigkeit in unangenehme oder unkooperative Charaktereigenschaften umsetzen. Sie fühlen sich in ihre Umgebung nicht mehr eingebettet und haben Grund genug, die Welt als ›feindselig‹ zu empfinden. Dies treibt ihre eigene Aggression hervor, die sich offen oder geheim manifestieren kann.

Seit jeher hat man an alten Menschen die Charakterzüge des Geizes, der Herrschsucht, der Habsucht, der kleinlichen Gesinnung und Nörgelei und des Egozentrismus beobachtet. Mißtrauen und Angst verstärken einander wechselseitig. Dominieren diese beiden Charaktereigenschaften, dann kann es zur Ausbildung paranoischer Wesenszüge kommen, die das Zusammenleben mit Greisen zur Qual machen. Das Alter verschlechtert den

Charakter mehr, als es ihn bessert, weil es den Menschen frustriert und hilflos macht.
Von daher sind psychopathologische Entwicklungen nicht weiter überraschend. Psychische Gesundheit ist offenbar daran gebunden, daß das Individuum ›handlungsfähig‹ bleibt, sich innerlich und äußerlich weiterentwickelt und seine Bindung an die Mitwelt nicht lockert oder gar aufgibt. In diesen Feststellungen bekundet sich nun gerade der ›wunde Punkt‹ bei vielen Alten und Altwerdenden. Da sie aus dem Beruf ausscheiden, entbehren sie der Aufgaben, die sie seelisch aufrechterhielten. Wenn familiäre Beziehungen in die Brüche gehen oder ein Ehepartner stirbt, tritt Vereinsamung ein, die zu den größten Frustrationsfaktoren zählt. Man verliert Sinngehalte des Daseins, was sich als lähmend auswirkt. Beginnt man sich dann zu fragen, wozu man eigentlich existiert, so gähnt einen unter Umständen nur Leere und Langeweile an. Man spricht hier etwa von einem ›existentiellen Vakuum‹, in dem man ebensowenig atmen kann wie in Räumen ohne Luft und Sauerstoff.
Nihilistische Grundstimmungen breiten sich aus, wenn Lebenswerte zerfallen, die wesentlich zur Selbstverwirklichungssphäre der Person gehörten. Hat jemand z. B. seine Selbstachtung großenteils durch Beruf, Besitz und Erwerb bezogen, dann können Pensionierung oder materielle Verluste Untergangsgefühle erzeugen. Für den Don-Juan- oder Casanova-Typ beginnt die Tragödie des Alterns, wenn er beim anderen Geschlecht nicht mehr ankommt. Machtmenschen verzweifeln, wenn sie nicht mehr Macht ausüben können usw. Das Verzichtleistenkönnen ist ein zentrales Ingrediens der Altersweisheit.
Weisheit ist für das Alter wünschbar, aber meistens schwierig zu erreichen. Sie besteht offenbar in einem bewußten Abstandnehmen vom Leben mit allen seinen Bedrängnissen und einer meditativen Verarbeitung vielfacher Lebenserfahrungen, in denen man ›dem Leben nichts schuldig geblieben ist‹. Daraus erwächst echte Reife, die mit Lebenskenntnis und Selbsterkenntnis wesensverwandt ist. Das meint wohl schon Schopenhauer, wenn er sagt, daß der Mensch

> »in der ersten Lebenshälfte nur die Vorderseite des gestickten Stoffes [vom Lebensteppich] zu sehen bekommt, in der zweiten aber die Kehrseite, die zwar weniger schön, aber um so lehrreicher ist, weil sie den Zusammenhang der Fäden erkennen läßt«. (*»Parerga und Paralipomena«*, 1851)

Welche Einstellung günstigenfalls hierbei zum Dasein gewonnen werden kann, zeigt eine Äußerung des Oberrichters von Ontario, Sir William Mulock (1844–1944), der seinen Gratulanten zu seinem 86. Geburtstag gesagt haben soll:

> »Ich bin immer noch an der Arbeit hinter dem Pfluge her, und mein Blick ist in die Zukunft gerichtet. Die Schatten des Abends werden um mich länger, aber in meinem Herzen ist Morgen. Ich arbeite auf den verschiedensten Arbeitsstätten in engem Kontakt mit Menschen und Dingen, ich wärme mir beide Hände am Feuer des Lebens. Freudig bekenne ich: Das Märchenschloß ist noch nicht hinter mir, es schwebt immer noch vor mir in den Wolken, und täglich entdecke ich an ihm neue Überraschungen. Das Beste des Lebens ist immer vor uns. Das eigentliche Geheimnis ist irgendwo vor unseren Augen verborgen, jenseits der Berge der Zeit.« (Zit. nach A. L. Vischer 1961)

Diese Haltung des ungebrochenen Mutes und der Lebenszugewandtheit ist die beste Antwort auf die Wechselfälle des Lebens, die Schicksalshaftigkeit des Alterns und die Minderung der Energie.

Man ist oder bleibt jung, solange man noch eine Zukunft vor sich hat, und zwar in dem Sinne, daß man noch hoffen, planen und sich engagieren kann. Viele alte Menschen verlieren die Zukunftsdimension aus den Augen und beschränken sich auf einen sterilen Vergangenheitskult, innerhalb dessen auch ihre Gegenwart verarmt und entleert wird. Das Zukünftige erscheint ihnen nur noch unter dem Aspekt der Bedrohung und der Dekadenz, worauf sie mit Angst reagieren. In diesem Sich-Ängstigen liegt oft auch die Todesangst; wer nichts mehr aus seinem Leben macht, starrt meistens gebannt auf den Tod, der ihm aus dem Zukunftsraum entgegenzukommen scheint. Eine spezielle Form von ›Todesdenken‹ schlägt sich in der Hypochondrie nieder, respektive in allerlei Krankheitsphänomenen, in denen die ›Möglichkeit des Sterbens‹ aufscheint. Ein Großteil der Alterskrankheiten ist psychisch bedingt oder mitbedingt und erwächst hauptsächlich aus der Lebens- und Liebesunfähigkeit der Patienten, die im Alter in die Krankheit regredieren, weil ihnen der Mut zum Aktivsein fehlt.

Die *Psychopathologie des Alters* zeigt uns Menschen, denen das Leben irgendwie mißlang — sie ernten im Altersprozeß, was sie in ihrem Lebenslauf vorbereitet und disponiert haben. Aber das Altwerden muß nicht zur Resignation und Verbitterung führen. Das Studium der Altersneurosen kann zu Einsichten führen, wie ein Gelingen des Lebens möglich gemacht werden muß und soll. Dies gibt der Theorie der Altersneurosen ein erhebliches psychohygienisches Gewicht: denn in der Krankheitslehre ist in nuce eine Anweisung zur Prophylaxe enthalten.

Beeinträchtigungen und Belastungen

Nach Alfred Adler sind dem Menschen im Leben stets drei grundlegende Lebensaufgaben vorgegeben, die er in produktiver Weise lösen muß, wenn er seine Selbstachtung und seine seelische Gesundheit bewahren will. Dies sind:

1. Arbeit oder nützliche Beschäftigung;
2. Liebe, Sexualität;
3. Gemeinschaft überhaupt, Sozialinteresse.

Jedes Scheitern in einer dieser Sphären verringert das Selbstwertgefühl und damit auch die psychische und physische Widerstandsfähigkeit des Betroffenen. Was wir wert sind, erfahren wir hauptsächlich aus unseren mitmenschlichen und sozialen Bezügen; wertvoll sein heißt weitgehend: Wert für andere haben, für sie wichtig und irgendwie förderlich sein. Geht der Beruf altershalber für einen Menschen verloren, dann büßt er eine zentrale Quelle für seine positive Selbsteinschätzung ein. Auch strukturiert das berufliche Leben den Tagesablauf; wer nicht mehr arbeitet, fühlt sich plötzlich ›im Leeren‹ und weiß nicht mehr so recht, wozu er eigentlich noch vorhanden ist. Darüber gibt es viele Äußerungen von Menschen, die mit 60 oder 65 Jahren aus dem Beruf ausschieden; hier ein Beispiel für viele ähnliche:

> »›Ich freute mich seinerzeit außerordentlich auf meine Pensionierung‹, sagt ein Beamter, den A. L. Vischer in seinen feinsinnigen Untersuchungen über ›Seelische Wandlungen im alternden Menschen‹ zitiert. ›Als aber mein letzter Arbeitstag Wirklichkeit wurde und ich von meinen Arbeitskollegen Abschied nahm, fühlte ich in mir und um mich eine unbekannte Leere. Die Frage ‚Was nun?' fing plötzlich in mir zu nagen an. Ich erinnere mich nur zu gut, wie ich mit gemischten Gefühlen das Verwaltungsgebäude verließ und mich auf den Heimweg begab. Alles schien mir anders, alles schien mir fremd.‹«

Auf die Problematik des Rückzugs von Liebe und Sexualität haben wir bereits weiter oben andeutungsweise hingewiesen. In diesem Zusammenhang muß das ›Klimakterium‹ erwähnt werden: Es betrifft die Frauen, aber die Literatur behauptet immer wieder, daß es auch ein ›männliches Klimakterium‹ gebe. Für die Frau jedenfalls bringt die sogenannte Menopause (Zeitraum nach der letzten Monatsblutung) oft physische und psychische Belastungen mit sich. Es kommt zu erheblichen Schwankungen des Wohlbefindens, Hitze und Kältegefühlen, nervöser Labilität u. a. m.

Die Sexualität muß davon nicht tangiert werden, aber wenn der Altersprozeß mit Beimengungen von Verunsicherung und Selbstverachtung einhergeht, so wirkt sich dies unweigerlich auf die sexuelle Ansprechbarkeit aus. Frauen werden frigid, und Männer werden impotent, wenn sie sich nicht in die Gegebenheiten des Altwerdens schicken und sich mit Kraft- und Prestigeverlusten nicht abfinden können.

Der Weg zur Gemeinschaft bleibt dem alten Menschen offen, wenn er gelernt hat, sich mit anderen zu identifizieren und an ihrem Leben Anteil zu nehmen. Wer den ›Dienst an der Menschheit‹ zu seiner primären Lebensaufgabe gemacht hat, muß im Alter nicht unbedingt zurücktreten, sondern kann aktiv und tätig bleiben. Einschränkungen werden dann unter Umständen nicht als ›persönliche Kränkung‹ empfunden. Man akzeptiert den Lauf der Dinge und fühlt sich so im Kosmos und in der Menschenwelt geborgen. Dies scheint Albert Schweitzer gelungen zu sein, da er mit 56 Jahren als Arzt in Lambarene schrieb (zit. nach Ch. Bühler, a. a. O.):

> »Wieviel werde ich von der Arbeit, die ich mir vorgenommen habe, noch fertigbringen? Mein Haar beginnt zu ergrauen. Mein Körper fängt an, die Strapazen, die ich ihm zumutete, und die Jahre zu spüren. Dankbar blicke ich auf die Zeit zurück, in der ich, ohne mit meinen Kräften haushalten zu brauchen, rastlos körperliche und geistige Arbeit leisten durfte. Gefaßt und demütig schaue ich auf die aus, die kommt, damit mich Verzichten, wenn es mir beschieden sein sollte, nicht unvorbereitet treffe.«

Nicht alle blicken so weise auf Welt und Leben, daß sie das herannahende Alter ruhig und gefaßt zu empfangen vermögen. Weniger philosophische Köpfe laufen sogar Gefahr, im Bereich be-

ruflicher und erotischer Einschränkungen den *Pensionierungsbankrott* (J. H. Schultz) zu erleiden. Das oft sehnlichst erwartete Pensionistendasein bringt kein Glück mit sich, sondern erwachende Sinnlosigkeitsgefühle, die eventuell Körper und Seele total korrumpieren. Arthur Jores in Hamburg hat zahlreiche Pensionisten sorgfältig psychologisch und ärztlich untersucht und dabei gefunden, daß erstaunlich viele bald nach ihrer Pensionierung krank werden und sterben; gegenteilige Befunde gab es nur bei jenen, die sich ausreichende und anspruchsvolle Beschäftigungen zu verschaffen wußten, an denen ihre Selbstachtung eine kräftige Stütze fand.
Die dem Leben abgewendeten Alten klagen viel über Ermüdung und Erschöpfbarkeit, über seelischen und körperlichen ›Appetitmangel‹, über Verlust ihrer Wendigkeit und ihres Tätigkeitsbedürfnisses. Mit der wachsenden Enghorizontigkeit geht meistens eine vergrößerte Engherzigkeit Hand in Hand. Das gesellschaftliche Beiseitegestelltwerden fügt ein Weiteres hinzu, um den alten Menschen in seine Isolierung hineinzutreiben. Die pathologische Situation des Alterns spiegelt sich in der Psychopathologie des alten Menschen wider.

Spezifische Altersneurosen

Das ›Gesetz des Lebens‹ heißt Wandlung und Verwandlung, und fast alle Neurosen alternder Menschen entstehen daraus, daß sich das betreffende Individuum auf irgendeiner Entwicklungsstufe festklammert und gewisse Leistungen des Werdens und Sich-Entwickelns nicht vollbringen kann. Oft trägt die Außenwelt viel zu dieser inneren und äußeren Stagnation bei, indem sie die Menschen überbürdet und ihnen Unmögliches zumutet; noch öfter aber hat der einzelne nicht ausreichend gelernt, ein Mitspieler im Spiel des Lebens zu bleiben, selbst wenn er gelegentlich auf die Verliererseite gerät. Die Neurose bricht allemal dann aus, wenn ›Versagungen‹ und Frustrationen nicht hingenommen werden, weil sie unseren Stolz, unsere Anspruchshaltung und Eitelkeit bedrohen; man kämpft gegen das Schicksal und die Mitwelt, indem man neurotisch wird, aber dies verschlimmert die Ausgangslage, da man falsche Mittel zur Erreichung lebenswidriger Ziele anwendet.
Die ersten Anzeichen neurotischer Fehlentwicklungen äußern

sich im Hervortreten von Charakteranomalien. Natürlich hat der alte Mensch noch denselben Charakter, den er immer schon hatte: Aber gewisse Wesenszüge treten schärfer in Erscheinung. Simone de Beauvoir (*»Das Alter«*, 1972) spricht in diesem Zusammenhang von Mangel an Neugier und Gleichgültigkeit, die zur Stumpfheit führen können. Wo das Interesse am Leben erlahmt, »richtet sich der Tod in den Dingen und in uns ein«. Wenn das Altern überhaupt eine ›neurotisierende Situation‹ bedeutet, dann müssen wir in ihm die ganze Vielfalt neurotischer Charakterzüge antreffen, die Alfred Adler in seinem Hauptwerk *»Über den nervösen Charakter«* (1912) sorgfältig beschrieben hat. Zu diesen Charaktereigenschaften zählt er unter anderem: Geiz, Mißtrauen, Neid, herabsetzende Kritik, Ehrgeiz, Eitelkeit, Eifersucht, Trauer, Angst, Wut und Zorn, Haß, Narzißmus, sadistische und masochistische Züge, Überempfindlichkeit, Herrschsucht usw. Wir geben hier eine Passage aus dem genannten Text wieder, die Adlers Gesichtspunkt mit besonderer Deutlichkeit klarmacht (l. c., S. 120):

> »Nach unseren Voraussetzungen ergibt sich folgerichtig, daß die Zeit des Alterns wie eine dauernde Herabsetzung ein starkes Minderwertigkeitsgefühl auslöst. Insbesondere werden alle darunter leiden, bei denen neurotische Disposition vorliegt. Zuweilen bringt das Alter erst, das Klimakterium bei Frauen, Gefühle der Insuffizienz geistiger oder psychischer Art, Anzeichen von Impotenz, Auflösung der Familie, Verheiratung eines Sohnes oder einer Tochter, auch Geldverluste oder Enthebungen von Ämtern und Würden den Zusammenbruch. Meist finden sich in der Vorgeschichte schon Spuren oder Ausbrüche neurotischer Erscheinungen. Das Alter mit seinen Einbußen wirkt wie andere Herabsetzungen des Persönlichkeitsgefühls.«

Da nach Adlers Voraussetzungen jedermann im Seelenleben das Ich- oder Selbstwertgefühl aufrechterhalten will, müssen in einer realen oder imaginären Bedrohungssituation stets auch Abwehrreaktionen entstehen, in denen das Individuum sich entweder zum Kampf stellt oder seine Bindung an die Realität aufgibt. Bei mutlosen Charakteren ist die letztgenannte Lösung die wahrscheinlichere: Prestige und Wertschätzung werden im ›Willen zum Schein‹ (Nietzsche) gesucht, was aber kaum irgendein reales Lebensproblem löst.

Man erkennt aus diesen Beschreibungen, wie sehr die existentielle Situation des alten Menschen die Entwicklung von Neurosen begünstigt. Einige bevorzugte Formen des neurotischen Reagierens können hier andeutungsweise hervorgehoben werden.

a. Viele alte Menschen neigen zur *Hypochondrie.* Sie spüren die Schwäche ihres Körpers und lauschen gleichsam ständig in diesen hinein, um ihn zu überwachen und zu schützen. Die Kehrseite der hypochondrischen Interessiertheit für die Körperfunktionen ist die Abschwächung des Interesses für die Mitmenschen und die Welt; die Körpersymptomatik bläht sich auf, weil eine Abwendung vom Handeln und In-die-Zukunft-Schreiten erfolgt ist. Auch ist das Angstgefühl beim Hypochonder nicht zu verkennen. Er genießt die soziale Aufwertung, die er als permanenter Patient von seiten seiner Umgebung empfängt: Man muß die Kranken mit Glacéhandschuhen anfassen, und sie haben Anrecht auf Vergünstigungen aller Art. So ist in der Hypochondrie viel Egozentrismus investiert. Wer keine anderen Möglichkeiten sieht, holt sich das Gefühl der persönlichen Bedeutung durch das Kränkeln, welches er wie ein Zepter über seine Umwelt schwingt. Molière hat diesen Typ in *»Der eingebildete Kranke«* vortrefflich porträtiert.

b. *Depressionen* sind im Alter häufig. Der depressive Mensch verschließt sich vor seinen eigenen Möglichkeiten und verrammelt sich damit alle Weiterentwicklungen. Die Mutlosigkeit steht im Vordergrund dieses Zustandsbildes; auch der Kontaktmangel ist aber nicht zu übersehen. Genauere Analyse zeigt des weiteren, daß der Depressionspatient fast immer Affekte des Zorns und der Wut gegen irgendwelche Beziehungspersonen in seinem Innern kultiviert. Seine Trauer oder Melancholie stellt eine Art von ›Bestrafung‹ anderer dar. Er hadert mit der Mitwelt und versagt ihr die Gefühle der Freude und Heiterkeit: Dies schlägt auf ihn selbst zurück und stellt eben seine Depression dar. Nietzsche sagte mit Recht: »In jeder Klage steckt eine Anklage!« Die Racheintention ist dem Depressiven unbewußt, muß aber als eines der Hauptmotive für sein Leiden angesehen werden. Mitunter kann der Rachewunsch sogar Suizidabsichten hervortreiben. Das Individuum tötet sich selbst, um anderen damit eins auszuwischen, d. h., sie zu bestrafen. Dies ist eine wunderliche Logik, aber es ist die ›Logik der Neurose‹. Der Selbstmord im Alter ist nur teilweise eine Folge von Resignation und

Vereinsamung; er ist auch Ausdruck von Verbitterung und Groll, Kampfhandlung gegen das Leben an sich und gegen Personen, denen man Vernachlässigung und Kränkung nachträgt.
c. Die *Zwanghaftigkeit* nimmt bei alten Menschen zu und kann zu eigentlichen *Zwangsneurosen* führen. An beiden Zustandsbildern fällt die Hypertrophie des Sicherheitsbedürfnisses auf, die emotionale Kargheit, die Beschäftigung mit Belanglosigkeiten, das Interesse für das Leblose oder gar Zerfallende, der Kampf gegen Automatismen des Denkens und Handelns. Es ist einfühlbar, daß das Altern solche pathologische Wesenszüge hervorbringt, sofern diese durch frühere Entwicklungen schon angebahnt wurden. Die von Pierre Janet beobachtete ›Psychasthenie‹ (Seelenschwäche) gehört zum Lebensgefühl alt werdender Menschen. Wenn sie reaktiv darauf mit der Ausbildung von Zwanghaftigkeiten antworten, dann schützen sie sich vor dem Einbruch des Unerwarteten und Neuen, wovor sie sich ängstigen. Eigenschaften wie Pedanterie, Reinlichkeitsfimmel, Geiz und Sparwut fügen sich diesen Haltungen sinngemäß ein. Oft sammelt der alte Mensch wertlose Dinge, die ihm aber ein Gefühl der Souveränität und des Besitzes geben. Oder aber es stirbt ein sich selbst und seiner Familie fast alles versagender ›Armer‹, in dessen Sparstrumpf ein Vermögen entdeckt wird. Man hat in der Zwangsneurose vor allem eine ›Hingabeangst‹ (H. Schultz-Hencke) entdeckt; alte Menschen fürchten Hingabe und Hergabe, weil sie die verkürzte Lebendigkeit in sich verspüren und im Sich-Bewahren den Tod glauben ausklammern zu können.
d. Die *Paranoia* hat einiges von diesen Tendenzen, fügt aber auch das Gefühl des Verfolgtseins hinzu, das sich mit eigenen Verfolgungstendenzen nicht selten vermischt. Die Tiefenpsychologie sieht im paranoischen Wahn eine Radikalisierung der Mißtrauenshaltung, der inneren Abkapselung und des ›aggressiven Weltbildes‹. Paranoiker sind oft in Familien aufgewachsen, die sich wie ›Festungen‹ gegen ihre Umwelt abgrenzten. Das erotische Element ist unterentwickelt in ihnen; daher neigen sie zur pathologischen Eifersucht gegen das eigene Geschlecht, was von manchen Psychoanalytikern als ›unbewußte Homosexualität‹ gedeutet wird. Diese Hypothese ist umstritten; mehr Anklang findet die Lehre, daß die Entfremdung von den Mitmenschen bei aktiven, aggressiven Charakteren den Verfolgungswahn begünstigt, da die Daseinsangst und universelle Ungeborgenheit irgendwie beantwortet werden müssen. Im Alter mögen

Frustrationen und Versagungen das Bedrohtheitsgefühl so steigern, daß eine paranoische Situation entsteht.

e. Viele *psychosomatische Leiden* sind im Alter an der Tagesordnung. Sie bringen zum Ausdruck, daß der alternde Mensch sein Leben nicht produktiv und kommunikativ austragen kann; die verhinderte Lebensfunktion desorganisiert das Leibgeschehen und erzeugt gewissermaßen die Symptome. In diesen sind Affekte der Angst, der Wut, des Mißtrauens, der Verzweiflung und der Hoffnungslosigkeit investiert. Daher können die psychosomatischen Krankheiten durch Medikamente allein kaum wesentlich beeinflußt werden. Sie sind existentielle Reaktionen, was u. a. bedeutet, daß sie nur durch Wandlungen der Existenz selbst oder durch fundamentale Einstellungsveränderungen korrigiert werden können. Die Psychotherapie ist hier als Behandlungsmethode unentbehrlich.

Die Lehrbücher der Psychosomatik verzeichnen unter anderem ein Anwachsen der Verdauungsbeschwerden im Alter, was psychologisch gedeutet werden kann als eine Erschwerung des Aufnehmens, Verarbeitens und Assimilierens nicht nur im körperlichen, sondern auch im seelischen Bereich. Vor allem die so häufigen chronischen Obstipationen (Verstopfungen) des alten Menschen haben ›psychogene‹ Bedeutung. Das Ausstoßen der Exkremente wird von den Psychoanalytikern als ein Akt der ›Hingabe‹ interpretiert, der schon beim Kleinkind nur dann funktionsgerecht erfolgt, wenn dessen emotionale Beziehung zur Umwelt intakt ist. Verschließt sich ein Mensch gefühlsmäßig vor seiner Umgebung, dann reagiert merkwürdigerweise auch der Enddarm mit Funktionsausfall: Verstopfung kann der ›symbolische Ausdruck‹ von *Geiz* und *Gefühlskargheit* sein. Da nun beide Eigenschaften im Alter gehäuft auftreten, finden sie meistens auch ein somatisches Analogon: Nicht nur Geld und Gefühle, sondern auch der Kot wird ›gehortet‹. Übrigens nimmt die Beschäftigung mit Verdauungsfunktionen im Alter einen erheblichen Raum ein; die Patienten regredieren, psychoanalytisch gesprochen, auf die oral-anale Stufe ihrer Libidoentwicklung, da ihre Erotik allgemein verkümmert.

Über Herz-, Kreislauf-, Knochen-, Gelenks- und Atmungsirritationen können wir an dieser Stelle keine ausführliche Darstellung geben. Auch die Hautkrankheiten des Alters müssen übergangen werden. Erwähnt sei lediglich die Tatsache, daß Schizophrenie, manisch-depressives Irresein und Suizidalität im Alter stärker hervortreten können. Die genauere Untersuchung kann meistens die seelische Überbürdung ans Licht heben, die — neben anderen Ursachen — hauptsächlich namhaft gemacht werden muß. Auch die Dementia senilis oder der Altersschwachsinn ist nicht nur biologisch, sondern oft auch psychisch mitbedingt.

Prophylaxe und Psychotherapie

Fast alle Autoren auf dem Felde der Alterspsychologie heben hervor, daß die Vorbereitung auf das Altwerden bereits sehr früh im Leben beginnen sollte. Vielleicht müßte man schon in den Schulen die Thematik des Alterns erörtern; auch an den Hochschulen und in den Betrieben wäre es sinnvoll, die Menschen dazu anzuleiten, sich Jahre und Jahrzehnte im voraus mit Alterspsychologie zu befassen. Eigentliche ›Altersschulen‹ hätten gewiß Aussicht auf bedeutenden Publikumserfolg; in ihnen könnte ein Team von Psychologen, Ärzten, Soziologen und sogar Philosophen seine Wirksamkeit entfalten und das Verständnis für ›die Alten‹ fördern.

Das Problembewußtsein ist immer die erste Voraussetzung dafür, daß die Menschen sich einer veränderten Situation oder Sachlage anpassen können. Wie sehr dies noch für das Altern fehlt, monierte C. G. Jung in seinem Aufsatz *»Die Lebenswende«* (1950) mit folgenden Worten:

> »Aufs tiefste unvorbereitet treten wir in den Lebensnachmittag, schlimmer noch, wir tun es unter der falschen Voraussetzung unserer bisherigen Wahrheiten und Ideale. Wir können den Nachmittag des Lebens nicht nach demselben Programm leben wie den Morgen. Der alternde Mensch sollte wissen, daß sein Leben nicht ansteigt und sich erweitert, sondern daß ein unerbittlicher Prozeß die Verengung des Lebens erzwingt.«

Diese ›Verengung der Lebensführung‹ ist nicht unbedingt ein Abstieg: sie kann auch ein Aufstieg sein. Letzterer ist aber oft nicht in den Begriffen der Ichexpansion nach außen zu beschreiben; eher geht es um den ›Weg nach innen‹, um die Selbsterkenntnis und die geistige Selbstverwirklichung.

Es ist schwer, sinnvoll zu altern, wenn man sich nicht im Laufe des Lebens einen geistig-kulturellen Standort erarbeiten konnte, von dem aus man den Verfall der physischen Kräfte und die Reduktion des äußerlichen Lebensradius irgendwie einzuordnen vermag. Man muß denken und nachdenken gelernt haben, um sich mit Beeinträchtigungen und Belastungen abfinden zu können und aus Frustrationen aller Art ›das Beste zu machen‹. So kann der Altersprozeß in überlegener Sicht geradezu zum Höhepunkt der Existenz werden. Dies ist jedenfalls die Meinung von Hermann Hesse, der sich fast hymnisch *»Über das Alter«* äußert:

> »Das Greisenalter ist eine Stufe unseres Lebens und hat wie alle anderen Lebensstufen sein eigenes Gesicht, eine eigene Atmosphäre und Temperatur, eigene Freuden und Nöte. Wir Alten mit den weißen Haaren haben gleich allen unseren jüngeren Menschenbrüdern unsere Aufgabe, die unserem Dasein Sinn gibt. Kurz gesagt: um als Alter seinen Sinn zu erfüllen, muß man mit dem Alter und allem, was es mit sich bringt, einverstanden sein. Man muß ja dazu sagen. Ohne dieses Ja, diese Hingabe an das, was die Natur von uns fordert, geht uns der Wert und der Sinn unserer Tage verloren, und wir betrügen das Leben. Von Wünschen, Träumen, Begierden und Leidenschaften gejagt, sind wir durch die Jahre und Jahrzehnte unseres Lebens gestürmt, ungeduldig, gespannt, erwartungsfroh, von Erfüllungen oder Enttäuschungen heftig erregt. Heute im großen Bilderbuch unseres Lebens blätternd, wundern wir uns darüber, wie schön und gut es sein kann, jener Hast und Hetze entronnen und in die vita contemplativa gelangt zu sein.«

Die Psychotherapie alter Menschen muß darauf achten, daß diese sich mit dem notwendigen Gang der Dinge aussöhnen und nicht in unfruchtbarer Weise dagegen rebellieren. Man muß es hinnehmen, daß das Gedächtnis nachläßt, daß die Sinneswahrnehmungen vermindert werden, daß das Gefühlsleben nicht mehr die Aufwühlbarkeit der Jugend besitzt und daß die Freuden der Sexualität für das Alter schwerer zu erreichen oder zu genießen sind. Von entscheidender Tragweite bleibt, ob man sich die intellektuelle Ansprechbarkeit zu erhalten weiß und ob man auch in den vorgerückten Jahren in vielfältige soziale Beziehungen eingebunden ist. Auch hier erntet jeder, was er in seiner Jugend und in den Stadien der Reife gesät hat. Wer ein befriedigen-

des Familienleben führte, hat Aussicht darauf, von Kindern und Enkelkindern emotionale Wärme in seinen späten Tagen zu bekommen, wenngleich auch viele Fälle bekannt sind, wo Eltern und Kinder sich entfremden und die alternden Menschen allein gelassen werden. Daher ist es zu empfehlen, daß man sich nicht im Familienleben einkapselt, sondern gesellschaftliches und kulturelles Engagement entwickelt, welches zur Anteilnahme an politischen, sozialen und geistigen Bestrebungen führt, für die man im Alter so richtig Zeit bekommt. Die Altersphase ist jene Epoche des Lebens, wo man Zeit hat und damit auch frei sein kann. Glücklich jene, die die Entlastung von Lebensbedrängnissen zum ›permanenten Lernen‹ benützen: Man bleibt jung, wenn man sich im Alter als ›Lebensschüler‹ empfindet. Ein Grieche der Antike schrieb im hohen Alter: »Lernend ohn' Unterlaß / schreit' ich voran!« (Solon)
Künstler und Wissenschaftler können uns in diesem grenzenlosen Lern- und Vervollkommungswillen Vorbilder und Lehrmeister sein. Wie oft fügten sie ihrem produktiven Leben noch einen Gipfel an Produktivität bei, welcher zeigt, daß man bis zum letzten Atemzug wachsen und sich weiterentwickeln kann. Als ein Beispiel für viele zitieren wir die Äußerung des berühmten japanischen Malers Hokusai, die Erich Fromm in *»Psychoanalyse und Ethik«* (1954, S. 178) wiedergibt:

> »Als Fünfjähriger hatte ich bereits eine leidenschaftliche Neigung, die Dinge in ihrer Gestalt zu zeichnen. Mit fünfzig Jahren hatte ich unzählige Bilder veröffentlicht, aber nichts von allem, was ich vor meinem siebzigsten Jahr leistete, war der Rede wert. Im Alter von dreiundsiebzig Jahren habe ich das wirkliche Wesen der Natur, der Tiere, Pflanzen, Vögel, Fische und Insekten ein wenig besser erfassen gelernt. Daher werde ich, wenn ich achtzig bin, weitere Fortschritte gemacht haben; mit neunzig werde ich in das Geheimnis der Dinge eindringen; mit hundert werde ich sicherlich eine wunderbare Stufe erreichen; und wenn ich hundertzehn Jahre alt bin, wird alles, was ich tue, auch nur ein Punkt oder ein Strich, lebendig sein.
> Geschrieben im Alter von fünfundsiebzig Jahren von mir, einstmals Hokusai, heute Gwakio Rojin, dem alten Mann, der aufs Zeichnen versessen ist.«

Aber Psychohygiene und Psychotherapie haben mit ›Durchschnittsmenschen‹ zu tun, was unter anderem bedeutet, daß man die Forderung nach Altersweisheit und Produktivität nicht überspitzen darf: Es ist nicht jedermanns Sache, mehrheitlich als ›individuelle Ganzheit‹ auf das Leben zu reagieren und die Vielfalt der Lebensabschnitte durch einen hohen Grad von Weltoffenheit und entschlossener Gestaltungskraft zur Synthese zu bringen. Auch bescheidenere Lebensformen haben ihre Daseinsberechtigung.

Für viele Alte ist es schon erquickend und mitunter auch lebensverlängernd, wenn sie über ihren Beruf hinaus ›Hobbys‹ pflegen und in ihrem Interesse an der Mitwelt nicht zurückgehen. Zur Daseinsfreude gehört notwendigerweise der soziale Kontakt, die Stimmung des zwischenmenschlichen Verbundenseins und die Hoffnung auf irgendeine positive Zukunft: Heiterkeit und Glück sind Geschenke an jene, die dem Leben — auch im Alter — nichts schuldig bleiben, d. h. mannigfaltige Hingabe leisten, wo immer diese nützlich und sinnvoll ist. Wer nur für sich selbst lebt, versteinert früher oder später, da man in der Selbstsucht keine Impulse zum Leben und Weiterleben empfängt.

Sehr günstig für alte Menschen sind Gruppenaktivitäten, unter anderem in der Form der Gruppenpsychotherapie. Diese kann in eigentlichen ›Altersgruppen‹ geführt werden, wo ältere Menschen zusammenkommen und sich über die Erfahrungen und Probleme des Altwerdens austauschen. Die staatlichen Institutionen haben überall auch schon ›Altenclubs‹ geschaffen, wo gesellige Zusammenkünfte, Ausflüge und Pflege kultureller Interessen möglich sind. Damit soll der Vereinsamung vorgebeugt werden, die die schlimmste Gefahr des Alters darstellt.

Nach unserer Erfahrung haben sich besonders gemischtaltrige Gruppen bewährt, wo alternde Menschen mit Patienten aus allen Altersgruppen die ›Themen des Lebens‹ besprechen. Damit wird die ›Inzucht der Alten‹ vermieden. Die Jugend lernt vom Alter, und die Alten lernen von den Jungen. So bleibt der ›Kreislauf des Lebens‹ erhalten.

Hubert Walter

Sexuelle Perversionen

Diese Einführung in das Problem der sexuellen Perversion soll in Orientierung an den wichtigsten theoretischen Ansätzen geschehen, die seit den Anfängen der tiefenpsychologischen Forschung zum Verständnis der rätselhaften Phänomene sexuell abweichenden Erlebens und Verhaltens beigetragen haben.

Die Thematik der sexuellen Perversion rührt unter anderem an eines der düstersten Kapitel der europäischen Kulturgeschichte. Vor allem seit dem Aufstieg des Christentums zur römischen Staatsreligion beherrschten — das gesamte Mittelalter hindurch bis weit in die Neuzeit hinein — religiöser Fanatismus, inquisitorische Verfolgung und eine wahnwitzige Rechtsprechung mittels Folter und Feuertod, Enthauptung und Kerker dieses Feld. Bis zur Französischen Revolution heran reichte auf diesem Gebiet das europäische Mittelalter mit seinen barbarischen Strafmitteln und Strafgesetzen; Krafft-Ebing (1886) erwähnt, daß sogar noch wenige Jahre vor der Revolution ein Kapuziner wegen Päderastie hingerichtet wurde, und auch Voltaire berichtet von Verbrennungen solcher ›Delinquenten‹.

Selbst in unserer angeblich aufgeklärten Zeit ruft sexuell abnormes Verhalten jedoch noch immer die heftigsten Affekte wach. Zwar wird die sexuelle Perversion nicht mehr als todeswürdige Versündigung beurteilt. Die Betreffenden werden aber mit ausgeprägten, tief im Alltagsbewußtsein verwurzelten negativen Stereotypen und Vorurteilen wie zum Beispiel ekelhaft, unsympathisch, triebhaft, krank usw. belegt. Nahezu generell sind Abscheu, Verachtung und soziale Diskriminierung anzutreffen, welche auf dem (bequemen und geistlosen) Mechanismus allen Vorurteilsdenkens beruhen: der Hochstilisierung eines einzelnen anstößigen Persönlichkeitsmerkmals — in diesem Falle der sexuellen Praktik — zur entscheidenden Bewertungsgrundlage der Gesamtpersönlichkeit. (Schmidt/Sigusch 1967)

Den Fesseln derartig eingefleischter Vorurteile des ›Volksempfindens‹ und ihres angedeuteten geschichtlichen Hintergrunds konnte sich die moderne sexualwissenschaftliche Forschung gleichsam nur schrittweise entwinden. Ihre geschichtliche Entwicklung ist selbst mit zahlreichen Irrtümern hinsichtlich der Beurteilung des Sexuellen und seiner Anomalien gespickt. Bereits lange vor dem Aufkommen einer eigentlichen Sexualforschung findet sich die Sexualität als gefährliche und schädigende Macht in den medizinischen Lehrbüchern dargestellt. Ein krankhaft gesteigerter Sexualtrieb wurde als Quelle zahlreicher Geisteskrankheiten, körperlicher Leiden und sozialer Übel angesehen. Der Begründer der wissenschaftlichen Pathologie des Geschlechtslebens ist Richard von Krafft-Ebing, der in seiner *»Psychopathia sexualis«* (1886) erstmals eine Gesamtdarstellung der sexuellen Anomalien gab. Seine biologistisch fundierte Systematik und Klassifikation der sexuellen Perversionen wurde Vorbild für eine begrifflich exakte Sexualpathologie und findet (mit geringfügig variierenden Zuordnungen) bis in die heutige Zeit Verwendung.

In einer groben Zweiteilung werden heute gewöhnlich Perversionen bezüglich des normalen Sexualziels von solchen bezüglich des Partners unterschieden (Freud 1905, Schorsch 1980). Zur ersten Gruppe gehören *Exhibitionismus* (sexuelle Befriedigung durch anonymes Präsentieren des Genitals), *Voyeurismus* (sexuelle Befriedigung durch heimliches Belauschen von Intimitäten anderer), *Sadismus* (sexuelle Befriedigung durch totale Unterwerfung beziehungsweise Ausgeliefertsein des Partners mittels Gewaltausübung) und *Masochismus* (sexuelle Befriedigung aus der Unterwerfung und dem Ausgeliefertsein an den Partner, verbunden mit passiv erduldeter Grausamkeit). Die zweite Gruppe, Abweichungen bezüglich des Partners, umfaßt *Homosexualität* (weibliche und männliche gleichgeschlechtliche Liebe), *Pädophilie* (Einschränkung auf Kinder als Sexualpartner), *Gerontophilie* (Einschränkung auf alte Menschen als Sexualpartner), *Fetischismus* (Einschränkung auf Partneräquivalente, wobei der *Transvestitismus*, aber auch seltenere Perversionen wie *Monumentophilie*, *Exkrementophilie* und *Nekrophilie* als Unterformen verstanden werden können) und *Sodomie* (Einschränkung auf Tiere als Sexualpartner).

Diese Klassifikation erhielt mit ihrer Einführung und Verwendung innerhalb einer psychiatrischen Krankheitslehre eine Färbung, die ihr mehr oder weniger unterschwellig bis heute anhaftet. Da die Perversionen wie eine eigene Krankheitsgruppe behandelt wurden, suggeriert ihre Kategorisierung leicht die illusionäre Vorstellung, es lägen hier Krankheitserscheinungen vor, die — wie in der Körpermedizin — relativ eindeutig vom Normalen abgrenzbar seien. Zugleich legt das Zuordnungsverfahren das ganze Gewicht auf den verwendeten Körperteil, das gewählte Objekt oder die gültige Geschlechtsmoral, während Persönlichkeit und Motivation des Betroffenen unberücksichtigt bleiben. Es wird aber aus allen theoretischen Verstehensansätzen, die wir in der Folge behandeln, deutlich, daß die Verhaltensabweichung vom normalen Sexualleben das Wesentliche nicht trifft. Daher soll es hier auch darum gehen, wesentliche Grundzüge in den Blick zu bekommen, die — gleichsam zum traditionellen Einteilungsschema querliegend — den Großteil sexueller Perversionen durchziehen. (Vgl. Giese 1959, 1973) Diese Charakterisierung nach Wesensmerkmalen löst das auf der Symptomatik aufgebaute Schema nicht ab, setzt es aber in ein anderes Licht. Hierdurch lassen sich auch die vielfältigen Berührungspunkte und Nahtstellen zum normalen Sexualleben verdeutlichen, wogegen die herkömmliche Klassifizierung auf strikte Distanz zur ›Normalität‹ aus ist.

Die hier angedeutete Problematik betrifft aber nicht nur das Verständnis einzelner sexueller Perversionen, sondern auch den Begriff der Perversion überhaupt, der zudem in geballter Form mit übelstem moralischem Ballast vergangener Zeiten befrachtet ist. Nicht zuletzt, um diesem pharisäerhaften Moralismus zu entgehen, werden in der Sexualforschung vielfach neutralere Begriffsvarianten wie Deviation, sexuelle Abweichung, Variation, sexuelle Anomalie, sexuelle Ab- oder Verirrungen und andere bevorzugt. Das hat seine Berechtigung; denn es ist unter der Würde der Psychologie (und anderer Humanwissenschaften), sich für diagnostische Etikettierungen herzugeben, die zu Beleidigung, sozialer Ächtung und Unterdrückung von Menschen angewandt werden, deren einziges Vergehen in ihrem Sexualverhalten besteht. Und doch darf eine Diagnose nicht aus diesem Grunde abgeschafft werden, sofern sie als ›Ermittlungsverfahren‹ der Suche nach Fakten und Zusammenhängen und letztlich der Wahrheitsfindung dient. (Vgl. Stoller 1979) Wie das Problem des ›Etikettenschwindels‹ (zum Beispiel im Strafvollzug oder in psychiatrischen Anstalten) zeigt, hat die Einführung humanerer Begriffe wie Klient, sozialtherapeutische Einstellung usw. durchaus auch eine ideologisch bedenkliche Seite: Die Realität kann sich in ihnen verbergen, ohne sich tiefgreifend zu wandeln. Eine ähnliche Gefahr scheint uns bei einer bloßen Umbenennung des hier vorliegenden Problembereichs in ›sexuelle Abweichung‹, ›Deviation‹ oder ›Variation‹ gegeben. Sie wird eventuell weder der unverändert dringlichen Aufklärung und dem Abbau moralisierender Vorurteile noch der Tatsache gerecht, daß die sexuellen Perversionen (auch entgegen andersartigen Beteuerungen mancher Betroffener) Ausdruck tiefgreifender Entwicklungsstörungen und Leidensformen sind, sondern umgeht beides durch suggestive ›Verharmlosung‹. Wir halten daher trotz der erwähnten Vorbehalte am Perversionsbegriff fest.

Umschreibungen, die das vorliegende Problem ›neutralisieren‹, bringen u. E. aber noch eine andere, gesellschaftlich verbreitete Tendenz zum Ausdruck: den weitgehenden Verzicht auf die Suche nach Orientierungsnormen und Werten im Sexualleben. Beginnend mit den (in anderer Hinsicht wertvollen) Kinsey-Reporten (1948, 1953), die das faktisch vorkommende Sexualverhalten im Rahmen einer biologisch natürlichen Varianz deuten und die Anwendung von Begriffen wie normal und anomal strikt ablehnen, machte sich in den westlichen Ländern eine allgemeine ›Wertrelativierung‹ im Bereich der Sexualität breit. Ein Großteil der modernen Sexualliteratur suggeriert, daß alles Vorkommende unterschiedslos ›normal‹ sei, daß weder psychopathologische noch Wert-Kriterien anzulegen sind. Eine blühende, milliardenschwere Umsätze erwirtschaftende pornographische Industrie propagiert Identifizierung und Sich-Abfinden mit ›fragmentarischen Formen‹ des Sexuallebens. Demgegenüber scheint uns eine ›menschliche‹ Sexualität nicht ohne Suche und Streben nach Werten des Liebes- und des Zusammenlebens überhaupt denkbar. So schwierig Orientierung hier im einzelnen sein mag, so unausweichlich ist sie. Wer diese Notwendigkeit leugnet, hat nicht etwa kein, sondern nur ein *anderes* Richtmaß der Sexualmoral.

Auch der gesamte Bereich der sexuellen Perversionen ist kaum anders zu verstehen als mit Bezug auf eine Norm. Am Ende soll daher der Versuch gemacht werden, mit der gebotenen Vorsicht das Problem und den Charakter von Orientierungsnormen und Werten im Sexualleben wenigstens ansatzweise zu diskutieren. Im Mittelpunkt stehen aber im folgenden die wichtigsten theoretischen Ansätze, die zum Verständnis sexueller Perversionen beigetragen haben, indem sie eine Ordnung in die Fülle klinischer Beobachtungen zu bringen vermochten: die psychoanalytische, die individualpsychologische, die anthropologische und die daseinsanalytische Konzeption. Man wird hier keine umfassende Darstellung einzelner Perversionen oder gar ein ›Bilderbuch‹ möglicher sexueller Abnormitäten vorfinden; vielmehr werden einzelne Erscheinungsformen beispielhaft herangezogen, um das theoretische Verständnis in Grundzügen zu verdeutlichen.

Zur psychoanalytischen Theorie der sexuellen Perversion

Während sämtliche sexuellen Perversionen bereits in der vorpsychoanalytischen Literatur beschrieben sind (Krafft-Ebing, 2. Aufl. 1891; Havelock Ellis 1897), ist Sigmund Freuds origineller Beitrag darin zu sehen, daß er die traditionelle Auffassung der Sexualität in Frage stellte und auf diesem Wege als erster ein psychologisches Verständnis der sexuellen Abirrungen anbahnte. In seinen *»Drei Abhandlungen zur Sexualtheorie«* (1905) vertritt er die These, daß alle Menschen ursprünglich eine Anlage zu Perversionen haben, aus der sich erst im Laufe der Reifung infolge organischer Veränderungen und psychischer Hemmungen das normale Sexualleben entwickle. Damit rückte Freud die sexuellen Perversionen in den Bereich des allgemein Menschlichen. Zugleich entlarvte er den Dünkel der prüden bürgerlichen Welt, aber auch die Unangemessenheit der ›wissenschaftlichen Distanz‹, aus der die zeitgenössische Sexualpathologie in ihrer Sammel- und Systematisierungsarbeit die sexuellen Abirrungen zu betrachten pflegte.

Bereits bei der Psychoanalyse der Neurosen kam Freud zu der Einsicht, daß die neurotischen Symptome als Ersatzbefriedigungen normaler und abnormer Sexualregungen zu verstehen seien; bei der Erforschung des Unbewußten fanden sich sexuelle Abirrungen in allen Variationen (1905, S. 65 f.). Da die psychoanalytische Beobachtung aber auch bei sexuell normal empfindenden Menschen perverse Neigungen, gelegentliche perverse Handlungen oder wenigstens Phantasien (oft als Zusatz beim normalen Koitus) vorfand, kam Freud zu der Schlußfolgerung:

»Wenn es richtig ist, daß die reale Erschwerung oder die Entbehrung einer normalen Sexualbefriedigung bei Personen perverse Neigungen zum Vorschein bringen, die sonst keine solchen gezeigt hatten, so muß bei diesen Personen etwas anzunehmen sein, was den Perversionen entgegenkommt; oder wenn Sie so wollen, sie müssen in latenter Form bei ihnen vorhanden sein.« (1917, S. 320)

Dieser Gedankengang verweist auf eine der zentralen Entdeckungen der Psychoanalyse: die Lehre von der infantilen Sexualität. Aus dem Sexualleben des Kindes geht hiernach sowohl die perverse wie die normale Sexualität hervor.
Freud fand, daß die menschliche Sexualentwicklung nicht erst in der Pubertät, sondern schon am Beginn des Lebens einsetzt. Genitale Sexualität, die gewöhnlich mit der Fähigkeit zur Fortpflanzung gleichgesetzt wird, ist nach diesem Verständnis eine hochentwickelte Form des menschlichen Sexuallebens, der eine komplexe frühkindliche Entwicklung vorausgeht. Im Zentrum dieser seelischen und körperlichen Reifung sieht Freud die Entwicklung des Sexualtriebes, der mit biologischer Gesetzmäßigkeit unter den Einflüssen der frühen Kindheit einen Formungs- und Wandlungsprozeß durchläuft. Die Abfolge, in der die Frühformen der Sexualität in Erscheinung treten (polymorph-perverses Stadium, orale, anale, phallische und ödipale Phase), ist durch das Überwiegen jeweils eines sexuellen Partialtriebes charakterisiert. Diese Partialtriebe knüpfen an verschiedene ›erogene Zonen‹ an (gesamte Körperoberfläche, Mund, After, Genitale), die dann zu bevorzugten Regionen der Lustgewinnung werden. Bei gelingender Entwicklung fügen sich die verschiedenen Elemente des Sexualtriebes schließlich zu einer Einheit zusammen, die im Primat des Genitals, also in jener Sexualeinstellung gipfelt, die auf sexuelle Vereinigung hinzielt.
In psychoanalytischer Sicht ist nun die infantile, prägenitale Sexualität inhaltlich identisch mit der perversen; alle Kinder zeigen perverse Neigungen und Handlungen. Demnach entblößt das Kind ›wie‹ der Exhibitionist seine Genitalien, quält ›ähnlich‹ dem Sadisten Tiere, findet in genitaler und exkretorischer Hinsicht sexuellen Genuß am Beschauen und Beschautwerden und beschränkt sich in seiner Liebeswahl nicht auf ein Geschlecht. Geleitet durch die Psychoanalyse Erwachsener und später auch durch unmittelbare Beobachtungen an Kindern, kam Freud zu dem Schluß, »daß alle Perversionsneigungen in der Kindheit

wurzeln«; die perverse Sexualität sei nichts anderes als »die vergrößerte, in ihre Einzelerregungen zerlegte infantile Sexualität«. (1917, S. 321)

Diese Zentrierung auf Einzelerregungen (Partialtriebe) hebt die Perversionen andererseits vom infantilen wie auch vom normalen Sexualleben ab. Anders als das infantile Sexualleben, das auf ›polymorph-perversen‹ Neigungen beruht, erscheinen die sexuellen Perversionen häufig unter dem Primat eines Partialtriebes organisiert, zum Beispiel beim Voyeurismus unter dem eines (hypertrophierten) Schautriebes. Doch ist auch ihr Abstand zur normalen Sexualität nicht prinzipieller Natur: Da auch »dem Sexualleben der Normalen nur selten der eine oder andere perverse Zug abgeht« (1917, S. 333), besteht das Wesentliche der Perversion allein in der *Ausschließlichkeit,* mit der sich die Abweichungen vollziehen.

Wie kann aber eine solche Entwicklungsanomalie (Fenichel 1931) zustande kommen? Das Argument der Konstitution kann im Hinblick darauf, daß Perversionen im Bereich des allgemein Menschlichen liegen, daß sie fragmentarisch auch Teil des normalen Sexuallebens sein oder unter bestimmten Lebensumständen dieses sogar ersetzen können, kaum noch als allein ausschlaggebend anerkannt werden. Freud nimmt eine ›Ergänzungsreihe‹ zwischen Konstitution und Erleben an. Während der erstgenannte Faktor weitgehend im Dunkel verbleibt, ist die Aufhellung des letztgenannten das eigentliche Problem der Psychoanalyse. Ähnlich wie bei der Entstehung der Neurosen sind nach Freud auch bei der Ätiologie der Perversionen zwei lebensgeschichtliche Momente ausschlaggebend: eine durch eine besondere Befriedigung oder Versagung bedingte Fixierung auf einer kindlichen Stufe der Sexualentwicklung oder aber eine Regression auf eine solche Stufe — ein Vorgang, der häufig erst nach Enttäuschungen im normalen Liebesleben einsetzt. Entscheidend dafür, ob bei der Regression auf eine infantile Entwicklungsstufe eine Neurose oder eine Perversion entsteht, wird nach Freud nun die Frage, wie sich das Ich verhält. Läßt es die infantile Sexualität zu, dann bildet sich eine Perversion, lehnt es sie ab, dann entsteht infolge ihrer Verdrängung eine Neurose (1917, S. 365). Hieraus erhält die berühmte Formulierung Freuds, welche Neurose und Perversion zugleich innerlich verknüpft und kontrastiert, ihren Sinn: ». . . die Neurose ist sozusagen das Negativ der Perversion.« (1905, S. 65)

Diese Formel hat oft den Anschein erweckt, als bestünden bei Perversionen im Gegensatz zu den Neurosen keine Verdrängungen. Vor allem im Zuge der Entwicklung einer psychoanalytischen Ich-Psychologie wurden aber verschiedene Abwehrformen herausgearbeitet, die in den sexuellen Anomalien wirksam sind. Schon in der zweiten Auflage seiner *»Drei Abhandlungen«* hatte Freud davon gesprochen, daß Perversionen durch eine ›Partialverdrängung‹ gekennzeichnet seien (Abraham 1911). In seinem Aufsatz *»Ein Kind wird geschlagen«* (1919) bringt Freud den Masochismus mit dem Kernkomplex der Neurosen, dem Ödipuskomplex, in Zusammenhang und vermutet, »daß auch die sexuellen Abirrungen des kindlichen wie des reifen Alters von dem nämlichen Komplex abzweigen«. (1919, S. 226) Danach sind die sexuellen Perversionen den Neurosen in ihrem inneren Aufbau weit ähnlicher, als die äußeren Umstände vermuten lassen: Beide beruhen auf einer Nicht-Bewältigung des Ödipuskomplexes.

In dieser Forschungsrichtung setzte der Psychoanalytiker Hanns Sachs (1923) weitere Akzente. Seine Hauptthese lautet: Das Akzeptieren ansonsten verpönter Regungen in den Perversionen gewährleistet eine für das Ich notwendige, wesentlich schwierigere Verdrängungsleistung: die des Ödipus- und Kastrationskomplexes. Wie wir heute wissen, geht es in diesem Zusammenhang weniger um die Angst vor dem Verlust des Penis, als vielmehr um die Angst vor Beschädigung einer (labilen) männlichen Identität und Selbständigkeit, die ihren Ausdruck in einer Furcht vor der Frau findet. Sachs legt dar, daß es dem Ich mittels der Gewährung einer relativ harmlosen Teilbefriedigung (Perversion) sozusagen in einem Kompromiß gelingt, den genannten, wirklich bedrohlich empfundenen übrigen Inhalt der Ödipus- und Kastrationsproblematik zu leugnen. Die Perversion, die alle Lust auf sich zieht, steht demnach als Verbündeter des Ich im Dienste der Verdrängung. Demselben Zweck dient auch die Idealisierung der Perversion. Somit zeigt sich, daß sexuelle Perversionen nicht etwa frei von Verdrängungen, sondern mit ganz spezifischen Formen der Abwehr verbunden sind. In besonderer Übersichtlichkeit hat Fenichel (1931) die Anwendbarkeit der Theorie von Sachs auf alle typischen Perversionsformen dargelegt.

Weitere in den sexuellen Perversionen wirksame Abwehrmechanismen hat Freud in seinen Arbeiten *»Über einige neurotische*

Mechanismen bei Eifersucht, Paranoia und Homosexualität« (1922) sowie *»Fetischismus«* (1927) aufgezeigt. Die letztgenannte Arbeit erläutert den Abwehrvorgang der Verleugnung durch Ichspaltung. Nach Freud verleugnet das Ich des Fetischisten die wahrgenommene Tatsache, daß die Frau (Mutter) keinen Penis hat. Der Fetisch sei als Penisersatz anzusehen und diene so der Beruhigung der eigenen Kastrationsangst, die bei einer ›realitätsgerechten‹ Einstellung belebt werden würde. Auch hier enthüllt sich der tiefere Sinn wiederum, wenn man die ›materialistische‹ Deutung etwa als Angst vor Beschädigung einer brüchigen männlichen Eigenständigkeit versteht. Gleichsam prototypisch für alle sexuellen Perversionen zeigt der Fetischismus am konsequentesten das Ausweichen vor einer genitalen Beziehung zu einem andersgeschlechtlichen Partner, der hier durch einen Gegenstand ersetzt ist.

Während die Psychoanalyse sich zunächst vorwiegend damit befaßt hatte, die Perversionen mit der Trieblehre, d. h. den Formen der kindlichen Sexualentwicklung, in Beziehung zu setzen, rückte in den zuletzt skizzierten Arbeiten das psychische Kräftespiel, insbesondere die Abwehr der Kastrationsangst, ins Zentrum der Beobachtung. Etwa seit Beginn der fünfziger Jahre hat dann das psychoanalytische Konzept der Perversion eine weitere Ergänzung erfahren. Zahlreiche psychoanalytische Autoren haben im Zuge der Narzißmusforschung die Bedeutung der frühen präödipalen Entwicklungsprozesse für die Entstehung der sexuellen Perversionen hervorgehoben.

Die genannte Forschungsrichtung sucht die These zu belegen, daß sich hinter der bei allen Perversionen vordergründigen Kastrationsangst Ängste vorangegangener Entwicklungsphasen verbergen. Diese Ängste betreffen ein labiles Selbstwertgefühl, Gefühle der Leere und Sinnlosigkeit, die auf magische Weise durch Sexualisierung kurzfristig beschwichtigt werden. Demnach wird mittels der Perversion nicht in erster Linie Triebbefriedigung erstrebt; sie hat eine andere Funktion: Wie eine ›Plombe‹ (Morgenthaler 1974) füllt sie eine in früher Kindheit erworbene Lücke der Selbstwert-Regulation. Die perverse Sexualität wirkt nach dieser Vorstellung stabilisierend auf die Persönlichkeit, indem sie frühkindliche Ängste und Konflikte bindet (Abwehrmechanismus der Sexualisierung). Zugrunde liegt dieser ›kompensatorischen Ich-Leistung‹ (Morgenthaler) eine fehlgegangene narzißtische Entwicklung.

Unter dem Begriff der narzißtischen Entwicklung wird ein Prozeß verstanden, der zu einer Abgrenzung und Abrundung des Selbst führt sowie zu der Fähigkeit, andere als eigenständige Personen wahrnehmen zu können. Im Unterschied hierzu lebt der Säugling während der ersten Lebensmonate in einer ›symbiotischen Verschmelzung mit der Mutter‹: eine Beziehungsform, für die charakteristisch ist, daß das Gegenüber nur als Funktion des eigenen Selbst Bedeutung hat, da eine Trennung beider noch nicht vollzogen ist. Werden in der Folge Prozesse der schrittweisen Ablösung und Realitätsanpassung gestört, so bleiben narzißtische Beziehungsformen bestehen beziehungsweise frühzeitig Lücken im Aufbau des Selbstwertgefühls zurück. Damit in Zusammenhang stehende Ängste, Leere- und Sinnlosigkeitsgefühle können — zumal wo andere Wege der Kompensation verschlossen sind — später mittels einer Perversion (›Plombenbildung‹) überbrückt werden. (Kohut 1971)
Diese kompensatorische Funktion kann an einem Patienten mit einer fetischistischen Perversion verdeutlicht werden, von dem Kohut (1979, S. 60 f.) berichtet. Der Patient war in früher Kindheit offenbar unerträglich intensiven und plötzlichen Umschwüngen im Verhalten und in der Einfühlungsfähigkeit seiner Mutter ausgesetzt. Sie scheint bei vielen Anlässen maßlos verzärtelnd auf jede Nuance seiner Bedürfnisse und Wünsche eingegangen zu sein, sich dann aber plötzlich und für ihn unerfindlich wieder zurückgezogen zu haben, indem sie seine Bedürfnisse grob mißverstand oder ihr Interesse abrupt anderem zuwandte. Von der unberechenbaren Mutter hat sich der Patient bald auf die ›tröstliche Berührung‹ von Nylonstrümpfen und Nylonunterwäsche zurückgezogen, die ihm leicht zugänglich waren. Sie waren zuverlässig, total kontrollierbar und bildeten ein ›Destillat mütterlicher Güte und mütterlichen Widerhalls‹. Da auch der Vater sich abweisend verhielt und es nicht zu einem wirksamen Ausgleich des brüchigen Selbstwertgefühls kam, blieb der Patient gleichsam an dessen Anhebung durch die fetischistische Perversion gebunden. Diese ist somit nach Kohut als Reaktion auf eine Störung in der (nur im Bereich des Zwischenmenschlichen zu erwerbenden) Regulation des Selbstwertgefühls zu verstehen. Wie das Kleinkind mittels eines auf magische Weise verzauberten Übergangsobjekts (Puppe oder ähnliches) Ängste und Konflikte zu beschwichtigen vermag, vor denen sonst die Anwesenheit der Mutter bewahrt (Winnicott 1963), so

scheint der Fetisch — zum Dauerobjekt geworden — das gestörte Selbstwertgefühl zu stabilisieren.

Eine etwas abgewandelte Deutung findet die Störung präödipaler Entwicklungsprozesse im Hinblick auf die Neigung zu Perversionen bei Stoller (1979). Im Rahmen seiner Forschungen über den Ursprung von ›Geschlechtsidentität‹ gelangt dieser Autor zu der Auffassung, daß sexuelle Perversion aus dem Versuch entsteht, eine Bedrohung der eigenen Geschlechtsidentität zu bewältigen. Seine Thesen sind unter anderem auch eine Antwort auf die Frage, warum weit mehr Männer als Frauen zu Perversionen neigen.

Aus der frühen Mutter-Kind-Symbiose ergibt sich nach Stoller, daß die ursprüngliche männliche Entwicklungsphase weiblich ist. Soll die Entwicklung zur Männlichkeit gelingen, so muß sich der Knabe (mit Unterstützung der Mutter) äußerlich vom weiblichen Körper und psychisch von der primären Verschmelzung mit der Weiblichkeit seiner Mutter lösen. Männliche Identität wäre demnach eine Überformung innerer Weiblichkeit, einer dunklen, nichterkennbaren und anfänglich absoluten Abhängigkeit von der Mutter. Der hierfür notwendige Prozeß der ›Entidentifizierung‹ (Greenson 1968) von der Mutter kann aus vielerlei Gründen oft nicht vollendet und unter anderem zum Nährboden der Perversion werden. Nicht nur fehlende Symbiose (Versagung, Vernachlässigung), sondern auch ihre ungebührliche Ausdehnung (zuviel an Bemutterung, Verwöhnung im Sinne Alfred Adlers) kann zum Trauma in der Entwicklung des Jungen werden, dessen ›Kastrationsangst‹ demnach die seelische Ungewißheit zum Ausdruck bringen würde, er könne nicht zur Gruppe der Männer gehören.

Mittels der Perversion läßt sich nun nach Stoller eine solche Angst vor dem Verlust der geschlechtlichen Identität in einen ›Triumph‹ verwandeln. Das entscheidende Merkmal sei vor allem in Feindseligkeiten zu sehen, die sich als Rachephantasie in den perversen Handlungen verbirgt und sich in verschiedenen Formen versteckter oder offener ›Entmenschlichung‹ der Partner zeigt. Die (ausagierte) Phantasiebildung der Perversion hat dabei den Sinn, die durch Lebensumstände immer wieder anklingende traumatische Verunsicherung in den Triumph des Erwachsenen zu verwandeln und sie hierdurch kurzfristig zu beschwichtigen. Die sexuelle Erregung wächst aus der Spannung zwischen dem Hineinbegeben in ein vorgetäuschtes, oft durch

Ritualisierung abgesichertes Wagnis, das durch die Anrührung von Ängsten Risikocharakter besitzt, und der (fast gewissen) Garantie des glücklichen Ausgangs in die orgastische Lust, welche den sichtbaren Beweis der eigenen Männlichkeit und zugleich sexuelle Befriedigung erbringt.
Stoller spricht bei der Perversion von einer sexuellen (erotisierten) Neurose, die sich auf die Verunsicherung der Geschlechtsidentität bezieht. Sie kann als letztlich untauglicher und daher nach Wiederholung drängender Versuch gesehen werden, die Angst zu ›heilen‹, die der Vorstellung entstammt, man könne sein Geschlecht verlieren. Im Unterschied zur Neurose, die zu bewußtem Leiden führt, ist die Perversion mit bewußter erotischer Lust verknüpft.
Mit den Auffassungen, daß eine Perversion die Funktion einer ›Plombe‹ in einem lückenhaften Selbstwertgefühl einnehme (Morgenthaler), daß sie eine pathologische Kompensation einer narzißtischen Persönlichkeitsstörung sei (Kohut) oder daß sie der Aufrechterhaltung einer brüchigen (männlichen) Geschlechtsidentität diene (Stoller), berühren sich die jüngeren psychoanalytischen Forschungen in vieler Hinsicht mit Standpunkten Alfred Adlers, der schon anfangs unseres Jahrhunderts auf solche (im engeren Sinne) nichtsexuellen Kernprobleme sexueller Perversionen aufmerksam machte.

Perversion als sexueller Ausdruck der Lebenslinie

Alfred Adler hat schon frühzeitig den Blick auf die Charakterabhängigkeit der Sexualität gelenkt und betont, daß die ›Libido‹ (sexuelle Energie) im Seelenleben keine autonome, sondern eine abhängige Größe ist (1911). Während Forscher wie Krafft-Ebing, Moll, Freud und andere der sexuellen Energie eines Menschen einen fixen Wert beimaßen, sah Adler ihre Stärke und Ausformungsweise geprägt durch die Dynamik des gesamten Charaktergefüges, welches das Individuum in Auseinandersetzung mit seinen körperlichen Voraussetzungen und den Beziehungspersonen der frühen Kindheit ausbildet. Die Individualpsychologie Adlers betrachtet die sexuellen Perversionen somit nicht als ein vorwiegend sexuell bedingtes Problem, sondern als Teil der Gesamtpersönlichkeit. In der entwickelten sexuellen ›Lebensform‹ sieht sie einen Ausdruck des umfassenderen Lebensstils eines Individuums. Diese Auffassung gründet auf der individualpsychologischen Voraussetzung,

> »daß alle menschlichen Ausdrucksformen in einem sozialen Zusammenhang stehen, und daß im Seelenleben immer das Streben nach Macht, nach Geltung und Sicherheit irgendwie zum Ausdruck zu gelangen trachtet. In ihrem Sexualleben aber antworten die Menschen auf die stets drängende Frage einer Stellung zur menschlichen Gesellschaft, zum anderen Geschlecht und zur Frage ihrer eigenen Geltung, immer liegt im Sexualverhalten die Linie klar zutage, wie einer zur Anpassung, zur Geltung, zur Anerkennung, zur Überlegenheit und Sicherheit zu gelangen trachtet, wie er sein Wertgefühl innerhalb der Gesellschaft und sub specie aeternitatis zu steigern sucht.« (Adler 1917, 1930 S. 71).

Dementsprechend sieht Adler in der sexuellen Perversion keinen Gegensatz zur Neurose. Die Grunddynamik der Neurose, die in ihren verschiedenartigsten Erscheinungsformen auf der nervösen Spannung zwischen einem vertieften Minderwertigkeitsgefühl und einem übersteigerten Geltungsdrang bei gleichzeitiger Störung der sozialen Verbundenheit basiert, prägt auch die unterschiedlichsten Formen des menschlichen Sexuallebens. Eingebettet in eine neurotische Gesamtentwicklung ist die Perversion nur ein sexueller Teilausdruck, ein ›Gleichnis‹ der allgemein vorherrschenden Lebensbewegung. Wichtiger als das Symptom einer sexuellen Abweichung ist daher die unter schwierigen Entwicklungsbedingungen ausgebildete Charakter- und Gefühlsverirrung. Damit wandte bereits Adler das Augenmerk auf die nichtsexuellen Bedeutungshintergründe sexueller Perversionen. In seinem Buch *»Das Problem der Homosexualität«* (1917), das auch seine Auffassung der sexuellen Perversionen zusammenfaßt, vertritt er die Grundthese, daß es sich bei diesen um das Training eines entmutigten Menschen handelt, auf dem Wege der Ausschließung von Möglichkeiten einer Niederlage, insbesondere der teilweisen oder völligen Ausschließung des anderen Geschlechts, der normalen Lösung der Liebesfrage auszuweichen. Hierdurch wird zugleich klar, daß Adler Vererbungsaspekte bezüglich der Entstehung von Perversionen negiert:

> ». . . nach unserer Auffassung handelt es sich um Kunstprodukte, die in die Erziehung eingeflossen sind, ohne daß der Betreffende es weiß.« (Adler 1933, S. 114)

Hinsichtlich der Struktur und der inneren Dynamik sexueller Perversionen hat Adler charakteristische Merkmale herausgearbeitet und zugleich auf Gemeinsamkeiten in ihren Erscheinungsformen hingewiesen. Perversionsneigungen sind in individualpsychologischer Sicht unter anderem zu verstehen als kompensatorische Bestrebungen zur Behebung eines Minderwertigkeitsgefühls gegenüber der überschätzten Macht des anderen Geschlechts. Diese Furcht vor dem anderen Geschlecht, die in einer vergrößerten seelischen Distanz zwischen Mann und Frau zum Ausdruck kommt, ist ein zentrales Moment im ›sichernden Aufbau der Perversion‹. Aus dem ›Arrangement‹ der letzteren ergeben sich folgerichtig Rückzug und fixierte Distanz zur gefürchteten gegengeschlechtlichen Liebesbeziehung, deren wesensmäßiger Bestandteil — äußerste Nähe von Mensch zu Mensch — bedrohlich für das Persönlichkeitsgefühl empfunden wird. Der Sexualmodus der Perversion vermeidet daher das Du ganz oder teilweise. Adler spricht in diesem Zusammenhang auch von einer ›verengten Aufmarschbreite‹, einer Bewegungsform gegenüber den Aufgaben des Liebeslebens, die sich aufgrund von Unzulänglichkeitsgefühlen, zögernder Haltung, Kontaktscheu, Aggression und anderem mit *Teillösungen* begnügt. In allen sexuellen Perversionen sieht Adler daher die Tendenz zur Ausschaltung wirksam. Hierbei spielen nach Adler auch aggressive Komponenten eine Rolle; Entwertung des normalerweise zu erwartenden Partners fand er regelmäßig als wesentliches Merkmal vor. Das Ausweichen bezieht sich zugleich auch auf die eigene Geschlechtsrolle. Verunsicherung in ihr und ›mehr oder weniger tiefgreifende Revolte‹ gegen die Einfügung in sie hängen dabei eng zusammen.

Ebenso wie jede andere Charakterhaltung, so ist nach Adler auch die Tendenz zur teilweisen oder völligen Ausschaltung des Liebesproblems trainiert. »Es gibt keine sexuelle Perversion ohne Training.« (1933, S. 119). Fundamentale Mängel an Kontakt- und Anschlußfähigkeit sowie an sozialem Interesse von Kindheit an ›zwingen‹ nach Adler die Betreffenden gleichsam auf den Weg der Perversion, da sie von ihrer charakterlichen Disposition her zu wenig für eine kooperative Lösung des Liebesproblems vorbereitet sind.

Den stärksten Anlaß zu mangelndem Interesse und Kontaktfähigkeit gibt nach Adler die *Verwöhnung des Kindes*. Er fand, daß Menschen mit sexuellen Perversionen meist verzärtelte Kinder waren, mit großer Sehnsucht nach Anerkennung und sofortigem Erfolg. Obgleich sich bei solchen Menschen späterhin alle Charakterzüge der Neurose zeigen können, erwächst die Perversionsneigung nach Adler regelmäßig aus einem Seelenleben, in dem verstärkte Überempfindlichkeit, gesteigerter Ehrgeiz und Trotz, Mißtrauen und Herrschsucht hervorstechen und die Neigung ›mitzuspielen‹, gering ausgebildet ist. Daß diese Haltungen aber nicht spezifisch für die Ausbildung einer sexuellen Perversion sind, zeigt die einfache Beobachtung, daß sie auch in anderen seelischen Störungen oft vorherrschend sind. Dem entspricht auch die Feststellung Adlers, daß es hinsichtlich der Lösung der Liebesfrage letztlich keinen wesentlichen Unterschied bedeutet, ob der Betreffende »die Konstruktion eines Krankheitsbeweises, einer Hysterie, einer Zwangsneurose, einer Phobie, einer Impotenz, einer Zwangsmasturbation, einer Psychose oder einer Perversion zwischen sich und den Partner schiebt«. (1930, S. 8) Bezüglich des Liebesproblems sind dies ›individuell vorbereitete Umwege‹ zur Sicherung eines schwankenden Persönlichkeitsgefühls; man meidet die als gefährlich empfundene Zone ›wie der mit Höhenschwindel behaftete Wanderer‹ die seinige.

Adlers Grundgedanke, daß die Perversion letztlich der Kompensation von Ängsten, Minderwertigkeits- und Unsicherheitsgefühlen bezüglich des anderen Geschlechts sowie der eigenen Geschlechtsrolle und somit der Erhaltung eines seelischen Gleichgewichts dient, ist unvermindert aktuell. Nicht Triebe und ihre Schicksale, sondern erworbene Charakterprägungen sind demnach das Kernproblem der Sexualstörung, in der sich mißgünstige Lebenserfahrung und antwortende Intention verdichten.

Die Heilung sexueller Perversionen hält Adler nicht für unmöglich, aber für schwer. Sie basiert wie in allen Psychoneurosen auf Ermutigung, die an das Verständnis der festgewurzelten kindlichen Vorstellungen von den (angeblichen) Gefahren des heterosexuellen Geschlechtsverkehrs anknüpfen muß, um so die durch Entwertung überdeckte ängstliche Distanz zum Partner zu lockern. Mit besonderem Nachdruck weist Adler auf die Notwendigkeit der Prophylaxe hin: Die Erziehung darf dem Kind nicht den Mut nehmen, so daß es seine geschlechtliche Identität von Anfang an sicher entwickeln kann.

In seinem Buch *»Psychologie und Psychopathologie des Liebeslebens«* (1965) hat Josef Rattner auf individualpsychologischer

Grundlage eine detaillierte Einführung in das Gebiet der sexuellen Perversionen gegeben. Über eine rein psychologische Sichtweise hinausgehend werden einzelne Perversionsformen in Bezug gesetzt zu leib- und lebensfeindlichen Moralvorstellungen, zur patriarchalischen Sexualmythologie, zum Kampf der Geschlechter und zu allgemein verbreiteten Formen des kulturell-gesellschaftlichen Sadomasochismus. Da diese kulturellen Mißstände Charakter und Sexualleben des einzelnen tiefgreifend prägen, bedarf Psychotherapie nach Rattner einer Ergänzung durch breitangelegte Aufklärungsbemühungen: eine soziale und ideologische Prophylaxe, die erst einen wirklichen Fortschritt bei der Überwindung vielfältiger Sexualstörungen anbahnen könnte.

Verfehlung einer normgemäßen Liebeswirklichkeit

Seit dem Ende der zwanziger Jahre hat die anthropologische Richtung in der Psychiatrie und Medizin eine eigenständige Interpretation der sexuellen Perversionen im Rahmen einer Anthropologie der menschlichen Sexualität entwickelt. Diese phänomenologisch-anthropologische Schule der Sexualforschung entfaltete sich einerseits in kritischer Auseinandersetzung mit der Psychoanalyse Sigmund Freuds und stützte sich andererseits in ihrem eigenen Ansatz auf die phänomenologischen und anthropologischen Lehren der Philosophen Edmund Husserl und Max Scheler. Insbesondere der Letztgenannte hat in seinem Buch *»Wesen und Formen der Sympathie«* (1922) die ›naturalistische Liebes- und Perversionstheorie‹ Freuds hinsichtlich ihrer ›biologistischen Unempfindlichkeit gegenüber Wertabstufungen‹ kritisiert. Mittels der ›wertblinden Triebsysteme Freuds‹ könne beispielsweise das Phänomen der Liebe, das in allen seinen Verwirklichungen immer etwas Werttragendes sei, überhaupt nicht erfaßt werden. So liege auch bei den psychoanalytischen Beschreibungen der Perversionen ein großer Fehler darin, daß man, »anstatt von den Intentionen und ihren Wertrichtungen auszugehen, sie nur objektiv definierte«. (l. c., S. 201)
Autoren wie Viktor E. von Gebsattel, Erwin W. Straus, Hans Kunz und andere haben mit der Entwicklung einer anthropologischen Perversionstheorie diese Grundgedanken dezidiert ausgearbeitet. Ihr Ansatzpunkt ist die Hypothese, daß es eine

Norm im Liebesleben gibt. Bei deren Bestimmung überschreitet die medizinisch-anthropologische Schule eine rein funktionelle Auffassung der (genitalen) Sexualität, indem sie den leiblich-personalen Begegnungscharakter, die ›ganzheitliche Ich-Du-Gestalt der Liebeswirklichkeit‹ (v. Gebsattel), als normative Sinnebene des Geschlechtslebens anvisiert. Bei der Einswerdung mit einem Geschlechts- und Liebespartner ist nur der ganze, wenn auch in seiner sexuellen Bedeutung unterschiedlich akzentuierte Leib — eingebunden in die Personalität und liebende Gesamthaltung — der Bezugspunkt der Geschlechtsbeziehung.
Vor diesem Hintergrund charakterisieren die genannten Autoren die Perversion als einen ›defizienten Liebesmodus‹, als Verfehlung oder Deformierung der Norm einer vollentwickelten erotischen Liebesbeziehung. (Straus 1930, v. Gebsattel 1932, Kunz 1942) Der Begriff der *Deformierung* ist dabei nicht in der Ebene der Triebe angesiedelt, sondern gehört in die Schicht der Werthaltungen und Wertverwirklichungen eines Menschen.
Mit dieser Wendung ergibt sich auch eine gegenüber der psychoanalytischen Auffassung veränderte Gesamtperspektive: Von der undurchsichtigen Beschaffenheit der Triebe sowie genetischen und psychodynamischen Rekonstruktionen richtet sich in den phänomenologischen Untersuchungen und Beschreibungen der Blick auf die Struktur der ›Liebeswirklichkeit‹, gleichsam jenes Stück Welt, auf die Trieb und Person bezogen erscheinen. Richtungweisend wurde hierbei v. Gebsattels Arbeit *»Über Fetischismus«* (1929), in deren Mittelpunkt die phänomenologische Erhellung der strukturellen Beschaffenheit des Fetischs steht, der zum Rang eines Liebesobjekts avanciert. An der verzauberten ›fetischistischen Wirklichkeit‹ springt dabei zunächst der Du-Charakter des Fetischs ins Auge. Er ist für seinen Verehrer irgendwie lebendig und liebenswert, wo der Unbeteiligte nur seine praktische Verwertbarkeit (Schuh, Pelz usw.) zu sehen vermag. Gebsattel sucht den Fetisch in Analogie zur kindlichen Spielwirklichkeit zu verstehen. Wie etwa die Puppe eine Verlebendigung mittels der kindlichen Einbildungskraft erfährt und zum Kristallisationspunkt liebevoller und fürsorglicher Verhaltensweisen wird, so gehört auch der Fetisch zu einer ›schwebenden Liebeswirklichkeit‹, in der strenge Objektivität und bloße Phantasiehaftigkeit nicht auseinandergetreten sind. Der Gegenstand wird im Sinne der Liebeserregung zu deren Gegenbild umgeformt.

Im Fetisch erhält sich nach v. Gebsattel ein Stück primitiver Weltgestaltung am Leben, eine animistische Entwicklungsphase, der Unterscheidungen wie lebendig und tot, beseelt und unbeseelt usw. vorausgehen. Analog hierzu ist auch die Scheidung von Du und Ich aufgehalten. Gebsattel erinnert in diesem Zusammenhang an die schwärmerische Phase der Pubertätsentwicklung, für die weniger das Du einer reifen Geschlechtsbeziehung als ein verklärtes eigenes Liebesbild maßgeblich ist. In ähnlicher Weise besteht die fetischistische Wirklichkeit aus einem phantastischen, undifferenzierten Ineinanderspielen von Du und Ich, wobei das (fiktive) Du dem eigenen Entzücken und seinen Äußerungen eine stumme Projektionsfläche bietet.
Faßt man demgegenüber die Möglichkeit der Liebe in ihrer Bezogenheit auf das Ganze der fremden Persönlichkeit ins Auge, so läuft die Gegenmöglichkeit des Fetischismus auf Deformierung dieses Ganzen hinaus, während zugleich die hinweisende Funktion des Teils (Körperteil, Kleidungsstück) selbst zum Rang des Ganzen aufrückt. So kann die anthropologische Theorie aufgrund ihrer phänomenologischen Analyse die ›fetischistische Teilanziehung‹ (Hirschfeld) als ›Erhebung eines Teils zum Ganzen unter Ausschaltung des wirklichen Ganzen‹ deuten. Hinsichtlich der normgemäßen Liebeswirklichkeit ist der Fetisch nur ein Fragment, in dem sich die Scheu vor der anderen Persönlichkeit und die Flucht an ihre ›Peripherie‹ ausdrücken. Bezüglich seiner Erlebnisbedeutung ist er jedoch ein Ganzes, da er sich eignet, wenigstens in der Einbildungskraft Liebe und Sexualität zu wecken. Beide bleiben jedoch in einer narzißtischen und autoerotischen Äußerungsform stecken. In der Sicht der anthropologischen Theorie lassen sich alle Perversionsformen als ›Fragmente‹ einer die Ganzheit der Partner umspannenden Liebeswirklichkeit verstehen.
In einer Abhandlung über das Problem der *Scham* (1933) gibt Erwin Straus eine phänomenologisch-anthropologische Beschreibung der voyeuristischen Perversion. Er entwickelt seinen Standpunkt im Kontrast zur genetischen Deutung der Scham und des Voyeurismus in der psychoanalytischen Trieblehre (Freud 1905, 1915). Nicht der Schautrieb und seine ›Schicksale‹, sondern die im Voyeurismus in spezifischer Weise abgewandelte und gestörte Kommunikationsweise mit der Welt stehen im Mittelpunkt der Betrachtung. Das Verharren in der Distanz ist ein zentrales Element dieser Perversion. Wo das normale Verlangen

auf Näherung und Vereinigung gerichtet ist, gehören zum Voyeurismus Alleinsein, Draußensein sowie Heimlichkeit. Ebenso bleibt das Schauen ein distanziertes Zuschauen, das sich fundamental von der unmittelbaren Ergriffenheit unterscheidet, in der sich die Blicke von Liebespartnern begegnen. Der Wandel der Kommunikationsweise drückt sich im Kontrast zwischen einer wechselseitigen, unmittelbaren Ich-Du-Begegnung und einer im objektivierenden Beobachten intendierten einseitigen Subjekt-Objekt-Beziehung aus.
Distanz und Objektivierung sind Seinsweisen der öffentlichen Sphäre, vor deren Eingriff in Intimität und unmittelbares Erleben normalerweise die anthropologische Funktion der Scham schützt. (In Abhebung von dieser dauernd wirksamen menschlichen Grundhaltung der Scham zeigen punktuell erlebte Schamreaktionen eher ein Durchbrechen ihrer schützenden Funktion an.) Die voyeuristische Perversion verdeutlicht, daß der Betreffende nicht ursprünglich an der Realität teilhaben kann oder will, sondern nur im verstohlenen, objektivierenden Eindringen in das unmittelbare Erleben der anderen.
Eine derartige Beschreibung der abgewandelten Kommunikationsweise vermag das Phänomen des Voyeurismus treffender zu erfassen als ein triebtheoretisches Erklärungskonzept. Man wird jedoch der voyeuristischen Perversion nicht ganz gerecht, wenn bei ihrer Beurteilung nicht auch die lebensgeschichtliche Dynamik und die sozial-kulturell bedingten Ausformungen und Verzerrungen der anthropologischen Funktion der Scham berücksichtigt werden. Dies würde die Perversion in den Rahmen allgemeiner kultureller Mängel wie erzieherisch fehlerhaft gesetzter Hemmungen und Schamschranken, Mystifizierung des Sexuellen usw. einbetten. Eine Gesellschaft, die beispielsweise gewisse Körperteile für das Auge tabuisiert (und zugleich durch Minimalverhüllung hervorhebt), erweckt in vielen ihrer Mitglieder das stets ›sprungbereite‹ Gefühl, daß man etwas Erstaunliches erblickt, wenn man doch hinschaut; sie züchtet geradezu mehr oder weniger ungezügelte Schaulust. Im Voyeurismus wie auch in anderen Perversionen (Exhibitionismus, Sadomasochismus usw.) kommen nicht zuletzt allgemeinverbreitete Merkmale unserer Kultur in verdichteter Form zum Ausdruck. Kein Grund also für ›Wohlangepaßte‹, sexuelle Perversionen zu belächeln oder zu verurteilen.
Die anthropologische Interpretation sieht destruktive Tenden-

zen (Kunz), Deformierung objektiver Werte (Straus), ja, sogar einen ›nihilistischen Grundzug des Menschen zum Bösen‹ (v. Gebsattel) als zentrale Momente in den sexuellen Perversionen wirksam, wobei der ›wissenschaftliche‹ Normbegriff des gläubigen Katholiken v. Gebsattel eine ausgesprochen moraltheologische Färbung hat. Zahlreiche Forscher wie Kunz (1942), Boss (1947), Binswanger (1950, 1955), Bräutigam (1958) und andere haben jedoch betont, daß es sich bei der anthropologischen Theorie um eine Interpretation handelt, die nicht das subjektive Erleben der Betroffenen spiegelt. Auch v. Gebsattel hat später (1962) eingeräumt, daß es sich bei den destruktiven Elementen in den sexuellen Perversionen weniger um ›gelebte Intention‹ als um ›reine Widerfahrnis‹ handelt, die in ihrer lebensgeschichtlichen Bedeutung begriffen werden muß. (Stoller 1979)

Einengung des liebend-gestimmten In-der-Welt-Seins

Welche Bedeutung sexuellen Perversionen innerhalb der Lebensgeschichte sowie der gesamten Gefühls- und Erlebniswelt der betreffenden Menschen zukommt, hat mit großer Eindrücklichkeit der Schweizer Arzt und Psychotherapeut Medard Boss durch seine daseinsanalytische Betrachtungsweise gezeigt. In seinem Buch *»Sinn und Gehalt der sexuellen Perversionen«* (1947) sucht er das Perversionsproblem vom Phänomen der Liebe her zu erhellen. Aufbauend auf der Daseinsanalytik Martin Heideggers (*»Sein und Zeit«*, 1927) und deren Anwendung auf psychopathologische Phänomene durch Ludwig Binswanger veranschaulicht Boss in meisterhafter Form die daseinsanalytische Auslegung der sexuellen Perversionen, indem er die Art und Weise des gesamthaften ›In-der-Welt-Seins‹ von acht Patienten ergründet. Die eigene Betrachtungsweise wird zugleich im Kontrast zur psychoanalytischen Perversionstheorie einerseits und zur medizinisch-anthropologischen Konzeption andererseits entwickelt. Weder könnten die sexuellen Perversionen angemessen verstanden werden, wenn man sie in mechanistisch-physikalistischer Manier auf angenommene Triebe und Partialtriebe zurückführe, noch wenn man sie als Deformierung einer vollentwickelten Liebeswirklichkeit auffasse. Der Wesenskern des Perversionsphänomens sei vielmehr umgekehrt eine lebensgeschichtlich eingeengte, bruchstückhafte Realisierung der Liebe,

die Boss als eine besondere Form des In-der-Welt-Seins begreift. In der liebenden Hinwendung zum andersgeschlechtlichen Du erreicht die menschliche Offenheit für Welt und Mitmenschen ein Höchstmaß. Der liebend gestimmte Mensch hat an einer Vielzahl von Weltbezügen teil, wodurch er zugleich die Mitmenschen und sich selbst in einer sonst kaum erlebten Fülle von Möglichkeiten erfährt. Zwar bleibt in der konkreten Wirklichkeit menschlicher Liebesbeziehungen vielen Menschen die hier gemeinte Liebeswelt in irgendeinem Grade verdeckt. Dennoch haben die sexuellen Perversionen — wenn auch in eingeschränkter Weise — am ›Liebend-gestimmten In-der-Welt-Sein‹ teil.
Boss macht deutlich, wie die Perversion jeweils mit einem gesamthaft eingeengten und distanziert-mißtrauischen Weltverhältnis verknüpft ist, so daß die Möglichkeit der Liebe sich beispielsweise nur noch an der Peripherie der Partner (Fetischismus) oder durch gewalttätiges ›Aufknacken‹ erlebnismäßiger Verkrustungen (Sadomasochismus) bruchstückhaft realisieren kann.
Wir wollen Boss' Auslegungsweise am Fall des Patienten Erich Klotz (S. 102–138) verdeutlichen, der in einer 600 Sitzungen umfassenden Behandlung von seiner sadomasochistischen Perversion befreit werden konnte. Wie alle anderen Falldarstellungen des Autors folgt auch diese weitgehend den Selbstschilderungen des Betroffenen.
Erich Klotz war in einem großbürgerlichen Haus aufgewachsen, in dem Arbeit sowie beruflicher Erfolg und Aufstieg als höchste und ausschließliche Werte galten. Der Vater war ein eiserner Willensmensch, in rastlosem, unermüdlichem Arbeitseinsatz, neben dessen Ehrgeizzielen des Geldverdienens und Vorwärtskommens alles andere offenbar als Zeitverschwendung erschien. Klotz schildert sein Elternhaus als geistig und seelisch ganz leer, ohne Menschlichkeit und Zärtlichkeit. Auch die Mutter führte unter dem übermächtigen Vater nur ein Schattendasein und trieb ihrerseits unter seinem Einfluß die Kinder noch zum ›Vorwärtskommen‹ an. Der gefühlskalte Vater erschien ihm zunehmend als eine »schwere, drückende Zementdecke über dem dunklen Kellerverließ des elterlichen Hauses«. Bald begann Klotz sich selbst über jede Gefühlsregung zu schämen und machte sich zur Lebensregel, »rücksichtlos, aber schlau, nach außen immer lächelnd, unter einer undurchdringlichen Maske seinen Weg in die Welt zu machen, wenn nötig über Leichen zu schreiten, um auf

jeden Fall aus der Masse herauszukommen und ein ›Spitzenmensch‹ zu werden«. (S. 104) Obwohl er dieses Ziel im Rahmen des väterlichen Ideals bald erreichte und ein erfolgreicher Geschäftsmann wurde, blieben ihm Welt und Leben ›kalt, trost- und sinnlos‹. Bei geringsten Hindernissen ergriff ihn eine wahnsinnige Wut. Menschen wurden ihm dann zu »ekelhaft häßlichen, fratzenhaften Zwergen, die ich hätte krumm und klein schlagen können«. (S. 105) In solchen anhaltenden Haßstimmungen war er aber auch oft nahe am Selbstmord.

Die Onaniephantasien zwischen dem 8. und 14. Lebensjahr bewegten sich um die Vorstellung, er werde auf sein Gesäß geschlagen, aber auch um sadistische Inhalte, wobei ihn die Phantasie, er peitsche eine Menge vor ihm liegender nackter Frauen aus, die sich wie Würmer vor ihm winden, zum Orgasmus brachte. Nach seinem 18. Lebensjahr folgte ein ›ungeheuerer Konsum von Weibern‹ aller Gesellschaftsschichten. Bald ärgerte er sich aber über seine sexuelle Begierde, die ihn nur dazu verleitete, sich mit den ›langweiligen Weibern‹, diesen ›kalten Biestern‹, die ihn lediglich ausnützen wollten, abzugeben. Die ›schale Angelegenheit‹ der Sexualität änderte sich aber, als er begann, seine alten Onaniephantasien in die Tat umzusetzen. Mittels zahlreicher ausgefeilter sadistischer Prozeduren, von Beschimpfung, verbaler Demütigung und Besudelung der Frauen bis zum genießerischen Auspeitschen, Einschnüren, Fesseln und Würgen, erreichte er nun höchste geschlechtliche Erregung und ›unbeschreiblich erlösenden‹ Orgasmus. Solche Erlebnisse befreiten ihn regelmäßig für einige Zeit von der Trostlosigkeit des Alltags, und er konnte intensiv seiner Arbeit nachgehen. Zuweilen ließ er die Frauen auch ihn selbst schlagen, fesseln und würgen. »Eigentlich war das Lustmoment dabei fast noch größer, als wenn ich schlug. Aber es ist für mich auch gefährlicher, das Schlagenlassen, es wird leicht zu etwas Uferlosem, ich könnte mich ganz dabei verlieren ... Wenn ich dagegen schlage, habe ich alles noch viel mehr in der Hand. Wenn aber die Frauen schlagen, dann fürchte ich manchmal, sie könnten mich nicht mehr herausgeben ...« (S. 108)

Boss' Falldarstellung veranschaulicht eindrücklich, wie das sexuelle Verhalten aus der Struktur des gesamten Welterlebens des betreffenden Menschen zu verstehen ist. Von Arbeitsfanatismus und Erfolgszwang gepeitscht, fühlte sich Klotz in seinem Leben allein, wie von einer Isolierschicht umgeben. Sowohl von der

Mitwelt als auch der eigenen Gefühlswelt abgeschnitten, war sein Leben auf rein zweckhaftes Handeln, den ›Daseinsmodus des Beherrschens‹, eingeengt. »Nie erlebe ich etwas unmittelbar mit dem Herzen, alles geht nur durch meinen Verstand.« (S. 109) Wie sein Vater, so sei er selbst ein verpanzertes Wesen geworden; er empfinde zwar eine Sehnsucht, aus sich herauszugehen, aber sie sei gefangen und eingemauert. Nur das Beschimpfen, Demütigen, Entwürdigen und Quälen der Frauen bis zu deren Widerstandslosigkeit und absoluter Gefügigkeit scheint Klotz den Zugang zur Erotik und zur eigenen Gefühlswelt zu eröffnen. Erst wenn die Frauen wimmernd und jammernd im Sinnlichen aufgehen, wenn sich hinter ihrer steifen, widerständigen Fassade ihr inneres (schmerzerzwungenes) Gefühl öffnet und sie ganz vor ihm hinschmelzen, spürt auch er keine Trennwand mehr und kann sich der orgastischen Lust überlassen. »Aber eben, immer meine ich, wenn du etwas haben willst, mußt du es erschlagen, erzwingen, aufbrechen ... Daß eine Frau, daß sogar ihr Leib von sich aus mir entgegenquellen könnte, ist mir ganz unfaßbar, gefühlsmäßig.« (S. 111)

Im Sinne dieser Erfahrungsschilderungen sieht Boss auch in seiner Auslegung der sexuellen Perversionen einen grundlegenden Unterschied zwischen Haßstimmungen, Aggression und Destruktion einerseits und dem sadomasochistischen Einigungserlebnis andererseits. Nicht die Normwidrigkeit, die Bewegung des Erniedrigens, Schändens, Entwürdigens und Zerstörens wird demnach als der Wollust bewirkende ›Lebensnerv der Perversionen‹ (Straus 1930) angesehen. Dies beschreibt nach Boss nur die ›äußere‹ Seite des Phänomens. In der sadomasochistischen Perversion werde nicht Zerstörung per se gesucht, sondern letztlich — durch alle Gefühlsschranken, Hindernisse und Verpanzerungen des eigenen Welterlebens hindurch — ein erotisches Einigungs- und Liebeserlebnis. Die zugefügten oder erduldeten Demütigungen, Ängste, Schmerzen und Qualen sind nach Boss lediglich die ›schweren Waffen‹, die der Sadomasochist Klotz einsetzt, um seine Vereinzelung sowie seine gefühlsmäßige Erstarrung und Verkrustung doch noch in Richtung auf ein Liebeserlebnis zu durchstoßen. Ähnlich sieht Boss auch in allen anderen sexuellen Perversionen nicht eine ›Fragmentierung‹ einer ganzheitlichen Liebesbeziehung, sondern die verborgenen Bruchstücke einer vollgültigen Liebe als zentrales Merkmal.

In einer kritischen Stellungnahme hat Kunz (1954/55) bemängelt, es sei nicht sinnvoll, alles Gewicht auf das subjektive Erleben zu legen und auch dort noch eine ›Liebeseinigung‹ mit dem Partner zu sehen, wo dieser als autonome Person mißachtet oder gar zerstört wird. In der Verkoppelung von ›subjektiv‹ erlebter lustvoller Erregungssteigerung und ›objektivem‹ gewaltsamen Handeln dürfe letzteres nicht bagatellisiert werden. Dies ist eine teilweise berechtigte Kritik. Dennoch bietet das daseinsanalytische Konzept gegenüber fast allen anthropologischen, aber auch psychoanalytischen Arbeiten wichtige Vorteile. Es dient nicht nur dem besseren Selbstverständnis der Betroffenen, sondern kennzeichnet auch die Anknüpfungspunkte und Aufgaben für den Psychotherapeuten: Bejahung und Förderung des Gesunden, auch in den verborgensten Regungen, sowie Auflockerung der eingeengten und erstarrten Gefühls- und Erlebniswelt in Richtung auf Ausweitung der Liebesmöglichkeiten.

Strukturmerkmale sexueller Perversionen

Alle tiefenpsychologischen und phänomenologisch-anthropologischen Konzepte, die im Vorangegangenen in Grundzügen skizziert wurden, heben — wenn auch mit unterschiedlichen Akzenten — die lebensgeschichtliche Bedeutung sexueller Perversionen in der Biographie des einzelnen hervor. Als allgemeiner Grundkonsens ergibt sich, daß die betreffenden Phänomene weder Ergebnis eines gesteigerten oder krankhaften (rein biologisch aufzufassenden) Sexualtriebes noch Resultat einer gewollten Entscheidung sind. Vielmehr müssen sie im Rahmen konflikthafter Entwicklungsprozesse begriffen werden, die im ›Zwischenmenschlichen‹ angesiedelt sind. Da sie also einer »Kausalität des *Schicksals*, nicht der *Natur*« (Habermas) entstammen, kann ihr Sinngehalt im tiefenpsychologischen Verstehens- und Therapieprozeß aufgehellt werden, wodurch höhere ›Freiheitsgrade‹ anstelle eines blinden ›Wiederholungszwangs‹ treten können. Dies bedarf aber nicht etwa nur einer genetisch ausgerichteten Kindheitsforschung, sondern ebensosehr der Aufmerksamkeit für die aktuellen Beweggründe und die Bedeutung, die eine sexuelle Perversion in der Gesamtpersönlichkeit des einzelnen hat. Wichtiger als die Unterscheidung des spezifischen sexuellen Verhaltens ist — zumal dieses in zahlreichen Kombinationen vorkommt — das Erfassen der zentralen Fakto-

ren im Strukturgefüge einer Perversion. Insbesondere phänomenologische Untersuchungen haben viel zu einem Verständnis des strukturellen Aufbaus der sexuellen Perversion beigetragen. Die phänomenologische Betrachtungsweise wirft dabei zugleich ein Licht auf die Grenzbezirke zwischen Pathologischem und Gesundem und macht so auch Orientierungspunkte einer möglichen Psychotherapie sichtbar. Unabhängig von einer theoretischen Gesamtkonzeption und ohne Anspruch auf abschließende Vollständigkeit sollen im folgenden nochmals wesentliche Grundzüge sexueller Perversionen ins Auge gefaßt werden.
Zur Reihe dieser Gemeinsamkeiten, die für das Gefüge einer sexuellen Perversion charakteristisch sind, gehört ein *Verfall an die Sinnlichkeit* (Giese 1962). Nach dieser Beobachtung ist der pervers empfindende Mensch irgendwelchen sinnlichen Reizen gegenüber übermäßig ausgeliefert. Der ›Sinn‹ der Sinnesorgane (Straus 1935), welche — eingebettet in eine ganzheitliche Sexualität — normalerweise einer umgreifenden Kommunikation mit dem leibhaftigen und personalen Gegenüber dienen, ist verarmt, auf ein bestimmtes Reizempfinden eingeengt sowie auf ›Reizquellen‹ unter Ausschluß der ›Person‹ fixiert. Aufgespreizt und verselbständigt ist so beispielsweise bei Exhibitionismus und Voyeurismus die sinnliche Qualität des Sehens. Im Sadomasochismus zeigt sich die Aufspreizung des für die Sexualität besonders elementaren Tastsinns. Die zum Schmerzfühlen und -zufügen verzerrte Berührung (als Kontakt zur allernächsten Umwelt!) ist Ausdruck großer Vereinsamung und Isolierung der Persönlichkeit. Ähnlich kann auch die Verzerrung und Vereinzelung der sinnlichen Wahrnehmungsvollzüge des Hörens, Schmeckens und Riechens in sexuellen Perversionen zum Ausgangspunkt tiefenpsychologischen Verstehens werden.
Ein weiteres Charakteristikum, das viele sexuelle Perversionen durchzieht, ist die *Anonymität* des Partners; er ist meist nicht mehr Person, sondern ›Objekt-Anderer‹ (Sartre). Exhibitionismus und Voyeurismus machen die Unverbindlichkeit gegenüber der Person augenfällig; ihre Wiederholung verlangt nicht denselben Partner, wohl aber den gleichen anonymen Hintergrund. Auch im Prostituiertenmilieu, wo ein großer Teil der Perversionen Befriedigung findet, spielt Anonymität eine große Rolle. Als Grundzug zielt sie in der Sexualbetätigung immer darauf ab, Verbindlichkeit persönlicher Art auszuklammern und Verantwortlichkeit zu umgehen. Der Partner bleibt wesensmäßig

stumm und ›apersonal‹ (v. Gebsattel); wo das Gespräch überhaupt eine Rolle spielt, degeneriert es zum Sexualjargon.

In der Perversion wird vielfach auch der *Partner im Abbild* gesucht (Giese 1959). Wo die Wirklichkeit nicht erreichbar ist oder entgleitet, können idealisierte Als-ob-Fragmente an deren Stelle treten. So hat der Spiegel etwa bei Transvestiten die wichtige Funktion, sich dem Bild der eigenen Person gegenüberzusehen und es bis in die feinsten Nuancen dem des Idols anzugleichen. Aber auch das Publikum übernimmt die Rolle des Spiegels. Das bedeutsame narzißtische Element, das hier zum Ausdruck kommt, durchzieht aber auch andere sexuelle Abweichungen, etwa die Homosexualität in ihrer ›Liebe zum Gleichen‹ oder den Fetischismus, bei dem die variantenreichen Abbilder der Wirklichkeit zur leibhaftigen Partnerschaft hochstilisiert sind. Der Fetischismus zeigt sich als eine ins Extrem gesteigerte Form einer allgemeinen Pathologie besonders in den westlichen Gesellschaften: Pornographische Produkte stellen hier massenhaft Anknüpfungspunkte für eine narzißtische Phantasiewelt bereit, die einem die Ängste erspart, sich mit einem realen Partner einzulassen, und die vor ›Desillusionierung‹ schützen soll.

Nahtlos fügt sich hier das Merkmal einer *wuchernden Phantasietätigkeit* an (Giese 1962, Stoller 1979), welche die sexuelle Praktik intensiviert, verzaubert und fortgesetzt ›stützt‹. Wiederum drücken sich Vereinsamung und Kontaktarmut in der Kluft zwischen Phantasie und Realität aus: Die Phantasie schließt gleichsam illusionär die Lücke einer realen Ich-Du-Beziehung, isoliert die Person und treibt sie unter Umständen kompensatorisch ruhelos zur Ausgestaltung des sexuellen Raffinements an.

Es ist nicht verwunderlich, daß zu den bisher beschriebenen Merkmalen auch eine *eingeschränkte Befriedigung* gehört. Besonders bei progredierenden Verlaufsformen läßt sich eine Steigerung der Frequenz der sexuellen Betätigung parallel zu einer subjektiv empfundenen Abnahme der Befriedigung (Giese) beobachten. Damit in Zusammenhang kann ein *suchtartiges Erleben* stehen, welches v. Gebsattel als wichtiges Kennzeichen für den Ablaufmodus der Perversion sieht. Die Sucht stellt seiner Meinung nach eine Reaktion auf den Zustand der Unbefriedigtheit dar, der die Perversion begleitet. Wo der Aufbau eines echten Ich-Du-Verhältnisses mißlingt, beginnt das Verlangen allemal darum zu kreisen, sich selbst irgendwie zu erleben: ein Kennzeichen jeglicher Sucht.

Hiermit in Zusammenhang steht auch der *Zwangscharakter* sexueller Perversionen (v. Gebsattel 1932, Kunz 1942). Zwar wurde dieses Merkmal von verschiedenen Autoren auch in Zweifel gezogen (vgl. Fenichel 1931), doch ist ein zwangsmäßiges oder -ähnliches Verhalten kaum zu übersehen, was nicht zuletzt auch von großer forensischer Bedeutung ist. Das Zwangsmoment vermag jene verblüffende (sich auch nach Verurteilungen wiederholende) Ungeschicklichkeit und Unvorsichtigkeit in vielen perversen Handlungen zu belegen. Es macht blind für das mit ihnen verbundene Risiko in einer unverständigen Umwelt. So, wenn beispielsweise jemand in einem Auto exhibitioniert, das polizeiliche Kennzeichen trägt (Giese 1962), oder wenn ein Pädophiler kurz nach der versuchten Verführung eines Knaben an der Wohnungstür der betreffenden Familie klingelt, wo ihn die Polizei empfängt (Rattner 1977). In den Aussagen der Betroffenen wie ›Ich kann nicht anders‹ oder ›Es überkommt mich‹ ist daher mehr als eine bloße Verteidigung zu sehen. Periodische oder auch impulsive Durchbrüche perverser Wünsche und Handlungen haben ihren Hintergrund oft in einer bewußten Abwehr des Sexuellen, in einer Unfähigkeit zu sexueller Befriedigung. Eine sorgfältige Analyse der Persönlichkeitsstruktur ist hier auch in forensischer Hinsicht unerläßlich, um nicht pauschalisierenden Bewertungen zu erliegen, sondern zumindest annähernd den ›Freiheitsgrad‹ ermitteln zu können, den der Betreffende im Umgang mit seiner Sexualität hat.
Das *bestimmte Lebensalter* bei der Partnerwahl spielt als Merkmal bei Pädophilie und Gerontophilie eine bedeutsame Rolle. So bringt etwa die ästhetisch-erotische und sexuelle Fixierung erwachsener Personen an heranwachsende Jugendliche durch die Tatsache des beständigen Partnerwechsels Instabilität, Ruhelosigkeit und fortschreitende Vereinsamung mit sich. Dies um so mehr, als der unreife Jugendliche nicht die Bedeutung eines vollwertigen Partners haben kann. Oftmals wird das ›Reifegefälle‹ durch eine Verflechtung der Beziehung mit ästhetisch-pädagogischen Zielsetzungen zu kompensieren versucht. Bei den relativ häufigen Tötungsdelikten in pädophilen Beziehungen spielt neben anderen Motiven der ›Kampf gegen die Zeit‹ (Giese 1959), den der Pädophile führt, eine Rolle. Der Mord wäre dann unter anderem als verzweifelter Versuch zu verstehen, die Zeit zum Stillstand zu bringen, in deren Fortgang sich die Beziehung zum reifenden Partner notwendig auflösen muß.

Das Zufügen sowie das Aufsuchen und Hinnehmen von *Schmerz* ist ein zentrales Merkmal vor allem in der sadomasochistischen Perversion. Wie das Beispiel des Sadomasochisten Klotz gezeigt hat, kann Schmerz nicht ein Ziel für sich, sondern immer nur ›unvermeidliches Beiwerk‹ sein. Der Schmerz empfiehlt uns normalerweise der Fürsorge der anderen, er bedeutet in sozialer Hinsicht eine ›Anrufung‹ (Bürger-Prinz), die zur menschlichen Anteilnahme drängt. Daß der Sadist nicht einem unbestimmten Willen zur Macht frönt, sondern mittels seiner Unterjochung auf den schmerzbewirkten ›Ruf nach Hilfe‹ wartet, hat Sartre subtil beschrieben. So sucht der Sadismus nicht einfach »die Freiheit dessen, den er foltert, zu unterdrücken, sondern diese Freiheit zu zwingen, sich freiwillig mit dem gepeinigten Fleisch zu identifizieren«. (*»Das Sein und das Nichts«*, 1962, S. 516) In Entsprechung hierzu ist der Masochismus nach Sartre ›ein fortwährendes Bemühen‹, die eigene Person dadurch zu vernichten, »daß man sie vom anderen assimilieren läßt, und daß dieses Bemühen von dem erschöpfenden und köstlichen Bewußtsein des Scheiterns begleitet ist«. (l. c., 1962, S. 486) Die oft gestellte Rätselfrage, wie denn Schmerz sich in Lust verwandeln oder gar lustvoll empfunden werden könne, läßt sich daher nur mit Bezug auf die Person, respektive das Ich des Betreffenden beantworten. Im ohnmächtigen Ausgeliefertsein an das Tun des Sadisten genießt der Masochist den schmerzbewirkten Untergang seines Ich (v. Gebsattel 1932). Es wird also nicht der Schmerz selbst genossen; er wird genossen in seiner Bedeutung für das Ich. Denn wie das sexuelle Erleben führt auch der Schmerz — dort freiwillig, hier erzwungenermaßen — die Überwältigung des Ich (das der Masochist ohnehin als Last empfindet!) durch den Leib herbei. Der Sadist dagegen bezieht seinen Selbstgenuß aus dem ohnmächtigen Untergang des anderen Ich, den er durch Schmerzzufügen herbeiführt: offenbar eine Voraussetzung dafür, sich von seinem eigenen Leib ›bezwingen‹ zu lassen.

Alle bereits beschriebenen Merkmale weisen auch auf die charakteristische *Vermeidung des Du* hin, wogegen die erotische und sexuelle Begegnung auf umgreifende gegenseitige Anziehung gerichtet ist. Blick, Händedruck, Kuß, Busenberührung, Umarmung und Vereinigung hat bereits Novalis als Staffeln einer Leiter bezeichnet, auf der die Seele in den Leib heruntersteigt beziehungsweise auf der dieser heraufsteigt bis zur Verschmelzung beider im sexuellen Akt. Faßt man diese Annäherung nicht nur

›mechanisch‹, sondern als Ausdruck einer personalen Begegnung auf, so tritt die Subjekthaftigkeit der Partner dabei zunehmend in den Hintergrund zugunsten einer ›zweieinheitlichen Liebesgestalt‹ (v. Gebsattel). Das fortschreitende Ergriffensein verlangt verschiedenartige Einstellungswandlungen der beiden Beteiligten, soll die Liebesbegegnung zum Höhepunkt geführt werden. Dagegen wird in der sexuellen Perversion der Vereinigungsprozeß auf einer (gestörten) Vorstufe aufgehalten, auf der dann die sexuelle Ekstase gesucht wird (Bräutigam 1958). So entgleist die Begegnung bei Voyeurismus und Exhibitionismus in eine genitalzentrierte visuelle Bemächtigung oder Demonstration des männlichen Glieds bei Unfähigkeit, sich dem anderen leiblich auszusetzen. Wo das Stadium der leiblichen Berührung grundlegend gestört ist (Sadomasochismus), zeigt sich die Unfähigkeit, sich dem anderen als gleichberechtigter Partner zu nähern. Eine solche Annäherung wäre durch Zärtlichkeit gekennzeichnet, die gleichsam der Garant dafür ist, daß beide Partner sich in ihrer leiblich-personalen Ganzheit und Unversehrtheit achten.

Mit der *gestörten Zärtlichkeit* hat Kunz (1942) daher zu Recht ein weiteres Strukturelement sexueller Perversion hervorgehoben. Wo das Sexuelle der umfassenden Einbettung in die Zärtlichkeit (Schultz-Hencke 1940) entgleitet, kommt es nicht zur (normalen) Akzentuierung, sondern zur Isolierung der genitalen Sphäre aus der leiblichen und personalen Ganzheit des Partners. Auch die ausgesprochenen Zärtlichkeitsbezeugungen in manchen Perversionen widersprechen dem nicht, da sie mehr durch ein zwangsmäßiges, ruheloses Moment statt durch Wohlbehagen gekennzeichnet sind.

Schließlich gilt es, bei jeder Sexualstörung auch die *geistige Analogie* zum physischen und psychischen Liebesleben, respektive dessen geistige Durchformung und Gestaltung in Betracht zu ziehen (Rattner 1977). Bereits Nietzsche hat darauf hingewiesen, daß Art und Grad der Sexualität eines Menschen bis in die höchsten Gipfel seines Geistes hinaufreichen. Wie in der Neurose, so läßt sich auch in der Perversion eine fragwürdige ideologisch-weltanschauliche Verankerung ausmachen. Geistige Verengung, die durchaus mit entfalteter Intellektualität einhergehen kann, Starrsinn, religiöser Dogmatismus, politische oder geschlechtsorientierte Fanatismen behindern die geistige Entwicklung und sind zugleich Antipoden einer ›ganzheitlichen erotischen Du-

und Weltbeziehung‹. Wo Neurose und Perversion in den infantilen Bindungen steckenbleiben, mangelt es per definitionem auch an ›geistigem Format‹ der Persönlichkeit. Denn alles Infantile verdeckt geistiges Erleben und die Aufgabe der Realitätserkenntnis, indem es die Prägungen der frühkindlichen Umwelt der Wirklichkeit des Du, der Welt und der Menschen überstülpt und so dauernd den Blick für eine personale Begegnung trübt. (Vgl. Schultz-Hencke 1978, S. 89 f.) Psychotherapie muß daher einerseits den psychischen Bedeutungszusammenhang der genannten Strukturelemente sexueller Perversionen mit dem Ziel herausarbeiten, die verirrte oder verengte Empfindungs-, Gefühls-, Phantasie- und Erlebniswelt zu korrigieren beziehungsweise zu erweitern; sie muß aber auch die ideologisch-weltanschaulichen Verengungen in Richtung auf eine größere Öffnung zur Welt aufzulockern erstreben: eine geistige Horizonterweiterung, der das leib-seelische Empfinden und Fühlen eventuell ›nachwachsen‹ kann.

Die personale Eingebundenheit der menschlichen Sexualität

Die im vorangegangenen skizzierten Perversionstheorien, aber auch die dargelegten phänomenologischen Strukturmerkmale deuten darauf hin, daß gewisse Vorstellungen von ›Normalität‹ im Sexuellen stets den mehr oder weniger ausdrücklichen Bezugspunkt bilden, von dem die sexuellen Perversionen abgehoben werden. Wir wollen daher abschließend anhand einiger Grundpositionen das komplexe Problem der Orientierungsnormen und Werte im Sexualleben wenigstens andeutungsweise umreißen.

Mit der Psychoanalyse schuf Sigmund Freud ein erstes Modell einer umfassenden Sexualwissenschaft, das die vormalige Selbstverständlichkeit des Normalen erschütterte. Normale Sexualität, psychoanalytisch definiert als »Koitus mit einer Person des entgegengesetzten Geschlechts mit dem Ziel, durch genitales Eindringen zum Orgasmus zu kommen« (Laplanche u. Pontalis 1972), ist nach Freuds Verständnis nicht etwa biologisch vorgegebene ›Gesundheit‹, sondern ein geglücktes Resultat der frühkindlichen Sexualentwicklung, die einen komplexen seelischen und körperlichen Reifungsprozeß beinhaltet. Sexuelle Perversionen beruhen in dieser Sicht im wesentlichen auf konflikthaften, lebensgeschichtlich verstehbaren und allgemein menschenmöglichen Entwicklungsstörungen, die das Erreichen der genitalen Vereinigung erschweren oder verhindern.

Einen konträren Standpunkt hierzu nimmt — wie schon eingangs erwähnt — Alfred Kinsey in seinen Untersuchungen (1948, 1953) ein. Aus dem weitverbreiteten Vorkommen vieler im Alltagsbewußtsein als ›Unnatürlichkeiten‹, Perversionen oder Anomalien geltenden Formen sexueller Betätigung lanciert er die These, daß diese als ›normale biologische Funktion‹ Ausdruck einer natürlichen Varianz des Sexualverhaltens seien. Ihre weite Verbreitung gilt ihm als Zeichen für den biologisch grundlegenden Charakter des Verhaltens. Der Perversionsbegriff wird im Zuge dieser Argumentation ebenso abgelehnt wie die Anwendung von Kategorien wie normal oder abnorm. Daß das Problem der Norm im Sexuellen aber nicht zu lösen ist, indem man das faktisch vorkommende Verhalten zum biologisch natürlichen erhebt, wurde in der Auseinandersetzung mit Kinseys Methode bereits in den fünfziger Jahren nachgewiesen (Schelsky 1955, Lutz 1957). Normen werden hierdurch nicht etwa abgeschafft; vielmehr werden auf diese Weise unversehens *statistische Ergebnisse zum Richtmaß der Sexualmoral.*

Neben den statistischen Erhebungen Kinseys haben auch Ergebnisse der kulturvergleichenden Anthropologie (B. Malinowski, R. Benedikt, M. Mead) die starke Abhängigkeit der Sexualnormen vom Gesamtgefüge einer jeweiligen Kultur vor Augen geführt. Der Kulturvergleich zeigt die Relativität unserer eigenen Geschlechtsmoral. Dennoch erscheint es fraglich, ob das Problem der Norm im sexuellen Bereich allein mit dem (unzweifelhaft wichtigen) Hinweis auf soziale Konvention aufzuklären ist. Würden etwa sexuelle Perversionen ihren von einer Norm abweichenden Charakter einbüßen, wenn sie das tatsächliche Verhalten aller Menschen bestimmen sollten?

Wir schließen uns Überlegungen der medizinisch-anthropologischen Schule an, die — wie oben dargelegt — eine Orientierungsnorm des Sexuallebens anvisiert, die von der Einbindung der (genitalen) Sexualität in den ganzheitlichen, leiblich-personalen Begegnungscharakter einer Liebesbeziehung ausgeht. Nach dieser Auffassung muß die Sexualität in das Personsein des Menschen eingeordnet gesehen werden. Wenn zwei Menschen verschiedenen Geschlechts miteinander vertraut werden, in eine gegenseitige emotionale und zärtliche Beziehung treten und sich sexuell vereinigen, dann begegnen sie einander günstigenfalls ›von Person zu Person‹. Das Sexualleben des Menschen hat eine Prägung vom Seelisch-Geistigen her, je nach der Stellung der Beteiligten zu sich selbst, zum Du, zum Leben, zu Welt und Mitmenschen. Die Ganzheit, von der her die Sexualität gedeutet werden soll, ist daher nicht eine mehr oder minder ›funktionierende‹ genitale Vereinigung, sondern die *Personalität* der Partner, wobei die seelisch-geistige Dimension, an welche das menschliche Trieb- und Sexualleben gebunden ist, hervorgehoben zu werden verdient. Ähnliches hatte wohl auch Freud im Blick, als er den genitalen Charakter durch die (letztlich sittlich-moralischen) Merkmale des ›Arbeiten- und Liebenkönnens‹ definierte. Und ebenso sah Alfred Adler ein erfülltes Sexualleben unweigerlich in die Lösung der Lebensaufgaben von Liebe, Arbeit und umfassender Mitmenschlichkeit eingebunden. Sexualität und Erotik beziehen ihren Sinn somit aus dem offenen und verantwortungsbewußten Bezug des Menschen auf Welt und Mitmenschen; sie hängen vom seelisch-geistigen Format seiner Persönlichkeit ab.

In differenzierten Abhandlungen hat Hans Kunz (1942, 1955) sich mit dem spezifischen Charakter dieser Orientierungsnorm auseinandergesetzt. Er betont, daß die Eingebundenheit des leiblichen Geschehens in Personalität und liebende Gesamthaltung weder nach Art eines konstruierten Idealtypus noch nach der eines zwingenden Naturgesetzes angemessen zu verstehen sei. Vielmehr stelle diese Norm eine in jedem menschlichen Individuum präformierte Möglichkeit des sexuellen Verhaltens dar, gewissermaßen das ›potentielle konstitutive Gesetz‹ einer vollen sexuellen Beziehung, dem jedoch eine ›eigentümliche Machtlosigkeit‹ und ein gleichsam ›schwebender Charakter‹ zugehören. Mit dieser zurückhaltenden Charakterisierung des Normbegriffs wird sein Mißbrauch zu moralisch-rechtlichen Forderungen im Sinne eines Sollensgesetzes oder gar zur Rechtfertigung strafrechtlicher Verfolgung von Abweichungen abgewehrt. Norm- und Wertorientierung im Geschlechtsleben, verstanden als eine hohe Stufe der menschlichen Reife und möglichen Erfüllung zweier Menschen in der sexuellen Begegnung, darf nicht zur gesetzlich verankerten, gesellschaftlichen Waffe ausgebaut und gegen sexuell anders empfindende Menschen gerichtet werden. Machten sich Gesellschaft und Rechtsprechung diesen

Standpunkt zu eigen, so müßten sich ihre Eingriffe zumindest auf jene Tatbestände beschränken, die das Strafgesetz auch bei nichtsexuellen Handlungen, etwa bei Gewalttätigkeit und Mißhandlung, anwendet. Wie weit aber die öffentliche Meinung von einer vernünftigen Beurteilung einer Straftat entfernt ist, zeigen prototypisch die hochschlagenden, nach Rache und Vergeltung, nach Todesstrafe oder gar nach Lynch- oder Volksjustiz rufenden Affektstürme gegenüber Sexualstraftätern, die selbst den Sadismus der Beschuldigten weit in den Schatten stellen.

Des weiteren ist leicht einzusehen, daß die anvisierte Orientierungsnorm im Sexualleben nicht mit Durchschnittlichkeit gleichgesetzt werden kann; ihre Störung bezieht sich bei weitem nicht nur auf die sexuellen Perversionen, sondern schließt auch weite Bereiche des sogenannten ›normalen‹ Geschlechtslebens ein. Stellt man nämlich das Faktum in Rechnung, daß beim Menschen ein eigenartiger und einzigartiger Aufbau der Geschlechtlichkeit vorliegt, der Triebhaftes, Seelisches und Geistiges in sich vereinigt, dann ist das menschliche Sexualleben in die Entfaltung der Gesamtpersönlichkeit eingebettet, welche nicht ohne weiteres gegeben ist, sondern errungen werden muß. Sexuelle Begegnung, belebt durch wachsenden Gefühlsreichtum und geistige Entwicklung der Persönlichkeit, ist nicht ›apersonale Wiederholung des Gleichen‹, sondern enthält selbst das Element des Werdens und Sich-Wandelns innerhalb der Lebensgeschichte. In einem gesamthaften Verständnis der menschlichen Sexualität, der Struktur und des Ineinandergreifens ihres leiblich-seelisch-geistigen Aufbaus, aus dem auch die sexuellen Perversionen verständlich gemacht werden könnten, liegen aber noch große Rätsel für die sexualwissenschaftliche Forschung.

Josef Rattner

Drogenabhängigkeit

Im *»Wörterbuch der Psychologie«* (10. Aufl. 1968) von Wilhelm Hehlmann finden wir unter dem Stichwort ›Sucht‹ folgende Erläuterungen:

> »*Sucht*, allgemein: ein zwanghafter Drang nach Lustgewinn, gegebenenfalls unter Zurückdrängung anderer Ziele; im engeren Sinn: das krankhafte Dauerbedürfnis nach Anregungs-, Genuß-, Rausch-, Schlaf-, Betäubungsmitteln, oft mit fortschreitender Schädigung der Gesundheit und allmählichem Abbau der moralischen Person.« (l. c., S. 561)

Der Autor hebt des weiteren hervor, daß die Sucht meistens langsam aus dem normalen oder gelegentlichen Gebrauch des Suchtmittels entsteht. Labile oder willensschwache Menschen greifen dann in Zeiten der Krise oder der Ratlosigkeit stärker zur Droge, so daß Gewöhnung und Abhängigkeit zustande kommt. Entziehungsversuche seien fast immer schwierig, da der Entzug schwere körperliche und seelische Störungen mit sich bringe. Sucht endet nicht selten in einem gewollten oder ungewollten Suizid.

Diese Fakten waren der Medizin und Psychiatrie seit langem bekannt, aber in den älteren psychiatrischen Lehrbüchern wird man meistens nur sehr kleine Kapitel über das Thema ›Drogensucht‹ finden. Dies ist darauf zurückzuführen, daß eine eigentliche ›Drogenwelle‹ erst seit ca. zwanzig Jahren über die westliche Zivilisation hereinbrach. Heute genießt diese Thematik eine gewaltige Publizität, aus der man erkennt, wie hilflos man den damit verbundenen Problemen gegenübersteht.

Niemand kann mit der gewünschten Vollständigkeit erklären, woher diese Tragödie auf uns zukam. Vielfach wird darauf hingewiesen, daß in den Elendsquartieren der Städte der Gebrauch von Betäubungsmitteln eine uralte Tradition besitzt: Massenelend, Alkoholismus und Drogenabusus haben sicher einen inneren Zusammenhang. Aber das ist nur ein Teilaspekt dieser Frage. Narkotika sind nicht nur bei den armen Volksschichten beliebt; gerade der Alkohol zum Beispiel ist von altersher auch eine ›Wohlstandsdroge‹, und Schlafmittel sowie euphorisierende Medikamente werden auf allen Stufen der Gesellschaftspyramide in großen Mengen konsumiert. Wir stehen vor der Tatsache, daß sehr viele Menschen die Realität einfach nicht ertragen können; sie bedürfen irgendeiner Form der Bewußtseinsausschaltung, um Ängste zu vermindern und sich als größer, stärker, bedeutungsvoller usw. zu empfinden, als sie in Wirklichkeit sind.

Richtig ist allerdings, daß soziale und kulturelle Wandlungen der letzten Jahrzehnte den Drogenkonsum erheblich vermehrt haben. In der Zeit nach dem Zweiten Weltkrieg erfolgte ein spürbarer Abbau der Autoritätsgeltung in der gesamten westlichen Welt. Viele Normen und Werte, die früher kaum je hinterfragt wurden, verloren ihren Nimbus und ihre Gültigkeit. Die Erziehung, die früher autoritär und gewaltsam gewesen war, schwenkte — auch unter dem Einfluß einer halbverstandenen Psychoanalyse — zur grenzen- und kritiklosen ›Permissivität‹ hinüber. Es wuchs eine ›skeptische Generation‹ (H. Schelsky) heran, die keine äußere Führung hatte und zur Selbstlenkung keine günstigen Voraussetzungen besaß. Da jeder Krieg den normativen Überbau der Gesellschaft zerrüttet, wuchs die Nachkriegsgeneration in ein ›Wertvakuum‹ hinein, das sich in einem ›gelebten Nihilismus‹ zu äußern begann. Die Jugend der fünfziger und sechziger Jahre erregte bereits das Kopfschütteln und die Entrüstung der älteren Generation, die kaum mehr begriff, was diese Jugendlichen mit ihren langen Haaren, ihrer wilden Musik und ihren diffusen Auflehnungstendenzen wollten. Das seit den Anfängen der Menschheitsgeschichte bestehende ›Generationsproblem‹ erschien in unserer Epoche in reichlich zugespitzter Form.

Die Jugend um 1960 begann an allen Ecken und Enden der Welt zu revoltieren. Der Vietnamkrieg goß Öl in das Feuer dieser Revolte, und die Studentenunruhen in vielen Ländern bezeugten, daß die ›Welt der Väter‹ überall fragwürdig geworden war. Ein Teil der jungen Menschen griff zur Gewalt, um seinen Protest zu dokumentieren; andere aber ›stiegen aus‹, indem sie sich den Hippies oder religiösen Sekten anschlossen, die plötzlich wie Pilze aus dem Boden schossen. Eine spezielle Form des Aussteigertums war der Drogenkonsum. Dieser war zunächst in Studentenkreisen heimisch, wo man bei Haschisch und Marihuana das Gefühl kultivierte, daß man sein ›Bewußtsein erweitere‹ und damit über die abgelehnte bürgerliche Kultur hinauswachse. Darüber mochte man den Kopf schütteln und von ›kindischer Manier‹ reden. Als aber die Drogenwelle auf dem Campus der Universitäten nicht haltmachte, sondern auch auf die Schulen übergriff, wurde die Sache wesentlich ernster. Im Laufe der letzten zwanzig Jahre ist das durchschnittliche Alter der Drogenabhängigen auf ein immer tieferes Niveau gesunken. In den Schulklassen der Zehn-, Elf- und Zwölfjährigen werden ›weiche Drogen‹ gehandelt und als selbstverständliche Genußmittel verwendet; auf denselben Altersstufen sind aber auch schon ›harte Drogen‹ (Heroin, LSD usw.) im Schwange, nicht zu reden von den oberen Klassen der Hauptschulen und Gymnasien, wo es fast als blamabel erscheint, wenn man keine Erfahrungen mit ›Trips‹ besitzt.

Das ist die Situation, von der zahllose Eltern und die Institutionen weltweit überrascht und überrollt wurden. Was hier mit kargen Worten ausgesprochen wird, ist faktisch eine Summe von unzähligen kleinen und großen Dramen, in denen das maßvolle ›Glück‹ Hunderttausender Familien zerbrach. Mit der anwachsenden Drogensucht ging nicht nur das menschliche und berufliche Scheitern von Millionen junger Menschen einher; eine Nebenfolge der Suchtausbreitung war das Anwachsen der Jugendlichenprostitution bis in die Kreise der Minderjährigen, die sich verkaufen müssen, um zur ›täglichen Droge‹ zu gelangen. Der Handel mit diesen Euphorie und Vergessen spendenden Stoffen hat riesige Ausmaße erreicht. Die berufsmäßigen Dealer schmuggeln Drogen in die Schulen ein; zuerst erhalten die Kinder das Gift gratis, aber wenn sie sich daran gewöhnen, müssen sie dafür zahlen. Man produziert Süchtige durch eine ›Werbung‹, die an die schlimmsten Auswüchse des Kapitalismus erinnert.

Wie soll man diese epidemische Ausbreitung der Sucht verstehen, um deren Bekämpfung sich Psychologen, Psychotherapeuten, Sozialarbeiter, Erzieher und Eltern meistens vergeblich bemühen? Was treibt alte und junge Menschen in dieses Verhängnis? Ist es ein pervertiertes Verlangen nach Glück? Wenn ja, dann muß man tatsächlich von ›Perversion‹ sprechen, denn alle Experten stimmen darin überein, daß es den ›glücklichen Drogenabhängigen‹ nicht gibt. Wenn auch die frühen Stadien der Sucht

Euphorie und (illusionäres) Machtgefühl bringen, ändert sich dies bald in Richtung auf Apathie, Verzweiflung und körperliches wie auch seelisches Kranksein. Der Drogenmißbrauch ist irgendwie ein ›langsamer Selbstmord‹.

Und der Weg zur Sucht ist nicht leicht. Abschreckende Hürden sind zu überwinden, zum Beispiel das Erbrechen und die Unannehmlichkeit bei der ersten Gewöhnung, der Einstich von Nadeln in die Blutgefäße, die Schwierigkeit der Drogenbeschaffung auf dem ›kriminellen Markt‹ usw. Dennoch drängen sich ganze Scharen von Heranwachsenden auf diese ›Fläche des Abstiegs‹ zu, die zuerst durch ihre sanfte Neigung einlullt, bis der Adept auf die Rutschbahn gerät, die ihn unaufhaltsam in die Tiefe trägt.

Da das Phänomen so ubiquitär ist, kann es mit den Hilfsmitteln einer ›Individual‹-Psychologie allein nicht erklärt werden. Es hat kollektivpsychologische Dimensionen, soziologische und weltanschauliche Hintergründe. Manche Autoren sprechen sogar von einer ›Drogenreligion‹, die die Jugend der westlichen Welt ergriffen hat.

Sofern der Drogenkonsum wirklich letzten Endes in die Rubrik der ›religiösen Phänomene‹ eingeordnet werden kann, würde dies seine Gleichzeitigkeit mit der Attraktivität der vielen Pseudoreligionen indischer und anderer Herkunft erklären, die ebenfalls ungemein auffällig ist. Die jungen Menschen pilgerten nach Poona, schlossen sich der Moon- oder einer anderen Sekte an, betrieben ›transzendentale Meditation‹ und ähnliches. Sie vergöttern merkwürdige Heilige, deren ›Göttlichkeit‹ bei genauerem Zusehen sehr fadenscheinig anmutet.

Zum Verständnis solcher ›Gegenwartsreligionen‹ ist es sehr nützlich, an jene Sätze zu erinnern, mit denen Karl Marx in *»Zur Kritik der Hegelschen Rechtsphilosophie«* das Wesen der Religion interpretiert. Er sagt u. a.:

> »Das religiöse Elend ist in einem der Ausdruck des wirklichen Elendes und in einem die Protestation gegen das wirkliche Elend. Die Religion ist der Seufzer der bedrängten Kreatur, das Gemüt einer herzlosen Welt, wie sie der Geist geistloser Zustände ist. Sie ist das Opium des Volks.
>
> Die Aufhebung der Religion als des illusorischen Glücks des Volkes ist die Forderung seines wirklichen Glücks. Die Forderung, die Illusionen über seinen Zustand aufzugeben, ist die Forderung, einen Zustand aufzugeben, der der Illusion bedarf.«

Sind die Drogensüchtigen Glück- und Sinnsucher in einer glück- und sinnlosen Welt? Protestieren sie mit den Mittel der Selbstzerstörung gegen die Herzlosigkeit unserer sozialen und seelischen Zustände? Verzweifeln sie an den Möglichkeiten der ›Orientierung und Hingabe‹ in der ›Überflußgesellschaft‹?

Panorama der Drogen

Die gebräuchlichsten Drogen, die in der ›Szene‹ gehandelt und konsumiert werden, sind schnell aufgezählt. Wir geben in der Folge einen Überblick über diese ›Stoffe‹, die derzeit einen unverdienten Ruhm genießen:

1. *Marihuana und Haschisch:* Beide Drogen werden aus der indischen Hanfpflanze gewonnen. Das Haschisch ist das Harz der weiblichen Cannabis sativa, indes das Marihuana aus den zermahlenen Blättern und Blüten der Pflanze besteht. Letzteres ist heuähnlich, sofern es zerkleinert wird; das erstere kommt als braunes Pulver in Platten- oder in Krümelform in den Handel. Meistens wird der ›Stoff‹ in den Zigarettentabak gemischt oder in der Pfeife geraucht. Die Droge wirkt euphorisierend und verändert das Zeit-, Raum- und Farberlebnis. In der Regel werden Haschisch und Marihuana in Ad-hoc-Gemeinschaften oder festen Gruppen ›genommen‹. Man redet von der Harmlosigkeit dieser Drogen, aber bei häufigem Konsum gibt es doch wesentliche psychische Ausfallerscheinungen. Es kommt zu Konzentrationsmangel, Gedächtnisausfall und Realitätsverlust. Das Interesse an der Wirklichkeit vermindert sich zusehends, wobei an dessen Stelle die Bindung an das Suchtmittel tritt. Sowohl Haschisch als auch Marihuana sind an sich schon gefährlich, obwohl ihre Hauptgefahr darin liegt, daß sie Übergangsdrogen zu ›härteren Stoffen‹ sind. Aus dem Haschischkonsumenten entwickelt sich sehr oft ein Heroinsüchtiger.

2. *LSD (Lysergsäurediäthylamid):* Diese Droge kommt in der Natur in Gestalt einer pilzartigen Erkrankung des Korns vor; sie ist aber chemisch synthetisiert worden und wird im Labor hergestellt. Es handelt sich um eine farb-, geruch- und geschmacklose Flüssigkeit. Schon kleinste Mengen dieses Stoffes (ein Zehntausendstel Gramm) können einen ›Trip‹ bewirken. Dieser umfaßt wiederum Gefühle der Euphorie, aber auch Halluzinationen, Depersonalisationserfahrungen und raumzeitliche Veränderun-

gen, die sehr erschreckend auf den Konsumenten einwirken. Man spricht daher auch von ›Horrortrips‹, in deren Gefolge unter Umständen Suizidversuche vorkommen. Bei LSD kann es zu Angstzuständen und Depressionen kommen; mitunter wird sogar eine latente Schizophrenie manifest. Die Einnahme dieser Droge erzeugt gewissermaßen eine ›künstliche Schizophrenie‹. Auch hier ergibt sich Süchtigkeit, da das Drogenerlebnis als ein ›Flash‹ gilt, als ein Eindruck von umwerfender Gewalt.

3. *Kokain:* Das Kokain ist ein Extrakt aus den Blättern der Kokapflanze. Im Handel erscheint es als ein weißes, kristallines Pulver, dessen chemische Hauptbestandteile Alkaloide sind. Diese sind geruchlos. Das schneeflockenähnliche Pulver wird geschnupft oder in verdünnter Lösung injiziert. Dabei wird die Stimmung angehoben, der Rededrang und der Sozialkontakt sind häufig intensiviert. Um diese Steigerung des Lebensgefühls beizubehalten, müssen die Dosen schnell vergrößert werden; in Spätstadien der Sucht sind psychotische Folgeerscheinungen möglich; auch die Leber leidet am ›Schnee‹.

4. *Heroin:* Das Heroin ist ein Opiumderivat und wird aus dem Schlafmohn gewonnen. Chemisch gehört es zu den sogenannten ›Morphinen‹ oder Morphinbasen. Je nach seinem Reinheitsgrad ist das Pulver weiß oder gefärbt. Es ist geruchlos. Meistens wird es mit anderen Stoffen vermischt gehandelt, damit der Gewinn für den Händler größer ist. Als Zusatz- und Streckmittel kommen unter anderem Traubenzucker und Milchpulver in Frage.

Der Gebrauch des Heroins bringt ein umständliches Ritual mit sich. Das Pulver muß in Wasser aufgelöst werden. Man erhitzt es über einer Kerzenflamme mit einem Löffel, fügt etwas Zitronensaft bei und injiziert die Lösung in eine Vene, meistens in der Armbeuge. Aber auch ›Schnupfen‹ der Droge ist üblich, vor allem bei Anfängern.

Als Folge der Injektion lockert sich der Vitalkontakt mit der Umgebung. Damit entschwinden die Probleme und Sorgen des Süchtigen — er fühlt sich ›high‹. Sobald aber die Wirkung nachläßt, treten beim Heroinkonsumenten Entzugserscheinungen (›Turkey‹ oder ›Truthahn‹) auf, so daß die Abhängigkeit von sich steigernden Injektionen die Regel ist.

Dies führt nicht nur zum psychischen Verfall, sondern auch zu Infektionen durch unsaubere Spritzen: Gelbsucht ist unter den Süchtigen eine fast zwangsläufige Konsequenz ihrer hygienischen Unachtsamkeit, die nach und nach überhandnimmt. Bei

großen Dosen (›goldener Schuß‹) entsteht Tod durch Herzstillstand — Heroin ist eine der gefährlichsten Drogen.
5. *Weckamine und Stimulantien:* Diese Stoffe bestehen aus sogenannten ›Amphetaminen‹ und kommen im Handel unter den Namen Dexedrin, Pervitin, Biphetamin, Ritalin usw. vor. Man kann sie als Appetitzügler verwenden, aber auch als Antreiber zur Leistungssteigerung, zur Bekämpfung von Müdigkeit und Unlustgefühlen.
Diese Drogen sind in Tablettenform erhältlich oder können intravenös gespritzt werden. In der Drogenszene werden sie als ›Ausweichdrogen‹ mitbenützt, erzeugen aber nicht die Pseudo-Glücksgefühle, die die ›härteren Stoffe‹ hervorrufen. Eher liegt in ihrer Wirkung eine Aktivitätssteigerung, was aber beim eigentlichen Drogenpatienten kaum noch zum Tragen kommt. Psychische Komplikationen dieser Suchtform können Verfolgungsängste sein und Kreislaufbeschwerden.
6. *Barbiturate:* Barbiturate werden synthetisiert aus Harnstoff und Malonsäure und bilden die Grundlage vieler Schlafmittel (Evipan, Luminal, Phanodorm usw.). Die Patienten gewöhnen sich an diese Schlaf- und Beruhigungstabletten, wobei immer größere Mengen konsumiert werden. Manche Süchtige nehmen pro Tag ca. dreißig bis achtzig Tabletten ein, wobei sie in einen ›Barbituratrausch‹ gelangen. Spätfolge dieser Sucht ist nicht nur der psychische Abbau, sondern auch Nierenschädigung mit vielen Folgeerscheinungen. Die Zahl der Barbituratsüchtigen ist sehr groß. Valium, Librium und andere Psychopharmaka, die einer anderen chemischen Gruppe angehören, wetteifern derzeit mit den Barbituraten in der Gunst der Suchtpatienten.

Der Lebensstil des Drogenabhängigen

Der Tiefenpsychologe befaßt sich vorrangig mit der Charakterstruktur des Rauschgiftpatienten, d. h. mit seiner Persönlichkeit oder mit seinem ›Lebensstil‹ (A. Adler). Man möchte hierbei ermitteln, unter welchen *inneren* Voraussetzungen ein Mensch zur Droge greift; das bedeutet in keiner Weise, daß man die äußeren Bedingungen (Verführung, Fehlschläge im Beruf, Krankheit, soziale Vereinsamung usw.) geringschätzt.
Alfred Adler veröffentlichte im Jahre 1932 eine Abhandlung über das Thema *»Rauschgift«*, worin er sagt:

»Was ist das eigentlich für ein Typus von Menschen, die immer die Neigung haben, sich Fragen, denen jeder gegenübersteht, die jedem zur Lösung aufgegeben sind, zu erleichtern, irgendeinen Umweg zu finden, um auszuweichen? Es ist wahr, daß es unter den Morphinisten und Alkoholikern Menschen gibt, die vor einer Schwierigkeit sich berauschen und dann doch irgendwie diese Frage lösen. Das ist ein Typus, der nicht so selten vorkommt, und insbesondere von den Morphinisten habe ich den Eindruck, daß sich unter ihnen häufig hochstehende, erfolgreiche Menschen befinden, die den Durchschnitt sicherlich überragen, aber sie erreichen den Erfolg bedingungsweise, mit dem Gift im Leibe. Wenn wir ganz unvoreingenommen, ohne Formel, ohne Herumraten, erfassen wollen, was mit ihnen vorgeht, so müssen wir sagen, sie glauben, oder handeln, als ob sie glaubten, daß erst die Kraft, die sie mitbringen, plus dem Rausch ihnen eine erfolgreiche Lösung verspricht.«

Es sind demnach Menschen mit mangelhaftem Selbstvertrauen (Mut), die angesichts der für sie als schwierig erscheinenden ›Lebensaufgaben‹ mit Hilfe der Droge Erleichterung suchen. Das ist an sich nichts allzu Verblüffendes. Adlers ›Individualpsychologie‹ erklärt, daß wir dauernd im Leben ›getestet‹ werden, indem wir vor Anforderungen gestellt sind, die soziale Geschicklichkeit, Interesse für die anderen und Selbständigkeit erfordern. Wer in der Kindheit durch Verwöhnung, Härte und Strenge oder Lieblosigkeit ein starkes Manko an Kooperationsfähigkeit erwarb, wird in die Rolle des ›Ausweichers‹ hineingeraten, der sich um seine Aufgaben herumzudrücken sucht. Tatsächlich kommt die Drogenverlockung besonders zum Tragen, wenn das betreffende Individuum etwa in die Krise des Jugendalters hineingerät (Pubertät, die sexuelle Frage, Erotik überhaupt, Schule und Berufsvorbereitung), wenn sich berufliche Fehlschläge einstellen oder wenn Partnerschaften zerbrechen, die einen gewissen Halt gaben. Auch Krankheit, Tod von Angehörigen, das Herannahen des Alters usw. sind ›Auslöser‹ der Süchtigkeit. Zum Verständnis einer Drogenkarriere ist es immer wichtig, die Situation herauszuarbeiten, in der der Drogenpatient die Hoffnung auf eine ›normale Lösung‹ seiner Schwierigkeiten aufgab und zum Suchtmittel griff. Man muß ihm auch begreiflich machen, warum er die Droge nahm, wobei seine subjektive Selbsteinschätzung immer wichtiger ist als die objektive Belastung durch seine Situation. Wer nicht daran glaubt, eine Notlage bewältigen zu können, versagt in ihr, auch wenn seine Kräfte zureichen würden: Der Minderwertigkeitskomplex lähmt die vorhandenen Energien und Fähigkeiten, da man ohne Hoffnung nicht handeln kann.

Zu den hervorstechenden Charakterzügen der Suchtkranken zählt Adler die Überempfindlichkeit, die Ungeduld, die Affektbereitschaft, den gesteigerten Ehrgeiz, das Mißtrauen, die Verheimlichung und die Genäschigkeit. Alle diese Eigenschaften haben im Rahmen menschlicher Beziehung nicht gerade eine positive Wertschätzung; sie erschweren offensichtlich den Umgang mit ihren Trägern, wenn sie ihn nicht gar unmöglich machen. Man kann diese Befunde zusammenfassen durch die Feststellung, daß der süchtige Mensch nur in geringem Maße sein ›Gemeinschaftsgefühl‹ oder ›Sozialinteresse‹ entwickeln konnte. Daher ist er auf der Erde und bei den Mitmenschen nicht heimisch geworden; er lebt gewissermaßen im ›Feindesland‹ und zieht sich in den Schlupfwinkel des Drogenkonsums zurück, um sich die Gemeinschaftswelt vom Leibe halten zu können.

Der ungeschulte Blick wird allerdings nicht ohne weiteres die obengenannten Wesenszüge am Drogenpatienten feststellen können. Und doch liegen diese Eigenschaften offen zutage, wenn man den Süchtigen auch nur *kleinen Belastungsproben* unterwirft. Er reagiert gereizt auf alles, was nicht in sein Konzept paßt; geduldige Arbeit an sich selbst und an den Umweltkonstellationen ist ihm fremd, denn er will seine Triumphe oder Erfolge jählings kassieren (was ihm dann durch die Droge vorgegaukelt wird); die Dysphorie und die Stimmungsschwankungen sind schon vor dem ›Konsum‹ vorhanden und werden durch ihn akzentuiert; auch Ehrgeiz, Eitelkeit und Lüge gehören zum Drogensyndrom wie das Festhalten am ›Lustprinzip‹. Ein Großteil der Drogenkonsumenten stammt aus der *Welt des verwöhnten Kindes,* was die anderen Erziehungshaltungen der Lieblosigkeit und Gleichgültigkeit nicht ausschließen muß. Entscheidend ist, ob das Kind mit irgendeiner ›Sonderstellung‹ heranwächst und sich frühe Überlegenheitsgefühle über die Erwachsenen und andere Kinder holen kann. Dadurch entsteht eine primäre Anspruchshaltung, die fast immer durch Schule und Umwelt frustriert wird. Da oft neben dem starken Geltungsbedürfnis schwere Expansionshemmungen bestehen, kann man sich mit normalen Mitteln die Position nicht erobern, die man haben möchte. Die Resignation hinsichtlich der Normalität treibt dann das abweichende Verhalten kompensatorisch hervor. Tatsächlich genießen Kinder und Jugendliche, die den Unterricht sabotieren, keine Aufgaben machen, herumstreunen und später dann Drogen nehmen, bei ihren Altersgenossen eine ›traurige Berühmtheit‹. Sie kommen zur Geltung, aber auf der ›Unnützlichkeitsseite des Lebens‹.

Der verwöhnte und eitle Mensch fühlt sich gekränkt darüber, daß er — wie alle anderen — sich durch Leistung und Mitmenschlichkeit bewähren soll. Sein Aufbruch in die Verwahrlosung geschieht unter dem Zeichen des Protestes. Damit hat er eine ›Lösung‹ für seine drückende Minderwertigkeitssituation gefunden. Er ist nicht mehr schwächer, untüchtiger und hilfloser als die anderen, sondern ›anders als sie‹, nämlich *elitär.* Eine ›Umwertung der Werte‹ erleichtert den Übergang in die asoziale Welt, wo man oft genug Gefährten findet, die ebenfalls den billigen Triumph der ›Unbürgerlichkeit‹ auskosten. Die ›Subkultur der Drogen‹ behauptet dann, daß die bürgerliche Welt spießig sei, indes der Drogenkonsum den Hauch des Abenteuerlichen, der ›Bewußtseinserweiterung‹ und des ›Revoltierenden‹ besitzt. Hier ist die ›Lebenslüge‹, die wir bei allen neurotischen Lebenseinstellungen kennen, sozusagen mit den Händen zu greifen.

Der Drogenpatient wertet sich selbst willkürlich auf, indem er seinen Abstieg — zumindest anfänglich — als Aufstieg empfindet. Erst später sucht ihn das Elend der Süchtigkeit heim, aber selbst dann hindern Trotz und Eigensinn den Patienten, Hilfe anzunehmen und seinen Fehlschlag zuzugeben. Viele Anläufe zum Abgewöhnen werden gemacht, sind aber in der Regel erfolglos. Dies hat seinen Grund in der oft großen Wucht der Entzugserscheinungen, die den ohnehin kümmerlichen Willen des Süchtigen zusammenbrechen lassen. Sodann fehlt aber auch dem Suchtpatienten das Konzept eines Lebens ohne Drogen, weshalb er beim Entzug einer inneren Leere und Langeweile anheimfällt. Der Kampf um das tägliche Suchtmittel gibt dem Leben immerhin eine gewisse Struktur und Ordnung (trotz aller Unordnung und allem Chaos); wo das wegfällt, tut sich ein existentielles Vakuum auf.

Drogenpatienten wollen lieber träumen, als in der Realität leben. Sie entwickeln sich aus mehr oder minder *gehemmten Menschen,* die in ihrer Selbstbehauptung und ihrem Selbstwertstreben geschädigt sind. Damit ist eines der Kernprobleme des Drogenabhängigen gekennzeichnet: Zur ›Veranschaulichung‹ lassen wir die Biographie einer ›Fixerin‹ folgen.

Wir Kinder vom Bahnhof Zoo

Die beiden Reporter Kai Hermann und Horst Rieck interviewten zwei Monate lang das drogensüchtige Mädchen Christiane, deren Lebenslauf und Drogenkarriere sie im Buch *»Wir Kinder vom Bahnhof Zoo«* minuziös aufzeichneten. Es entstand ein ziemlich exaktes Bild einer ›Fixerbiographie‹, die in ihrer Art typisch sein mag.

Das Mädchen Christiane stammte aus einer chaotisch-verwahrlosten Ehe. Der Vater war ein Phantast, der keiner geregelten Arbeit nachging; er heckte mehrfach Projekte aus, die sich als nicht machbar erwiesen. Die Mutter unterwarf sich masochistisch dem Vater, der dem Alkohol zusprach und im Rausch seine beiden Töchter oft grundlos verprügelte — wenn sich die Mutter einmischte, bekam sie selbst auch Prügel. Die Familie lebte in der Betonwüste der Gropiusstadt in Berlin.

Welche Szenen sich in der ›Erziehung‹ dieses Kindes abgespielt haben, kann man ermessen, wenn man Christiane selbst sprechen läßt. Das Mädchen hat eine Maus aus ihrem Mausekäfig verloren, als sie den Käfig draußen auf dem Rasen öffnete. Obwohl der Vater die Mäuse nicht mochte, schlug er zu ›wie ein Irrer‹ (S. 35):

> »Aber mein Vater packte mich und warf mich auf das Bett zurück. Meine Mutter stand wohl wieder weinend in der Tür, aber ich sah sie gar nicht. Ich sah sie erst, als sie sich zwischen meinen Vater und mich warf. Sie schlug mit Fäusten auf meinen Vater ein.
>
> Er war völlig von Sinnen. Er prügelte meine Mutter auf den Flur. Ich hatte plötzlich mehr Angst um meine Mutter als um mich. Ich ging hinterher. Meine Mutter versuchte ins Badezimmer zu fliehen und die Tür vor ihm zuzumachen. Aber mein Vater hielt sie an den Haaren fest. In der Badewanne war wie an jedem Abend Wäsche eingeweicht. Denn zu einer Waschmaschine hatte es bisher bei uns nicht gereicht. Mein Vater stieß den Kopf meiner Mutter in die volle Badewanne. Irgendwie kam sie wieder frei.«

Eine schier unbegrenzte Zahl solcher häuslicher Szenen zertrümmerte die Selbstachtung Christianes, die trotz ihrer Intelligenz das Interesse am Lernen in der Schule verlor, weil die Geborgenheit im Elternhaus fehlte. Als sich die Mutter später von ihrem Ehemann trennte, kam ein neuer Liebespartner an dessen Stelle, zu dem das Mädchen ebenfalls keinen Kontakt fand. Die Dreizehnjährige begab sich auf die Suche nach einer ›Clique‹, die für sie eine ›emotionale Heimat‹ bedeuten konnte.
Sie fand sie in einem Freizeitheim der evangelischen Kirche, wo gewohnheitsmäßig Haschisch geraucht wurde. Es waren großenteils ›coole Typen‹, d. h. junge Leute, die in irgendeiner Form den bürgerlichen Lebensstil ablehnten und in ›Gegenkultur‹ machten. Das beschränkte sich allerdings auf Haschischkonsum, Alkohol, bestimmte Kleidung und Musik. Gelegentlich wurde auch LSD genommen.
Da die Mutter durch eine ›permissive Erziehung‹ die Strenge des Vaters ausgleichen wollte, gab sie Christiane einen großen Freiheitsspielraum, den die Dreizehnjährige für ihre ›Abenteuer‹ ausnützte. Vorwürfe kamen bei ihr nicht mehr an (S. 54):

> »Meine Mutter war natürlich noch wach. Es gab das übliche Gelabere. Wo ich gewesen sei. Das gehe nicht so weiter. Und überhaupt. Meine Mutter kam mir unheimlich lächerlich vor. Dick und fett in ihrem weißen Nachthemd, das Gesicht ganz verzerrt vor Wut. Wie die Spießer in der U-Bahn.
> Ich sagte kein Wort. Ich redete sowieso nicht mehr mit ihr.«

Da die Eltern ihr nichts bedeuten, ›wählt‹ sie sich ihre Vorbilder im Kreise der Jugendlichen, die mehr oder minder ›ausgestiegen‹ sind. In der Discothek ›Sound‹ waren solche Aussteiger bei ›geiler Musik‹ in rauher Menge zu finden. An die Zukunft dachte sie kaum mehr: Sie wollte im Augenblick leben. Bald hatte sie einen Freund, der sie in eine Clique einführte, wo auch Heroin ›gedrückt‹ wurde. Für jene Jugendlichen, die schon abhängig oder süchtig waren, kam die Absolvierung einer Lehre kaum mehr in Frage: Sie mußten sich prostituieren, um rasch viel Geld zu verdienen, das dann sofort in ›Stoff‹ umgesetzt wurde. So ging meistens die Sucht mit dem ›Anschaffen‹ Hand in Hand: Fast jeder Heroinkonsument landete früher oder später auf dem Strich, und einer der Hauptumschlagplätze der homo- und heterosexuellen Prostitution war der ›Bahnhof Zoo‹.
Noch zögerte Christiane vor dem Einstieg ins Heroin. Aber als

›Hascher‹ kam man sich in der Gesellschaft der H-Typen irgendwie minderwertig vor. Wer ›aufsteigen‹ wollte, mußte gewissermaßen ›absteigen‹ — das war das Gesetz der Szene (S. 76):

> »Ich hatte einen urigen Horror vor H. Wenn es um H ging, wurde mir plötzlich wieder bewußt, daß ich erst dreizehn war. Andererseits hatte ich wieder diese Hochachtung vor den Gruppen, in denen gedrückt wurde. Das war wieder die nächst höhere Clique für mich. Die Fixer sahen auf uns Hascher und Pillenschlucker mit einer ungeheuren Verachtung herab. Haschisch hieß bei ihnen die Babydroge. Irgendwo deprimierte es mich, daß ich dachte, in die Fixerclique, auf die echte Scene, käme ich nie. Daß es also keinen Aufstieg für mich mehr gab. Denn ich hatte eben einen Horror vor dieser Droge, von der ich wußte, daß sie wirklich das Ende war.«

Nach einem vielfältigen Durchprobieren von Aufputschmitteln kam es dann doch zum ersten ›Schuß‹, der nur ein Probeschuß sein sollte. Es stellte sich hernach ein Gefühl von Gleichgültigkeit und Euphorie ein, was das Mädchen als ›unheimlich geil‹ empfand. Wichtig war für sie, daß ›die ganze Scheiße weg war‹. Die Realität entschwand aus den Augen, mit allen ihren Anforderungen. Dafür tauchte ein Gruppengefühl bezüglich der anderen Fixer auf — man gehörte zusammen. Christiane bildete sich ein, glücklich zu sein.

Das weitere war gewissermaßen ›Gewohnheitsbildung‹. Der ›Schuß am Wochenende‹ wurde zum Ritual. Ein Herzensfreund, der bereits von Haschisch auf Heroin umgestiegen war, erleichterte den Übergang in diese Form der Szene, da man Beziehungen haben muß, um den ›Stoff‹ zu besorgen. Auch fehlte es nicht an Freundinnen, die ebenfalls den Weg der Verwahrlosung beschritten. Aber wovon sollten die hohen Kosten der Fixerkarriere bestritten werden? Zunächst bettelte Christiane ihre ›Ration‹ zusammen. Mit dem Taschengeld von zu Hause kam sie sowieso nirgendwohin. Als das Betteln nicht ausreichte, fing der ›Babystrich‹ an. Freier gab es für die Dreizehn- und Vierzehnjährigen am Bahnhof Zoo und in der Potsdamer Straße in Hülle und Fülle. Da das Verhältnis mit dem Freund Detlef auch sexuell intim wurde, blieb das ›Anschaffen‹ der beiden nicht von Eifersucht frei: aber die Notwendigkeit des Erwerbs wischte alle Bedenken hinweg.

Durch verunreinigte Spritzen kam es zur Gelbsucht und zu einem Spitalaufenthalt. Polizeistreifen ertappten Christiane und ihren Freund, aber das machte nur vorübergehenden Eindruck. Merkwürdig ist, wie lange das Mädchen ihr Absinken in die Drogenszene und dann auch in die Prostitution ihrer Mutter verheimlichen konnte. Als diese die Gefahr merkte, war es bereits viel zu spät. Christiane verlegte sich aufs Lügen und Leugnen, und die berufstätige Mutter hatte gar nicht die Gelegenheit, alle Ausgänge ihrer Tochter zu überwachen: Der Weg zum Bahnhof Zoo, zur Hasenheide und zur Potsdamer Straße blieb immer offen. Wenn die Mutter Vorwürfe machte, wurde sie von Christiane angeschrien; die Überheblichkeit und hochgradige Irritierbarkeit der Süchtigen erlaubte weder Kritik noch Vorhaltungen.
Die überforderte Mutter suchte bei den Ämtern und Drogenberatungsstellen Hilfe, aber die routinierte Fixerin ließ sich weder behandeln noch einschränken. Ein Versuch mit der Narkonon-Sekte schlug auch fehl. Die Repräsentanten dieser angeblichen Therapie kassierten im voraus eine erhebliche Summe, aber was sie die Behandlung nannten, war eigentlich nur ›Dressur‹ ohne tiefergehende Wirkung. Christiane lief davon und nahm ihren gewohnten Lebenslauf wieder auf.
Todesfälle von Fixerkollegen, die an einer Überdosis starben, beeindruckten die Clique um Christiane wenig. Man vergaß schnell in der ›Szene‹. Der Wechsel vom High-Sein zum ›Turkey‹ (Entzugserscheinungen) beanspruchte alles Denken und Fühlen.
In ihrer Ausweglosigkeit übergab die Mutter die immer noch minderjährige Christiane dem Vater, der besser auf sie aufpassen sollte. Aber auch dieser war nicht geeignet, seine Tochter zu überwachen oder gar moralisch zu beeinflussen. Mit ungewöhnlicher Schlauheit und Raffinesse entrann das Mädchen ihren ›Gefängnissen‹, eilte auf den ›Strich‹, wo sie mit aller Schnelligkeit hundert und mehr Mark verdiente, die sie in ›Stoff‹ umsetzte. Anläufe zur Entwöhnung, die meistens schwelgerisch mit dem Freunde Detlef ausgemalt wurden, brachen stets am Zwang des Drogenbedürfnisses zusammen; der freigelassene Fixer kommt wohl kaum je von seinem Suchtmittel los.
Nun schickte die Mutter Christiane aufs Land zu Verwandten, um den Kreislauf der Süchtigkeit zu durchbrechen. Hier kam es tatsächlich zu einer Entwöhnung. Ein neuer Anfang in der

Schule wurde gemacht, wobei die Leistungen ganz gut waren. Leider begleitete eine ziemlich dicke Polizeiakte den Weg des Mädchens. Dies führte bei manchen Schuldirektoren zu Panikreaktionen, weshalb Christiane die eine oder andere Schule verlassen mußte. Dann kam das Interesse der beiden Reporter an ihr: vielleicht hat die Arbeit am Buch *»Wir Kinder vom Bahnhof Zoo«* wesentlich dazu beigetragen, daß das Mädchen wieder Selbstachtung erwarb und aus der Szene ausstieg. Sie soll heute ›trokken‹ sein und eine Buchhändlerlehre absolvieren. Sie hat Freunde gewonnen, die weder haschen noch fixen. Sie ist eine der wenigen, die aus dem Inferno der Drogensucht glimpflich davonkamen.

Therapie und Prophylaxe

Johannes Cremerius in seinem schmalen Büchlein *»Was ist Süchtigkeit?«* (1965) hat die treffende Formel geprägt, daß jede Sucht der Sehnsucht entspringt. Die Drogenpatienten sehnen sich nach Liebe und Verstandenwerden, aber sie machen es jenen, die sie lieben und verstehen wollen, außerordentlich schwer. Wer sie dem Bann ihrer Droge entreißen will, muß sich auf Betrug, Feindseligkeit und Herabsetzung gefaßt machen. Einige Eltern haben den jahrelangen und zermürbenden Kampf mit ihren drogenabhängigen Kindern aufgenommen und sind dabei erfolgreich gewesen (z. B. J. Guillon, *»Mein Sohn ist süchtig«*, 1979; M. Leroyer, *»Ich bin die Mutter eines Fixers«*, 1980); doch solche Erfolgsberichte sind nicht häufig, und oft genug stehen Eltern und Ärzte dem Suchtverlauf recht hilflos gegenüber.
Dem oft grenzenlosen Liebesverlangen des Patienten widerspricht gemeinhin seine ›Angst vor der Liebe‹, seine Kontakt- und Berührungsscheu, die emotionale Nähe für ihn zur ›Bedrohungssituation‹ werden läßt. Die Süchtigen sind sehr unbeholfene Liebende, selbst wenn sich Pärchen zum gemeinsamen Drogenkonsum zusammenfinden. Gion Condrau schreibt in seinem Aufsatz *»Information über Drogen«* (in: *»Aufbruch in die Freiheit«*, 1977):

> »Der Süchtige hat seine Existenz auf bestimmte Weltbezüge eingeengt. Durch all diese Erinnerungen entbirgt sich die massive Anhäufung existentieller Schuld, indem sich der Süchtige den Austrag aller anderen, die Existenz mitausmachenden Be-

zugsmöglichkeiten zum Leben vorenthält. Vor allem beinhaltet diese süchtige Einengung den Verzicht auf den Austrag mitmenschlichen Daseins. Der süchtige Mensch ist nicht liebesfähig.« (l. c., S. 201)

Kluges »*Etymologisches Wörterbuch*« (20. Aufl. 1967) behauptet, daß das Wort ›Sucht‹ aus demselben Wortstamm wie ›siech‹ kommt und daher so etwas wie ›Krankheit‹ bedeutet. Im neuhochdeutschen Sprachgefühl schwinge auch die Bedeutung von ›suchen nach etwas‹ mit. Die Suchtpatienten suchen Liebe, Lebensinhalt, Sprengung der Ichgrenzen (das ›Dionysische‹ im Sinne Nietzsches) und Selbststeigerung; aber wie die meisten psychisch Kranken suchen sie am falschen Ort und mit falschen Methoden, so daß sie kaum fündig werden können. Die Therapie soll ihnen dazu verhelfen, ihr Leben — das sie der Droge und ihrer Macht ausgeliefert haben — wieder in die Hand zu bekommen.
Selten gelingt die nur ambulante Behandlung des Drogensüchtigen. Er muß in einer speziell dazu eingerichteten Klinik behandelt werden, wo er unter ständiger Kontrolle lebt und wo man sein physisches und sein psychisches Elend mehr oder minder dauernd günstig beeinflussen kann. Ein Nachteil solcher Kliniken ist allerdings, daß in ihnen eine Gemeinschaft von Drogenpatienten vereinigt ist; fast immer entsteht Komplizenschaft gegen die Therapie, mit Einschmuggeln der Droge, Überlistung des Pflegepersonals, Undiszipliniertheiten aller Art. Wenn die Therapeuten nicht schlauer sind als ihre Patienten, werden sie skrupellos ›ausgetrickst‹. Viele Therapieinstitutionen können nur ein therapeutisches Klima aufrechterhalten, wenn sie Behandlungssabotage mit Ausweisung aus der Klinik beantworten.
Die strikte Disziplin ist aber nur ein Aspekt der Drogentherapie. In viele Institutionen werden nur Patienten aufgenommen, die entschieden den Wunsch äußern, daß sie von ihrem Suchtmittel loskommen wollen; wer durch fremde Suggestion den Weg zur Behandlung findet, wird so lange abgewiesen, bis er in freier Entscheidung ins Therapiegeschehen einsteigt.
Von großem Nutzen ist es, wenn es gelingt, psychotherapeutische Gruppen zu konstellieren, wo die Drogensüchtigen ihre Erfahrungen und Erlebnisse austauschen können und einander in der Entwöhnung ermutigen und stützen. Bei den *Anonymen Alkoholikern* hat die Gemeinschaft der Suchtpatienten bereits be-

achtliche Erfolge erzielt. Das Sich-spiegeln-Können in Leidensgefährten entlastet den Drogenpatienten und bekräftigt ihn in der Überzeugung, immer noch ›zur Menschheit zu gehören‹. Auch haben die Patienten selbst füreinander mitunter mehr Verständnis, als der Arzt für sie aufbringen kann; wer selbst keine Suchterfahrung hat, muß viel Intuition besitzen, um sich in die Problemlage solcher Krankheitsfälle zu versetzen.
Neben der somatischen Therapie ist die Psychotherapie die Methode der Wahl. Sie kann aber nicht im Sinne der klassischen Psychoanalyse durchgeführt werden, sondern muß Elemente der erzieherischen Einwirkung und der sittlich-moralischen Führung enthalten. Die Vorbildhaftigkeit der Therapeutenpersönlichkeit fällt hierbei sehr ins Gewicht.
Condrau sagt in seinem bereits erwähnten Aufsatz (S. 203 f.):

> »Das Wesen dieser Therapie besteht darin, den Menschen zu befähigen, vermehrt Einsicht in seine Motivationen zu erhalten. Es geht in der Psychotherapie um eine aktive Lebensgestaltung, um die Selbstfindung und Selbstwerdung. Nach dem Sinn des Lebens wird dann nicht im Rausch, sondern in der Reflexion, im mitmenschlichen Gespräch gesucht. Der Mensch lernt Versagungen zu ertragen und Rückschläge in Kauf zu nehmen. Die mitmenschliche Beziehungsfähigkeit, Angst- und Schuldprobleme werden zur Sprache gebracht.
> Eine geglückte psychotherapeutische Behandlung führt zu einer Umstimmung, wie sie von einer Droge niemals bewirkt werden kann. Der so geheilte Mensch benötigt kein Rauschmittel mehr.«

Man kann auch beifügen: Der geheilte Patient sucht seine Räusche in der Arbeit, in der Liebe, in der Sexualität, in den Künsten und Wissenschaften und in seiner ›Selbstverwirklichung‹. Ihn dazu anzuleiten, ist fast immer eine schwere und langwierige Arbeit. Unserer Erfahrung nach hilft es viel, wenn die Therapie auch Bildungs- und Weiterbildungsmöglichkeiten anbieten kann, die die innere Leere des Drogenpatienten ausfüllen. Neurosentherapie ist stets auch ›Heilung durch den Geist‹. Man kann die Neurose (und auch die Sucht) als ein Verfehlen der ›Geistwerdung‹ definieren, d. h. das Ausbleiben einer Standortgewinnung und Stellungnahme zum Leben, die dessen Schwierigkeiten und Aufgaben als sinnvoll akzeptieren. Ohne Geist kein inneres Wachstum: daher der Infantilismus aller Abhängigen.

Als Prophylaxe und Prävention können wir nur die Verbesserung der Erziehung im Elternhaus, die psychologische Schulung und Ausbildung der Lehrer und die Aufklärung der Öffentlichkeit empfehlen. Es fehlt uns an Elternschulen, in denen die Eltern lernen können, wie man Kinder erzieht und wie man sich selbst erziehen kann. Solche Institutionen müßten aber auch Partnerschaftsschulen sein, denn die Ehe der Eltern ist einer der größten Erziehungsfaktoren, die wir kennen. So viele Drogensüchtige stammen aus ›broken homes‹, aus kaputten Ehen, die ihnen kein Heimatgefühl bieten konnten.
Auch die psychologische Unwissenheit der Lehrer ist beängstigend. Sie lernen an den Pädagogischen Hochschulen eine blutleere Psychologie, mit der sie wohl Lektionen gestalten, aber nicht Menschen verstehen können. Da das Instrument des Verstehens der ›Verstehende selbst‹ ist, ist die Forderung nach einer Charakteranalyse der Lehrer nicht abzuweisen. Seelisch gesündere Lehrer werden Schüler, die erfolglos sind, stützen und fördern können, was insofern wichtig ist, weil viele Drogenkarrieren beim schulischen Scheitern einsetzen.
Die Öffentlichkeit muß mehr Verständnis für Drogenpatienten bekommen. Man dämonisiert das Problem in der Presse, ohne es transparent zu machen. Da Trinken, Rauchen und Vielessen zu den ›Süchten von jedermann‹ gehören, sollte es möglich sein, die Solidarität und das Mitgefühl für die Suchtpatienten zu steigern. Dies wird u. U. auch ermöglichen, sehr unkonventionelle Maßnahmen ins Auge zu fassen, wie sie etwa Thomas Szasz vorschlägt.

Freigabe der Drogen?

Der New Yorker Psychiater Thomas S. Szasz gilt als einer der schärfsten Psychiatriekritiker der Gegenwart; hat er doch mit großer Eloquenz die These vertreten, daß Geisteskrankheit ein ›Mythos‹ sei und daß wir allzuleicht geneigt sind, Menschen mit abweichenden Gedanken und Verhaltensweisen als ›geisteskrank‹ abzuwerten. Aber derartige Menschen sind nicht eigentlich ›krank‹ im medizinischen Sinne; nach Szasz haben sie einfach andere Lebensgewohnheiten erworben und spielen andere ›Spiele‹, als wir sie nach unseren üblichen Spielregeln gewohnt sind. Wenn das wahr ist, dann müßte man die meisten ›Gemütskranken‹ in Ruhe lassen, sofern sie nicht sich selbst und andere manifest gefährden. Einweisung in Anstalten ist für Szasz eine widerrechtliche Freiheitsberaubung, die aus unseren falschen Begriffen über Neurosen und Psychosen folgt. Die moderne Psychiatrie ähnelt nach Szasz der mittelalterlichen Kirche, die Andersdenkende und Andersgläubige als Ketzer stigmatisierte und verfolgte. Die Idee der Toleranz, mit der die Demokratie steht oder fällt, sollte uns jedoch lehren, konzilianter gegen Menschen zu sein, die von unseren Verhaltensnormen abweichen. Es gibt nicht nur ein oder zwei erlaubte ›Lebensstile‹; im Prinzip darf es so viele Lebensformen geben, wie es der Zahl der Menschen auf der Erde entspricht. Es ist barbarisches Mittelalter in unserer fortschrittsstolzen Epoche, wenn wir oft harmlose Außenseiter als ›pathologisch‹ abstempeln und in Anstalten kasernieren.

Diesen Gesichtspunkt, den Szasz zur Entrüstung seiner Berufskollegen schon in *»Geisteskrankheit — Ein moderner Mythos?«* (dt. 1971) überzeugungskräftig zur Anwendung brachte, wendet er in *»Das Ritual der Drogen«* (1978) auch auf die Suchtprobleme an. Seiner Meinung nach sind alle Drogenbekämpfungskampagnen Zeichen eines fürchterlichen Irrtums. Unsere Einstellung zu den Drogen und zum Drogengebrauch ist fundamental falsch. Seit jeher haben die Menschen euphorisierende ›Stoffe‹ zu sich genommen, um die Härten des Daseins zu ertragen und sich in illusionäre Gefühle einzuspinnen. Man denke etwa daran, welche Rolle der Alkohol schon seit Jahrtausenden spielt und welche Bedeutung er heute noch innerhalb unserer Zivilisation hat. Die meisten Völker der Erde entwickelten Verfahren, mittels derer sie zuckerhaltige Säfte durch Hefegärung in Rauschmittel verwandeln konnten. Und nachdem Columbus Amerika entdeckt hatte, nahm die Tabakpflanze von dort her ihren Siegeszug durch die ganze Welt auf; das Rauchen als ›trockene Sucht‹ hat vermutlich die größte Anhängerzahl innerhalb der bestehenden Menschheit.

Nach Szasz ist es völlig unerfindlich, warum einzelne ›Drogen‹ legal bleiben, indes andere mit einem Riesenaufwand an Gesetzen, Institutionen und Geldmitteln bekämpft und verfolgt werden. Jedenfalls ist der Alkohol in seinen Gesamtwirkungen bestimmt viel gefährlicher als das Haschisch und das Heroin, welche seit einigen Jahren die Schlagzeilen der Presse dominieren. Wo liegt da die Logik in dieser fanatischen ›Politik der Drogen‹?

Szasz ist ein Liberaler aus der großen Tradition der angelsächsischen Welt, und die Freiheit des Individuums ist für ihn einer der größten Kulturwerte. In dieser Freiheit muß seiner Meinung nach auch das Recht inbegriffen sein, sich zu berauschen, sich zu narkotisieren und sich ›aufzuputschen‹. Natürlich ist sich Szasz als Psychiater sehr wohl über die verheerenden Folgen des Drogenmißbrauchs im klaren. Gleichwohl hält er dafür, daß der Kampf gegen die Drogen das Problem, das er beseitigen will, ins Gigantische anwachsen läßt. Erst das ›Verbotene‹ erhält den überaus prickelnden Reiz, den es vorher gar nicht hat. Man kann und soll die Leute vor den Folgen des Alkohols, des Tabaks, des Haschischs, des Heroins usw. warnen; aber niemand hat das Recht dazu, ihnen diese Stoffe vorzuenthalten, wenn sie sie gebrauchen wollen. Man erinnere sich an die Folgen der Alkoholprohibition in den USA in den dreißiger Jahren; getrunken wurde mindestens so viel wie vor dem Verbot, nur kam auch verfälschter oder giftiger Alkohol auf den (schwarzen) Markt, und die polizeiliche Verfolgung zog den ganzen Rattenschwanz von Kriminalität und Wucherhandel nach sich. Es ist fast so, wie der Wiener Satiriker Karl Kraus in einem anderen Zusammenhang formulierte: »Der Skandal nahm seinen Anfang, als ihm die Polizei ein Ende setzte!«
Nach Szasz sind Verbote stets zusätzliche Versuchungen, und man tut den Menschen einen schlechten Dienst, wenn man ihnen das, was man selbst für ›Gesundheit‹ hält, gewaltsam aufzwingen will. Zwang erweckt immer Revolten:

> »Es bleibt jedoch die Auflehnung als Motiv für den Genuß verbotener Drogen. Wie ich festgestellt habe, erzeugt jedes Verbot aufgrund der regelorientierten Natur des Menschen die Möglichkeit — und damit auch die Versuchung —, die Regel zu brechen und der Autorität zu trotzen, die sie aufstellte, und dadurch den Triumph erfolgreicher Selbstbehauptung zu genießen. Es ist so offenkundig und so allgemein bekannt, daß die meisten Verbote massive Auflehnung hervorrufen — speziell wenn die verbotenen Handlungen vermeintlich nur dem Handelnden selbst schaden und in Wirklichkeit nicht einmal das zutrifft —, daß ich hier nur meine Verwunderung darüber ausdrücken kann, wie die Verantwortlichen vor diesem Mechanismus die Augen verschließen können, wenn sie nach einer Lösung für das ›Drogenproblem‹ suchen.« (Szasz, l. c., 1978, S. 203)

Die Empfehlungen von Szasz sind nun in der Tat atemberaubend. Er deklariert das Recht jedes einzelnen auf individuelle Lebensgestaltung, wozu auch Drogenkonsum gehören kann, wenn der Betreffende dies aus irgendwelchen Gründen für wünschbar oder notwendig hält. Damit soll nicht verkannt werden, daß Drogenabusus ein Fluchtverhalten vor den Aufgaben des Lebens und eine kindliche Auflehnung gegen die ›Welt der Erwachsenen‹ sein kann. Aber Menschen mit ›falschen Lebensstilen‹ sollen aufgeklärt oder belehrt werden, sofern sie Aufklärung und Belehrung wünschen. Mit Verboten und Geboten richtet man bei ängstlichen oder oppositionellen Charaktertypen wenig oder gar nichts aus. Letztere treibt man damit erst recht in die Oppositionshaltung hinein.
Wir malen uns die Konsequenzen des Szaszschen Drogenbuches aus, indem wir die Ausführungen des Autors etwas weiterspinnen. Man nehme an, daß die Regierung eines Landes den Mut besitzt, die sogenannten ›harten Drogen‹ dem Alkohol und dem Tabak gleichzustellen und sie sozusagen im Handel freizugeben. Dies bedeutet, daß die heißbegehrten Drogen in jeder Apotheke — am besten ohne Rezeptzwang — in einer hygienisch einwandfreien Form relativ billig beschafft werden können. Der ganze schwungvolle Geheimhandel mit den Drogen bricht in kurzer Zeit in sich zusammen. Es gibt keine Drogenkriminalität mehr, und Millionen Jugendliche müssen sich nicht mehr prostituieren, um sich ihren ›Schuß‹ zu verschaffen. Da der Staat die Einnahmen bei den Drogen kräftig besteuern kann (wie dies schon bei Alkohol und Tabak geschieht), bekommt er reichliche Geldmittel, die er für Volksaufklärung auf breiter Front einsetzen kann. Man kann auch unzählige Drogenberatungsstellen und Entziehungsheime finanzieren, die natürlich nötig sein werden, da es immer wieder Drogenkonsumenten geben wird, die aus der Droge aussteigen wollen und dies aus eigenen Kräften allein nicht vermögen.
Warum hat bis jetzt kein Staat einen derart kühnen Schritt gewagt? Nach Szasz ist dies die traditionelle *Herrschaftsideologie*, die ein Freigeben des Individuums nicht tolerieren kann. Man schreibt uns vor, wie wir leben, genießen und gesund sein sollen. Der Staat und die Kirche sind daran gewöhnt, uns vorzuschreiben, wie wir existieren, uns verhalten und sterben sollen. Auf eigene Fasson darf niemand selig oder unselig werden. Man verfolgt die Drogensüchtigen, wie die Kirche im Mittelalter reli-

giöse Sekten verfolgte und wie modernere Ideologien andersgläubige oder völkische und rassische Minoritäten ›eliminierten‹. Der Drogenkonsum würde aber uninteressanter, wenn man keinen ›heiligen Krieg‹ gegen ihn führen würde.

Ideale und Vorbilder anstatt Drogen

Die Freigabe der Drogen wäre möglicherweise eine Waffe gegen die kriminellen Begleiterscheinungen der Drogenkriminalität; auch würde dies den Suchtmitteln bei einem Teil der Konsumenten den Nimbus der Abenteuerlichkeit nehmen, welcher gewiß bei bestimmten Charakteren den Konsumreiz erhöht. Wie aber kann die Süchtigkeit als kollektivpsychologisches Phänomen angegangen werden?

Die Droge ist sehr oft ein ›Heilmittel‹ gegen die innere Leere und Langeweile, gegen das existentielle Vakuum, in dem viele Menschen unserer Kultur leben. Man muß sich daher fragen, wodurch dem Leben das Gefühl der Euphorie, des Anreizes und der inneren Fülle gegeben wird. Selbstverständlich denkt man hierbei an Arbeit, Liebe, Sexualität und engagierten Lebenseinsatz. Wer schafft und gestaltet, kommuniziert und kooperiert, sich entwickelt und mit den Widerständen der Welt ringt, wird aktive Glücksgefühle empfinden und das passive Glück der Drogeneinnahme nicht nötig haben oder verabscheuen. Die Frage ist nur, unter welchen Bedingungen das Leben in der Weise gelingt, daß *Eskapismus in jeder Form* verschmäht werden kann.

Bei den wahrhaft realitätstüchtigen und realitätsfreudigen Menschen kann man beobachten, daß sie ihre Existenz unter dem Leitstern von Idealen austragen, welche für sie in den Sturmfahrten ihres Daseins Anker und Kompaß bedeuten. Das Ideal ist eine mächtige Stütze für die Moralität der Persönlichkeit. Es erwächst aus dem Gefühlsreichtum und wirkt seinerseits auf den ›endothymen Grund‹ (Philipp Lersch) zurück, der durch es konsolidiert und erweitert wird. Ideale sind Motoren der positiven Lebensgestaltung. Sie geben innere Sicherheit angesichts der Frustrationen und Rückschläge, an denen das Leben keinen Mangel hat. Unter der Führung überpersönlicher Idealvorstellungen verzagt das Individuum viel seltener, als wenn es nur nach ›Selbsterhaltung‹ strebt. Mit anderen Worten: »Wenn man ein Wozu des Lebens hat, erträgt man jedes Wie.« (Nietzsche)

Aber viele Ideale haben für den heutigen Menschen ›abgewirtschaftet‹ und sind ihm zutiefst fragwürdig geworden. Ganze Volksschichten und Völker fielen auf den primitiven Plunder der faschistischen Weltanschauung herein, die sie fanatisierte und ihnen ein Pseudoideal einpflanzte, das spätestens nach der Inschuttlegung eines ganzen Kontinents in sich zusammenbrach. Marxismus und Bolschewismus boten Ideale für die Generation von 1880 bis 1920, aber seit den Enthüllungen über die Zustände im ›realen Kommunismus‹ ist auch diese ›Weltanschauung‹ aus ihrer ursprünglichen Frische in Fäulnis übergegangen. Auch die Ideale des Sozialismus, der Demokratie, des Fortschritts und der Wissenschaftsentwicklung scheinen nicht mehr viel ›Gläubige‹ zu finden. Ein ›Ausverkauf der Ideale‹ hat in unserem Jahrhundert stattgehabt. Der Zustand, der daraus resultierte, kann ›Nihilismus‹ genannt werden; nach Nietzsche ist er durch das Fehlen gültiger Werte und Wertorientierungen gekennzeichnet.
Dies ist vermutlich der umfassendste Rahmen für die Suchtanfälligkeit des Menschen der Gegenwart. Man sollte sich Gedanken darüber machen, wie Ideen und Ideale in die Psyche der Massen ›infundiert‹ werden können. Dabei wird es sich nicht unbedingt darum handeln, ein neues Ideal zu schaffen und zu formulieren. Die alten Wertvorstellungen der Humanität, der Arbeit im Dienste der Menschheit, des Fortschritts, der Völkerverständigung und des Weltfriedens sind eigentlich zukunftsträchtig wie eh und je. Man müßte sie nur in faßlicher Form allen Gesellschafts- und Bildungsschichten, allen Berufs- und Altersklassen vermitteln können. Hierzu bedarf es einer Vielzahl von *vorbildlichen Persönlichkeiten*, die diese Art von Lehre nicht nur dozieren, sondern auch repräsentieren. Ideale werden oft genug durch die Liebe zu jenem übernommen, der sie mitteilt und uns nahelegt.
An dieser Stelle könnte man vom ›Verrat der Intellektuellen‹ (J. Benda) sprechen. Aber ›Verrat‹ ist nicht ganz das passende Wort. Die Intellektuellen haben Mühe genug, ihr jeweiliges Fach oder Interessengebiet zu assimilieren; meistens reichen ihre Kräfte nicht hin, um auch dieses Wissen und Können für das ›einfache Volk‹ fruchtbar zu machen. Dies wäre jedoch die Aufgabe der Zukunft. Es müßten immer mehr Wissenschaftler herangebildet werden, die Wissenschaft *und* Humanität in sich verkörpern. Solche Persönlichkeiten wären die geeigneten Vermittler von Idealen, nach denen man das Leben ausrichten kann. Nur der Geist, der sich im Leben verwurzelt, kann wegweisend sein.

Die Intellektualität darf nicht im Elfenbeinturm verbleiben und sich auch nicht in ein insuläres Dasein auf Universitäten und anderswo zurückziehen. Die Kultur muß ins Volk getragen werden. Die Schulen aller Altersstufen haben hier eine vorrangige Aufgabe, die sie bis jetzt nur kümmerlich gelöst haben. Lehrer müßten so ausgebildet und trainiert werden, daß sie den Kindern nicht nur Unterricht, sondern auch menschliche und moralische Führung geben können. Noch auf den Hochschulen wäre dies nötig: Man denke nur an das psychische Massenelend unter den Studenten aller Hochschulgruppen, aus denen sich später die Lehrerschaft und die Intellektuellen vieler Berufsgruppen rekrutieren. Der Akademiker soll immer noch hauptsächlich oder ausschließlich ein ›Wissender in einem Spezialgebiet‹ sein; er sollte aber — in Zukunft — ein ›Könner‹ in vielen Bereichen sein, vor allem aber in der ›Kunst des Lebens‹, die zu lehren stets die Basis aller übrigen Wissens- und Könnensvermittlung sein soll.
Bei dieser Aufgabe kommen der Psychologie und der Philosophie eine weittragende Bedeutung zu. Wir meinen allerdings nicht die blutleere Psychologie der Universitäten, die mit naturwissenschaftlicher Exaktheit existentielle Belanglosigkeiten erforscht. Auch nicht die abstrakte Philosophie, die Begriffe jongliert und sich in skurrile Abstraktionen verrennt. *Tiefenpsychologie als Lebenskenntnis* und *Philosophie als Anleitung zur Weisheit* müssen für die Erziehung des Volkes und seiner intellektuellen ›Führer‹ aktiviert werden. Ein ›Leben ohne Sucht‹ muß ein philosophisches Leben sein. Man muß möglichst viele Menschen zu ›kleinen Philosophen‹ erziehen.

Irmgard Fuchs

Alkoholismus

Der Alkoholismus ist heute ein weltweites, in Ost und West gleichermaßen verbreitetes Problem. Genaue Angaben über seine Häufigkeit sind jedoch nicht möglich, da es weder in den deutschsprachigen noch in anderen Ländern eine streng gehandhabte Meldepflicht für Alkoholkranke gibt und Meinungsumfragen durch subjektive Beschönigungen oder Bagatellisierungen des Alkoholkonsums verfälscht werden. (Glatt 1978, S. 170) Eine Untersuchung aus dem Jahre 1976 ergab, daß in der Bundesrepublik Deutschland etwa 1,5 Millionen Erwachsene, das sind ca. 5% der Gesamtbevölkerung, davon ungefähr 25% Frauen, alkoholkrank sind; 1960 waren es etwa eine halbe Million. Für Österreich werden 210 000 und für die Schweiz 180 000 Süchtige genannt. Die Dunkelziffer wird jedoch auf mehr als das Doppelte geschätzt und ist ständig im Ansteigen begriffen. Ferner wurde darauf hingewiesen, daß 5 bis 6% der Jugendlichen, vor allem Arbeiter und Arbeitslose, als besonders alkoholismusgefährdet gelten müssen.
Die Ausgaben für alkoholische Getränke beliefen sich 1977 in der Bundesrepublik, einschließlich West-Berlin, auf 36,7 Milliarden DM, wobei Wein, Bier und Spirituosen an der Spitze der konsumierten Alkoholika stehen. Der jährliche Pro-Kopf-Verbrauch betrug 1975 für die Bundesrepublik 12,5, für Österreich 11,1 und für die Schweiz 10,5 Liter.
Diese hohen Zahlen alarmieren sowohl aufgrund des Wissens um die daraus resultierenden volkswirtschaftlichen und sozialen Mehrbelastungen (Klinik- und Krankenhausaufenthalte, Kuren, Arbeitsausfälle, Gefährdung anderer im Straßenverkehr usw.) als auch aufgrund des Wissens um die dahinterstehende psychische und physische Not des einzelnen und seiner Angehörigen. Dazu kommen noch kriminelle Handlungen, die für 1961 mit 12% angegeben werden und die in der Zwischenzeit vermutlich gleichfalls entsprechend höher liegen. In diesem Zusammenhang

wurde auch eruiert, daß bei 95% aller Kindesmißhandlungen (ca. 60 000 im Jahr in der BRD) Alkohol im Spiele war. Darüber hinaus stellt man jährlich ca. 2000 Mißbildungen in Form von körperlichen und/oder geistigen Behinderungen bei Neugeborenen fest, die auf Alkoholabusus in der Schwangerschaft zurückzuführen sind.

Außerdem ist die Lebenserwartung des Alkoholabhängigen maßgeblich herabgesetzt, da der Mißbrauch sowohl direkt, wie z. B. im Rausch, als auch indirekt, über die unterschiedlichsten Krankheiten, zum Tode führt. Die Ärzte stimmen darin überein, daß der Alkoholismus eine verminderte Widerstandsfähigkeit des Organismus nach sich zieht und eine Labilisierung des physischen und psychischen Haushalts bewirkt, was wiederum eine erhöhte Anfälligkeit für Unfälle und Suizide hervorruft. Leberzirrhose, Magenkrebs und Selbstmord sind als Todesursachen bei Alkoholikern häufiger vorzufinden als bei der Normalbevölkerung. Alkoholikerinnen dagegen sterben noch öfter an Unfällen, Suiziden und Kreislaufversagen als ihre männlichen Leidensgenossen. Es ist allgemein bekannt, daß Frauen durch Alkohol eher geschädigt werden als Männer und Vergiftungserscheinungen früher eintreten. Nach Feuerlein konnte aber bisher nicht eindeutig geklärt werden, worauf diese gesteigerte Anfälligkeit beruht.

Wie sieht nun die Verteilung des Alkoholismus in den einzelnen sozialen Schichten aus? Feuerlein schreibt in seinem Buch *»Alkoholismus — Mißbrauch und Abhängigkeit«*:

> »Während man in früheren Jahrzehnten wahrscheinlich mit Recht von einer besonders starken Verbreitung des Alkoholismus in den unterprivilegierten sozialen Schichten sprechen konnte (›Elendsalkoholismus‹), dürfte jetzt, wenigstens in Mitteleuropa, der Alkoholismus in den oberen und untersten sozialen Schichten am meisten verbreitet sein, zumindest bei den Männern. Bei Frauen scheint der Alkoholismus in den höheren sozialen Schichten häufiger vorzukommen.« (S. 57)

Wie bereits erwähnt, erscheinen die offiziellen Zahlen bei näherer Betrachtung jedoch lediglich als die Spitze eines Eisberges, dessen gesamtes Ausmaß schwer zu erfassen ist. Tatsächlich leben nur 5% der Bevölkerung abstinent — von einigen bewundert, von anderen verachtet; 20% trinken nur unter gesellschaftlichem Druck; 30 bis 35% trinken nur geringe Mengen Alkohol.

Die Grenze zwischen Abhängigkeit und Noch-nicht-Abhängigkeit ist relativ dehnbar und oft durch subjektive Einschätzung gefärbt; aus einem ›Gelegenheitstrinker‹ kann schnell ein abhängiger Alkoholiker werden.
Am häufigsten wird in der Bundesrepublik bei festlichen Anlässen (73%), beim Fernsehen (29%), beim Abendessen (25%) und bei der Arbeit (8%) zum Alkohol gegriffen. Diese Zahlen beinhalten noch keinen Hinweis darauf, daß ein Großteil der Alkoholiker mitunter mehrere Drogen gleichzeitig konsumiert. Der Literatur ist zu entnehmen, daß die Polytoxikomanie in den vergangenen Jahrzehnten stark im Ansteigen begriffen und ein Ende noch nicht abzusehen ist. Bei Frauen geht die Alkoholsucht laut Statistik in vielen Fällen mit Tablettensucht einher, bei Männern mit Nikotinsucht.
Die Bundesrepublik Deutschland zählt, gemeinsam mit Österreich und der Schweiz, zu den sog. *Permissivkulturen*, in denen Alkoholgenuß erlaubt, Trunkenheit, d. h. Exzesse, jedoch abgelehnt werden. Dabei ist zu beobachten, daß an Frauen andere Maßstäbe angelegt werden als an Männer: Beide Geschlechter verurteilen alkoholkranke Frauen heftiger als alkoholkranke Männer. Der schweizerische Psychiater Raymond Battegay berichtet aus seiner Gruppenarbeit mit Alkoholikern, daß Ehefrauen von süchtigen Männern während deren Behandlung zum Großteil zu ihren Partnern standen, während umgekehrt die Männer sich oft von ihren kranken Frauen trennten. (*»Der Mensch in der Gruppe»*, S. 146)
So bringt der Alkohol als staatlich tolerierte Droge, im Gegensatz zum Rauschgift, der Regierung Millionen an Steuergeldern ein, die sie paradoxerweise wieder für die Behebung bzw. Milderung der schwerwiegenden Alkoholismusschäden auszugeben gezwungen ist.
Es ist seit jeher immer wieder der Versuch unternommen worden, den Alkohol zu einem Heilmittel hochzustilisieren, doch gilt er bis heute zu Recht als Suchtmittel. In der Medizin findet er einzig Verwendung als Desinfektionsmittel. Bei Kluge (*»Etymologisches Wörterbuch«*) ist nachzulesen, daß das deutsche Wort ›Alkohol‹ auf Paracelsus zurückgeht, der diese Droge als ›feines Pulver‹ Ende der 1520er Jahre gebrauchte. Der Begriff entwickelte sich aus: alkul (= arabisch), was soviel heißt wie: das Feinste, das feinste Pulver, die Augenschminke.
Alkohol, eine farblose, brennend schmeckende Flüssigkeit, wird

durch Gärung von Zuckerarten gewonnen, die durch Hefe in Alkohol und CO_2 gespalten werden. Der Alkohol schlechthin ist der Äthylalkohol, auch Äthanol (C_2H_5OH), dessen nähere Verwandte der einfachere Methylalkohol (CH_3OH) und der Propylalkohol (C_3H_7OH). Der Methylalkohol, auch ›Holzsprit‹ genannt, ist giftig; er führt in geringen Dosen zu Blindheit, in höheren zum Tode. Alkohol wirkt unmittelbar auf das Nervensystem, und zwar auf die Zentren, die das Bewußtsein und die Emotionen steuern. Wird er im Körper verbrannt, so entsteht Energie, die sich stärkend auf die grobe Muskelkraft auswirkt, kompliziertere Bewegungen jedoch bereits erheblich beeinträchtigt. Schmidbauer und vom Scheidt betonen in ihrem *»Handbuch der Rauschdrogen«*, daß Alkohol schon in normalen Mengen schädlich und somit zu meiden sei. Sie warnen vor der Verharmlosung dieser Droge, wie sie sich in unserer Gesellschaft immer wieder breitmacht.
Alkoholismus kann aufgrund des persönlichen und sozialen Elends, das er hervorruft, mit Recht als ›Kulturseuche‹ bezeichnet werden, die den Menschen, wie noch ausgeführt werden soll, wertblind hält und ständig neue Opfer fordert. Er wurde nicht immer als Krankheit betrachtet; früher sprach man allgemein von einer ›schlechten Angewohnheit‹ und verharmloste dadurch dieses massive neurotische Symptom. Erst 1952 erstellte die WHO (World Health Organization = Weltgesundheitsorganisation) in Genf unter der Mitwirkung des ungarischen Psychiaters E. M. Jellinek eine Definition, wonach Alkoholsüchtige gewissermaßen

> »exzessive Trinker (sind), deren Abhängigkeit vom Alkohol einen solchen Grad erreicht hat, daß sie deutlich geistige Störungen oder Konflikte in ihrer körperlichen und geistigen Gesundheit, ihren mitmenschlichen Beziehungen, ihren sozialen und wirtschaftlichen Funktionen aufweisen oder Prodrome einer solchen Entwicklung zeigen.« (Feuerlein, S. 6)

Das Bundessozialgericht hat im Jahre 1968 den Alkoholismus als Krankheit anerkannt, was bedeutet, daß die Behandlung von den gesetzlichen Krankenkassen bezahlt wird.
Ist nun jeder, der Alkohol trinkt, Alkoholiker? Wo ist die Grenze? Zur besseren Orientierung hat Jellinek diejenigen, die Alkohol zu sich nehmen, in fünf Gruppen eingeteilt und diese nach dem griechischen Alphabet benannt:

Alpha-Trinker werden auch als *Konflikt- oder Problemtrinker* bezeichnet. Dieser Personenkreis trinkt, um sich Erleichterung zu verschaffen, ist jedoch nicht süchtig, verliert niemals die Kontrolle über sich und ist in der Lage, jederzeit mit dem Trinken aufzuhören.

Beta-Trinker auch *Gelegenheitstrinker* genannt, sind ebenfalls nicht süchtig, bekommen aber aufgrund des hohen Alkoholkonsums organische Schäden.

Gamma-Trinker sind Menschen, die von der Droge ›Alkohol‹ sowohl psychisch als auch physisch abhängig sind. Trinken sie weniger als üblich, stellen sich sofort Entzugserscheinungen ein. Dieser Typus, bei dem ein ausgeprägter Kontrollverlust festgestellt werden kann, wird als *süchtiger Trinker* bezeichnet. Hier finden sich, im Vergleich, mehr Frauen als Männer.

Delta-Trinker können dem Alkohol keinerlei Widerstand mehr entgegensetzen und müssen ständig einen gewissen Alkoholspiegel aufrechterhalten. Sie werden daher auch als *Spiegeltrinker* bezeichnet, die den Kontrollverlust lange hinauszögern können.

Epsilon-Trinker werden am treffendsten mit dem Begriff *Quartalssäufer* beschrieben. Sie trinken zu Krisenzeiten, die sich regelmäßig wiederholen. Diese Phase kann sich über mehrere Tage erstrecken und zeichnet sich durch Kontrollverlust aus.

Viele Autoren weisen übereinstimmend darauf hin, daß die beiden ersten Formen des Alkoholkonsums jederzeit in die beiden ›süchtigen‹ Formen übergehen können.

Alkohol und Gesellschaft

Für die Entstehung, die Verbreitung und die Dauer des Alkoholismus werden verschiedene Faktoren verantwortlich gemacht. Neben den spezifischen Eigenschaften des konsumierenden Individuums, auf die später noch näher eingegangen werden soll,

stehen zum einen die besondere Wirkung der Droge ›Alkohol‹, zum anderen die gesellschaftlichen Bedingungen.
Es wurde bereits angedeutet, daß neben den Auswirkungen des Alkohols auf den physischen Bereich (wie z. B. Nervensystem, Gehirn, Atmung, Muskulatur, Magen-Darm-Trakt, Stoffwechsel usw.) diejenigen auf den psychischen erhebliche und schwerwiegende Folgen haben. Hier spielt die Tatsache eine Rolle, daß dem Alkohol in unserer Gesellschaft neben seinem Ruf als Heil- und Rauschmittel auch der eines Genußmittels anhaftet. Treffender wäre aber der Begriff *Fluchtmittel,* da er dem Menschen sozusagen den Sprung von unten nach oben, aus einer Minus- in eine Plusposition, ohne jegliche Anstrengung ermöglicht.
Eine endgültige Antwort auf die Frage, warum ein Mensch nun gerade zum Alkohol greift, um Ängste, Unsicherheiten und Schwächegefühle zu kompensieren, ist noch nicht gefunden, und es ist zweifelhaft, ob es sie überhaupt gibt. Trotzdem ist es möglich, Kriterien anzuführen, die die Wahl eines bestimmten Symptoms unterstützen und fördern. Eines dieser Kriterien ist nach Alfred Adler der Charakter, d. h. der Lebensstil des einzelnen. Fester-Waltzing geht in seiner Abhandlung *»Individualpsychologie und Alkoholismus«* dieser Frage nach und gibt zu überlegen, ob diese Suchtform nicht einige Vorteile vor anderen Formen besitzt, ja, ob sie nicht vielleicht sogar eine besonders ›intelligente‹ Problemlösung darstellt:

> »Das Trinken ist zumindest in den ersten Stadien der Sucht ein Genuß. Der Betreffende hat sich etwas Gutes getan. Der Psychosomatiker, der Magenschmerzen produziert, oder der Agoraphobiker, der sich nicht auf freie Plätze wagt, haben beide — soviel Gewinn sie auch durch ihre Symptome haben mögen — in gewissem Maß zu leiden ... Alkohol wirkt schnell und in jedem Fall auf die eigene Befindlichkeit; es kostet keine Anstrengung, sich in Tagträume zurückzuziehen. Ein schlechtes Gewissen und Forderungen von anderen können schnell beiseite geschoben werden. Der Alkoholiker kann die Realität ausschalten.« (S. 166)

Indem der Alkoholiker im Rausch die Wirklichkeit auslöscht, entledigt er sich auch seines Bewußtseins, das nach Husserl immer Bewußtsein *von* etwas ist. »Ich machte mich los von der Leine des Bewußtseins«, schreibt Ernst Herhaus in seinem autobiographischen Buch *»Kapitulation«* (S. 226). Er leugnet seine

Vergangenheit, Gegenwart und Zukunft und gleichzeitig die Welt um sich herum. Der Alkohol dient dabei als Zaubermittel, mit dessen Hilfe er sich ins Nichts zurückziehen kann, was allerdings nur für kurze Zeit gelingt. Dieses Eintauchen ins Nichts schildert Hans Fallada in seinem Roman *»Der Trinker«*, der ebenfalls autobiographische Züge trägt:

> »Sofort verfiel ich in Schlaf, in jenen tiefschwarzen Schlaf, den der Alkohol bringt, wo man gewissermaßen ausgelöscht ist, einen befristeten Tod stirbt. Keine Träume gibt es da mehr, keine Ahnung vom Licht und Leben — fort ins Nichts! Das ist es.«

Taucht der Süchtige jedoch aus seinem Rausch auf, tritt ihm die Realität mit besonderer Wucht und Härte entgegen. Scham-, Ekel- und Schuldgefühle ›überfallen‹ ihn und treiben ihn von neuem in Richtung Alkohol. Damit verstrickt er sich in einen Teufelskreis, den er alleine nicht mehr durchbrechen kann. In der Erzählung *»Der kleine Prinz«* von Antoine de Saint-Exupéry wird dieser Circulus vitiosus treffend nachgezeichnet:

> Den nächsten Planeten bewohnte ein Säufer. Dieser Besuch war sehr kurz, aber er tauchte den kleinen Prinzen in eine tiefe Schwermut.
> »Was machst du da?« fragte er den Säufer, den er stumm vor einer Reihe leerer und einer Reihe voller Flaschen sitzend antraf.
> »Ich trinke«, antwortete der Säufer mit düsterer Miene.
> »Warum trinkst du?« fragte ihn der kleine Prinz.
> »Um zu vergessen«, antwortete der Säufer.
> »Um was zu vergessen?« erkundigte sich der kleine Prinz, der ihn schon bedauerte.
> »Um zu vergessen, daß ich mich schäme«, gestand der Säufer und senkte den Kopf.
> »Weshalb schämst du dich?« fragte der kleine Prinz, der den Wunsch hatte, ihm zu helfen.
> »Weil ich saufe!« endete der Säufer und verschloß sich endgültig in sein Schweigen.

Die Droge Alkohol entpuppt sich demnach als Mittel, das dem Individuum rasche Erfolge oder Erleichterungen vorgaukelt, die sich jedoch zwangsläufig als Scheinerfolge oder neue Belastungen entlarven.

Es würde zu weit führen, alle kulturellen und gesellschaftlichen Einflüsse auf die Alkoholismusentstehung aufzuzeigen. Um das Phänomen aber ansatzweise erfassen und richtig einordnen zu können, scheint es erforderlich, sich mit dem Umstand vertraut zu machen, daß wir in einer Gesellschaft leben, die einen günstigen Boden für die verschiedensten Arten von Süchten bereitet. Es sei nur erinnert an die Geltungssucht, die Anerkennungssucht, die Renommiersucht, die Erfolgssucht, die Habsucht, die Besitzsucht, die Eifersucht, die Scheelsucht, die Spielsucht, die Schlafsucht, die Nikotinsucht, die Tablettensucht, die Arbeitssucht, die Konsumsucht, die Sammelleidenschaft, die Kleptomanie, die Vergnügungssucht, die Streitsucht usw. Außerdem liefert sie mit ihrer immer weiter fortschreitenden Technisierung und der damit verbundenen Isolierung des einzelnen, seiner Abstumpfung durch Reizüberflutung und ein Überangebot von Konsumgütern einen nicht zu vernachlässigenden Beitrag zur Steigerung der Alkoholabhängigkeit.
Aber das ist nicht alles. In unserer modernen Zeit sieht sich das menschliche Individuum gleichzeitig konfrontiert mit einem in die Brüche gegangenen, weil überholten Rollenverständnis und der Erarbeitung eines neuen Selbstbewußtseins. Zum einen war der Mensch noch nie so frei wie heute, seine Identität und Individualität zu entdecken, zum anderen war er noch nie so *orientierungslos*. Diese Veränderung, der die Menschen mit Ohnmacht und Hilflosigkeit gegenüberstehen, kann nicht gewichtig genug eingeschätzt werden. Dabei geht es nicht um oberflächliche Modifikationen, sondern um grundlegende und weitreichende Wandlungen und um die Eroberung einer neuen Identität für beide Geschlechter. Das patriarchalische Denken muß überwunden werden und einem Denken, das von der unbedingten Gleichwertigkeit von Mann und Frau ausgeht, Platz machen.
Die Tiefenpsychologie, allen voran die Individualpsychologie, kann hierfür als einer der Wegweiser gelten. Alfred Adler, der große Humanist unter den Seelenforschern, hat in seinem Buch *»Menschenkenntnis«* (1926) die Unterdrückung der Frau und die gesellschaftlich praktizierte Bevorzugung des Mannes verurteilt und sich für eine bedingungslose Gleichstellung beider Geschlechter eingesetzt. Er warnte vor Irrtümern in der Menschenbetrachtung und im Menschenverständnis, da die Auswirkungen verheerend und folgenschwer sein müssen. Diese Warnung hat bis heute nichts an Aktualität eingebüßt, denn der Ungeist des

Patriarchats wirkt fort und schafft es immer noch, den Menschen zu deformieren und eine sog. ›Männlichkeit‹ und ›Weiblichkeit‹ zu konstruieren. Das Alkoholismusproblem findet sich in unmittelbarem Zusammenhang mit dieser Betrachtungsweise, gilt der hohe Alkoholkonsum doch in vielen Fällen als Zeichen von Männlichkeit. Auch in der Vorstellung des Alkoholikers geht es vorwiegend darum, den anderen überlegen zu sein oder zumindest zu scheinen. Adler bezeichnete diese Einstellung als ›männlichen Protest‹, was übersetzt heißt: »Ich will ein ganzer Mann sein!« In ihm vereinigen sich trennende Affekte und die Sucht, allen überlegen sein zu wollen, ja, ihnen aufgrund eines eingebildeten Sonderstatus überlegen sein zu müssen, und sie erweisen sich als asoziale Kompensationen von Minderwertigkeits- und Ohnmachtsgefühlen. Je mehr sich dadurch das Individuum von den anderen entfernt, desto größer werden Mißtrauen, Trotz, Angst, Größenvorstellungen und desto stärker der Anspruch auf Allmacht, die am Ende nur noch darin besteht, im Zugrunderichten der eigenen Existenz andere ohnmächtig und hilflos zurückzulassen.
Die Methode dieser Deformation im Patriarchat beschreibt Josef Rattner in seinem Buch *»Selbsterkenntnis und Menschenkenntnis«* folgendermaßen:

> »Wie auf einem ›Prokrustesbett‹ wird jegliches Individuum so lange verkürzt, verlängert, verstümmelt und deformiert, bis es der Kulturnorm annähernd genügt. Die Frau ist hierbei in der weit schlechteren Position. Dem Mann wird immerhin die Chance eingeräumt, sein Leben in der Selbstentfaltung zu verwirklichen. Er wird nicht in den engen Kreis des familiären Lebens eingesperrt. Für ihn liegt die Welt mit offenem Horizont da, und das Leben kann und darf ihm als Abenteuer erscheinen.« (S. 161)

So erstaunt es nicht, daß beide Geschlechter in einen Rollenkonflikt geraten und daß auch die Frau durch diese ›Rollen-Konfusion‹ (Feuerlein) für den Alkoholismus anfällig wird. Sie schwankt zwischen dem Akzeptieren ihrer eigenen Geschlechtlichkeit, die in unserer Gesellschaft teilweise als minderwertig gilt, und dem Wunsch nach Vollwertigkeit, die mit Männlichkeit gleichgesetzt wird. Der Mann tritt jedoch der Welt als ›kleiner Gott‹ entgegen, dem schon allein aufgrund seiner Zugehörigkeit zum ›wertvolleren‹ Geschlecht Bewunderung und Beifall zu

zollen ist. Diese künstliche Stärke fordert aber einen hohen Preis, nämlich die Verarmung des Gefühlslebens. So sucht dieser seelisch Verkümmerte dann nach Kompensationen, nach autarken Lösungen seiner Lebensprobleme, die ihm die Gesellschaft u. a. in Form von Alkohol anbietet und die er bereitwillig ergreift.
Warum das Individuum die Droge ›Mitmensch‹, die eigentlich so nahe liegt, immer noch beiseite läßt oder ignoriert, soll im folgenden untersucht werden.

Alkoholismus als neurotisches Symptom

Wird den kulturellen und gesellschaftlichen Einflüssen ein bedeutender Platz in der Entstehung des Alkoholismus eingeräumt, so reicht es dennoch nicht aus, bei ihnen stehenzubleiben. Das menschliche Individuum ist keine leblose, starre Substanz, in der die Welt ihre vielfältigen Spuren hinterläßt, sondern es ist ein lebendiges Wesen, das von Natur aus in der Lage und darauf angelegt ist, eigenständig und selbstverantwortlich zu den Gegebenheiten Stellung zu beziehen, und dies von frühester Kindheit an. Gerade in dieser Fähigkeit liegt die Freiheit des Menschen begründet, sie zeichnet ihn vor allen anderen Lebewesen aus.
Nach Adler ist der Mensch ein von Natur aus minderwertiges, unfertiges und gegen die Welt hin offenes Wesen ohne angeborene Verhaltensmuster, das nur auf dem Boden der Mitmenschlichkeit, des sozialen Bezuges, wachsen und sich entwickeln kann. Gerade diese natürliche Minderwertigkeit befähigt es zu lernen, macht es form- und beeinflußbar; andererseits kann es aber auch selbst in einem bestimmten Rahmen die Umwelt formen und beeinflussen. Erst dieser Austausch ermöglicht die Reifung des einzelnen und stellt eine sinnvolle Kompensation von Ohnmachtsgefühlen dar.
Gelingt die Kooperation nicht, so verstärkt sich das Minderwertigkeitsgefühl zum Minderwertigkeitskomplex, der unweigerlich in eine Sackgasse, nämlich in die Neurose, führt. Dabei muß betont werden, daß Menschsein immer auch heißt, Irrtümern und Schwächen zu unterliegen. Nach Adler ist jedoch der Irrtum des Neurotikers größer als der des ›normalen‹ Menschen, und zwar vermutlich deshalb, weil er ihn überhaupt aus seinem Le-

ben verbannen möchte. Individualpsychologisch betrachtet kann Wachstum demzufolge nur heißen, vom größeren zum kleineren Irrtum voranzuschreiten. Daraus folgt, daß sich neurotische Fehlhaltungen nicht qualitativ von gesünderen Einstellungen unterscheiden, sondern lediglich durch eine besondere Ausprägung oder Gewichtung im Charakterganzen. Als Beispiel sollen einige Züge dienen, die in der Persönlichkeitsstruktur des Alkoholikers als besonders hervorstechend zu beobachten sind: statt Wachsamkeit *Mißtrauen,* statt Selbstachtung *Eitelkeit,* statt Ichstärke *Ichhaftigkeit,* statt Selbstbehauptung *Trotz,* statt Mut *Prahlerei,* statt Autonomie *Autismus* usw. Der Anspruch, die absolute Kontrolle behalten bzw. die Tendenz, immer ›oben‹ sein zu wollen, immer geliebt und bewundert zu werden, überdecken den Wunsch nach Hingabe, Trost und Hilfe.

Damit erweist sich der Alkoholismus als *Lebensirrtum,* als infantiler, festgefahrener Weg, die Probleme des Lebens zu lösen, als fehlgeschlagener Versuch, aus Gefühlen der Ohnmacht und Unsicherheit zu einem Gefühl der Kompetenz und Sicherheit zu gelangen. Das ichschwache und entmutigte Individuum entwikkelt statt dessen einen ausgeprägten ›Willen zur Macht‹, der es jedoch immer tiefer in sein Unglück verstrickt und dazu drängt, heldenhaft zu sein:

> »Die Lösungen [des Alkoholikers] müßten den Stempel des Genies tragen, soll die Lebensfiktion nicht Lügen gestraft werden. Eine anspruchslosere Lösung ist meist unannehmbar. Je weniger sich aber der Entmutigte zur idealen Lösung imstande fühlt, um so mehr wird er vor der Alles-oder-Nichts-Alternative stehen und sich dem Nichts zuwenden.« (Zurukzoglu/Nußbaum, S. 4)

Das Machtstreben wiederum ist, wie bereits vorhin erwähnt, gekennzeichnet durch ein verkrüppeltes Gefühlsleben, Gefühlskargheit, Gefühlsarmut und Gefühlseinseitigkeit, die stets in einem ›selbstgemauerten Gefängnis‹ enden. Die dadurch entstehende innere Leere wird dann mit Alkohol ›aufgefüllt‹. Verfolgt man Berichte von Alkoholsüchtigen, so wird einem die Grausamkeit dieses Gefängnisses deutlich vor Augen geführt: Der Mensch flieht die Hilfe und die natürliche Bindung an die Mitmenschen und gerät zwangsweise in die oft absolute und tödliche Abhängigkeit vom Alkohol. Dieser aber löst keine Probleme, er vergrößert sie nur, steigert sie ins Unermeßliche, in-

dem er das Individuum täuscht und belügt. »... welch Lügner der Alkohol ist ...« läßt Fallada seinen Negativhelden verzweifelt ausrufen. (*»Der Trinker«*, S. 8)
Alkoholismus ist demzufolge das Symptom eines mißlungenen Selbstfindungsprozesses, das einhergeht mit mangelnder Ichstärke. Entscheidend aber ist der *Charakter*, auf dessen Hinter- oder Untergrund dieses Symptom entsteht. Auch Karen Horney plädiert dafür, nicht beim symptomatischen Bild einer Neurose stehenzubleiben:

> »Unser Interesse gilt vorwiegend den Charakterstörungen selber; die Entstellung des Charakters eines Menschen ist ein Ergebnis jeder Neurose, wohingegen ihre Symptome im klinischen Sinn ganz verschieden sein oder überhaupt nicht existieren können. Auch von einem kulturellen Gesichtspunkt aus gesehen, ist das Charakterbild wichtiger als die Symptome, weil der Charakter und nicht die Symptome das menschliche Verhalten beeinflußt.« (*»Der neurotische Mensch unserer Zeit«*, S. 21)

Sie unterstreicht, daß es sich beim Alkoholismus nicht um den Vulkan, sondern lediglich um dessen Eruptionen handelt. Deshalb muß das Augenmerk auf die Züge gerichtet werden, die ›neben‹ diesem auffälligen Symptom vorhanden sind, was wiederum heißt, die Charakterstruktur und die damit in Zusammenhang stehende ›private Intelligenz‹ (Adler) des Individuums zu erforschen. Meist trifft man dabei auf die zitierten Eigenschaften des Trotzes, der Ungeduld, des Mißtrauens, der Ichhaftigkeit, der Unaufrichtigkeit, der Rechthaberei, des neurotischen Stolzes usw.
Adler geht davon aus, daß das neurotische Symptom des Alkoholismus dann auftritt oder eine Rolle zu spielen beginnt, wenn sich der Mensch einer Lebensaufgabe gegenüber findet, deren Lösung ein entwickeltes Gemeinschaftsgefühl erfordert. Fehlt dieses, greift er als Ausweg zu einem Trick, um im Handumdrehen aus einer Schwäche eine Stärke zu machen. Wie das aussehen kann, soll am Beispiel des Romans *»Der Trinker«* von Fallada veranschaulicht werden.

Der Trinker

Dieser Roman ist in Tagebuchform geschrieben, was dem Leser die Einsicht in den Gemütszustand des ›Helden‹ erleichtert und ihn hautnah am Geschehen teilhaben läßt. Er folgt diesem Schritt für Schritt auf seinem Weg des langsamen Selbstmords hinein in einen Teufelskreis, aus dem es kein Entrinnen mehr gibt. Dabei soll es hier jedoch nicht um den gesamten Inhalt gehen, sondern lediglich um den Anfang, sozusagen um den ersten Schritt und den Versuch, einen Konflikt durch eine List zu lösen.
Die Aufzeichnungen beginnen mit der Feststellung des Herrn S. (Kaufmann, etwa 40 Jahre alt, verheiratet), daß er sich früher immer vor Alkohol geekelt habe, jedoch eine Zeit kam, da es anfing, ihm schlecht zu gehen. Die Geschäfte liefen nicht so wie erwartet, und auch mit den Menschen gab es allerlei Schwierigkeiten. Er sei, so fährt er fort, immer ein schwacher Mensch gewesen, der die Sympathie und die Anerkennung seiner Umwelt dringend benötigte, ohne sich dies natürlich anmerken zu lassen; ganz im Gegenteil: Er trat immer selbstbewußt und sicher auf.

> »Das Schlimmere war, daß ich das Gefühl bekam, auch meine Frau wende sich von mir ab. Es waren zuerst unmerkliche Zeichen, Dinge, die ein anderer ganz übersehen hätte. Zum Beispiel vergaß sie, mir bei einem Geburtstag in unserem Hause Kuchen anzubieten; ich esse zwar nie Kuchen, aber früher bot sie mir trotzdem stets welchen an ... Ich wollte eigentlich abwarten, wie lange sie es so treiben würde mir zum Ärger, aber am vierten Tag sagte ich es ihr ... Ich sagte es ihr natürlich ziemlich scharf. Ich wollte mir um keinen Preis merken lassen, wie sehr ich unter diesen Kränkungen und meiner Vereinsamung litt.«

So kamen zu den Problemen in der Firma auch noch die häuslichen hinzu, und eines Tages wurde Herrn S. zum ersten Mal von seiner Bank eine Auszahlung verweigert. Der Bankangestellte war aber sehr zuvorkommend und wollte sich in der Zentrale dafür einsetzen, daß sein langjähriger Kunde einen Sonderkredit erhalte. Diese Bemühungen lehnte Herr S. jedoch mit überlegener Pose ab und verließ, wie immer freundlich lächelnd, die Bank. Dabei war ihm natürlich nicht entgangen, daß ihm der Angestellte diesmal nicht, wie er es sonst zu tun pflegte, eine Zigarre anbot.

Er konnte nicht behaupten, daß er damals schon in echten Schwierigkeiten gewesen sei, es handelte sich eigentlich nur um eine gewisse Stagnation, einen Engpaß im Geschäft, der mit einigem Elan und Einsatz zu überwinden gewesen wäre. Aber gerade diesen Elan vermochte er nicht aufzubringen, da ihn das Mißfallen, dem er überall zu begegnen glaubte, so sehr bedrückte.

Als er von dem Bankbesuch nach Hause kam, gab es einen Zwischenfall mit seiner Frau Magda, der das Drama schließlich ins Rollen brachte. Als er vor seinem Haus stand und seine Schuhe reinigen wollte, stellte er fest, daß der Fußabtreter fehlte. Er schloß die Tür auf und rief mehrere Male erfolglos nach ihr. So stand er eine Weile im Regen und konnte nicht eintreten, ohne den Flurteppich zu beschmutzen, und dies alles nur, so ging es ihm durch den Kopf, weil seine Frau vergessen hatte, den Fußabtreter an seinen Platz zurückzulegen. Außerdem war sie nicht zur Stelle, obwohl sie wußte, wann er heimkommen würde. Schließlich trat er doch in den Flur, verunreinigte aber trotz größter Vorsicht den grünen Teppich. Gerade als er seinen zweiten Schuh auszog, trat Magda in den Türrahmen, und der Schuh fiel zu Boden. Sie ermahnte ihn, doch besser aufzupassen, und verwies ihn außerdem auf den Fußabtreter vor der Tür. Dieser Vorwurf traf ihn zutiefst, zumal er unberechtigt war, aber er schwieg. Nach einiger Zeit informierte er sie mit betont ruhiger Stimme über den fehlenden Abtreter. Magda hielt dieses Fehlen jedoch für unmöglich, war aber auch nicht bereit nachzusehen. Sie kritisierte seine Art, mit schmutzigen Schuhen ins Haus zu kommen, und er schwieg weiter. So kam es, daß sie ihm schließlich auch sein Schweigen vorwarf, begleitet von der Feststellung, daß dies schon immer seine Haltung gewesen sei, wenn sie ihm einen Vorwurf machte. Er jedoch nehme sich seinerseits die Freiheit, ihr ständig Vorwürfe zu machen, wie zum Beispiel vorhin, als sie nicht gleich zur Stelle war, als er nach ihr rief. Sie habe in den Keller gemußt, um nach der Heizung zu sehen, da ja das Dienstmädchen heute frei habe.

Herr S. hielt weiter an sich, überzeugt davon, daß seine Frau in allen Fällen unrecht habe. Äußerlich völlig ruhig, meinte er dann, sie sollten sich doch nicht streiten; er versichere ihr, daß er die Flecken auf dem Teppich nicht mit Absicht gemacht habe, worauf sie ihm ziemlich scharf vorhielt, daß auch sie ihn bei seinem Nachhausekommen nicht absichtlich habe warten lassen.

»Ich schwieg dazu. Bis zum Abendessen hatten wir uns beide wieder ziemlich in der Gewalt, eine ganz vernünftige Unterhaltung kam sogar zustande, und plötzlich hatte ich den Einfall, eine Flasche Rotwein, die mir irgend jemand mal geschenkt hatte, und die seit Jahren im Keller stand, heraufzuholen. Ich weiß wirklich nicht, wieso ich auf diese Idee kam. Vielleicht löste das Gefühl unserer Aussöhnung bei mir den Gedanken an etwas Festliches, wie Trauung oder Taufe aus. Magda war auch ganz überrascht, lächelte aber beifällig. Ich trank nur anderthalb Glas, obgleich mir an diesem Abend der Wein nicht sauer schmeckte. Ich kam sogar in eine heitere Stimmung und brachte es fertig, Magda allerlei vom Geschäft, das mir soviel Sorgen machte, zu erzählen. Natürlich sprach ich kein Wort von diesen Sorgen, sondern ich log im Gegenteil meine Mißerfolge in Erfolge um. Magda hörte mir so interessiert wie schon lange nicht zu. Ich hatte das Gefühl, daß die Entfremdung zwischen uns völlig geschwunden war, und in der Freude darüber schenkte ich sogar Magda hundert Mark ...«

Später überlegte Herr S., ob er zu diesem Zeitpunkt bereits betrunken gewesen sei, konnte dies aber mit gutem Gewissen verneinen. Und trotzdem sei er überzeugt davon, daß er damals den ersten Rausch seines Lebens gehabt habe, obwohl er weder schwankte noch lallte. *Der Alkohol hatte die ganze Welt verwandelt.* Er spiegelte ihm vor, daß es keine Entfremdung zwischen ihm und seiner Frau gegeben habe, er verwandelte seine geschäftlichen Sorgen in Erfolge, in solche Erfolge, daß er seiner Frau sogar hundert Mark schenken konnte. So hatte er sie nicht nur über seine finanzielle Lage getäuscht, sondern diese Täuschung noch mit einem Geldgeschenk untermauert. Juristisch gesehen hatte er sie betrogen, aber nicht das empfand er als problematisch; problematisch war das Menschliche dabei, und gerade das schien ihm furchtbar. Er hatte Magda zum ersten Mal bewußt belogen, und er konnte nicht einmal sagen, warum. Er hätte ja schweigen können, denn niemand, so wußte er, zwang ihn zu sprechen. Niemand? Ja, doch, so fiel ihm ein, es war der Alkohol, der seine Zunge löste, und er schwor sich, nie wieder einen Tropfen zu trinken.

Aber dieser Vorsatz hielt nicht lange an, und auch der Wunsch, es nie wieder zu einer Entfremdung zwischen sich und seiner

Frau kommen zu lassen, erfüllte sich nicht. Er erinnerte sich, daß es in ihrer 14jährigen Ehe nie Streit gab, und nun stritten sie sich ständig. Es hatte den Anschein, als ob auch das Streiten ein Gift sei, an das man sich gewöhnen und ohne das man bald nicht mehr leben kann.

Soweit der Beginn des Romans, der Ansatzpunkte für die Erschließung von Charaktereigenschaften liefert, die in der Persönlichkeit des ›Trinkers‹ eine erhebliche Rolle spielen und die ihn zur Selbsttäuschung greifen lassen.

Die Aussage des ›Helden‹, daß es in langjähriger Ehe niemals Streit gab, scheint darauf hinzuweisen, daß von beiden Partnern Konflikte umgangen bzw. verdrängt wurden, was bedeutet, daß der Mut zur Auseinandersetzung fehlte und damit auch das Vertrauen in den anderen. Mutlosigkeit ist jedoch eines der Kriterien, die Gemeinschaftsgefühl ausschließen bzw. es unterdrükken und den Menschen heimatlos machen. In seinem Aufsatz *»Rauschgift«* schreibt Adler, daß Mut, richtig gesehen, heißt:

> »Sich irgendwo zu Hause, sich heimisch fühlen, diese Welt mit allen Unannehmlichkeiten und Annehmlichkeiten als zu sich gehörig zu empfinden. Deshalb fehlt allen Fehlschlägen Mut, und statt dessen haben wir die Züge der List. Das beweist, daß ... Alkoholiker so leben, als ob sie in Feindesland wären. Sie sind auch mißtrauisch ... Sie sehen den anderen immer in irgendeiner Art als Feind.« (l. c., 1932, S. 7)

Die vorhin beschriebenen ›Kleinigkeiten‹ erscheinen nunmehr als Anzeichen einer problematischen Beziehung, deren brüchiges Fundament erst aufgrund der beruflichen und ehelichen Schwierigkeiten des Herrn S. zum Vorschein kam. Der bisherige Erfolg im Geschäft und die oberflächliche Harmonie, denn nur um eine solche konnte es sich handeln, ließen sein labiles Selbstwertgefühl und die damit verbundene mangelhafte Verwurzelung in den zwischenmenschlichen Beziehungen (an anderer Stelle spricht seine Frau davon, daß er die Menschen immer verachtet habe) unentdeckt. Nun aber stand eine Bewährungsprobe an, er befand sich in einer Krise, die zum Wendepunkt wurde. Da sich gleich an zwei Stellen Probleme zeigten, traten Züge der Überempfindlichkeit, des Mißtrauens, der Egozentrizität, der Eitelkeit, also narzißtische Tendenzen, sichtbar hervor. Es gelang ihm nicht, eine Brücke zu seiner Frau zu schlagen, als er merkte, daß sie sich ihm entfremdete; er wollte diese Entfremdung nicht wahrhaben. Scheute er das Risiko, eine Enttäuschung, eine Niederlage zu erleben? Scheute er davor zurück, vielleicht auf eigene Mängel gestoßen zu werden? Jedenfalls blieb er bei seiner Betroffenheit stehen, drehte sich um seine Verletztheit und konnte beides seiner Frau gegenüber nicht äußern. Fürchtete er tatsächlich den Verlust ihrer Liebe, von der er sich immer abhängig sah, oder geht es ihm um den Verlust ihrer Bewunderung? Liebe und Bewunderung (für Scheinwerte) unterscheiden sich in ihrer Wirkungsweise – während Liebe den Menschen nährt und daher stärkt, macht ihn Bewunderung für eingebildete Eigenschaften nicht satt. Da er diese Abhängigkeit jedoch leugnet und mit betonter Überlegenheitshaltung darauf reagiert, scheint die Vermutung berechtigt, daß er sie als für sich unakzeptable Schwäche empfindet. Gleiches scheint bezüglich des Angebots des Bankbeamten eine Rolle zu spielen; ihm gegenüber verhält er sich so, als ob er es nicht ertragen könnte, jemandem dankbar sein zu müssen, in jemandes Schuld zu stehen. Er lehnt jegliche Hilfe von außen ab und entdeckt gerade zu diesem Zeitpunkt den Alkohol als ›Lösungsmittel‹, von dem er nicht mehr lassen kann.

Das Scheitern an der Gemeinschaft

Versteht man unter Alkoholismus ein neurotisches Symptom, eingebettet in eine bestimmte Charakterstruktur, so ist damit unausweichlich ein Scheitern an den zwischenmenschlichen Beziehungen verbunden.

Neben den geschlagenen, gehaßten, mißhandelten und gedemütigten Kindern und denen, die schon früh mit dem Alkohol in Berührung kamen, findet man unter den Alkoholabhängigen einen Großteil ehemals verwöhnter und dadurch entmutigter Menschen, die aufgrund ihrer Kindheitserfahrung meinen, die Welt sei dazu da, sie zu lieben, zu bewundern und die einmal begonnene Verwöhnung fortzusetzen, ohne eine Gegenleistung zu fordern. In vielen Fällen handelt es sich dabei um Jüngste oder Einzelkinder, die in einem Sonderstatus aufwuchsen und die es gewohnt sind, wohl Rechte, aber keine Pflichten zu haben. Die Erfahrung lehrte sie, daß Wünsche, wenn nötig, erfolgreich auch mit Trotz durchgesetzt werden können.

Die Gefahr einer Suchtentwicklung beginnt erfahrungsgemäß

nicht erst, wenn der Alkohol zu Hilfe genommen wird, sondern bereits dann, wenn ein Kind relativ früh das Mitmachen verweigert und die Erzieher diese ›privilegierte‹ Position aufgrund eigener Persönlichkeitslücken fördern. Dadurch wächst die Entmutigung, und der Erwerb von Fähigkeiten und Tüchtigkeiten, beides effektive Gegenmittel gegen jede Art von Sucht, stagniert. Hierzu ein Beispiel aus unserer Praxis:

»Herr B., ein 31 jähriger Mann, trinkt seit seinem 16. Lebensjahr. Er ist das jüngste von 3 Kindern und war der einzige ›Mann‹ in der Familie. Der Vater starb, als er noch ein Säugling war, und die Mutter arbeitete ganztags, um die Familie versorgen zu können. Die Hausarbeit oblag den beiden Schwestern. Herr B. nahm von Anfang an in der Familie eine Sonderstellung ein, denn er war der Liebling der Mutter, der ›kleine Prinz‹, der keine Pflichten hatte und sich weigerte mitzuhelfen. Meist hielt er sich bei den Großeltern auf, die am Stadtrand von Berlin ein Haus hatten und bei denen er seine Rolle weiterspielen konnte. Auch sie setzten ihm keine Grenzen, er bekam, was er forderte. Meist spielte er alleine im Wald oder auf der Wiese, nie mit anderen Kindern. Er verbrachte seine Zeit damit zu träumen. Lief einmal etwas nicht so, wie er es wollte, reagierte er mit Trotz und er bekam seinen Willen. Das Drama begann sich abzuzeichnen, als er eingeschult wurde: er konnte auch hier nicht mitmachen. Weder gelang es ihm, sich an seine Klassenkameraden anzuschließen, noch war er fähig, Leistungen zu erbringen: beides hatte er nicht geübt. Als er die Schule mit Mühe und Not hinter sich gebracht hatte, stand die Berufswahl an, die sich aufgrund der schlechten Schulleistungen als schwierig erwies. Die Ansprüche waren hoch, die Realität enttäuschend. Zusätzlich stellte sich auch die Frage der Annäherung an das andere Geschlecht und an die Liebe. Zu diesem Zeitpunkt begann Herr B. zu trinken.«

Es fällt auf, daß der Genannte schon sehr früh den Kontakt zu den anderen mied und lieber seinen Tagträumen nachhing, in denen er mühelos der ›Größte‹ sein konnte. In Beziehung zu den Mitmenschen zu treten hätte bedeutet, mit eigenen Charakterdeformationen konfrontiert zu werden und sich auf ein ›Mittelmaß‹ reduziert zu sehen. Es hätte auch geheißen, Beiträge leisten zu müssen, worauf er jedoch nicht vorbereitet war und was er stets als Zumutung empfand. Wie viele Alkoholiker ist auch er bis heute in eine symbiotische Beziehung zu seiner Mutter verstrickt. Für die finanzielle und emotionale Misere seiner eigenen Familie (das Ehepaar hat ein Kind adoptiert) macht er seine Frau verantwortlich, die ihn seiner Auffassung nach nicht genug liebe. Er hat bereits eine Arbeitsstelle verloren und ist dabei, die zweite zu riskieren, da er schon morgens betrunken in seinem Betrieb erscheint. Aufgrund seines mangelnden *sozialen Interesses* (Adler), das Wohlwollen, Verständnis, Geduld, Einfühlung, Vertrauen, Mut und Zuversicht einschließt, ist er an den drei Lebensaufgaben Arbeit, Liebe und Gemeinschaft gescheitert. Allein dieses Interesse jedoch ist Basis für eine fruchtbare Lebensgestaltung und für die Entfaltung der eigenen Persönlichkeit.

Herr B. konnte sich nicht auf den Boden der Gemeinschaft stellen und bildete deshalb Charakterzüge aus, die ihn nach Ersatzbefriedigungen, nach fraglichen ›Ichkrücken‹ suchen ließen, die die Entfremdung von den anderen nur noch verstärkten. Nach Adler ist es nämlich dem menschlichen Individuum nicht möglich, ohne Schaden an der eigenen Person seine natürliche mitmenschliche Bezogenheit zu umgehen:

> »Die Forderungen der Gemeinschaft haben die Beziehungen der Menschen geregelt, die schon ursprünglich als selbstverständlich, als ›absolute Wahrheit‹ bestanden haben. Denn vor dem Einzelnsein der Menschen war die Gemeinschaft. Es gibt in der Geschichte der menschlichen Kultur keine Lebensform, die nicht als gesellschaftlich geführt worden wäre. Nirgends sind Menschen anders als in Gesellschaft aufgetreten.« (Adler, *»Menschenkenntnis«*, S. 38)

Überlegenheits- und Machtstreben verhindern Hingabe an die anderen und an die gesamte Kultur und enden zielsicher in der Resignation, da, wie Herhaus gegen Ende seiner Leidensgeschichte schreibt, nur aus Gemeinschaft Hoffnung kommt. (S. 333) Der Neurotiker hält ständig einen Abstand zwischen sich und den Mitmenschen, der ihn davor bewahrt, aktiv und intensiv am Leben teilzuhaben. Spürt er doch hin und wieder diesen Stachel, der ihn zu den anderen hindrängt, dann greift er zum Alkohol, um ihn zu dämpfen. Würde er es schaffen standzuhalten und sich den Mitmenschen anzunähern, könnte er sie besser kennen und lieben lernen und damit auch sein eigenes Menschsein eher annehmen. Jeder Akt in Richtung auf die Gemeinschaft hinterläßt im einzelnen eine Spur, die das Selbstwertgefühl hebt und das Ich stärkt. Der Alkoholiker verweigert sich jedoch und gleicht dabei einem ›Faß ohne Boden‹, einem Hungrigen, der niemals satt wird, weil er die falsche Nahrung zu sich nimmt. Die Psychoanalyse spricht daher auch vom *oralen* Charakter, d. h. von demjenigen, der auf einer kindlichen Entwicklungsstufe stehengeblieben ist und nicht zur reifen, genitalen Persönlichkeit heranwachsen konnte.

Therapie des Alkoholismus

Die Fachleute stimmen darin überein, daß es bis heute keine Patentlösung für die Behandlung Alkoholkranker gibt und daß nur das Zusammenwirken der unterschiedlichsten Kräfte Aussicht auf Erfolg verspricht, wenn man hier überhaupt von Erfolg sprechen kann, da die Prognosen ungünstig und die Rückfallquoten immer noch sehr hoch sind.
Das Haupthindernis liegt dabei vor allem in der Persönlichkeit des Kranken selbst, der meist keinen Leidensdruck verspürt (es sind vorwiegend die Angehörigen, die leiden), keine Krankheitseinsicht hat, den Alkoholkonsum entweder leugnet oder bagatellisiert und jegliche Schuld oder Verantwortung auf andere abwälzt. Es wird geschätzt, daß die Hälfte aller Alkoholiker in keinem Fall behandlungswillig ist und sich nur jeder zehnte von sich aus um eine Therapie bemüht. Eine weitere Hürde stellt die Forderung dar, auf das Suchtmittel zu verzichten, soll eine Behandlung überhaupt in Angriff genommen werden können. Außerdem ist die Haltung der Ärzte den Alkoholikern gegenüber noch zwiespältig, was damit zusammenhängt, daß deren Einstellung zum Suchtproblem allgemein als noch keineswegs wertfrei und objektiv angesehen werden kann. Dabei scheint das Suchtproblem vieler Ärzte selbst, wie es Schmidbauer in seinem Buch *»Die hilflosen Helfer«* sehr eindringlich beschreibt, eine nicht unerhebliche Rolle zu spielen. Vermutlich darauf Bezug nahm im Sommer 1981 der Berliner *Tagesspiegel*; er zitierte in einer Randnotiz den Huldigungsartikel einer anderen Tageszeitung zum Geburtstag einer Angehörigen eines europäischen Königshauses, die für ihren Alkoholkonsum bekannt ist: »Sie trinkt, wie viele von uns, mehr als unsere Ärzte uns raten würden, aber nicht mehr als unsere Ärzte selbst.«

In den letzten Jahren haben sich verstärkt Institutionen, d. h. Krankenhäuser, Kliniken, Psychiatrische Abteilungen usw., bereit gefunden, die Behandlung Alkoholabhängiger aufzunehmen oder zu intensivieren. Hier ist vor allem das Jüdische Krankenhaus in Berlin zu nennen, das auf diesem Sektor hervorragende Arbeit leistet. Außerdem sind Fachkliniken, wie z. B. die österreichische Modellklinik in Wien-Kalksburg, entstanden, in denen die Dauer des stationären Aufenthalts der Schwere der Krankheit und den Bedürfnissen des Alkoholikers angepaßt wird. (Glatt, S. 176) Im Zuge dieses Prozesses ist die Gruppenpsychotherapie immer weiter in den Vordergrund gerückt, wobei die Behandlungstechniken von der suggestiven bis zur nicht direktiven Therapieform reichen. Die Erfahrung hat gezeigt, daß eine Kombination von Einzel- und Gruppensitzungen angebracht und sinnvoll ist.

Neben diesen institutionellen Einrichtungen bestehen auch sog. Selbsthilfeorganisationen, die als ideologische Grundlage meist humanitäre oder religiöse Konzepte haben. Die bekanntesten unter ihnen sind die *Anonymen Alkoholiker*, die auf dem Boden einer religiös-humanistischen Überzeugung stehen; das *Blaue Kreuz*, das der evangelischen Kirche angeschlossen ist; der *Kreuzbund* von katholischer Seite sowie der *Guttemplerorden*. Diese Selbsthilfegruppen unterhalten oft auch Beratungsstellen und sind Träger von stationären und halbstationären Zentren. (s. Feuerlein, S. 171) Die *Anonymen Alkoholiker* sind eine soziale Selbsthilfeorganisation, die 1935 in den USA von zwei ehemaligen Alkoholikern, einem Chirurgen und einem Börsenmakler, gegründet wurde und die sich seit 1952 auch in den deutschsprachigen Ländern ausgebreitet hat. In der Bundesrepublik zählt sie ungefähr 300 Gruppen, in Österreich 20 und in der Schweiz 50, die sich aus jeweils 20 Teilnehmern zusammensetzen. Die beiden Pioniere der AA trafen sich einst zufällig, erzählten sich ihre Lebens- und Leidensgeschichte und

> »stellten fest, daß sie in der Zeit, in der sie sich gegenseitig erzählten, nicht hatten trinken müssen. Es fiel ihnen auf, aber sie bewerteten es nicht. Aber sie verabredeten und trafen sich ein zweites Mal. Unfaßbar für beide: Beide hatten sie, ihr Wiedersehen erwartend, in der Zwischenzeit nicht weitertrinken müssen. Sie trafen sich, sprachen es aus und jeder sah, daß der andere die Wahrheit sagte — bis dahin jeder ein habitueller Lügner und eisiger Kämpfer gegen das Glas, jeder mit dem

> Schuß der fortgesetzten Niederlage im Magen. Gemeinschaft miteinander riskierend, entdeckten sie ihre Chance ...« (Herhaus, S. 289)

Die Mitglieder dieser Organisation, die sich, um die Anonymität zu wahren, mit Vornamen ansprechen, haben das Ziel, ›nüchtern‹ zu werden, zu bleiben und andere auf dem Weg dahin zu unterstützen. Sie müssen, um an den Gruppentreffen, den sog. ›AA-Meetings‹, teilnehmen zu können, Krankheitseinsicht zeigen, d. h. zugeben, dem Alkohol verfallen und ihm gegenüber machtlos zu sein. Unfruchtbares Mitleid untereinander wird zugunsten einer förderlichen Solidarität abgelehnt. Bei fast allen Mitarbeitern handelt es sich um ehemals Süchtige, denen die Aufgabe zufällt, Neulinge, die Bereitschaft zur Mitarbeit kundtun, zu betreuen. Die Ausgaben werden vor allem aus freiwilligen Spenden und dem Verkauf von Schriften bestritten. Um auch den Familienangehörigen Gelegenheit zum Austausch zu geben, richtete die Organisation sog. ›Al-Anon-Gruppen‹ ein.
Für den Erfolg dieser Selbsthilfegruppe scheinen vor allem drei Punkte wesentlich zu sein, nämlich einmal die Auffassung, daß der Alkoholiker ein Leben lang gefährdet bleibt, dann, daß er sich nicht mehr alleine helfen kann, und schließlich, daß sich der Weg zur Abstinenz nur in kleinen Schritten (immer für 24 Stunden trocken bleiben zu wollen) vollzieht. Genaue Daten über die Erfolgsquote, so liest man in den Standardwerken, sind nicht zu erhalten, da sich viele AA-Mitglieder gegen statistische Untersuchungen zur Wehr setzen.
Das *Blaue Kreuz* wurde 1877 in Genf gegründet und ist dem Diakonischen Werk angeschlossen. Für die Mitglieder dieser Gruppe geht es um eine innere Lebenserneuerung ›mit Gottes Hilfe‹. Die Treffen finden regelmäßig statt, wobei sich jeder, der daran teilnehmen will, schriftlich verpflichtet, für eine begrenzte Zeit Alkohol zu meiden. In der Bundesrepublik bestehen mehr als 200 Vereine mit ca. 7000 Mitgliedern; Zugang erhalten aber auch nichtevangelische Christen.
Der *Kreuzbund* ist als ›Verband abstinenter deutscher Katholiken‹ aus dem 1896 gegründeten Verein gegen den Mißbrauch alkoholischer Getränke hervorgegangen. In den letzten Jahren steht nicht mehr, wie ehedem, der Kampf gegen den Alkoholkonsum im Mittelpunkt, sondern die regelmäßigen Gruppengespräche für Alkoholkranke und deren Angehörige.

Der *Guttemplerorden*, eine politisch und konfessionell neutrale Antialkoholiker-Bewegung, entstand 1850 in New York. Sie verpflichtet ihre Mitglieder zu völliger Abstinenz. 1945 wurde die deutsche Sektion neu errichtet und zählt heute rund 3500 Mitglieder, wovon etwa die Hälfte ehemalige Alkoholiker sind.

Prophylaxe des Alkoholismus: Erziehung zur Werterkenntnis

Ein Schritt auf dem Weg zur Beantwortung der Frage, warum die Droge ›Mitmensch‹ so selten zu Hilfe genommen wird, führte zu den menschlichen Lebensbedingungen in der Gesellschaft und zum Charakter des einzelnen. Adler betrachtet letzteren als individuelle, schöpferische Stellungnahme des Kindes zum Erziehungsstil und Charakter der Eltern, zur eigenen Konstitution und den sozialen, wirtschaftlichen und politischen Gegebenheiten. In ihm finden neurotische Störungen, auch als Lebensirrtum, Werdenshemmung oder Selbstentfremdung bezeichnet, ihren Niederschlag und enden, wie das Beispiel des Alkoholikers zeigt, in einer absoluten Sinn- und Wertentleerung des Lebens, d. h. in der Hoffnungslosigkeit, im Nichts. Dieser Umstand kann als Beweis dafür gelten, daß es sich bei den Werten, die er anstrebt, um Schein- oder Unwerte handeln muß und daß sein Wertentwurf allgemein als mangelhaft anzusehen ist. Die fundamentale Rolle, die die *Wertblindheit* für den Alkoholismus spielt, kann dem bereits mehrmals erwähnten Buch *»Kapitulation«* von Herhaus entnommen werden. Der Autor schildert, abgesehen von seinem eigenen Schicksal als Trinker, den Lebensweg eines der beiden Gründer der Anonymen Alkoholiker, der sich Jahre vor seiner Selbsthilfeaktion in seiner Not an C. G. Jung in Zürich wandte. Er erbat keine Interpretation und keine Erklärung seines desolaten Zustandes, sondern eine Aufdeckung seiner Mitschuld am eigenen Elend und am Elend anderer. Aber er wollte noch mehr: Er wollte Rat und Hilfe für die Gestaltung der Zukunft:

> »Trocken bleiben ist bereits viel, gemessen an unserer früheren Hölle, aber nüchtern und erfolgreich in der ganzen Wirklichkeit zurechtzukommen, das gelingt uns noch nicht. Was wir bräuchten, das wäre ein absoluter Wert, an dem wir uns gemeinsam orientieren könnten, Höheres, in dessen Wahrheit

> wir Hundesöhne und Sumpfschwestern uns bereitwillig unterordnen könnten. Und mit Liebe muß das zu tun haben, Jung, wir sind doch sämtlich Liebeskranke.« (S. 291)

Dieser Hilfeschrei macht deutlich, wie sehr Menschsein und Wertverwirklichung zusammengehören und wie entscheidend es ist, diejenigen Werte anzustreben, die eine Verbindung zum Mitmenschen ermöglichen und die helfen, eine Brücke zu ihm zu schlagen. Ohne Werte und Normen, schreibt Erich Fromm in seinem Buch *»Psychoanalyse und Ethik«*, kann der Mensch nicht leben, denn »Werturteile, die wir fällen, bestimmen unsere Handlungen. Von ihrer Gültigkeit hängen Glück und geistige Gesundheit ab ...« (S. 8) Die Wertauswahl liegt im Charakter verborgen und wird in den Charakterzügen sichtbar. Da als ›Organe‹ des Werterkennens die Gefühle gelten, verwundert es nicht festzustellen, daß der Alkoholabhängige einen schmalen Wertentwurf hat. Er ist gefühlsarm und gefühlskrank; er bricht zusammen, wenn einer seiner Werte ausfällt, und verzweifelt am Leben, wenn es sich, wie beim *»Trinker«* von Fallada, gleich um zwei Faktoren handelt, die in Frage gestellt werden: Verluste bzw. Stagnation im Geschäft und Liebesverlust bzw. Entfremdung von seiner Ehefrau. Damit erweisen sich die Werte des ›Geliebt-werden-Wollens‹- und des ›Erfolg-haben-Wollens-um-jeden-Preis‹ als Pseudowerte, denn sie beschleunigen den ›Untergang‹ des Individuums. Echte Werte dagegen lassen ihm die Welt transparenter und die Menschen liebenswerter erscheinen, sie rücken ihm beide näher und versöhnen ihn mit ihnen. Für Autoren wie Nicolai Hartmann und Max Scheler gilt als höchster Wert überhaupt der Mensch oder die menschliche Person. Nichts und niemand steht höher und darf höher gestellt werden als sie, soll das Leben des einzelnen nicht im Verderben enden. Bleibt diese Voraussetzung unberücksichtigt, so verliert sich der Mensch selbst aus den Augen und verfällt, wie beschrieben, u. a. dem Alkohol, der ihn zwar vorübergehend an-, aber nicht dauerhaft ausfüllt.

Wenn man mit Adler darin übereinstimmt, daß das Individuum ein von Natur aus minderwertiges Wesen ist, das sich nur in der Verbindung mit der Welt und den Mitmenschen ›vervollständigen‹ kann, so heißt dies, daß es sich auf Werte hin orientieren muß, die es den Weg in Richtung auf mehr ›Vollwertigkeit‹ gehen lassen. Die gelungenste Bindung, und damit einer der höch-

sten geistigen Werte, ist die Liebe, da nur sie die ›Menschwerdung‹ ermöglicht. Der Prozeß des Liebenlernens muß jedoch bereits in der Kindheit beginnen, soll er später auf anderer Ebene fortgesetzt werden und den Menschen von lähmenden Kompensationen wie z. B. der Sucht fernhalten.
In seiner Abhandlung *»Auf dem Wege zu einer neuen tiefenpsychologischen Erziehungs- und Bildungstheorie«* (1978) ergänzte Josef Rattner die ›Libidophasen‹ Freuds und stellt damit die menschliche Entwicklung auf eine breitere, dem Wesen des Menschen gemäßere Stufe. Er behält zwar das psychoanalytische Modell bei, entledigt es aber seiner zeitgeistbedingten Schablonen. Seiner Auffassung nach durchlebt das Kind nicht nur Triebschicksale, sondern bereits vom ersten Lebenstag an Sozialisations- und Interaktionsschicksale, die entscheidend und folgenschwer sind. Da beim Alkoholabhängigen ›orale‹ und ›phallische‹ Tendenzen im Vordergrund stehen, soll hier auf diese beiden Aspekte näher eingegangen werden.
Rattner versteht das Kind als ein Lebewesen, dessen früheste Entwicklung bereits mit Gefühlen, Wertempfinden, Sprachprozessen und Denkvorgängen einhergeht. Die Erziehung wird damit zu einem *Bildungsprozeß,* den das Kind in der Kultur durchlaufen muß, soll es zum wirklichen Menschen werden. Der Autor regt an, die Idee der Oralität umfassender zu begreifen, als es die Psychoanalyse tut, und die Nahrungsaufnahme als lediglich einen Punkt des Wachstums zu sehen, denn

> »das Kind muß viel mehr einverleiben als Nahrung, wenn es ›ein Mensch‹ werden soll. Bei einem gut absolvierten ›Oralitätsschicksal‹ ist fast noch wichtiger als das Einflößen von Muttermilch die Zuführung von guten Gefühlen, guten Worten, von Mimik und Gestik, Sympathie und Lebensfreude ... Der Mensch braucht offenbar in erster Linie auch Mütterlichkeit, und diese wird ihm durch Nahrung, Gefühle, Worte und Zuwendung verabreicht.« (S. 191)

Leidet das Individuum an seelisch-geistiger Unterernährung, kommt es, wie beim Alkoholiker, zu *Geisteshunger und Sprachschmerz* (Herhaus). In einer gefühlskargen und spracharmen Umgebung kann sich kein stabiles Ich entwickeln, auch wenn es genügend Nahrung für den Körper erhält. Das Kind benötigt gleichzeitig Nahrung in Form von Werterfahrung und Wertvermittlung, die in der ›phallischen Phase‹ in den Vordergund rükken. Auf dieser Entwicklungsstufe werden vom Kind die Geschlechtsunterschiede entdeckt, was nach Freud zu Penisstolz beim Jungen und Penisneid beim Mädchen führen soll. Es geht dabei jedoch eher um den Wertunterschied zwischen Mann und Frau im Patriarchat, der den beiden Geschlechtern bewußt wird und aus dem sie ihre jeweilige Position im Leben ableiten:

> »Für die Erziehung und Bildung des Kindes wird es von ausschlaggebender Bedeutung sein, ob es an seinen Erziehern erleben und auch von ihnen erfahren kann, daß Mann und Frau gleichwertig und gleichberechtigt sind. Diese Einsicht ist gewissermaßen die Eintrittspforte zu jeder höheren Kultiviertheit ... Die übersteigerte Männlichkeitsglorifikation macht die Männer gefühlsarm, hart, aggressiv, herrschsüchtig und kleinmütig; die Frauen werden dadurch mit ihrer Geschlechtsrolle unzufrieden und kopieren die männlichen Untugenden, oder sie gleichen sich dem ›Weibchen-Idol‹ an, das ebenfalls vom Ungeist des Patriarchats angekränkelt ist.« (S. 196)

So besteht die Aufgabe des Erziehers darin, eine unbefangene Lebens- und Sexualerziehung zu vermitteln und dem Vorurteil von der ›Minderwertigkeit der Frau‹ entgegenzutreten. Liebe und Sympathie für das andere Geschlecht fallen schließlich auf den einzelnen zurück, denn Selbst- und Fremdachtung sind nur zwei Seiten einer Medaille. Dem Alkoholkranken fehlt diese wohlwollende Einschätzung: Er jagt einem Phantom von Männlichkeit nach, das ihn selbst nie zur Ruhe kommen läßt. Er versucht, seine ›Halbheit‹ mit Alkohol aufzufüllen, was die Empfindung der eigenen Mangelhaftigkeit nur noch verstärkt. Was an die Stelle dieser Persönlichkeitslücke treten müßte, wäre ein reiches Gefühlsleben und ein umfängliches Spektrum an Handlungsmöglichkeiten, also eine umfassende Flexibilität im Umgang mit sich und anderen, die erst den ›ganzen‹ Menschen ausmachen.

In dieser Periode des Wachstums stehen jedoch noch andere dringende Fragen an, die einer bedachten Antwort bedürfen, wie z. B. Fragen nach der Herkunft des Menschen, seinen Aufgaben in der Welt und dem Sinn seines Lebens, der Ursache von sozialen Mißständen und Kriegen u. a. m. Soll ein permanentes Interesse des Kindes an Menschheit und Welt geweckt werden und soll es sich in dieser Welt heimisch und geborgen fühlen, muß eine wissenschaftliche Aufklärung, natürlich immer der Ebene des Kindes angeglichen, stattfinden, die es mit Werten konfrontiert, an denen es sich ein Leben lang ausrichten kann. Dadurch und am Vorbild der Erwachsenen wird es lernen, höhere von niederen Werten zu unterscheiden, und nicht, wie der Alkoholiker, daran scheitern, daß es Überlegenheits- und Machtstreben der Solidarität mit anderen und dem Wohlwollen für andere vorzieht. Rattner schreibt dazu:

»›Phallische Menschen‹ sind für den Psychoanalytiker jene, die einer naiven Eitelkeit huldigen, etwa auf Körpervorzüge stolz sind und äußere Statussymbole über alles stellen. Das Kind soll von uns lernen, daß *Sein* wichtiger als *Haben* und *Schein* weniger als *Sein* ist. Die Unterscheidung von Wert, Pseudowert und Unwert ist das Hauptthema der ›phallischen Erziehung‹, natürlich auch der Erziehung überhaupt.« (S. 198)

Deshalb muß auch die Psychotherapie zur Gefühls-, Sprach- und Denkschulung werden, will sie den Menschen, der Hilfe sucht und eine Um- oder Neuorientierung anstrebt, nicht mit Oberflächlichkeiten abspeisen. Sie wird ihr Ziel, nämlich die Liebes-, Arbeits- und Gemeinschaftsfähigkeit des Analysanden zu fördern, jedoch nur dann erreichen, wenn sie in der Lage ist, den in der Kindheit unterbrochenen Bildungsprozeß fortzusetzen. Zu diesem Zwecke ist es unabdingbar, daß der Therapeut die Illusion von seiner Objektivität und Neutralität aufgibt und akzeptiert, daß er sein Wertsystem in der Therapie nicht ablegen kann wie ein beliebiges Kleidungsstück. All das, was er in seinem Privatleben verwirklicht oder unterläßt, fließt in die Gespräche ein, auch wenn er es nicht wahrhaben will. Erich Fromm hat in seinem Buch *»Die Furcht vor der Freiheit«* auf diesen Sachverhalt hingewiesen und betont, daß jedes Lehrgebäude, jede theoretische Überzeugung und jeder Begriff auf einem ›gefühlsmäßigen Mutterboden‹ wachsen, der niemals ›neutral‹ sein kann. (S. 271) Der Therapeut vermag die in zwischenmenschlichen Beziehungen größtmögliche Objektivität zu verwirklichen, wenn er den Mut zur Echtheit findet und seine Subjektivität annimmt. Erst dann wird ein gleichberechtigter Dialog möglich, der frei ist von Besserwisserei und Überheblichkeit.

Der an sich und dem Leben leidende Analysand, der meist einem schmalen und einseitigen Wertentwurf verhaftet ist, soll in der

Therapie die Chance erhalten, eigene Werte in Frage zu stellen und die Wertordnung des Therapeuten kennenzulernen und überprüfen zu können. Nur auf diese Weise ist gewährleistet, daß sich Werturteile nicht durch die ›Hintertür‹ einschleichen und den Analysanden manipulieren, ohne daß er Gelegenheit hätte, Stellung zu beziehen.

Eine gelungene Psychotherapie zeichnet sich schließlich dadurch aus, daß sie den Analysanden anregt, sich in einen lebenslänglichen Prozeß der Selbsterziehung einzulassen. Er soll den Wunsch in sich entdecken und nähren, immer wieder nach Vorbildern zu suchen, an denen er, anders als in der Kindheit, wachsen und sich entwickeln kann. Lernt er in diesem Sinne, seine Persönlichkeitslücken zu kompensieren und den Mitmenschen als ›Heilfaktor‹ ins Auge zu fassen, wird er weder Flucht- noch Betäubungsmittel zur zweifelhaften Ergänzung benötigen.

Josef Rattner

Suizidalität

Das Wort ›Suizid‹ stammt aus dem Lateinischen und bedeutet: Selbsttötung. Analog wird auch der Terminus ›Selbstmord‹ gebraucht; er ist aber weniger zweckmäßig, weil in ihm ein uraltes religiöses Vorurteil mitschwingt, wonach eine derartige Verhaltensweise einem ›Verbrechen‹ gleichkommt. In neuerer Zeit hat sich auch der Ausdruck ›Freitod‹ eingebürgert. Ihm gegenüber muß das Bedenken namhaft gemacht werden, daß ein überwältigender Prozentsatz der Suizidenten wahrscheinlich nicht frei handelt: Man kann zwar von einem ›Entschluß zum Suizid‹ sprechen, aber die genauere Untersuchung ergibt in der Regel, daß der Selbsttöter in einer emotionalen Unfreiheit befangen ist und durch zahlreiche ihm unbewußte Motivationen zu seiner unseligen Tat gedrängt wird. Daher ist das Wort ›Suizid‹ wohl immer noch die treffendste Bezeichnung. Aus Gründen, die wir weiter unten darlegen werden, mag auch der Ausdruck ›Entleibung‹ philosophisch sinnvoll sein; er ist aber im Alltagsleben unvertraut, und vor allem psychologische Laien werden nicht leicht Überlegungen über das Verhältnis von Leib und Seele anstellen können, wodurch begreiflich wird, wie und warum sich die ›Seele‹ ihres ›Leibes‹ entledigen will (ent-leiben!).
Seit jeher galt der Suizid als ein philosophisches und psychologisches Problem. In der Antike priesen einige Philosophenschulen (z. B. die Stoa) den freiwilligen Tod; einige bedeutende Denker entleibten sich, als sie alt oder krank wurden und ihrer Umgebung nicht zur Last fallen wollten. Erst das Christentum errichtete ein Verbot der Selbsttötung; als Gotteskind habe der Mensch nicht das Recht, sich umzubringen, da dies auch gegen das biblische Gebot ›Du sollst nicht töten‹ verstoße. Aufgrund dieser Argumentation wurden Selbstmörder nicht wie andere Leute beerdigt. Der Staat schloß sich dieser Tendenz an, und bis ins späte 18. Jahrhundert galten Selbstmordversuche als delinquente Handlungen. Die Selbstmörderleiche wurde unter dem

Galgen verscharrt und das Vermögen des Suizidenten konfisziert. Noch im Zweiten Weltkrieg sprach ein deutsches Kriegsgericht die These aus: »Im Kriege begangener Selbstmord ist Fahnenflucht.« Es ist für den Staat offenbar unverständlich, daß sich ein Bürger durch eigene Initiative tötet, wenn er im Krieg ›fürs Vaterland‹ sterben soll.
Trotz unzähliger Untersuchungen von Philosophen, Psychologen, Sozialwissenschaftlern und Kulturhistorikern hat das Thema ›Suizid‹ noch manche Dunkelheiten bewahrt. Anscheinend ist der Mensch das einzige Wesen, das sich selbst absichtlich töten kann; suizidähnliche Handlungen bei Tieren (z. B. das Verhungern des Hundes, dessen Herr gestorben ist, weshalb das Tier durch andere angebotene Nahrung nicht zu sich nimmt) haben wohl kaum dieselbe Bedeutung wie der menschliche Suizid. Was ist der Sinn einer solchen Selbstverneinung, die radikal aufs Ganze geht?
Albert Camus eröffnet sein Buch *»Der Mythos von Sisyphos«* mit den sicherlich überspitzt tönenden Sätzen:

> »Es gibt nur ein wirklich ernstes philosophisches Problem: den Selbstmord. Die Entscheidung, ob das Leben sich lohne oder nicht, beantwortet die Grundfrage der Philosophie. Alles andere — ob die Welt drei Dimensionen und der Geist neun oder zwölf Kategorien habe — kommt erst später. Das sind Spielereien; zunächst heißt es Antwort geben. Und wenn es wahr ist, daß — nach Nietzsche — ein Philosoph, der ernst genommen werden will, mit gutem Beispiel vorangehen müsse, dann begreift man die Wichtigkeit dieser Antwort, da ihr dann die endgültige Tat folgen muß.«

Wiewohl wir der Auffassung sind, daß es noch sehr viele andere ›ernste philosophische Probleme‹ gibt, müssen wir Camus darin recht geben, daß er die hohe Signifikanz der Suizidfrage für jegliche philosophische Menschenkunde würdigt. Angesichts des Selbstmordes können wir nicht umhin, uns dem Problem des Lebenssinns und Lebensinhaltes zu stellen. Wozu leben wir? Ist das Leben — mit dem Dichter zu reden — nicht ›das höchste Gut‹? Und wenn das zutrifft: Welche Güter sind höher als die Selbsterhaltung und rechtfertigen es unter Umständen, das Leben wegzuwerfen?
Schon an dieser Stelle wird erkennbar, daß die Erörterungen des Suizids eine moralisch-ethische Tragweite besitzen. Sodann ha-

ben sie auch eine medizinisch-psychiatrische Dimension: behaupten doch Medizin und Psychiatrie, daß der Mensch irgendwie krank sein muß, wenn er sich selbst tötet. Es gibt aber auch Situationen, wo die Selbsttötung ohne Krankheit erfolgt. Die Aspekte der Suizidalität sind enorm vielfältig.

Statistische Hinweise

Seit Jahrzehnten befaßt sich die Statistik mit den Selbsttötungsphänomenen, aber da in diesem Zusammenhang der Einzelfall ausgeklammert ist, ergeben sich immer nur periphere Befunde. Dennoch können diese nicht übergangen werden, wenn man das Wesen des Suizids begreiflich machen will.
Die durchschnittliche Suizidrate in den industriellen Ländern ist etwa 20 pro Jahr auf hunderttausend Einwohner. Das bedeutet zum Beispiel für die Bundesrepublik, daß sich in ihr jährlich ca. 10 000 Menschen das Leben nehmen. Als Vergleichszahl sei die Zahl der Verkehrstoten angegeben: Es sind dies ca. 18 000 jährlich. — Experten postulieren, daß die *Suizidversuche* mindestens zehnmal häufiger vorkommen als die Suizide; somit muß man mit über 100 000 Suizidhandlungen pro Jahr rechnen. — Berlin ist übrigens die Stadt mit der höchsten Selbstmordziffer: Ca. 40 pro 100 000 Einwohner töten sich selbst in dieser Stadt, die eine relativ überalterte Bevölkerung aufweist.
Männer suizidieren sich öfter als Frauen, aber letztere unternehmen mehr Selbstmordversuche. Bei den Frauen ist der Suizidgipfel im dritten, bei den Männern im vierten Lebensjahrzehnt. Im Alter kommt es zu einem zahlenmäßigen Anstieg der Suizidhandlungen, wobei Ausscheiden aus dem Beruf und Sterben des Partners ins Gewicht fallen mögen. Die Witwen suizidieren sich weniger oft als die Witwer; sie ertragen das Alleinbleiben wohl besser.
In Familien, wo es bereits Selbsttötungen gab, ist die Chance von Suizidhandlungen größer als in Familien ohne Suizide. Dies hat man gelegentlich auf Vererbung von Suizidalität zurückführen wollen. Neuere Untersuchungen haben jedoch gezeigt, daß es eine ›Anlage zum Selbstmord‹ sehr wahrscheinlich nicht gibt. Eher muß an ›Familientradition‹ gedacht werden, indem suizidgefährdete Eltern ihre Kinder gewissermaßen in einer ›Suizidstimmung‹ heranbilden. Kommt es dann zu größeren Lebenskri-

sen, dann suizidiert sich das betreffende Individuum gemäß dem familiären Vorbild.
Frauen sind suizidanfälliger in den Zeiten der Menstruation und auch im Prämenstrum. Dies überrascht nicht, da die Frau oft beim Herannahen der Monatsblutung in ein biologisch-psychisches Tief hineingerät, wo mitunter auch die psychische Labilität eindrücklich hervortritt. Zusätzliche Belastungen können dann Auslöser zu Suizidhandlungen werden.
Die soziologische Forschung hat seit Emile Durkheim (*»Le suicide«*, 1897) den sozialen Kontext der Suizidalität erfolgreich herausgearbeitet. Durkheim war der Meinung, daß die soziale Einbettung des Individuums seine Selbstmordgefährdung verringere. Auflösung von Gemeinschaften und Anomie (Wertzerfall, Desintegration) steigere die Selbsttötungsrate. Bei den Katholiken glaubte Durkheim eine relevant kleinere Zahl von Selbsttötungshandlungen feststellen zu können. Diese These hat sich aber seither nicht bestätigt. Auch die für das fromme Gemüt einleuchtende Lehre, daß bei den Gottlosen der Selbstmord häufiger im Schwange sei als bei den Gläubigen, ist nicht aufrechtzuerhalten. Die Suizidalität hängt nicht direkt davon ab, ob man an Gott glaubt oder nicht glaubt.
Aber soziale Randgruppen sind gefährdeter als gutintegrierte ›Insider‹. Verfolgte und Flüchtlinge, Kriminelle, Homosexuelle, Umsiedler und Einwanderer usw. sind in Gefahr, sich umzubringen, wobei stets mehrere ›Gründe‹ zusammenwirken, bis eine Suizidhandlung zustande kommt. Alkoholiker und Süchtige, chronisch und unheilbar Kranke, Menschen in Armut und Verelendung, Studenten, Ledige und Geschiedene stellen ein erhebliches Kontingent der ›Selbstmörderarmee‹ dar.
Andere Statistiken befassen sich mit Konflikten in Partnerschaften, emotionaler Vereinsamung und weiteren psychischen Belastungen, die ebenfalls für die Suizidalität bedeutsam sind. Ein Großteil der Suizidenten hat eine psychologisch oder psychiatrisch auffällige Vorgeschichte. Eine Suizidhandlung ist fast immer der ›Abschluß einer krankhaften Entwicklung‹, Schlußpunkt einer neurotischen Lebensgestaltung, deren Anfänge bis in die frühe Kindheit zurückreichen. Das häusliche Milieu, die Ehe und die Charaktere der Eltern, der Erziehungsstil spielen eine gewaltige Rolle hinsichtlich der späteren Selbstmordneigung. Darauf werden wir noch bei der Darlegung der tiefenpsychologischen Gesichtspunkte zurückkommen.

Gründe für den Selbstmord

Eine einfache und einheitliche Erklärung des Suizids führt vermutlich zu nur banalen ›Erkenntnissen‹, die hinter dem Stand der derzeitigen Forschung zurückbleiben. Man muß sich von vornherein auf eine möglichst breitangelegte Interpretationsskala einstellen, die der Komplexität des Phänomens einigermaßen gerecht werden kann.

Jean Baechler in seinem Buch *»Tod durch eigene Hand«* (1981) unterscheidet eine ganze Reihe von »typischen Bedeutungen des Selbstmords«, wobei er für seine Typologie triftige Begründungen anzugeben vermag. Die Basis für seine Überlegungen ist der Gedanke, daß jeder Suizident durch sein Verhalten »die Lösung eines existentiellen Problems in einem Anschlag auf das Leben des Subjekts sucht und findet«. Suizidales Tun ist eine Handlung, und wenn wir handeln, nehmen wir Stellung zum Leben, und sei dies auch im Sinne der Selbstvernichtung.

Eine Katastrophenhandlung erfolgt aber nur dann, wenn der Handelnde keine anderen Möglichkeiten mehr sieht. Echte oder imaginäre Ausweglosigkeit ist daher eine Grundbedingung der Suizidalität.

So kann der Selbstmord die Bedeutung einer *Flucht* haben. In der faschistischen oder bolschewistischen Diktatur konnten viele Menschen voraussehen, daß sie durch eine gnadenlose Polizei oder Obrigkeit gedemütigt, eingesperrt oder getötet werden konnten. Manche ertrugen diesen Druck nicht oder kamen ihren Verfolgern zuvor, indem sie sich selbst umbrachten. Für Menschen in extremer äußerer und innerer Notlage kann es sogar einen gewissen Trost bedeuten, daß sie sich aller Bedrängnis schließlich durch den Freitod entziehen können. In ihrer Flucht aus der Situation bestätigen sie sich noch einen Rest ihrer Freiheit, die ihnen durch die Macht der Umstände fast gänzlich verlorenging.

Alkoholabusus und Drogenkonsum sind Analoga dieser Form von Suizidalität. Bei ihnen kommt die Flucht durch vorübergehende Auslöschung des Bewußtseins zustande; man kann daher diese Süchte ›tendenzielle Suizide‹ nennen.

In anderen Fällen bedeutet die Selbsttötung so etwas wie *Trauer* und *Strafe*. Der Verlust einer wichtigen Beziehungsperson oder wertvoller Güter kann einen derart starken Trauereffekt mobilisieren, daß das Subjekt einen Anschlag auf sein Leben verübt.

Enttäuschungen im Liebesleben begünstigen Selbstmordverhalten auf dem Wege der *traurigen Verstimmung*, in der die Gedanken oft genug um den ›Unwert des Lebens‹ kreisen. Aber auch berufliche Mißerfolge können melancholische Charakterelemente sehr bekräftigen, so daß tiefe Resignation eintritt, die zum Suizid überleitet.

Der depressive Patient ist auch zur Selbstbestrafung geneigt, wenn er seinen eigenen Wertvorstellungen nicht entspricht und den Tadel seiner Umgebung erwartet. Bei dieser Art von Selbsttötung sollen aber auch andere Menschen getroffen werden, die man anders nicht kränken kann. In der Selbstverneinung kann eine *verkümmerte Revolte* liegen.

Damit ist schon der oft aggressive Grundzug der Suizidalität angedeutet. Selbstmord kann auch *Verbrechen* und *Rache* sein. In so manchen Eifersuchtsdramen tötet der pathologisch Eifersüchtige zunächst seinen Partner und anschließend auch sich selbst. Die seelisch-geistige Verwandtschaft von Mord und Selbstmord ist den Kriminologen schon seit langem aufgefallen. Eine überraschend hohe Zahl von Mördern endet durch Suizid. Der ›Wille zum Töten‹ unterscheidet dann nicht mehr zwischen der eigenen Person und den Mitmenschen. Anders ausgedrückt: Der am Haß erkrankte Mensch will die ganze Welt zertrümmern, darunter auch sein ›Haßobjekt‹ und sich selbst.

Geschieht ein Suizidversuch nach einem Streit oder einem Verlassenwerden, dann kann es sich um einen Racheakt handeln, da der ›Schuldige‹ mit hoher Wahrscheinlichkeit durch diesen Akt Gewissensbissen und Schuldgefühlen überantwortet wird. So mancher Suizident malt sich dieses Schicksal seines Protagonisten oder Antagonisten mit einer gewissen Wollüstigkeit aus, vergißt aber in seiner destruktiven Leidenschaft, daß er sich an der Niedergeschlagenheit seines Opfers nicht wird weiden können. Rein vorstellungsmäßig fühlt sich das Ich oder Selbst ›unsterblich‹: Es reflektiert den Tod als eine Art von Weiterleben, wodurch der Entschluß zur Selbsttötung erleichtert wird.

Baechler spricht auch von *Erpressung* und *Appell* als Suizidalitätshintergrund. Wiederum wird man ohne weiteres an Partnerschaftstragödien denken, wo allfällige Trennungen durch Suizidhandlungen rückgängig gemacht werden sollen. So kann die Selbstmorddrohung zu einer gefürchteten Waffe werden, die den Partner zu allen möglichen Kompromissen und Kapitulationen veranlaßt. Wo die Erpressungsvariante unzweckmäßig ist, wird sie durch den Appell ersetzt, der etwas mildere Mittel zu verwenden pflegt. Aber die Intention ist wohl dieselbe: Der Suizid hat die Bedeutung eines ›Machtmittels‹, das auf die schwachen Stellen des Mit- oder Gegenspielers hinzielt und ihn gefügig machen will.

In Gesellschaftsformen, welche die sozialen Entitäten wertmäßig weit über das Individuum stellen, kommt auch der Selbstmord als *Opfer* vor. Man denke etwa an die japanischen Kamikazeflieger im Zweiten Weltkrieg, die durch ihren ›Opfergang‹ den Sieg Japans über die USA erzwingen wollten. Beispiele ähnlicher Art kann man wohl von vielen kriegführenden Staaten berichten. Edlere Formen dieser Selbstopferungen kamen zum Beispiel in den nationalsozialistischen Konzentrationslagern vor, wo sich manche Häftlinge für andere bei der Vollstreckung von Todesurteilen durch die Lagerleitung meldeten, da sie der Meinung waren, ihr Leben stelle einen geringeren Verlust dar als dasjenige des ›Verschonten‹. Es ist nicht zu leugnen, daß die Aufopferungsfähigkeit des Menschen bis zur Preisgabe der eigenen Existenz gehen kann.

Der Vollständigkeit halber erörtert Baechler auch den Suizid als *Ordal* (Selbstprüfung und Schicksalsprüfung) und als *Spiel* (Herausforderung des Todes): Aber diesen Suizidvarianten kommt eine nur geringe Validität zu.

Der tiefenpsychologische Standpunkt

Die Psychoanalyse befaßte sich seit 1910 mit den *unbewußten Komponenten* der Suizidhandlungen und versuchte, letztere in das Gefüge der Gesamtpersönlichkeit einzuordnen. Wichtig in diesem Zusammenhang sind vor allem folgende Abhandlungen von Freud selbst: *»Zur Einführung des Narzißmus«* (1914); *»Trauer und Melancholie«* (1916); *»Jenseits des Lustprinzips«* (1920).

In *»Trauer und Melancholie«* will Freud vom Normalzustand des Traurigseins nach dem Verlust eines ›geliebten Objekts‹ auf die pathologische Affektlage der Melancholie zurückschließen. Die Melancholie sei

> »seelisch ausgezeichnet durch eine tief schmerzliche Verstimmung, eine Aufhebung des Interesses für die Außenwelt, durch den Verlust der Liebesfähigkeit, durch die Hemmung

> jeder Leistung und die Herabsetzung des Selbstgefühls, die sich in Selbstvorwürfen und Selbstbeschimpfung äußert und bis zur wahnhaften Erwartung von Strafe steigert«. (GW, Bd. X, S. 429)

Der traurige Mensch leiste ›Trauerarbeit‹, indem er die verlorene Beziehungsperson gleichsam verinnerlicht, womit er wieder fähig wird, sich erneut mit der Umwelt in Kontakt zu setzen. Beim Melancholiker vermissen wir diese Rückwendung zur Realität. Die Herabsetzung seines Ichgefühls oder seine Ichverarmung bleibt bestehen. Die Patienten ergehen sich in beharrlichen Selbstverkleinerungen, gegen die man mit vernünftigen Argumenten nichts ausrichten kann. Sie wühlen im Selbsthaß, was ihnen offenbar irgendeine Befriedigung geben muß. Meistens sind sie auch sehr unduldsam gegen ihre Mitmenschen; sie haben nicht nur ihre Selbstachtung, sondern auch die Achtung vor den anderen eingebüßt.

Freud analysiert nun in erster Linie die innerseelische Dynamik des melancholischen Prozesses. Das Über-Ich oder das Gewissen des Melancholikers sei gewaltsam und archaisch; dem entspricht auch ein übersteigertes und irreales Ichideal, das nie verwirklicht werden kann und zur dauernden Frustrationsquelle wird. Die triebhaften Quellen der Gewissensbildung liegen in der Aggression und im Narzißmus. Man darf daher bei auto-aggressiven Menschen eine gewisse Eitelkeit und Selbstbezogenheit wie auch eine erhöhte Aggression mutmaßen. Tatsächlich erahnt man in den *Klagen* des Melancholikers verhüllte *Anklagen* gegen die Umgebung, die unter diesen Lamentationen mächtig zu leiden hat.

Die Melancholie ist gewissermaßen eine ›narzißtische Krise‹. Die Selbstliebe und das Selbstwertgefühl sind gestört durch berufliche oder erotische Mißerfolge, respektive durch ein gesamtmenschliches Scheitern. Der Melancholiker regrediert auf ein Frühstadium seiner Entwicklung, was immer mit unbewußten Allmachtswünschen verbunden ist. Man läßt die Welt aus dem Blick entschwinden, um die Omnipotenz des ›gekränkten Ichs‹ aufrechtzuerhalten. Der Eros vermindert sich, und die Aggressivität übernimmt im Seelenleben die Alleinherrschaft.

Daran sind die Gedanken aus *»Jenseits des Lustprinzips«* anzuknüpfen. In dieser Schrift postuliert Freud das Gegeneinanderwirken der beiden Urtriebe des Eros und des Todestriebes, die

die bunte Fülle psychischer Phänomene hervorbringen. Solange Eros und Thanatos miteinander vermischt sind, ist das Funktionieren der Seele gewährleistet. Kommt es aber zu einer ›Triebentmischung‹, dann können die erotischen Kräfte das destruktive Potential nicht mildern oder gar für die Produktivität fruchtbar machen. Der lieblose Mensch ist dazu verurteilt, sich selbst oder andere zu zerstören. Meistens gehen Auto- und Heterodestruktivität Hand in Hand.

Es kann wohl kaum bezweifelt werden, daß Freud mit diesen Ausführungen nebenbei die Psychologie der Suizidalität tiefgreifend erhellt. Andere Psychoanalytiker (K. Abraham, K. Menninger, S. Rado, G. Zilboorg, L. Kubie, E. Stengel u. a.) folgten seinen Spuren und betonten nachdrücklich den aggressiven Aspekt der Selbsttötung. Wegleitend blieb hierbei die Freudsche Formulierung:

> »Wir wußten längst, daß kein Neurotiker Selbstmordabsichten verspürt, der solche nicht von einem Mordimpuls gegen andere auf sich zurückwendet«. (GW, Bd. X, S. 438).

Studiert man aber das Innenleben von Selbstmördern genauer, dann erkennt man bald, daß diese Formel trotz ihrer Suggestivität nicht zureicht. Heinz Henseler in seinem Buch *»Narzißtische Krisen — Zur Psychodynamik des Selbstmords«* (1974) erweitert daher diese These, indem er noch andere Motive aus der psychoanalytischen Literatur für die Suizidalität namhaft macht. Er spricht hierbei von:

> »Tötung eines internalisierten Objekts; Autoaggression; Sühne, Selbstbestrafung; blinde Abfuhr aggressiver Spannungen; omnipotente Beherrschung der Situation, aktives Zuvorkommen; Rückkehr in die Kindheit; Kontaktsuche in regressiver Art; Wiedervereinigung mit einer toten Beziehungsperson; Resignation, Flucht; Neubeginn, Wiedergeburt, neues Leben.« (l. c., S. 63)

In dieser Motivationsliste, die teilweise an Baechlers Darlegungen erinnert, zeigen sich die Tendenzen der neueren Psychoanalyse, die sich besonders intensiv um die Narzißmusforschung bemüht. Um diese Thematik haben sich u. a. M. Balint, H. Kohut, H. Argelander verdient gemacht. Die modernen Narzißmustheorien sind auch insofern faszinierend, als sie auf einer

Verschmelzung von psychoanalytischen und individualpsychologischen Konzepten zu beruhen scheinen.

Narzißmus heißt eigentlich nicht primäres Verliebtsein in sich selbst; im wesentlichen wird dieser Tatbestand definiert durch den Welt- und Beziehungsmangel des Subjekts, seine Angst und sein Bindungsmanko, was *sekundär* zur Konzentration auf das eigene Ich führt. Nun kennt die kontaktlose Persönlichkeit kaum je Gefühle des Wohlbehagens, der positiven Selbsteinschätzung und der Selbstsicherheit: Sie ist — wie Alfred Adler zu sagen pflegte — ein Opfer von Minderwertigkeitskomplexen und des kompensatorischen Machtstrebens, welche das Gemeinschaftsgefühl oder Sozialinteresse daniederhalten. Der narzißtische Mensch oszilliert zwischen Empfindungen der Ohnmacht und Allmacht; letztere muß er sich auf illusionäre Weise zulegen, indem er die Realität entwertet und ihr den Rücken kehrt.

Nur in der phantasiereichen ›Lebenslüge‹ ist der Mensch omnipotent; daher retirieren Neurotiker aus der Wirklichkeit in die Phantasie, die ihnen zum Quietiv, zum Rauschmittel und zum Refugium wird.

In Adlerscher Sicht ist der Suizid eine Kampfhandlung gegen die Gemeinschaft. Sieht man näher zu, dann entdeckt man in der Vorgeschichte von Suizidenten, daß sie sich durch ihre Mitmenschen oder durch das Leben als Ganzes ›gekränkt‹ fühlen und es irgend jemandem oder dem ›Schicksal‹ heimzahlen wollen. Sie legen sich die Selbstvernichtung als eine Art von Sieg und Triumph zurecht, ohne ausreichend zu verstehen, daß sie dabei die Verlierer sind. Adler beleuchtet diesen Zusammenhang in einem Aufsatz mit dem Titel *»Selbstmord«* (1937, S. 51):

> »Im Falle eines Verlustes zeigten sich solche Personen in ihrer Kindheit als schlechte Verlierer. Direkter Angriff gegen andere zeigte sich selten. Immer zeigte sich ein Lebensstil, der erraten ließ, wie sie durch gesteigerte Klagen, Trauer und Leiden auf andere einzuwirken trachteten. Ein Hang, bei schwierigen Lebenslagen unter seelischen Schmerzen zusammenzubrechen, fiel öfters auf. Daneben auch ein gesteigerter Ehrgeiz und Eitelkeit und ein Scheinbewußtsein ihres Wertes für andere. Phantasien, in denen sie krank oder gestorben waren, wodurch der Schmerz der anderen die höchsten Grade erreichte, gingen parallel mit dem festen Glauben an ihren hohen Wert für andere, den sie zumeist aus der verwöhnenden Situation ihrer Kindheit erworben hatten. Ganz ähnliche

Dinge fand ich in der Vorgeschichte von Melancholikern, Trinkern und Morphinisten, deren Typus an den der Selbstmörder grenzt. In die einfachste Form gebracht zeigt sich der Lebensstil des potentiellen Selbstmörders, seine in der Kindheit erworbene Konstitution darin, daß er den anderen oder andere dadurch trifft, daß er sich selbst in Schädigungen hineinphantasiert oder sich sie zufügt. Man wird selten fehlgehen im Feststellen, gegen wen der Angriff zielt, wenn man herausfindet, wer dadurch am meisten getroffen ist.«

Die obigen Ausführungen berechtigen uns dazu, die Probleme der Suizidalität auf dem Hintergrund von *fundamentalen Selbstwert- und Beziehungskrisen* zu sehen, die infolge von seelischer Verarmung und Verängstigung mit Aggression beantwortet werden. Das Subjekt ›entleibt sich‹, um sich der gehaßten und gefürchteten Welt entziehen zu können.

Der Adlerianer Erwin Ringel (*»Der Selbstmord«*, 1953) präzisierte die These der Individualpsychologie durch umfangreiche Untersuchungen an Suizidenten, wobei es ihm gelang, das sogenannte ›präsuizidale Syndrom‹ herauszuarbeiten. Diesem kommt naturgemäß eine große praktische Bedeutung zu; ist es doch für die Angehörigen des potentiellen Selbstmörders und den Arzt von entscheidender Tragweite, rechtzeitig die Gefährdung zu erkennen und entsprechende Vorbeugungsmaßnahmen einzuleiten.

Ringel und andere Autoren widerlegen die volkstümliche Meinung, daß derjenige, der vom Suizid spricht, sich nicht umbringt. Achtzig Prozent der Suizidenten haben ihr Vorhaben mehrfach angekündigt und nicht selten sogar zum habituellen Gesprächsgegenstand gemacht. Ein ähnlicher Prozentsatz von Selbstmordkandidaten konsultiert zuvor den Arzt, oft aber mit anderen Symptomen, hinter denen sich die Präsuizidalität sowohl verbirgt als auch manifestiert. Der einfühlsame Beobachter erkennt nach Ringel die präsuizidale Gefahr an folgenden Punkten:

1. Zunehmende Einengung
   a) Situative Einengung
   b) Dynamische Einengung (einseitige Ausrichtung der Apperzeption, der Assoziationen, der Verhaltensmuster, der Affekte und Abwehrmechanismen)
   c) Einengung der zwischenmenschlichen Beziehungen

d) Einengung der Wertwelt
2. Aggressionsstauung und Wendung der Aggression gegen die eigene Person
3. Selbstmordphantasien (anfangs aktiv intendiert, später sich passiv aufdrängend)

Phänomenologische Überlegungen

Die Optik der Tiefenpsychologie ist bewundernswert lebensnahe, aber anspruchsvolle Kritiker bemängeln an ihr, daß sie mit relativ ungeklärten theoretischen Grundbegriffen arbeitet, denen eine Verankerung in einer überzeugungskräftigen philosophischen Anthropologie und Ontologie (Seinslehre) fehlt. Als Remedur werden in der Regel die Erkenntnisse der Phänomenologie und der Existenzphilosophie empfohlen; tatsächlich erscheinen viele tiefenpsychologische Befunde in einem neuen Licht, wenn man sie durch die phänomenologische Kunst des Beschreibens, Zergliederns und Auslegens bereichert und überhöht.

Für den Suizid z. B. fällt in Betracht, daß er auf den ersten Blick hin als Selbsttötung, Selbstvernichtung und Selbstentleibung imponiert. In diesem vordergründigen Phänomen sind viele zunächst unsichtbare Aspekte enthalten, die durch die ›Strenge des Sehens‹ erst transparent gemacht werden müssen.

Der Tod ist — existenzphilosophisch gesprochen — die letzte und äußerste Möglichkeit des Daseins. Das Vorlaufen zu ihm hin (M. Heidegger, *»Sein und Zeit«*, 1927) ist entweder eine heroische Existenzweise oder aber die Verzweiflungstat jener, die sich aller anderen Möglichkeiten beraubt glauben. Leben ist ein Können im Sinne von Selbstverwirklichung durch Handeln und Leiden; wer an seiner Selbstrealisation verzweifelt, überspringt alle daseinsmäßigen Leistungsanforderungen und wirft sich dem Tod in die Arme, weil er nicht leben kann, oder glaubt, nicht leben zu können.

Dies gehört in den Bereich der *Pathologie der Freiheit,* denn Freisein bezeugt sich nicht im jähen Zerstören der eigenen Existenz, sondern in der freiwilligen Übernahme der »Last des Daseins«. Spinoza schon warnt in seiner *»Ethik«* (4. Teil, 67. Lehrsatz) vor der Entartung des Freiheitsgefühls, das sich im Labyrinth der Todesgedanken verrennt, und sagt:

> »Der freie Mensch denkt an nichts weniger als an den Tod; und seine Weisheit ist nicht ein Nachsinnen über den Tod, sondern ein Nachsinnen über das Leben. Beweis: Der freie Mensch, d. h. der Mensch, der allein nach der Leitung der Vernunft lebt, wird ... nicht von der Furcht vor dem Tode geleitet, sondern begehrt ... unmittelbar das Gute, d. h. ... er begehrt zu handeln, zu leben und sein Sein zu erhalten auf der Grundlage des Suchens nach dem eigenen Nutzen. Und somit denkt er an nichts weniger als an den Tod, vielmehr ist seine Weisheit ein Nachsinnen über das Leben.«

Beim suizidalen Menschen finden wir alle Strukturen (›Existenziale‹) der menschlichen Existenz, die Heidegger in seiner *»Analytik des Daseins«* so umfassend expliziert hat: Nur müssen wir voraussetzen, daß beim Suizidenten diese Existenzmodalitäten irgendwie ›abgewandelt‹ sind. So dürfen wir etwa ein habituelles ›Verstimmtsein‹ (Befindlichkeit) erwarten, ein Leben in der permanenten Furchtsamkeit, eine verkümmerte Dialogbereitschaft (Rede), wenig oder gar keine Emanzipation aus der uneigentlichen Seinsweise des Man-selbst-Seins mit seinen Gegebenheiten des ›Verfallenseins‹ an jene Bedingungen der Existenz, in die man fast zufällig hineingeraten ist. Wer Selbstmord begeht, gehört zum ›beschädigten Leben‹ (Adorno), das den Schaden selbst ins Endgültige ausweitet.
Sehr viel Licht fällt auf den Sinngehalt der Suizidhandlungen unseres Erachtens durch die Heideggerschen Begriffe der ›Sorge‹ und der ›Transzendenz‹. In seiner ontologischen Betrachtungsweise deklariert Heidegger, daß das Sein ›in und an ihm selbst gelichtet‹ sei; in dieser Lichtung aber wohne der Mensch, dem gleichsam die Aufgabe übergeben sei, als ›Hirt und Wächter des Seins‹ zu fungieren. Sein Wesen sei die Existenz, dem Wortsinn nach verstanden als Ek-sistenz, d. h. als Draußensein bei den Mitmenschen und den Dingen dieser Welt. Bei dieser ekstatischen Seinsverfassung muß der Mensch nicht von einem ›Ichpol‹ aus zur Welt übergehen; er ist schon jeweils mitten in der Welt (In-der-Welt-Sein), und er soll diese Existenzbedingung radikalisieren, indem er alles Seiende ›in seine Obhut nimmt‹.
Heidegger spricht von ›Sorge‹ und ›Fürsorge‹ und meint damit, daß der Mensch ein weltweit ausgespanntes Vernehmenkönnen der Bedeutung alles Seienden sei, zu dem er sich je und je verhält und auch verhalten muß. Fürsorgen heißt nun u. a.: Allem, was

ist, die Möglichkeiten der Entfaltung und des Seinkönnens einzuräumen. Darin liegt natürlich auch die Selbstentfaltung, das innere und äußere Werden des Daseins selber. Es gibt keine Selbstverwirklichung ohne Übernahme der Sorge für das übrige Seiende. Die ›Urschuld‹ des Daseins ist das Sich-Verschließen gegen Dinge und Menschen, das Sich-Abkapseln. Man erinnert sich hier — psychologisch gesprochen — an das Mißtrauen, den Negativismus und die ›Abwehrmechanismen‹ des Suizidenten, die den Umgang mit ihm so schwermachen.

Was Ringel ›Einengung‹ nennt, ist genau dieser Rückzug aus der Mitwelt oder die ›Beziehungslosigkeit‹. Dies führt gewissermaßen zur Verdunkelung der Existenz, die ja erst aus der Öffnung zum Sein hin ihr ›Licht‹ empfängt. Man vergesse nicht, daß die Philosophie von altersher die Vernunft ›lumen naturale‹ (das natürliche Licht) nannte; derjenige, dem sich der Weltoffenheitsraum verschließt (durch die Gesamtheit seiner Lebensumstände von Kindheit an und durch die Ausdeutung der Gegebenheiten durch das Subjekt), wird anders denken, fühlen und empfinden als seine Mitmenschen, die immer noch in der Gemeinschaft der Menschen zu leben bestrebt sind.

Zur Verfinsterung der Existenz des Vereinsamten gehört auch die ›Einengung der Wertwelt‹, auf die Ringel hinweist. Dies hat zwei Aspekte: Die Wertwelt wird eingeengt, wenn der ›Weltentwurf‹ eines Menschen sich verschmälert, denn der Kosmos des Seienden ist schon an sich die Stätte der Werte. Der andere Aspekt bezieht sich auf die Zukunft: Werte sind etwas Realisierbares, etwas, was der Mensch schaffen und gestalten kann. *Offenheit des Werthorizontes* und *Schreiten in die Zukunft* sind zueinander korrelativ; nur das werdende und sich entwickelnde Dasein ist empfänglich für den Anblick des Wertreiches, für das Zukünftige und Mögliche. Auch hier läßt sich die philosophische Aussage in die Sprache der Psychologie übersetzen: Was dem Suizidenten fehlt, ist die Hoffnung, der Wille zum Wachsen und Werden, der Mut zum Engagement innerhalb der Wirklichkeit.

Dies ist der tiefere Grund des alles überschattenden Pessimismus, den wir bei suizidalen Menschen finden. Ihre Resignation ist ein Gegenstück zu ihrer Wertblindheit; im Trotz gegen das Leben können und wollen sie nicht sehen, welche Wertfülle in ihm enthalten ist. Darauf mag Goethe angespielt haben, als er dem jungen Schopenhauer, dessen nihilistische Aussprüche ihn wohl verstimmt haben mögen, ins Stammbuch schrieb:

»Willst du dich des Lebens freun,
Mußt der Welt du Wert verleihn.«

Wäre die Welt so wertarm, wie sie der Suizident sieht, dann hätte ihre Vernichtung (einschließlich der Negation des Subjekts) ihren guten Sinn. Daraus ist die Aggressionsbereitschaft des suizidalen Menschen abzuleiten. Unwert heißt immer auch: Soll verneint oder gar vernichtet werden. Das Sich-Einfühlen in die *nihilistische Grundstimmung* muß gewissermaßen in destruktiven Handlungen enden. Das Subjekt überläßt sich zuerst spielerisch solchen universellen Verneinungstendenzen, die ihm schließlich über den Kopf wachsen und zuletzt mit suggestiver Gewalt die Welt- und Selbstvernichtung zu fordern scheinen.
Dabei richtet sich der aggressive Affekt gegen den Leib, was sehr treffend im Ausdruck ›sich entleiben‹ zur Sprache kommt. Warum das? Der Leib ist gleichsam die materielle Verankerung der Existenz in der Welt. In ihm gewinnt das Dasein Dichte und scheinbare Dinghaftigkeit: Leiblich ist man auch eingefügt in ein vielfach determiniertes Geschehen, in ›kausale Abläufe‹. Sodann ist der Leib ein System vielfältiger Abhängigkeiten: Durch Hunger, Sexualbedürfnis und andere Bedürfnisse schränkt er jede illusionäre Freiheit ein, da er an unsere Endlichkeit und Objekthaftigkeit erinnert. Nietzsche sagt zwar, daß der »Unterleib den Menschen daran gemahnt, daß er kein Gott sei«; er hätte ebensogut formulieren können, daß der Leib eine ständige Widerlegung unserer Allmachtswünsche sei, weil er uns an die Schwerkraft, an die Begrenztheit des Wollens und Könnens zu mahnen pflegt.
Abhängig sind wir aber nicht nur als leibliche Wesen, sondern auch als Selbstbewußtsein, was der Hegelsche Satz aus der *»Phänomenologie des Geistes«* in die Formel einkleidet: »Das Sein des Selbstbewußtseins liegt in der Anerkennung durch ein anderes Selbstbewußtsein.« Der vereinsamte Suizident kann andere nicht anerkennen (lieben) und wird daher auch von ihnen nicht anerkannt. Er verspürt das als einen langsamen Zerfall seiner ›ontologischen Sicherheit‹, d. h. als einen wachsenden Mangel an Geborgenheit in der Welt und einer unkontrollierbaren Ausbreitung seiner Daseinsangst über alle Sphären des Lebens und Erlebens. Dem verkümmerten Selbst, das kompensatorisch in Größen- und Allmachtswünschen schwelgt, wird der Leib zur unerträglichen Last. Er wird als ›Mehlsack‹ empfunden, der den Auf-

schwung der Psyche ins Unendliche behindert. Selbsthaß dokumentiert sich immer auch im Haß des eigenen Körpers, wobei die Leibfeindlichkeit (durch Erziehung konstelliert) auch die Ichschwäche und Selbstverneinung begründet.
Das Gegenteil des schwerfälligen, trägen und hassenswerten Leibes ist der ›Liebesleib‹ als sich hingebender in der sexuellen Vereinigung, wobei Seele und Geist sich in ihm ›inkarnieren‹, da sie an der Hingabe an ein Du teilnehmen, respektive diese vorbereiten und ermöglichen, indem die seelisch-geistige Verschmelzung der gelingenden Vereinigung der Leiber vorauszugehen pflegt. Wer die wechselseitige Anerkennung der Selbstbewußtseine im liebenden Miteinandersein und die orgasmische Erfahrung des Liebesleibes kennt, wird schwerlich in jenen Selbsthaß verfallen, in welchem das Selbst seinen Leib vernichten will. H. S. Sullivan war der Meinung, daß eine echte erotische Selbstverwirklichung in Liebesakten gegen die Erkrankung an Schizophrenie immun mache; die beglückende Liebesempfindung sei ein Schutz davor, sich der schizophrenen Weltflucht zu überlassen. Ähnlich können wir annehmen, daß nur jene sich suizidieren können, deren Leib irgendwie unempfänglich für die orgasmischen Gefühle ist. Es fehlt dem Suizidenten die Erfahrung *seelischer* und *leiblicher Intimität*, und auch dies ist ein Element seiner Hoffnungslosigkeit und Verzweiflung.
Im Lichte dieser Erkenntnis kann man den suizidalen Akt als ›symbolischen Hingabeakt‹ deuten, als einen versuchten Durchbruch durch die Existenzeinmauerung, als erzwungene Auflokkerung des ›allzufesten Fleisches‹ (Hamlet), das sich nicht in die ›Liebeswirklichkeit‹ auflösen läßt. Auch Frigidität und Impotenz bekunden dem suizidalen Menschen seine fast totale Unfreiheit, seine ›verfehlte Existenz‹, seine Kommunikationsunfähigkeit.
So gesehen ist das Sich-Entleiben unter Umständen ein ›Aufbruch in die Freiheit‹ — zumindest mag der suizidale Mensch so empfinden. Er wirft die Last des Leibes und des Daseins ab, nicht ohne die Hoffnung am Saum seines Bewußtseins, *hernach* neu beginnen zu können. Das ist der Aspekt der Wiedergeburtsphantasien beim Selbstmörder. Er will einen ›neuen Anfang‹ machen, um der lieblosen Existenz eine andere Gestalt zu geben.
Daß sie sich dabei als eine Art von *Helden* fühlen, ist daran erkennbar, daß viele präsuizidale Menschen beklagen, sie hätten noch nicht den *Mut* zu ihrer Tat. Man kann dieser Meinung

kaum deutlich genug widersprechen. Suizid ist nie und nimmer eine Handlung des Lebensmutes und der echten Entschlossenheit: Sie ist eine Haltung der Flucht und des Ausweichens. Vielleicht würden viele Suizidenten weniger stark um die Idee der Selbsttötung kreisen, wenn ihnen die Kläglichkeit ihres Fluchtmanövers deutlicher wäre. Der Ausspruch des Dichters (Friedrich Schiller) erläutert diese Spiegelfechterei:

»In die Flucht geschlagen,
glaubt er zu jagen.«

Angst und Eros bedeuten einen fast grundsätzlichen Antagonismus; ein Übermaß von Angst (Verzweiflung) ist — wie Kierkegaard sagte — eine ›Krankheit zum Tode‹. Sie erwächst in der Regel aus einem Gemisch von Feindseligkeits- und Unterwürfigkeitstendenzen, was wir im Begriff des ›Sadomasochismus‹ zusammenfassen. Wahrscheinlich ist es sinnvoll, den Suizid als *sadomasochistischen Akt* zu bezeichnen, der die Konsequenz eines Weltbildes ohne Liebe ist.

Selbstzeugnisse nach Suizidversuchen

Wenn unsere obigen Darlegungen annähernd zutreffen, dann müssen sie ihre Bestätigung finden in Selbstaussagen von Menschen, die nach einem versuchten Selbstmord ihre Lebensgeschichte erzählten. Hans-L. Wedler (*»Gerettet? Begegnungen mit Menschen nach Selbstmordversuchen«*, 1979) hat derartige Berichte gesammelt, so daß wir uns auf seinen Text stützen können. Eine 32jährige Angestellte hat zwei Suizidversuche unternommen, nachdem sie zweimal in Partnerschaften nicht das ersehnte Glück fand. Aber sie träumte weiterhin von einer schönen und unkomplizierten Liebesbeziehung, so daß sie sich sehr eng an ihren dritten Freund anschloß. Als dieser sich aber auch einer anderen Frau zuwandte, gab sie ihm den Abschied, was sie später bereute. Sie hoffte auf seine Wiederkehr, wurde aber darin enttäuscht.

Nun betrank sie sich des öfteren und aß nur noch wenig, so daß sie auch physisch völlig herabkam. Ihr Interesse an der Umwelt verminderte sich merklich. Bei einem Klinikaufenthalt sammelte sie Schlaftabletten in der Absicht, diese für einen Suizid zu verwenden. Das Leben mutete sie als sinnlos an; den Gedanken an

Selbstmord will sie schon von Jugend auf gehabt haben. So plante sie den Ausstieg aus dem Leben, den sie in ihrem *»Tagebuch«* zu begründen versuchte. Ihre Aufzeichnungen sprechen von wachsender Vereinsamung und Hoffnungslosigkeit.
So heißt es in der Eintragung vom 29. 11. (S. 18):

> »Dieses Gefühl der Einsamkeit bringt mich noch um. Niemand, mit dem ich reden kann, niemand, mit dem ich etwas teilen kann. Wenn ich mit jemandem reden will, muß ich zu den Leuten hingehen, wenn ich Gesellschaft will, muß ich zu den Leuten hingehen. Wann hört das endlich auf?«

Die angesparten Schlaftabletten geben ihr ein gewisses Sicherheits- und Machtgefühl: Sie hat ihr Schicksal irgendwie in der Hand. Aber es drückt sie nieder, daß sie ihrer eigenen Meinung nach kein Liebesverhältnis mehr zustande bringen wird. Darüber sagt sie am 3. 12. (S. 19):

> »Manchmal glaube ich, daß eine andere Beziehung für mich doch nicht so ausgeschlossen ist. Dann halte ich es wieder für völlig unmöglich, allein deshalb, weil ich in meinem derzeitigen Zustand für einen Mann völlig unattraktiv bin, wenn nicht sogar abstoßend. Ich kann mir auch nicht vorstellen, daß es mit einem anderen Mann noch einmal so schön sein könnte. Alles andere wäre schon ein Kompromiß. Allein das ist ein Grund zum Selbstmord.«

Sie versucht eine Urlaubsreise, fühlt sich aber unter den fremden Menschen sehr einsam. Mit ihrer Mutter streitet sie herum und findet das selbst abscheulich. Aber Groll und Verachtung stekken tief in ihr drin, so daß sie irgendein Opfer für ihre Abwertungstendenzen braucht. Da sie alles um sich herum verneint, kann sie sich auch vor der Selbstverneinung nicht bewahren. Der Gedanke an eine Psychotherapie tritt auf, wird aber zunächst weggeschoben. Über sich selbst schreibt sie am 17. 12. (S. 20):

> »Ich bin nichts, war nichts und werde nie etwas sein. Ich habe nichts zu geben und bin deshalb bedeutungslos. Ich mache meiner Mutter das Leben schwer, indem ich ekelhaft und abweisend zu ihr bin. Obwohl es mir leid tut, kann ich mich nicht anders verhalten.
> Meinem Tod steht eigentlich nichts mehr im Wege. Aber irgendwie verhalte ich mich abwartend, obwohl ich weiß, daß sich mein Zustand nicht ändern wird. Ich glaube im Grunde

auch nicht an die Therapie. Ich habe keinerlei sexuelle Bedürfnisse mehr, keine Wünsche nach einer neuen Beziehung. Welch eine traurige Existenz!«

Gelegentlich hellt sich ihre Stimmung auf, und ihr Vorsatz, sich umzubringen, gerät ins Schwanken. Aber dann muß sie sich nur daran erinnern, daß ihr Freund nicht zu ihr zurückkehren will, und ihr Lebenswillen vermindert sich in bedrohlicher Weise. Es verdichtet sich bei ihr die Idee, daß sie »ein Nichts sei«. Sie hält sich für nicht wertvoll genug, um leben zu dürfen. Ratlosigkeit breitet sich aus (20. 2., S. 22):

»Im Leben der mir noch verbliebenen Freunde bin ich nur ein Punkt. Noch nie habe ich eine solche Wertlosigkeit meiner selbst so stark empfunden. Ich komme immer mehr zu der Ansicht, daß ich nicht lebensfähig bin, ich bin ein Nichts in dieser Gesellschaft mit abnormen Empfindungen. Ich weiß, daß ich noch immer genug Zeit hätte, etwas aus meinem Leben zu machen, aber ich kann den Weg dahin einfach nicht finden.«

Sie wird immer mehr von pessimistischen Gedanken heimgesucht, bis sie schließlich die fünfzig Tabletten schluckt. Glücklicherweise wird sie im bewußtlosen Zustand gefunden und in eine Klinik verbracht. Dort beginnt sie eine Psychotherapie, unter deren Wirkung sie über ihr Leben unter neuen Gesichtspunkten nachzudenken beginnt.

Dies spiegelt sich in Gesprächen und Briefen nach ihrer Klinikentlassung. Sie will eine neue Stelle antreten und sich ihren düsteren Stimmungen nicht mehr hingeben. Auch macht sie Neuanfänge in ihren zwischenmenschlichen Beziehungen. Aber sie ist ungeduldig und will alles schnell und mühelos erreichen. Die Psychotherapie tut ihr gut und reduziert ihre Anspruchshaltung gegenüber Welt und Leben (23. 7., S. 28):

»Langsam bin ich wieder aufgetaucht. Ich glaube, ich hatte einfach zu viele Ansprüche ans Leben, an die anderen — daß ich mit dem, was ist, zufrieden sein muß. Damit wurde ich etwas freier, auch den anderen gegenüber. Langsam bekam ich wieder mehr Kontakt. Ich merkte, daß viele, die ich doch wohl durch meine Zurückgezogenheit verprellt hatte, wieder mehr Zutrauen zu mir gewannen, daß sie sich mir gegenüber normaler verhalten.«

Ein weiteres Liebesabenteuer bringt sie wieder mächtig in die Verdüsterung. Sie schläft mit irgendeiner Party-Bekanntschaft und ist dann frustriert, daß der Mann nichts mehr von sich hören läßt. Sie sieht selbst ein, daß sie damit einer ›Ohrfeige nachgelaufen ist‹, aber die Wange schmerzt sie darum nicht weniger.
Die Psychotherapie wird abgebrochen, aber da es in der Liebe weiterhin schiefgeht, notiert sie mehrmals ihre soziale Isolierung und bedauert es, daß sich niemand mit ihr beschäftigt. Sie weiß, daß ihr Gespräche guttun würden, ist jedoch nicht in der Lage, mit anderen über sich zu sprechen. Das Leben ist immer noch für sie außerordentlich schwierig.
Von einer 31jährigen Studienrätin, die in zerrütteten Verhältnissen aufgewachsen war, heißt es in Wedlers Buch (S. 102):

> »Sie empfand sich oft als wertlos, nirgendwo anerkannt. Von Freunden, an denen sie hing, fühlte sie sich nicht akzeptiert, jedenfalls nicht so, wie sie es sich wünschte. Andere, die an ihr hingen, wies sie zurück. Sie konnte eigentlich niemanden ertragen, der nicht ständig ihre Wertlosigkeit durch Ablehnung und Desinteresse bekundete. Zeichen der Zuneigung erregten ihre Skepsis. Ein Partnerverhältnis schleppte sich seit Jahren dahin zwischen zänkischem Beisammensein und inkonsequenten Trennungen. Mitunter trank sie gefährlich viel Alkohol.«

Als ihr wegen Krebs eine Brust abgenommen werden mußte, sammelte auch sie Tabletten und nahm diese ein. Zuvor hatte sie unter Alkohol einen Autounfall ›gebaut‹, der mutmaßlich schon ein versuchter Suizid war. Überhaupt haben manche Unfälle einen suizidalen Sinn; was als verhängnisvoller Zufall erscheint, ist bei genauerem Zusehen ›unbewußt beabsichtigt‹.
Eine 26jährige Studentin gibt an, daß sie ihren ersten Suizidversuch mit zwölf Jahren machte. Sie lief von zu Hause weg und wollte sich die Pulsadern aufschneiden. Dann aber bekam sie Angst und kehrte nach Hause zurück. — In der Schule war sie ein Außenseiter und hatte weder Freundin noch Freund. Oft wurde sie verspottet und konnte sich nicht wehren. Das empfand sie als eine völlig verfahrene Situation. Über die häuslichen Verhältnisse erzählt sie (S. 179):

> »Zu Hause war alles so fest eingefahren, praktisch alles vorgeschrieben, keine Spontaneität. Gefühle und so wurden nie gezeigt oder geäußert. Nur auf die Form achten. Es war mehr ein

> Nebeneinanderherleben als ein Zusammenleben. Ein herzliches Verhältnis gab es nie. Nur nach außen immer den Schein wahren. Auch jetzt, wenn man mal zu Hause ist und fährt wieder fort, wird man auf der Straße mit Herzchen und Küßchen verabschiedet, daß die anderen den Eindruck haben, es sei alles in Ordnung.«

Sie suchte Liebe in der Jagd nach Männerfreundschaften, aber trotz Selbstaufgabe in der Partnerschaft wurde sie oft zurückgestoßen. Als Studien- und finanzielle Schwierigkeiten dazukamen, rutschte sie in die Drogenszene ab. Auch der Alkoholkonsum war für sie ein gewohntes Betäubungsmittel. Die Krise spitzte sich zu, und sie suchte einen Ausweg durch ›Tabletten‹. Später erwachte sie in der Klinik, bekam eine Lungenentzündung und anschließend Gelbsucht, erholte sich aber nach und nach. Während der Krankheit verbesserte sich ihr Verhältnis zu den Eltern. Erfolge im Studium erhöhten ihren Lebensmut. Anläßlich einer Kur bemerkte sie an sich eine bessere Kontaktfähigkeit, was sie noch mehr aufrichtete. Die Teilnahme an einer Gruppentherapie konsolidierte ihren Zustand derart, daß sie auf ihre Zukunft zu hoffen begann. Zur ›Epikrise‹ schreibt sie (S. 182):

> »Ich habe jetzt auch hier einen wesentlich größeren Bekanntenkreis, habe nach der Kur weitergemacht mit Sport und bin in einen Sportverein eingetreten. Dadurch lernt man eine ganze Menge Leute kennen, auch außerhalb vom Training trifft man sich, freundet sich an. Ich bin nicht mehr so isoliert wie früher. Früher habe ich immer darauf gewartet, daß Leute auf mich zukommen, daß ich selber nichts zu tun brauche. Daß das nicht funktionieren kann, ist mir jetzt klar. Es war auch eine gewisse Geringschätzung der anderen dabei. Ich dachte, man kann sich irgendwie alleine weiterhelfen, ein gewisses Mißtrauen und Vorbehalte gegenüber anderen. Ich hatte eben gewartet und selber nichts unternommen.«

Möglichkeiten der Therapie

Menschen, die über Suizidabsichten sprechen, und jene, die bereits Suizidhandlungen durchgeführt haben, bedürfen dringend der Psychotherapie als der Methode der Wahl. Wir haben kein

Medikament zur Verfügung, welches die tiefgreifende Verstimmung des Suizidenten langfristig aufhellen und seine fundamental schiefe Einstellung zu sich selbst, zu den Mitmenschen und zum Leben zu korrigieren vermag. Besteht aber die Gelegenheit, in psychotherapeutischen Gesprächen Einblick in die innere Welt des Suizidgefährdeten zu erhalten, dann kann man seine Gedanken, Gefühle und Wertvorstellungen revidieren und ihn unter Umständen für eine ›lebensfreundliche Gesinnung‹ gewinnen.

Der Psychologe oder Arzt darf nicht beim Suizidenten Entwicklungen von umwerfender Tragik erwarten, wenn er seine Anamnese erhebt und sich in die Vorgeschichte der Suizidalität einfühlt. Peter Feudell in seinem Aufsatz *»Epikrise zu 700 Selbstmordversuchen«* (in: Ch. Zwingmann, *»Selbstvernichtung«*, 1965, S. 45) schreibt u. a.:

> »Übersieht man alle unsere Fälle, so resultiert als Gesamteindruck das Erstaunen über die Banalität der Gründe und über die Leichtfertigkeit des Entschlusses zum Selbstmord. Eine auftretende schwierige oder peinliche Situation wurde nicht bewältigt, der Affekt überstimmte die Vernunft, die Versuchung eines Selbstmordversuches mit den erreichbaren Mitteln war zu groß. Hinterher wird die Tat als eine Dummheit bedauert, die unnötiges Aufsehen machte und die am besten schnell wieder vergessen wird. Die hochgespannten Erwartungen, mit denen der Arzt anfänglich an die Krankenbetten dieser geretteten Selbstmörder tritt, werden fast immer enttäuscht. Es tun sich nicht die Abgründe und tragischen Klüfte menschlichen Seelenlebens auf, sondern es offenbaren sich die banalen Unzulänglichkeiten.«

Verschiedene Experten auf diesem Gebiet der Psychotherapie betonen, daß die Arbeit mit Suizidalen große Schwierigkeiten in sich birgt. Hat man doch mit Patienten zu tun, die die Brücke zur Welt großenteils abgebrochen haben, hinter ihrer emotionalen Verdüsterung gewaltige Anspruchshaltungen kultivieren und ihre Alles-oder-Nichts-Mentalität auch in das therapeutische Geschehen einbringen. Wenn sie sich schon einem Therapeuten anvertrauen, dann fordern sie nicht selten, daß dieser ihnen so rückhaltlos zugewandt sei, wie man es von einer Mutter gegenüber ihrem Säugling erwarten kann. Ihre Frustrationsschwelle ist sehr niedrig, und schnell ziehen sie aus umstandsbedingten Zu-

rückweisungen die Konsequenz, daß sie niemand liebt und auch niemand je lieben werde.
In diesem Sinne erinnert die analytische Therapie von suizidgefährdeten Menschen an die Schizophrenentherapie, respektive an den therapeutischen Umgang mit schwer schizoiden Patienten. Der Aufbau einer tragfähigen Beziehung zwischen Analytiker und Analysand ist auch hier das eigentlich heilende Element.
Die Überforderung des Therapeuten in der Einzeltherapie legt es nahe, Suizidenten in der Gruppentherapie zu behandeln. Unserer Erfahrung nach empfiehlt es sich hierbei nicht, reine Suizidentengruppen zu bilden; der suizidale Mensch soll mit möglichst verschiedenartigen ›Problemcharakteren‹ in Gruppen vereinigt werden, damit er aus seiner verengten Lebensperspektive herauskommt und seine Weltkenntnis verbreitert.
In der extremen Notlage selbst kann die Telefonseelsorge gut ›erste Hilfe‹ leisten; aber der indirekte Kontakt über das Telefon reicht nicht aus, um auf die Dauer hilfreich und stützend zu sein. Darum soll der Patient baldmöglichst an die Psychotherapie überwiesen werden.
Angesichts der bedeutenden Zahl von Selbstmordgefährdeten und der geringen Menge von Therapieplätzen kommt der Prophylaxe eine entscheidende Tragweite zu. Nach unserer Meinung müßte diese schon in der Schule beginnen. Dort sollte die Problematik des Suizids bei geeigneten Unterrichtsstoffen miterörtert werden. Auch wäre es sinnvoll, Psychologen und Psychotherapeuten einzuladen, vor der Schulgemeinschaft über Suizid und Suizidverhütung zu referieren. Die Tatsache, daß auch viele junge Menschen im Entwicklungsalter suizidgefährdet sind, gibt diesem Vorschlag ein erhöhtes Gewicht. Schüler, die versagen oder Liebeskummer haben, sind schnell bereit, ihrem Leben ein Ende zu setzen. Auch häusliche Konflikte spielen bei der Suizidalität von Jugendlichen eine verhängnisvolle Rolle.
Unter dem Titel *»Prophylaxe und Therapie der Suizidalität«* (in: W. Bitter, *»Alter und Tod — annehmen oder verdrängen?«*, 1974, S. 134) schreibt Walter Pöldinger:

> »Eine wichtige allgemeine Aufgabe der Selbstmordprophylaxe ist es, das Thema zu enttabuisieren. Alle Menschen sollten wissen, daß Suizidideen und Suizidimpulse allgemein menschliche Gedanken sind und daß es wohl nur wenige Menschen geben wird, die nicht in schwierigen Situationen zumindest flüchtig an die Möglichkeit eines Suizids gedacht

haben. Dies ist vor allem deshalb wichtig, weil viele Menschen, die zum ersten Mal von Suizidideen überfallen werden, der Meinung sind, besonders schuldhafte oder sündhafte Geschöpfe zu sein und gewissermaßen von der Gesellschaft ausgeschlossen zu werden. Diese Menschen, die in einem falschen Tabu leben, haben besonders große Schwierigkeiten, sich einem Seelsorger oder einem Arzt anzuvertrauen.«

Wir leben in einer Gesellschaft, die den Tod verdrängt, weshalb sie es nicht leicht hat, sachbezogen und emotional unbefangen über den Suizid zu sprechen. Es wird wohl langwieriger psychologischer Aufklärungsbemühungen bedürfen, bis das Gespräch über Grenz- und Grundsituationen des Daseins — wozu sicherlich der Selbstmord gehört — in Gang kommt. Dabei wird man sich auch der heute da und dort diskutierten Auffassung stellen müssen, daß der Freitod eine ›Privatsache‹ des Suizidenten sei und demnach die Sozietät nichts angehe. Einer der beredtesten Propagandisten dieser Auffassung war Jean Améry, der sein Leben ›freiwillig beendete‹ und schon lange vorher in seinem Buch *»Hand an sich legen«* (1976) folgende Sätze schrieb:

> »Nur schlecht begreift, wer immer da den Gedanken des Freitods ... zu fassen sich anschickt, die zudringliche Besorgtheit der Gesellschaft um sein Endgeschick. Sie hat, diese Gesellschaft, sich wenig gekümmert um sein Dasein und Sosein ... Erst jetzt, wo er der Todesneigung nachzugeben wünscht, wo er dem Ekel vor dem Sein nichts mehr entgegenzustellen gewillt ist, wo Dignität und Humanität ihm gebieten, die Sache sauber abzutun und zu vollbringen, was er ohnehin eines Tages wird müssen: zu verschwinden — nur jetzt gebärdet die Sozietät sich, als sei er ihr teuerstes Stück, umstellt ihn mit scheußlichen Apparaturen und führt ihm den höchst abstoßenden Berufsehrgeiz der Ärzte vor, die dann seine ›Rettung‹ auf ihr professionelles Habenkonto schreiben.« (l. c., S. 99)

Améry hat darin recht, daß der Selbstmordgefährdete vor seiner Tat schon betreut und gestützt werden muß; er steigert aber seine Position bis ins Fragwürdige, da er übersieht, daß die Rettung des Suizidenten notwendig ist und oft auch mit seinem späteren Einverständnis rechnen darf.

Josef Rattner

Kriminalität

Die Tiefenpsychologie hat sich seit ihren Anfängen mit dem Problem des Verbrechens beschäftigt. Freud publizierte im Jahre 1915 die Untersuchung über *»Einige Charaktertypen aus der psychoanalytischen Arbeit«*. Darin weist er unter dem Titel *»Die Ausnahme«* auf Charaktere hin, die sich aggressiv gegen das Leben und die Mitmenschen wenden. Solche Persönlichkeiten seien oft in der Kindheit physisch oder sozial benachteiligt gewesen. Aus Frustrationen aller Art entstehen Aggressionen, auch Ansprüche auf Sonderbehandlung, die in der Realität keine Erfüllung finden können. Im zweiten Aufsatz über *»Die am Erfolge scheitern«* befaßt er sich mit Lady Macbeth aus Shakespeares *»Macbeth«* und mit Rebekka West aus Ibsens *»Rosmersholm«*: Beide Frauen begehen Verbrechen, auf die sie nachher mit Selbsthaß reagieren. Dies sei die Antwort des Über-Ichs auf delinquente Taten: Der Mensch ist in seinem Unbewußten nicht nur unmoralischer, sondern auch moralischer, als man meint. So kann das Gewissen des Kriminellen zum Selbstverrat und zu Tendenzen der Selbstbestrafung führen. Im Abschnitt »Der Verbrecher aus Schuldbewußtsein« behauptet Freud, daß es Delinquenten gäbe, die *vor der Tat* an einem Schuldgefühl leiden und die Tat begehen, um dieses Schuldbewußtsein irgendwo unterbringen zu können. Ähnliches hat Nietzsche schon in seinem *»Zarathustra«* im Abschnitt »Vom bleichen Verbrecher« zum Ausdruck gebracht. — Mit diesen Texten eröffnete Freud die psychoanalytische Kriminalpsychologie.

Nicht wenige Freudschüler folgten bald auf den Spuren des Meisters. Theodor Reik schrieb 1925 sein Buch über *»Geständniszwang und Strafbedürfnis«*; um dieselbe Zeit erschien auch sein Werk *»Der unbekannte Mörder«*. Ebenfalls 1925 gab August Aichhorn sein berühmtes Buch *»Verwahrloste Jugend«* heraus, das über seine psychoanalytischen Erfahrungen in der Verwahrlostenerziehung (im Heim Oberhollabrunn bei Wien) berichtete. 1929 publizierten Franz Alexander und Hugo Staub eine gründliche Studie über *»Der Verbrecher und sein Richter«*: Eindrucksvoll an diesem Buch war auch die Tatsache, daß in ihm ein Psychoanalytiker und ein Jurist sich zur gemeinsamen Arbeit zusammengefunden hatten.

Erich Fromms Abhandlung *»Zur Psychologie des Verbrechers und der strafenden Gesellschaft«* (1970) verwendete einen kombinierten marxistischen und psychoanalytischen Ansatz, der aus dem Geiste der ›Frankfurter Schule‹ stammte. 1948 erschien Paul Reiwalds Buch *»Die Gesellschaft und ihre Verbrecher«*, worin ebenfalls soziologische und kulturkritische Gedankengänge bedeutsam in den Vordergrund treten.

Seit 1950 gibt es eine ganze Flut von tiefenpsychologischen Texten zur Kriminalpsychologie. In der Bundesrepublik hat vor allem Tilmann Moser dieses Thema zum Hauptgegenstand seines Interesses gemacht (*»Jugendkriminalität und Gesellschaftsstruktur«*, 1970; *»Repressive Kriminalpsychiatrie«*, 1971). Wollte man auch die Bücher zu unserem Thema, die in den angelsächsischen Ländern, in Frankreich und in Italien erschienen sind, namhaft machen, so käme man nicht bald an ein Ende. Aber wenige neuzeitliche Forschungen erreichen jene Präzision des Verstehens, die wir schon bei einem Pionier der Kriminalpsychologie in der Mitte des 19. Jahrhunderts finden.

Kriminalpsychoanalyse im Jahre 1866

Damals veröffentlichte ein Psychoanalytiker eine Fallstudie über einen Mörder. Der Analytiker hatte von diesem Delinquenten, der eine alte Frau umbrachte, durch die Zeitung Kenntnis bekommen und interessierte sich für die psychologischen Hintergründe der Tat. Was er durch großartige Recherchen ans Tageslicht förderte, war ungefähr folgendes:

Der Mörder war ein verbummelter Student aus bürgerlichen Verhältnissen. Seine Mutter, eine Witwe, unterstützte ihn aus ihren bescheidenen Hilfsmitteln. Aber der junge Mann hatte aufgehört zu studieren. Er lag wochenlang im Bett herum und wälzte seltsame Gedanken. So wollte er etwa herausfinden, ob er Napoleon oder eine Laus sei: Nach längerer Überlegung entschied er sich für das erstere. Aber wie sollte sich ein fiebriger, verzweifelter Jüngling als Napoleon dokumentieren? Er kam

darauf, daß er ein altes Weib umbringen könnte, das ihm gelegentlich Geld gegen Pfänder geliehen hatte.
Der Student plante den Mord an der Wucherin, damit endlich die *Sinnlosigkeitsgefühle* in ihm verstummen sollten, die ihn dauernd bedrängten. Der Eindruck einer absurden Welt verstärkte sich bei ihm durch die Botschaft, die er von zu Hause erhielt, daß nämlich seine Schwester einen ungeliebten reichen Mann heiraten wolle, um ihm die Beendigung des Studiums zu ermöglichen. Dies steigerte seine Selbstverachtung ins Unerträgliche.
Aber — wenn diese triviale Bemerkung gestattet ist — es ist nicht leicht, einen Menschen umzubringen. Wir meinen damit nicht nur die rein technischen Fragen, wie etwa Wahl von Waffe und Werkzeug, Vorgehensweise usw. Rein psychisch ist ein Mord so außerordentlich schwer, weil der andere Mensch ein Wesen wie wir selbst ist, mit dem wir uns unwillkürlich identifizieren. Töten heißt daher beinahe, auch ein Stück seiner selbst zu liquidieren. Man muß die Gefühle in sich vergewaltigen, wenn man fremdes Leben auslöschen will. Dies gelingt unter Umständen durch Drogen und Alkohol, in der eigenen Panik oder durch wahnhafte Reflexionen, die sich weit genug vom gesunden Menschenverstand entfernen.
Raskolnikoff — denn von ihm ist die Rede — ist der reflexive Typ, wenngleich auch panische Angst in seiner monatelangen einsamen Grübelei bei ihm entstanden sein mag. Er fragt sich, warum man nicht eine alte, nutzlose Frau ums Leben bringen soll. Sie wird ohnehin nicht mehr lange existieren. Und solche Leute gibt es genug und übergenug. So ähneln sie dem Ungeziefer, bei dessen Tötung man sich auch keine Gedanken macht: In dieser Bahn laufen seine Gedankengänge.
Dostojewski hat natürlich auch die Träume seines Exploranden erforscht: Ein Traum kurz vor der Tat ist besonders aufschlußreich. Raskolnikoff geht an der Hand seines Vaters als Kind im Winter spazieren. Ein alter Droschkengaul ist auf dem Eise ausgerutscht und kann sich nicht mehr erheben. Der Kutscher schlägt auf das Pferd ein und flucht wild vor sich hin. Neugierige haben sich um die Szene versammelt und begleiten mit beifälligen Rufen die unmenschliche Gewalttätigkeit des Mannes. Das Kind Rodion Raskolnikoff ist verzweifelt über diese Grausamkeiten, die an einem unschuldigen Tier verübt werden, hört aber die Kommentare aus der Menge, etwa in dem Sinne: ›Schlagt sie tot, die alte Stute, sie taugt ja doch nichts mehr!‹

Dieser Traum setzt sich mit dem bevorstehenden Mord auseinander und sammelt — wie dies Träume nach Alfred Adler immer tun — Rationalisierungen für das geplante ichhafte Verhalten. Raskolnikoff ist schon so weit in seinem Fieber drin, daß er nicht mehr umkehren kann. Und doch: Als er mit seinem Beil auf der Treppe zur Wucherin ist, überfällt ihn ein rasendes Herzklopfen, was psychologisch gesehen als die ›Stimme seines Gewissens‹ interpretiert werden kann. Er vollbringt seine unselige Tat, rafft aber nur sehr ungeschickt etwas Geld zusammen und flüchtet in Angst und Grauen. Was er nachher tut, ist ebenfalls ziemlich kopflos und führt schließlich zum Zusammenbruch und zum Geständnis seiner Schuld, die er durch die Strafe in Sibirien sühnt. Die Prostituierte Sonja wird ihn in die Gefangenschaft begleiten.

Verlassen wir Dostojewski, dessen psychologische Meisterschaft unbestritten ist. Aber bevor wir uns von ihm verabschieden, möchten wir die Frage aufwerfen, welche Methode dieser Dichter in seiner Verbrechensanalyse verwendet, wobei gezeigt werden soll, daß wir nicht nur *inhaltlich*, sondern auch *methodologisch* von ihm etwas lernen können; die Künstler sind oft der Wissenschaft um einige Schritte voraus, und man tut gut daran, bei ihnen in die Schule zu gehen. Sowohl Freud als auch Adler haben Dostojewski ihren genialen Lehrmeister genannt.

›Erklären‹ oder ›verstehen‹ der Kriminalität

Die moderne Kriminalpsychologie hat sich — unseres Erachtens sehr zu ihrem Nachteil — an eine Wissenschaftsmethodik angelehnt, die der Dostojewskischen Denktechnik diametral entgegensteht. Sie wollte eine Naturwissenschaft sein und begab sich auf die Suche nach materiell faßbaren Ursachen der Delinquenz, auf die das Kausalprinzip angewendet werden kann. Auch der Materialismus des 19. Jahrhunderts drang in diese Forschungsweise ein.

In der Frage des Verbrechens hat man im Laufe der Zeit viele Kausalitäten angeschuldigt, die aufgrund bestimmter Ursache-Wirkungs-Dynamismen ›kriminogen‹ sind. Man fahndete nach der Erbmasse, der biologischen Dekadenz oder Degeneration, der Umwelt, den hormonalen Bedingungen, den abnormen Y-Chromosomen und dem pathologisch veranlagten ›Aggres-

sionstrieb‹. Allemal glaubte man, *die* Verbrechensursache gefunden zu haben, aber das Thema blieb dennoch ungeklärt.
Dostojewski ging einen anderen Weg. Er beschrieb den *Verbrecher in seiner Welt.* Er versenkte sich in seine Gedanken und Gefühle, seine Impulse und Gewissensregungen, seine Liebesbeziehungen und seine Freundschaften, seine Stellungnahmen zur Gesellschaft, zur Selbstverwirklichung und zur Teilnahme an seinen Mitmenschen. Er entwickelte gewissermaßen eine ›Philosophie des Verbrechens‹, die zugleich auch alle jene Seelenregungen ›ausgliedert‹, die im Kriminellen gefunden werden. Diese Art von Psychologie sucht nichts ›hinter den Phänomenen‹, sondern macht uns vertraut mit dem, was ›in den Phänomenen selbst‹ gegeben ist.
Was Dostojewski tat, ähnelt sehr jener ›beschreibenden und zergliedernden Psychologie‹, die Wilhelm Dilthey — der große Erkenntnistheoretiker der Human- und Geisteswissenschaften — im Jahre 1894 in einer berühmten Abhandlung forderte. Der Philosoph, der von der biologistischen, experimentellen und kausalistischen Psychologie seiner Epoche befremdet war, postulierte die Notwendigkeit einer neuen psychologischen Forschung, die im ›Erlebnis‹ wurzelt und das im Erlebnis Gegebene ohne naturwissenschaftliche Konstruktionen ›beschreibt und zergliedert‹. Dadurch sollte Lebensnähe und Lebensadäquatheit in die Seelenkunde kommen, die nicht so sehr ›erklären‹, als vielmehr ›verstehen‹ muß. Das Verstehen des Lebendigen jedoch erfordert *Lebensbegriffe,* die der Naturwissenschaft großenteils fremd sind, z. B.: Struktur und Gestalt, spontane Entwicklung, Einheit und Sinn-Ganzheit des Geschehens, innerer Bedeutungszusammenhang, Werterfahrung, Strebensrichtung, Beziehung zur gesellschaftlichen und kulturellen Welt.
Im Lichte einer solchen Grundorientierung sind Familienstammbäume, biologische Konstitutionen, Chromosomen-Anomalien und hypothetische Aggressionstriebe höchstens ›Rahmenbedingungen des kriminellen Verhaltens‹, nicht aber dessen ›Ursachen‹. Vor allem die moderne Erklärung der aggressiv-destruktiven Lebensführung von Menschen durch einen angenommenen ›Aggressionstrieb‹ erklärt viel weniger, als man meint. Denn man bewegt sich hiermit fast in einer Tautologie, wie jener Kandidat bei Molière, der auf die Frage, warum das Opium einschläfernd wirkt, die weise Antwort gab: ›Weil es eine einschläfernde Kraft besitzt!‹

Bei der Untersuchung des Verbrechens können wir zwischen zweierlei Methodik wählen: Auf der einen Seite steht die Methode des Philisters, auf der anderen Seite die Methode Goethes, Dostojewskis, Diltheys und der Tiefenpsychologie. Der Philister sucht am Verbrecher einen Befund, der ihn *außerhalb der Menschenwelt* stellt — irgendeine Anomalie, an der wir *nicht* teilhaben. Goethe hingegen sagte, er habe nie von einem Verbrechen gehört, von dem er hätte behaupten können, daß er es nicht begehen könnte. Auch die Tiefenpsychologie zeigt die feinen Übergänge vom Normalen zum Pathologischen; angesichts ihrer Erkenntnisse darf sich niemand mehr im Hinblick auf Neurotiker, Perverse, Psychotiker und Kriminelle irgendwie erhaben fühlen. Wir sitzen alle in einem Boot mit diesen Schiffbrüchigen des Lebens; je eher wir das begreifen, um so besser können wir ihnen helfen.
Um die Grundzüge einer verstehenden Psychologie des Verbrechens anzudeuten, können wir an einem Beispiel aus der ›Gestaltpsychologie‹ anknüpfen. Wir wollen damit zeigen, daß der Verbrecher nicht aus ›Dämonie‹ so handelt, wie er es tut, sondern daß er einfühlbar denselben Dynamismen folgt, die wir alle in uns tragen. Dabei legen wir den Akzent darauf, daß er *in einer Situation* ist, die ihm seine Handlungsweise quasi aufdrängt: Situationseinsicht erhellt uns die Verbrechensstruktur vielleicht viel deutlicher als jegliche Kriminalbiologie und Aggressionstrieb-Metaphysik.
Um 1930 hat die Lewinschülerin Tamara Dembo einen interessanten Versuch über den *»Ärger als psychodynamisches Phänomen«* gemacht. Sie verlangte von Versuchspersonen die Lösung einer unlösbaren Aufgabe: Diese sollten aus einem Kreis eine Anzahl von Gegenständen herausfischen, aber die Anordnung war so, daß die Exploranden nicht an die Objekte herankamen. Sie fischten im Leeren und begannen sich zu ärgern. Einige fluchten vor sich hin, andere schimpften auf den Versuchsleiter, und einige wurden kleinmütig und resigniert. Aber Aggressionen als Stimmung und Verstimmung traten mehrheitlich auf.
Der Kriminelle ist in einer Gesamtsituation, die derjenigen der Versuchspersonen von Tamara Dembo durchaus analog ist. Auch er steht vor einem Aufgabenkomplex, den er mit seinen Mitteln keineswegs lösen kann. Daher ist er vom Leben konstant frustriert und gerät in Angst, Wut oder Ärger, was ihn bei spezifischen Zusatzbedingungen zum Verbrechen hinführt. Welche le-

bensgeschichtlichen und situativen Voraussetzungen dem ›kriminellen Lebensstil‹ oder der ›kriminellen Lebensgestaltung‹ zugrunde liegen, hat unseres Erachtens niemand so treffend herausgearbeitet wie Alfred Adler. Seine ›Individualpsychologie‹ galt lange Zeit nur als ›Nebenströmung der Psychoanalyse‹; heute sehen wir aber, daß Adler neben Freud und Jung ein klassischer Bahnbrecher der Tiefenpsychologie ist, der gleichberechtigt neben den anderen Erzvätern dieser Disziplin steht.

Individualpsychologie des Verbrechens

Adler begann 1907 mit seiner Theorie von der ›Organminderwertigkeit und ihren Folgen im Seelenleben‹. Er behauptete in seiner Frühschrift über dieses Thema, daß Kinder mit irgendwelchen Organschwächen einen schwierigen Lebenskampf zu bestehen haben. Sie haben Mühe, den Kulturforderungen zu genügen, und geraten frühzeitig in Anspannung und Not. Bei günstigen Umweltbedingungen kann es zu Kompensation und Überkompensation kommen. Das Kind wird hierbei sein primäres Minus morphologisch oder funktionell ausgleichen und eventuell sogar zu einem akzentuierten Plus gelangen. Wichtigste Stätte der Kompensation von Organschwächen ist das Seelenleben. Das gilt nicht nur für den einzelnen Menschen, sondern auch für die Gattung Homo. Diese ist nämlich biologisch minderwertig, wie schon Herder im 18. Jahrhundert postulierte. Gerade wegen seiner körperlichen Unzulänglichkeiten mußte der Mensch das Gebäude seiner Kultur errichten, in der die Unzulänglichkeit seiner Organe durch seelisch-geistige Mehrleistungen egalisiert wird.

Nur bei guter sozialer Verwurzelung des Menschenkindes kommt es nach Adler zu kulturell wertvollen Kompensationsleistungen. Die Verlockung ist groß, ein biologisches Manko durch asoziales Gebaren zu beantworten. Viele Neurotiker waren als Kinder oft krank und bedurften überbetonter Pflege. Ähnliches gilt auch für manche Kriminelle, die aus häufigem Kranksein einen ›verwöhnten Lebensstil‹ ableiten, mit dem sie sich der sozialen Beitragsleistung entziehen. Eine relevante Organminderwertigkeit bei Delinquenten ist *Häßlichkeit.* Ein häßliches Kind erhält oft weniger Liebe. René Spitz schilderte Fälle von Waisenkindern, die infolge von Vernachlässigung Entwicklungsrückstände zeigten. Die hübschen Kinder darunter waren jedoch über dem Entwicklungsniveau ihrer Leidensgefährten: Man hatte sie mitunter doch liebevoll angefaßt und mit ihnen geplappert. Durch unschönes Aussehen gerät man ins soziale Abseits:

Das beschrieb schon Friedrich Schiller in seiner Erzählung *»Der Verbrecher aus verlorener Ehre«*. Noch plastischer läßt Shakespeare seinen *»Richard III.«* die Worte sagen:

»Ich, um dies schöne Ebenmaß verkürzt,
Von der Natur um Bildung falsch betrogen,
Entstellt, verwahrlost, vor der Zeit gesandt
In diese Welt des Atmens, halb kaum fertig
Gemacht, und zwar so lahm und ungeziemend,
Daß Hunde bellen, hink' ich wo vorbei . . .
Und darum, weil ich nicht als ein Verliebter
Kann kürzen diese fein beredten Tage,
Bin ich gewillt, ein Bösewicht zu werden
und Feind den eitlen Freuden dieser Tage.«

Die Häßlichkeit mancher Verbrecher ist ein solches soziales Handicap, daß Adler sogar den Vorschlag machte, in extremen Fällen möge man eine kosmetische Operation finanzieren: Es ist denkbar, daß eine Gesichtsveränderung mehr bewirkt als Haft, gutes Zureden oder schlechte Psychotherapie. Gewiß wirken manche Kriminelle auch nur deshalb häßlich, weil sie auf Grund ihrer Lebensgeschichte wenig Sympathie ausstrahlen: Ein abweisend-pessimistisches Gesicht ist ›unschöner‹ als ein uns emotional zugewandtes. Hier haben wir mehr mit dem *Ausdruck* als mit der *Morphologie* zu tun. — Selbstverständlich gibt es auch ›schöne Menschen‹ unter den Verbrechern: Es sind dann jene Verwöhnten, die in der Kindheit nicht gelernt haben, sich Wünsche zu versagen.

Zum Verständnis aller Menschen — der Kriminellen und der Nichtkriminellen — schlug Adler ein Koordinatennetz vor, in das seelische Erscheinungen eingeordnet werden können. Dieses Netz sieht sozusagen vertikal die Achse von Minderwertigkeitsgefühl und Geltungsstreben, horizontal diejenige des Gemeinschaftsgefühls vor. Jeder psychologische Befund liegt irgendwo in diesem System drin und kann aus seiner Position heraus interpretiert werden. Dabei gilt das Gesetz der indirekten Proportionalität: Je ausgeprägter das Sozialinteresse, um so weniger haben Minderwertigkeitskomplex und kompensierender Machthunger Bedeutung. Sind aber die sozialen Bindungen eines Individuums gelockert, dann stößt man auf ein Überwiegen der ›vertikalen Optik‹, die den Schlüssel zur Psychopathologie jeglicher Art bietet.

Überhöhte Minderwertigkeitsgefühle können auf mannigfache Weise im Werdegang eines Menschen entstehen. Organminderwertigkeit ist nur *eine* Konstellation, die zur verringerten Selbstachtung führen kann. Die Stellung in der Geschwisterreihe ist etwa ein anderer Faktor. Oder die soziale und wirtschaftliche Lage der Familie. Oder die Tatsache einer unehelichen Geburt. Oder eine zerrüttete Ehe der Eltern, respektive eine unvollständige Familie, das heißt Aufwachsen bei der Mutter allein, ohne väterliche Betreuung. Oder seelische Heimatlosigkeit im Kindesalter (Heimerziehung, ungeschickte Pflegeeltern usw.). Oder soziale Mißachtung des Kindes wegen Zugehörigkeit zu einer Minorität sozialer, religiöser, rassischer und anderer Art.

Am wichtigsten scheint in dieser Hinsicht der *Erziehungsstil der Eltern* zu sein, wobei Verwöhnung, Härte und Strenge oder Lieblosigkeit besonders tiefe Minderwertigkeitskomplexe hervorrufen. Auch unverständige Sexualpädagogik, Autoritarismus, Prügel, Hunger und Entbehrungen aller Art zertrümmern die kindliche Selbsteinschätzung und führen zum Gefühl der persönlichen Nichtigkeit. Alle diese Mißlichkeiten kommen auch in den nichtkriminellen Lebensläufen vor und führen auch dort zu pathologischen Entwicklungen, die sich hinter einer scheinbaren ›Angepaßtheit‹ verbergen können.

Wir haben bis jetzt die Struktur der kriminellen Psyche nur von der Unterlegenheitsposition her betrachtet; es muß aber auch der ›kompensatorische Überbau‹ in Betracht gezogen werden. Nach Adler erträgt kein Mensch das ›Untensein‹, ohne nach oben kommen zu wollen: Die Frage ist nur, ob er in seinem Streben die menschliche Gemeinschaft einbezieht. Beim späteren Kriminellen finden wir von Kindheit an ein Geltungsbedürfnis auf der sogenannten ›Unnützlichkeitsseite des Lebens‹. Das fängt an mit Lügen, Stehlen, Verheimlichungen, Faulheit, Trägheit (verbunden mit Riesenerwartungen), Indienststellung anderer usw. Anhand solcher Eigenschaften zeigt sich ein Kampf gegen die Umwelt, die den Fehdehandschuh aufnimmt und mit Härte und Verständnislosigkeit reagiert.

Die Bedeutung aller Charaktereigenschaften des Asozialen und Verwahrlosten ist: Unfähigkeit zur Einfügung in die Gemeinschaft und zur diesbezüglich notwendigen Mitarbeit an gemeinsamen Aufgaben. Diese Grundposition treibt Wesenszüge wie Trotz, Feigheit, Überempfindlichkeit, Aggressivität und Angst hervor.

Für den psychologischen Laien ist es nicht leicht nachzuvollziehen, daß mit solchen charakterlichen Kampfbereitschaften ein geheimes Ziel anvisiert wird, welches Adler ›Überlegenheitsideal‹ oder den ›männlichen Protest‹ nennt. Der Kriminelle will — wie wir anderen auch — ›ein ganzer Mann‹ werden, eine Formel, die gemäß den Erfahrungen in seinem Milieu sich in ›Anti-Haltungen‹ umsetzt. So fühlt sich der Delinquent als kleiner Gott, wenn er nicht zur Arbeit geht, kleine oder große Diebereien durchführt und Sitte und Moral ein Schnippchen schlägt. Die Machtambition ist bei ihm dieselbe wie bei den sogenannten ›Normalen‹ und ›Unauffälligen‹, was jedenfalls schon Plato wußte, als er sagte: »Die guten Menschen sind jene, die nur *träumen,* was die Bösen *wirklich tun!*«

Wenn einmal der Charakter eines Menschen in den Jahren der Kindheit seine Form angenommen hat, dann kommt es hernach nicht mehr leicht zu Änderungen der Erlebniswelt und der Verhaltensstruktur. Jeder Mensch beharrt in seinen ›Gewohnheiten‹, die bis in alle Modalitäten seines Denkens, Fühlens und Wollens hinabreichen. Mißerfolge mit der angenommenen ›Gangart‹ werden äußeren Zufällen oder der Ungunst der Mitmenschen zur Last gelegt. Sich ändern ist schwer: auch für den sogenannten Normalen. Für pathologische Charaktere ist es fast unmöglich, da sie in der Regel wenig echte Selbstreflexion gelernt haben und auch keine Beziehungspersonen haben, die sie aufklären können. Von daher mag der *Wiederholungszwang* im Leben der seelisch gestörten Menschen kommen, den Freud in seinen Spätschriften so eindrücklich hervorhob.

Horst-Eberhard Richter zeigt in seinem Buch *»Patient Familie«,* daß verschiedene Seelenstörungen aus spezifischen Familiensituationen stammen. Der Hysteriker kommt aus einer Familie, die dem Typus ›Schaubühne‹ entspricht: Jeder spielt jedem etwas vor, und nichts ist ernst gemeint. Der Angst- und psychosomatische Patient ist aus einer Familie, die dem ›Sanatorium‹ ähnelt: Man ist häufig krank, und das ganze Lebensinteresse dreht sich um den Selbstschutz angesichts drohender Gesundheitsgefahren. Und wie sieht es da beim späteren Kriminellen aus? Er kommt mitunter aus einer Konstellation, die Familie und Welt als ›Dschungel‹ präsentiert. Darauf richtet er sein Leben ein.

Autobiographie eines Kriminellen

Um in das Wesen der Kriminalität einzudringen, lohnt es sich sehr, Autobiographien von Delinquenten zu lesen. In der Selbstaussage delinquent gewordener Mensch steckt für den Kundigen mitunter mehr Realitätserkenntnis als in vielen kriminalpsychologischen Studien; man muß allerdings durch den Text hindurch die dahinterstehende Persönlichkeit erahnen und sich bewußt bleiben, daß der Kriminelle — wie wir alle — eine nur ›tendenziöse Lebensbeschreibung‹ geben kann, in der er jene Fakten auswählt und akzentuiert, die zu seinem ›Lebensentwurf‹ passen. Der Leser soll nicht nur die Wahrheit in, sondern auch zwischen den Zeilen wahrnehmen.

Der Schriftsteller Martin Walser hat unter dem Titel *»Wolfgang Werner: Vom Waisenhaus ins Zuchthaus«* (1972) eine solche Autobiographie herausgegeben, die in vieler Hinsicht Interesse verdient. Das Buch stammt von einem 27jährigen Delinquenten, der 22 Jahre seines Lebens in Erziehungsheimen und Gefängnissen verbracht hat. Er erzählt in sprachlich-orthographischer Unbeholfenheit, was er von seinem Leben weiß; und ohne damit ein spezielles Ziel anzuvisieren, gibt er uns Aufschluß über die ›Welt des Verbrechens‹. Schon die ersten Sätze sind sprechend genug (S. 7):

> »Meine Mutter, die ein sehr bewegtes Leben führte, gebar mich als uneheliches Kind. Das Jugendamt der Stadt Wuppertal, welches den Lebenswandel meiner Mutter zu gut kannte, beugte vor und entzog ihr die Erziehungsrechte. Man übergab mich als Säugling einem Waisenhaus, bis ich etwa im Alter von zwei Jahren von fremden Leuten als Pflegekind übernommen wurde. Dieselben wohnten auch in Wuppertal.«

Er kommt in verschiedene Kinderheime, und das erste, woran er sich erinnern kann, sind Heimweh, Prügel und sexuelle Erfahrungen. Sehr früh wird er zu sexuellen Praktiken verführt, wobei nicht nur die Heimkinder selbst, sondern auch Erzieher und Er-

zieherinnen ihm allerlei Fertigkeiten vermitteln. Alle seine Leidensgefährten sind lebenshungrig und triebhaft; von Schulerfahrungen berichtet Wolfgang Werner fast nichts; bei Gelegenheit bemerkt er nur, daß er hinter seinen Altersgenossen zurückgeblieben war.
Erst mit 16 Jahren lernt er seine leibliche Mutter kennen. Diese haust in einer verwahrlosten Wohnung, in welcher in zwei Zimmern elf Menschen beisammenwohnen. Ein Hausfreund ist auch da; dazu kommen mehrere Kinder von verschiedenen Vätern: Knaben und Mädchen schlafen in einem Bett. Es kümmert sich niemand darum, daß infolge der sexuellen Frühreife auch inzestuöse Beziehungen sich anbahnen.
Wolfgang Werner trifft einen älteren Kumpan, der ihn auf den ersten ›kriminellen Trip‹ mitnimmt. Ein Mann wird zusammengeschlagen und beraubt, da sie sich in das Nachtleben der Großstädte stürzen wollen. Der Ausflug endet auf der Hamburger Reeperbahn, wo es zu einem Bordellbesuch kommt. Der Jüngling verläßt seinen Gefährten und meldet sich selbst auf der Polizeiwache, die ihn in ein ›Übergangsheim‹ einweist. Dort ist er mit ›echten Kriminellen‹ zusammen und hört staunend von Möglichkeiten der Delinquenz, die ihm noch fremd waren. Er bekommt Gratisunterricht für die Kriminellenkarriere.
Einen Beruf hat er nicht gelernt, und nach seiner Entlassung arbeitet er auf Rummelplätzen, wo er feststellt, daß er bei Frauen nicht schlecht ankommt. Er läßt sich mit einer Minderjährigen ein, was ihm ein gerichtliches Verfahren einbringt. So fängt er mit manchen ›Vorstrafen‹ an, ehe er noch volljährig wird. Wiederum ist er in der ›Gesellschaft von Kriminellen‹. Ein Zuhälter erläutert ihm die ›süßen Lebenschancen‹ in der Zuhälterei — etwas, was Werner nicht vergessen wird.
Nach seiner Entlassung versucht er zu arbeiten, aber er ist ungeschickt, reizbar und unstetig. Er läßt sich auf einem Schiff anheuern und erlebt das Dolce vita der Hafenstädte. Wo immer er an Land geht, zieht es ihn zu den Bordellen; Schläger und Verbrecher sind an diesen Orten auch genug zu finden. Bei seiner Rückkehr nach Wuppertal trifft er die erste Prostituierte, die für ihn ›auf den Wackel‹ gehen will. Mit seiner Erika und entsprechenden Freunden bereist er verschiedene Städte, wo die Frauen ›anschaffen‹ und die Männer trinken, Karten spielen und herumlungern. Auch in Paris werden ›die Kunden bedient‹; da ihm aber seine ›Biene‹ zu langweilig wird, verläßt er sie ohne Abschied in Paris

und fährt mit Pariser Dirnen und Zuhältern nach Deutschland zurück, wo auf größere Verdienstmöglichkeiten gehofft wird. Das viele Geld, das hereinkommt, wird meistens im Nu ausgegeben; fast sinnlos werden Kleider und Schmuckstücke angeschafft, und auch die üblichen Geschäftskosten sind hoch. Ersparnisse können in diesem ›Job‹ nicht gemacht werden.
Wolfgang Werner erzählt von dieser und jener Nutte, die er ›gemaust‹ (koitiert) hat und wieviel Geld sie für ihn verdiente. Bei gelegentlichen Zwischenaufenthalten bei seiner Mutter ›maust‹ er auch seine Schwester, was ihm später wieder einen Prozeß aufhalsen wird. Auch Eigentumsdelikte stehen auf dem Tapet: Wenn er ein Auto braucht, dann ›knackt‹ er eben eines, das herumsteht. So landet er in Abständen immer wieder im Gefängnis.
Erschütternd ist, daß dieser junge Mensch stets im Bereiche jener Welt bleibt, in die er gleichsam ›hineingeboren wurde‹. Sein Leben bleibt in der Bahn, in die es hineingestellt wurde. Mit ca. 25 Jahren ist er bereits ein sehr erfahrener ›Häftling‹, der mit allen Wassern der Zuchthausexistenz gewaschen ist. Er kennt sie nach und nach alle: die Diebe, die Bankräuber, die Mörder, die Heiratsschwindler, die Hochstapler und Betrüger, die Sittlichkeitsdelinquenten. Wenn er entlassen wird, trifft er nach kurzer Zeit die ›alten Bekannten‹, und oft geht die Anregung zu neuen Delikten von diesen Gefängnisbekanntschaften aus.
Für Versuche eines ›anständigen Lebens‹ hat er keine Geduld, Einsichten und tragende Beziehungen: Er wird fast automatisch rückfällig. Nicht zu Unrecht bemerkt der Herausgeber, daß angesichts eines solchen Lebenslaufes die ›These von der menschlichen Willensfreiheit‹ etwas absurd anmutet. Die Gesellschaft muß sich vor Kriminellen schützen; aber die Institutionen, die sie zu diesem Zwecke geschaffen hat, erzeugen mehr Delinquenz als sie verhüten.
Auffallend an dieser ›Lebensgeschichte‹ ist die Tatsache, daß Wolfgang Werner nie von einer *Freundschaft* oder einer *echten Liebe* berichten kann. Er hat Spießgesellen und Kumpane, aber er befreundet sich mit niemandem. Er hat zahllose Frauen, mit denen er ins Bett geht: Aber keiner ist er menschlich und emotional verbunden. Sie sind allemal Objekte seines Lebenshungers und seines sexuellen Verlangens. Er vergißt sie, wenn sie ihn verlassen oder wenn er sie verläßt.
Er macht Anläufe zum Arbeiten, aber er hält sich an keiner Stelle. Auch treibt es ihn immer wieder weg, ziellos in die Ferne.

Von den gesellschaftlichen Ereignissen um ihn herum nimmt er gar keine Notiz. In der ganzen Autobiographie dreht sich alles um den harten Daseinskampf, den er innerhalb und außerhalb der Gefängnisse zu bestehen hat. Er kreist um sich selbst und seine flüchtigen Liebschaften oder Erlebnisse.
Es liegt eine unendliche Tragik in diesem Zirkel der Ereignisse, der einen Menschen zermalmt. Der Passus auf den letzten Seiten unseres Textes (S. 271) mutet wie ein Kondensat dieser Autobiographie an:

> »Als ich wieder auf der Straße lag, war mein fester Wille, soll es kommen wie es mag, aber die Arbeit wollte ich nicht aufgeben. Ich ging ins Hotel, wo ich pro Nacht 9 DM zahlen mußte, aber noch kein Essen am Tag hatte. Und eines Tages, dank der sorgenden Kripo, konnte ich die Arbeit in den Mond schreiben. Der Meister kam zu mir und sagte, Herr Werner, es tut uns leid, aber wir können Sie nicht weiterbeschäftigen. Er gab zu, daß er voll mit mir zufrieden war, aber die Kripo mußte mir auch noch das nehmen. Ich stand fast mittellos auf der Straße. Nur eins blieb mir noch, meine Freundin, und die wollte ich nicht verlieren. Um sie mit allen Mitteln halten zu können, tat ich das, was ich nie wollte, aber sie förmlich von mir verlangte, ich klaute ein Auto und dachte, sie auf diese Art halten zu können. Auf einem Parkplatz stand ein Wagen, dessen Fenster auf war, und diesen entwendete ich. Ich fuhr sofort zu meiner Freundin. Nun sitze ich hier und warte auf meine Berufungsverhandlung.«

Kindheit und Jugend des Verbrechers

Aus den bisherigen Darlegungen sollte deutlich geworden sein, daß die Kriminalität wohl kaum auf angeborenen Dispositionen beruht und daß der spätere Verbrecher in seine ›Rolle‹ hineinwächst, weil er nichts anderes und vor allem auch nichts Besseres gelernt hat. Das fängt oft schon sehr früh im Kindesalter an mit Lügen, Stehlen, Unredlichkeiten aller Art, Aggressionen usw. Die Ausgangsbasis ist der Kontaktmangel und die daraus erwachsende Daseinsangst, die fast notwendigerweise in Feindseligkeit gegen Menschen und Dinge umschlägt.
Eine Bestätigung dieser Gesichtspunkte lieferte z. B. das Ehepaar Sh. und E. Glueck mit seiner Untersuchung *»Unravelling*

Juvenile Delinquency« (1950). 500 delinquente Jugendliche aus Boston wurden hierbei mit ›normalen Jugendlichen‹ verglichen, um so eine prognostische Tabelle ausarbeiten zu können, die frühzeitig die Hinwendung zur Kriminalität erkennen läßt. Dabei wurde bei den Delinquenten u. a. entdeckt, daß sie in ihrer ersten Kindheit im allgemeinen kränklicher waren als die Nichtkriminellen; an Symptomen wiesen sie des weiteren statistisch relevant Bettnässen, motorische Unruhe, Fingernägelkauen, behinderte Lernfähigkeit und Charakterstörungen auf. Dies wird von den Gluecks folgendermaßen rekapituliert:

> »Psychologisch gesehen zeigten sich die delinquenten Jungen stärker auf konkrete Tatsachen eingestellt. Sie lernten leichter aus ihren Handlungen als aus Büchern ... Die delinquenten Jungen zeigten sich in viel größerem Ausmaße als die Nichtdelinquenten trotzig, übelnehmerisch, feindlich, verdächtigend, zersetzend, impulsiv, lebhaft, extravertiert. Außerdem ordneten sie sich weniger leicht einer Autorität unter. Aus psychiatrischen Untersuchungen wurde berichtet, daß die Delinquenten über weniger emotionelle Stabilität verfügen als die Nichtdelinquenten und daß sie abenteuerlustiger, beeinflußbarer und eigensinniger waren. Sie neigten auch eher dazu, sich gehenzulassen.« (l. c., S. 109)

Besonders aufschlußreich waren die Resultate der Gluecks hinsichtlich des Familienlebens ihrer delinquenten Exploranden. Auch hier zeigten sich auffallende Unterschiede zu den Nichtdelinquenten. Ein erheblicher Prozentsatz der kriminellen Jugendlichen stammte aus ›unvollständigen Familien‹ (uneheliche Kinder, Scheidungsehen usw.), aus ›broken homes‹. Oft waren sie drastisch Opfer von ›Familiendramen‹, von schiefer, kalter,

Erziehungsweise	Delinquente	Nichtdelinquente
launisch		
Mutter	34,6 %	21,1 %
Vater	41,6 %	17,9 %
fest, aber herzlich		
Mutter	4,2 %	65,6 %
Vater	5,7 %	55,5 %

roher und despotischer Erziehung, in die teilweise auch Verzärtelung hineinspielte.
Über die elterliche Erziehung sei an dieser Stelle eine Tabelle der Gluecks mitgeteilt (s. S. 379), die schlaglichtartig die prekäre Erziehungssituation des späteren Delinquenten transparent macht. Daraus leiten die Eheleute Glueck eine wichtige Schlußfolgerung ab:

> »Gleichgültig, ob wir eine Psychologie des ›gesunden Menschenverstandes‹ oder eine tieferschürfende psychoanalytische Erklärung wählen, ergibt sich klar aus den Beweisen, daß im Heim und in den Eltern-Kind-Beziehungen die fundamentalen Wurzeln des Charakters gesehen werden müssen; sie bestimmen, ob der Mensch sich den Realitäten des Lebens und der Gesellschaft anpaßt oder nicht.« (l. c., S. 108)

Eine weitere Einsicht der Glueckschen Statistiken deutet darauf hin, daß die späteren Delinquenten schon im Elternhaus Ansätze zur kriminellen Haltung zeigen, darin aber wesentlich durch den Kontakt mit anderen Verwahrlosten bestärkt werden. Die *Bandenbildung* etwa erleichtert entscheidend den Weg in die Kriminalität, ist aber nicht ihr ausschlaggebender Faktor.
Banden sind Gruppen, die eine gewisse Struktur aufweisen und jedem Mitglied Aufgaben, Erwartungen und damit auch einen gewissen Lebensinhalt bieten. Jugendliche Banden bilden sich häufig in Städten, wodurch Verwahrloste männlichen und weiblichen Geschlechts hierbei zu regelrechten ›Kampfgemeinschaften‹ zusammenfinden. Oft rivalisieren verschiedene ›gangs‹ miteinander. Die Art, wie sie einander sehen und behandeln, erinnert lebhaft an den nationalen Chauvinismus, der künstliche Gegensätze zwischen den Nationen aufreißt. Die eigene Gruppe wird damit gegenüber der Fremdgruppe maßlos überbewertet. Jugendliche Banden hegen — wie Völker, Religionen, Rassen — ihren Gruppenstolz, schließen sich vor Umweltkontakten ab und bauen eventuell sogar eine ›Kultur der Bande‹ auf, in der Umgangsformen spezieller Art, Traditionsbewußtsein und Gruppengeist eine erhebliche Rolle spielen. Vor allem in den USA hat man die ›Psychologie der Banden‹ studiert.
Immer sind solche verwahrloste Jugendliche auf der Suche nach affektiven Bindungen, Geborgenheit und Schutz, was sie im Elternhaus nicht zu bekommen pflegen. Die Bande wird ihnen zu einer Pseudofamilie. In ihr holen sie sich die Selbstbestätigung,

die sie mit den üblichen Mitteln — Arbeit, Liebe, soziale Integration — nicht erreichen können.
Der amerikanische Autor H. E. Salisbury (*»Die zerrüttete Generation«*) untersuchte sehr eingehend New Yorker Jugendlichen-Banden und fand dabei, daß die in ihnen integrierten jungen Menschen durch große Bindungsangst und Verantwortungsscheu gekennzeichnet sind. Sexuelle Beziehungen werden von ihnen hauptsächlich im Sinne eines ›Männlichkeitsgebarens‹ eingegangen. Der einzelne Verwahrloste wie auch die ganze Bande leben in einer betont feindlichen Welt. Die affektiven Beziehungen zu den Mitmenschen sind allgemein gestört. Damit ist verbunden eine Störung des Lebensgefühls überhaupt. In jugendlichen Banden ist nicht nur die *kriminelle Neigung*, sondern auch die *Suizidalität* merklich ausgeprägt.
Meist unterstehen die Banden einem Führer, der für sie ein Ideal von Härte, Männlichkeit und Heroismus verkörpert. Offensichtlich handelt es sich hierbei um einen ›Vaterersatz‹, selbst wenn der Führende noch ein Jugendlicher ist. Er verschafft den seelisch heimatlosen jungen Leuten die Möglichkeit des Vorbildes und der Hingabe; sie eifern ihm nach, solange seine Autorität nicht durch große Mißerfolge und Fehlverhalten ins Wanken gerät.
Die Strukturierung der Bande erfolgt in entschiedener Ablehnung dessen, was die Gesellschaft fordert und für wertvoll erachtet. Irgendwie ist die Bande eine asoziale ›Gegenkultur‹: In ihr vereinigen sich Jugendliche, die die üblichen Maßstäbe des Lernens und Verhaltens von Kindheit an abzulehnen gelernt haben. Dem entspricht etwa auch die Negation der Schule, das Auftrumpfen gegen Sitte und Moral durch delinquente Aktionen, sexuelle Frühreife und entsprechende Betätigung usw. Soziologische Erhebungen haben erwiesen, daß vor allem die Kinder der *sozialen Unterklasse* für Verwahrlosung und Bandenbildung disponiert sind. Sie stehen ja ohnehin außerhalb der ›bürgerlichen Gesellschaft‹ und haben es darum leichter, in die Asozialität abzugleiten. Auch hat das Unterklassenkind viel mehr frustrierende Lebenserfahrungen, so daß es von der allgemeinen Feindseligkeit der Welt gut überzeugt werden kann. Ökonomisches und soziales Ausgeliefertsein führen, durch familiäres Unglück verstärkt, zur antisozialen Haltung, die bei kriminellen ›Einzelkämpfern‹ und bei Banden stets zu Zusammenstößen mit Polizei und Gesetz Anlaß gibt.

Soziologie des Verbrechens

Vom soziologischen Standpunkt muß darauf hingewiesen werden, daß die Gesellschaft, die den Verbrecher straft, wesentlich zur Erhaltung des Verbrechens beiträgt. Mißstände unseres Gemeinschaftslebens sind dafür verantwortlich zu machen, daß ein gewisser Prozentsatz von Menschen asozial wird und sich in den Gesellschaftskörper nicht einfügen kann. Der Zusammenhang zwischen Armut, Verelendung, Wirtschaftskrisen und Verbrechen ist nicht von der Hand zu weisen. Katastrophen noch größeren Ausmaßes wie etwa Kriege tragen auch dazu bei, die sozialen Bindungen aufzulösen und das Menschenleben, hekatombenweise hingeopfert, zu entwerten. Solange Kriege noch als politische Mittel anerkannt sind und nicht von den Staaten generell geächtet werden, muß es für den kriminellen Menschen wenig überzeugend sein, daß derselbe Staat das Töten verbieten will, der es doch — unter anderen Umständen — von seinen Bürgern fordert. Der Kampf aller gegen alle im Wirtschaftsleben, die dort angewendete Skrupellosigkeit ist ein weiterer Faktor, der den Geist der Aggression züchtet. Diese Verbrechen, die ›großen Verbrechen‹ oder — wie man sie in den USA genannt hat — die ›white collar crimes‹, werden selten geahndet, und bei einem Gang durch die Gefängnisse wird man den Eindruck nicht los, daß in unserer Gesellschaftsordnung die reichen Leute die Armen für ihre Vergehen bestrafen und einsperren.

Der Verbrecher wird gewöhnlich in Kriminalromanen und -filmen zügellos idealisiert. In der Realität ist er keineswegs der schlaue und gewiegte Widersacher der Ordnungskräfte, kein ›Superman‹, der außerhalb von Recht und Gesetz seinen phantastischen Leidenschaften frönt. Dostojewski und Nietzsche haben irrtümlicherweise den Verbrecher als ›starken Menschen‹ beschrieben; ein moderner Kriminologe behauptet jedoch (mit Recht) das Gegenteil:

> »Wer einmal die Gestalten auf dem Gefängnishof betrachtet hat, diese Häufung von Schwachsinn, Degeneration und Psychopathie, und sich dabei an die schweren Kommentare zum Strafgesetzbuch erinnert, an die scharfsinnigen Entscheidungen der höchsten Gerichte, wer an das Heer der Richter, der Staatsanwälte, der Kriminaldetektive und Gefängnisbeamten, der Polizisten und Gendarmen denkt, die ununterbrochen tätig sind, sie in Schach zu halten, den überkommt ein bitteres

Gefühl: Die ganze Kläglichkeit der Gesellschaftsordnung, die Unfähigkeit des Menschen, menschliche Zustände zu schaffen, wird offenbar. Sollte die Gesellschaft mit ihnen nicht anders, nicht menschlicher, sinnvoller und vielleicht — billiger fertig werden?« (Robert Heindl, zit. nach P. Reiwald, *»Die Gesellschaft und ihre Verbrecher«*, 1948, S. 158)

Die Soziologie des Verbrechens kann uns lehren, die vielfältigen Bedingungen kriminellen Handelns bloßzulegen. Sie ergänzt damit sinngemäß die psychologische Betrachtungsweise, die den individuellen Werdegang des Rechtsbrechers ins Auge faßt; gesellschaftliche und persönliche Faktoren wirken zusammen, um den ›asozialen Lebensstil‹ auszubilden, der dann die delinquente Lebensform als die einzig mögliche wahrnimmt.
Die Vorurteile der Vergangenheit, die so gerne den Verbrecher durch einen ›wesensmäßigen Abgrund‹ vom ›anständigen Menschen‹ zu trennen versuchten, erweisen sich mehr und mehr als Konstruktionen, die dem ›durchschnittlichen und konventionellen Menschentum‹ das gute Gewissen bewahren sollen. Man hätte am liebsten den Kriminellen als ein ›Untier‹ und als eine ›reißende Bestie‹, die von der Natur oder von der Gottheit außerhalb der übrigen Menschheit gestellt wird. Dann nämlich gäbe es keine Mitverantwortung für die Kriminalität der anderen. Man könnte den Blick von den eigenen Mängeln abwenden und nur noch die ›Schuld der anderen‹ sehen.
Aber so leicht sollen wir nicht davonkommen. Wenn in einer Gesellschaft unzählige Menschen den ›Weg ins Leben‹ verfehlen, dann muß es mit der Gesellschaftsordnung, der Erziehung, der Sitte und Moral, den ökonomischen und zwischenmenschlichen Beziehungen usw. irgendwie nicht gut stehen. Der Kriminelle hält uns den Spiegel vor und zeigt uns, daß wir eine ›Dschungelwelt‹ geschaffen haben, deren Opfer nicht er allein ist: Wir alle sind Opfer und Mitschuldige zugleich. Denn einerseits huldigen wir politisch dem ›Recht des Stärkeren‹, der ›Moral der Macht‹ und der zügellosen ›Heldenverehrung‹, selbst wenn diese Heroen der politischen und wirtschaftlichen Szene Hekatomben von Menschenleben fordern, gegen die der Schaden, welchen die kläglichen Kriminellen als Außenseiter der Gesellschaft anrichten, wahrhaftig eine Bagatelle ist.
Tötet man einen einzelnen Menschen, dann ist man ein Bösewicht; tötet man als General oder Staatsführer Tausende oder

Hunderttausende, dann ist man ein ›Wohltäter der Menschheit‹, der unter Umständen sogar das Etikett ›der Große‹ verdient. Die ›großen Kriminellen‹ an den Schalthebeln der Macht sind die eigentliche Gefahr für den Kulturfortschritt. Bei ihnen ist noch weniger Einsicht in ihre Delinquenz zu finden als bei den kleinen Übeltätern, die ins Zuchthaus kommen. Als Napoleon auf St. Helena war, bereute er keineswegs seine Kriege, in denen so viele Menschen sinnlos hingeopfert wurden. Er sagte nur: »Wäre ich doch nach Spanien anstatt nach Rußland gegangen, dann läge jetzt die ganze Welt zu meinen Füßen!« Und in einem Gespräch mit Metternich, der ihm noch vor dem Desaster ins Gewissen reden wollte, daß er mit seinen Kinderarmeen ganz Frankreich entvölkern werde, brauste er auf: »Für einen Menschen, wie ich es bin, sind eine Million anderer nur Dreck!«

Wenn die anerkannten Menschheitsführer so reden dürfen, warum soll dann ein kleiner Tunichtgut, der bei einem Diebstahl oder einem Gewaltverbrechen ertappt wird, nicht als einziges Zeichen der Reue den Satz formulieren: »Hätte ich doch nur am Tatort meine Brille nicht liegenlassen; ich könnte jetzt in Saus und Braus leben!« Oder in einem anderen Fall: »Der andere hatte eine volle Geldbörse, und ich war arm wie eine Kirchenmaus: Warum hätte ich ihn da nicht totschlagen sollen?«

Von einer ähnlichen Gefühllosigkeit — aber in ganz anderen Dimensionen — künden die ›letzten Worte‹, die von Hitler überliefert sind, als er im Jahre 1945 angesichts eines total zertrümmerten Deutschland den Freitod wählte und sich damit der Verantwortung für fünfzig Millionen Tote und einen Sachschaden von schier unbegrenzter Höhe entzog; er soll vor dem Selbstmord gesagt haben: »Das deutsche Volk hat sich meiner nicht als würdig erwiesen!«

Im Hinblick auf diese Sachverhalte wird man nicht darum herumkommen, der ›Bestialisierung der kleinen Verbrecher‹ Einhalt zu gebieten. Man wird sich fragen müssen, ob jene Untäter, die es durch wirtschaftliche, erzieherische, soziale und kulturelle Mißstände geworden sind, nicht eher eine Umerziehung als eine Strafe verdienen, bei deren Durchführung die Tiefenpsychologie eine besondere Stellung einnehmen müßte.

Strafen oder heilen?

Ist der Verbrecher psychisch krank oder gesund? Diese Frage beschäftigt schon seit langem die Justiz und die Kriminalpsychiatrie. Bei jedem Gerichtsverfahren, wo Zweifel an der ›Zurechnungsfähigkeit‹ des Delinquenten bestehen, werden Psychiater zur Verhandlung hinzugezogen, die dem Gericht fachmännische Auskunft in dieser Beziehung erteilen sollen. So kann das Urteil abgewandelt werden: Anstelle einer Gefängnisstrafe tritt unter Umständen Einweisung in eine Nervenklinik, mitunter auch psychotherapeutische Behandlung in freien Arztpraxen, die allerdings pflichtgemäß eingehalten werden muß.
Für einen Großteil der Straftäter wird das Diktum ›zurechnungsfähig‹ ausgesprochen und ein Strafmaß berechnet, das der Tat und dem Täter ›angemessen ist‹. Gefängnisse und Zuchthäuser nehmen Tausende und Abertausende Kriminelle auf, deren Haftstrafen bis zur ›Lebenslänglichkeit‹ reichen können. Bessern solche Inhaftierungen die Menschen, die Schuld auf sich geladen haben? Die Erfahrung scheint dem zu widersprechen. Ein Großteil der Gefängnisinsassen wird nach seiner Freilassung früher oder später rückfällig. Die Lebensbedingungen in den Anstalten sind in der Regel schlecht, oft sogar unerträglich. Das Betreuungspersonal ist unwissend und ungeschult, das Essen unzulänglich, die Hygiene dürftig und die ›Gemeinschaft der Kriminellen‹ alles andere als ›umerziehend‹. Karl Menninger schreibt in seinem Buch *»Strafe — ein Verbrechen«* (S. 91):

> »In einer Umgebung wie dieser verzehrt sich der ›Strafempfänger‹ in der freudlosen Gesellschaft einiger gleich elender, hoffnungsloser und verbitterter Genossen. Er ist bewacht von Menschen, die ihn halb fürchten und halb verachten, und denen gegenüber alle Häftlinge schnell eine unerschütterlich feindselige Haltung anzunehmen lernen. Eine Atmosphäre von Monotonie, Sinnlosigkeit, Haß, Einsamkeit und sexueller Frustration schwelt in den dumpfen Kerkern und kalten Hallen wie eine ansteckende Krankheit, während die Zeit sich durch zermürbende Monate und Jahre mahlt.«

Diese Äußerungen sind keineswegs übertrieben, und jeder Kundige wird zugeben, daß der heutige Strafvollzug nichts Gutes bewirkt — er ist eine Notlösung, in der man ›dem Herkommen‹ folgt, das aber kaum als konstruktives Geschehen angesprochen

werden kann. Die Strafe entspringt dem gesellschaftlichen Racheaffekt und hat das zukünftige Wohl des Übeltäters nicht im Sinn. Damit schneidet sich aber die Gesellschaft ins eigene Fleisch, denn der *Rückfallverbrecher* wird nicht nur weitere Opfer fordern, sondern auch wiederum gewaltige Kosten mit sich bringen, die unnütz verschleudert werden.
Die Juristen selbst beginnen sich zu fragen, ob das Prinzip der Strafe und Einkerkerung nicht in vielen Fällen überholt sei. Wo immer es möglich ist, sollte man anstelle der Bestrafung die ›Wiedergutmachung‹ setzen. Der Täter kann sich, sofern er nicht ›gemeingefährlich‹ ist, auf freiem Fuß befinden, eventuell mit der Auflage, sich in kürzeren Abständen bei einer Polizeistelle zu melden. Anstatt im Zuchthaus dahinzudämmern, soll er in Freiheit den Schaden abtragen, den er der Mitwelt zugefügt hat.
Kann man jedoch, nach dem Stand des derzeitigen Wissens und Verstehens, von einer Gefängniseinweisung nicht absehen, dann soll dieses Gefängnis in Richtung auf eine ›Lebensschule‹ ausgebaut werden, worin der Delinquent ein Stück Erziehung und Schulung nachholen kann, die er in seiner Kindheit versäumt hat. Das ahnen bereits so manche Experten, aber die große Frage ist die nach den Persönlichkeiten, die eine derartige ›Humanisierungsarbeit‹ bei tief verstörten und seelisch verwirrten Menschenkindern leisten können. Der Delinquent ist häufig voller Abwehr gegen jegliche Beeinflussung; er reagiert ›phobisch‹ auf den Versuch, ihm emotional nahezukommen.
Die Umschulung oder Umerziehung solcher Charakter- und Persönlichkeitsanomalien ist äußerst kompliziert. Die delinquente Lebensform äußert sich nicht nur in den Charakterstrukturen, sondern in eigentümlichen Denkprozessen, in Gefühlsverirrungen und Willensdeformationen. Bis in alle Wertempfindungen und in die Weltanschauung hinein reicht die Delinquenz, die ebenso wie die Neurose oder Perversion die Gesamtpersönlichkeit ›affiziert‹. Wer Kriminelle psychotherapeutisch zu behandeln versuchte, kann davon ein Lied singen.
In den Anfängen der Psychoanalyse war man sehr zuversichtlich im Hinblick auf Reformen des Strafrechts und des Strafvollzugs unter Zuhilfenahme der tiefenpsychologischen Erkenntnisse. Tatsächlich hat man inzwischen einige Fortschritte gemacht, aber eine Umwälzung der Verhältnisse hat nicht stattgefunden. Die Erfolge der Kriminellenpsychotherapie sind hinter den Er-

wartungen zurückgeblieben. Auch in der Neurosenbehandlung reiften nicht alle Blütenträume der Psychoanalytiker. Hier muß die kritische Selbstbesinnung dieser Disziplin in Funktion treten.
Heute gibt es bereits in vielen Gefängnissen Anstaltspsychologen, mit denen der Delinquent Gespräche führen kann: Allerdings stehen einer großen Zahl von Gefangenen nur ganz wenige ›Therapeuten‹ gegenüber. Auch ist die Zusammenarbeit zwischen Anstaltsleitung und psychologischen Betreuern oft problematisch: Die Standpunkte sind sehr verschieden. Aber abgesehen davon haben es die Psychologen an sich schon schwer, den Kriminellen für eine therapeutische Zusammenarbeit zu gewinnen; dies merkt man am geringen Nutzeffekt ihrer oft sehr hingebungsvollen Bemühungen.
Die Therapieerfolge sind in allen Bereichen launisch, weil der Beruf des Psychotherapeuten ein *künstlerischer* ist, der nur in gewissen Grenzen via Schulung erlernt werden kann. Trotz Charakter- und Lehranalyse hat jeder Analytiker eine Restneurose, an welcher er sich lebenslänglich abarbeiten muß. Ist diese überdurchschnittlich groß, dann leidet die Fähigkeit der Identifikation mit dem Patienten, die Einfühlung, das Wissen und das Verstehen. Dies wirkt sich speziell ungünstig aus in jenen Fällen, bei denen es nur langsam und mühevoll zu einer positiven Übertragung kommt: Und das gilt nicht nur für die schweren Neurosen und Psychosen, sondern auch für die Delinquenz. Nach allem, was wir geschildert haben, ist der Kriminelle keineswegs ohne weiteres bereit, einem Therapeuten Vertrauenskredit einzuräumen; im Gegenteil, er vermutet in ihm einen Angehörigen der Dschungelwelt, die ihn ins Verderben stürzte.
Eine weitere Schranke ist auch dadurch gegeben, daß Psychologen meistens gutbürgerliche Menschen sind, die wenig Ahnung von der Erlebniswelt der Knastbrüder haben. Der Abstand ist hier in jeder Beziehung zu groß: Er kann nicht von jedem übersprungen werden. Verstehen setzt eine gewisse Seelenverwandtschaft voraus. Da diese zwischen Therapeut und Delinquent nur in begrenztem Maße gegeben ist, sollte eine Therapie durchgeführt werden, bei welcher die Delinquenten selbst die Funktion von Co-Therapeuten möglichst weitgehend übernehmen. Die *Gruppenbehandlung* bietet vermutlich die beste Chance, schwer zugängliche Menschen — und dies sind die Kriminellen immer — gefühlsmäßig anzusprechen und zu erreichen. In der thera-

peutischen Gruppe sollen sie gemeinsam lernen, ihre Lebensgeschichten zu begreifen und einen tragfähigeren *Sinn des Lebens* zu erarbeiten. Die Schulung in Selbst- und Menschenkenntnis muß hierbei im Mittelpunkt stehen; der Delinqent hat nicht nur dumpfe Gefühle und Triebe, sondern auch ein sehr mangelhaftes ›Verstehen der sozialen Lebensbedingungen‹: Er kennt weder sich selbst noch seine Mitmenschen, noch das ›Leben überhaupt‹.

Josef Rattner

Schizophrenie

Viele Psychiater werden bestreiten, daß die Darstellung der Schizophrenie innerhalb einer ›Neurosenlehre‹ berechtigt sei. Dies hängt damit zusammen, daß nach den älteren Auffassungen die schizophrene Erkrankung qualitativ von den Neurosen unterschieden werden soll. Für die traditionelle Psychiatrie besteht ein Abgrund zwischen den Neurosen als ›Störungen der Erlebnisverarbeitung‹ und den Psychosen (Wahnkrankheiten) als ›endogenen Irritationen‹, d. h. Störungen, die rätselhaft aus dem Innern des Patienten zustande kommen. Diese Lehre, die noch aus dem 19. Jahrhundert stammt, wurde durch die Erkenntnisse der Tiefenpsychologie weitgehend in Frage gestellt und auch widerlegt.

Das widersprüchliche Tasten und Suchen nach einer Lösung des Schizophrenieproblems ist mehr als begreiflich. Ist doch das Auftreten eines Wahns bei einem Menschen für seine Umwelt ein erschütterndes Ereignis, das mit Unverständnis und Angst beantwortet wird. In früheren Zeiten hielt man dafür, daß der schwer gemütskranke Mensch von den Göttern oder von Gott ›geschlagen sei‹. Wahn und Sünde wurden irgendwie in Verbindung miteinander gebracht. Dies mag auch einer der Gründe dafür gewesen sein, daß man wahnkranke Menschen bis in die Neuzeit hinein sehr unmenschlich behandelte. Sie wurden in ›Narrentürmen‹ angekettet, gepeitscht und sonstwie gequält. Zu solchen Asylen hatte das Publikum freien Zutritt, und es war ein geschätztes Vergnügen, die Narren zu besichtigen oder gar zu verspotten. Erst in der Ära der Französischen Revolution setzte der französische Psychiater Pinel die Abschaffung der Fesseln für Geisteskranke durch; von daher datiert auch eine humanere Behandlungsmethode, die allerdings nur sehr langsam zum Zuge kam. Die Lebensbedingungen in den sogenannten ›Irrenanstalten‹ waren noch lange hart genug; auch gegenwärtig gibt — sogar in den hochentwickelten Industriestaaten — es diesbezüglich

mancherlei zu beklagen, wiewohl die modernen ›Nervenkliniken‹ im Vergleich zu ihren Vorläufern fast ›idyllische Aufenthaltsorte‹ genannt werden dürfen.
Die Erklärung des Wesens der Schizophrenie erwies sich als ungemein schwierig. Bei den körperlichen Krankheiten gelang es nach und nach, für fast jede von ihnen einen spezifischen Krankheitserreger oder doch genau definierte ›Krankheitsursachen‹ nachzuweisen, so daß man zielsicher Therapien und Vorbeugungsmethoden in Angriff nehmen konnte. Wo aber sollte man die ›Ursache‹ der schizophrenen Psychose suchen? War sie im Körper, in der Seele oder im Geist zu lokalisieren? Dabei muß man sich darüber im klaren sein, daß hinter jedem dieser drei Begriffe gewaltige philosophische und metaphysische Probleme stecken. Wie verhalten sich Leib und Seele zueinander? Wie grenzt man ›Psyche‹ vom ›Geist‹ ab? Kann der ›Geist‹ in der ›Geisteskrankheit‹ erkranken, und wie ist ›das Leibliche‹ davon tangiert? Die Fragen, die damit angesprochen sind, interessieren nicht nur die Ärzte, sondern auch die Psychologen, die Philosophen und die Repräsentanten aller ›Wissenschaften vom Menschen‹.
Die Psychiater des vergangenen Jahrhunderts hatten für die Philosophie und die Humanwissenschaften nicht viel übrig. Im Sinne des damals vorherrschenden Materialismus und Positivismus formulierten sie den (hypothetischen) Lehrsatz: ›Geisteskrankheiten sind Hirnkrankheiten!‹ (K. A. Ideler) Dies traf sicherlich für so manches Wahngeschehen zu. Bei der ›progressiven Paralyse‹ zum Beispiel, die damals häufig genug war, konnte der Wahn der Patienten auf chronisch-entzündliche Reaktionen der Hirnrinde als Spätfolge einer Syphilisinfektion zurückgeführt werden; dies eröffnete den Zugang zu einer Behandlung durch Heilfieber (Malaria usw.) und später durch Penicillin.
Aber bei der Schizophrenie suchte man vergeblich nach Hirnschäden. Auch im übrigen Organismus gab es für die ›Organiker‹ und ›Somatiker‹ keine ermutigenden Befunde. Gleichwohl ließ man nicht davon ab, biologische Hypothesen über die ›endogenen Wahnkrankheiten‹ auszudenken. Emil Kraepelin (1856–1926) benannte das schizophrene Krankheitsbild mit der Bezeichnung ›Dementia praecox‹: Dies suggerierte den Gedanken, daß diese Gemütskranken auf Grund einer unbekannten körperlichen Voraussetzung ›vorzeitig verblöden‹. Der Züricher Psychiater Eugen Bleuler (1857–1939) widersprach dieser Auf-

fassung und führte den heute gebräuchlichen Ausdruck Schizophrenie oder ›Spaltungsirresein‹ ein (1911). Nach Bleuler ist die Intelligenz der Patienten in den akuten Krankheitsschüben getrübt, erreicht aber in den Rekonvaleszenzphasen wieder ein normales Niveau; nur bei chronischer Erkrankung tritt als Spätfolge eventuell die Demenz in Erscheinung.

Als Grundsymptome der Schizophrenie betrachtete Bleuler den gestörten Gedankenzusammenhang und die krankhaft veränderte Affektivität; daraus ergäben sich die Zusatzsymptome der Sinnestäuschungen, der Wahnideen, der Gedächtnisstörungen, der Verhaltensstereotypien usw. Im Sinne der psychiatrischen Tradition unterschied auch Bleuler zwischen ›Katatonie‹ (Spannungsirresein: Antriebs-, Sinnes- und Denkstörungen, Abwechseln von Starre und Bewegungsdrang usw.), ›Paranoia‹ (Wahnvorstellungen, Querulantentum, fixe Ideen, Verfolgungs- und Größenwahn) und ›Hebephrenie‹ (Jugendirresein); er beschrieb sehr sorgfältig die Symptomatik der Kranken, mußte aber auch auf eine unbekannte ›organische Ätiologie‹ (Verursachung) verweisen, über die niemand etwas Genaues wissen kann. Immerhin fiel Bleuler schon das ›komplexhafte Reagieren‹ der Patienten auf, wobei er einer der ersten Psychiater war, der Freudsche Methoden auf Geisteskranke anzuwenden versuchte.

Seit der Jahrhundertwende wurde weiterhin energisch nach ›biologischen Ursachen‹ der Schizophrenie gesucht. Ernst Kretschmer (1888—1964) als Konstitutionsforscher glaubte, im ›leptosomen Körperbau‹ (Schlankwüchsigkeit) eine Disposition zur Schizophrenie entdeckt zu haben, und begründete mit seinem Buch *»Körperbau und Charakter«* (1921) eine allerdings nur bedingt erfolgreiche Forschung. Andere Wissenschaftler postulierten hormonale Anomalien und Stoffwechselstörungen, aber auch sie kamen bisher auf keinen grünen Zweig. So brachten tausendfältige Bemühungen bei dieser Krankheit, die *ein Prozent* der Bevölkerung befällt, keine befriedigende Klärung.

Frühe tiefenpsychologische Ansätze

Die Psychoanalyse bewirkte nicht nur eine umwälzende Neuorientierung auf dem Gebiet der Neurosenlehre und der Psychotherapie, sondern auch im Bereich der Schizophrenielehre. Schon 1894 veröffentlichte Freud unter dem Titel *»Die Abwehr-*

neuropsychosen« eine Untersuchung, in welcher er wahnhafte Halluzinationen auf Verdrängungsvorgänge zurückführte, wie sie in den Neurosen konstant vorzukommen pflegen. Indem das Ich des Kranken eine unerträgliche Vorstellung von sich weise, verleugne es ein Stück der Realität, was zu seiner Schwächung Anlaß gebe. In der Halluzination dränge sich aber die entstellte Wirklichkeit dem Gemüt des Patienten wieder auf; oft erfolge dies in symbolischer Einkleidung, woraus die Unverständlichkeit des Wahns abzuleiten sei. Wer die Symbolik der Wahngedanken zu durchschauen vermöge, erkenne unter Umständen in ihnen Wunscherfüllungen, die allerdings durch Ängste und Rationalisierungen überlagert sein können. — Bei einem Fall von Paranoia behauptete Freud, daß der Kranke die Realität nicht wahrnehmen *wolle,* weil diese allzusehr seinen Wunschregungen widerspreche.

Solcherlei kommt allerdings gewohnheitsmäßig auch bei den sogenannten ›Normalen‹ vor. Dachte man Freuds Gedankengang konsequent zu Ende, dann mußte die Schlußfolgerung lauten, daß die Übergänge zwischen Normalität, Neurose und Psychose durchaus fließend sind. Jeder seelisch gesunde Mensch ist auch ein bißchen ›verrückt‹, und die ›Verrückten‹ sind nie jeglicher Gesundheit bar. Die Kluft, welche die ältere Psychiatrie zwischen den ›einfühlbaren neurotischen Erkrankungen‹ und den ›nichteinfühlbaren Psychosen‹ aufgerissen hatte, wurde dadurch eliminiert; anstelle der qualitativen Unterschiede in der Reihe ›normal — neurotisch — wahnhaft‹ traten quantitative Differenzen, und nach Freud mußte man in Erwägung ziehen, ob die von den Psychiatern deklarierte ›Uneinfühlbarkeit der Wahninhalte‹ nicht zu Lasten der ärztlichen Phantasielosigkeit ging.

Freuds Technik der *»Traumdeutung«* (1900) fügte ein weiteres hinzu, um der Forschung den ›Übersetzungscode des Unbewußten‹ in die Hand zu spielen, mittels dessen auch unverständliche Seelenäußerungen entschlüsselt werden konnten. In dieselbe Richtung wies auch das Buch *»Zur Psychopathologie des Alltagslebens«* (1904) und die *»Drei Abhandlungen zur Sexualtheorie«* (1905). Wenn schon Neurosen und Perversionen durch frühkindliche Traumatisierungen und Frustrationen entstanden, dann konnte auch der Wahn einen frühen lebensgeschichtlichen Ursprung haben. Die Psyche des Wahnkranken hat genau dieselben Mittel zur Verfügung, um sich auszudrücken, wie die Psyche des Normalen, des Neurotikers und des Perversen. Vor allem im Traum macht jeder Mensch nächtlicherweise eine ›kleine Psychose‹ durch, mit verworrenen Gedankenverknüpfungen, absurden Gefühlen und Affekten usw. Schon Schopenhauer deutete an: Läßt man einen Menschen herumgehen in einem Traum, aus dem er nicht aufwachen kann, dann haben wir einen Wahnsinnigen vor uns; der Wahn ist ein Alptraum ohne Ende.

Sehr eindrücklich exemplifizierte Freud seine Theorie des Wahns in seiner Studie über die *»Denkwürdigkeiten des sächsischen Senatspräsidenten D. P. Schreber«* aus dem Jahre 1912. Schreber war an einer Paranoia erkrankt, und er hatte in den Stadien der Remission seiner Erkrankung eine ausführliche Schilderung seiner Wahnvorstellungen gegeben. Nach Freud kam im paranoischen Leiden eine ›verdrängte Homosexualität‹ zum Vorschein; überhaupt seien Paranoia und homosexuelle Einstellung oft verschwistert. Das subtile Wahnsystem Schrebers ist seither noch öfter kommentiert worden — aber Freuds Wahninterpretation ist trotz gewisser Einseitigkeiten mustergültig in ihrer Souveränität.

Auf dem von Freud eröffneten neuen Weg stieß auch C. G. Jung mit der ihm eigenen Impulsivität vor. 1907 erschien sein Buch *»Über die Psychologie der Dementia praecox«*, das ebenfalls bedeutsame Pionierarbeit leistete. Jung glaubte zwar noch — wie sein Lehrer Eugen Bleuler —, daß man die Entstehung der Schizophrenie auf ein ›körpereigenes Gift‹ zurückführen müsse, auf eine Stoffwechselanomalie; gleichwohl könne man ›komplexpsychologisch‹ die Inhalte der Psychose derart analysieren, daß sie ihren lebensgeschichtlichen Stellenwert erhalten. Auch die scheinbar sinnlose Sprache und das absurde Verhalten der Schizophrenen seien interpretierbar: Dabei entdecke man, daß die Kranken in ihren vielfältigen Lebensbekundungen um die Themen der ›Beeinträchtigung durch die Umwelt‹, des ›Wunsches nach persönlicher Anerkennung‹ und der ›Erotik‹ kreisen. Die Psychose zeigt uns ›wie durch ein Vergrößerungsglas‹ das ›Getriebe der menschlichen Psyche‹.

Noch radikaler als Freud und Jung bemühte sich Alfred Adler in seinem Hauptwerk *»Über den nervösen Charakter«* (1912) und in *»Praxis und Theorie der Individualpsychologie«* (1920) um einen übergreifenden tiefenpsychologischen Entwurf, in welchem die Existenzprobleme des ›normalen‹, des neurotischen und des wahnkranken Menschen als Einheit gesehen werden konnten.

Nach Adler wird das Seelenleben verstanden in seiner Auseinandersetzung mit der natürlichen und sozialen Umwelt. Gegeben sind gewisse ›Aufgaben des Lebens‹, denen keiner sich ohne weiteres entziehen kann; wir leben in einer Gemeinschaft, in die wir uns durch Beitragsleistung integrieren müssen, so daß Arbeit, Liebe und Sozialkontakt zum ›Lebenspensum‹ gehören. Wachsen und reifen kann der Mensch nur, wenn er von Kindheit an seine Beziehungsfähigkeit entwickelt, wobei die Anforderungen der sexuellen und seelischen Liebe ebenso wie die Notwendigkeit des Sozialinteresses den empfindlichsten Test für die wahre Entfaltung des Seelenlebens darstellen.
Wo das Gemeinschaftsgefühl in der frühen Sozialisation nicht geweckt wird, machen sich Minderwertigkeitsgefühle und Geltungsstreben in der Psyche bemerkbar. Diese kann sich der Gemeinschaft nicht einordnen und strebt zur ›Unnützlichkeitsseite des Daseins‹. Was wir neurotisch und psychotisch nennen, ist der verminderte Aufbau des Sozialkontaktes und die daraus folgende Realitäts- und Lebensfremdheit. Um die Selbstachtung nicht zu verlieren, bewegt sich das gefühlsmäßig unentfaltete Individuum von den Mitmenschen weg; meistens kommt es von seiner mit pathologischen Verhaltensmustern überfrachteten Familie nicht los und errichtet angesichts der drohenden und überschätzten ›Gefahren des Lebens‹ einen ›Nebenkriegsschauplatz‹ in seiner Krankheit, in die es hineinflüchtet wie in ein Asyl.
Um diesen Rückzug zu verschleiern, werden Neurose, Psychose, Sexualstörungen und psychosomatische Erkrankungen ›unbewußt inszeniert‹. Diese sind demnach nicht ›Geschehnisse‹ im kausalen Sinne des Wortes, sondern zielstrebige, teleologische Gebilde, eigentliche ›Leistungen des Subjekts‹.
Wer nicht den Mut zur Wirklichkeit hat, kann sich auf Grund der Beschaffenheit der menschlichen Psyche in Fiktionen und Selbsttäuschungen einspinnen, die sein prekäres Selbstwertgefühl stützen und seine partielle Sicherheit gewährleisten. Der Wahn ist zwar trostlos, weil er den Menschen abkapselt und vereinsamt; aber immerhin erspart er einem ängstlichen, kontaktschwachen und verträumten Individuum die Härte des Daseinskampfes, da Erkrankung innerhalb der Kultur mit Schonung, Pflege und sogar Möglichkeiten des Prestiges verbunden ist.
Besonders das letztere ist für den Patienten wichtig, da er nach Adler ein unerfülltes und unstillbares Verlangen nach Geltung und Auszeichnung in sich trägt. Je schwerer die Neurose und die

Psychose sind, um so ausgeprägter findet man in ihnen ›nervöse Charakterzüge‹ wie Ehrgeiz, Eitelkeit, Mißtrauen, Angst, Distanzhaltung, Neid, Eifersucht usw. Man bricht die Brücken zur Realität ab, wenn das Leben in Tagträumen mehr (fiktives) Überlegenheitsgefühl einbringt als die aus lebensgeschichtlichen Gründen entmutigte Suche nach Liebe und Erfolg.

Psychoanalyse des Schizophrenen

Freud hatte 1914 die ›Theorie des Narzißmus‹ eingeführt, die die weitere Erforschung der schizophrenen Erkrankungen etwas zurückdämmte. Er unterschied zwischen Übertragungs- und narzißtischen Neurosen: In den ersteren (z. B. Hysterie, Angstneurose, Zwangsneurose) seien die Patienten fähig, ihre Gefühle auf den Therapeuten zu ›übertragen‹; in den letzteren jedoch (wozu er die Schizophrenie rechnete) halte der Kranke alle Libido an sich und sei gleichsam in sich selbst verliebt (entsprechend dem Narziß der griechischen Sage). Da nun aber Heilung nur durch die in der Behandlung erweckte Liebe des Patienten zum Therapeuten möglich sei, stehe man bei Wahnkranken nach kurzem Vordringen ›wie vor einer Mauer‹; gleichwohl bestehe die Hoffnung, daß gutgeschulte Analytiker eines Tages auch diese Barriere überwinden könnten. Bedauerlich sei nur, daß die Psychiater nichts von der Psychoanalyse verstünden und die Psychoanalytiker zu wenig Gelegenheit hätten, psychiatrische Fälle zu studieren und zu behandeln (siehe hierzu GW, Bd. XI, S. 438).

Freuds Schüler ließen sich aber nicht davon abhalten, vereinzelte Fälle von Psychose mit den Hilfsmitteln der Tiefenpsychologie zu durchleuchten. Im Zeitraum von 1920 bis 1980 erfolgte nach und nach ein stürmischer Aufbruch zu einer analytischen Schizophrenielehre, die in Theorie und Praxis zu erstaunlichen Einsichten führte. Wollte man alle Pioniere der tiefenpsychologischen Schizophrenentherapie aufzählen, so käme man nicht bald an ein Ende; wir werden daher nur die wichtigsten Tendenzen und Bestrebungen namhaft machen, wobei wir kaum je spezielle Autoren in den Vordergrund rücken können.

Die psychoanalytische ›Ichpsychologie‹ begab sich auf die Suche nach den Ursprüngen der *Ichschwäche*, die als charakteristischer Fundamentalbefund bei Neurosen und Psychosen auffiel. Es wurde bald klar, daß Schädigungen in der Substanz des Ichs aus Traumatisierungen und Konfliktlagen stammen mußten, die sehr früh in der Persönlichkeitsentwicklung anzusetzen waren. Man konzentrierte sich hierbei auf die Erforschung der Mutter-Kind-Beziehung in den ersten beiden Lebensjahren. Wegleitend war die Annahme, daß das Kleinkind in seiner Abhängigkeit und Hilflosigkeit besonders viel Liebe und Verstehen benötigt, um den Anreiz zu erhalten, in die schwierige Menschenwelt hineinzuwachsen. Psychoanalytiker untersuchten die Mütter von schizophrenen Patienten und konnten sich des Eindrucks nicht erwehren, daß diese meistens hochgradig neurotisch waren oder doch in der Periode der Frühkindheit des späteren Patienten durch äußere Lebensbedingungen so sehr sich beansprucht und bedrängt fühlten, daß sie für die Bedürfnisse des Kindes nicht ausreichend Gespür haben konnten. So entstand der Begriff der ›schizophrenogenen Mutter‹, der die Last der Schizophrenieverursachung den Müttern sozusagen in die Schuhe schob. Da diese These Furore machte, hat sie vermutlich vielen Müttern unsägliche Schuldgefühle suggeriert, über deren Berechtigung sich die Fachleute keineswegs einig sind.

Zusätzliche Forschungen haben nämlich ergeben, daß die Väter der schizophrenen Patienten auch eine ganz erhebliche Beachtung verdienen. Gewiß ist das Kind in der sehr prägsamen Phase des ersten Lebensjahres (und noch länger) ganz in der Obhut der Mutter; aber das Verhalten des Vaters zur Mutter wirkt indirekt enorm auf das Kind ein und bestimmt von Anfang an dessen Persönlichkeitsaufbau. Dazu kommt, daß auch die späteren Entwicklungsjahre für das Entstehen von Gemütskrankheiten schicksalhaft sein können. Der Charakter des Vaters, der für das Kind in unserer Kultur in der Regel die ›Umweltbeziehung‹ definiert, kann die sozialen Impulse des Kindes ebensosehr bremsen und verstümmeln wie die Mutter, die man in einer übereilten Theoriebildung zur Hauptverantwortlichen in der Neurosen- und Psychosengenese stempeln wollte. Auch ist nicht zu vergessen, daß der Vater für den Knaben jene Identifikationsfigur darstellt, an welcher er sich mit seiner zukünftigen Geschlechts- und Berufsrolle vertraut machen soll; für das Mädchen bestimmt er weitgehend das Bild vom ›anderen Geschlecht‹ und kann somit unter Umständen einen tiefen Pessimismus hinsichtlich der Möglichkeiten von Liebe, Sexualität und Partnerschaft hervorrufen.

Die tiefenpsychologische ›Familienforschung‹ synthetisierte diese Erkenntnisse in der Lehre, daß es ›schizophrenogene Familien‹ gebe, in denen die Eltern mehr oder minder schwere unbewältigte Lebens- und Partnerschaftsprobleme haben, die sich dem Kind unweigerlich ›aufs Gemüt legen‹. Manche Kinder aus solchen Familienkonstellationen finden auf einigen Umwegen den Zugang zu einer (meistens prekären) ›Normalität‹; oft aber bekommt ein ›Sorgenkind der Familie‹ einen Sonderstatus zugewiesen, der eventuell zur späteren Psychose disponiert.
Tausendfältige Bedingungen mögen zusammenfließen, damit ein Kind z. B. sich ›als etwas ganz Besonderes‹ empfindet oder frühzeitig die Herrschaft über die Familienangehörigen (oft durch Kränkeln, Schwäche usw.) an sich reißt oder durch auffällige Unzulänglichkeiten Betreuungen und Zuwendungen erzwingt, die ihm ein völlig irreales Weltbild nahelegen. Die überforderte Familie hilft mit durch vielfältige Verwirrungstaktiken (in den USA ›double bind‹ genannt). Bei näherem Zusehen entdeckt man, daß oft ganze Familien in einer Welt von Träumen, Illusionen und Selbsttäuschungen leben, die sich mit unterschiedlicher Wucht den einzelnen Kindern aufoktroyieren. Das im Familienleben (durch Verwöhnung, Lieblosigkeit) schlecht auf die gesellschaftlichen Anforderungen vorbereitete Kind erleidet dann in der Schule, in der Liebeswerbung, im Beruf und im Sozialkontakt entscheidende Fehlschläge, durch die es einen Großteil seines Lebensmutes verliert. Da es autistisch (selbstbezogen) dahinlebt, hat es kaum ausreichend Lebenskenntnis, um sein Versagen richtig einordnen zu können und Strategien für bessere Verhaltensweisen auszudenken. Unter Umständen verliert es nach und nach so viel Boden in der Welt, daß ihm die Realität als Ganzes nicht mehr zusagt. Die Aufmerksamkeit wird von der Wirklichkeit ›abgezogen‹ und ins Imaginäre gewendet. Bei diesem Manöver jedoch wird das Ich selbst ›imaginär‹, nämlich ›psychotisch‹.

Daseinsanalyse der Schizophrenie

Die Psychoanalytiker befaßten sich eingehend mit der ›Familienumwelt des Schizophrenen‹ und gewannen hierbei Erkenntnisse, die das Bild dieser Krankheit in jeder Hinsicht revolutionierten. Vor allem konnten die Vererbungs- und Konstitutions-

hypothesen, die bis in die Gegenwart hinein das Schizophrenieproblem in den Schleier der Mystifikation hüllten, als weitgehend spekulativ entlarvt werden. Gewiß gibt es Familien und ›Stammbäume‹, in denen Schizophrenien mit unverkennbarer Häufung auftreten. Die psychiatrische Wissenschaft nahm dies als untrüglichen Beweis für angeborene Krankheitsdispositionen, übersah jedoch bei ihren uferlosen ›Erbgangsforschungen‹, daß Familientraditionen für das spätere Entstehen der Erkrankung viel wahrscheinlicher ins Gewicht fallen als die nicht lokalisierbaren ›schizophrenen Gene‹. Wenn in einer Familie, eventuell über Generationen hinweg, ein verschrobener, sonderlingshafter, skurriler Lebens- und Kommunikationsstil kultiviert wird, dann muß man sich nicht wundern, daß bei einzelnen Individuen die Beziehungsstörung extremere Formen annimmt: Dann haben wir die Psychose, bei der ein Individuum in einer ›Eigenwelt‹ lebt, weil es in die ›gemeinsame Welt aller Menschen‹ zu wenig hineinwachsen durfte.
Aber in *einem* Punkt war die Psychoanalyse mit der älteren Psychiatrie in Übereinstimmung: Sie setzte alles daran, die ›Ursache‹ der Krankheit zu finden, nur suchte sie diese in der Lebensgeschichte und nicht im Stoffwechsel, in der Konstitution oder Erbmasse. Dieses Ursachendenken ist teilweise akzeptabel; es ist aber auch unbefriedigend, weil es das Menschenleben einem ›Naturereignis‹ angleicht und nicht genügend dem menschlichen ›Subjektsein‹ (der Freiheit und Selbstgestaltung der Person) Rechnung trägt. Vielleicht gibt es sehr viele Entstehungsfaktoren der Schizophrenie, die aber erst dadurch die Erkrankung konstellieren, daß das betreffende Individuum (unter dem Druck seiner Lebensumstände) zum Schizophrenen wird oder gar ›werden will‹. Diese philosophische Überlegung, die das Menschsein als ›Wahl‹ und ›Entwurf‹ beschreibt, führte zu mancherlei Kritik an den ›lebensgeschichtlichen Ableitungen‹ der Psychoanalyse, die seelisch-geistige Störungen auf dasselbe *Kausalprinzip* bezogen, das in der Naturforschung (und dort allein) berechtigt ist. Da aber der Mensch kein ›Naturgegenstand‹ ist, muß man sich fragen, ob bei ihm das ›naturwissenschaftliche Erklären‹ (Ursache und Wirkung) nicht ersetzt werden muß durch das ›geisteswissenschaftlich-philosophische Verstehen‹ (Hermeneutik).
An diesem Punkt hakte die sogenannte ›Daseinsanalyse‹ oder ›daseinsanalytische Psychiatrie‹ ein. Sie wurde begründet von

Ludwig Binswanger (1881–1966) und ausgebaut von Medard Boss. Diese beiden Schweizer Ärzte knüpften an die Phänomenologie von Edmund Husserl und die Existenzphilosophie von Martin Heidegger an. Auf der Grundlage eines philosophisch geklärten Menschenbildes und einer neuzeitlichen Ontologie (Seinslehre) gelangten sie zu Anschauungen, die die ärztlich-psychologische Theorie und Praxis tiefgreifend verwandelten. Auch die Schizophrenielehre wurde hierbei entscheidend reformiert. Unter Binswangers Veröffentlichungen ragen zu unserem Thema besonders heraus die Bücher: *»Drei Formen mißglückten Daseins – Verstiegenheit, Verschrobenheit, Manieriertheit«* (1956) und *»Schizophrenie«* (1957); von Boss kann die umfängliche Aufsatzsammlung *»Von der Psychoanalyse zur Daseinsanalyse«* (1979) als einführender Text empfohlen werden.
Die Daseinsanalyse will mit Husserl und Heidegger die Phänomene des menschlichen Gesund- oder Krankseins nicht einer ›konstruierten Theorie‹ unterwerfen, sondern zunächst einmal die erhebbaren Befunde, so wie sie sich für den unbefangenen Betrachter selbst darstellen, zur Sprache bringen. Dies bedeutet unter anderem, daß man etwa nicht unbedingt fragt, woher die Schizophrenie kommt, sondern eher: ›Wie *ist* sie in Wirklichkeit?‹ Beschreiben und zergliedern, aufweisen und verstehen werden somit wichtiger als erklären und ›genetisch ableiten‹.
Binswanger hat mit Hilfe von sorgfältig niedergeschriebenen Krankengeschichten alle Aspekte und Abschattungen der ›schizophrenen Existenzweise‹ großartig beschrieben. Mitunter widmete er mehr als hundert Druckseiten solchen Falldarstellungen, in denen das tatsächlich Erlebte und vom Patienten Ausgesagte minuziös kommentiert und philosophisch erläutert wird. Bei Binswanger wird Psychiatrie zu einem Zweig der Philosophie, ein Umstand, den viele Leser seiner Bücher beklagt haben, da die ontologische Terminologie Heideggers schwer zu begreifen ist. Was diese Methode jedoch leisten kann, sieht man besonders eindrücklich an dem etwas unbeschwerteren Buch über *»Drei Formen mißglückten Daseins«*. Binswanger hat als Phänomenologe beobachtet, daß schizophrene Patienten in der Regel als ›verstiegen‹, ›verschroben‹ oder ›manieriert‹ anmuten. Was bedeuten diese Einstellungs- oder Verhaltensweisen, wenn man sie in jenes ›Existenzschema‹ einfügt, welches Heidegger in seinem für die Psychiatrie und die Humanwissenschaften grundlegenden Werk *»Sein und Zeit«* (1927) entworfen hat?

Dasein ist nach Heidegger ›In-der-Welt-Sein‹, womit deklariert wird, daß die Welt als ein Aspekt des menschlichen Seins selbst gesehen werden soll. Leben auf menschlicher Stufe heißt: ständig zur Welt transzendieren — die ›Welt‹ ist der Raum für das Existieren. Dabei kann der Mensch in die Weite schreiten oder in die Höhe steigen: Die Lebensbewegung geht in die Horizontale oder ins Vertikale. Eine geglückte Ausgewogenheit zwischen diesen beiden Bewegungsmöglichkeiten ist die Voraussetzung für die ›seelische Stabilität‹. Bei Neurotikern und Psychotikern glaubt Binswanger zu sehen, daß sie die ›anthropologische Proportion‹ verfehlen: Sie wollen ›höher bauen‹, als es ihr ›in der Breite‹ verankertes Fundament zuläßt. Übersetzt man diese sprachlichen Eigenwilligkeiten in die Normalsprache, dann soll dies unseres Erachtens heißen: Neurotiker und Psychotiker sind ehrgeiziger, als dies ihren wahren Möglichkeiten zuträglich ist. Das ist das *Verstiegene* an ihnen: Sie verrennen sich in fixe Ideen und Vorsätze und ähneln damit Bergsteigern, die sich im Gebirge verlaufen, so daß sie ohne fremde Hilfe nicht zu den Mitmenschen zurückfinden.

Verschroben nennen wir Menschen, die zum üblichen Sozialleben eigenartig ›quer stehen‹. Es gibt so etwas wie den ›gesunden Menschenverstand‹, und er schreibt uns vor, daß wir in vielen Kleinigkeiten des Alltagsbereiches so denken, handeln und uns benehmen sollen ›wie alle Menschen‹. Man kann nicht psychisch gesund bleiben, wenn man immer und überall ›originell sein will‹. Wer aber Sitte und Konvention den üblichen Tribut entrichtet, kann es sich zum Ausgleich hierfür auf begrenzten Gebieten sehr wohl erlauben, ›anders zu sein als die anderen‹. Bei Neurotikern und Psychotikern erkennt Binswanger ein überstrapaziertes Originell- und Selbstseinwollen, was nicht aus einem Übermaß an persönlicher Stärke kommt, sondern im Gegenteil aus der Ichschwäche.

Diese Ichschwäche treibt auch die *Manieriertheit* hervor, die das dritte Glied in der Struktur des schizophrenen Verhaltenstypus zu sein scheint. Manierismus ist aber nicht nur ein psychopathologisches Symptom. Binswanger zieht verblüffende Parallelen zwischen neurotischen und schizophrenen Manierismen und dem Manierismus als Kunststil: Dieser entfaltete sich zwischen der Renaissance und dem Barock (1520—1600), wobei von den Kunsthistorikern das Willkürliche in der Form- und Farbgebung bei den manieristischen Malern, Bildhauern und Architekten be-

tont wird. Auch in der Literatur kam es zu gekünstelten Ausdrucksweisen und übertriebenen Formspielereien, hinter denen verminderte Erlebnisfähigkeit, Routine und Daseinsangst standen. — In Binswangers Optik erweist sich demnach die Schizophrenie nicht als etwas, was dem Menschen ›wesensfremd‹ ist und ihn gleichsam ›von der Biologie‹ her überfällt; sich versteigen, ›geschraubt sein‹ und ›Manieren‹ entwickeln gehört zu den allgegenwärtigen Möglichkeiten des menschlichen Seins. Tritt man mit dieser Auffassung z. B. an den schizophrenen Patienten heran, dann wird man als Therapeut bald bemerken, daß er keineswegs ›der ganz andere‹ ist, wie ihn die Psychiatrie lange Zeit in ihren Lehrbüchern katalogisierte: Er ist durch und durch unser ›Mitmensch‹, mit allen Eigentümlichkeiten und Verformungen, die auch bei uns zumindest angedeutet sind. Die Daseinsanalyse erlaubt eine starke Identifikation des Arztes mit dem Gemütskranken, und das gemeinsame Erarbeiten dieser Übereinstimmungen in der ›gesunden‹ und ›kranken‹ Existenzweise ist in ihrer Psychotherapie wichtiger als die berühmt-berüchtigte Kindheitsanalyse der Psychoanalytiker.
Wie dies etwa vor sich geht, beschreibt ungemein lebendig Medard Boss in seinem erwähnten Buch anhand eines Falles von Schizophrenentherapie (*»Einem Therapeuten wird sein bio-psychologischer Star gestochen«*, l. c., S. 203 ff.). Der Autor behandelte eine schizophren erkrankte Psychiaterin, die gebildet genug war, um seine ›psychogenetischen Herleitungen‹ und sein psychiatrisches Begriffsinstrumentarium als bloßes ›Wortgeklingel‹ zu entlarven. Boss verlegte sich dann darauf, lediglich die Äußerungen der Patientin auf ihren ›existenziellen Gehalt‹ hin zu befragen. Er leistete ihr menschlichen Beistand durch alle Phasen des Krankseins hindurch: Diese ›vorausspringende Fürsorge‹ des Therapeuten, der der Kranken unerschütterlich die Möglichkeit eines nichtreduzierten Menschseins aufzeigte, führte zu einer vollständigen Heilung.

Utopien und Übertreibungen

Psychoanalyse, Daseinsanalyse und ähnliche Bestrebungen haben das unschätzbare Verdienst, die ›Mitmenschlichkeit‹ des schizophren erkrankten Menschen entdeckt zu haben; im Lichte ihrer Erkenntnisse können die angeblich ›Normalen‹ sich ohne

weiteres in den Lebensäußerungen und Lebensproblemen der Psychotiker spiegeln, ohne dem ›Gott-sei-Dank-ich-bin-nicht-so-Reflex‹ zu huldigen. Was für einen großen Fortschritt das bedeutet, kann man ermessen, wenn man sich daran erinnert, was Freud über seinen Lehrer Charcot schrieb (GW, Bd. I, S. 21 f.): Wenn man mit dem ›Meister‹ durch seine Klinik gehe, werde man an den berühmten Zoologen Cuvier gemahnt, der vielen Tierarten ihre Namen gegeben habe! Noch drastischer ist eine Aussage von Eugen Bleuler, dem man das umfangreiche Lehrbuch *»Dementia praecox oder die Gruppe der Schizophrenien«* (1911) verdankt: Der kenntnisreiche Psychiater sagte nebenbei, wenn er sein Forschungsinteresse beiseite lasse, seien ihm die schizophrenen Patienten fremder als die Vögel in seinem Garten.
Diese blamable Situation ist durch die Tiefenpsychologie in mannigfaltiger Weise verändert worden. Wir können heute den Gedanken zulassen, daß wir dem Neurotiker, dem Perversen, dem Kriminellen, dem Wahnkranken sehr ähnlich sind — unsere Lebensschwierigkeiten sind auch die ihrigen. Der ›Gesunde‹ leidet eventuell nur ›an kleineren Irrtümern‹, worüber er nicht stolz sein und sich nicht brüsten darf.
Wenn derartige geistige Errungenschaften zustande kommen, gibt es immer wieder radikale Persönlichkeiten, die die neuen Einsichten überspitzen und ins Extrem treiben. Dies scheint uns bei den sogenannten ›Antipsychiatern‹ der Fall zu sein, die das Bestehen von ›Geisteskrankheiten‹ überhaupt leugnen und die Daseinsberechtigung der Psychiatrie weitgehend in Frage stellen.
Einen Anfang hiermit machte Thomas S. Szasz in den USA mit seinem vieldiskutierten Buch *»Geisteskrankheit — Ein moderner Mythos?«* (dt. 1972), auf das zahlreiche weitere Bücher mit ähnlichen Thesen folgten. Nach Szasz ist man nicht dazu berechtigt, Gemütsstörungen als ›Krankheit‹ zu bezeichnen. Diesen Ausdruck sollte man für Körperkrankheiten reservieren, die eine faßbare materiell-biologische Grundlage besitzen (Infektionen, Abnützungserscheinungen, Verletzungen usw.). Bei der Schizophrenie zum Beispiel ist es nicht gelungen (und wird vermutlich auch nicht gelingen), ein chemisch-physikalisches Substrat für die Erkrankung ausfindig zu machen. Daher soll man Neurosen und Psychosen als ›Verhaltensstrategien‹ definieren, die unter Umständen vom Verhalten der ›Mehrheit der Menschen‹ stark abweichen, aber nicht die Diffamierung als ›Kranksein‹ auf

sich ziehen sollten. Anstatt solche Menschen ›krank‹ zu nennen und sie etwa gar ›gegen ihren Willen‹ in Kliniken unterzubringen, wäre es sinnvoll, solche soziale Abweichler zu respektieren, da ja niemand die ›absolut richtige Lebensführung‹ angeben kann. Freiwillig kann natürlich der Abweichler Therapie verlangen, und man wird sie ihm gewähren.

Szasz schlägt den Psychiatern alle diagnostischen Kriterien aus der Hand und verficht die These, man möge niemandem sein ›Rollenspiel‹ verderben, wenn er die Umgebung nicht in Gefahr bringe. Der Geisteskranke sei doch kein Verbrecher, so daß die Inhaftierung in einer Anstalt absurd sei. So sagt unser Autor:

> »Die Psychiatrie und das Gesetz wollen definieren, welche Rollen sozial legitim sind und welche nicht, sowie zur Anpassung an die vorgeschriebenen Rollen zwingen. Die Institutionale Psychiatrie dringt auf Rollenkonformität, indem sie Rollenabweichung als Geisteskrankheit definiert, die mit Hospitalisierung bestraft wird. Wenn beispielsweise eine arme, ungebildete, überlastete Hausfrau aus ihrem Packeseldasein in den Anspruch flüchtet, sie sei die heilige Jungfrau Maria, bezeichnet der Psychiater diese Frau als ›krank‹ und behindert sie dadurch im Spielen der Rolle, die sie sich ausgesucht hat. Rollenspielvereitelung dieses Typs, untermauert durch die Zwangsmaßnahme der Anstaltsunterbringung, entspricht dem Verbot der Bankräuber-Rolle, untermauert durch die Zwangsmaßnahme der Gefängnishaft.«
> (*»Psychiatrie — Die verschleierte Macht«*, 1978, S. 84)

Wenn das richtig ist, dann soll man die Geisteskranken in Ruhe lassen, bis sie selbst darauf kommen, daß sie ihre Wertorientierungen und Verhaltensmuster abänderungsbedürftig finden. Diagnose, Hospitalisierung und Behandlung solcher Menschen seien schlicht ›Verbrechen gegen die Menschlichkeit‹: So heißt es in den Schlußsätzen von *»Geisteskrankheit — Ein moderner Mythos?«*. Man kann sich denken, welcher Entrüstungssturm bei den Psychiatern losbrach, als Szasz seine Berufskollegen mit solchen Parolen angriff. Er liegt hierbei sicher nicht ganz schief, aber er wird sich an manchen seiner Formulierungen Abstriche gefallen lassen müssen.

Szasz steht als ›Antipsychiater‹ nicht allein: Dies bezeugt z. B. das Buch *»Die Sprache der Verrücktheit«* (1978) von David Cooper, der aus dem Kreis um Ronald D. Laing stammt. Cooper geht sogar noch einen Schritt weiter und hält Geisteskrankheiten für ›Dispositionen zur Kreativität‹. Im Psychotiker ist oft ein Künstler verborgen, der zugrunde geht, wenn man den ›Patienten normalisiert‹. Dazu habe aber niemand das Recht, denn die sogenannten ›Normalen‹ sind die schlimmsten Verrückten, die es überhaupt gibt. Man denke nur an das gegenwärtige Wirtschaftsleben und an die Politik, an Kriege und Kriegsvorbereitungen, an Rassenhaß und gesellschaftliche Diskriminierung aller Art. All das machen und veranstalten nicht die Schizophrenen, aber die ›Gesunden‹, die jene in Kliniken unterbringen und dort ›psychiatrisch behandeln‹ lassen.

Das ist ein Aufschrei der Empörung, der wiederum etwas Wahres trifft und nur durch seine Übersteigerung Vernunft in Unvernunft verwandelt. Cooper verweist mit Recht auf die schmähliche und schimpfliche Rolle, die etwa die Psychiatrie in Diktaturen spielte und noch derzeit spielt. In Nazideutschland bot sie der zwangsweisen Sterilisierung und später auch Vergasung von ›unheilbar Geisteskranken‹ die Hand, indes der größenwahnsinnige Diktator einen Krieg entfesseln durfte, dem ca. fünfzig Millionen Menschen zum Opfer fielen. Solche Tatsachen zeigen uns, daß die ›Normalen‹ keinen Grund zur Selbstgefälligkeit und Überheblichkeit haben. Ist es doch in der UdSSR so, daß Dissidenten in Kliniken eingewiesen werden, wo korrupte Psychiater sie als ›krank‹ diagnostizieren, weil sie andere Meinungen zu haben wagen, als die herrschende Staatspartei vorschreibt.

Cooper ist ein antiautoritärer Sozialist und denkt, daß der Bolschewismus in keiner Weise mit dem ›vollentwickelten Sozialismus‹ identifiziert werden dürfe: Wenn dieser realisiert werde, dann werde es auch keine Gemüts- und Geisteskrankheiten mehr geben (l. c., S. 112). Um dieses hohe Ziel zu erreichen, solle man sich des revolutionären Potentials bedienen, das in den zahllosen Neurotikern und Psychotikern innerhalb der kapitalistischen Gesellschaft gegeben sei. Wer schizophren wird, ist ein ›Aussteiger‹ aus unserer pathologischen Sozietät: Er hat es nicht weit bis zum echten Revolutionär. Wollte man an dieser Stelle ironisch werden, dann könnte man den berühmten Aufruf aus dem *»Kommunistischen Manifest«* etwas abwandeln: ›Schizophrene aller Länder — vereinigt Euch!‹

Sie werden sich aber nicht vereinigen, denn der Aufstand des Schizophrenen ist passiv, verängstigt, unvernünftig: Der Begriff der ›Krankheit‹ kann nicht einfach in der Psychopathologie über

Bord geworfen werden, wiewohl die Bestimmung dessen, was als gesund und normal gelten soll, eine große und ernste Aufgabe ist. Szasz, Cooper und viele andere helfen den Gemütsgestörten wenig, wenn sie deren Symptomatik bagatellisieren oder gar idealisieren. Gewiß sind Diagnostik und Therapie auf diesem Felde noch sehr unentwickelt und bedürfen anhaltender Weiterentwicklung durch die Verantwortlichen; aber schwerwiegende Gefühls- und Verhaltensdesorientierung ist kein ›Mythos‹, sondern doch eine ›Art von Krankheit‹. Daher war das *Auflösen von psychiatrischen Kliniken in Italien* durch Franco Basaglia ein gewagter Schritt, vielleicht nur eine unkluge Übereilung.

Der schizophrene Mensch

Wahrscheinlich können wir nicht darauf verzichten, die Schizophrenie eine ›Krankheit‹ zu nennen, und zwar eine Erkrankung des Gemüts oder der Gesamtpersönlichkeit. Zum Trost für die Patienten dieser Art sei gesagt, daß jeder Mensch ›mehr oder minder schizophren‹ ist, ähnlich wie auch – nach Freuds Feststellung – kein Mensch gänzlich frei von Neurose ist. Dies kommt im Begriff der ›Schizoidie‹ zum Ausdruck, mit welchem man darauf hinweisen will, daß sich ›Gespaltenheit‹ bei jedermann findet, wenn man nur genau sucht. Ist dieser Befund stärker ausgeprägt, so hat man mit Charakteren zu tun, die mit sich selbst, mit den Mitmenschen und mit dem Leben ›überdurchschnittliche Schwierigkeiten‹ haben. Ronald Laing, ebenfalls ein Psychiatrie-Kritiker von Format, beschreibt den betont schizoiden Menschen in *»Das geteilte Selbst«* (1972, S. 19) mit folgenden Worten:

> »Das Wort schizoid bezieht sich auf ein Individuum, dessen Totalität der Erfahrung in zweierlei Hinsicht gespalten ist: An erster Stelle ist da ein Riß in der Beziehung zu seiner Welt und an zweiter Stelle ein Bruch in der Beziehung zu sich selbst. Ein solcher Mensch kann sich selbst nicht als ›zusammen mit‹ anderen oder als ›zu Hause in‹ erfahren, sondern erfährt sich im Gegenteil in verzweifeltem Alleinsein und Isolation; mehr noch, er erfährt sich nicht als eine vollständige Person, sondern vielmehr als auf verschiedene Arten ›gespalten‹, vielleicht als eine Seele, die mehr oder weniger dürftig einem Körper verbunden ist, als zwei oder mehr Ichs, und so weiter.«

Daß es im Einzelfall recht schwierig sein kann, Art und Grad der Spaltung zu bestimmen, bedarf keiner Hervorhebung; nicht jeder, der sich mit der Umwelt und dem Leben schwertut, ist ein Gemütskranker: Viele produktive und schöpferische Menschen waren innerlich Zerrissene, wobei die ›lieben Zeitgenossen‹ nicht wenig dazu beitrugen, daß die Neuerer jeglicher Art zu Leiden und Einsamkeit verurteilt waren.
Aber der eigentliche Schizophrene ist kein Kulturschöpfer; er ist kontaktarm, hoffnungslos, handlungsunfähig und von einer umfassenden Unsicherheit erfüllt. Man kann sich die Daseinsangst dieser Patienten nicht groß genug vorstellen. Nirgendwo fühlen sie sich geborgen, und sie haben auch nicht die seelischen Bereitschaften und Fertigkeiten entwickelt, mittels derer sie eine zwischenmenschliche Geborgenheit schaffen könnten.
Laing beschreibt im genannten Buch als Hauptmotive des schizophrenen Verhaltens drei Formen der Angst: 1. Die Angst vor dem Verschlungenwerden; 2. die Angst vor Implosion; 3. die Angst vor Petrifikation.
1. Da Schizophrene sehr ichschwach sind, haben sie oft den Eindruck, daß sie durch menschlichen Umgang ihre ›Identität‹ verlieren könnten. Hingabe fürchten sie beinahe als Hergabe; emotionale Nähe scheint sie mit dem Untergang ihres Selbst zu bedrohen. Daher neigen sie zur Isolation und zum Rückzug von allen Situationen (Arbeit, Liebe usw.), wo man unweigerlich anderen nahekommt. Das Unglückselige für den Patienten besteht darin, daß seine Angst vor Liebe mit riesiger Sehnsucht nach Liebe verkoppelt ist. Man kann in diesem Zusammenhang von Ambivalenz (Zwiespältigkeit) sprechen, und schon Eugen Bleuler hielt dies für einen Grundzug der Schizophrenie.
2. Psychoanalytische Autoren (z. B. Ernst Federn) betonten das ›Fehlen der Ichgrenzen‹ bei schizophrenen Patienten und allgemein beim ›schizoiden Typ‹: Solche Menschen fühlen sich gegen die Welt nicht ausreichend abgegrenzt. Zum anderen verspüren sie im eigenen Innern ein Gefühl der Leere, so daß in ihnen die Meinung entsteht, sie könnten einem ›Eindringen in ihr Gemüt‹ keinen Widerstand entgegensetzen. Daraus resultieren Überempfindlichkeit, Mißtrauen und Distanzhaltung; man kommt an solche Charaktere sehr schwer heran.
3. Petrifikation heißt Versteinerung, im weiteren Sinne ›Verdinglichung‹. Schizophrene ängstigen sich oft davor, durch den Einfluß anderer versteinert zu werden oder durch ihre eigene

Wesensart anderen Menschen derart zu schaden, daß sie ihre Person einbüßen und zum ›Ding‹ werden. Dem Ausmalen imaginärer Gefahren dieser Art sind prinzipiell keine Schranken gesetzt. Es ist erstaunlich, wie sehr die Patienten in einer ›Welt der Magie‹ leben, wo sie sich selbst und anderen Wirkungsmöglichkeiten zuschreiben, die an ›Zauberei‹ erinnern. Man denke nur an den ›Beeinflussungswahn‹ und die vielfältigen Wahnvorstellungen der Paranoiker, die sich durch feindselige Mächte und Kräfte verfolgt fühlen.

Jeder Mensch ist teilweise frei und teilweise unfrei; in der Neurose und in der Psychose verlagert sich der Schwerpunkt des Lebens zur Unfreiheit hin. Die Autonomie des Patienten wird im selben Maße reduziert wie seine Beziehungsfähigkeit: Selbstsein ist offenbar an das ›In-Beziehung-Sein‹ gebunden.

Man kann die Schizophrenie nur dann tiefgreifend verstehen, wenn man die Wesensverfassung des Menschen zu begreifen vermag. Das schizophrene Leben und Erleben ist weder un- noch übermenschlich; in ihm konkretisiert sich ›Menschliches‹ in abgewandelter Form. Daher lohnt es sich, das Verhältnis von Leib, Seele und Selbst in der ›Normalität‹ und in der Schizophrenie miteinander zu vergleichen.

Beim ›gesunden Menschen‹ (der ein ›Idealtyp‹ ist) sind häufig Leib und Seele im Einklang miteinander: Beim Tätigsein, in der Zärtlichkeit und Sexualität, beim Spiel und in der Muße usw. vereinigen sich Seelisches und Leibliches bis zur Untrennbarkeit. Anders beim Gemütsgestörten: Er fühlt sich oft ›außerhalb seines Leibes‹, der ihn als Fremdkörper anmutet. Dies hängt auch damit zusammen, daß er wenig oder gar nicht sich ›in Situationen einläßt‹: Er steht draußen, den Mitmenschen und Dingen abgewendet. Ein Ich oder Selbst aber, das die andauernde Berührung mit der Mitwelt aufgibt, entbehrt jener Impulse, die es lebendig und entwicklungsfähig erhalten.

Der Situationsverlust und die Körperfremdheit bedingen ihrerseits den Gedankenzerfall des Schizophrenen, seine seelische und körperliche Steifheit und Stereotypie, seine affektive Un- oder Schweransprechbarkeit, das Manko an Selbstvertrauen und das unendliche Sicherheitsbedürfnis. Der Lebensmut ist bei solchen Patienten fast ganz zusammengebrochen. Sie leben nur noch defensiv, und wenn irgendwo, dann gilt für die Lebensführung, daß Stillstand Rückgang und Aufhören des Wachstums Zerfall bedeuten.

Kein Zweifel, daß es tragische Schicksale und Werdensverläufe sind, die schizophrene Menschen sozusagen aus der Wirklichkeit vertreiben und ihnen nahezulegen scheinen, daß sie nur im Bereich ihrer morbiden Imagination Zuflucht finden können. Aber man darf das Ausmaß ihrer lebensgeschichtlichen Traumatisierungen — auch die ihrer frühen Kindheit — nicht übertreiben. Es sind ja nicht allein die Fakten, die den Menschen krank machen; zu den Tatsachen kommen stets die ›Auslegungen‹ hinzu, die das betroffene Individuum den Ereignissen gibt. Bahnt sich aus irgendwelchen Gründen eine schizophrene Entwicklung an, dann holt sich der zukünftige Patient auch aus relativ harmlosen Vorfällen Bekräftigungen für seine Weltflucht und Weltabgewandtheit heraus. Der aus Kindheitserfahrungen deduzierte Charakteraufbau fügt ein weiteres hinzu, um die Brücken zur Umwelt schmal zu machen oder gar, sie endgültig zu verrammeln. Verstiegener Ehrgeiz, verschrobene Querköpfigkeit, Ablehnung notwendiger Anpassungen an das ›durchschnittliche Verhalten‹, mangelhafte und tendenziöse Aufmerksamkeit auf das Leben und die Mitmenschen usw. sind der Beitrag des schizophrenen Individuums zum Fortbestehen seiner inneren und äußeren Not, in die es gleichsam hineingewachsen ist wie in eine ›emotionale Wüste‹, in der es Gefahr läuft, zu vertrocknen und zu verdursten.

Aber die Schizophrenie ist kein Labyrinth, aus dem es keinen Ausweg gibt. Spontanheilungen kommen vor, wenn der Patient nach langem Grübeln, durch zufällige Ereignisse angeregt, *den Entschluß zur Rückkehr ins soziale Leben* faßt. Wer sich in die Lebensferne versteigt, kann in die Lebensnähe zurückwandern.

Therapeutische Möglichkeiten

Eine eigentliche Schizophrenentherapie gibt es erst seit dem Durchbruch der tiefenpsychologischen Anschauungen in der Psychiatrie und Psychohygiene. Bis in die Gegenwart hinein wird immer noch mit ›somatischen Therapiemethoden‹ experimentiert; es ist aber anzunehmen, daß nur die Psychotherapie die ›Methode der Wahl‹ darstellt. Körperliche Behandlungsverfahren sind wohl nur symptomatisch: Sie schaffen günstigenfalls vorübergehende Linderungen, aber echte Genesungen kommen durch sie nicht zustande.

Elektroschock, Insulinkur, Psychopharmaka usw. wurden und werden von den Psychiatern gerühmt, aber sie scheinen den ›Kern der Erkrankung‹ nicht zu berühren. Therapie durch ›Heilschlaf‹ (Klaesi) und Verhaltenstraining brachten auch nur zeitweilige Erfolge, die in der Fachliteratur zu Unrecht hochgespielt wurden. Aber auch die Psychotherapie an Schizophrenen zeigt noch kein eindeutiges Bild; sie kann gelegentlich von sehr guten Erfahrungen berichten, muß aber auch des öfteren Rückfälle in Kauf nehmen, die in der Schwierigkeit dieses Therapieanliegens begründet sind.
Wir blicken heute auf ca. fünfzig Jahre der Schizophrenentherapie zurück. Anfänglich waren die Psychoanalytiker geneigt, mit heroischem Einsatz das ganze Liebesdefizit auszugleichen, welches ihrer Meinung nach dem Krankheitsgeschehen zugrunde lag: In Tausenden Behandlungsstunden ließ man die Patienten in ein Kindheitsstadium ›regredieren‹ und behandelte sie wie Säuglinge, die das Anrecht auf mütterliche Pflege und Betreuung hatten. Erwachsene Patienten wurden mit Milchflaschen gefüttert, und wenn sie einkoteten oder einnäßten, schöpfte man Hoffnung, daß man die Traumen ihrer frühen Reinlichkeitserziehung korrigieren könnte, wenn man mit Geduld und Liebe auf Kot und Urin blickte, die doch ›Körperprodukte‹ des liebesbedürftigen Patienten waren. Solche Behandlungen stellten fast übermenschliche Anforderungen an die Therapeuten; man lese etwa die Falldarstellungen von Frieda Fromm-Reichmann, Marguerite Sechehaye, Medard Boss u. a. nach, denen in jahrelangen Bemühungen psychotherapeutische Kuren an Patienten gelangen, die durch die offizielle Psychiatrie als unheilbar abgestempelt waren. Aber es war und ist nicht ›jedermanns Sache‹, einen solchen Einsatz zu leisten: Wird man doch bei derartigen Therapieberichten an den Einwand gegen Rousseaus Buch *»Émile«* erinnert, bei dem schon die Zeitgenossen bemängelten, die darin enthaltene Methode verbrauche pro Zögling einen Hofmeister: was als ›Nutzeffekt‹ zu gering sei.
Daher fragte man sich um 1950, ob es nicht abgekürzte Therapieverfahren für schizophrene Patienten gäbe. John Rosen (*»Direkte Psychoanalyse«*) in New York gab in den fünfziger Jahren eine Methode an, die mit ›direkten Symboldeutungen‹ (oft kraß ins Sexuelle einmündend) den Schizophrenen aus seinem Wachtraum aufzuwecken vermöge: Dies galt kurzfristig als Sensation, aber die Überprüfung der Rosenschen Therapiefälle fiel keines-

wegs überzeugend aus. Was er als ›geheilt‹ anführte, erwies sich als rückfallgefährdet, und die Zahl der echten Heilungen war gering.

Darum ist es nach und nach um die individuelle Schizophrenentherapie still geworden. Sie wird immer noch von Psychoanalytikern in der Privatpraxis und in Kliniken betrieben, aber das Problem von Aufwand und Ertrag besteht weiterhin.

So bedeutete es einen neuen Ausblick, als man *gruppentherapeutische Techniken* auf die Schizophrenie anzuwenden begann. Nunmehr konnte man ganze Patientengruppen zusammenfassen und sie gemeinsam behandeln. Dies führte den einzelnen Schizophrenen aus seiner Isolierung heraus: Er konnte sein Leiden und seine Schicksale mit denjenigen von Leidens- und Schicksalsgenossen vergleichen. Die Gemeinschaftsbildung in der Therapiegruppe wirkte sich wohltätig aus. Aber die Anforderungen an den Therapeuten, der mit acht bis zwölf schizophrenen Patienten ein Klima der Zusammenarbeit, des Wohlwollens und des wechselseitigen Verstehens herstellen sollte, waren wiederum außerordentlich groß. Daher hört man heute auch von der Gruppentherapie an Schizophrenen nicht mehr viel; sie wird hauptsächlich in den Kliniken ausgeübt, offenbar mit launischem Erfolg.

In dem von uns gegründeten und geleiteten *›Arbeitskreis für Tiefenpsychologie, Gruppendynamik und Gruppentherapie Berlin‹* haben wir daraus die Schlußfolgerung gezogen, daß der Schizophrene *im Kreise der Normalen und der Neurotiker* behandelt werden soll, damit er Anreize dafür bekommt, auf dem Wege durch eine Neurose hindurch ›normal‹ zu werden. Unsere diesbezüglichen Erfahrungen können als ermutigend bezeichnet werden.

Unseres Erachtens ist der schizophrene Patient in den üblichen Nervenheilstätten und in jeder spezifischen Schizophrenentherapie wesentlich ›unterfordert‹: Solche Behandlungen kommen oft einer Verwöhnung gleich. Der Patient läßt alles über sich ergehen, wenn er nur weiterhin im Stillen seinen Größenträumen nachhängen darf und weder mit Arbeit noch mit ausgiebigem menschlichen Kontakt behelligt wird. Indem wir ihn in die Gemeinschaft mit ›normalen Neurotikern‹ einführen, geben wir ihm die Chance, nach und nach seine Isolierung aufzuheben und an anderen Menschen Anteil zu nehmen. Auch soll er Selbst- und Menschenkenntnis lernen, damit er Entwicklungsprozesse nachholen kann, die er in der Kindheit und Jugend versäumt hat. In der Therapiegruppe wird er auch dazu angeleitet, anderen zu helfen und ihnen Auswege aus ihren Schwierigkeiten zu weisen: Es ist verblüffend, wieviel Intuition Schizophrene in die Waagschale zu werfen haben, wenn sie erst ihre Ängste und Schüchternheiten überwinden können. Durch Beiträge zum Verstehen anderer wächst nicht nur das Selbstverständnis solcher Patienten, sondern auch ihr Selbstwertgefühl: Dies ist unendlich wichtig, weil jeder Schizophrene davon überzeugt ist, daß er im Grunde ›ein wertloser Mensch‹ sei. Der Größenwahn, der dieses Gefühl übertönt, ist nur kompensatorisch gemeint: Wer die Selbstverachtung schizophrener Menschen verringert, erleichtert ihnen die Zuwendung zum Leben und zur Wirklichkeit, von denen sie sich abgewandt haben, um nicht in noch größere Ohnmachts- und Nichtigkeitsgefühle zu versinken.

Das Hauptproblem der Therapie besteht darin, das brachliegende *Gemeinschaftsgefühl* des Patienten zu entwickeln. Nicht jeder Schizophrene kann aber dafür gewonnen werden, in und mit der Gemeinschaft zu leben. Daher tolerieren wir es ohne weiteres, wenn solche Patienten nach einiger Zugehörigkeit zu unseren Therapiegruppen den Wunsch äußern, sich zurückzuziehen: Sie haben in ihrer Weise von den sozialen und kulturellen Erfahrungen in der Gruppe profitiert, fühlen sich aber außerstande, diesen Kontakt dauernd weiterzuführen. Manchmal kehren solche Patienten nach einiger Zeit wieder in die Gruppentherapie zurück. Andere vermeiden dies, sind aber doch durch die Therapieerlebnisse befähigt, zufriedener und produktiver zu leben. Wir lehnen es ab, dem Schizophrenen in unserer Therapie eine *Sonderbehandlung* einzuräumen. Dies würden fast alle unter ihnen wünschen. Irgendwie kennen sie nur das ›Familienmuster‹ und möchten vom Therapeuten eine Beziehung haben, die einer Mutter-Kind- oder Eltern-Kind-Beziehung ähnelt. Wir können und wollen ihnen diese ›Intimbehandlung‹ nicht zuteil werden lassen. Dies schafft mitunter Unzufriedenheiten, Spannungen und Projektionen, die nur mit bedeutender Geschicklichkeit in der Handhabung von Übertragung und Gegenübertragung gemeistert werden können. In einer Reihe von Fällen ist uns dies ganz gut gelungen.

Literaturhinweise

Zur Theorie der Neurose

Adler, Alfred, *Über den nervösen Charakter* (1912). 5. Aufl., Darmstadt 1969

Ders., *Der Sinn des Lebens,* Wien 1933

Binswanger, Ludwig, *Grundformen und Erkenntnis des menschlichen Daseins,* 5. Aufl., München 1973

Ders., *Ausgewählte Vorträge und Aufsätze,* 2 Bde., Bern 1949/1955

Boss, Medard, *Grundriß der Medizin und Psychologie,* 2. Aufl., Bern 1975

Ders., *Von der Psychoanalyse zur Daseinsanalyse,* Wien 1979

Freud, Sigmund, *Gesammelte Werke* (GW), (IMAGO) London o. J.

Fromm, Erich, *Psychoanalyse und Ethik,* Zürich 1954

Gebsattel, Victor E. v., *Imago hominis — Beiträge zu einer personalen Anthropologie,* Salzburg 1968

Horney, Karen, *Neue Wege in der Psychoanalyse,* Stuttgart 1951

Dies., *Der neurotische Mensch unserer Zeit,* München 1974

Dies., *Unsere inneren Konflikte,* München 1973

Dies., *Neurose und menschliches Wachstum* (1950), München 1975

Jung, Carl Gustav, *Psychologische Typen,* 12. Aufl., Olten 1976

Schultz-Hencke, Harald, *Der gehemmte Mensch,* Stuttgart 1940

Ders., *Lehrbuch der analytischen Psychotherapie* (1951), 2. Aufl., Stuttgart 1970

Straus, Erwin, *Vom Sinn der Sinne — Ein Beitrag zur Grundlegung der Psychologie,* 2. Aufl., Berlin 1978

Sullivan, Harry Stack, *Die interpersonale Theorie der Psychiatrie,* dt. Ausg. Frankfurt/M. 1980

Weizsäcker, Viktor von, *Pathosophie,* Göttingen 1956

Wyss, Dieter, *Die tiefenpsychologischen Schulen von den Anfängen bis zur Gegenwart,* Göttingen 1977

Angstneurosen

Adler, Alfred, *Praxis und Theorie der Individualpsychologie,* Frankfurt/M. 1974

Ders., *Der Sinn des Lebens,* Frankfurt/M. 1973

Ders., *Menschenkenntnis,* Frankfurt/M. 1975

Baeyer, Walter v. u. Baeyer-Katte, Wanda v., *Angst,* Frankfurt/M. 1973

Balint, Michael, *Angstlust und Regression,* Reinbek 1972

Boss, Medard, *Lebensangst, Schuldgefühl und psychotherapeutische Befreiung,* Stuttgart 1962

Ders., *Grundriß der Medizin und der Psychologie,* Bern 1975

Ditfurth, Hoimar v. (Hrsg.), *Aspekte der Angst,* München 1977

Freud, Sigmund, *Gesammelte Werke* (GW), London o. J.

Gebsattel, Victor E. v., *Imago Hominis,* Salzburg 1968

Ders., *Prolegomena einer medizinischen Anthropologie,* Berlin 1954
Horney, Karen, *Unsere inneren Konflikte,* München 1973
Dies., *Der neurotische Mensch unserer Zeit,* München o. J.
Dies., *Neue Wege in der Psychoanalyse,* München o. J.
König, Karl, *Angst und Persönlichkeit,* Göttingen 1981
Lahmann, Fritz, *Unsere Ängste und ihre Ursachen,* München 1981
Rattner, Josef, *Psychoanalyse und Gruppentherapie der Angst,* München 1972
Ders., *Psychologie der zwischenmenschlichen Beziehungen,* CH-Olten 1972
Rattner, Josef (Hrsg.), *Pioniere der Tiefenpsychologie,* Wien 1979
Ders., *Wandlungen der Psychoanalyse,* Wien 1980
Ders., *Der Weg zum Menschen,* Wien 1981
Richter, H. E., *Patient Familie,* Reinbek 1972
Riemann, Fritz, *Grundformen der Angst,* München 1975
Schultz-Hencke, Harald, *Der gehemmte Mensch,* Stuttgart 1940
Schulz, Walter, *Das Problem der Angst in der neueren Philosophie,* in: Hoimar v. Ditfurth (Hrsg.), *Aspekte der Angst,* München 1977
Sullivan, H. S., *Die interpersonale Theorie der Psychiatrie,* Frankfurt/M. 1980
Wandruszka, Mario, *Angst und Mut,* Stuttgart 1950

Hysterie

Adler, Alfred, *Über den nervösen Charakter, Grundzüge einer vergleichenden Individualpsychologie und Psychotherapie* (1912), 3. Aufl., München 1922
Boss, Medard, *Grundriß der Medizin und Psychologie* (1971), 2. Aufl., Bern 1975
Ellenberger, Henry F., *Die Entdeckung des Unbewußten,* 2 Bde., Bern 1973.
Fenichel, Otto, *Hysterien und Zwangsneurosen* (1931), 2. Aufl., Darmstadt 1967
Freud, Sigmund, *Studien über Hysterie* (1895), in: *Gesammelte Werke* (GW) (IMAGO), Bd. I, London o. J.
Ders., *Bruchstück einer Hysterie-Analyse* (1905), in: *Gesammelte Werke* (GW), Bd. V, London o. J.
Jaspers, Karl, *Allgemeine Psychopathologie* (1913), 8. Aufl., Berlin 1965
Klages, Ludwig, *Grundlagen der Charakterkunde,* 11. Aufl., Bonn 1951
Richter, Horst-Eberhard, *Patient Familie,* Reinbek 1970
Riemann, Fritz, *Grundformen der Angst,* München 1961
Schultz-Hencke, Harald, *Lehrbuch der analytischen Psychotherapie* (1951), 2. Aufl., Stuttgart 1865
Sullivan, Harry Stack, *Clinical Studies in Psychiatry,* New York 1956
Szasz, Thomas S., *Die Fabrikation des Wahnsinns,* Olten 1974
Ders., *Geisteskrankheit — Ein moderner Mythos?* (1972), München 1975

Depression
Adler, Alfred, *Über den nervösen Charakter* (1912), Frankfurt/M. 1972
Ders., *Praxis und Theorie der Individualpsychologie*, Frankfurt/M. 1974
Ders., *Menschenkenntnis*, Frankfurt/M. 1966
Binswanger, Ludwig, *Melancholie und Manie*, Pfullingen 1960
Ders., *Grundformen und Erkenntnis des menschlichen Daseins*, 5. Aufl., München 1973
Boss, Medard, *Grundriß der Medizin und Psychologie*, Bern 1975
Ders., *Von der Psychoanalyse zur Daseinsanalyse*, Wien 1979
Freud, Sigmund, *Trauer und Melancholie*, in: *Gesammelte Werke* (GW) (IMAGO), Bd. X, London o. J.
Horney, Karen, *Neurose und menschliches Wachstum*, München 1975
Plessner, Helmuth, *Lachen und Weinen*, München 1953
Rattner, Josef, *Der schwierige Mitmensch*, Frankfurt/M. 1973
Ders., *Psychotherapie als Menschlichkeit*, Frankfurt/M. 1974
Riemann, Fritz, *Grundformen der Angst und die Antinomien des Lebens*, München 1965
Sartre, Jean-Paul, *Versuch über die Theorie der Gefühle*, Reinbek 1964
Schultz-Hencke, Harald, *Lehrbuch der analytischen Psychotherapie*, Stuttgart 1950
Sullivan, Harry Stack, *Die interpersonale Theorie der Psychiatrie*, Frankfurt/M. 1980
Zwingmann, Charles (Hrsg.), *Selbstvernichtung*, Frankfurt/M. 1965
Ders., *Zur Psychologie der Lebenskrisen*, Frankfurt/M. 1962

Zwangsneurose
Adler, Alfred, *Zwangsneurose*, in IZI 1931, 9. Jg., Nr. 1
Ders., *Neurosen*, Frankfurt/M. 1981
Ders., *Der Sinn des Lebens*, Frankfurt/M. 1973
Benedetti, Gaetano, *Psychodynamik der Zwangsneurose*, Darmstadt 1978
Bergson, Henri, *Zeit und Freiheit*, Jena 1920
Dongier, Maurice, *Neurosen*, Olten 1971
Freud, Sigmund, *Zwangshandlungen und Religionsübungen*, GW, Bd. VII, Frankfurt/M. 1972
Ders., *Bemerkungen über einen Fall von Zwangsneurose*, GW, Bd. VII, Frankfurt/M. 1972
Ders., *Die Disposition zur Zwangsneurose*, GW, Bd. VIII, Frankfurt/M. 1973
Ders., *Der Sinn der Symptome*, in: *Vorlesungen zur Einführung in die Psychoanalyse*, GW, Bd. XI, Frankfurt/M. 1973
Ders., *Hemmung, Symptom und Angst*, GW, Bd. XIV, Frankfurt/M. 1972
Gebsattel, Viktor E. v., *Prolegomena einer medizinischen Anthropologie*, Berlin 1954

Ders., *Imago Hominis. Beiträge zu einer personalen Anthropologie,* Schweinfurt 1964
Ders., *Die anankastische Fehlhaltung,* in: V. Frankl, V. E. v. Gebsattel, J. H. Schultz (Hrsg.), *Handbuch der Neurosenlehre und Psychotherapie,* 2. Band, München/Berlin 1959
Quint, Hans, *Über die Zwangsneurose,* Göttingen 1976
Rattner, Josef, *Der schwierige Mitmensch,* Olten 1970
Ders., *Neue Psychoanalyse und intensive Psychotherapie,* Hamburg 1974

Psychosomatische Krankheitslehre

Adler, Alfred, *Studie über Minderwertigkeit von Organen* (1907), Frankfurt/M. 1977
Ders., *Über den nervösen Charakter* (1912), W. A., Frankfurt/M. 1972
Ders., *Heilen und Bilden* (1914), Frankfurt/M. 1973
Alexander, Franz, *Psychosomatische Medizin* (1950), 3. Aufl., Berlin 1977
Boss, Medard, *Einführung in die psychosomatische Medizin,* Bern 1954
Ders., *Grundriß der Medizin und Psychologie,* 2. Aufl., Bern 1975
Condrau, Gion, *Medizinische Psychologie,* München 1975
Freud, Sigmund, *Gesammelte Werke* (GW) (IMAGO), London o. J.
Groddeck, Georg, *Psychoanalytische Schriften zur Psychosomatik,* Wiesbaden 1966
Jores, Arthur, *Der Mensch und seine Krankheit,* 3. Aufl., Stuttgart 1962
Ders., *Menschsein als Auftrag,* Bern 1964
Mitscherlich, Alexander, *Krankheit als Konflikt,* 2 Bde., Frankfurt/M. 1966 u. 1967
Ders., *Freiheit und Unfreiheit in der Krankheit,* Frankfurt/M. 1977
Rattner, Josef, *Psychosomatische Medizin heute,* Frankfurt/M. 1977
Schipperges, Heinrich, *Paracelsus,* Stuttgart 1974
Weizsäcker, Viktor v., *Körpergeschehen und Neurose* (1933), 2. Aufl., Stuttgart 1947
Ders., *Pathosophie* (1956), Göttingen 1967
Zepf, Siegfried, *Zur Theorie der psychosomatischen Erkrankung,* Frankfurt/M. 1973

Kinderneurosen

Adler, Alfred, *Menschenkenntnis,* Frankfurt/M. 1978
Ders., *Schwer erziehbare Kinder,* in: *Schwer erziehbare Kinder. Eine Schriftenfolge,* Hrsg. v. Otto und Alice Rühle, Dresden 1926
Ders., *Die Technik der Individualpsychologie 2, Die Seele des schwer erziehbaren Schulkindes,* Frankfurt/M. 1974
Ders., *Kindererziehung,* Frankfurt/M. 1976
Ders., *Das Leben gestalten. Vom Umgang mit Sorgenkindern,* Frankfurt/M. 1979

Alexander, Franz, *Psychosomatische Medizin. Grundlagen und Anwendungsgebiete,* 3. Aufl., Berlin 1977

Ansbacher, Heinz L. u. Ansbacher, Rowena R., *Alfred Adlers Individualpsychologie,* 2. Aufl., München/Basel 1972

Bornstein, Berta, *Die Analyse eines phobischen Kindes. Einige Probleme der Theorie und der Technik der Kinderanalyse,* in: Psyche 20 (1966)

Bräutigam, Walter, *Über die psychosomatische Spezifität des Asthma bronchiale,* in: Psyche 8 (1954)

Dührssen, Annemarie, *Psychogene Erkrankungen bei Kindern und Jugendlichen. Eine Einführung in die allgemeine und spezielle Neurosenlehre* (1954), 6. Aufl., Göttingen 1967

Dies., *Psychotherapie bei Kindern und Jugendlichen. Ein Lehrbuch für Familien- und Kindertherapie* (1960), 5. Aufl., Göttingen 1973

Freud, Anna, *Die Schriften der Anna Freud,* Bd. VIII-X, München 1980

Freud, Sigmund, *Zwei Kinderneurosen, Studienausgabe,* Bd. VIII, 5. Aufl., Frankfurt/M. 1969

Frommknecht, Marlies, *Anna Freud,* in: *Der Weg zum Menschen,* Josef Rattner (Hrsg.), Wien/München/Zürich 1981

Gödde, Günter, *Psychoanalyse und Familientherapie. Ein Vergleich zwischen dem individuumzentrierten und dem familiendynamischen Grundkonzept,* Dissertation, Berlin 1980

Harbauer, H., R. Lempp, G. Nissen, P. Strunk, *Lehrbuch der speziellen Kinder- und Jugendpsychiatrie,* Berlin/Heidelberg/New York 1976

Haug, Gabriele, *Enuresis in langfristiger Familienbeobachtung,* in: *Praxis der Kinderpsychologie und Kinderpsychiatrie* 29 (1980)

Jores, Arthur, *Der Asthmatiker,* Bern 1968

Kemper, Werner, *Bettnässer-Leiden »Enuresis«. Zur Entstehung, Vorbeugung und Behandlung* (1947), München/Basel 1978

Mahler, Margaret S., Fred Pine, Anni Bergman, *Die psychische Geburt des Menschen. Symbiose und Individuation,* Frankfurt/M. 1980

Overbeck, Gerd und Annegret, *Das Asthma bronchiale im Zusammenhang familiendynamischer Vorgänge,* in: *Seelischer Konflikt — körperliches Leiden. Reader zur psychoanalytischen Psychosomatik,* Gerd und Annegret Overbeck (Hrsg.), Reinbek 1978

Peters, Uwe Henrik, *Anna Freud. Ein Leben für das Kind,* München 1979

Rattner, Josef, *Tiefenpsychologie und Erziehung,* unveröffentl. Manuskript, Berlin 1978

Richter, H. E., *Eltern, Kind und Neurose. Die Rolle des Kindes in der Familie* (1963), Reinbek 1969

Ders., *Patient Familie. Entstehung, Struktur und Therapie von Konflikten in Ehe und Familie,* Reinbek 1970

Singer, Kurt, *Psychisch bedingte Lernstörungen im Kindes- und Jugendalter,* in: *Psychologie des 20. Jahrhunderts XII, Konsequenzen für die Pädagogik* (2), Zürich 1980

Spitz, René, *Die Entstehung der ersten Objektbeziehungen. Direkte Beobachtungen an Säuglingen während des ersten Lebensjahres*, 3. Aufl., Stuttgart 1973
Stierlin, Helm, *Von der Psychoanalyse zur Familientherapie*, Stuttgart 1975
Stierlin, Helm, Ingeborg Rücker-Emden, Norbert Wetzel, Michael Wirsching, *Das erste Familiengespräch. Theorie — Praxis —Beispiele*, 2. Aufl., Stuttgart 1980
Stork, Jochen, *Die seelische Entwicklung des Kleinkindes aus psychoanalytischer Sicht*, in: *Psychologie des 20. Jahrhunderts II, Freud und die Folgen* (1), Zürich 1976
Struck, Erdmute, *H. E. Richter*, in: *Der Weg zum Menschen*, Josef Rattner (Hrsg.), Wien/München/Zürich 1981
Villiez, Thomas v., *Eröffnungsschritte für eine familiendynamisch orientierte Enuresis-Therapie*, in: *Praxis der Kinderpsychologie und Kinderpsychiatrie* 28 (1979)

Pubertätsneurosen
Adler, Alfred, *Über den nervösen Charakter*, Frankfurt/M. 1972
Ausubel, D. P., *Das Jugendalter*, München 1968
Blos, Peter, *Adoleszenz*, Stuttgart 1973
Brüggemann, Otto, *Sexuelle Konflikte in Gymnasien*, Heidelberg 1967
Bühler, Charlotte, *Kindheit und Jugend*, Leipzig 1931
Dies., *Das Seelenleben des Jugendlichen* (1921), 7. Aufl. Frankfurt/M. 1975
Dührssen, Annemarie, *Psychogene Erkrankungen bei Kindern und Jugendlichen*, Göttingen 1954
Dies., *Psychotherapie bei Kindern und Jugendlichen*, Göttingen 1973
Erikson, E. H., *Kindheit und Gesellschaft*, 5. Aufl., Stuttgart 1973
Friedeburg, L. v. (Hrsg.), *Jugend in der modernen Gesellschaft*, Düsseldorf 1965
Heer, Friedrich, *Jugend zwischen Haß und Hoffnung*, München 1971
Mâle, Pierre, *Psychotherapie bei Jugendlichen*, München 1976
Muchow, H. H., *Sexualreife und Sozialstruktur der Jugend*, Reinbek 1959
Rattner, Josef, *Homosexualität*, Olten 1973
Rehm, Willy (Hrsg.), *Die psychoanalytische Erziehungslehre*, München 1968
Ritter, G.-R., *Jugend und Eros*, Stuttgart 1960
Schneider, Ernst, *Psychologie der Jugendzeit*, Bern 1948
Spranger, Eduard, *Psychologie des Jugendalters*, Leipzig 1925
Stern, Erich, *Jugendpsychologie*, Stuttgart 1950
Williams, Tennessee, *Memoiren*, Frankfurt/M 1979
Zulliger, Hans, *Helfen statt Strafen auch bei jugendlichen Dieben*, Stuttgart 1956

Partnerschaftsneurosen
Adler, Alfred, *Liebesbeziehungen und ihre Störungen*, Wien 1926
Blanck, Rubin und Gertrud, *Ehe und seelische Entwicklung*, Stuttgart 1978
Gripp, Helga, *Problemfeld Ehe — eine Fallanalyse*, Stuttgart 1979
Jung, C. G., *Die Ehe als psychologische Beziehung*, in: *Seelenprobleme der Gegenwart*, Olten 1975
Künkel, Fritz, *Charakter, Liebe und Ehe*, 4. Aufl., Stuttgart 1973
Lemaire, Jean G., *Leben als Paar*, Olten 1980
Rattner, Josef, *Psychologie und Psychopathologie des Liebeslebens*, Bern 1965
Ders., *Angst und Aggression in Partnerschaften*, Privatdruck Berlin 1978
Richter, Horst-Eberhard, *Patient Familie*, Reinbek 1970
Rogers, Carl R., *Partnerschule*, München 1975
Stierlin, Helm, *Von der Psychoanalyse zur Familientherapie*, Stuttgart 1975
Tolstoi, Leo, *Die Kreutzersonate*, Wiesbaden o. J.
Watzlawick, Paul , Beavin, J. H., Jackson, D. D., *Menschliche Kommunikation*, Bern 1969
Weiss, Robert S., *Trennung vom Ehepartner*, Stuttgart 1980
Willi, Jürg, *Die Zweierbeziehung*, Reinbek 1975
Ders., *Therapie der Zweierbeziehung*, Reinbek 1978

Altersneurosen
Adler, Alfred, *Über den nervösen Charakter* (1912), Frankfurt/M. 1972
Beauvoir, Simone de, *Das Alter*, Reinbek 1972
Bühler, Charlotte, *Der menschliche Lebenslauf als psychologisches Problem* (1933), 2. Aufl. Göttingen 1959
Jung, C. G., *Die Lebenswende*, in: *Seelenprobleme der Gegenwart* (1950), GW, Bd. VIII, Olten 1973
Kehrer, Ferdinand Adalbert, *Vom seelischen Altern*, Münster, Westf. 1952
Lehr, Ursula, *Psychologie des Alterns*, Heidelberg 1972
Nitsche, Roland, *Das vergessene Alter — Analyse eines sozialen Problems*, München o. J.
Rattner, Josef, *Psychologie des Alters*, in: *Tiefenpsychologie und Humanismus*, Zürich 1967
Riemann, Fritz, *Über das Alter*, Stuttgart 1981
Rosenmayr, Leopold u. Köckeis, Eva, *Umwelt und Familie alter Menschen*, Neuwied 1965
Stern, Erich, *Der Mensch in der zweiten Lebenshälfte*, Zürich 1955
Thomae, Hans u. Lehr, Ursula, *Altern — Probleme und Tatsachen*, Frankfurt/M. 1968
Vischer, A. L., *Seelische Wandlungen beim alternden Menschen*, Basel 1961

Sexuelle Perversionen

Abraham, Karl, *Bemerkungen über einen Fall von Fuß- und Korsettfetischismus*, in: *Jb. f. psychoanal. u. psychopathol. Forschungen* Bd. III., 1911

Adler, Alfred, *Zur Kritik der Freudschen Sexualtheorie des Seelenlebens* (1911), in: *Heilen und Bilden*, Frankfurt/M. 1973

Ders., *Das Problem der Homosexualität* (1917), Leipzig 1930

Ders., *Der Sinn des Lebens* (1933), Frankfurt/M. 1973

Binswanger, Ludwig, *Sinn und Gehalt der sexuellen Perversionen — Eine Rezension*, in: Psyche III, 1950

Ders., *Geschehnis und Erlebnis*, in: *Ausgewählte Vorträge und Aufsätze* Bd. II, Bern 1955

Boss, Medard, *Sinn und Gehalt der sexuellen Perversionen* (1947), München o. J.

Bräutigam, Walter, *Zur Phänomenologie der erotischen und sexuellen Liebe und ihrer Perversionen* (1958), in: H. Giese (Hrsg.), *Die sexuelle Perversion*, Frankfurt/M. 1967

Ders., *Die sexuellen Verirrungen*, in: Kisker u. a. (Hrsg.), *Psychiatrie der Gegenwart* Bd. II, Berlin 1972

Ders., *Sexualmedizin im Grundriß*, Stuttgart 1979

Fenichel, Otto, *Perversionen, Psychosen, Charakterstörungen* (1931), Darmstadt 1980

Freud, Sigmund, *Drei Abhandlungen zur Sexualtheorie* (1905), GW, Bd. V, Frankfurt/M. 1960

Ders., *Triebe und Triebschicksale* (1915), GW, Bd. X, Frankfurt/M. 1960

Ders., *Vorlesungen zur Einführung in die Psychoanalyse* (1916—17), GW, Bd. XI, Frankfurt/M. 1960

Ders., *Ein Kind wird geschlagen* (1919), GW, Bd. XII, Frankfurt/M. 1960

Ders., *Über einige neurotische Mechanismen bei Eifersucht, Paranoia und Homosexualität* (1922), GW, Bd. XIII, Frankfurt/M. 1960

Ders., *Fetischismus* (1927), GW, Bd. XIV, Frankfurt/M. 1960

Gebsattel, Viktor E. v., *Über Fetischismus* (1929), in: *Prolegomena einer medizinischen Anthropologie*, Berlin 1954

Ders., *Süchtiges Verhalten im Gebiet sexueller Verirrungen* (1932), a. a. O.

Ders., *Geleitwort*, in: H. Giese (Hrsg.), *Psychopathologie der Sexualität*, Stuttgart 1962

Giese, Hans, *Perverse Fehlhaltungen*, in: Frankl u. a. (Hrsg.), *Handbuch der Neurosenlehre und Psychotherapie* Bd. II, München 1959

Ders., *Zur Psychopathologie der Sexualität* (1962), Stuttgart 1973

Greenson, R. R., *Dis-identifying from Mother*, Int. Journal of Psychoanalysis 49, 1968

Kinsey, Alfred C., und Mitarb., *Das sexuelle Verhalten des Mannes* (1948), Frankfurt/M. 1965

Ders., *Das sexuelle Verhalten der Frau* (1953), Frankfurt/M. 1965
Ders., *Der Begriff des Normalen und Abnormen im Geschlechtsverhalten,* in: H. Giese (Hrsg.), *Die sexuelle Perversion,* Frankfurt/M. 1967
Kohut, Heinz, *Narzißmus* (1971), Frankfurt/M. 1976
Ders., *Die Heilung des Selbst,* Frankfurt/M. 1979
Krafft-Ebing, Richard v., *Psychopathia sexualis* (1886), Stuttgart 1891
Kunz, Hans, *Zur Theorie der Perversion* (1942), in: H. Giese (Hrsg.), *Die sexuelle Perversion,* Frankfurt/M. 1967
Ders., *Zur Frage nach dem Wesen der Norm* (1954/55), in: *Grundlagen der psychoanalytischen Anthropologie,* Göttingen 1975
Laplanche, J. u. Pontalis, J. B., *Vokabular der Psychoanalyse,* 2 Bde., Frankfurt/M. 1972
Lutz, Hans, *Das Menschenbild der Kinsey-Reporte,* Stuttgart 1957
Morgenthaler, Fritz, *Die Stellung der Perversion in Metapsychologie und Technik,* in: Psyche XXVIII, 1974
Rattner, Josef, *Psychologie und Psychopathologie des Liebeslebens* (1965), Frankfurt/M. 1981
Ders., *Über einen Fall von Pädophilie,* in: *Liebe, Sexualität und Ehe,* Berlin 1977
Ders., *Philosophie der Sexualität,* in: *Liebe, Sexualität und Ehe,* 1977
Sachs, Hanns, *Zur Genese der Perversionen,* in: *Int. Zeitschr. f. Psychoanal.* IX, 1923
Sartre, Jean-Paul, *Das Sein und das Nichts,* Hamburg 1962
Scheler, Max, *Wesen und Formen der Sympathie* (1922), Bern 1974
Schelsky, Helmut, *Soziologie der Sexualität,* Hamburg 1955
Schmidt, G. u. Sigusch, V., *Zur Frage des Vorurteils gegenüber sexuell devianten Gruppen, Beitr. z. Sexualforschung* Heft 40, Stuttgart 1967
Schorsch, Eberhard, *Sexuelle Perversionen: Ideologie, Klinik, Kritik,* in: V. Sigusch (Hrsg.), *Therapie sexueller Störungen,* Stuttgart 1980
Schultz-Hencke, Harald, *Der gehemmte Mensch* (1940), Stuttgart 1978
Stoller, Robert J., *Perversion. Die erotische Form von Haß,* Reinbek 1979
Straus, Erwin W., *Geschehnis und Erlebnis,* Berlin 1930
Ders., *Die Scham als historiologisches Problem* (1933), in: *Psychologie der menschlichen Welt,* Berlin 1960
Ders., *Vom Sinn der Sinne,* Berlin 1935
Winnicott, Donald W., *Übergangsobjekte und Übergangsphänomene,* in: Psyche XXIII, 1963

Drogenabhängigkeit

Adler, Alfred, *Rauschgift,* in: Intern. Zeitschrift f. Individualpsychologie, X. Jg., 1932, Heft 1
Bäuerle, Dietrich, Heiner König, Horst Pedina, *Praxis der Drogenberatung,* Stuttgart 1979
Condrau, Gion, *Aufbruch in die Freiheit,* Bern 1977

Cremerius, Johannes, *Was ist Süchtigkeit?*, Zürich 1965
Guillon, Jacques, *Mein Sohn ist süchtig — Tagebuch eines betroffenen Vaters*, Düsseldorf 1979
Heckmann, Wolfgang (Hrsg.), *Vielleicht kommt es auf uns selber an — Therapeutische Gemeinschaften für Drogenabhängige*, Frankfurt/M. 1980
Hofmann, Albert, *LSD — Mein Sorgenkind*, Stuttgart 1979
Leroyer, Micheline, *Ich bin die Mutter eines Fixers*, Bern 1980
Liepman, Heinz, *Der Ausweg — Die Bekenntnisse des Morphinisten Martin M.*, Berlin 1978
Szasz, Thomas S., *Das Ritual der Drogen*, Wien 1978
Täschner, Karl-Ludwig, *Das Cannabis-Problem*, Wiesbaden 1981
Wormser, Rudi, *Drogen — Erfahrung und Erkenntnis*, Neuwied 1973

Alkoholismus

Adler, Alfred, *Rauschgift*, in: Intern. Zeitschrift f. Individualpsychologie, X. Jg., 1932, Heft 1
Ders., *Menschenkenntnis* (1926), Frankfurt/M. 1966
Battegay, Raymond, *Der Mensch in der Gruppe*, Band II, 4. Aufl., Bern 1973
Fester-Waltzing, Helge, *Individualpsychologie und Alkoholismus — Versuch einer individualpsychologischen Theorie der Alkoholabhängigkeit*, in: Zeitschrift für Individualpsychologie, 5. Jg., 1980, Heft 3
Feuerlein, Wilhelm, *Alkoholismus — Mißbrauch der Abhängigkeit*, 2. Aufl., Stuttgart 1979
Fromm, Erich, *Psychoanalyse und Ethik*, Frankfurt/M.-Berlin-Wien 1978
Ders., *Die Furcht vor der Freiheit*, Frankfurt/M., 7. unv. Aufl. 1975
Glatt, Max, *Der Alkoholiker und die Hilfe, die er braucht*, 2. Aufl., Wien 1978
Kluge, Friedrich, *Etymologisches Wörterbuch*, 21. unv. Aufl., Berlin 1975
Rattner, Josef, *Selbsterkenntnis und Menschenkenntnis*, München 1973
Ders., *Tiefenpsychologie und Ethik*, unveröffentlichtes Manuskript, Berlin 1975
Ders., *Umformulierung der »Libidophasen« zum Zwecke der Erziehungs- und Bildungstheorie*, in: *Tiefenpsychologie und Pädagogik*, Berlin 1978
Schmidbauer, Wolfgang, *Die hilflosen Helfer*, Reinbek 1977
Schmidbauer, Wolfgang u. Scheid, Jürgen vom, *Handbuch der Rauschdrogen*, Frankfurt/M. 1976
Zurukzoglu, St., und Nussbaum, P., *Die Bedeutung des »Minderwertigkeitsgefühls« für den Alkoholismus*, CH-Schwarzenberg bei Bern, 1954

Suizidalität

Adler, Alfred, *Selbstmord.* In: Intern. Zeitschrift für Individualpsychologie, 1937, S. 49 f

Alvarez, A., *Der grausame Gott — Eine Studie über den Selbstmord,* Frankfurt/M. 1980

Baechler, Jean, *Tod durch eigene Hand,* Berlin 1981

Bitter, Wilhelm (Hrsg.), *Alter und Tod — annehmen oder verdrängen?* Stuttgart 1974

Camus, Albert, *Der Mythos von Sisyphos,* Reinbek 1959

Ders., *Der Mensch in der Revolte,* Reinbek 1965

Durkheim, Emile, *Le suicide,* 1897, dt. Ausg. Neuwied 1973

Freud, Sigmund, *Zur Einführung des Narzißmus,* GW, Bd. X, S. 137

Ders., *Trauer und Melancholie,* GW Bd. X, S. 427 f

Ders., *Jenseits des Lustprinzips,* GW Bd. XIII, S. 1

Ghysbrecht, Paul, *Der Doppelselbstmord,* München 1967

Henseler, Heinz, *Narzißtische Krisen — Zur Psychodynamik des Selbstmords,* Reinbek 1974

Menninger, Karl, *Selbstzerstörung — Psychoanalyse des Selbstmords,* Frankfurt/M. 1978

Ringel, Erwin, *Der Selbstmord,* Wien 1953

Thomas, Klaus, *Handbuch der Selbstmordverhütung,* Stuttgart 1964

Wedler, Hans-L., *Gerettet? Begegnungen mit Menschen nach Selbstmordversuchen,* Neuwied 1979

Zeitschrift f. Psychoanalytische Pädagogik, Sonderheft »Selbstmord«, 3. Jg., 1929, Heft 11, 12 und 13

Zwingmann, Charles (Hrsg.): *Selbstvernichtung,* Frankfurt/M. 1965

Kriminalität

Adler, Alfred, *Studie über Minderwertigkeit von Organen* (1907), Frankfurt/M. 1977

Aichhorn, August, *Verwahrloste Jugend* (1925), 3. Aufl., Bern 1951

Alexander, Franz u. Staub, Hugo, *Der Verbrecher und sein Richter* (1929), Frankfurt/M. 1971

Dembo, Tamara, *Der Ärger als psychodynamisches Problem,* in: Psychologische Forschung XV (1931)

Dilthey, Wilhelm, *Ideen über eine beschreibende und zergliedernde Psychologie* (1894), in: GW, Bd. V, 5. Aufl., Göttingen 1968

Fromm, Erich, *Zur Psychologie des Verbrechers und der strafenden Gesellschaft,* in: *Analytische Sozialpsychologie und Gesellschaftstheorie,* Frankfurt/M. 1970

Freud, Sigmund, *Einige Charaktertypen aus der psychoanalytischen Arbeit* (1915), GW, Bd. X, S. 364 ff.

Ders., *Massenpsychologie und Ich-Analyse,* GW, Bd. XIII

Glueck, Sh. und E., *Jugendliche Rechtsbrecher,* New York 1950, dt. Ausg. Stuttgart 1963

Menninger, Karl, *Strafe — ein Verbrechen?*, München 1970
Moser, Tilmann, *Jugendkriminalität und Gesellschaftsstruktur*, Frankfurt/M. 1970
Ders., *Repressive Kriminalpsychiatrie*, Frankfurt/M. 1971
Reik, Theodor, *Der unbekannte Mörder* (1925), Hamburg 1978
Reiwald, Paul, *Die Gesellschaft und ihre Verbrecher* (1948), Frankfurt/M. 1973
Richter, Horst-Eberhard, *Patient Familie*, Reinbek 1970
Salisbury, H. E., *Die zerrüttete Generation*, Hamburg 1959
Werner, Wolfgang, *Vom Waisenhaus ins Zuchthaus*, Frankfurt/M. 1972

Schizophrenie

Basaglia, Franco (Hrsg.), *Was ist Psychiatrie?*, Frankfurt/M. 1974
Binswanger, Ludwig, *Ausgewählte Vorträge und Aufsätze*, 2 Bde., Bern 1947/1955
Ders., *Drei Formen mißglückten Daseins: Verstiegenheit, Verschrobenheit, Manieriertheit*, Tübingen 1956
Ders., *Schizophrenie*, Pfullingen 1957
Boss, Medard, *Von der Psychoanalyse zur Daseinsanalyse*, Wien 1979
Boyer, Bryce, *Die psychoanalytische Behandlung Schizophrener*, München 1976
Cooper, David, *Die Sprache der Verrücktheit*, Berlin 1978
Dörner, Klaus, *Bürger und Irre — Zur Sozial- und Wissenschaftsgeschichte der Psychiatrie*, Frankfurt/M. 1969
Foucault, Michel, *Psychologie und Geisteskrankheit*, Frankfurt/M. 1970
Jung, C. G., *Über die Psychologie der Dementia praecox* (1907), Olten 1972
Laing, Ronald D., *Das geteilte Selbst*, Köln 1972
Laing, Lidz, Bateson u. a., *Schizophrenie und Familie*, Frankfurt/M. 1969
Lidz, Theodore, *Der gefährdete Mensch, Ursprung und Behandlung der Schizophrenie*, Frankfurt/M. 1976
Rattner, Josef, *Wirklichkeit und Wahn — Das Wesen der schizophrenen Reaktion*, Frankfurt/M. 1976
Sechehaye, Marguerite, *Tagebuch einer Schizophrenen*, Frankfurt/M. 1973
Shulman, Bernhard H., *Individualpsychologische Schizophreniebehandlung*, München 1980
Szasz, Thomas S., *Geisteskrankheit — ein moderner Mythos?*, dt. Ausg. Olten 1972
Ders., *Die Fabrikation des Wahnsinns*, Olten 1974
Ders., *Schizophrenie — das heilige Symbol der Psychiatrie*, Wien 1976
Ders., *Recht, Freiheit und Psychiatrie*, Wien 1978
Ders., *Psychiatrie — die verschleierte Macht*, Frankfurt/M. 1978

Die Autoren

MARLIES FROMMKNECHT, Dipl.-Psych., geb. 1947 in Weitnau. Lehrerstudium in Würzburg; von 1971 bis 1977 Lehrertätigkeit in Berlin. 1979 Diplom in Psychologie. Seit 1980 Psychologin in der Karl-Bonhoeffer-Nervenklinik; Psychotherapeutin in der Berliner Großgruppe.

IRMGARD FUCHS, Dipl.-Psych., geb. 1946 in Laakirchen (Oberösterreich). Studium der Psychologie an der Technischen Universität Berlin, Diplom 1977. Seit 1977 Tätigkeit in einer Ehe- und Erziehungsberatungsstelle in Berlin-Steglitz.

WOLFGANG KÖPPE, Dipl.-Psych., Dr. phil., geb. 1937 in Hindenburg. 1980 Dissertation über ›Intelligenzentwicklung‹, langjährige Ausbildung in Tiefenpsychologie und Psychotherapie. Fachpsychologe für klinische Psychologie. 1975 Errichtung einer freien Praxis für Einzel- und Gruppentherapie.

BERND KUCK, Dipl.-Psych., geb. 1954 in Berlin. Studium der Psychologie an der Freien Universität Berlin. Leitung einer Therapiegruppe des Arbeitskreises in Bonn.

JOSEF RATTNER, Prof. Dr. med. et phil., geb. 1928 in Wien. Studium in Zürich (1951 Dr. phil., 1964 Dr. med.). Gründer und Leiter des ›Arbeitskreises für Tiefenpsychologie, Gruppendynamik und Gruppentherapie Berlin‹ und des Instituts für Tiefenpsychologie Berlin. Pionier in der psychotherapeutischen Arbeit mit großen Gruppen.

ERDMUTE STRUCK, M. A., Dipl.-Psych., geb. 1944 in Schwerin. Studium der Anglistik/Amerikanistik in Bonn, Löwen (Belgien) und Berlin und der Psychologie in Berlin. Therapeutin im ›Arbeitskreis für Tiefenpsychologie, Gruppendynamik und Gruppentherapie Berlin‹.

HUBERT WALTER, Dipl.-Psych., geb. 1949 in Sinzheim, Baden. Studium der Psychologie an der Freien Universität Berlin. Seit 1975 Leiter von Psychologischen Kleingruppen. Redaktionsmitglied der Zeitschrift »miteinander leben lernen«.

Sachregister

Namenregister